陳癸淼 著

名家與名學

——先秦詭辯學派研究

臺灣學生書局印行

王序

身為牟宗三大師的門下弟子，一者得承受消化老師一生學問的壓力，老師寫出了一系列貫串千年傳統的曠世巨著，總慚愧自己用功不夠，恰當理解已不易，更別說融會貫通了；二者又要面對同門師兄弟論著出書的學力競賽，倫閒三兩年，已然落後許多。即以今年而論，就有蔡仁厚先生兩大冊《中國哲學史》的問世，與陳癸淼先生一大本《名家與名學》的即將刊行。兩位師兄學長的新著，都由學生書局排印發行，這也是追隨老師，道千古之「學」以「生」天下的一分心意吧！

陳癸淼先生，是牟門弟子中惟一走向外王事業的人物，他的從政歷程，堪稱多采多姿，在中國國民黨全盛的時期，前後擔任台中市黨部主委、台灣省黨部總幹事、台灣省政府委員，並兼代台南市長等黨政要職；文教方面則出任國立歷史博物館館長，轉靜態展覽而為動態文創，顯發人文化成的社教功能。在新黨如日中天的年代，當選好幾任立委，以大老身分擔綱，任新黨的全國委員會召集人。或許能者多勞，運動健將的他，竟也身體出了狀況，健康亮起了紅燈，隨著新黨的沒落，他也淡出了政壇。化絢爛而為平淡，為師門的東方人文學術研究基金會扛起了董事長的重任。

原本在中興大學中文系擔任教席的他，會走離學術的崗位，跟他崇尚實學的性格，直接相干。他不尚虛玄的學問，而走向務實的道路。棄學從政，正是儒家由內聖走向外王的傳統。這一務實性格，也反映在他的學思進程。在諸子百家間，他對名家與名學，最有感覺，也最具心得。他寫惠施，再寫公孫龍，最後寫墨辯，正是先秦名家之學術開展的理序。如此循序漸進而又一以貫之的學術進程，功力紮實且深厚，凸顯了一個學人的篤定與堅持。

放眼當代中國哲學的研究狀況，名家與名學，可以說是最被輕忽，也是最弱的一環。被輕忽的可能理由，一在重要感的認定，似乎名家的學問，少有玄理奧義，難登大雅之堂，二在學術訓練的偏限，哲學出身的學者，對所謂歷物十事與二十一條怪說，一者文字有隔而解讀不來，二者欠缺敬意，因為遠不如西方數理邏輯的精密，而國學出身的學者，文言解讀不成問題，卻嫌言之無物，以為僅是因概念歧義而逞其辯說，不過是概念遊戲的空論而已！故貶之為詭辯學派。實則名家名學，亦自有名理可說，正與儒學性理、道家玄理，鼎足而三。《公孫龍子》五論，與《墨辯》六篇，在癸淼先生的解讀之下，不僅理路清晰，還凸顯知識方法論的精采。

在眾多牟門弟子間，不論是儒道佛三大教的哲學教義，還有先秦兩漢、魏晉隋唐、以致於宋元明清之不同世代的主流思潮，各有專精獨到的學人出現。惟獨在名家名學，癸淼先生獨領風騷。同門師兄弟在這一區塊，似乎有一默契，那是癸淼先生的專業區，不敢輕易去碰觸。牟老師在講堂上，好幾回的讚美陳癸淼在名家名學的研究成果。相信來自老師的肯定，癸淼先生儘管「學而優則仕」，似乎做了學界的逃兵，也可以無憾了吧！

做為他的後起學弟，感念他在鵝湖月刊社成立之初，在不被看好的艱困處境之下，他一直給出關心，盡提攜之情。其間，請鵝湖基本成員，在台中教師會館安排了全年度之接棒式的學術講座，打開了鵝湖的知名度，也提振了鵝湖的聲勢。此外，又邀請鵝湖同仁撰寫四書義理疏解，做為全省各地國學研習會的教本，有二百一十一班同時開班講論，大大擴展了鵝湖社的學術版圖。其後，又將版權歸於鵝湖，四書義理疏解的公開發行，既支援高中中國文化教材的教學，又緩解了鵝湖經費不足的困窘。多少年來，我們一直感懷在心，他真是一位豪傑性情的文化學人。

我不是名學的專家，僅就個人閱讀所及做出評比，癸淼先生的這一本專家論著，在牟先生《名家與荀子》之外，堪稱權威之作。個人拜讀之餘，略抒數言，以表敬意。讀此書既可入門，也可做專精鑽研，彌補了千年文化傳統，未開出知識方法論的一大缺憾！由是而言，癸淼先生那裡會是學界的逃兵，根本就是學界的健將！

王邦雄　序於民國九十八年十二月
淡江大學中文系

自序

春秋戰國是中華民族智慧的第一次大爆發，因而形成百花齊放、百家爭鳴的盛況。史記把諸子百家歸為：陰陽、儒、墨、名、法、道德六家；而漢書則更將之細分為：儒、道、陰陽、法、名、墨、縱橫、雜、農等九流，再加小說家為十家，因而有九流十家之稱。

無論怎麼分，名家都是很重要的一家。但是如果從諸子學說的本質來分，如此分法不能突顯名家學說的特質。要而言之，諸子學說可把它分為：「道術之學」與「知識之學」兩大類。如此分類才能點出名家的特性與價值。名家以外各家大都可以把它劃歸於「道術之學」。有的重「道」，有的重「術」，有的「道」「術」並重。總而言之「道術之學」旨在「修身而濟世」。反之，名家則既不談道也不談術。換言之，名家不談主觀的心靈之修為，也不講求客觀濟世之方，名家是另一種心靈。道術之學者都有一股強烈的使命感，都想自己好，而且還要改變世道，使世界更好。但是追求知識之學的名家則是抱持冷靜地去觀察分析的心態，只想去認識客觀世界的事事物物，並把它所蘊含的事理抽離出來，而成就知識。他們只想理解世界而不去改變世界。道術之學著眼在「應該如何」，而名家注重的是「是什麼」。以此標準來區隔，才能看出名家與其他諸子之差異，同時也更能真正瞭解名家學術之價值。

在芸芸諸子之中都太重視道術之故，所以視名家之學術為離經叛道而鄙視之。其實名家根本不管道術之學這一範疇的東西，尤有進者，名家常常講一些違反常識或一般常識所不及的東西。所以不能得到如實的了解與尊重。例如：公孫龍子的「白馬非馬」就是違反常識之論。而公孫龍子之主張白馬非馬之論是基於傳統邏輯的「內容」（Intension）與「外延」（Extension）的不相等而得出白馬非馬的結論。「白馬」只能指稱白色的馬，而不能指稱非白色的黑馬，黃馬……。馬的外延大於白馬的外延，所以白馬非馬。反過來講，「白馬」除了有馬的內容外，又多了一個白的內容，而「馬」則是少了「白馬」中「白」的內容，所以二者是不相等。總之，公孫龍子是從概念的內容與外延的不相等而主張「白馬非馬」。

莊子天下篇所記惠施厤物之意中的「無厚不可積，其大千里。」此說實際上是提出「無限小」與「無限大」兩個概念的關係。茲以一個粗淺的例子加以說明。如把八塊磚頭疊在一起，取下其中的四塊與原來的四塊併在一起。則後者比前者的面積大一倍，如再把八塊磚並排在一起，則其面積為原來面積的八倍。此即意謂同樣體積之物其厚度與廣度變成反比例的關係。質而言之，物體在空間的厚度越大則其面積越小；反之，體積厚度遞減則其廣度相對遞增。厚度越小廣度越大。以此推論到無厚的狀態時則其廣度當然其大千里。更貼切地講「厚度」變成無限小，則其廣度變成無限大。惠施的「無厚不可積，其大千里」就是在表達這個道理。

「無厚」是指無限小的厚度，惠施的厤物之意，還有一則是指長度的無限小。其言曰：「一尺之棰，日取其半，萬世不竭。」其意為：一尺之木杖，每日摘取其一半成為五寸，五寸再取其一半則成二寸半，二寸半再取其一半而為一寸二分五……。日日取其一半，仍有一半在，所以永遠取不完，最後只是變成「無限小」而不會等於零。可見惠施已有無限小的概念在，只是沒有用專有名詞點出來而稱之為「無限小」而已。

再看墨辯經說上為例。劈頭兩句話是：「有之不必然，無之必不然。」其意為：有了甲不一定有乙，但是沒有了甲必定沒有乙。甲與乙的關係就是傳統邏輯所說的必要條件（Necessary condition）。再以淺顯例子加以說明：有了空氣不一定有生命，但是沒有了空氣就必定沒有生命。所以空氣是生命的必要條件。按著經說上又云：「有之必然，無之必不然」。「有之必然」講的就是傳統邏輯的「充足條件」（Sufficient condition），意謂有甲必有乙，甲是有乙的充足條件。「無之不然」是無甲就無乙，甲是有乙的必要條件。兩句話合起來就是傳統邏輯所說的「充要條件」（即充足又必要的條件）。再舉一淺顯例子加以說明：家長要求孩子考一百分，考了一百分就有獎金，反之，沒有考一百分就沒有獎金。有百分就有獎，百分是得獎的充足條件，沒有百分就沒有獎金，百分是得獎的必要條件。如此一來，考一百分就成了得獎金的充要條件。

名家自惠施、公孫龍子到墨辯六篇，內容講的都是類似以上所舉的例子。這些內容都是觀察客觀世界而理出來的理則、知識。講道術之學者也觀察客觀世界；但是其觀察所得是用來開啟、滋潤、期勉「我心」之素材。儒家看到「天行健」，因而期勉「君子以自強不息。」老子觀察到「天地不仁，以萬物為芻狗」的客觀事實，因而主張：「聖人不仁，以百姓為芻狗。」又云：「上善若水，水善利萬物而不爭，……。」他由水之善利萬物而不爭的客觀事實，因而得出：「夫唯不爭，故無尤。」

道術之學也觀察客觀世界，但是觀察省察之所得只是用作為內在的修道用術之靈感。反之，名家的觀察客觀而外在的世界，並不求其用於修身濟世，而是要理出客觀世界之實然，並提出實然中的理則，且以此為滿足為圓滿，而不求其實用。正因此，道術家認為名家之學無益於修身，更無益於濟世而鄙視之。加上名家好以詭辯的方式來陳述其理論，所以招來「能服人之口而不能服人之心」的譏評。公孫龍子如能不僅追求以詭辯之術，以服人之口，而能翻轉上來抽象地點出概念之內容與外延成反比，而推斷「白馬非馬」，則他就能成就西方傳統邏輯中概念論的重要環節，如此則可以在道統之外，開出學統之緒。

道術家之心態都太嚴肅、太神聖、太有使命感，而名家則把此心態完全拋開，輕鬆地，瀟瀟灑灑，毫無壓力地觀察客觀而外在的世界。所以牟師宗三先生特將名家之心靈稱為「理智的俊逸」。儒、道成就了中華文化中的道統，名家則由於既不能善述——普遍地、抽象地陳述其論調，而且又沒有「善繼」者，所以無法在中華文化中建立古希臘式的學統，實在可惜。

名家學說在春秋戰國時期盛極一時，其開基祖師應推惠施。惠施不但在學術有其內涵而且有政治地位。他在宦海浮沉，知名度頗高（詳見惠施評傳）。惠施之於名家猶孔子、老子之於儒家、道家。史載有惠子一書，惟現已不傳。只能從散記於諸子的吉光片羽窺其學術。公孫龍有公孫龍子一書傳世。公孫龍之於名家，猶孟子、莊子之於儒家、道家。原始墨家是諸子中道德感、使命感最強的學派，且最重視實踐。但是戰國時期的墨家則與名家合流，原本實踐的墨家成了談辯的墨徒。今天墨子一書中的經上、經下、經說上、經說下、大取、小取六篇應是談辯的墨家談辯的實錄。與其說它是墨家的著作，不如把它歸為名家較為恰當。

本書想把文化史上長久被忽略的名家一系的學術作一完整的研究。內容共分：惠施研究、公孫龍子疏釋、墨辯研究，先秦名學綜論等四部份。前三部為專論，而第四部為綜論——綜論先秦各家關於名學之差異。

本書之撰寫曾獲國家科學委員會之研究獎助；書成後承學生書局總經理鮑邦瑞先生概允出版；好友王邦雄教授作序；大書家薛平南教授題額；內人盧淑美女士是作者每一本書、每一篇文章的第一位讀者兼校稿者；長女卓雲為本書設計封面；以上種種謹在此一併致謝。

名家與名學：先秦詭辯學派研究

目次

第四部　先秦名學綜論

第一部
惠施研究

第一章　惠子輯佚

莊子天下篇云：「惠施多方，其書五車，其道舛駁。……日以其知與人之辯。……不辭而應，不慮而對，偏為萬物說。說而不休，多而無已，猶以為寡，益之以怪。」由莊子的評述看來，惠施不但辯才無礙，能說善道，而且知識領域廣泛，著作豐富。可是漢書藝文志諸子略所錄，僅有惠子一篇。可見惠施「五車」之著作到東漢時已快遺失光，更可惜的是到後來竟連這碩果僅存之一篇也不存在了。這不僅是惠施個人之不幸，同時也是中國學術史上之一件大憾事。

由於惠施原著的散失，使得有關惠施之研究工作遭遇到無可避免的「文獻不足」之困境。在今日要想恢復惠施「五車之富」之舊觀，雖然已告絕望，但是在先秦及秦漢典籍中，尚殘存著惠施言行之一鱗半爪。各書中對惠施之行事與思想之記載與評論雖然都殘缺不全，但是它們卻是吾人研究惠施所僅有的文獻，故仍然有其價值在。因此，「惠子輯佚」是今日吾人研究惠施最迫切與最基本的工作。

清朝馬國翰玉函山房輯佚書，雖然也有惠子輯佚一篇，但是搜羅不全，僅收莊子、戰國策及說苑各二則，韓非子三則，呂氏春秋六則，共十五條，都一千九百五十六字。茲為補苴馬氏之闕漏，乃廣事蒐集，務求窮盡。結果共得四十九條之多。計莊子十四條、荀子四條、韓非子六條、戰國策九條、呂氏春秋九條、淮南子三條、說苑、漢書各二條。此外司馬談論六家要旨、韓詩外傳、班固漢書藝文志、隋書經籍志、歐陽修崇文總目敘釋、焦竑經籍志等俱有評論名家之言論。各家之評論雖是針對整個名家而發的，但是惠施是名家大宗師，故對名家之評論亦可視同對惠施之評論。因此把上述各家對名家之評論附於本章之末。又清朝黃式三周季編略所記惠施事，其行文與諸子所載稍有出入。如其有助於惠施之瞭解者，亦將其輯出，以便與諸子原文作一對照。

茲為便於檢查計，將所輯得之文按其出處抄錄於后，以作為撰寫惠施「評傳」及其「學術」之依據。

一、莊子

惠子謂莊子曰：「魏王貽我太瓠之種，我樹之成，而實五石，以盛水漿，其堅不能自舉也。剖之以為瓢，則瓠落無所容。非不呺然大也，吾為其無用而掊之。」莊子曰：「夫子固拙於用大矣。宋人有善為不龜手之葯者，世世以洴澼絖為事。客聞之，請買其方百金。聚族而謀曰：『我世世為洴澼絖，不過數金，今一朝而鬻技百金，請與之。』客得之以說吳王，越有難，吳王使之將。冬與越人水戰，大敗越人，裂地而封之。能不龜手一也，或以封，或不免於洴澼絖，則所用之異也。今子有五石之瓠，何不慮以為大樽，而浮於江湖，而憂其瓠落無所容，則夫子猶有蓬之心也夫？」（逍遙遊）

惠子曰：「君有大樹，人謂之樗。其大本擁腫而不中繩墨，其小枝卷曲而不中規矩，立之塗，匠者不顧。今子之言，大而無用，眾所同去也。」莊子曰：「子獨不見狸狌乎？卑身而伏，以候敖者，東西跳梁，不辟高下，中於機辟，死於網罟。今夫斄牛，其大若垂天之雲。此能為大矣，而不能執鼠。今子有大樹，患其無用，何不樹之於無何有之鄉，廣莫之野，彷徨乎無為其側，逍遙乎寢臥其下。不夭斤斧，物無害者，無所可用，安所困哉？」（逍遙遊）

昭文之鼓琴也，師曠之枝策也，惠子之據梧也，三子之知，幾乎皆其盛者也。故載之末年，惟其好之也，以異於彼其好之也，欲以明之彼，非所明而明之，故以堅白之昧終。（齊物論）

惠子謂莊子曰：「人故無情乎？」莊子曰：「然。」惠子曰：「人而無情，何以謂之人？」莊子曰：「道與之貌，天與之形，惡得不謂之人？」惠子曰：「既謂之人，惡得無情？」莊子曰：「是非吾所謂情也。吾所謂無情者，言人之不以好惡內傷其身，常因自然而不益生也。」惠子曰：「不益生，何以有其身？」莊子曰：「道與之貌，天與之形，無以好惡內傷其身。今子，外乎子之神，勞乎子之精，倚樹而吟，據槁梧而瞑，天選子之形，子以堅白鳴。」（德充符）

惠子相梁，莊子往見之。或謂惠子曰：「莊子來，欲代子相。」於是惠子恐，搜於國中，三日三夜。莊子往見之，曰：「南方有鳥，其名鵷鶵，子知之乎？夫鵷鶵發於南海，而飛於北海，非梧桐不止，非鍊實不食，非醴泉不飲。於是鴟得腐鼠，鵷鶵過之，仰而視之，曰：『嚇！』今子欲以子之梁國而嚇我邪。」（秋水）

莊子與惠子遊於濠梁之上。莊子曰：「鯈魚出游從容，是魚樂也。」惠子曰：「子非魚，安知魚之樂？」莊子曰：「子非我，安知我不知魚之樂？」惠子曰：「我非子，固不知子矣；子固非魚也，子之不知魚之樂全矣。」莊子曰：「請循其本，子曰女安知魚樂云者，既已知吾知之而問我，我知之濠上也。」（秋水）

莊子妻死，惠子弔之。莊子則方箕踞鼓盆而歌。惠子曰：「與人居，長子，老身，死不哭，亦足矣。又鼓盆而歌，不亦甚乎？」莊子曰：「不然，是其始死也，我獨何能無概然？察其始而本無生，非徒無生也，而本無形；非徒無形也，而本無氣。雜乎芒芴之間，變而有氣，氣變而有形，形變而有生，今又變而之死。是相與為春秋冬夏四時行也。人且偃然寢於巨室，而我噭噭然隨而哭之，自以為

不通乎命，故止也。」（至樂）

莊子曰：「射者非前期而中，謂之善射。天下皆羿也，可乎？」惠子曰：「可。」莊子曰：「天下非有公是也，而各是其所是；天下皆堯也，可乎？」惠子曰：「可。」莊子曰：「然則儒、墨、楊、秉四，與夫子為五，果孰是邪？或者若魯遽者邪？其弟子曰：『我得夫子之道矣，吾能冬爨鼎而夏造冰矣。』魯遽曰：『是直以陽召陽，以陰召陰，非吾所謂道也。吾示子乎吾道。』於是乎為之調瑟，廢一於堂，廢一於室。鼓宮宮動，鼓角角動，音律同矣。夫或改調一弦，於五音無當也，鼓之二十五弦皆動。未始異於聲，而音之君已，且若是音邪？」惠子曰：「今夫儒、墨、楊、秉，且方與我以辯，相拂以辭，相鎮以聲，而未始吾非也，則奚若矣。」莊子曰：「齊人蹢子於宋者，其命閽也不以完。其求鈃鍾也以束縛。其求唐子也，而未始出域。有餘類矣夫。楚人寄而蹢閽者，夜半於無人之時，而與舟人鬬。未始離於岑，而足以造於怨也。」（徐無鬼）

莊子送葬，過惠子之墓。顧謂從者曰：「郢人堊漫其鼻端若蠅翼，使匠石斲之。匠石運斤成風，聽而斲之。盡堊而鼻不傷，郢人立不失容。宋元君聞之，召匠石，曰：『嘗試為寡人為之。』匠石曰：『臣則嘗能斲之。雖然，臣之質死久矣。』自夫子之死也，吾無以為質矣。吾無與言之矣。」（徐無鬼）

魏瑩與田侯牟約，田侯牟背之。魏瑩怒，將使人刺之。犀首聞而恥之。曰：「君為萬乘之君也，而以匹夫從讎。衍請受甲二十萬，為君攻之，虜其人民，係其牛馬，使其君內熱發於背，然後拔其國。忌也出走。然後扶其背，折其脊。」季子聞而恥之。曰：「築十仞之城，城者既十仞矣，則又壞之，此胥靡之所苦也。今兵不起七年矣，此王之基也。衍亂人，不可聽也。」華子聞而醜之曰：「善言伐齊者，亂人也；善言勿伐者，亦亂人也；謂伐之與不伐亂人也者，又亂人也。」君曰：「然則若何？」曰：「君求其道而已矣。」惠子聞之，而見戴晉人。戴晉人曰：「有所謂蝸者，君知之乎？」曰：「然。」「有國於蝸之左角者曰觸氏，有國於蝸之右角者曰蠻氏。時相與爭地而戰，伏尸數萬，逐北旬有五日而後反。」君曰：「噫！其虛言與。」曰：「臣請為君實之。君以意在四方上下有窮乎？」君曰：「無窮。」曰：「知遊心於無窮，而反在通達之國，若存若亡乎？」君曰：「然。」曰：「通達之中有魏，魏中有梁，梁中有王。王與蠻氏有辨乎？」君曰：「無辨。」客出，而君惝然若有亡也。客出，惠子見。君曰：「客，大人也。聖人不足以當之。」惠子曰：「夫吹筦也，猶有嗃也；吹劍首者，吷而已矣。堯舜，人之所譽也。道堯舜於戴晉人之前，譬猶一吷也。」（則陽）

惠子謂莊子曰：「子言無用。」莊子曰：「知無用，而始可與言用矣。夫地，非不廣且大也。人之所用，容足耳。然則廁足而墊之致黃泉，人尚有用乎？」惠子曰：「無用。」莊子曰：「然則無用之為用也，亦明矣。」（外物）

莊子謂惠子曰：「孔子行年六十而六十化。始時所是，卒而非之。夫知今之所謂是之非五十九非也？」惠子曰：「孔子勤志服知也。」莊子曰：「孔子謝之矣。而其未之嘗言。孔子云：『夫受才乎大本，復靈以生，鳴而當律，言而當法。利義陳乎前，而好惡是非，直服人之口而已矣；使人乃以心服，而不敢蘁立，定天下之定。』已乎！已乎！吾且不得及彼乎？」（寓言）

惠施多方，其書五車，其道舛駁，其言也不中。麻物之意曰：「至大無外，謂之大一；至小無內，謂之小一。無厚，不可積也，其大千里。天與地卑，山與澤平。日方中方睨，物方生方死。大同而與小同異，此之謂小同異；萬物畢同畢異，此之謂大同異。南方無窮而有窮，今日適越而昔來，連環可解也。我知天下之中央，燕之北，越之南是也。氾愛萬物，天地一體也。」惠施以此為大，觀於天下，而曉辯者。天下之辯者，相與樂之。卵有毛。雞三足。郢有天下。犬可以為羊。馬有卵。丁子有尾。火不熱。山出口。輪不蹍地。目不見。指不至，至不絕。龜長於蛇。矩不方，規不可以為圓。鑿不圍枘。飛鳥之景，未嘗動也。鏃矢之疾，而有不行不止之時。狗非犬。黃馬驪牛三。白狗黑。孤駒未嘗有母，一尺之棰，日取其半，萬世不竭。辯者以此與惠施相應，終身無窮。桓團、公孫龍辯者之徒，飾人之心，易人之意。能勝人之口，不能服人之心，辯者之囿也。惠施日以其知與人之辯，特與天下之辯者為怪，此其柢也。然惠施之口談，自以為最賢，曰：「天地其壯乎？施存雄而無術。」（天下）

南方有倚人焉，曰黃繚。問天地所以不墜不陷，風雨雷霆之故。惠施不辭而應，不慮而對，徧為萬物說，說而不休，多而無已。猶以為寡，益之以怪。以反人為實，而欲以勝人為名，是以與眾不適也。弱於德，強於物，其塗隩矣。由天地之道，觀惠施之能，其猶一蚊一蝱之勞者也。其於物也何庸？夫充一尚可曰愈，貴道幾矣。惠施不能以此自寧，散於萬物而不厭，卒以善辯為名。惜乎！惠施之才，駘蕩而不得，逐萬物而不反。是窮響以聲，形與影競走也。悲夫！（天下）

二、荀子

君子不貴苟難，說不貴苟察，名不貴苟傳。唯其富之為貴。山淵平，天地比，齊秦襲，入乎耳，出乎口，鉤有須，卵有毛。是說之難持者也，而惠施、鄧析能之。然而君子不貴者，非禮義之中也。（不苟篇）

假今之世，飾邪說，文姦言，以梟亂天下，欺惑愚眾，矞宇嵬瑣，使天下混然不知是非治亂之所存者有人矣。不法先王，不是禮義，而好治怪說，玩琦辭；甚察而不惠，辯而無用，多事而寡功，不可以為綱紀；然而其持之有故，其言之成理，足以欺惑愚眾是惠施、鄧析也。（非十二子篇）

不恤是非，然不然之情，以相薦撙，以相恥怍。君子不若惠施、鄧析。若夫譎德而定次，量能而授官，使賢不肖皆得其位，能不能皆得其官，萬物得其宜，事變得其應，慎墨不得進其談，惠施、鄧析不敢竄其察。（儒效篇）

凡人之患，蔽於一曲，而闇於大理。……惠子蔽於辭，而不知實。……夫道者，使常而盡變，一隅不足以舉之。曲知之人，觀於道之一隅，而未之能識也。故以為足而飾之，內以自亂，外以惑人；上以蔽下，下以蔽上，此蔽塞之禍也。（解蔽篇）

三、韓非子

田駟欺鄒君，鄒君將使人殺之。田駟恐，告惠子。惠子見鄒君曰：「今有人見君，則眏其一目，奚如？」君曰：「我必殺之。」惠子曰：「瞽，兩目眏，君奚為不殺？」君曰：「不能勿眏。」惠子曰：「田駟東欺齊侯，南欺荊王。駟之於欺人，瞽也，君奚怨焉？」鄒君乃不殺。（說林上）

陳軫貴於魏王。惠子曰：「必善事左右。夫楊，橫樹之即生，折而樹之又生。然使十人樹之，而一人拔之。則毋生楊矣。至以十人之眾，樹易生之物而不勝一人者，何也？樹之難而去之易也。子雖工自樹於王，而欲去子者眾，子必危矣。」（說林上）

田伯鼎好士而存其君，白公好士而亂荊；其好士則同，其所以為則異。公孫友自刖而尊百里，豎刁自宮而諂桓公；其自刑則同，其所以自刑之為則異。慧（案：盧文弨曰：慧、惠同。）子曰：「狂者東走，逐者亦東走；其東走則同，其所以東走之為則異。故曰：同事之人，不可不審察也。」（說林上）

伯樂教二人相踶馬，相與之簡子廄觀馬。一人舉踶馬，其一人從後而循之，三撫其尻，而馬不踶，此自以為失相。其一人曰：「子非失相也，此其為馬也，踒肩而腫膝。夫踶馬也者，舉後而任前，腫膝不可任也，故後不舉。子巧於相踶馬，而拙於任腫膝。」夫事有所必歸，而以有所腫膝而不任，智者之所獨知也。惠子曰：「置猿於柙中，則與豚同。」故勢不便，非所以逞能也。（說林下）

惠子曰：「羿執鞅持扞，操弓關機，越人爭為持的；弱子扞弓，慈母入室閉戶。故曰：可必，則越人不疑羿；不可必，則慈母逃弱子。」（說林下）

張儀欲以秦韓與魏之勢伐齊荊，而惠施欲以齊荊偃兵。二人爭之，群臣左右皆為張子言，而以攻齊荊為利，而莫為惠子言。王果聽張子，而以惠子言為不可。攻齊荊事已定，惠子入見，王言曰：先生毋言矣，攻齊荊之事，果利矣，一國盡以為然。」惠子因說：「不可不察也。夫齊荊之事，誠不利，一國盡以為利，何愚者之眾也？凡謀者，疑也。疑也者，誠疑以為可者半，以為不可者半；今一國盡以為可，是王亡半也。劫主者，固亡其半者也。」（內儲說上七術）

周季編略云：「張儀欲以魏合秦韓而攻齊楚，惠施，欲以魏合於齊楚以按兵。群臣左右皆為張儀言，魏王聽之，止惠施言。惠施曰：『凡謀者，疑也。疑者，誠疑以為可者半，以為不可者半。雖小事猶然，況合秦韓攻齊楚，大事也。而群臣皆以為可，其可也，是其明邪？而群臣之智術如是其同邪？其可也，未如是其明也，而群臣之智術又非皆同也，是有其半塞也。必劫主事秦者，塞其半也。」魏于是不合于秦。張儀陰令秦伐魏，魏師敗。」（卷七）

四、戰國策

張儀逐惠施於魏，惠子之楚。楚王受之，馮郝謂楚王曰：「逐惠子者張儀也，而王親與約，是欺儀也。臣為王弗取也，惠子為儀者來而惡王之交於儀，惠子必弗行也。且宋王之賢惠子也，天下莫不聞也；今之不善張儀也，天下莫不知也。今為事之故，棄所貴於讎人，臣以為大王輕矣。且為事耶，王不如舉惠子而納之於宋，而謂張儀曰：請為子勿納也，儀必德王。而惠子窮人，而王奉之，又必德王，此不失為儀之實，而可以德惠子。」楚王曰：「善。」乃奉惠子而納之宋。（楚策）

五國伐秦，魏欲和，使惠施之楚。楚將入之秦，而使行和。杜赫謂昭陽曰：「凡為伐秦者，楚也。今施以魏來，而公入之秦，是明楚之伐秦，而信魏之和也。公不如無聽惠施，而陰使人以請聽（聽，一作德）秦。」昭子曰：「善。」因謂惠施曰：「凡為攻秦者，魏也。今子從楚為和，楚得其利，魏受其怨。子歸，吾將使人因魏而和。」惠子反，魏王不悅。杜赫謂昭陽曰：「魏為子先戰，折兵之半，謁病不聽，請和不得，魏折而入齊秦，子何以救之？東有越纍，北無晉，而交未定於齊秦，是楚孤也，不如速和。」昭子曰：「善。」因令人謁和於魏。（楚策）

齊破燕，趙欲存之。樂毅謂趙王曰：「今無約而攻齊，齊必讎趙。不如請以河東易燕地於齊，趙有河北，齊有河東，燕趙必不爭矣，是二國親也。以河東之地，強齊以燕，以趙輔之，天下憎之，必皆事王以伐齊，是因天下以破齊也。」王曰：「善。」乃以河東易齊，楚、魏憎之。令淖滑、惠施之趙，請伐齊而存燕。（趙策）

張儀欲以魏合於秦而攻齊、楚，惠施欲以魏合於齊、楚以案兵。人多為張子於王所。惠子謂王曰：「小事也，謂可者，謂不可者正半，況大事乎？以魏合於秦、韓，而攻齊、楚，大事也。而王之群臣皆以為可，不知是其可也，如是其明耶？而群臣之知術也，又非皆同也。是有其半塞也，所謂劫主者，失其半者也。」（魏策）

魏惠王死，葬有日矣。天大雨雪，至於牛目，壞城郭，且為棧道而葬。群臣多諫太子者，曰：「雪甚如此而喪行，民必甚病之，官費又恐不給，請弛期更日。」太子曰：「為人子而以民勞與官費用之故，而不行先王之喪，不義也。子勿復言。」群臣皆不敢言，而以告犀首。犀首曰：「吾未有以言之也，是其唯惠公乎？請告惠公。」惠公曰：「諾。」駕而見太子曰：「葬有日矣？」太子曰：「然。」惠公曰：「昔王季歷葬於楚山之尾。欒水齧其墓，見棺之前和，文王曰：『嘻：先君必欲一見群臣百姓也夫！故使欒水見之。』於是出而為之張於朝，百姓皆見之，三日而後更葬，此文王之義也。今葬有日矣，而雪甚及牛目，難以行，太子為及日之故，得毋嫌於欲亟葬乎？願太子更日，先王必欲少留而扶社稷安黔首也，故使雪甚。因弛期而更為日，此文王之義也。若此而弗為，意者羞法文王乎？」太子曰：「甚善！敬弛期更擇日。」惠子非徒行其說也，又令魏太子未葬其先王而又說文王之義；說文王之義，以示天下，豈小功也哉！（魏策）

魏王令惠施之楚，令犀首之齊。鈞二子者乘數，鈞將測交也。楚王聞之，施因令人先之楚，言曰：「魏王令犀首之齊，惠施之楚，鈞二子者將測交也。」楚王聞之，因郊迎惠施。（魏策）

齊魏戰於馬陵，齊大勝魏，殺太子申，覆十萬之軍。魏王召惠施而告之曰：「夫齊，寡人之讎也，怨之至死不忘；國雖小，吾常欲悉起兵而攻之，何如？」對曰：「不可。臣聞之，王者得度而霸者知計。今王所以告臣者疏於度而遠於計：王固先屬怨於趙而後與齊戰，今戰不勝，國無守戰之備，王又欲悉起而攻齊，此非臣之所謂也。王若欲報齊乎，則不如因變服折節而朝齊，楚王必怒矣。王游人而合其鬭，則楚必伐齊，以休楚而伐罷齊，則必為楚禽矣，是王以楚毀齊也。」魏王曰：「善！」乃使人報於齊，願臣畜而朝，田嬰許諾。張丑曰：「不可！戰不勝魏，而得朝禮，與魏和而下楚，此可以大勝也。今戰勝魏，覆十萬之軍，而禽太子申，臣萬乘之魏，而卑秦楚，此其暴戾定矣。且楚王之為人也，好用兵，而甚務名，終為齊患者，必楚也。」田嬰不聽，遂內魏王而與之並朝齊侯再三。趙氏醜之，楚王怒，自將而伐齊，趙應之，大敗齊於徐州。（魏策）

惠施為韓魏交，令太子鳴為質於齊，王欲見之。朱倉謂王曰：「何不稱病？臣請說嬰子曰：『魏王之年長矣，今有疾，公不如歸太子以德之。』不然，公子高在楚，楚將內而立之，是齊抱空質而行不義也。」（魏策）

田需貴於魏王，惠子曰：「子必善左右，今夫楊，橫樹之則生，倒樹之則生，折而樹之又生。然使十人樹楊，一人拔之，則無生楊矣。故以十人之眾樹易生之物，然而不勝一人者，何也？樹之難，而去之易也。今子雖自樹於王而欲去子者眾，子必危矣。」（魏策）

五、呂氏春秋

白圭之非惠子也，公孫龍之說燕昭王以偃兵及應空落之遇也，孔穿之議公孫龍，翟翦之難惠子之法，此四士者之議皆多故矣，不可不獨論。（卷十三聽言）

惠子為魏惠王為法，為法已成，以示諸民人，民人皆善之。獻之惠王，惠王善之，以示翟翦，翟翦曰：「善也！」惠王曰：「可行邪？」翟翦曰：「不可。」惠王曰：「善而不可行，何故？」翟翦對曰：「令舉大木者，前乎輿謣，後亦應之；此其於舉木者善矣，豈無鄭衛之音哉？然不若此其宜也，夫國亦木之大者也。」（卷十八淫辭）

周季編略記惠施為法事云：「魏王使惠施為法，法成獻之魏王，善之，以示翟翦。翦曰：『善矣！』魏王曰：『可行邪？』翦曰：『不可。』魏王曰：『善而不可行，何故？』翦曰：『今舉大木，前呼邪許後亦應之，豈無鄭衛之音哉？然舉大木者，此其宜也。夫國固木之大者也，安得以新法廢舊法哉。』」（卷六）

魏惠王謂惠子曰：「上世之有國必賢者也，今寡人實不若先生，願得傳國。」惠子辭。王又固請，曰：「寡人莫有之國於此者也，而傳之賢者，民之貪爭之心止矣，欲先生之以此聽寡人也。」惠子曰：「若王之言，則施不可而聽矣。王固萬乘之主也，以國與人猶尚可，今施布衣也，可以有萬乘之國而辭之，此其止貪爭之心愈甚矣。」惠王謂惠子曰：古之有國者必賢者也。夫受而賢者，舜也，是欲惠子之為舜也；夫辭而賢者，許由也，是惠子欲為許由也；傳而賢者，堯也，是惠王欲為堯也；堯、舜、許由之作，非獨傳舜而由辭也，他行稱此。今無其他，而欲為堯、舜、許由，故惠王布冠而拘于鄄，齊威王幾弗受；惠子易衣變冠乘輿而走，幾不出乎魏境。（卷十八不屈）

匡章謂惠子於魏王之前曰：「蝗螟，農夫得而殺之，奚故？為其害稼也。今公行，多者數百乘，步者數百人；少者數十乘，步者數十人；此無耕而食者，其害稼亦甚矣。」惠王曰：「惠子施也，難以辭與公相應，雖然，請言其志。」惠子曰：「今之城者，或者操大築乎城上；或負畚而赴乎城下；或操表掇以善睎望。若施者，其操表掇者也。使工女化而為絲，不能治絲；使大匠化而為木，不能治木；使聖人化而為農夫，不能治農夫。施而治農夫者也，公何事比施於螣螟乎？」（卷十八不屈）

惠子之治魏為本，其治不治。當惠王之時，五十戰而二十敗。所殺者不可勝數，大將愛子有禽者也。大術之愚為天下笑，得舉其諱，乃請令周太史更著其名。圍邯鄲三年而弗能取。士民罷潞，國家空虛，天下之兵四至，罪庶誹謗，諸侯不譽。謝於翟翦而更聽其謀，社稷乃存。名寶散出，土地四削，魏國從此衰矣。仲父大名也，讓國大實也，說以不聽不信，聽而若此，不可謂工矣。不工而治，賊天下莫大焉。幸而獨聽於魏也，以賊天下為實，以治之為名，匡章之非不亦可乎？（卷十八不屈）

白圭與惠子相見也，惠子說之以彊，白圭無以應。惠子出，白圭告人曰：「人有新取婦者，婦至，宜安矜煙視媚行。豎子操蕉火而鉅，新婦曰：『蕉火大鉅。』入於門，門中有斂陷，新婦曰：『塞之，將傷人之足。』此非不便之家氏也，然而有大甚者。今惠子之遇我尚新，其說我有大甚者。」惠子聞之，曰：「不然。詩曰：『愷悌君子，民之父母。』愷者大也，悌者長也。君子之德長且大者，則為民父母。父母之教子也，豈待久哉？何事比我於新婦乎!?詩豈曰：『愷悌新婦哉？』」惠子聞而誹之，因自以為為之父母，其非有甚於白圭，亦有太甚者。（卷蹇十八不屈）

誹汙因汙，誹辟因辟，是誹者與所非同也。白圭曰：「惠子之遇我尚新，其說我有太甚者。」惠子聞而誹之，因自以為為之父母，其非有甚於白圭，亦有太甚者。（卷蹇十八不屈）

周季編略記惠施新見白圭事云：「惠施與白圭新相見，惠施說之甚辯。白圭不應，惠施出，白圭告人曰：「衛人迎新婦，婦上車，問驂馬誰馬也。御者曰：「借之。」新婦曰：「拊驂。」至門，見豎子操樵火而炬。新婦曰：「滅火。」入門，見坎窞。新婦曰：「塞之，將傷人之足。」此其言皆至言也，而主人笑之，早晚之時失也。今惠子遇我尚新，其說我有大甚者。」惠施聞之曰：「何比我于新婦?詩曰：「愷悌君子，民之父母。」愷者大也，悌者長也，君子之德長且大，則為民父母。父母之教子也，豈嫌太甚哉?」（卷六）

白圭謂魏王曰，「市丘之鼎以烹雞，多洎之，則淡而不可食；少洎之，則焦而不熟。然而視之，蝺焉美，無所可用。惠子之言，有似於此。」惠子聞之曰：「不然，使三軍饑而居鼎旁，適為之甑，則莫宜之此鼎矣。」白圭聞之曰：「無所可用者，意者徒加其甑邪?」白圭之論自悖。其少魏王大甚。以惠子之言，蝺焉美，無所可用，是魏王以言無可用者為仲父也，是以言無所可用者為美也。（卷十八應言）

魏惠王死，葬有日矣。天大雨雪，至於牛目。群臣多諫於太子者，曰：「雪甚如此，而行葬，民必甚疾之，官費又恐不給。請弛期更日。」太子曰：「為人子者，以民勞與官費用之故，而不行先王之葬，不義也。子勿復言。」群臣皆莫敢諫，而以告犀首。犀首曰：「吾未有以言之，是其唯惠公乎!請告惠公。」惠公曰：「諾!」駕而見太子曰：「葬有日矣?」太子曰：「然。」惠公曰：「昔王季歷葬於渦山之尾，灓水齧其墓，見棺之前和。文王曰：「嘻！先君必欲一見群臣百姓也，天故使灓水見之。」於是出而為之張期，百姓皆見之，三日而後更葬，此文王之義也。今葬有日矣，而雪甚及牛目，難以行。太子為及日之故，得無嫌於欲亟葬乎？願太子易日，先王必欲少留而撫社稷安黔首也。故使雨雪甚。因弛期而更為日，此文王之義也。若此而不為，意者羞法文王也？」太子曰：「甚善！敬弛期，更擇葬日。」惠子不徒行說也，又令魏太子未葬其先君，而因有說文王之義。說文王之義以示天下，豈小功也哉？（卷二十一開春）

匡章謂惠子曰：「公之學去尊，今又王齊，何其到也？」惠子曰：「今有人於此，欲必擊其愛子之頭，石可以代之。匡章曰：公取之代乎其不與？施取代之，子頭所重也，石所輕也。擊其所輕以免其所重，豈不可哉？」匡章曰：「齊王之所以用兵不休，攻擊人而不止者，其故何也？」惠子曰：「大者可以王，其次可以霸也。今可以王齊王，而壽黔首之命，免民之死。是以石代愛子頭也，何為不為？民寒則欲火，暑則欲冰；燥則欲溼，溼則欲燥；寒暑燥溼相反，其於利民一也。利民豈一道哉？當其時而已矣。」（卷二十一愛類）

周季編略記惠施與匡章相辯之事云：「顯王四十五年，魏以惠施為相。齊侯魏侯會諸侯于徐州。齊魏二侯皆自稱王。靖郭君田嬰與惠施主之也。惠施勸齊稱王。匡章謂惠施曰：『公之學必去尊，今王齊王，何其悖也。』惠施曰：『今有人于此，必欲擊其愛子之頭，而石可以代之，必取以代矣。擊其所輕，以免其所重，奚不可哉？』匡章曰：『何謂也？』惠施曰：『齊之所以用兵不休，攻擊不止者，大則欲王，小則欲霸也。今王齊王而壽黔首之命，免民之死，是以石代愛子之頭也。何不為？』齊既聽惠施言稱王，于是魏亦改元稱王。」（卷六）

六、淮南子

惠子從車百乘，以過孟諸。莊子見之，棄其餘魚。……由此觀之，則趣行各異，何以相非也。（齊俗訓）

惠子為惠王為國法。已成而示諸先生，先生皆善之。奏之惠王，惠王甚說之，以示翟翦，曰：「善。」惠王曰：「善，可行乎？」翟翦曰：「不可。」惠王曰：「善而不可行，何也？」翟翦對曰：「今夫舉大木者，前呼邪許後亦應之。此舉重勸力之歌也。豈無鄭衛激楚之音哉？然而不用者，不若此其宜也。治國在禮，不在文辯。故老子曰：『法令滋彰，盜賊多有。』此之謂也。」（道應訓）

惠施死，而莊子寢說言，見世莫可為語者也。（脩務訓）

七、說苑

客謂梁王曰：「惠子之言事也，善譬。王使無譬，則不能言矣。」王曰：「諾。」明日見，謂惠子曰：「願先生言事，則直言耳，無譬也。」惠子曰：「今有人於此而不知彈者，曰彈之狀何若？應曰：彈之狀如彈，則諭乎？」王曰：「未諭也。」「於是更應曰：彈之狀如弓，而以竹為弦，則知乎？」王曰：「可知矣。」惠子曰：「夫說者，固以其所知，諭其所不知，而使人知之。今王曰：『無譬。』則不可矣。」王曰：「善。」（善說篇）

梁相死，惠子欲之梁，渡河而遽墮水中，船人救之。船人曰：「子欲何之而遽也。」曰：「梁無相，吾欲往相之。」船人曰：「子居船楫之間而困，無我則死矣。子何能相梁乎？」蕙子曰：「子居

艘楫之間，則吾不如子，至於安國家，全社稷，子之比我，蒙蒙如未視之狗耳。」（雜言篇）

八、漢書

藝文志：「惠子一篇。」自注曰：「名施，與莊子並時。」古今人名表，列惠施於中下等。（按：即九等中之第六等。）

九、附錄

司馬談曰：「名家苛察繳繞，使人不得反其意，專決於名，而失人情。故曰：使人儉而失真。若夫控名責實，參伍不失，此不可不察也。」（史記：太史公自序）

韓嬰曰：「夫當世之愚飾邪說之姦言，以亂天下，欺惑眾愚，使混然不知是非治亂之所存者，即是：范睢、魏牟、田文、莊周、慎到、田駢、墨翟、宋鈃、鄧析、惠施之徒也。此十子者，皆順非而澤，聞見雜博；然而不師上古，不法先王，按往舊造說，務而自功，道無所遇二人相從。故曰：十子者之工說，說皆不足合大道，美風俗，治綱紀。然其持之各有故，言之皆有理，足以欺惑眾愚，交亂樸鄙，即是十子之罪也。」（韓詩外傳：論十子）

班固曰：「名家者流，蓋出於禮官。古者名位不同，禮亦異數。孔子曰：『必也正名乎？名不正則言不順；言不順，則事不成。』此其所長也。及謷者為之，則苟鉤鈲析亂而已。」（漢書：藝文志）

隋書經籍志論名家云：「名者，所以正百物，敘尊卑，列貴賤，各控名而責實，無相僭濫也。春秋傳曰：『古者名位不同，節文異數。』孔子曰：『名不正則言不順，言不順則事不成。』周官宗伯以九儀之命正邦國之位，辨其名物之類是也。拘者為之，則苛察繳繞滯於析辭而失大體。」

歐陽修曰：「名家者流，所以辨覈名實，流別等威，使上下之分不踰也。仲尼有云：『必也正名乎！』言為政之大本不可不正者也。」（崇文總目敘釋：論名家）

焦竑曰：「名家之名凡三：有命物之名，有毀譽之名，有況謂之名。蓋古者，名位不同，事實亦異。孔子曰：『必也正名乎！名不正，則言不順；言不順，則事不成。』論治者，不覈其名實，御眾課功，反上浮淫而詘功，實難以為國矣。晉魯勝曰：荀卿、莊周皆非毀名家，而不能易其論，有以也。至舛駁不中之失，並見於篇，俟博雅者折衷焉。」（經籍志：論名家）

第二章　惠施評傳

司馬談把名家列入先秦諸子六大學派之一，可想見名家在先秦學術史上的重要性；惠施為名家巨擘，可是史記沒有為他立傳。莊子天下篇曰：「惠施多方，其書五車。」今天不但惠施「五車」之著作已告遺失殆盡，甚至連他的生平亦是湮沒而不彰。本研究第一章既已將有關惠施之資料輯出，本章乃進而根據第一章之文獻及其他有關之史料，撰寫惠施評傳。一方面可以使後人瞭解惠施其「人」；另一方面亦可借其生平事跡的表露，以增進對惠施學術之瞭解。因為有關惠施生平之資料，不但殘缺而且零散，所以在撰述其傳記時，免不了要帶有相當多的考證與辨正，這實在是文獻不足使然耳。

綜觀惠施一生，其生活頗有姿采；不過要而言之，其生命的精采表現在兩方面；一是政治上的，一是學術上的。因此本評傳擬分成；惠施的政治生涯及惠施的學術生涯兩大部份。

第一節　惠施的政治生涯

一、姓名及籍貫

惠施雖然在史記上沒有他的傳，但是比起墨子雖然在孟荀列傳之後附有二十四個字的小傳，而連名帶姓直至今日還有爭論的情況，惠施算是幸運的。惠施在第一章的文獻上的稱呼有三：即惠施、惠子、惠公。公、子為男子之美稱，先秦時，習慣在姓下加公、子以稱呼人；同時也慣以子加在姓下以指稱人之著作。漢書藝文志諸子略云：「惠子一篇。名施，與莊子同時。」由此可見惠施之姓惠，名施是絕無問題的了。惠施之姓名雖無疑問，但是他的籍貫卻是一個大疑問。

高誘呂氏春秋淫辭篇注及淮南子修務訓注，成玄英莊子逍遙遊疏都說惠施是宋人。因為對這個問題的不重視，所以沒有人去懷疑惠施是否真是宋人。因而歷來都採行其說。直到清馬國翰才提出異說，斷惠施為魏人。其言曰：

「惠子一卷，周惠施撰，戰國策魏惠王、襄王、哀王皆紀其事言。莊子至樂篇云：『惠子相梁』，則施魏人；作相在惠襄之世，至哀王時猶存也。」（玉函山房輯佚書惠子輯佚序）

按：惠施宋人說之依據何在？不得而知，今存文獻亦不能證成其說。而馬國翰則只因「相梁」而斷施為魏人，未免輕率。說苑雜言篇：「梁相死，惠子欲之梁，渡河而遽墮水中，船人救之。船人曰：子欲何之而遽也？曰：梁無相，吾欲往相之。」如說苑之言可信，則由「惠子欲之梁」、「梁無相，吾欲往相之」看來，惠施絕非魏人。因此，宋人、魏人之說都是無法令人信服的。

「田駟欺鄒君，鄒君將使人殺之。田駟恐，告惠子。惠子見鄒君曰：今有人見君，則眏其一目，奚如？君曰：我必殺之。惠子曰：瞽，兩目眏，君奚為不殺？君曰：不能勿眏。惠子曰：田駟東欺齊侯，南欺荊王。駟之於欺人，瞽也，君奚怨焉？鄒君乃不殺。」（韓非子說林上）

按：韓非子這一段記載如果屬實的話，那麼它倒可以提供我們瞭解惠施籍貫真象的一條線索。鄒本名邾，為魯國附庸，到戰國魯穆公（西元前四〇七—三七六）時改國號曰鄒（字或作騶）。左傳隱公元年正義引杜預世族譜云：「邾文公徙於繹，桓公以下春秋後八世，而楚滅之。」漢書地理志云：「魯國鄒縣，故邾國，曹姓二十九世，為楚所滅。」世族譜及漢書地理志僅有鄒為楚所滅之說，而朱駿聲六書考故則更進一步地指明「為楚宣王所滅」。假如鄒亡於楚宣王之說可信，則吾人可以由惠施見鄒君之事為線索來探求惠施之籍貫。

據史記楚世家及六國年表，宣王在位期間均無用兵之記載。唯竹書紀年周顯王二十年，亦即楚宣王二十三年，有「楚伐徐州」之記載。史記滑稽列傳、說苑尊賢篇及復恩篇均有楚伐齊，齊王召淳于髡。使請救於趙之說，故楚宣王伐齊是可信的。至於楚伐齊之年代則說法不一致。據錢穆先生諸子繫年（後簡稱繫年）通表第三將楚伐徐州定在西元前三四六年，即楚宣王二十四年，亦即周顯王二十三年。茲從之。

如果鄒果滅於楚宣王，則其年代當在宣王二十四年圍徐州時順道滅鄒。因為鄒是蕞爾小國，楚宣王當不至於特地起兵滅鄒。後漢書郡國志：「薛本國，六國時曰徐州。」風俗通曰：「孟子絕糧於鄒、薛，困殆甚。」後齊湣王亡奔魯，將之薛，假道於鄒。由此可知薛（徐州）鄒為緊鄰。戰國時徐州（薛）為齊國南疆重鎮，楚宣王伐齊徐州時，順道滅鄒乃是極為可能之事。因此，可定鄒亡於西元前三四六年。

鄒既亡於西元前三四六年，則惠施之見鄒君當在這一年之前。此其一。據戰國策魏策之記載，馬陵戰敗後，魏王曾召見惠施，向他求教。而馬陵之戰在顯王二十六年（此據竹書紀年，六國年表在二十八年與紀年異。）即西元前三四三年。此後惠施即為梁惠王所倚重，不久即相魏。直到張儀相魏，惠施才被迫離開魏國，經楚國到宋國，三年後又重返魏，而老死於魏。其間曾出使楚、趙（事詳後），但絕無至鄒之記載。而且在外交上亦無使鄒之必要。因此，就算鄒亡於楚宣王為不可信，至少亦可斷定惠施之見鄒君當在他入魏之前。亦即在西元前三四三年之前。此其二。假如惠施入魏時，其年齡在二十五至三十歲之間，則其見鄒君當在二十歲左右。此其三。田駟恐鄒君殺己，而求惠施代為告饒於鄒君。由此可知惠施在鄒國享有盛名，其辯才早已為鄒人所周知。此其四。假如惠施是宋人或魏人，則以二十歲之年輕人，而又無顯赫之地位，惠施這個異鄉人不該在鄒有盛名，而且惠施胸懷大志（詳後），亦斷無至彈丸之鄒求發展之理。據此可知，謂惠施為宋人，魏人皆為不合情理之說，此其五。反之，如果定惠施為鄒人，則惠施之在鄒出現，見鄒君，都是很順理成章之事。而且因為生於斯，長於斯，故雖然僅在弱冠之年，而鄒人早就知曉他的辯才，因此，田駟危急時，才會就地取材，找惠施去向鄒君討饒。此其六。惠施之行蹤有「之梁」、「之楚」、「之趙」、「納之宋」之記載；而見鄒君時，並無「之鄒」、「過鄒」、「使鄒」、「遊鄒」等字樣，由此亦可看出惠施是鄒之土產，此其七。

綜上所述，可以很明顯地斷定惠施之籍貫應該是鄒，而非宋或魏。

二、生年

因為史家沒有為惠施立傳，而且也沒有其他確切而直接的史料可資採用，所以我們只能依據惠施所交接人物及其所遭遇的事情之年代去推測他大約的出生年代。

馬陵之戰，魏太子被殺，覆軍十萬。魏王在亟欲報仇而無計可施之際，乃召見惠施問計。這件事是我們推測惠子生年的重要線索。

依繫年，馬陵之戰在梁惠王二十八年，即西元前三四三年。假定這一年惠施之年齡在二十五至三十歲之間，則可推定惠施之生年在西元前三七二—三六八年之間。這樣的推斷可與莊子生年，說苑記惠施入梁，史記以中山君為相諸事相配合。

依照莊子所記惠施與莊子交遊及惠施先莊子死，論者皆以為惠施年紀比莊子稍長。莊子之生年，見仁見智，迄無定論。但是定惠施生年在西元前三七二—三六八年，則與諸家莊子生年之說相較，惠施正好比莊子稍大幾歲。茲列各家所推測之莊子生年：

錢　穆：繫年西元前三六五—二九〇

陳元德：中國古代哲學史西元前三五〇—二七〇

馬夷初：莊子年表西元前三六九—二八六（馮友蘭中國哲史及蔣伯潛諸子通考均同此）

葉國慶：莊子研究西元前三六〇—二九〇

吳　康：老莊哲學西元前三七〇—二八〇

據史記六國年表，中山君在魏國馬陵戰敗前一年，相魏。魏馬陵戰敗既定在西元前三四三年，則中山君為相可前推一年為三四四年，惠施於是年入魏（說詳後），年齡約在二十五—二十九之間。觀其入魏後所表現的那一脫銳氣亦正與此年齡相當。因此，惠施之生年這樣定，是頗合情理的。不過如果一定要定出一個確定年代，則可依「稍長於莊子」為主要依據，並在「三七二—三六八」間採取折衷的方式定西元前三七〇年為惠施之生年。

三、見鄒君

依上述，鄒可能亡於西元前三四六年，而惠施於西元前三四四年入魏；則上引韓非子說林上所記惠施見鄒君事當在西元前三四七年以前，亦即在他二十四歲之前。這一次見鄒君，是惠施才能的第一次顯露。二十出頭的年輕惠施在這一次成功的見鄒君事上，充分地表現了他的機智、辯才與自信。綜觀惠施之一生，其性格及其所長，已在此時定型成熟。以後只是借客觀的現實機緣以表現其主觀的性格與才能而已。而這才能與性格是決定惠施在政治與學術上的成就及其限制的基本因素。

四、入梁

「梁相死，惠子欲之梁。渡河而遽墮水中，船人救之。船人曰：『子欲何之而遽也？』曰：『梁無相，吾欲往相之。』船人曰：『子居船楫之間而困，無我則死矣，子何能相梁乎？』惠子曰：『子居艘楫之間，則吾不如子，至於安國家，全社稷，子之比我，蒙蒙如未視之狗耳。』」（說苑雜言篇）

這是很生動有趣的一段記載，也是一個充滿自信與自負之年輕人，充滿了理想、夢幻且帶幾分猖狂的最佳寫照。這裏惠施所表現的是一種率真而純主觀的丰標，亦是一種生命混沌初啟後的昂揚。

這裏我們必須追問的是梁國死的是那位宰相？據史記六國年表中山君在魏惠王二十九年相魏，亦即馬陵之敗前一年。馬陵之戰既定在西元前三四三年，則中山君之相梁亦當提早一年在三四四年。如果把馬陵敗後，惠施在魏；中山君在馬陵戰前一年為相；及「梁相死」惠施「欲往相之」三事合在一起看，則我們可以作這樣的推測：西元前三四四年中山君前任之魏相死了，魏是當時的一等強國，而惠施是一個雄心萬丈的年輕人，他認為鄒不是他安身之所；所以一聞梁相死，立刻把握時機入梁，以求施展抱負。但昨由於過於急切而致落水，差點送命。此時惠施大約在二十七歲。這樣的年齡正好可以與說苑雜言篇所描繪的惠施入梁時的急進、自負的景象相吻合。

五、相梁前的一番奮鬥

惠施入梁後，他的夢想並未立刻獲償。其所以如此的原因，與其說是他的主觀才能不足，不如說是客觀上的阻力太大。此所謂客觀的阻力有兩層：一是魏國強大的權貴集團的反對；一是中山君與魏王關係之深厚。據諸子繫年魏牟考云：「中山乃魏之別封耳。……中山之君乃魏文侯少子魏摯之裔。……年表梁惠王二十九年，中山君為相，正以魏與中山本屬一家，猶如齊封田嬰於薛，而薛公父子入為齊相。故中山公子亦或以魏氏稱，而公子牟，亦稱魏牟。」中山君與魏王這種先天而內在的關係是惠施爭不到梁相的原因之一。不過最主要的還是魏國權貴勢力的阻撓。甚至於可能是：魏國權貴勢力的阻撓惠施，而間接地促成了中山君之為相。

惠施入魏前，「見鄒君」而救了田駟一命，這件事在主觀上為惠施建立了強烈的自信，而在客觀上亦為惠施贏得了很大的聲譽。所以入魏後，惠施就憑著他的自信與聲譽去闖他的天下。這種憑三寸不爛之舌以求取功名地位的年輕外國人，最為當地以汗馬功勞，及以政績或親屬關係贏得權勢的人所厭惡與嫉妒。廉頗與藺相如的衝突就是一個典型的例子。惠施入魏後也遭遇了廉頗型的人物的反對。其中最有名的是：白圭與翟翦。

「魏人白圭，丹名，圭字。」（梁玉繩漢書古今人表攷）

「白圭相魏，暴譴相韓；白圭謂暴譴曰：『子以韓輔於魏，我以魏待子於韓；臣長用魏，子長用韓。』」（韓非子）

「梁惠王二十七年，丹封名會，丹，魏大臣也。」（史記六國年表）

「丹封名會四字難曉，注家皆闕。疑名會乃於澮之譌。澮為魏地，丹封於澮，猶齊封田嬰於薛耳。」（梁玉繩史記志疑）

按：根據上引資料，再加上孟子告子下白圭對孟子說「吾欲二十而稅一，何如？」「丹之治水也，愈於禹」的神氣，可知白圭是一個「政績卓著」的重臣，但是也因此使他目無餘子，而且私心頗重，善於把持政壇。惠施入魏以後，一眼看準了白圭的名望、地位與影響力，因此選他作為其在魏國闖名立萬兒的試金石。因而有說白圭之舉（孟子遊梁，也有拜訪白圭之事）。

「白圭新與惠子相見也。惠子說之以彊，白圭無以應。惠子出，白圭告人曰：『人有新取婦者，婦至，宜安矜煙視媚行。豎子操蕉火而鉅，新婦曰：『蕉火大鉅。』入於門，門中有斂陷。新婦曰：『塞之，將傷人之足。』此非不便之家氏也。然而有大甚者。今惠子之遇我尚新，其說我有大甚者。惠子聞之曰：『不然，詩曰：「愷悌君子，民之父母。」愷者，大也；悌者，長也。君子之德長且大者，則為民父母。父母之教子也，豈待久哉？何事比我於新婦乎？詩曰愷悌新婦哉？』」（呂氏春秋不屈篇）

按：惠施有「說大人則藐之」的氣勢，而白圭則是一股子老氣橫秋。由於性格上的衝突，兩人當然談不攏來，當然惠施亦失之急切，不過相形之下，惠施可敬而可愛多了、白圭因為是魏國重臣，平素陶醉於其政績與權勢中，以致其生命亦僵化於其中而不自覺。所以他以僵滯於權勢的慣性，要惠施以新婦煙視媚行之態登場；而惠施則有當仁不讓之概，自居為「為民父母之君子」而不肯卑躬屈膝，令色足恭地去諂媚權貴。這是新銳與老臣衝撞不協之典型。由於對白圭之沖撞不遜，惠施不但沒有能利用白圭之影響力而為自己開闢一條平坦的仕途，反而引起了反作用。白圭不但公開地譏評惠施，而且還利用他的特權跑到魏王那裏告惠施的狀。

「白圭謂魏王曰：『市丘之鼎以烹雞。多洎之，則淡而不可食；少洎之，則焦而不熟。然而視之蝺焉美，無所可用。惠子之言，有似於此』。惠子聞之曰：『不然，使三軍饑而居鼎旁，適為之甑，則莫宜之此鼎矣。』白圭聞之曰：『無所可用者，意者徒加其甑邪？』」（呂氏春秋應言篇）

白圭因為受不了惠施之不遜，乃以華而不實，美而無用為口實，在惠王面前詆譭惠施。而惠施則一本其銳氣而與白圭針鋒相對，毫不相讓、妥協或屈服，益見其挺拔而不屈之風標。話雖如此，在現實上，惠施還是吃了白圭這等人的暗虧，而使他在魏不能立刻伸展其抱負。

惠施本來是想利用白圭之地位作為進身之階，不料碰了釘子。不過與白圭的叫陣對立，卻使他在魏國的聲名大噪。說白圭不能達到目的，於是他就採取直接向惠王顯露才學的途徑。

「惠子為魏惠王為法。為法已成，以示諸民人（「民人」，淮南子作「先生」），民人皆善之。獻之惠王，惠王善之，以示翟翦。翟翦曰：『善也！』惠王曰：『可行邪？』翟翦曰：『不可。』惠王曰：『善而不可行，何故？』翟翦對曰：『今舉大木者，前乎輿謣，後亦應之。此其於舉木者善矣，豈無鄭衛之音哉？然不若此其宜也。夫國亦木之大者也。』」（呂氏春秋，淫辭篇）

惠施不得重臣鼎力推薦，乃以毛遂自薦的方式以求進，結果還是遭到權臣的詆毀。不過目的雖然沒有達成，但是他在魏國的聲譽確立了，才學得到確認了。尤其得到梁惠王的賞識。不過因為前有「白圭之非惠子」，後有「翟翦之難惠子之法」（此二語皆呂覽聽言篇語），因此惠王在權貴集團的壓力（至少是阻力）下終於放棄任用惠施為相之念頭。而與惠王關係甚深，且聲望足以傾權臣之中山君卻因此而坐收漁人之利而當上了魏相。

六、相梁

惠王十五年，魯、衛、宋、鄭來朝，是梁惠王霸業的巔峰，而十八年伐趙，攻下邯鄲，引起齊國的救趙，則是惠王霸業由盛而衰的轉捩點。接踵而來的是：「十八年齊敗魏桂陵」、「十九年諸侯圍我襄陵」、「二十年歸趙邯鄲」，到二十八年馬陵之戰「齊虜我太子申，殺將軍龐涓」、「覆十萬之軍」則是惠王一生最暗淡的時刻。而在朝的將、相不能於此時有所建白，以雪國恥，惠王乃想起了被權臣阻擋於野的惠施，因而有召見惠施問計之事。

「齊魏戰於馬陵，齊大勝，殺太子申，覆十萬之軍。魏王召惠施而告之曰：『夫齊，寡人之仇也，怨之至死不忘，國雖小，吾常欲悉起兵而攻之。何如？』對曰：『不可！臣聞之：王者得度，而霸者知計；今王所以告臣者，疏於度而遠於計。王固先屬怨於趙，而後與齊戰，今戰不勝，國無守戰之備，王又欲急起而攻齊，此非臣之所謂也。王若欲報齊，則不如因變服折節而朝齊，楚王必怒矣。王游人而合其鬭，則楚必伐齊，以休楚而伐罷齊，則必為楚禽矣。是王以楚毀齊也。』魏王曰：『善！』乃使人報於齊，願臣畜而朝，田嬰許諾。張丑曰：『不可！戰不勝魏，而得朝禮，與魏和而下楚，此可以大勝也。今戰勝魏，覆十萬之軍，而禽太子申，臣萬乘之魏，而卑秦楚，此其暴戾定矣。且楚王之為人也，好用兵而甚務名，終為齊患者，必楚也。』田嬰不聽，遂內魏王而與之並朝齊侯。趙氏醜之，楚王怒，自將而伐齊，趙應之，大敗齊於徐州。」（戰國策魏策）

按：右引魏策之文，所記內容與文氣雖一氣呵成，但是時間觀念含混不清，易滋錯覺。馬陵之戰在西元前三四三年，而文尾楚大敗齊於徐州事，則在西元前三三三年。前後相隔十年，特予表出。不過這事關係惠施一生很大，值得吾人加以探討。

自西元前三四三年馬陵戰後，魏齊的國際關係有：三三六年魏與齊宣王「會平阿南」，三三五年魏與齊王「復會於甄」，三三四年（魏惠王後元元年）與齊「會徐州相王」。然後才是三三三年的楚伐徐州。總之，齊魏馬陵戰後，兩國之間是採取和平共存的政策。此其一。三年之間齊魏竟有平阿、甄、徐州三次和會，這是同一外交政策——和平共存的貫徹所造成的結果。因而主政者當是同一個人，而這個人就是惠施。此其二。何以肯定惠施是魏齊和平共存的執行者呢？呂氏春秋愛類篇云：「匡章謂惠子曰：『公之學，去尊；今又王齊王，何其到也？』」匡章的責難，顯然是因惠施主持魏齊會徐州相王而引發的；復次，馬陵戰敗惠王召見惠施問計時，惠施曾批判對齊用兵之非，並設計了主和之策；所以惠施不但是魏國對齊國和平共存的原始設計人，同時也是一個實際的執行者。此其三。莊子秋水篇有「惠子相梁」之記載，呂氏春秋不屈篇及其注，謂惠王比惠子於管夷吾，「乃請令周太史更著其名」，並尊稱為仲父。史記六國年表有：「張儀免相，相魏」（西元前三二二年），而楚策有「張儀逐惠施於魏」之記載。綜上所記，斑斑史蹟，可證明惠施曾為魏相。此其四。於此我們所應追問的是惠施何時為魏相？馬陵戰後，魏大臣無有善策，惠王乃召惠施問計。而惠施為魏所設計的外交政策是「主和」。但是與齊「和平共存」政策的執行則直到西元前三三六年的齊魏平阿南之會，才算實現。可見惠王之召惠子問計不會太早，而惠施之為相，亦不會距平阿南之會太久。據此，惠施很可能是在齊魏平阿南之會前一年，亦即西元前三三七年（周顯王三十二年，魏惠王三十四年，齊宣王六年）相魏。此其五。至於楚圍徐州事的起因，亦值得一提。據魏策：「魏王乃使人報於齊，願臣畜而朝，田嬰許諾。遂內魏王而與之並朝齊侯。趙氏醜之，楚王怒，自將而伐齊，趙應之。大敗齊於徐州。」則楚圍徐州乃是惠施之計策得售的結果。但是魏策另有一段記載云：「徐州之役，犀首謂梁王曰：『何不陽與齊而陰結於楚，二國恃王，齊楚必戰。齊戰勝楚而與乘之，必取方城之外；楚戰勝齊而與乘之，是太子之讎報矣。』」依此，挑起楚圍徐州之計出於犀首。不過據史記楚世家：「威王七年，齊孟嘗君父田嬰欺楚，楚威王伐齊，敗之徐州。」之記載，則楚之伐齊是因為「田嬰欺楚」而引起的。至於田嬰如何欺楚，史記未有說明，而史記集解則有解說：「時楚已滅越，而伐齊也。齊說越，令攻楚，故云：齊欺楚。」越王句踐世家亦有齊威王使人說越攻楚，楚敗越，並破齊於徐州之記載，但未指名說越攻楚者為田嬰。綜上所述楚圍徐州之起因有三，何者為真，不能確知。不過第一、三種說法都與田嬰有關，而第二種說法沒有其他史料的支持。所以我們仍認為是由田嬰引起的可能性較大。魏策云：「田嬰納魏王，而與之並朝齊再三。」史記孟嘗君列傳云：「宣王七年，田嬰使於韓魏，韓魏服於齊。嬰與韓昭侯、魏惠王會齊宣王東阿南，盟而去。」楚國在春秋時已稱王，而楚威王是「好用兵而甚務名」，眼見田嬰帶著韓、魏之君朝齊，而且在徐州「相王」。田嬰的張狂，目中無楚，激怒了楚威王，所以有伐齊徐州之舉。此其六。

七、人生之巔峰

馬陵戰敗，魏惠生恨齊入骨，而且溢於言表，何以竟接受了惠施「和齊」之策，而任用惠施為相，並在三年內與齊國舉行了三次和會？這中間一定有他的道理在。一言以蔽之，這與諸侯稱「王」之事有關。

戰國群雄，除楚國在春秋時就已稱王外，最先稱王的是魏國。齊策記載梁惠王二十七年「稱王」之經過曰：「從領十二諸侯，朝天子，以西謀秦。衛鞅見魏王，勸以先行王服。魏王悅。故身廣公宮，制丹衣柱，建九斿，從七星之旟。此天子之位也，而魏處之。於是齊人伐魏，殺其太子，覆其十萬之軍。魏王跣行按兵於國，而東次於齊。秦王垂拱而受西河之外。」秦策：「魏伐邯鄲，因退為逢澤之遇。乘夏車，稱夏王，朝天子。天下皆從。齊太公（當作威王）聞之，舉兵伐魏。梁王身抱質執璧，請為陳侯臣。天下乃釋梁。郢威王聞之，帥天下百姓以與申縛遇於泗冰之上，而大敗申縛。」戰國群雄皆有統一天下之野心，因而對於「王」號頗為艷羨而敏感。而在國際間，除了自己外，不願有「超級強國」出現，因而在有意無意間，有形無形中形成了均勢的國際關係。梁惠王因率領諸侯會於逢澤，而朝天子，自以為可以號令天下諸侯了，因而開始稱「王」。這樣一來，梁成了「超級強國」，而有打破「均勢」之勢，尤其在名位上稱「王」，更使群雄不能容忍。因此齊國首先發難，以救韓為藉口而攻魏，而骨子裏則是為了與魏爭「王」競「強」。所以在馬陵大勝之後，齊威王在得意忘形之下立刻跟進而稱「王」，並在第二年（西元前三四二年）改元（史記誤作威王卒，宣王立）。這時處境最尷尬的是梁惠王。才稱王，就慘敗於齊，有何面目繼續稱王？而取消王號，則更失尊嚴，心中亦捨不得。這是惠王接受惠施和齊及「徐州相王」的背景。

惠施「變服折節而朝齊，楚王必怒矣。王游人而合其鬬，則楚必伐齊，以休楚而伐罷齊，則必為楚禽矣。是王以楚毀齊也。」的計策，是一條一石雙鳥之妙計。一方面可以保住「王」號，同時又可報齊仇。所以惠王對此策略稱善，而且不久就任惠施為相。就相位後，惠施就開始實施他的計策。由史記田敬仲世家：「其後（即馬陵戰後）三晉之王皆因田嬰，朝齊王於博望，盟而去。」戰國策：「韓魏之君北面朝齊」之語看來，魏不但接二連三與齊舉行和會，而且也發動他國共同朝「齊王」。在這苦肉計之下，齊威王在陶醉之餘，覺得太委曲了魏惠王，所以乾脆來個平等互惠之策，因而演成了魏齊在徐州「相王」這一幕戲。這樣一來梁惠王得到齊威王的承認，不但保住而且確立了他的「王」號。惠王有了這外交上的收穫，就在徐州相王後立刻改元（史記誤惠王改元為惠王卒，襄王立）。這一幕戲，惠施在幕後主其事，而齊國田嬰則成了台上的功臣。這時，好用兵而甚務名的楚威王，看不慣齊王與田嬰的招遙與猖狂，於是以「田嬰欺楚」為藉口，出兵伐齊，敗之於徐州。

確立「王」號與報齊仇是惠王心中最重視的兩件事，而惠施相魏後，很快就依計一一為他完成了。所以他對惠施不但欽敬而且有感恩之情。因而對惠施是完全地寵信了。任何人的惡意中傷與讒言也無法撼動惠施之地位。

匡章因為打敗秦國而成了齊威王的新寵，他以武功取得地位，而又年輕氣盛，當然瞧不起惠施，所以他不但當面取笑惠施，而且以戰勝國將領的身份驕恣地在梁惠王面前譏刺惠施。但是在惠王心中一點也不起作用。茲錄其事於後，以見惠施在惠王心中的地位。

「匡章謂惠子曰：『公之學，去尊；今又王齊王，何其到也？』惠子曰：『今有人於此，欲必擊其愛子之頭，石可以代之。匡章曰：（匡章曰三字疑衍）公取之代乎其不與？施取代之。子頭所重也，石所輕也。擊其所輕以免其所重，豈不可哉？』匡章曰：『齊王之所以用兵而不休，攻擊人而不止者，其故何也？』惠子曰：『大者可以王，其次可以霸也。今可以王齊王而壽黔首之命，免民之死，是以石代愛子頭也，何為不為？民寒則欲火，暑則欲冰；燥則欲溼，溼則欲燥。寒暑燥溼相反，其於利民一也。利民之道豈一道哉？當其時而已矣。』」（呂氏春秋愛類篇）「匡章謂惠子於魏王之前曰：『蝗螟，農夫得而殺之，奚故？為其害稼也。今公行，多者數百乘，步者數百人；少者數十乘，步者數十人；此無耕而食者，其害稼亦甚矣。』惠王曰：『惠子施也，難以辭與公相應。雖然，請言其志。』惠子曰：『今之城者：或者操大築乎城上，或負畚而赴乎城下，或操表掇以善睎望。若施者，其操表掇者也。使工女化而為絲，不能治絲；使大匠化而為木，不能治木；使聖人化而為農夫，不能治農夫；施而治農夫者也，公何事比施於螣螟乎。』」（呂氏春秋不屈篇）

按：漢書藝文志以為名家出於禮官，隋書經籍志論名家曰；「名者所以正百物，敘尊卑，列貴賤。各控名而責實，無相僭濫也。」歐陽修崇文總目敘釋論名家曰：「名家者流，所以辨覈名實，流別等威，使上下之分不踰也。」由上可知，名家在政治上所重的是「名」、「實」相符而不亂。戰國諸侯全都僭濫踰越，而使「名」「實」乖亂。惠施之「去尊」即旨在呼籲諸侯安於其名位而不可僭越，以求「使上下之分不踰」。這是名家一貫性的共同主張。而今惠施居然「王齊王」，這顯然與其平素「去尊」之主張自相矛盾，所以匡章看不順眼，就拿它來非難惠施。觀惠施之回答，其意似是：「去尊」是他貫常的，一般性的主張，而「王齊王」則是以「國」、「民」之利益為依歸的一種權宜之計。就這一點來看，惠施在政治上的主張是一種「現實主義」，而非「理想主義」。匡章是戰勝國英年得志之將領，而惠施則是戰敗國的臣子而從事「辱國」之事；但是在面對著匡章的惡意的、嚴厲的、不屑的責問時，卻能夠不亢不卑，一如平昔，以其犀利的辯才反擊對方，而不退縮，這是惠施可取的一面。

諸子繫年匡章考論匡章之律身云：「蓋亦聞墨學之緒論，而有志焉者也。」今觀匡章在魏王面前譏刺惠施之言，頗類似許行之徒，而有墨家「蔽於用而不知文」之病，是一個十足的功利主義者。惠王對匡章之評論惠施，因格於外交上的劣勢，當然不願意因為惠施與匡章之衝突而影響其「王齊王」之大局。但是他也不願意自己的宰相，自己所欽敬之人受到侮辱，所以還是讓惠施對匡章之羞辱有表白洗除之機會。由惠王這種一心呵護的處置可見匡章之讒言並未影響到惠王對惠施的信任與敬意。

惠施之辯才無礙，「為惠王為法」、「徐州相王」，假楚國以報齊仇等一連串的事情，使惠王對他由欽佩而崇拜，而至有讓國之舉。呂氏春秋不屈篇記此事云：

「魏惠王謂惠子曰：『上世之有國，必賢者也；今寡人實不若先生，願得傳國。惠子辭。王又固請，曰：『寡人莫有之國於此者也，而傳之賢者，民之貪爭之心止矣。欲先生之以此聽寡人也。』惠子曰：『若王之言，則施不可而聽矣。王固萬乘之主也，以國與人猶尚可；今施布衣也，可以有萬乘之國而辭之，此其止貪爭之心愈甚也。』」

按：惠王讓國之事，除呂氏春秋外，其他典籍均無記載。不過，燕王噲曾有讓國於其相子之的事實，所以惠王讓位之事，不無可能。也許正由於惠施的婉拒、固辭，使讓國之舉，沒有成為事實，故史籍不加記載。

惠施在徐州相王這一件事上，雖然犧牲其「去尊」之原則而有「王齊王」之舉，但是在惠王讓國一事上卻能固守其分，應對得體，而不僭越苟得。惠施在政治上，為了因應時局，可以有權變之措施，但是落到個人之修為操守上，則能嚴君臣之分，守人臣之常度，在當時的風尚中可算得上是一位難能而可貴的正人君子。

在朝廷上贏得了君主的「完全信任」與崇拜；在外交上，因應得當，挽回由於軍事上的慘敗所造成的頹勢；這時刻可以說是惠施人生的巔峰時期。

八、相梁之功過

惠施相梁十餘年，又得惠王之信任，然不能使魏惠恢復早年之霸業，所以論者多有譏刺之言。呂氏春秋不屈篇曰：

「惠子之治魏為本，其治不治。當惠王之時，五十戰而二十敗，所殺者，不可勝數，大將愛子有禽者也。大術之愚，為天下笑，得舉其諱，乃請令周太史更著其名。圍邯鄲三年，而弗能取。士民罷潞，國家空虛，天下之兵四至，罪庶誹謗，諸侯不譽。謝於翟翦而更聽其謀，社稷乃存。名寶散出，土地四削，魏國從此衰矣。仲父大名也，讓國大實也，說以不聽不信，聽而若此，不可謂工矣。不工而治，賊天下莫大焉，幸而獨聽於魏也。以賊天下為實，以治之為名，匡章之非，不亦可乎？」又曰：「惠王布冠而拘于鄄，齊威王幾弗受。惠子易衣布冠乘輿而走，幾不出乎魏境。」

按：不屈篇把惠施攻擊得體無完膚。其實所列惠施罪狀率多栽贓之言。圍邯鄲及馬陵之戰都是惠施相魏前所發生的事，如何能歸到惠施帳上來？「惠王布冠而拘于鄄，齊威王幾弗受；惠子易衣布冠乘輿而走，幾不出乎魏境」、「請令周太史更著其名」、「五十戰而二十敗」也都是不合情理或非事實的厚誣。話雖如此，惠施用事期間，不能使魏國勢復振是事實，但是把責任全都推到惠施身上，實在有欠公正。

從西元前三三四年徐州相王到西元前三二二年張儀逐惠施（後詳）相魏，十幾年間魏國對外的戰爭，根據史記及資治通鑑的記載共有九次。茲列其年代及交戰國於后：

惠王後元二年：秦敗我雕陰。

三年：伐趙。

五年：秦圍我焦、曲沃。與秦河西地。

六年：秦取汾陰，皮氏。

六年：魏敗楚，取陘山。

七年：秦公子桑圍蒲陽，降之。魏納上郡。

十年：魏敗韓舉與趙護。

十一年：秦張儀帥師伐魏，取陝。

十二年：楚敗魏襄陵。

這九次戰役中，與楚國之戰勝敗各一，與趙韓之戰皆勝，而與秦之戰則五戰皆北。而且傷亡及失地均極慘重。這與其說魏弱，不如說秦國太強。這種國勢強弱的懸殊狀不獨魏國為然。東方諸國，除齊較強外，其餘各國都不是秦的對手，在外交與軍事上都普遍承受秦國的壓力，而且這種致命的情勢有增無減，回天乏術。從天時、地利、人和的條件上看。魏國都遠落在秦國之後，而且魏弱非一日之寒，怎麼能把一切責任推到惠施身上，這是絕對不公平的苛責。

惠施主政的外交政策是「主和」。惠王年輕時用兵過度，確實需要休養生息，這是惠施主和的大背景。論者多有將惠施歸入墨徒之說，而其主要論點是：惠施主偃兵，合乎墨子非攻之說；墨子有兼愛之說，而惠施亦言汜愛萬物。其實就三家學術之大方向及其心靈型態看，把名墨混同為一家是不當的。

儒、道、墨三家都有非戰的主張，一言以蔽之，其非戰的主張或行動都是決定於三家之基本思想。例如：墨子「止楚攻宋」是他「非攻思想」的貫徹與實踐，而惠施之「主偃兵」之策的決定條件不是思想，而是現實，是魏國的情勢使然。惠王想對齊國用兵時，惠施是這樣回答的：「國無守戰之備，王又欲悉起而攻齊，此非臣之所謂也。」對匡章「公之學，去尊；今又王齊王，何其到也？」之非難的回答是：「……今王齊王，而壽黔首之命，免民之死，……何為不為？……利民豈一道哉？當其時而已矣。」由此可知，惠施之主張「王齊」而反對「攻齊」，並非惠施之基本思想使然，而是現實使然。我們可以說：儒道墨的反戰論是理想主義的反戰論，而惠施則是現實主義的反戰論。

「惠施為韓魏交，令太子鳴為質於齊。」（魏策）

「魏王令惠施之楚，令犀首之齊；鈞二子者乘數，鈞將測交也。楚王聞之，施因令人先之楚言曰；『魏王令犀首之齊，惠施之楚；鈞二子者，將測交也。』楚王聞之，因郊迎惠施。」（魏策）

「五國伐秦，魏欲和，使惠施之楚。楚將入之秦，而使行和。」（楚策）

「張儀欲以秦韓與魏之勢伐齊荊，而惠施欲以齊荊偃兵。二人爭之。」（韓非子內儲說上、七術）

「秦惠文王六年，魏以陰晉為和，命曰寧秦。」（史記六國年表）

由以上文獻可知，惠施不但在惠王面前為魏國設計主和的外交政策，而且是和平共存政策的執行者。他主和的面是很廣泛的，不獨對齊為然。他不但在就相魏前主張和平，就是下台離魏前還是極力主和。

惠施主和之政策，並沒有使魏國強大，但是卻始終使齊魏之間維持和平共存的局面。這對魏國的國勢雖沒有積極的、建設性的貢獻，但是亦非沒有價值者。假如齊魏不和，則處在東西兩強——齊秦的夾縫中討活的魏國，必定會遭受到兩面夾攻之困窘，或許有被瓜分之可能。所以惠施之主和政策，使魏國強大則不足，而使魏國維持一個小康之局面則有餘。

惠施和平政策最具體的成就是齊魏徐州相王，而這一事件，開啟了當時國際間相王之局。此後，諸侯紛紛稱王。連春秋時已稱王之楚在內，共有九國稱王。而始作俑者是惠施，這是他導演「徐州相王」時所萬萬料想不及的。

綜觀惠王在位期間，飽受秦國之蠶食，這是外患；張儀、蘇秦、犀首（即公孫衍）等這些反覆無常，權力欲熾熱的「傾危多詐」之士，在魏國活動頻繁，對惠施而言，這是內憂。處在這內憂外患，風雨飄搖的局面裏，卻能始終贏得梁惠王的信任，而保住他的相位十幾年，這實在是一件不簡單的事。

惠施之所以能贏得梁惠王之長期信任，除了外交上的成就（如徐州相王，激怒楚國伐齊等）及其辯才外，我想最主要的是惠施人格的方正使人有「可信賴感」使然。惠施婉拒固辭惠王之讓位，與燕相子之的篡竊、苟得相比不啻天淵之別。此其一。據史記，惠王後元二年，犀首為秦大良造，伐魏，大敗其師四萬餘人，禽將龍賈。張儀於惠王後元六年圍蒲陽，十一年伐魏，取陝。這一對權詐的「三晉之士」，都曾率秦兵打敗魏軍，掠取魏地，也都遊說過魏王，而後來又都當了魏相。蘇秦雖然不像他們二人那樣卑劣，但是這三人與魏國所發生的關係，其方式雖異，而其唯一己之權勢名利是圖，而無視於魏國之利益則一。而惠施之辯才並不遜於這三人，但是他卻始終如一地為魏王分憂分勞，而無二心。此其二。惠施被張儀搶走相位，流落楚、宋。宋偃王對他十分禮遇，但是他還是不忘魏國。當惠王卒，張儀去，他又立刻返魏。雖然復相無望，但是從他諫襄王改期葬惠王及忠告魏相田需兩件事（均詳後），可見惠施是發自於內心的忠於魏國。此其三。惠施失去相位後，繼任為相的張儀、犀首、田需，為了相位曾經明爭暗鬪，而且所用手段卑劣，無所不用其極（事詳戰國策）。而惠施返魏後，當然仍然希望復位，但是他沒有採取任何不正當的手段（其實，他一生只是好逞口舌，卻從不耍弄權術，陰謀傷人），而在復位無望後，卻能恬然自安。國家需要他時，仍然以其殘生餘力出使楚、趙（事詳後）這又是惠施難能而可貴的一面。此其四。

以上所述惠施之行事，雖然發生的年代相隔甚長，有的是在惠王死後所發生的，但是從這些先後的行事正可看出惠施之一貫性格與人格。惠施就是憑著這忠貞不二與方正不苟的風範，再加上敏捷的辯才與豐富的學識而贏得惠王的賞識與信任。否則沒有顯赫之事功，亦不使花招要挾，如何能保住十幾年的相位？惠施的這一面是史家及論者所忽略的，所以特地將它表出，以便對惠施有更深刻的認識。

九、去魏

秦自商鞅變法後，國勢漸強，而山東群雄則彼此間戰禍連年，而致國勢疲弱。同時秦國則地處西陲，養精蓄銳，俟機而東侵，東西勢力消長之勢已判然而分。就這樣，慢慢地形成了東方群雄的恐秦病。而這種普遍的恐秦病，正是蘇秦「合縱」政策得售的心理基礎。而「合縱」是扼殺西秦東進的利刃，所以秦國乃極力設法破壞縱約。而秦國破壞縱約所選中的第一個對象則是魏國。其行動是「秦使犀首欺齊、魏，與共伐趙。欲敗縱約」而其結果是：「齊魏伐趙，趙王讓（讓，責也）蘇秦。蘇秦恐，請使燕，必報齊。蘇秦去趙，而縱約皆解。」（史記蘇秦列傳）對秦國而言，敗縱約是消極的、被動的；而張儀之倡連橫則是積極的、主動的。敗縱約自魏始，而連橫亦自魏國始。

「其後二年（按：指秦惠文王初更二年，亦即魏惠王後元十二年，西元前三二三年）使與齊、楚之相會齧桑。東還而免相，相魏（事在梁惠王後元十三年）以為秦，欲令魏先事秦而諸侯效之。」（史記張儀列傳）

這是張儀入魏相梁的動機，而張儀相魏，則導致惠施之去魏。其經過是這樣的：

「張儀欲以秦韓與魏之勢伐齊荊，而惠施欲以齊荊偃兵。二人爭之，群臣左右皆為張子言，而以攻齊荊為利，而莫為惠子言。王果聽張子，而以惠子言為不可。攻齊荊事已定，惠子入見。王言曰：『先生毋言矣。攻齊荊之事果利矣，一國盡以為然。』惠子因說：『不可不察也。夫齊荊之事也誠利，一國盡以為利，是何智者之眾也？攻齊荊之事誠不利，一國盡以為利，何愚者之眾也？凡謀者，疑也；疑也者，誠以為可者半，以為不可者半。今一國盡以為可，是王亡半也，劫主者，固亡其半者也。』」（韓非內儲說上、七術）

按：惠施的外交政策在基本上是主張偃兵的，而對東西兩強的齊秦是採取與齊親善合作；而對秦則容忍、妥協。在惠施，對前者較為積極、看重；而對後者則是出於不得已，是被迫的。惠施的這一套政策行之有年，而且相魏日久，尤其是在梁惠王心目中的地位又極牢固。所以張儀想「相魏」，不是件輕易的事。但是張儀卻有「倒轉乾坤」之手段，不甚費力就達到了目的。他的做法是先離間惠王與惠施之關係，打擊惠施在魏國君臣間的聲望。而其具體辦法則是打出「魏合秦韓以攻齊楚」的口號以利誘魏國君臣，使之反對惠施之苟安政策——「魏合於齊楚以偃兵」。結果魏國君臣果然墮入張儀的計算而入彀。張儀詭計之得售，不完全是張儀之能，而是魏國君臣心理久經壓抑使然。張儀只是善於利用群眾心理與客觀之情勢罷了。惠施之偃兵和平的政策，固然可與東方各國和平共存而減少兵禍，但是對魏國而言，只是減輕兵禍而無實利可得，而且這種政策似有增強秦國的蠶食之勢。日子久了，魏國君臣一定感到不耐。而張儀的「合秦韓以攻齊楚」則消極的可以減輕，甚至解除秦國的侵略；而積極的，可以得利於齊楚。張儀就是把握了魏國上下這種不耐現實及趨利避害的心理，而打垮了惠施的政策。其實張儀的政策並不真能對魏國有利。因為「合秦韓以攻齊楚」是張儀推銷他的連橫之計的煙幕，所以「合秦」並不能解消來自秦國之害；而「攻齊楚」則不但不會有實利可得，反而會招來齊楚之反擊，而陷魏國於四面楚歌之勢。惠施應該就此「大勢」來反擊張儀，但是全國上下均附和張儀而瞎起鬨時，他不能就魏國之利害與國際大勢來戳破張儀之詭計，同時也不能給予魏國君臣以嚴重的警告；反而以「何知者之眾也，何愚者之眾也……」這一類話頭來自我解嘲；這實在未脫「辯者」之本色，而缺少一種政治家的氣勢與風範，也無政客自保的手腕，這種根器是惠施在政治上不能有大成的先天因素。一言以論之，惠施有相「品」而欠缺相「格」。

張儀造成合韓秦以攻齊楚的輿論後，很輕易地奪走惠施的相位。並且在即相位後劍及屨及地實踐他的計策。故秦本紀曰：「（秦）惠王更元三年，韓魏太子來朝，張儀相魏。」這是梁惠王後元十三年，西元前三二二年的事。

張儀相梁後，為了遂行他的陰謀，乃「逐惠施於魏」（楚策語），不久張儀就露出了他的猙獰面目——「欲令魏先事秦，而諸侯效之。」（張儀列傳語）魏惠王之接受張儀只是因為「攻齊楚」之利而智昏，但是他並不是甘心雌伏於秦之人，所以不肯事秦。「魏主不肯聽儀，秦王怒，伐取魏之曲沃，平周。」（張儀列傳）至此惠王只好忍氣吞聲，接受秦國與張儀的壓榨，自食其「合秦」之惡果，良可歎也。不但如此，還差一點引來齊楚的圍攻，幸虧張儀為了自私的理由「派雍沮說齊楚之王」才倖免於難，否則其後果更是不堪設想了。

「張儀以秦相魏，齊楚怒而欲攻魏。雍沮謂張子曰：『魏之所以相公者，以公相則國家安，而百姓無患；今公相而受兵，是魏計過也。齊楚攻魏，魏必危矣。』張子曰：『然則奈何？』雍沮曰：『請令齊楚解攻。』雍沮謂齊楚之君曰：『王亦聞張儀之約秦王乎？曰：「王若相儀，齊楚惡儀，必攻魏，魏戰而勝，是齊楚之兵折，而儀固得魏矣；若不勝魏，魏必事秦，以持其國，必割地以賂王。若欲復攻，其敝不足以應秦。」此儀之所以與秦王陰相結也。今儀相魏而攻之，是使儀之計當於秦也，非所以窮儀之道也。』齊楚之王曰：『善！』乃遽解攻於魏。」（魏策）

由是觀之，惠施「和齊楚以偃兵」之策，雖不能得大益處，而接受了張儀「合秦韓以攻齊楚」之策，則利未得而害先至。到此田地，越能看出惠施謀國之持重及其價值。

十、流亡楚、宋

「張儀逐惠施於魏，惠子之楚，楚王受之。馮郝謂楚王曰：『逐惠子者，張儀也；而王親與之約，是欺儀也，臣為王弗取也。惠子為儀者來，而惡王之交於張儀，必弗行也。且宋王之賢惠子也，天下莫不聞也；今之不善張儀也，天下莫不知也。今為事之故棄所貴於讎人，臣以為大王輕矣。且為事耶，王不如舉惠子而納之於宋，而謂張儀曰：「請為子勿納也。」儀必德王；而惠子窮人，而王奉之，又必德王；此不失為儀之實，而可以德惠子。』楚王曰：『善！』乃奉惠子而納之宋。」（楚策）

惠施在魏國得意了十幾年，卻輕易地為張儀所逐。當他流亡到了楚國，楚王本有禮遇之意，卻為張儀之淫威所屈，而將「窮人惠施」送往宋國。人之勢利現實固可歎，然而魏王被張儀玩弄於股掌之上，楚王自賤而討好於張儀，則更可歎也。梁王把惠施棄如敝履；楚王把惠施當作燙手的山芋摔向宋國；而不在戰國七雄之列的宋國竟接受了惠施；由此可見宋偃王之「膽」「識」勝過梁惠楚懷多矣，無怪乎他有「東敗齊，取五城；南敗楚，取地三百里；西敗魏君；乃與齊魏為敵國。」（史記宋微子世家）的功業。

據孟子萬章篇，韓非子說林下、五蠹、淮南子人間訓，後漢書東夷傳都有宋偃王好行仁義之記載；而惠施則有偃兵之主張，同時比起張儀、公孫衍之流，惠施算得是仁義君子；就是這契機，才會有「宋王之賢惠子也，天下莫不聞」之事。宋偃王既賢惠子在先，而又於惠施落魄流亡時收留他，照理偃王會重用惠施，而惠施也會感恩圖報，伸展其才智以報知己才是，可是今存文獻都不能證實這件事。

據魏策及呂氏春秋開春之記載，梁惠王死，襄王要冒著大風雪葬惠王，而無人敢諫時，惠施乃挺身而出（事詳後）諫諍襄王改期葬惠王。惠施於西元前三二二年到宋國，而在西元前三一九年梁惠王去世時，人卻在魏國，則可看出惠施在宋至多停留三年，而且由此亦可知他在宋亦不見得得意，否則不會那麼快就離開宋國。其所以如此，可能是惠施眷戀故國之情使然。

惠施為相時之忠貞不二，固不必說，當他被放逐流亡外國再度返魏後，眼看無法復相，然而他對魏之君臣卻是充滿關切，一片老成謀國之情意溢於言表，同時又為魏出使楚、趙。可見惠施對魏國確實具有一種一往情深的愚忠，也許就是這種心情與操守使他不肯仕宋，不肯久留宋國，而亟返魏國，因為這時正是魏國多事之秋。

十一、返魏

憑機詐權術來從事權力鬥爭，惠施絕非張儀的對手，但是犀首（公孫衍）與張儀則是一對旗鼓相當的政敵。他們二人爭「寵」奪「相」，從秦國一直爭奪到魏國，其間互有勝負。張儀逐走了惠施而當上魏相，但是惠王受不了秦王與張儀的內外交逼。犀首看準了這一點，因而耍了一次外交手腕，由韓相公叔幫他忙，而當上了魏國代相。

「魏王將相張儀，犀首弗利，故令人謂韓公叔曰：『張儀以合秦魏矣，其言曰：「魏攻南陽，秦攻三川，韓氏必亡。」且魏王所以貴張子者，欲得地，則韓之南陽舉矣。子盍少委焉以為衍功，則秦魏之交，可廢矣。如此則魏必圖秦，而棄張儀，收韓而相衍。』公叔以為信，因而委之犀首，以為功，果相魏。」（魏策）

「惠王後元十三年，張儀相魏，魏王不肯事秦，乃以犀首代相。」（呂東萊大事記）

「衍之代相，當在秦取曲沃平周之邑之後。」（雷學淇竹書紀年義證）

「韓宣惠王欲兩用公仲，公叔為政，問於繆留。對曰：『不可。晉用六卿而國分；齊簡公用陳成子及闞止而見殺；魏用犀首、張儀而西河之外亡。』」（資治通鑑周紀顯王四十八年）

按：張儀相魏後，惠王發現中了秦國之詭計，但懾於秦國之武力，不敢逐張儀。犀首在惠王後元十二年（年代，從繫年說）促成了五國相王，使他的聲望大增；十三年秦國又奪取魏之曲沃，平周，魏王齎恨張儀；犀首於是乘機利用韓公叔之助而為魏相。公孫衍雖當上了魏相，但是並沒有把張儀逐下台。因為惠王為了秦國的緣故，沒有勇氣逐走張儀，所以把相位仍然留給他，而把相權轉移給犀首，所以這一段期間，魏有二相。這種態勢一直維持到惠王卒時為止。襄王（史記誤作哀王）就位不能容忍張儀，於是「襄王立，張儀復歸秦」（魏世家）。

惠施看到惠王卒，而其政敵張儀又已歸秦，於是立刻趕返魏國。這時正好碰上襄王不顧臣民之苦，剋期欲葬惠王事，在群臣與犀首無措時，惠施卻憑其智慧與口才很輕易而且漂亮地打開了這個僵局。

「魏惠王死，葬有日矣。天大雨雪，至於牛目，壞城郭，且為棧道而葬。群臣多諫太子者，曰：『雪甚如此而喪行，民必甚病之，官費又恐不給，請弛期更日。』太子曰：『為人子而以民勞與官費用之故，而不行先王之喪，不義也。子勿復言！』群臣皆不敢言，而以告犀首。犀首曰：『吾末有以言之也，是其唯惠公乎？請告惠公。』惠公曰：『諾。』駕而見太子曰：『葬有日矣？』太子曰：『然。』惠公曰：『昔王季歷葬於楚王之尾，欒水齧其墓，見棺之前和。文王曰：「嘻！先君必欲一見群臣百姓也夫？故使欒水見之。」於是出而為之張於朝，百姓皆見之。三日而後更葬，此文王之義也。今葬有日矣，而雪甚及牛目，難以行。太子為及日之故，得毋嫌於欲亟葬乎？願太子更日，先王必欲少留而扶社稷，安黔首也，故使雪甚。因弛期而更為日，此文王之義也。若此而不為，意者，羞法文王乎？』太子曰：『甚善！敬弛期更擇日。』惠子非徒行其說也，又令魏太子未葬其先王而因又說文王之義；說文王之義以示天下，豈小功也哉！」（魏策）

按：從「群臣皆不敢言，而以告犀首」看來，這時張儀已歸秦。而犀首成了魏國之政治領袖。犀首在與其政敵作權力鬥爭上常能出奇兵，行詭謀以達成其欲望。但是碰到襄王基於人子之情而固執於「行孝」、「為義」而不肯改變葬惠王之日期時，則一籌莫展，只好求助於惠施。而惠施卻堂堂正正地以文王之故事，直截了當地責問襄王是否「羞法文王」？而在這種義正詞嚴的責問下，襄王幡然省悟，立刻「弛期更擇日」。從這種地方正可認識惠施之人格價值來。張儀犀首之流巧於出「奇」行「詐」，而不知用「正」；而惠施則是長於「行正」而拙於出「奇」。在春秋戰國這種時代裏，執權柄者光憑正言危行固不足以治亂世；但是至少可以垂範後世，故魏策讚美惠施說：「說文王之義以示天下，豈小功哉？」反之，一味地以機詐權術從政，則只有使局勢益非，世風日下，其敗壞世道人心莫此為甚。

「五國伐秦，魏欲和，使惠施之楚。楚將入之秦，而使行和。杜赫謂昭陽曰：『凡為伐秦者，楚也；今施以魏來而公入之秦，是明楚之伐，而信魏之和也；公不如無聽惠施，而陰使人以請聽（聽一作德）秦。』昭子曰：『善。』因謂惠施曰：『凡為攻秦者，魏也；今子從楚為和，楚得其利，魏受其怨；子歸，吾將使人因魏而和。』惠施反，魏王不悅。杜赫謂昭陽曰：『魏為子先戰，折兵之半，謁病不聽，請和不得，魏折而入齊秦，子何以救之？東有越纍，北無晉，

而交未定於齊、秦，是楚孤也。不如速和。』昭子曰：『善！因令人謁和於魏』。」（楚策）

按五國伐秦事在魏襄王元年（西元前三一八年），而其結果是秦出擊，五國引還。而據右引楚策，顯然魏折兵不少，甫就位，就遭此挫折，所以襄王求和之意甚切。惠施勸服襄王改期葬惠王後，襄王或許因此而有重用他之意，所以選派他使楚，商談和議事宜。結果被杜赫與昭陽耍弄，不得要領而回。魏王因此不喜歡惠施。這本來可以是惠施復相的一個契機，卻因為惠施是一個「可以欺之以其方」的君子，才會被杜赫昭陽這類小人所愚弄而失去了復相的大好機會。與那些小人相比，惠施固然可以顯出他正人君子之風範，但是也可看出惠施是不適合於戰國那種機詐百出的氣候的。

張儀歸秦後，犀首繼續為相。襄王元年五國伐秦，魏國敗歸，第二年齊又乘機敗魏於觀澤。襄王既逐張儀於前，則與張儀為一丘之貉的犀首也不會得到襄王之歡心與信任，同時犀首又有將才，所以襄王在一連吃敗仗之餘撤掉了犀首之相位，而讓他「出將」，而改以田需「入相」。這樣一來犀首當然心有未甘，因而與田需又立刻成仇而明爭暗鬥起來（詳見魏策）。田需之為人，行事因文獻不足，不能詳知。不過魏襄王在犀首毀謗田需時云：「需寡人之股掌（猶言股肱）之臣也」，可見其得寵之程度。田需雖得襄王之信任，而且當了宰相，惠施仍然看出公孫衍這般人之野心及田需地位之不穩固，因而以元老之身分，語重心長地向田需提出誠摯的警告與勸告。

「田需貴於魏王。惠子曰：『子必善左右。今夫楊，橫樹之則生；倒樹之則生；折而樹之又生。然使十人樹楊，一人拔之，則無生楊矣。故以十人之眾樹易生之物，然而不勝一人者何也？樹之難而去之易也。今子雖自樹於王而欲去子者眾，則子必危矣。』」（魏策）

惠施自宋返魏，不能說他無企圖復相之野心。在襄王所特別寵信之田需為相後，他的希望破滅了。在這暗淡遲暮的時刻，惠施竟能心平氣和地對田需道出那樣的忠言，其風度胸襟實在是可佩的。尤其與「犀首及其同路人卑鄙地打擊田需」相對比，更顯出惠施之坦蕩磊落。老年人患之在得，而在失去欲「得」之位時而能平淡視之，實在是「難能」；但是更「可貴」的是：雖不在位，而只要國家需要他時，他還能出來為國奔波。

「齊破燕，趙欲存之。樂毅謂趙王曰：『今無約而攻齊，齊必讎趙。不如請以河東易燕地於齊：趙有河北，齊有河東，燕趙必不爭矣，是二國親也。以河東之地，強齊以燕以趙輔之，天下憎之，必皆事王以伐齊。是因天下以破齊也。』王曰：『善！』乃以河東易齊，楚魏憎之。令淖滑、惠施之趙，請伐齊而存燕。」（趙策）

按：齊破燕在西元前三一四年，即魏襄王五年，趙武靈王十二年。此時惠施大約已近六十歲，以如此高齡而又不在位，卻能銜命赴趙辦外交，實在可佩。至於此次外交成果如何不得而知，但是史記趙世家：「武靈王十三年，楚魏王來過邯鄲」一定是惠施及淖滑赴趙所直接促成的成果。這是惠施之行事所能考知的最後一件事。

十二、善終

「公孫衍為魏將，與其相田需不善。季子為衍謂梁王曰：『王獨不見夫服牛驂驥乎，不可以行百步；今王以衍為可使將，故用之也，而聽相之計，是服牛驂驥也。牛馬俱死而不能成其功，王之國必傷矣，願王察之。』」（魏策）

「魏文子、田需、周宵相善，欲罪犀首，犀首患之。謂魏王曰：『今所患者，齊也；嬰子言行於齊王，王欲得齊，則胡不召文子而相之，彼必務以齊事王。』王曰：『善！』因召文子而相之。犀首以倍田需、周宵。」（魏策）

「犀首見梁君曰：『臣盡力竭知，欲以為王廣土，取尊名，田需從中敗，君王又聽之，是臣終無成功也。需亡臣將侍，需侍臣請亡。』王曰：『需寡人之股掌之臣也，為子之不便也，殺之亡之毋謂天下何內之無若群臣也。今吾為子外之，令毋敢入子之事，入子之事者，吾為子殺之，亡之，胡如？』犀首許諾。於是東見田嬰，與之約結，召文子而相之魏，身相於韓。」（魏策）

「蘇代為田需說魏王曰：『臣請問文之為魏，孰與其為齊也？』王曰：『不如其為齊也。』『衍之為魏，孰與其為韓也？』王曰：『不如其為韓也。』而蘇代曰：『衍將右韓而左魏；文將右齊而左魏。二人者，將用王之國舉事於世，中道而不可，王且無所聞之矣。王之國雖滲樂而從（一作後）之可也。王不如舍需於側，以稽二人者之所為。二人者曰：「田需非吾人也，吾舉事而不利於魏，需必挫我於王。」二人者必不敢有外心矣。二人者之所為之（一無之字）利於魏與不利於魏，王厝需於側以稽之，臣以為身利（一無「身利」二字）而（一本無而字）便於事。』王曰：『善！』果厝需於側。」（魏策）

「田需死，照魚謂蘇代曰：『田需死，吾恐張儀薛公，犀首之有一人相魏者。』」（魏策）

按：據史記魏世家，田需死於魏哀（襄）王九年，亦即西元前三一〇年。假如前引魏策所記諸事屬實，則田需、田文、犀首三人間的宦海浮沉，可作如下的推斷：襄王初立，犀首為相。二年犀首「出將」，田需「入相」，於是二人開始展開權力鬭爭（六國年表：「襄王五年，秦拔我曲沃，歸其人，走犀首岸門。」可為犀首「出將」之證。）犀首由自己及其同黨在襄王前極力毀田需，但是撼不動田需，於是使計讓田文相魏。此事可能在襄王四年左右。而田需失去相位後，乃央請蘇代說襄王使其復相。結果田需又奪回相位。此事大約在襄王五年左右。此後田需繼續為梁相，直到襄王九年卒。觀此，則惠施之忠告田需果然不幸而言中。而且也目睹了自己的預言成真，因為西元前三一四年惠施還出使趙國。襄王元年到九年間，魏國政治核心的權力傾軋是如此激烈，捲入此漩渦的人物又如此之多，獨不見惠施插手其間，這可能與惠施之年齡老大有關，主要的還是其性格使然。今存一切文獻沒有片言隻字有惠施爭權之記載，由此亦可證明惠施之恬淡。

惠施使趙（西元前三一四年）後，就再找不到他的事蹟了，而西元前三一〇年田需死時，楚相昭魚推測田需的繼任者，只提到張儀、犀首、田文而不及惠施。假如惠施當時還健在，則憑他的聲望、才能，昭魚絕不會把他剔出繼任者的名單之外。所以我們可以推知惠施是在西元前三一四年之後，三一〇年之前去世旳，而且是善終。享年大約在六十歲。

張儀列傳之末太史公謂：「三晉多權變之士，夫言從衡彊秦者大抵皆三晉之人也」並謂蘇秦張儀「真傾危之士哉！」觀惠施之一生適與「權變傾危」之三晉人相反，頗具鄒魯之士儒雅溫厚之風。這或許可作為惠施鄒人之旁證。

第二節　惠施之學術生涯

惠施生在「戰」國時代，但是他沒有「將」才，所以不能有赫赫之武功；他有辯才，但是秉性善良方正，所以不但不能成為叱咤風雲，一怒而天下驚的人物，而且常受制於徒恃口舌而卑鄙無恥的政客與縱橫家；他有相「品」，但無相「格」，所以其生平行事雖有可敬之處，但是不能如管仲般為魏國開創一雄霸之局面；總之，就政治生涯而言，惠施算不得出類拔萃的人物。雖然如此，我們卻不能因此而論定惠施之人生價值。因為他有比政治生涯更有成就的學術生涯。寫政治史的人，可以絕口不提惠施其人，但是寫中國學術史，尤其是研究先秦諸子者，絕對不可避而不談惠施。基於此，底下請試論惠施之學術生涯。

一、惠施之「才」「性」——善辯與好辯

先秦諸子除韓非「口吃不能道說」（但「善著書」）外，率多長於辯說，但是以善辯「起家」「名家」的，則首推惠施。今存有關惠施之文獻，十之八九都是記載他與人相辯或諫說人君之事。他曾經說服過鄒君，梁惠王與梁襄王；也曾辯贏過魏國大臣白圭，齊國大將匡章。而且在濠梁之上辯魚樂時曾陷那以「善屬書離辭，指事類情，用剽剝儒墨，雖當世宿學不能自解免也」而聞名於世的莊子於自相矛盾（詳後）。由此可見惠施辯才之高超。至於惠施在張儀、杜赫、昭陽面前吃過虧，也曾受制於莊子之口，那都是與政治及基本思想有關，而非辯術不如人。

「不卹是非，然不然之情，以相薦撙，以相恥怍，君子不若惠施、鄧析。」（荀子儒效篇）

「飾邪說，文姦言。……使天下混然不知是非治亂之所存者，……是惠施鄧析也。」（荀子非十二子篇）

「山淵平，天地比、齊秦襲、入乎耳，出乎口、鉤有須、卵有毛、是說之難持也。而惠施鄧析能之。」（荀子不苟篇）

荀子雖然不贊同惠施之學說，不過還是承認他有過人之辯才。所以如撇開政治立場、思想內容，而純就辯術與辯才而言，惠施算得是個中翹楚。對於辯論，惠施不但具有敏銳之天分，而且有好辯之習性與強烈的自信。

「莊子曰：然則儒、墨、楊、秉四，與夫子為五，果孰是邪？……惠子曰：今夫儒、墨、楊、秉，且方與我以辨，相拂以辭，相鎮以聲，而未始吾非也。」（莊子徐無鬼）

惠施不但與政界人物辯，而且也常與當時學術界之大學派辯難；他對辯論充滿自信與興趣，看他回答莊子的話，大有顧盼自雄（雄於辯）之致。

「南方有倚人焉，曰黃繚。問天地所以不墜不陷，風雨雷霆之故。惠施不辭而應，不慮而對，徧為萬物說。說而不休，多而無已，猶以為寡，益之以怪。以反人為實，而欲以勝人為名，是以與眾不適也。卒以善辯為名。」（莊子天下篇）

「惠施以此（歷物之意）為大，而曉辯者。天下之辯者，相與樂之。……辯者以此（二十一怪說）與惠施相應，終身無窮。……」（仝右）

據天下篇之記載可知惠施在辯論時之反應敏捷，而且口若懸河，滔滔不絕。不但具善辯之能，而且有好辯之習性，更能從論難中得無窮之樂趣，最後且由此造成一種學風與學派。這是惠施異於其他諸子之特色。孟子曾自謂：予豈好辯哉？予不得已也。在孟子，「辯」是一種不得已的手段；反之，對惠施而言，簡直可以說：辯本身就是目的，他是為辯而辯的。這裏尚須一提的是惠施辯論之技巧及其內容的特色。

「客謂梁王曰：『惠子之言事也，善譬。王使無譬，則不能言矣。』王曰：『諾。』明日見惠子曰：『願先生言事，則直言耳，無譬也。』惠子曰：『今有人於此，而不知彈者，曰：「彈之狀何若？」應曰：「彈之狀如彈。」則諭之乎？』王曰：『未諭也。』『於是更應曰：「彈之狀如弓，而以竹為弦。」則知乎？』王曰：『可知矣。』惠子曰：『夫說者，固以其所知諭其所不知，而使人知之。今王曰：「無譬」，則不可矣。』王曰：『善！』」（說苑善說篇）

惠施為「譬」的功用所下的定義是：「以其所知諭其所不知」，墨辯小取曰：「譬也者，舉他物而以明之也。」潛夫論釋難云：「夫譬喻也者，生於直告之不明，故假物之然否以彰之。」荀子非相篇曰：「談說之術；分別以喻之，譬稱以明之。」上引諸說可與惠施之定義相發明。譬是論辯的主要方法之一。如撇開譬喻之內容，而就其形式觀察，它相當於邏輯之類比推理。它可以收到「以顯見幽、以淺見深」（陳大齊先生語）之功用，而且饒富趣味性。借著譬喻，可以具體而生動地將自己的理論傳達給對方，而且可以因具趣味性可以使對方易於也樂於接受自己的理論。

惠施不但好用「譬」，而且善用「譬」。他見鄒君，說梁惠王與襄王，忠告田需，與白圭、匡章爭辯時都是採用類比推理——譬，以達成其說服或駁倒對方的目的。大致說來，他的譬喻是頗為善巧的。由說苑善說篇梁王要他直言無譬之故事看來，惠施之運用譬喻，可以說是已經到了妙絕而圓熟的境界。其譬，隨「時」隨「地」，因「人」因「事」，觸機而發，稱心而作，無不熨貼。故善譬成了惠施辯論技巧之特長與特色。善譬之條件有二：一是反應敏捷，一是聯想力豐富。而惠施正具有這雙重的天賦，故能以善譬名於世。

如從惠施與人相辯之內容看來，他的「辯」是隨意起辯的。與孟子、墨子之圍繞著一中心思想，一套思想體系而與人相辯，顯然是迥異其趣的。我們可以從其辯論之內容看出孟子、墨子是為了闡發其中心思想而與人相辯，所以其辯常常是主動的，而惠施即否。他確實有「以反人為實，而欲以勝人為名」之傾向，所以他的辯論常是「不辭而應，不慮而對，徧為萬物說。說而不休，多而無已，猶以為寡，益之以怪。」故其辯是為好辯而辯，因而其辯是心中無所主而被動的。墨子小取篇云：「夫辯者，將以明是非之分，審治亂之紀。明同異之處，察名實之理，處利害，決嫌疑。」如以此為準據來衡量惠施之辯，則其「明是非之分，審治亂之紀」之功用是很淡的；不過從其「政治生涯」中之辯看來，是有「處利害，決嫌疑」之作用的；而就其學術性辯論看，其「明同異之處，察名實之理」之意味頗重。這或許就是惠施儘管在思想及性格上有幾分儒墨之傾向，而終歸是名家之理由所在。又就莊子天下篇所記惠施用以「曉辯者」，並因而形成談辯之風的「歷物之意」看來，他談辯的內容都是屬於邏輯，知識論、幾何學、宇宙論、地理學上的問題。而不涉及人文世界，這正是名家的特色，而與儒、道、墨、法……諸家不同的地方。

二、至友莊子

管鮑之交，是中國歷史上最被推崇的友誼之典型。但是莊子與惠施之友情，亦有其可貴而令人欣賞之處。莊子是宋人，一生的活動範圍在宋、楚、魏之間；而惠施則是長期居住於魏，在宋國住了三年，而且不止一次地到過楚國。這種空間上的因緣，使莊惠二人能夠有較多往來之機會。他們二人之交往在何時而又如何開始的，已無法考知。不過根據莊子之記載，二人友情之深篤，則是可斷言的。

「莊子送葬，過惠子之墓。顧謂從者曰：『郢人堊浸其鼻端若蠅翼，使匠石斲之。匠石運斤成風，聽而斲之。盡堊而鼻不傷，郢人立不失容。宋元君聞之，召匠石曰：「嘗試為寡人為之。」匠石曰：「臣則嘗能斲之。雖然，臣之質死久矣。」自夫子之死也，吾無以為質矣。吾無與言之矣。』」（莊子徐無鬼）

「惠施死，而莊子寢言，見世莫可為語者也。」（淮南子脩務訓）

無郢人，則匠石無所施其技，無鮑叔牙，則管仲無從展其才。管仲、匠石之才、技誠屬「難能」，而鮑叔之德量、郢人之定力則尤為「可貴」。惠施之於莊子，雖無鮑叔之恩，卻有郢人之實。所以莊子引惠施為其論學之「質」（宣穎曰：「質者，施技之地。」）「吾無以為質矣，吾無與言之矣。」這看似平淡的兩句話，所流露的是何等真摯而深刻的痛惜與悲切之情。它將二人之友情之純篤一語道盡。這與孔子「起予者商也」之贊歎，及「吾非斯人之哭，而誰哭」之悲慟，有異曲同工之情致。也可與「子期死，伯牙絕絃」比美於千古。

「惠子相梁，莊子往見之。或謂惠子曰：『莊子來，欲代子相。』於是惠子恐，搜於國中，三日三夜。莊子往見之。曰：『南方有鳥，其名鵷鶵，子知之乎？夫鵷鶵發於南海，而飛於北海，非梧桐不止，非鍊實不食，非醴泉不飲。於是鴟得腐鼠，鵷鶵過之，仰而視之曰：「嚇！」今子欲以子之梁國而嚇我邪。』」（莊子秋水）

惠莊二人交篤，在情理上不應有此可笑之事發生，故論者多以為秋水所記失實。如姚鼐即云：「記此語者，莊徒之陋。」就惠莊之友情看，確實不該有此事，但是假如這是莊惠第一次見面，二人友誼尚未建立，則此事亦並非不可能，只是描繪過於醜惡罷了。又如果這段記載有某種程度之真實性，則它可以告訴我們莊惠之交往是如何開始的。

照「惠子相梁，莊子往見之」看來，似乎是莊子往見惠施是在惠施初相梁之時。莊子是宋人，而惠施是鄒人，二人可能在此之前從未謀面。此其一。又從「莊子往見之」、「莊子來」、「搜於國中」諸語看來，莊子似乎是從外國到魏國來的。此其二。根據這兩點，似乎可進一步作這樣的推斷：莊惠二人都在年輕時即以辯才、學識而名聞當時。惠施成名於魏，莊子居宋，宋魏毗鄰，故彼此早已有所耳聞。到了惠施相梁後，莊子可能是以惺惺相惜或是以一種渡化（莊子視相位如洪水猛獸，而惠施則熱中於此）的心情往見惠施。惠施當時大約在「而立」之年，而莊子則在二十五上下。見面之前，惠施誤會對方，而見面時莊子又頂撞惠施。但見面後，由於才、學之相契，這兩位後來各為一派宗師之年輕人，頓成莫逆。並為後世建立了一個「道」不相同而相謀相契之友情之典型。這種友情比起志同道合者如膠似漆式之情更可貴，更值得欣賞。

三、與莊子之論難

惠莊二人在「出仕」與「出世」上之觀念各走極端，但是據今存文獻看，二人似乎都能彼此尊重對方的出處，而避免譏刺對方。他們有爭執、有切磋、有規勸、甚至惋惜的都是「學術性」的，所以他們是一對「道學問」的好友，底下接著來看雙方「道學問」之意趣。

㈠魚樂之辯

「莊子與惠子遊於濠梁之上。莊子曰：『儵魚出遊，從容，是魚樂也。』惠子曰：『子非魚，安知魚之樂？』莊子曰：『子非我，安知我不知魚之樂。』惠子曰：『我非子，固不知子矣；子固非魚也，子之不知魚之樂全矣。』莊子曰：『請循其本。子曰：「女安知魚樂」云者，既已知吾知之，而問我，我知之濠上也。』」（莊子秋水）

這是很有趣而且有名的一段辯論。就其辯論之方法看，雙方都是援引對方的立論，反過頭來攻擊對方，也就是墨子小取篇所謂的「援」。小取曰：「援也者，曰：子然，我奚獨不可以然也？」這是一種以牙還牙，以子之矛攻子之盾，以陷人於自相矛盾之窘境的辯論方法。在辯論上，這是一種極為犀利而有力的方法。

惠施以「子非魚，安知魚之樂」來詰難莊子，這相當於小取所說的「子然」；而莊子立刻援對方之論，以反擊惠施——「子非我，安知我不知魚之樂」，這相當於「我奚獨不可以然也」。這第一回合的辯論，是莊子以「援」之方式駁倒了對方。因為如果惠施之「子非魚，安知魚之樂」為真，則莊子之「子非我，安知我不知魚之樂」亦真；這樣的反駁本可以使對方陷於自打耳光而啞然無言。因為；如果不承認對方「對」，則對方的理論依據，亦即自己之立論亦站不住。反之，如堅持自己之理論，則勢必承認對方援引自己之立論以攻擊自己之言亦「對」。但是惠施既以善辯與好辯而名家，當然不會就此技窮認輸，相反的，他也仿照莊子以「援」（子然，我奚獨不可以然）的方式回敬莊子。一方面陷莊子於自相矛盾，同時也再度地肯定了自己原先的立論的真實性。惠施之意是：如莊子之「子非我，安知我不知魚之樂」為「真」，則惠施固不知莊子是否知魚樂；但是同樣的，「子固非魚也，子之不知魚之樂」亦必然為「真」。如此一來，莊子之反擊，反而證成了惠施「子非魚，安知魚之樂」

為「真」。莊子本來是不承認「非魚，就不知魚樂」（亦即魚樂人不可知）之論的，但是他援引惠施之論調，以「子非我，安知我不知魚之樂」攻擊對方，結果反而無形中承認了「非魚則不能知魚樂」之論調。如此一來，莊子之論就成了「既是A而又不是A」而違犯了矛盾律。由此可看出惠施反應之靈敏與頭腦之清晰冷靜。總之，這場辯論的第二回合，顯然是惠施獲勝。至此，莊子亦已覺察到自己遺人話柄而失敗了，所以他把原先「援」以攻對方之言放棄，而將話鋒轉移，要求重頭辯起，故曰：「請循其本」。但是莊子「汝安如魚樂云者，既已知吾知之，而問我，我知之濠上也。」之論則顯然是技窮後之遁詞，借此以使自己有階梯好下台。因為「汝安如魚樂云者」之言，並不含有「既已知吾（莊子）知之，而問我」之意。惠施「子非魚，安知魚之樂」中之「安知」一詞是「怎麼能知」之意，而非「怎樣知道」之意。莊子卻以避重就輕，偷天換日的方式以轉移辯論之焦點，將惠施本為「怎麼能知」之「安知」曲解為「如何知」；如此一來，他自然可以說是「知之濠上也」而自打圓場地結束此一辯論，所以這場辯論之最後一回合莊子不能算勝。

如純就辯論之邏輯形式看來，則惠施視莊子略高一籌；但是如就其內容之實質看，則誰是誰非，不是可輕易下斷語的。因為要斷定其是非，有一個大前題必須先解決。那就是：「心理現象是否僅限於己知」，如說得更具體一點是：「動物是否有『樂』之自覺，如有，人是否可知之。」這個問題的答案如是肯定的，換言之，即魚有樂，且人可以覺知其樂，則莊子「鯈魚出遊，從容，是魚之樂也」是對的；反之，如「魚根本無『樂』之自覺，或即使是有『樂』，而人不能覺知其樂」，則惠施之言是對的。因之，「魚是否有『樂』？如有，人是否能覺知之？」這一問題如不能有確定的解答，則惠莊二人魚樂之辯，根本無所謂對錯可言。

總上所言，就邏輯形式來看，莊惠魚樂之辯，有真假勝負可分；而就其辯論內容之實質言，則是一個不能作對錯之判定的公案。不過如果撇開其真假對錯之判斷不管，這一場辯論倒可以提供吾人一條線索去瞭解莊子與惠施學術心靈之差異性。要而言之，惠施是深具邏輯思辨之心靈，其長處是清明，是真；而莊子則富於悟道之玄思，其特色是慧解，是美。

(二)大用與實用之辯

「惠子謂莊子曰：『魏王貽我大瓠之種，我樹之成，而實五石，以盛水漿，其堅不能自舉也。剖之以為瓢，則瓠落無所容。非不呺然大也，吾為其無用而掊之。』莊子曰：『夫子固拙於用大矣。宋人有善為不龜手之藥者，世世以洴澼絖為事。客聞之，請買其方百金，聚族而謀曰：「我世世為洴澼絖，不過數金。今一朝而鬻技百金，請與之。」客得之，以說吳王。越有難，吳王使之將。冬與越人水戰，大敗越人，裂地而封之。能不龜手一也，或以封，或不免於洴澼絖，則所用之異也。今子有五石之瓠，何不慮以為大樽，而浮乎江湖，而憂其瓠落無所容。則夫子猶有蓬之心也夫。』」（逍遙遊）

「惠子謂莊子曰：『吾有大樹，人謂之樗。其大本擁腫而不中繩墨，其小枝卷曲而不中規矩。立之塗，匠者不顧。今子之言，大而無用，眾所同去也。』莊子曰：『子獨不見狸狌乎？卑身而伏，以侯敖者。東西跳梁，不辟高下，中於機辟，死於罔罟。今夫犛牛，其大若垂天之雲。此能為大矣，而不能執鼠。今子有大樹，患其無用；何不樹之於無何有之鄉，廣莫之野，彷徨乎無為其側，逍遙乎寢臥其下。不夭斤斧，物無害者，無所可用，安所困苦哉？』」（逍遙遊）

「惠子謂莊子曰：『子言無用。』莊子曰：『知無用，而始可與言用矣。夫地，非不廣且大也，人之所用，容足耳。然則廁足而墊之致黃泉，人尚有用乎？』惠子曰：『無用。』莊子曰：『然則無用之為用也，亦明矣。』」（外物）

以上三則對話，其具體內容雖不盡相同，但是其主題都是在討論物（廣義的）之用，故將它們合在一起，加以探討與分析。按：人之用物，有兩種方式：一是依於一特定之目的、作用、或理念而用物，亦即以客觀之物來達成主觀之意願；一是依於物之特性，而決定其用途。前者可簡稱之為「因人之意而役物」，後者則為「因物之性而利其用」。「因人之意而役物」，則「人之意」為主，而以物遷就「人意」，物如能合於人意，則此物為有用，否則必為無用之物。依此，物之有用與否，不在於物本身，而決定於「人之意願」的標準如何。惠施之「用物觀」即是屬於此類型。面對五石之大瓠，惠施產生了以之「盛水」，以之為「瓢」之意念，而此五石之大瓠，均不能圓滿達成他之目的，所以對它產生一「無用」之判斷，而把它給「掊」掉了。反之，莊子主張把這五石之大瓠「慮以為大樽，而浮乎江湖。」則是「因物之性以利其用」之作法。人所憑以役物之「意」，一般言之，皆是一特定之「意」，而每一物亦皆有其特定之性。以某一特定之物去完全符合特定之「人意」，那是不大可能的。如此，則為求達到人之目的，則對物必然產生削足適履、棄之如敝屣，改頭換面式之傷害。如此一來，必然會傷害或完全破壞物之性。凡物之性皆是特定而有限的，因此物之用亦是特定而有限的；而人之意則是複雜而繁多的，故「依人意而役物」，則天下到處是棄物、廢物或敝物。反之，「因物之性而利其用」，則一切物皆有其用，而不傷其性。如此，則物物一太極，物物皆如其為物而有其價值，萬物皆當下即是，圓滿自足，而不因於人意而有差等之價值判斷。

惠施之掊擊五石之大瓠，發明了不龜手之葯，而一輩子只能開一爿洗染店的，都是「因人之意而役物」所造成的後果。這種用物之道，其用是有限的，其結果是暴殄天物的，所以莊子譏笑惠施「拙於用大」。而以高價收買不龜手之秘方而得封土的人，將五石之大瓠「慮以為大樽，而浮乎江湖」，則是「善於用大」者。以上所說可視之為「用大」之方法論。

「其大本擁腫而不中繩墨，其小枝卷曲而不中規矩」之大樹，就實用之觀點而言，除了作柴火燒外，別無大用；但是就是因為它「無用」，所以才能收到「立之塗，匠者不顧」、「不夭斤斧，物無害者」之用。故物如「無用」、「不用」則可葆真而不傷其性。反之，物如「有用」，則必失「真」而傷「性」。所以如就「用」之究意義看，則「無用」反而有「大用」。這是「用」之價值觀。惠施所追求的是物之「有用性」與「實用價值」；而莊子所留心的是物之「無用之大用」。前者是知識性的「物用觀」，而後者則是哲學性的「物用觀」。從物用之方法論與價值觀的差異可看出莊惠二人心靈之迥異其趣。而這樣極不和諧的心靈，竟能有前述那樣深厚的友誼，更使人感到他們的友誼之難能而可貴。

㈢惠莊之生命觀與生死觀

「惠子謂莊子曰：『人故無情乎？』莊子曰：『然。』惠子曰：『人而無情，何以謂之人？』莊子曰：『道與之貌，天與之形，惡得不謂之人？』惠子曰：『既謂之人，惡得無情？』莊子曰：『是非吾所謂情也。吾所謂無情者，言人之不以好惡內傷其身。常因自然而不益生也。』惠子曰：『不益生，何以有其身？』莊子曰：『道與之貌、天與之形，無以好惡內傷其身。今子，外乎子之神，勞乎子之精，倚樹而吟，據槁梧而瞑。天選子之形，子以堅白鳴。』」（莊

子德充符）

「莊子妻死，惠子弔之。莊子則方箕踞鼓盆而歌。惠子曰：『與人居、長子、老身，死不哭，亦足矣。又鼓盆而歌，不亦甚乎!?』莊子曰：『不然，是其始死也，我獨何能無概然？察其始而本無生；非徒無生也，而本無形；非徒無形也，而本無氣。雜乎芒芴之間，變而有氣，氣變而有形，形變而有生。今又變而之死，是相與為春秋冬夏四時行也。人且偃然寢於巨室，而我噭噭然隨而哭之，自以為不通乎命，故止也。』」（至樂）

「莊子將死，弟子欲厚葬之。莊子曰：『吾以天地為棺槨，以日月為連璧，星辰為珠璣，萬物為齎送，吾葬具豈不備邪？何以加此？』弟子曰：『吾恐烏鳶之食夫子也。』莊子曰：『在上為烏鳶食，在下為螻蟻食，奪彼與此，何其偏也。』」（列禦寇）

在「人」是否有「情」這一問題上，莊惠二人之見亦是大相逕庭。惠施是以兩個命題來肯定「人固有情」。一是「人而無情何以謂之人」？此命題之意是：「人而無情，則人不得謂之人」其命題形式是「無S則無P」，S是P之必要條件。所以「情」是人成其為人之必要條件。另一命題是：「既謂之人惡得無情？」其意是：既是「人」，則必有「情」。其命題形式是：「有S則有P」。S是P之充足條件。所以「人」是「情」之充足條件。惠施就是以這種充足與必要的關係來界定人之有情。而莊子是以人之有形貌，而肯定人之成其為人。而對人之無情的解釋則是：「吾所謂無情者，言人之不以好惡內傷其身，常因自然而不益生也。」依此，則莊子主「人無情」之「無」與惠施「人有情」之「有」並非一對矛盾概念。它們雖是相反詞，而詞義並不相矛盾。莊子實際上亦是承認人是有情的

——至少是有好惡與益生之情的。只是不要因為好惡與益生之情而傷害到人之生命。所以惠施有關「人」與「情」的生命觀，所談的是「有無」的問題；而莊子的生命觀則是由惠施之甚本立場推進一步而主張「該如何」的問題。一個問：「是什麼」，一個回答：「該如何」，所以莊子對惠施之回答是不相應的，因為二人立論的層次不同。惠施所關切的是生命之「實然性」的問題；而莊子所看重的是生命之「實踐性」問題。所以二人的論難，只是一場各說各話，而不構成有對錯與勝負之分的辯論。

依莊子，「生命的紛馳與意念的造作」對人而言，都是可悲的。所以主張「不以好惡內傷其身，常因自然而不益生也。」而惠子之好辯，則正好違背這一原則，故莊子對惠施有：「今子，外乎子之神，勞乎子之精；倚樹而吟，據槁梧而瞑。天選子之形，子以堅白鳴。」之惋惜與嘆惜。

「不以好惡內傷其身，不益生」是「遮詮」，而「常因自然」才是「表詮」。莊子「常因自然」的生命觀不但表現在日常人生上，而且表現在人的生死觀上。莊子認為人之由無而有生命，又由有生命而變無有，與春夏秋冬運行不已之自然律無異。由無而有，又由有而無，這是生命之必然與自然。故當人面對其生命之必然而自然的現象時，亦當因應之。生不必歌，死不必泣。所以才會有妻死的行徑與臨死前囑咐門徒的灑脫言論。反之，惠施既以為「人」有「情」，則人對生、死當該有某種程度之情感的流露。因而認為「妻死鼓盆而歌」是一種不該有的無情與矯情之行為。惠施的主張與要求於莊子的是「情感的自然流露」，而莊子生不歌，死不泣與不欲厚葬，則是「智慧的洞察」。

四、名家大宗師

惠施有善辯與好辯之才性，這才性的影響所及，使他擁有一大群聲氣相通的徒眾。他把傳統全神貫注於人文世界的心靈活動轉向自然世界，去探求「物之理」，因而開啟了一種新的學風。這新學風加上廣大的徒眾形成了一個新的學派——名家。

「惠施多方，其書五車；其道舛駁，其言也不中。歷物之意曰：至大無外，謂之大一；至小無內，謂之小一。無厚，不可積也，其大千里。天與地卑，山與澤平。日方中方睨，物方生方死。大同而與小同異，此之謂小同異；萬物畢同畢異，此之謂大同異。南方無窮而有窮。今日適越而昔至。連環可解也。我知天下之中央，燕之北，越之南是也。氾愛萬物，天地一體也。惠施以此為大，觀於天下，而曉辯者。天下之辯者相與樂之。卵有毛。雞三足。郢有天下。犬可以為羊。馬有卵。丁子有尾。火不熱。山出口。輪不蹍地。目不見。指不至，至不絕。龜長於蛇。矩不方，規不可以為圓。鑿不圍枘。飛鳥之影，未嘗動也。鏃矢之疾，而有不行不止之時。狗非犬。黃馬驪牛三。白狗黑。孤駒未嘗有母。一尺之棰，日取其半，萬世不竭。辯者以此與惠施相應，終身無窮。」（莊子天下篇）

按：先秦諸子之學說就其內容言，彼此之間的差異性是很大的，但是他們所關切的對象則是一致的。他們的注意力都集中在人文世界中的政治、道德、教化、生活等問題上。而惠施歷物之意及辯者二十一怪說都與這些問題風馬牛不相及。他們的眼光從人文世界移開而投注到自然世界、物理世界。他們冷眼探求客觀世界——宇宙萬物之「理」，而不熱心於「人事」。這種學風是惠施開啟的，同時亦是名家學術之特色。當時的大學派都有廣大的徒眾，如儒、道、墨各家莫不如此。惠施的新學術方向吸引了許多人，同時他善辯好辯而又有很高的政治地位與聲望，因而在他的鼓動激盪下，形成了以探求「物之理」為重心的談辯之徒的大集團。這集團就是先秦六大學派之一的名家。惠施不但是名家的創立者，同時更是名家的大宗師。他在名家的地位，相當於孔子、老子、墨子在儒家、道家、墨家之地位。惠施不但形成了一個學派，而且他所啟導的學風，還影響了當時的其他學派：最明顯的是墨家。墨家本是重實踐的學派，但是到了「別墨」受到名家的影響，乃由「實踐的墨家」轉變成「談辯的墨家」。墨辯就是在名家的激盪下而產生的。由此可見惠施在當時學術史上所具有的影響力了。

五、惠施學術之特色

莊子與惠施雖然有深篤之友誼，但是在各種問題的看法上都是大相逕庭而迥異其趣的。莊子不但不贊同惠施的見解，而且一再地表示其嘆惜之意。我們正可從這裏看出惠施學術之特色。

「昭文之鼓琴也，師曠之技策也，惠子之據梧也；三子之知，幾乎皆其盛者也。故載之末年，惟其好之也，以異於彼。其好之也，欲以明之彼，非所明而明之。故以堅白之末終。」（齊物論）

「惠施多方，其書五車；其道舛駁，其言也不中。……桓團公孫龍，辯者之徒，飾人之心，易人之意，能勝人之口，不能服人之心。辯者之囿也。惠施日以其知與人之辯，特與天下之辯者為怪。此其柢也。然惠施之口談，自以為最賢。曰：天地其壯乎，施存雄而無術。」（天下篇）

「南方有倚人焉，曰黃繚，問天地所以不墜不陷，風雨雷霆之故。惠施不辭而應，不慮而對，徧為萬物說。說而不休，多而無已，猶以為寡，益之以怪。以反人為實，而欲以勝人為名，是以與眾不適也。弱於德，強於物，其塗隩矣。由天地之道，觀惠施之能，其猶一蚊一虻之勞者也。其於物也何庸？夫充一尚可曰貴道幾矣。惠施不能以此自寧，散於萬物而不厭，卒以善辯為名。惜乎，惠施之才，駘蕩而不得。逐萬物而不反。是窮響以聲，形與影競走也。悲夫！」（天下篇）

按：莊子對惠施之「才」「智」之高超是非常欽佩的，故有「知盛」之讚語。只是莊子不贊同惠施才智表現的方式與方向。惠施所喜好而極力去追求並引以自豪自雄的學術，在莊子看來，正是惠施人生病痛之根源。

惠施「五車」之富的學術今天所知的只有天下篇所列的歷物之意。「歷物之意」所涉及的是：宇宙間萬物的大小、同異、幾何學、空間、時間、地理學等方面的問題；黃繚問的是：「天地所以不墜不陷，風、雨、雷、霆之故。」這都是自然現象的問題，是宇宙論與氣象學上的課題。而惠施的回答則是：「徧為萬物說」。莊子為惠施感到惋惜而且以為可悲的是：「惠施不能以此自寧，散於萬物而不厭，……逐萬物而不反。」辯者拿來與惠施相應和的二十一怪說，也都是與「歷物之意」一樣都是相關於宇宙萬物之學說。總之，惠施才智的落實處是客觀的自然世界，他所探求的是天地萬物的道理，簡言之是「物之理」。這都與人文世界，主觀的人生問題毫不相關。莊子是道家大宗師，他所追求的是「道」，所反對的是「學」，所以有「齊物論」之說。而惠施所追求的都不是「道」，而是「學」。莊子曰：「吾生也有涯，而知（知，即學）也無涯；以有涯隨無涯，殆已。」老子曰：「為學日益，為道日損。」在莊子看來，「學」是意念的造作，「學」的特性是「雜多」，故「為學日益」。而「為學日益」則造成生命的紛馳，「散於萬物而不厭」這是「生命的紛馳」。「意念的造作、生命的紛馳」在道家看來是人類最大的致命傷。莊子痛惜於惠施的是他的生命才智落實的方向在「物之理」。而這正是惠施學術的最大特色。他把人文世界的問題割斷、隔開；而把他的才智投注到物理世界。

其次，莊子所不贊成而又正是惠施的特色的是其學術的表現方式。「歷物之意」與「二十一怪說」有一共同點就是「反常識、悖常理」。因此，莊子批評他「說而不休，多而無已，猶以為寡，益之以怪。以反人為實，而欲以勝人為名，是以與眾不適也。」「辯者之徒，飾人之心，易人之意，能勝人之口，不能服人之心。辯者之囿也。惠施日以其知與人之辯，特與天下之辯者為怪。」在莊子看來，惠施及辯者，故意使「怪」，故意「反人」，這都是對名家表現其學術的方式表示不能苟同。此外齊物論：「以指喻指之非指，不若以非指喻指之非指也；以馬喻馬之非馬，不若以非馬喻馬之非馬也。」顯然是不贊成公孫龍「指非指」及「白馬非馬」之表達方式，而且還提出如何表達的建議。總之，「怪異與反常」是惠施及名家諸子學說的另一共同特色。

六、惠施學術價值之再認識

惠施與名家諸子所追求與探討的是「自然世界中之物理」，而自然世界之內容是萬殊而雜多的，故「物理之學」的內容亦是極其豐富而駁雜。所以莊子說「惠施多方，其書五車，其道駁舛。」於此，我們應追問的是：惠施五車之富，何以曇花一現，不旋踵即已喪失殆盡。到班固時只剩惠子一篇。而到後來全部名家之學，除了公孫龍子六篇外，我們所知的只有天下篇所記「歷物之意」及「二十一怪說」。

周朝的典章制度，使中華文化定了型，因而「周文」之內容決定了中華民族學術之趨向與性格。

周文所涉及的，關注的是政治與道德教化的問題。所以整個中國學術發展史特別偏重的是以政治及倫理為主的人生及社會問題。換言之，這是一種「人本」主義與「人文」主義的學術。到了東周，周文疲憊，諸子爭鳴。其思想內容雖異，而其出發點都是針對周文疲憊而發的。不過只是有維護、反對、或修正周文之別而已。所以其學說之內容還是圍繞著政治、倫理、人生、社會等問題而發展的，換言之，仍然未脫「人本主義」與「人文主義」的本色。而名家之學則是「非人文的」、「非人本的」，所以名家在中國學術大流上是旁支而非主流。故得不到當代及後代人的重視與承認。荀子天論篇曰：「傳曰：萬物之怪，書不說。無用之辯，不急之察，棄而不治。若夫君臣之義，父子之親，夫婦之別，則日切磋而不舍也。」荀子的這種觀點，可以說是先秦及後代學術界一種普遍的看法。過分重視「人文」、「人本」，就相對的忽視了有關「自然」、「物理」的問題。就傳統的眼光看名家之說是一種「無用之辯，不急之察」應該「棄而不治」。因而成了大家「不說」的「萬物之怪」，這是名家學術不能在學術史上植根，很快就湮沒不彰的最基本的理由。

「反常識、悖所理」是名家的本色，所以惠施及其徒眾之說不但不能為大眾所接受，連惠施之至友莊子都不表贊同，而且還遭受到學術界嚴厲的批評。其中尤以荀子為甚。荀子說惠施等人「飾邪說，文姦言，以梟亂天下，欺惑愚眾。……好治怪說，玩琦辭，甚察而不惠，辯而無用，多事而寡功，不可以為治綱紀。」（非十二子）這也是名家之學不能在中國學術史上站住腳的重大原因。

由於上述兩點原因，名家之學雖然在當時風行一時，但是很快就偃旗息鼓了。平心而論，名家之不被重視，在學術史上不能取得長久的地位，與名家之學術價值是兩回事。名家不被瞭解與諒解，因而不被接受；不被接受，故不能承認並肯定其學術價值。其實名家之學在中國學術史上，有其特殊的價值與貢獻。它代表一種嶄新的學術心靈及學術的一個新方向。

莊子在濠上見「鯈魚出游，從容。」所作「是魚樂也」的判斷是一種聯想作用及移情作用的產物；它是文學性與藝術性的欣賞，是一種「美的欣趣」。而惠施對莊子「美的欣趣」的駁難，則是基於知識性的判斷與邏輯的推論而提出來的，亦即是一種「真的追求」。

在大用無用之辯論上，對五石之瓠，莊子主張「慮以為大樽，而浮於江湖」，並建議惠施將無用之大樹——樗「樹之於無何有之鄉，廣莫之野。彷徨乎無為其側，逍遙乎寢臥其下。」這種見解是一種藝術性的創作（就如一個雕塑家，順應看一塊木頭之特性，刻成一件富有美感的藝術品，而不是把它製成一個有實用性的器具）。而惠施對五石之瓠及樗，甚至對莊子之言論所作的「無用之論」，則純粹是以「實用的知識」為依據所作的判斷。

在對人有情無情及生死的問題上，莊子所重視的是它們最後的究竟義，而惠施則是就它們當前的實然性而立說。由這樣的分歧為出發點，莊子對情感與生死的看法及態度所提出的理論是在告訴我們「應該如何」之方，而惠施所關切的則是「是什麼」的問題。

再就惠莊二人所追求的目標看，莊子所尋求的是主觀上如何安身立命的「道」；而惠施所探索的則是客觀而外在之「學」；前者是智慧，而後者則是知識。智慧是「一」是一「整全」，而知識則是「多」，是複雜而殊異的。

綜上言之，惠子志在求「學」，成「知識」，而莊子則志在求「道」，顯「智慧」。他們所以有如此差異的志趣，乃是因為他們的心靈型態之差異使然。莊子是屬於「玄思主體」之心靈，而惠施則是「知性主體」之心靈。這種不同的心靈造成了莊惠二人迥異其趣的學術。

「知性主體」是以自然世界為其主要的對象。所以它把「人文世界」的「人事」拋開，而致力於「物之理」之探求。因此之故，惠施「散於萬物而不厭」，「逐萬物而不反」。知性主體落實下來是

「物理」之探求，以成就多樣性的「知識」。所以惠施及其徒眾的心靈活動，代表了一種異於傳統的新的學術方向。

儒家的「德性主體」，道家的「玄思主體」，在中國學術史上都能被瞭解被接受，因而得到應得的承認，並肯定其價值。也因此在文化發展史上能居於主流的地位，並對中華文化之形式與實質產生很大的貢獻與影響力。而惠施及名家諸子所建立的「知性主體」，及由此知性主體所產生的知識，則不但不能得到瞭解與欣賞，而且受到不斷而且嚴厲的批判，因而名家之學被擠出了文化大流，而成了千古絕響。這是惠施及名家的不幸，更是華族文化發展史上的一大缺憾。在西方（尤其是古希臘及近代西方）文化上是由「知性主體」當令，因此在「知識」上，「物理」之學上造成了花朵爛漫，群鶯亂飛的美景。相形之下，在這一方面中華文化顯得貧乏枯窘。在這關節上，特別顯得惠施的學術心靈及其學術方向之彌足珍貴。

綜觀惠施一生，其學術生涯遠超過他政治生涯的價值。尤其是他所呈現的「知性主體」及其學說所代表的「學術的新方向」。遺憾的是惠施的這一點價值與貢獻不能在文化上起大作用。之所以如此，雖然有其客觀的因素在，而實際上最大的致命傷是惠施之氣質與根器欠缺平正恢宏之氣度。惠施之「反人為實，勝人為名」、「益之以怪」、「以善辯為名」的作風與墨子的那種急功好利如何能與孔孟及老莊的氣象相比!?無怪乎儒、道能挺立於萬代，而名墨則及代而終。可見開宗立派者的氣度是何等重要？孔孟及老莊為中國立下了兩系的道統；如果惠施也有泱泱之風，必能為中國立下「知性主體」的學統。

第三章　惠施之學術

依今存之文獻看，惠施之學術，可以而且只能以莊子天下篇所記惠施「歷物之意」各事為代表。但是天下篇所記，只是一些學說的名稱，也可說是惠施學說的結論而已。至於其得出這些結論之理論依據是甚麼，及其推論之過程，則全付闕如，一般言之，同一結論可以有各種不同的理論依據，及其推論的過程。換言之，各種不同的出發點，可以殊途同歸地得出同一的結論。在先秦文獻裏對惠施「厤物之意」除了譏評之外，均無解說。所以歷來詮釋惠施之說的都是全憑己意以臆測、申論惠施之原意。這是「文獻不足」所造成的必然後果。底下擬參酌前賢之說，並益以己見，期能闡發惠施學說幽眇之義蘊。

一、至大無外，謂之大一；至小無內，謂之小一。

「大」、「小」之辨是戰國諸子訾應的熱門題目之一。惠施在此為「至大」與「至小」下了一個定義。歷來各家對它的解說頗為紛歧。按：惠施以「無外」界定「至大」；以「無內」界定「至小」。所以要瞭解何謂「至大」與「至小」，必須從「無外」、「無內」入手。所謂「無外」，即一切皆在其內之意；「無內」即一切皆在其外之意。一般言之，在甲之內者，小於甲，反之，在甲之外者，大於甲。茲以人屋之內外關係為例，以明大小之義。人在屋內，故人小於屋；反之，屋在人外，故屋大於人。不過對惠施以之定大小的所謂「內」、「外」應有深一層的瞭解。此所謂「內、外」，不是指某「物實」在空間上實際所佔的位置而言；也不是指某「物實」實際上能否進入另一「物實」之內，以定其內外，大小；而是指某兩個以上之「物實」的體積所佔有的空間之可包容性而說的。例如：人站在屋外，就人、屋實際所佔的空間而言，人在屋外，屋也在人外，我們不能依人在屋外，而定人大於屋，也不能依屋在人外，而定屋大於人。故「內、外」不能就「物實」在空間上實際所佔的位置而言。復次，「內、外」也不是指某「物實」之實際上能否進入另一「物實」而言，例如：人與象有大小之別，但是人不能如進屋般，進入大象之內，我們也不能依此而定人、象之內外大小。現象世界或是經驗世界裏的一切「物實」，皆有其特定的體積，而任何體積，總佔有其特定空間。假如有某二「物實」之「體積空間」相等，則此二物實之間，無大小可言；如甲物之「體積空間」可容入於乙物之「體積空間」內，則甲在乙內，也因而可定甲小於乙；反之，如果甲之體積空間可包容乙之體積空間，則甲在乙外，也因而可定甲大於乙。所以惠施用以定「大、小」之別的「內、外」，應是指欲分出其大、小之二物的「體積空間」，彼此間之可包容性或是容受性而言。凡是可以用「內、外」定出其大小的，則此大小都是相對的，而不是絕對的大小。如屋在人外。屋大於人；而屋又在城內，則屋小於城。依此，屋可大，可小。它之大小是相對而顯的，而非絕對的。而惠施之所謂「至大」與「至小」則不是相對問的大小，而是絕對的大小。絕對大謂之「至大」，絕對小謂之「至小」。絕對大，則其「體積空間」可容受、包容一切物實之「體積空間」，亦即一切皆在其內之意。它的「體積空間」可包容、容受一切之「體積空間」，這就表示它不被包容，不被容受，亦即「無外」之意。依此，如有一物，它之體積空間可容受一切而不被容受，則此為「至大無外」之物。簡言之，就其體積空間言，「至大無外」——「絕對大」是只有「可容受性」而無「被容受性」；同理，「至小無內」——「絕對小」是只有「被容受性」而無「可容受性」。

復次，惠施把無外之至大稱之為「大一」，把無內之至小名之為「小一」。惠施何以用「一」來指稱至大與至小？此「大一」、「小一」之「一」之意為何？這也是值得我們加以推敲的問題。按：此「一」字當是指整全之意。所謂整全，是指它不是拼湊、混合，亦不是可分解、割裂。如果將天、地、人、萬物湊合在一起，而說它是「至大」，則此至大之「天地人萬物」是一混合體，是一大拼湊，而非整全之「一」，這不能稱之為「大一」。同理，「小一」亦不是指將一「大物」割裂，剖析至不能再分割而成之「至小」。因此，「大一」「小一」之「一」應是指「整全之單一體」而言。如有一「整全之單一體」，其「體積空間」可容受一切物之體積空間，而無被容受性，則一切物皆在其內（亦即無外），那麼這就是惠施所說的「至大」、「大一」。同理，如有一「整全之單一體」，其「體積空間」只有被容受性，則它在任何物之體積空間內，而不能包容任何「體積空間」在其內（此即「無內」之意），那麼，這就是惠施所說的「至小」、「小一」。

章太炎、梁啟超、陳元德等人皆以幾何學上之「點」與「體」解釋惠施之「至小」與「至大」。按：惠施以內外定大小，而內外大小是「量概念」，依幾何學之定義，「點」無大小、長短、厚薄，所以「點」不是「量概念」。因此，以「點」釋「至小」，恐非惠施原意。又幾何學以具有長、闊、厚三度者為「體」，準此，凡「體」皆有大小可言，「體」可大亦可小，「體」絕無「至大」之意。又胡適、李石岑以宇宙之合體為至大，以宇宙之部分為至小，都不能扣緊「無內」、「無外」及大一小一之「一」之義而立說。以上諸人都有一種企圖，想解說指陳出「至大」、「至小」指的是甚麼？實際上，就惠施之原文看來，它並不是在告訴我們：「什麼是至大與至小」，而只是說：合乎什麼條件者為至大、至小。這一點是詮說惠施之說所應注意到而又為一般人所忽略的。

天下篇只記載了惠施為「至大」、「至小」所下的定義而已，而沒有指出「至大」為何物，「至小」又是什麼東西？莊子秋水篇云：「河伯曰：『然則吾大天地，而小毫末可乎？』北海若曰：『否。……由此觀之，又何以知毫末之足以定至細之倪，又何以知天地之足以窮至大之域？』河伯曰：『世之議者皆曰：至精無形，至大不可圍，是信情乎？』北海若曰：『夫自細視大者不盡，自大視細者不明。夫精，小之微也；垺，大之殷也。』」（或玄英疏：「精，微小也；垺，殷大也。欲明小中之小，大中之大，……」）觀秋水之意似是：眾人把「秋毫之末」視為「至小」，而把「天地」當作是「至大」。而莊子則依「計人之所知，不若其所不知；其生之時，不若其未生之時；以其至小，求窮其至大之域，是故迷亂而不能自得也。」之理論，而否定秋毫之末為至小、天地為至大。至於「小中之小」的「精」，「大中之大」的「垺」，是甚麼？是否就是符合「至小」、「至大」之定義，也是不得而知。

惠施提出「至大無外，謂之大一；至小無內，謂之小一」之說，其目的不外三個可能：一是純粹為「至大」、「至小」下一定義而已；一是以之證成某物為「至大」或「至小」；一是以之否定某物為「至大」或「至小」。就名家辨名覈實之通性，及現存墨辯看來，當時「辯者之徒」常有為「辯題」下定義之風。此外，惠施的確有「以反人為實，而欲以勝人為名，是以與眾不適也」（天下篇語）的傾向，所以惠施至大至小之說，可能具有雙重意義：一方面為「至大」、「至小」下一定義，同時以之否定某物為至大、至小之物。依一般常識言，天地至大，毫末至小（先秦諸子以秋毫喻小，以天地喻大之例甚多），惠施可能是以其至大至小之定義，來「遮撥」秋毫之末為至小，天地為至大，而不是在「詮」何者為至大或至小。因為在證明甲為至大之前，必須要證明一切（亦即所有「非甲」之物）皆小於甲，而且不可能有「外」（「無外」之「外」）於甲，必如此方能斷定甲為「至大」（至小之理同此，可類推，不贅）。但是這是無法做到的，所以惠施至大至小之說，其目的只在立一個「至大、至小」之標準，並以之破斥俗人「天地為至大，秋毫之末為至小」之見，而不在（也不可能）告訴我們「至大、至小」之物為何。

此外尚須一提的是：如果要指出某物是「至大無外之大一」，則必須先肯定宇宙為有限的，因為是有限的，人才可能指出其中何者為至大；或是只限定在人所能理解或經驗到的範圍內，才能言「大一」，否則無法指出何者為「大一」。但是在上面的兩種限定下的「至大」、「大一」，實際上已成了「有限之至大」、「有限之大一」了。

二、無厚，不可積也，其大千里。

「無厚，不可積也，其大千里」這一命題，旨在說明「厚」與「面」之關係。幾何學以具有長、寬、厚者為「體」，而以有寬、有長而無厚者為面。就經驗世界而言，一切「物」皆有其「體」，因而皆有其厚度（高度）、長度、與寬度。同一體積之「物實」，其厚度與其所佔空間之面適成一反比之關係。例如：假設有一長、寬、厚各一百尺之正方形物體，其厚度為一百尺，其面為一百平方尺，如將此物齊腰截斷為二，使其厚度各為五十尺，則此各五十尺厚之二物並列在一起時，其面就變成了二百平方尺。亦即將一方形物體之厚度等分為二時，則此厚度為原厚度一半之物體所並列形成之面為原來之「面」之二倍。同理，如將一物體等分為十，則此十等分之物體之和的「面」為其原來之「面」之十倍。餘可類推，不贅。依此，則厚度與面成一反比之關係。詳言之，某單位體積之物，其「厚」度愈大，則其「面」愈小；反之，其厚度愈小，則其「面」相對增大。

惠施之「無厚，不可積也，其大千里」即在闡發此種「厚」與「面」之關係的道理。當然也可說是：惠施是利用厚度與面成反比的關係，而得出「無厚，不可積也，其大千里」之說。依數學無限小之觀念，一個數，無論如何加以細分，總不會使其成為零。依此，「厚度」無論如何加以滅削，只能使其變小，而不能使其變無。換言之，即不能達到「無厚」的地步。惠施是否接觸到這一理論，我們不得而知，不過二十一怪說中「一尺之棰，日取其半，萬世不竭」之作者，則顯然是依據「數」可變成無限小，而不能變無變零的觀念而立論（說詳第四章）。推敲惠施之意，可能是這樣的：凡是有厚度者，必可堆積；如果將此厚度不斷地變小，則其面必相對增大；當此厚度變小變薄到最後的極限——這個極限是理論的置定，抽象的置定，而不是真有此極限——亦即達到不能再薄，其厚度幾近於零的地步，這就是惠施所謂的「無厚」。因為是「無厚」，故不能「積」。將一物體之厚度加以分割變小，則其所分割而成「物體之部分」之和的「面」，必然隨之不斷加大，而當其厚度薄到最後極限時，其面之大亦必達到極限，「其大千里」就是指此「面之極大」而言（此處之「千里」，不是一個確定數，而是近乎無限大，最大極限之意）。準此以觀，惠施「無厚——不可積也，其大千里」這一命題，可以把它化成這樣的一個命題：「當其物體之厚度變小變薄到最後極限——無厚而不可積時，則其面必相對增加到其極限——千里。」

就問題之內容而言，惠施之學說是屬於幾何學上面積與體積之關係的問題。而就其方法論來看，惠施頗能打開具體物的種種限制，而作抽象的純思辨的物「理」之研究。這種抽象的純思辨的研究心靈不僅是先秦諸子所少有，亦是我華族文化史上所普遍欠缺的一種心靈。

三、天與地卑；山與澤平。

就人類判斷方位之常識言，天在上，地在下；山高而澤低。天與地，山與澤在方位上總有其差別性在。但是惠施之「天與地卑，山與澤平」則在泯滅天地、山澤間在方位上的差別性。這顯然是違反常識之論。於此，我們所要追問的是：惠施破除天地山澤高低之差別相的依據是什麼？

任何差別相之成立，必先立一個標準，有了一個標準，然後才能據此以作種種差別性的判斷。同理，要破除某種差別性，也必須立一個標準，然後依此標準來否定某特定之差別性之不能成立。例如秋水篇：「以道觀之，物無貴賤；以物觀之，自貴而相賤。」依秋水之意，自「物」的標準而言，可以有貴、賤之差別性；而自「道」的標準來看，無貴、賤之差別性。惠施否定天地、山澤間高低之差別性的標準在那裏？換言之，惠施認為天地、山澤高低之不可分性的理論依據在那裏？關於此，眾說紛紜，茲略列舉前人較具代表性之說於后，以探求惠施之原意。

唐成玄英莊子疏云：「夫物情見者，則天高而地卑，山崇而澤下；今以道觀之，則山澤均平，天地一致矣。」馮友蘭中國哲學史引秋水篇：「以差觀之，因其所大而大之，則萬物莫不大；因其所小而小之，則萬物莫不小。知天地之為稊米也，知毫末之為丘山也，則差數睹矣。」而申論之曰：「推此理也，因其所高而高之，則萬物莫不高；因其所低而低之，則萬物莫不低。故曰：『天與地卑，山與澤平』也。」

案：成、馮二說是以莊子之「道」來解說惠施之「說」，這種以莊解惠之說，是否即為惠施之原意頗成問題。因為莊惠二人之思想有其基本的差異性在。

章太炎國學略說云：「卑當作比。周髀算經之『天象蓋笠，地法覆槃。』如其說，則天與地必有比連之處矣。大戴禮記天員篇云：『如誠天圓而地方，則是四角之不揜也。』曾子意殆與惠施同。山高澤下，人所知也；山上有澤，咸之象也。黃河大江，皆出崑崙之巔，松花江亦自長白山下注。故云：山與澤平也。」

案：章氏是自天地比連而言天與地卑；自山上有澤，及江河之水來自高山而言山與澤平。雖能言而成理，不過「天與地卑」、「山與澤平」，應是同一層次之問題，而章氏卻從兩種標準來詮說惠施之說，是其短。

晉李頤云：「以地比天，則地卑於天，若宇宙之高，則天地皆卑。天地皆卑，則山澤平矣。」（陸德明莊子釋文）

陳元德中國古代哲學史云：「空間中之高低乃相對的，以觀察者之地位而定，觀察者立於地面，則山高而澤下，天高而地卑，若觀察者，在空際而遙視地面，則山澤相平，而天地相比。」

案：李、陳之說都是自某特殊空間來觀察天地山澤之方位，在視覺上所造成的無差別性而言天與地卑，山與澤平。在眾說中為最平實貼切者。此外本人想再提出一點意見，亦聊備一說之意，非敢武斷即為惠施之原意。

中國人自古即認為天是一實體，故有盤古開天、女媧補天之神話。天不但是一實體，而且天無不覆，整個地球都被天所蓋住。天既覆蓋地，則天與地相連在一起，又就人之視覺上言，亦可有天涯與海角相連結之感覺。如此，則從天與地連結處言，說它高，則天高，地亦同高；說它卑，則地卑，天亦同卑。如此，則「天與地卑」一論斷，自然可以成立。如果這樣的詮說不差，則「地與天高」與「天與地卑」應該同真。惠施何以取「天與地卑」，而捨「地與天高」？這可能是因為中國人認為「地無不載」，所以「地卑」，地不但卑而且形「平」；反之，天高，而且形「圓」，因為「圓」故與「卑平之地」相接，因與「卑平之地」相接，故可以把天之「高」扯低扯平而成「天與地卑」一論斷。其實「地與天高」比「天與地卑」更弔詭，更符合惠施「益之以怪，以反人為實，而欲以勝人為名」（天下篇給惠施之評語）之風格，不知惠施何以竟捨此而取彼。

山上之水下注而成澤，則山與澤亦必相連結，就山澤之連結處而言，亦與天地之連結處一樣，山澤同高同低，亦即山澤之高低不分，如此，則「山與澤平」矣。荀子不苟篇所列惠施「難持之說」七事中的「天地比，山淵平」即指此「天與地卑，山與澤平。」而言。

四、日方中方睨，物方生方死。

「天與地卑、山與澤平」是在強調高低方位之分別，無絕對性；而此「日方中方睨，物方生方死」則在強調時間之不可絕對劃分。按習慣言之，人總喜歡把時間作斷然的劃分：如過去、現在、未來之分；或如「日上三竿」、「日正當中」、「日已西斜」之分。後者是就太陽之位置將時間作一劃分。但是惠施則否定時間之可劃分性，尤其認為不可能依據太陽之位置劃分時間。故有日方中方睨（睨、斜也），物方生方死之說。天地，山澤相連，故它們之間不可作高低之分別；同理，時間亦是連續不斷的，故亦不可分。如「日中」與「日睨」是相連結的，此中不可作一截然的劃分。因為日之移動（以今日之觀念言，是地球在轉動）是不停的，所以當日移到「中」處，亦即是「日睨」的開始。故日中與日睨是連結成一體的，因為是連成一體的，故曰：「日方中方睨」。

依照常識，人有生有死，而且「生」、「死」乖隔有別。但是惠施則不以為然，認為生與死是連結不可分的。老子十三章云：「吾所以有大患者，為吾有身；及吾無身，吾有何患？」這是說：「有身」與「有大患」之不可分性。如果把「生」、「死」套進老子之命題架子，可以得出：「吾所以有死者，為吾有生；及吾無生，吾有何死？」這樣的一組命題。一切生命不管其夭壽如何，死是必然而實然的。所以「死」早就包含在「生」中，而且死是由生而來的。有生即有死，無生即無死，因此，生是死的既充足又必要的條件。生、死二者是相連而不可分的，所以才生時，即已注定其必死，故曰：物方生方死。

這裏要附帶一提的是：「方中方睨、方生方死」雖然是說日之「中」、「睨」不可分，物之「生」、「死」不可分；不過這不是說「日」無「中」、「睨」之兩態之別；同理，亦不是說生命無「生」、「死」兩態之分；而是說就日之運轉及物之生命之發展言，中與睨，生與死，其間有其內在的連鎖性且無停頓性，故有其不可分割性。此其一。莊子齊物論有：「方生方死，方死方生」之說。前一句雖與惠施之說同，但是惠施之說並不含有「方死方生」之意。莊子之靈感或許是由惠施之說而來，但是莊子之說是另有其理論根據的。莊子至樂篇云：「是其死也（案：指莊妻死），我獨何能無概然？察其始而無生，非徒無生也而本無形；非徒無形也，而本無氣。雜乎芒芴之間，變而有氣；氣變，而有形；形變，而有生。今又變而之死，是相與為春秋冬夏四時行也。」莊子既以生、死如春夏秋冬四時之運行循環不息，則當然可以有「方生方死，方死方生」之說。這是莊、惠二人學說中有異之處，不可不加以簡別。此其二。

五、大同而與小同異，此之謂小同異；萬物畢同畢異，此之謂大同異。

「同異」問題，是戰國辯者所喜好的論題。惠施對此，有其獨特的主張，他把同異分為：小同異、大同異兩大類；及大同、小同、畢同、畢異等四小類。對此同異之說的解說中以牟宗三先生在其「惠施與辯者之徒之怪說」一文的詮釋最為精審細密，茲錄其原文於后，以明惠施同異之說。

> 大同與小同之間的差別，曰小同異。小同異即相對的同、異。「萬物畢同畢異」，曰大同異。大同異即絕對的同、異。如果不只籠統地泛說，此將如何明其實義？案小同異，切實言之，即綱目層級中之同異。例如人與人之間為大同，人與動物之間即為小同。人與動物之間為大同，人與草木瓦石之間即為小同。中國人與中國人之間為大同，中國人與歐洲人之間為小同。北方人之間為大同，北方人與南方人比即為小同。此中之「同」即相似性或同一性。「大同」即其相似性的程度很大，小同即其相似性的程度稍差。「大同」亦可以說其相似點很多，「小同」亦可以說其相似點較少。此種「同」之大小或多少皆是比較而言，故是相對的；又是抽出某一點或若干點而言，故是抽象的。無論大同或小同，其中皆含有一種異，即差異點，不相似性。既是比較的大同，同中自不能無異。大同是同性大或多，異性即比較地小或少。小同是同性小或少，異性即比較地大或多。無論同或異，皆是比較的，故總是在層級中。此種綱目層級中的同或異，惠施即名曰「小同異」。（就同屬一目言，相似性大。就異目而同屬一綱言，相似性小。此可層層向上，方可層層向下。故曰綱目層級。）
>
> 萬物畢同，此是「大同異」中絕對的同；萬物畢異，此是「大同異」中絕對的異。畢異落在何處說？曰：落在個體處說。自個體而言，則個個不同。自抽象之某一面說，儘管有相同處，然孤總而論每一存在的個體自身，則個個不同。此即來布尼茲所說：「天下無兩滴水完全相同者」。此即為絕對的異。「畢異」之「畢」是「皆」義或「都」義，意指一切個體皆個個不同，此不是說：皆不完全相同，亦不是說：皆完全相異。乃只是說：無兩個體完全相同者，此即是說：一切個體皆總有異。「不

完全相同」是對于「完全相同」的否定，此表示相同中有異性，此正好是屬于小同異。「皆完全相異」是說相異的程度已至極高度。但「畢異」不函此義，即畢異不涉及其異之程度，只要有一點異，便足以標識個體之不同。故「萬物畢異」既非「萬物不完全相同」，亦非「萬物完全相同」，乃只是「萬物個個皆不相同」，至于其不相同之異之程度則不在此陳述內。完全相異，不完全相異，完全相同，不完全相同，皆是同異之程度問題。一涉及程度，便是小同異中之同異。但此畢異，則是大同異中之絕對的異，故只是異，而不涉及程度之比較也。

至于「萬物畢同」之畢，則須有不同之了解。畢同不是說萬物（個體）皆同也。因就個體言，明皆不同故。如于此又言同，則自相矛盾。故此「畢同」決不能落在存在的個體自身上說。乃是說：萬物皆同于一同。此並非說：皆完全相同。亦非說：皆完全無異。乃只是說：萬物皆在一絕對普遍性中而合同。此是從普遍性言，不是從個體性言。不是萬物皆同，乃是萬物皆因分得一普遍性而成其為同，或皆屬于此普遍性而得「合同」。就其因普遍性皆得「合同」言，亦不涉及同之程度，故亦可曰「絕對的同」。畢同落于普遍性上說，畢異落于個體性上說。就個體言，「萬物皆異」不函說：「皆完全相異」，亦不函說：「不完全相同」。就普遍性言，「萬物皆因一絕對普遍性而得一同義」，不函說：「萬物（就其為個體）皆同」，亦不函說：「皆完全相同」，亦不函說：「皆不完全相異」。故畢同畢異字面上句法完全相同，然其意指卻完全不同，不可不察也。

此種畢同畢異，可因綱目層級中之層層向上而至一最高之綱，得一最高之普遍性，因而使萬物皆同于此，而成其為畢同，亦可因層層向下而達至個體，因而說無兩物完全相同，此即所謂畢異。（畢異：無兩物完全相同。畢同：萬物皆同一于一絕對普遍性。）

六、南方無窮而有窮，今日適越而昔來，連環可解也；我知天下之中央，燕之北，越之南是也。

天下篇所記惠施「歷物之意」，自來都把它分為十條解之。唯牟宗三先生在「惠施與辯者之徒之怪說」一文中把「南方無窮而有窮」、「今日適越而昔來」、及「連環可解也」三條併為一組，且以「連環可解也」一語作為「南方無窮而有窮」及「今日適越而昔來」之「提示語」。提示南方何以無窮而有窮及今日適越何以昔來之理由，可以從「連環」而得其解。如此，牟先生將歷物十事併為八事，茲從之。不過有一補充的是：如牟先生之說為可信，則天下篇「連環可解也」下「我知天下之中央——燕之北，越之南是也。」這一條亦應與上述三條併在一起為一組。因為就其思想之內容看，它們實有相通之處，再就行文氣勢上看，這四條亦是一氣貫下。其意似是：「南方無窮而有窮」，「今日適越而昔來」可由「連環」的啟示得到其解，而且「天下之中央，燕之北，越之南」亦是由此而得其解。故曰：「南方無窮而有窮，今日昔越而昔至，連環可解也。我知天下之中央——燕之北，越之南是也。」

戰國策齊策云：「秦昭王嘗遣使者，遺君王后以玉連環，曰：『齊多智，而解此環不？』君王后以示群臣，群臣不知解；君王后引錐破之，謝秦使曰：『謹以解矣。』」

按：「解連環」是一件引人而有趣味性的公案，而且是一個久懸而不能「解」的公案。它一定吸引了不少「智士」試圖去解開這個謎。環，圓而無端，故「連環」實在無法「解」，惠施也許曾用心去參過這個公案，可是也無法參出解開之道，不過卻由此而悟出了連環之特性，並且由此體悟（牟先生稱之為「圓圈的洞見」）進而觸發了他「南方無窮而有窮」、「今日適越而昔來」及「天下之中央——燕之北、越之南」之說。茲以此為出發點，進而解說由「連環」之體悟而得之歷物三說。

胡適中國古代哲學史認為戰國時候有地圓說，而且以之解說「南方無窮而有窮」、「天與地卑、山與澤平」、「今日適越而昔來」及「天下之中央——燕之北，越之南。」其言曰：

當時的學者，不但知道地是動的，並且知道地是圓的。如周髀算經說：「日運行處極北，北方日中，南方夜半。日在極東，東方日中，西方夜半。日在極南，南方日中，北方夜半。日在極西，西方日中，東方夜半。」這雖說日動，而地不動，但似含有地圓的道理。又如大戴禮記天員篇辯「天圓地方」之說，說：「如誠天圓而地方，則是四角之不揜也。」這分明是說地圓的。

惠施論空間，似乎含有地圓和地動的道理，如說：「天下之中央，燕之北，越之南是也，」燕在北，越在南。因為地是圓的，所以無論那一點，無論是北國之北，南國之南，都可說是中央。又說「南方無窮而有窮」，因為地圓，所以南方可以說有窮，可以說無窮。南方無窮，是地的真形；南方有窮，是實際上的假定。又如：「天與地卑，山與澤平」更明顯了。地圓旋轉，故上面有天，下面還有天，上面有澤，下面還有山。又如「今日適越而昔來」，即是周髀算經所說：「東方日中，西方夜半；西方日中，東方夜半」的道理。我今天晚上到越，在四川西部的人便要說我「昨天」到越了。

按：如果地動、地圓說成立，則胡適之解說當然可以成立。問題是：周髀算經、大戴禮記天員篇之言，算不算地動、地圓說？就算是，周髀算經胡適定為晚周之書，天員篇定為秦漢之作。依此，惠施根本就看不到周髀算經，天員篇，如何能因此二書而知有地圓說？又如果真有地動、地圓說，何以諸子百家無一言及之，而且後來在民間、史書上也都無地動、地圓之傳說及記載？總之，惠施是否知道有地動、地圓說根本是很成問題的。因此與其用地圓說解釋惠施之說，不如用牟先生所說由「連環」而得的「一種圓圈的洞見」來詮釋惠施之說為愈。

羅根澤諸子考索所附第一次答張默生先生書云：「兄又謂『南方無窮而有窮』一條，似指地理學上之新見解而言。弟舊日亦持此說，今不能無疑者，荀子正名篇曰：『假之有人，而欲南無多，而欲北無寡，豈為夫南者之不可盡也，離南行而北走也哉？今人之所欲無多，所惡無寡，豈為夫欲之不可盡也，離得欲之道而取所惡哉？』荀子以南之不可盡，比欲之不可盡；今由欲之不可盡，如當時謂南不可盡。言『欲南無多，欲北無寡』，又謂不為『南之不可盡，離南行而北走』，知當時謂南無盡，北有盡；南無盡，由於南多，北有盡由於北寡，蓋中國本位於北溫帶，戰國前之活動又偏於中國北部，北行而至於鴻荒無人之地者，蓋有人矣，南行而至於鴻荒無人之地者，則無其人，故時人僉謂南方無窮，北方有盡。惠施雖亦未南行至於鴻荒無人之地，然或以北喻南，或有其他證明，知南亦有窮，故謂『南方無窮而有窮。』無窮為時人之常言，有窮乃惠施之新說。如解以地圓，謂有窮為實際之假定，如今所謂南極，無窮為地之真形，南之南仍有南，循環不止，則當謂『南方有窮而無窮』。今先出『無窮』，後言『有窮』，明以『有窮』否定『無窮』，與荀子所言適合，知胡適之郭沫若諸先生之解以地圓，雖新穎而未必是矣。」

按：羅氏以為惠施之主「南方有窮」之新說乃在破「南方無窮」之舊說。證之惠施「益之以怪，以反人為實，而欲以勝人為名，是以與眾不適」之作風看來，羅氏之說是可成立的。不過名家之「反人勝人」並非無「理」取鬧式的狡辯與詭辯，而是有其「名理」上之理論根據的。惠施主南方無窮而有窮之理論依據何在？羅氏只說是：「或以北喻南，或有其他證明，知南方亦有窮。」而沒有十分肯定的回答。當時的中國人一般都認為「南方無窮」，而惠施由於解連環而得到一種圓圈的洞見。任何圓圈都不是直線之無限延伸，順看圓圈而行，任何點都是可到達的，而且是可重複到達的，所以圓圈有「有窮」之特性。惠施乃由此而聯想到一般人認為無窮的南方，實際上是有窮的，故曰：「南方無窮而有窮」。

惠施以「連環」之特性來解釋「南方無窮而有窮」是可通的，但是如果以之解釋「今日適越而昔至」，則是有問題的。因為凡是圓的東西（不管是地球，或是連環）總是可以順著其圓，周而復始地轉，循環不息，故以之解「南方無窮而有窮」當然不成問題。但是時間之特性不是「圓」，而是「直線」，它無限地延伸，有去無回，故不能以連環之理來解屬於時間範圍內的「今日適越而昔至」。惠施之所以用連環之理，解「今日適越而昔至」，可能是對時間產生錯覺而引起的。一般言之，在人的意識裏，總認為時間與空間是結合在一起而不可分的。例如由燕往越走，人經過一段空間的同時，也必經過一段時間。所以，惠施既然體悟到空間是一圓圈，因而聯想到時間亦復如此。所以在空間上，南方可以是無窮而有窮；則在時間上亦可認為「今日適越」而「昔至」。其實時間之特性與空間之特性不同，不可相提並論，這是惠施粗疏之處。當然，晝去夜來，夜去晝來，就日夜之循環不息而言，似乎亦有「圓圈」之特性在，但是今夜不同於昨夜，日夜固然相代不息，但是時間是一有去無回之虛流，畢竟不同乎空間，不可不察也。

在某一個「面」上，指說此面之中央，東、西、南、北時，面上之中央東西南北是有其固定位置的，是不可隨意移易變換的。北是北，南是南；北不可為南，北亦不可指其為中。因此，在平面的觀念上，說「天下之中央——燕之北，越之南」是不通的，違反常識的。因為中國人自古即有「天圓地方」之說，在「地方」上，方位是固定而不可移的。相反的，如就「圓」上說，則方位是可以隨意移易的，因為圓環無所謂固定的起點與終點，亦無所謂「中央」。任何一點都可以是起點與終點，任何一點都可以是中央。惠施因為從連環得到圓圈的洞見，所以他可以把「天下之中央」定在「燕之北」，當然也可以把它定在「越之南」。故曰：「天下之中央──燕之北，越之南。」

綜上所述，「南方無窮而有窮」、「今日適越而昔至」、「天下之中央──燕之北，越之南」都是以由「連環」的啟示而得到的「圓圈的洞見」作為理論基礎的，而且這三條與「連環可解也」一語連在一起，語氣亦有連貫之處，所以把這歷來認為是四條之歷物之意併成一組，加以解說。

七、氾愛萬物，天地一體也。

依上述，惠施是因為天地、山澤相連不斷而成一體，故有「天與地卑，山與澤平」之說，又因為看到日中與日睨，生與死之不可分割而成一體，故有「日方中方睨，物方生方死」之論。又由「連環」而得到「圓圈的洞見」，凡是「圓」，皆是渾然一體的，其中無終始，無東西南北、無今昔，故有「南方無窮而有窮」、「今日適越而昔至」、「天下之中央──燕之北，越之南」之言，此外又有萬物畢同之見。綜上言之，惠施歷物之意各事，雖然皆有獨特之內容，但是卻有一個共同的依歸在。那就是天地萬物渾然同體而不可分之思想。當然，惠施亦有萬物畢異之說；不過既有萬物，則萬物必有差異，必然「畢異」；但是惠施卻能於「異」中發現其「同」，發現天地萬物渾然同體，並以之衍生種種學說。所以「天地一體」（天地一體，當然函著天地間之萬物亦與天地一體）可以說是惠施歷物之意及其哲學思想的出發點與理論的基礎。馮友蘭中國哲學史認為：「辯者之中，當分二派：一派為『合同異』；一派為『離堅白』。前者以惠施為首領；後者以公孫龍為首領。」（二六八頁）「天地一體」既是惠施思想的基礎，則把他推為「合同異」派的首領，確實頗收畫龍點睛之效。莊子有「天地與我並生，而萬物與我為一」之論，惠施則主張「天地一體也」，這或許是莊、惠二人除了私情甚篤外，在思想上有其相契之處之道理。

歷物之意的內容，是惠施基於「天地一體」之思想，對自然世界的瞭解與判斷所生的結果。這是一種純思辨的活動，是一種純理智的活動，而不牽涉到情感與意志的成分。而「氾愛萬物」則是把由純理智的觀察自然世界所得的結論，轉向到「實際人生問題」落實的結果。這一轉向，使理智轉為意志的，使抽象轉為具體的，使理論轉為實踐的。「天地一體」是惠施對自然的理解；「氾愛萬物」則是惠施對人生的主張；這兩個命題為惠施的自然觀及人生觀勾出了一個明顯的輪廓。

第四章　辯者二十一怪說研究

天下篇在列述惠施歷物之意後，接著說：「惠施以此為大，觀於天下，而曉辯者。天下之辯者相與樂之。」然後列舉辯者二十一怪說之名稱，最後並作一總結說：「辯者以此與惠施相應，終身無窮。桓團、公孫龍，辯者之徒，飾人之心，易人之意，能勝人之口，不能服人之心，辯者之囿也。惠施日以其知與人之辯，特與天下之辯者為怪，此其柢也。」

關於天下篇這一段記載，有幾點必須提出來一談。依天下篇之敘述，顯然的，惠施「歷物之意」引發了辯者利用「詭辭」談辯之興趣，因而提出了二十一怪說，以與惠施相應和。因此可以說，惠施是戰國「談辯」之祖。此其一。談辯之風雖由惠施開始，但是由於「辯者」之熱烈響應，立刻形成一種風尚。不但形成了「學風」，也成了一個「學派」——名家。談辯之風既盛行於當時，則其學說，當不止天下篇所記之二十一種而已。此其二。至於二十一怪說之作者為誰，現在已不能確知。不過依據「桓團、公孫龍辯者之徒，飾人之心，易人之意；能勝人之口，不能服人之心；辯者之囿也。」看來，桓團、公孫龍是其中之佼佼者則沒問題。因為依今存公孫龍看來，二十一怪說中之一小部分可以確定為公孫龍之說（詳後），復次，二十一怪說之內容雖各不相同，但是卻有「飾人之心，易人之意；能勝人之口，不能服人之心。」之共同特點，天下篇說桓團、公孫龍是辯者之徒，又說他們二人具有二十一怪說之共同特點，而且說這共同的特點是「辯者之囿也」，則顯然公孫龍、桓團是二十一怪說作者——「辯者」之一分子。總之，二十一怪說的作者，必定很多，而公孫龍、桓團則是其中的要角，其餘則已不可考矣。此其三。

二十一怪說，就其形式與格調上看，有「飾人之心，易人之意；能勝人之口，而不能服人之心」之共同特點；但是就其內容之實質看，則每一怪說皆有其獨特之意義，為了解說上的方便，論者常就其內容之相近加以分類。例如：馮友蘭之中國哲學史將二十一怪說分為「離堅白組」與「合同異組」兩大類；胡適中國古代哲學史則分為四類：論空間時間一切區別都非實有、論一切同異都非絕對的、論知識、論名；陳元德之中國古代哲學史，則更細分為八類。這種分類固然有其方便之處，但是由於每一怪說之詮釋，見仁見智，而無定論，因此根據其內容而加以分類亦必然是見仁見智，而不能成為眾所首肯的公論。而且強加分類亦難免有削足適履之嫌。故本章只擬對二十一怪說，逐條予以解說，而不擬加以分類。

一、卵有毛

就實際之卵上言，其殼面無毛；殼內亦只有蛋白與蛋黃，而無毛。但是「辯者」卻以為卵有毛，其故安在？

晉、司馬彪曰：「胎卵之生，必有羽毛，雞伏鵠卵，卵不為雞，則生類于鵠也。毛氣成毛，羽氣成羽。雖胎卵未生，而毛羽之性已著矣。」（陸德明經典釋文引）

清、宣穎曰：「卵無毛，則鳥何自有毛？」（莊子南華經解）

案：就現實之卵而言，無毛；但是卵孵化而為禽時，則有毛；所以辯者是根據卵之「潛能性」而言卵有毛。故如實言之：「卵有毛」只能說是：卵可以有毛，但不能說現實之卵有毛。因為就卵之潛能性言，卵可以成為有毛之物，但是此潛能性之變為現實，必須有一段孵化過程。如果加上這一段孵化的過程作為限制或注腳，則「卵有毛」這一命題可以成立，否則，「卵有毛」就成了違反現實之怪說謬論了。

二、雞三足

這一怪說是公孫龍之言。公孫龍子通變論云：

「羊牛有角，馬無角；馬有尾，羊牛無尾；故曰：羊合牛非馬也。……牛羊有毛，雞有羽。謂雞足，一；數雞足，二；二而（而，猶「與」也）一，故三。謂牛羊足，一；數足，四。四而一，故五。牛羊足五，雞足三，故曰：牛合羊非雞。」

按：「雞三足」孤立地看，違反現實，因為正常的雞只有二足；若把它還原到通變論去看，也是一種「無謂的琦辭」。通變論之意是：牛羊所共有之角，正是馬所無；反之，馬所有之尾，亦正是牛羊所共無。（譚戒甫曰：「羊牛無尾，謂無鬃毛長尾。」）所以羊合牛非馬。同理，牛羊有毛無羽，雞有羽無毛，由此本亦可得出牛合羊非雞。但是公孫龍卻偏又加入牛羊足五，雞足三來界定牛合羊非雞。雞足之所以為三，並不是說現實之雞有三足，而是：單說雞足時，只是「一」，而數雞足之數，則可得出「二」之數。「謂」雞足之「一」加上「數」雞足之「二」，可以得出「三」這個數，所以說「雞足三」。同理，可以得出牛羊足五。公孫龍之原意是：同樣的「謂足之數」加上「數足之數」之和，雞只能是三，而牛羊則是五，所以牛羊不等於雞。其實這樣的論調是毫無意義的。因為雞與牛羊之足數本來就不相等，前者二，後者四。何必加上一個「謂足」之「一」，然後說雞與牛羊不同呢？因為任何不等之兩數，如果各加以同一數字，則其和數仍然不等。所以說雞足三，牛羊足五之說為「無謂的琦辭」。

「雞足三」雖是無謂的琦辭，不過在通變中有「謂雞足，一；數雞足，二；二而一，故三。」這樣的界定，說「雞足三」是沒有什麼不可以的。不過如果把它孤立地提出，而不加以界說時，則此雞三足就成了毫無意義的廢話了。

三、郢有天下

郢為楚國首都，如果楚國曾統一天下，而說郢有天下，那是不成問題的，而事實並不如此。此條與荀子不苟篇之「齊秦襲」當是同一層次之問題。其理論依據可能是惠施之「天地一體也」。郢只是七雄中之一的首都，何以能有天下？齊在東，秦在西，何以能說齊秦襲（襲，合也）？前一章曾說到「天地一體」是惠施歷物之意各條的理論基礎。郢有天下，齊秦襲，亦是以「天地一體」為其思想之依據，故馮友蘭將此條歸到以惠施為首領的「合同異」組。天地既自一體，則郢與天下亦為一體而不可分，郢與天下不可分，則可說郢有天下。例如吾人提物，只提物之某一小部分，即可說我提某物，而不說：我提某物之某部分而非提某物之全體。秦齊在空間上固然隔著楚國與三晉，彼此有國界，有界線，但是齊之領土與三晉及楚相連，而三晉及楚又與秦合，如此，似亦可說秦齊合。而且，齊秦在同一陸地上，非如英格蘭與愛爾蘭之被海水所割裂。所以可說齊秦襲。郢有天下及齊秦襲之意，果如上述，則此種怪說，實在只能服人之口，而不能服人之心，它沒有什麼「名理」上的價值。

四、犬可以爲羊

司馬彪曰：「名以名物，而非物也。犬羊之名，非犬羊也。非羊可以名為羊，則犬可以為羊。鄭人謂玉未理者曰璞；周人謂鼠臘者亦曰璞。故形在於物，名大於人。」

按：司馬之解，即荀子正名篇所謂「名無固宜，名無固實」之意的應用。對某物賦予什麼名，本來是沒有準的。某動物給予「羊名」，可；給予「犬」名，亦無不可。就此而言，「犬可以為羊」一論斷是絕對可以成立的。換言之，就命名之立場言，可以說：「犬可以為羊」。但是就用名之立場言，則不可如此說。荀子正名篇曰：「名無固宜，約之以命，約定俗成，謂之宜，異於約，則謂之不宜。名無固實，約之以命實，約定俗成，謂之實名。」在命名之初，名無固宜，固實，但是當約定俗成之後，任何名皆成了「宜名」、「實名」而不可隨意更換，否則就不能收到「名定而實辨」、「聞名而實喻」之功用了。所以說：就「命名」言，可以說：「犬可以為羊」，但是就「用名」言，絕不允許「犬可以為羊」之說存在，否則會造成亂名之現象。

五、馬有卵

馬有卵，歷來無善解。馬為胎生動物，如何能說有卵呢？依生物學，馬雖是胎生，但是成胎之前，雌馬須先產卵，受精後方能成胎。所以自今日生物學的立場看來，馬有卵是對的，合乎事實的。但是戰國時辯者，能否有此知識是頗成問題的。關於馬有卵之說我們可以作如下各種可能性的推測。憑辯者有過馬的解剖的經驗，而且在雌馬卵巢發現有卵之存在，而且確知它後來成為馬胎。此其一。憑想像或直覺，認為馬成胎之前先經過馬卵這一階段，故曰：馬有卵。此其二。胎生動物由胎而生，卵生動物，由卵孵化而來；故胎、卵雖異，而在生命誕生的過程，則有其相似處——都是生命之原始狀態；卵、胎既都是早期的動物生命之狀態，則說「馬有胎」與「馬有卵」皆無不可。此其三。也許可能馬有卵根本是毫無理論根據的詭辯，此其四。此四種可能中那一個的可能性最大，這是很難推斷的。不過，如果一定要說它們中那一種可能性高，則愚意以為第二、三的可能較高。

六、丁子有尾

成玄英曰：「楚人呼蝦蟆為丁子。」蝦蟆有足無尾，但是蝦蟆之前身——蝌蚪則有尾無腳。辯者之意是：蝦蟆雖然沒有尾巴，但是牠在蝌蚪時則有尾巴，所以說丁子有尾。

「卵有毛」是說卵「將來」可以孵化出有毛之物；而丁子有尾則說蝦蟆在「過去」的階段有尾。兩者實有異曲同功之趣。但是就指述真實現象言，這兩個命題，都是不能成立的。它們要成立，就必須作生態上的「將來」或「過去」的補充說明才可以。所以這種怪說，只能作為搬弄口舌以勝人之口的資料，而在學理上沒有積極的價值。

七、火不熱

司馬彪曰：「一云：猶金木加于人，有楚痛。楚痛皆于人，而金木非楚痛也。如處火之鳥，生火之虫，則火不熱也。」（經典釋文）

成玄英曰：「譬杖加于體，而痛發于人，人痛，杖不痛。亦猶火加體，而熱發于人，人熱火不熱也。」

馮友蘭曰：「從知識方面立論，則可謂火之熱乃由于吾人之感覺。熱是主觀的，在我而不在火。」

按：三家之說都認為「火」是客觀的存在；而熱則是主觀的感覺。故曰：火不熱。一般言之，火給予人的感覺是「熱」，因而把「火」與「熱」連在一起而有「火熱」之說。而辯者，卻把客觀的存在與主觀的感覺區分開，而主火不熱，這就認識論上言，是很有意義的一種觀念。儘管違反常識，卻不是無謂的詭辯。把主客觀的糾纏解開，使客觀之存在從主觀的感覺中解放開來，而還原到「物自己」。這是一種有創發性的見解。可惜這種見解得不到尊重，因而「把自然還原到自然」所衍生的學問，在中國得不到健康的發展。

八、山出口

王叔岷莊子校釋曰：「案『山出口』，義頗難通。疏：『山名出自人口』，說亦迂曲。釋文引司馬云：『是山猶有口也』，疑司馬本作『山有口』，出蓋有之誤。」

按：王說是，從之。荀子不苟篇曰：「入乎耳，出乎口」楊倞注曰：「或曰：即山出口也，言山有口耳也。」楊倞即以「山有口」解「山出口」。口之一般定義是：動物飲食及發聲音之器官。如以此定義為準，則山無口。辯者認為「山有口」，如強為之解亦有可能：口有噫氣之用，莊子齊物論：「大塊噫氣，其名為風。」又火山能噴氣、噴岩漿、噴岩塊。山的這種作用，可比人之「口」，故曰山有口。此其一。「口」之形凹，山之凹者，亦可就形而譬喻為人之「口」。齊物論曰：「山林之畏佳，大木百圍之竅穴，似鼻、似口。」似此亦可曰山有口。此其二。這兩種說法，雖勉強可以說得通，如果這就是辯者之原意，則此「山有口」只是擬人化的譬喻句子，而沒有積極的「表意作用」。只能算是詭辯而已。

九、輪不輾地

此條各家之說亦出入頗大。陳元德中國古代哲學史曰：

「此論與鏃矢之論相同。輪為圓形，輪與地有一點相切，地為輪之切線。在某瞬間，輪之某點與地相切，是輪輾地，從次瞬以觀此點，已不在地面。故從次瞬以觀前點，則輪不輾地。」

按：陳氏「從次瞬以觀前點，則輪不輾地。」之說雖亦有理，然亦牽強。從次瞬以觀前點，固然可說輪不輾地，但是如從「當瞬」看，輪實著地，不能說輪不輾地。辯者之意或許是這樣的：「輪」是圓的。而輪與地之接觸只是某一「點」，而非「圓輪」全與地接觸，所以說：「輪不輾地」。如是，則「輪不輾地」，不是「輪全不輾地」，而僅僅是說「非全輪輾地」。這一條雖可言而成理，不過在「名理」上並沒有什麼啟示性，只是「禦人以口給」的玩意兒。

十、目不見

此為公孫龍之說。公孫龍子堅白論曰：

「自以目見，目以火見，而火不見。則火與目不見而神見。神不見，而見離。」（句讀依孫詒讓校）

司馬彪曰：「目不夜見，非暗，晝見，非明。有假也。所以見者，明也。目不假光，而後明無以見光。故目之於物，未嘗有見也。」

成玄英曰：「夫目之見物，必待於緣。緣既體空，故知目不能見之者也。」

案：依習慣，人總認為目能見物。實際上，「目」只是「見物」之必要條件，而非充足條件。無目固然不能「見物」，但是光有「目」亦不能「見物」。依公孫龍，見物之其他條件有「火」（光線）、「神」（正常的視神經作用）。目、火、神三者缺一不能成「見」。所以目不見，雖違反常識，但是它在認識論上言，是很有意義的見解。它可以啟示人，注意到構成「認識」之各種條件。所以「目不見」是詭辯，而不是詭辯。

十一、指不至、至不絕

公孫龍子有指物論一篇，其主旨在說明「物」與「指」之差別及其關係。所謂「指」是「指謂物之概念」。依公孫龍之意：凡是物，皆可用某些概念去指謂它，而說物是XX（指），但是「物」並不等於「指」。（詳說請參看拙著公孫龍子疏釋）「指不至、至不絕」可能是以指物論之思想為依據之怪說。此六字、文義不顯，頗不易解。其意可能是這樣的：任何「指謂物之概念」——「指」，皆是抽象的，皆是人類主觀的認知活動的產物。因為是主觀的、抽象的，所以它是離「物」而存在的，亦即不在「物」上故曰：「指不至」。「指」固然不在物上，但是它可以用來指謂物之性質。雖然可以用來指謂物之性質，但是一切「指」（概念）皆是有限的，不能窮盡「物之性」，故曰：「至不絕」。例如：「白」是指謂物的概念，也就是所謂「指」。「白」這一個概念是人類主觀的認知活動的產物，它存於人之心中而不是存在於「物」上，所以說：「指不至」。但是「白」可以用來指謂某些石頭，而說這它是「白石」，「白」雖然可以指謂石（或其他物），但是「白」只具有「白」這一內容，而無「堅」、「圓」、「小」、「大」之意。而某一石，除了「白」之外，還可加上許多「指」，去指謂它：例如說它是：圓石、堅石、小石或大石……。總之，指雖然可以指謂物，但是它不能窮盡（絕，盡也，窮盡也。）物之性質。故曰：「至不絕」。

如果以上的解說是辯者之原意，則此條怪說在認識論上頗有其價值，可與公孫龍子之指物論，等量齊觀。

十二、龜長於蛇

龜體寬而短，蛇則細而長。而且有幾十丈長蛇，未聞有幾十丈之大龜，所以一般人都有蛇長於龜之觀念。但是辯者以為龜長於蛇。何以如此？任何長短之別都是比較而得的，而且要判定長短總要有一個標準，否則漫無定準我們不能得出一個全稱性的有關長短的命題。例如一條一丈之蛇與一隻三寸之龜相比，如何能說龜長於蛇？又如一隻五尺之龜與三尺之蛇相比，不用說，龜長於蛇。因此，如果隨便捉一隻龜與蛇作比較，絕不能很肯定地得出「龜長於蛇」這樣一個全稱肯定命題。同理也得不出「蛇長於龜」之命題，辯者「龜長於蛇」是一個全稱肯定命題，所以它不意謂漫無定準地比較任何一條蛇與龜，都可得出「龜長於蛇」。它一定是在某一個特定的標準之下才得出這樣的一個命題，而且這個命題又是違反常識的。我們應從此為出發點才能把握辯者主張「龜長於蛇」之用意及真義所在。

就實際之龜蛇作比較而定其長短時，可能有三種結果：一為龜長於蛇，一是龜蛇同長，一是龜短於蛇。辯者之說絕不會是指第一種情況而說的，因為既是真實之龜長於蛇，誰也知道，何勞辯者加以強調？所以辯者之龜長於蛇一定是指後二種而說的，這樣「龜長於蛇」才能成為異說、怪說。

例如：假設有一尺長之龜、蛇各一，照常理，牠們一樣長。又如：有一尺之龜及二尺之蛇各一，依常識判斷：蛇長於龜。這兩種情況都不是「龜長於蛇」，辯者一定是針對這兩種「龜短於蛇」的情況而說：「龜長於蛇」。必如此「龜長於蛇」才是怪說，才有提出來與人相辯的意義。

為何「與蛇等長」及「短於蛇」之龜可以說長於蛇？辯者之意可能是這樣的：如把與蛇同長之龜或短於蛇之龜，使其寬度變小而與蛇同其粗細時，則龜必長於蛇。因為就幾何學來看，如甲面積大於乙面積，則當此二面積之寬度相同時，甲之長度大於乙之長度。準此以觀，則「與蛇同長之龜」與「短於蛇之龜」（其長度雖短，但是面積必須大於蛇），就其面積與長度之關係看，說「龜長於蛇」是絕對可以成立的。它表面雖是怪說，卻有幾何學上之根據的。

十三、矩不方，規不可以爲圓。

司馬彪曰：「矩雖為方，而非方；規雖為圓，而非圓。譬繩為直，而非直也。」（經典釋文）

按：照常情言，「規」是用以畫「圓」的，而「矩」則用以畫「方」，所以在人的意識裏容易把「規」與「圓」，「方」與「矩」混在一起，而有規即圓，矩即方的錯覺。辯者「矩不方，規不可以為圓」之說即在破除這種錯覺，以明矩與方，規與圓之差別性。矩、規是一種器具；而方、圓則是一種圖形。「規」這種器具，固然可以畫出「圓」的圖形，但是規不即等於圓，故曰：「規不可為圓」。（此處規不可為圓之「為」字，不是作「畫」字解，而是相等之意，「不可以為」即「不相等」之意。）「矩不方」同此。

把規、矩還原為器具；把方、圓還原為圖形；這種別異的工作，在認識上亦有其價值在。

十四、鑿不圍枘

成玄英曰：「鑿者，孔也；枘者，內孔中之木也。然枘入鑿中，木穿空處，兩不關涉，故不能圍。」

按：「鑿枘本為相入之物，惟方圓互異」（辭海），通常方枘都在圓鑿中。表面看來，鑿在枘外，鑿圍住衲。但是鑿之在外而圍住枘，是本然如此，是其形使然，並非鑿有意圍住枘，亦非為了圍枘而有鑿。故曰：「鑿不圍枘」。

辯者之意是：不從「鑿枘，合為一形，枘積于鑿」（司馬彪語）所形成的關係去認識鑿、枘，亦即不從二者合為一形處而言鑿有圍枘之關係。而是要還原到鑿是鑿，枘是枘，「鑿枘異質」（司馬彪語）。不是為圍枘而有鑿，亦非為鑿所圍而有枘。二者各不相涉。此條與上條同有「別異」之意。

十五、飛鳥之影，未嘗動也。

在有光線之情況下，任何物皆有其影。而且物動，則其影亦動；物止，則其影亦止。所以在人的感覺裏，物與影之動止有其一致性，不可分性。因而認為鳥飛，則飛鳥之影亦隨鳥之飛而動，因而有鳥影能動之感覺。但是辯者之意，則在否定鳥影之能動。否定鳥影之能動，乃是在強調不是影能自動，而是鳥才能動。所以動者是鳥，而不是影。有鳥之飛，才有鳥影之動，如無鳥飛，那有影之飛動？所以鳥影不是「能動」的，故曰：「飛鳥之影未嘗動也。」

十六、鏃矢之疾，而有不行不止之時。

此條之意義與上條相通。疾飛之箭，當它正在飛時是「行」，當它落地不飛時為「止」。依此，則「鏃矢之疾，有行、止之時」。但是辯者則不以為然。箭之所以疾飛而去，是因為人射它，它才會有「行、止之時」。如人不射它，則它無所謂行，也無所謂止。所以箭之行、止是由人而起的，而非箭自己「能行」、「能止」，故曰：「鏃矢之疾，而有不行不止之時。」十五、十六兩條，都是在區別「運動」之「能」「所」的問題。能歸能，所歸所，而不使之混淆不清。

十七、狗非犬

馮友蘭中國哲學史云：「爾雅謂：『犬未成豪曰狗。』是狗者，小犬耳。小犬非犬，猶白馬非馬。」

按：馮說是。依習俗，狗、犬也。二名同指一實。而辯者卻主張「狗非犬」，這與公孫龍「白馬非馬」之說同出一轍。狗非犬之「非」字是「不等」之意。就概念之內容與外延言，「小犬之狗」，與「泛稱之犬」是不相等的。故曰「狗非犬」。

公孫龍子名實論云：「彼彼止於彼，可；彼此而彼且此，不可。」其大意是：如果用「彼名」去指謂「彼實」，而且它（彼名）僅止於指謂「彼實」，那是可以的；反之，如果用「彼名」去指謂「此實」，則此「彼名」既可指謂「彼實」而且可指謂「此實」，那是不可以的。簡言之，公孫龍是要求「一名僅指一實」，而不要「一名指二實」，因為一名指二實容易引起名實之混亂。在名家看來，「狗是犬」這一命題是以「狗名」兼指「狗之實」及「犬之實」。明顯地，這是犯了「彼此而彼且此」之毛病，這樣會形成狗、犬之不分，這是名家所以要主張「狗非犬」的理由所在。一名僅指一實，這是很理想的原則，只是現實上很難做到就是了。

十八、黃馬驪牛三

成玄英曰：「夫形非色，色乃非形；故一馬一牛以之為二，添馬之色而可成三。曰黃馬，曰驪牛，曰黃驪形為三也。亦猶一與言為二，二與一為三者也。」

司馬彪曰：「牛馬以二為三。曰牛、曰馬、曰牛馬，形之三也。曰黃、曰驪、曰黃驪，色之三也。曰黃馬、曰驪牛、曰黃馬驪牛形與色為三也。」（經典釋文）

按：此條頗費解。問題的關鍵在「三」是指什麼而言？前面已說過「鷄三足」是「無謂的琦辭」，如果「黃馬驪牛三」之「三」與公孫龍子通變論的「謂鷄足一，數鷄足二，二而一，故三」的「三」是相通或相類似，那麼此「黃馬驪牛三」亦是無謂的琦辭。

成玄英是以「馬形、牛形、加馬色」為三，亦即由形與色相湊而得出三。司馬彪則由「牛、馬、牛馬」而得出「形之三」，由「黃、驪、黃驪」而得出「色之三」。不管怎麼說，都是無謂的琦辭。此外各家對此條亦無善解。

「三」如果指三個概念而說，則「黃馬驪牛」可為三，亦可為四。「牛、馬、牛馬」可以是三個「形」概念，「黃、驪、黃驪」是三個「色」概念。但是也可說成四，因為「黃、驪、牛、馬」是四個獨立的概念。其實，把它說成「五」、「六」也未嘗不可。除非辯者之原意，有其特殊的理論根據，否則這一條，可視之為：只是搬弄口舌的詭辭，而無建設性的意義。

十九、白狗黑

司馬彪曰：「白狗黑目，亦可為黑狗。」依此，則所有黑目之動物均可稱為「ＸＸ黑」了。同理，黑髮之白人亦可稱黑人矣。這樣一來天下就漆黑一團了。

胡適、錢基博、陳元德等人都是以「名無固宜」為出發點，以解釋白狗黑。如是，則此條與「犬可以為羊」同義，而無新意。

羅根澤「莊子天下篇的辯者學說」云：「任何顏色，皆因光線而異；光線不同，則反映於吾人目中之顏色不同。故普通所視為白狗者，未必非黑狗也。」案：此解亦不可通。因為如果因光線不同，而說白狗黑，則在某些光線下亦可說白狗紅，白狗黃了。此其一。在同一光線下，有黑、白之分，則白狗不可說成黑狗。此其二。

所以根據今天我們所能理解的，「白狗黑」亦是一個詭辭，在「名理」上並無創意。

二十、孤駒未嘗有母

李頤曰：「駒生有母，言孤則無母。孤稱之，則母名去也。母嘗為駒之母，故孤駒未嘗有母也。」（經典釋文）

案：此解甚切。此條旨在說明「名言」、「概念」之定義須嚴格遵守，以免違犯矛盾律。無母曰孤，駒既稱為孤駒，則此駒必已無母。如說「孤駒有母」則此駒成為既無母又有母，而成為一矛盾命題。故就孤駒之定義言「孤駒未嘗有母也」為必然真之命題。當然，人可以難之曰：「無母，則何以有此孤駒？既有此孤駒，則必有母。」關於這一點，應該是分成兩個問題處理。如把它分成兩個命題：「凡駒皆有母」，「孤駒未嘗有母也」則問題就解決了。前一命題指明一切駒皆有母，則孤駒亦包括在內而有母了。但是孤駒則必無母，因為無母才能稱為孤駒。「孤駒未嘗有母也」中謂詞「無母」已包含在主詞「孤駒」中，所以這是一個「分析命題」。而「凡駒皆有母」是一個經驗的實然命題。「凡駒皆有母」這一實然命題與「孤駒未嘗有母也」這一分析命題並立，則孤駒有母無母之辯就可止息了。總之，「孤駒未嘗有母」不但不是詭辭，而且是極合邏輯的。

二十一、一尺之棰，日取其半，萬世不竭。

辯者之意是：將一尺長之擊馬竹杖（棰），今日取其二分之一，明日再取「二分之一」之「二分之一」，如此取下去，永遠取不完此「尺棰」。換言之，第一日取尺棰之二分之一；第二日，取其四分之一；第三日取其八分之一……如此取下去，所取的量成了幾何級數往下遞減，如此最後所取得的是無限小之量，而非「零」。因為取法是取其半，所以所取之量與所剩之量相等，所取之量不能是「零」，則其剩餘之量，亦不可能為「零」，剩餘之量只能是「無限小」而不能是「零」，故曰：萬世不竭。當然辯者之取法，是先把「尺棰」抽象化，數量化，而後有此結論，而非具體地去取。所以辯者之言是純抽象的思辨而得的結果。

綜上言之，辯者之怪說，就其文字上言，都是違反文字使用之習慣的，這是被目為怪說的原因所在。此其一。雖是怪說，但是並非全是詭辯。其中只有少數是毫無意義的詭辭、琦辭，而絕大部分都是有其獨特的理論根據的。此其二。就其內容所涉的範圍有：生物學、地理學、認識論、運動、名學、數學、邏輯，可謂包羅萬象，琳瑯滿目。此其三。其內容所涉範圍雖然極為廣泛，但是有一共同點，即其內容全部是屬於「物理」而不關「人事」。此其四。因為他們所追求的是自然世界之「物理」，而非人文世界之「人事」，所以他們所追求與成就的是「學」而非「道」。此其五。這種追求「物理之學」而不「講求道術」的心靈與先秦儒、道、墨、法諸家完全迥異其趣。此其六。辯者這種心靈在先秦顯得很特殊，而在後來的學術發展史上卻成為絕響。此其七。這種以「純理智、純抽象的思辨」的方法去觀察、研究、探討客觀的自然世界之「理」的無善繼而不能發揚光大，不僅是辯者之不幸，而且是中華文化發展史上的重大缺憾之一。此其八。其所以造成無善繼而不能光大此一系統之學問，則是辯者應負絕大之責任。因為他們在本質上提出這些怪說只是以「以反人為實，而欲以勝人為名」為目的。就因為他們這種小家氣的氣質而使他們的成就不能在華族文化的沃土上生根。此其九。也因此使他們的成就不能得到學術界的瞭解與承認。此其十。

第二部
公孫龍子疏釋

凡例

一、本書旨在講明公孫龍子之章句，以發明其義理。

二、今存公孫龍子共六篇，其篇目依序為:跡府、白馬論、指物論、通變論、堅白論、名實論。後五篇之內容皆有其獨特而完整之思想，故均詳加疏釋。而跡府篇乃後人彙記公孫龍事跡之文，本書既以闡發公孫龍之思想為旨歸，故於跡府篇僅錄其原文附於書末，以供參閱，而不加疏釋。

三、每篇之疏釋皆分三部分：一、緒言；二、原文疏釋；三、餘論。

四、緒言旨在說明該篇問題重心之所在，並提示把握全篇思想之線索，以便於原文之疏解。

五、原文疏釋為全書重心之所在。共分兩部分：一、校注；二、疏解。

六、餘論旨在對公孫龍子各篇之思想略作評論。

第一章　白馬論

一

「白馬非馬」是公孫龍思想的主要內容之一。公孫龍子跡府篇云：「龍之所以為名者，乃以白馬之論耳。……龍之學，以白馬為非馬者也。使龍去之，則龍無以教。」不但公孫龍自以為「白馬非馬」是他的主要學說，就是先秦諸子，如墨經、莊子、荀子、呂覽等，以及後來之學者，無論是引述或是批評公孫龍的，也都必定要提到「白馬非馬」這個問題。總之，「白馬非馬」是公孫龍的主要學說之一。關於這一學說，公孫龍在跡府篇中只是約略地一提罷了，至於其詳細的內容及其立論的根據則詳見於白馬論中。

白馬論的內容在討論「白馬非馬」這一命題之真假性。依公孫龍之意：「白馬」非「馬」；而在文中與公孫龍論難者（以下簡稱難者）則以為：「白馬」是「馬」；雙方各執己見地反覆辯論下去。表面看來「白馬非馬」這一命題似乎是自相矛盾的，不合常理的。尤其是「白馬非馬」與「白馬是馬」從字面上看來，很明顯的是一組互相矛盾的命題。此是則彼非，彼是則此非，二者是絕對不能同真的。但是若進一步去分析他們辯論的內容與立論的依據，則可發現實際上雙方的立論是可同真的，彼此並不相矛盾。「白馬非馬」與「白馬是馬」這一場辯論之所以表面看來白相矛盾而不能同真，而實際上並不互相矛盾而可以同真，其中主要癥結有二。一是雙方立論的根據不一致。一是雙方對「白馬非馬」的「非」字及「白馬是馬」的「是」字，在字義上有不同的認取。如對此癥結不能加以釐清，則無法如實地瞭解白馬論之內容。放在疏解原文之先，必須先將此辯論所以形成之癥結加以辨明。

「白馬」是否是「馬」的辯論，簡言之，是一個名實問題。公孫龍是從「名」（概念）上言「白馬非馬」，而難者則從「實」上言「白馬是馬」。更具體地說：公孫龍是從概念的內容與外延上言「白馬」非「馬」：名實論云：「夫名，實謂也。」「實謂」即「實之謂」或「謂實」之意。故「名」是用以論謂或指謂「實」的，亦即理則學上所謂的概念。至於概念的內容是指概念的意義而言，每一概念皆有其所以為概念之意義，此意義即概念之內容。而概念的外延則是指概念所應用的範圍，或概念所應用的全體分子而言。譬如「人是理性的動物」這一定義中，「人」是概念，而「理性的動物」則是「人」這個概念的內容。「人」——理性的動物——這個概念可以應用在張三、李四、……等身上。而張三、李四……等所有「理性的動物」的全體分子的總和就是人這一概念的外延。概念的內容與外延恰成一反比例的關係；即內容增多則外延變狹，內容減少則外延相對增廣。例如：就「人是理性的動物」這一定義而言，理性的動物是「人」這一概念的內容，它可以應用到全人類，這是它的外延。而「中國人是具有中國國籍的人」這一命題中，「中國人」這一概念的內容比前面所說的「人」這一個概念的內容多了一個「具有中國國籍」之特性，內容是增加了，但是外延卻變狹了。因為中國人這一個概念只能包容具有中國國籍的人，而不能像「人」那樣包容全人類。因之，從概念的內容與外延上說，「中國人」不等於「人」。公孫龍就是從概念的內容與外延的不等上言「白馬」非「馬」。至於難者則是從「物實」或「物類」上言「白馬」是「馬」。因為白馬只是在

「馬」上加上「白色的」這樣的一個謂詞（或云：加上白色這樣一個特性）而已，它仍然是屬於馬類的一分子。一個人總不能指著一匹白馬說：這是一匹白色的馬，但是它不是馬。所以他不能同意白馬非馬之說。從「名」上說，「白馬非馬」為真（說詳後），從「實」上說，「白馬是馬」亦真。一從名上說，一從實上說，雙方立論的根據不一致，是這一場辯論所以形成及爭辯不休的主要癥結之一。

復次，另一個使雙方辯論糾纏不清的癥結是雙方對於「白馬非馬」之「非」字與「白馬是馬」之「是」字的語意有不同的認取。在沒有談到雙方對「是」「非」二字所認取的意義為何之先，必須先分別考察一下「是」「非」二字的一般意義是甚麼。

「是」字在一般情形下，有以下三層不同的含義：

1.表示內容的肯定：例如「這朵花是紅的」這一命題中的「是」字是肯定這朵花從其內容上言，有「紅」這一性質。

2.表示主詞類與謂詞類間的包含關係：例如「牛是動物」這一命題中的「是」字表示「牛類」包含於「動物類」中。換言之，即副類包含在全類中。所以這個「是」字即「包含於」之意。

3.表示相等之意：例如「牛是牛」、「馬是馬」的「是」字只是表示「相等」之意。「牛是牛」即「牛等於牛」，所以這個「是」字即「自身相函」之意。

從白馬論中看來，難者所認取的「是」字的語意，兼有「內容的肯定」與「包含於」之意。

對應著「是」字，「非」字亦有三層意義：

1.表示內容上的否定：例如「這朵花不是紅的」這一主謂式命題中的「不是」否定主詞「這一朵花」有「紅色」這一屬性。

2.表示主詞類與謂詞類間的排拒關係：例如「神仙不是有死的」這一命題中的「不是」乃是表示

「神仙類」與「有死類」間的排拒關係。換言之，此處的不是即「不含於」之意。

是字的第一義——內容的肯定，是從概念之內容上說的，而其第二義——表示類與類間之包含關係則是從主謂詞概念之外延而成類處說的。兩者的意義可以相通，只是所取的角度不同而已（所以難者對「是」字所取的意義，可以兼有「是」字之第一、二義）。非字之第一義與第二義亦然。

3.表示「異」、「不等」之意：所謂「異」即「XX異於XX」之意，所以異即不同於、不等於之意。

公孫龍所說的「白馬非馬」之「非」字，不是內容的否定，因為「白馬」有「馬」的屬性，這是公孫龍所不能抹煞或否認的事實。復次，「白馬非馬」之「非」字亦非指類與類間的排拒關係，因為白馬類包含於馬類中，這亦是公孫龍所不得不承認的。白馬論云：「求馬，黃、黑馬皆可致。」馬，既可以羅致，包括黃馬、黑馬在內，當然「白馬亦可致」，所以馬類與白馬類間沒有排拒關係存在。

公孫龍對「白馬非馬」之「非」字所取的意義是上述「非」字之第三義——異、不等。跡府篇：「龍聞楚王張繁弱之弓，載忘歸之矢，以射蛟兕於雲夢之圃，而喪其弓。左右請求之，王曰：『止，楚人遺弓，楚人得之，又何求乎？』仲尼聞之曰：『楚王仁義，而未遂也。亦曰：人亡弓，人得之而已，何必楚。』若此，仲尼異楚人於所謂人。夫是仲尼異楚人於所謂人，而非龍異白馬於所謂馬，悖。」按：公孫龍由「人得之而已，何必楚。」推斷孔子「異楚人於所謂人」，然後進一步以此為根據而認為：孔子既然可以「異楚人於所謂人」，則他當然也可以「異白馬於馬」。所以他的「白馬非馬」，實際上就是「異白馬於馬」之意。依此，則「白馬非馬」之「非」字即「異於」之意。「白馬」與「馬」當然有異，所以可說「白馬非馬」。總上所述，可知「白馬非馬」之「非」字，不表示內容的否定，亦不表示類與類間的排拒關係，而是「異於」、「不等」之意。

公孫龍對於「白馬非馬」的「非」字所認取的意義只是「異」或「不等」之意，但是難者卻把它看成是「否定」之意，因此他不能同意「白馬非馬」之說。他說：「以馬之有色為非馬，天下非有無色之馬，天下無馬。可乎？」顯然地，他是把「白馬非馬」的「非」字看成為「否定」之意。其意是：如果否定了「有顏色之馬」——白馬——是「馬」的話，則天下就無馬了，因為所有的馬都是有顏色的。換言之，「馬」一加上顏色就成了「非馬」，而所有的馬都有顏色，如此則所有的馬都成為非馬了。所有的馬都非馬，豈不成了「天下無馬」？這在難者看來是絕對不通的，所以反對「白馬非馬」之說。這對於公孫龍而言，實在是一種誤解與曲解。同樣的：公孫龍對於難者亦有誤解與曲解。難者對於「白馬是馬」的「是」字所取的意義只是內容的肯定與類的包含關係（如上述），但是公孫龍卻把它曲解為「相等」之意。所以他難對方說：「使白馬乃馬也。是所求一也。所求一者，白馬不異馬也。」所謂「白馬不異馬」，即白馬等於馬之意。其實難者說「白馬是馬」時並無白馬「等於」馬之意，只是公孫龍妄加曲解罷了。

總之，公孫龍對於「非」字所認取的意義是「異」與「不等」之意，但是他不去瞭解對方對「是」字所取的意義是甚麼，而逕自根據他自己所認取的「非」字為「異」為「不等」，一口咬定對方的「是」字就是「異」、「不等」的相反詞，即「相等」之意。同樣的，難者所認取的「是」字，是內容的肯定，是類與類的包含關係，他也不去瞭解對方的「非」字之確切意義是甚麼，而逕自根據他自己所取的「是」字為內容的肯定，是類與類間的包含關係，因而咬定對方的「非」字即是內容的否定，是類與類間的排拒關係。這樣，雙方都不肯（或是不能）去瞭解對方對「是、非」二字所認取的確切意義是甚麼，而只根據己見去臆測、武斷對方之意，並以此相非，嚴格說來，這是辯論的大忌。也正因為這樣才使雙方呶呶不休。這是這場辯論所以形成的第二個癥結所在。

公孫龍「白馬非馬」之「非」字是「不等」之意，若難者「白馬是馬」的「是」字果如公孫龍所曲解的是「相等」之意，則「白馬非馬」與「白馬是馬」，毫無疑問的是一組矛盾命題，二者不能同真。同理，難者自認為「白馬是馬」的「是」字是指內容的肯定、是類與類間的包含關係，若公孫龍的白馬非馬的「非」字果如難者所曲解的是「內容的否定」，是「類與類間的排拒關係」的話，那麼，顯然「白馬是馬」與「白馬非馬」亦是一組矛盾命題而不能同真。但是事實上，雙方所自取的「是、非」義與被對方所認定的「是、非」義是有差異的。也因為有差異，故雙方的立論並非互相矛盾而可同真（詳說原文疏解）。這一場「白馬」是否是「馬」的辯論，本來雙方在立論的根據上已不一致，現在又加上彼此不肯冷靜地去瞭解對方對「是」「非」二字所取的確切意義，因而使這場辯論更形複雜了。如果我們能認清公孫龍是從「名」（概念）的內容與外延上主張「白馬」非「馬」，而難者則是從「物實」上主張「白馬」是「馬」；同時又能知道雙方在辯論過程中對「是、非」二字所認取的意義的差異所在，則這一場辯論的種種糾纏就可迎刃而解，「白馬」是否是「馬」的問題也可釐清了。底下試以此認識為基礎，進而疏釋白馬論原文。

二

白馬非馬，可乎？曰：可。曰：何哉？曰：馬者，所以命形也。白者，所以命色也(一)。命色者，非命形也(二)。

(一)命形、命色：王琯曰：「跡府篇命均作名」。按：命、名義同，皆「指謂」、「稱謂」之意。

㈡命色者非命形也：譚戒甫疑者字為形字之譌，故改作：「命色形非命形也」。

按：這一場辯論由難者先提出「白馬非馬，可乎？」而揭開了序幕，而由公孫龍作答。「馬」是用以命形之名，亦即用來稱謂「形」（「形」，即具有某形態、形質之「物」之省稱。）的概念或符號。而「白」則是用來命「色」的名，亦即用來指謂顏色的概念或符號。「馬」只是一個命「形」的概念，而「白馬」則是命「形」的概念加上一個命「色」的概念。所以白馬與馬這兩個概念顯然不相等，亦即「白（色名）＋馬（形名）≠馬（形名）」故曰：白馬非馬。據此，很顯然的，公孫龍並不是從客觀的物實上說白馬不是馬。他只是從「形名」之馬不等於「形名加上色名」之白馬，亦即從「馬」與「白馬」這兩個名之構成上言「白馬」非「馬」。難者不能順此意去瞭解對方「白馬非馬」之確切意義，也不留意得出「白馬非馬」這一結論的過程如何，而只截取對方「白馬非馬」這一句話，並望文生義地誤認對方是在否定「白馬是馬」。因此，他馬上從物實上言「白馬是馬」以非難公孫龍。

曰：有白馬，不可謂無馬也。不可謂無馬者㈠，非馬也㈡？有白馬為有馬，白之非馬㈢，何也？

㈠不可謂無馬者：即「白馬不可謂無馬」之意。承上省作「不可謂無馬者」。

㈡非馬也：俞樾曰：「非馬也，當作非馬耶？古也，耶通用。」按：俞說是。

㈢白之非馬：白本為形容詞，此處作動詞。凡動詞後之「之」字皆為代名詞，故「白之非馬」之「之」字，當指「馬」而言。白之，即於馬加一白色之謂。徐復觀先生以為「之」為「馬」之誤。「白之非馬」應作「白馬非馬」。亦通。

按：就客觀實有之物實而言，白馬是馬類之一，必然有馬的內容。所以難者說：「有白馬，不可謂無馬也。」白馬既然有馬的內容，怎麼可以說它是非馬呢？故曰：「不可謂無馬者，非馬也？」白馬既然有馬的內容，現在為了加上一個命色之名——白，就說它非馬，這是甚麼道理呢？故曰：「有白馬為有馬，白之非馬，何也？」

公孫龍是從「名」上說白馬「不等於」馬（白＋馬≠馬），而提出白馬非馬之說。難者不能順著對方立論的根據，去瞭解白馬非馬之確切意義，而且把對方只是「不等」之意的「非」字看成是內容的否定之意，並以此非難對方。嚴格說來，這是不相應的。同樣的，公孫龍亦不理會對方立論的根據——就客觀「實有之物」上言「白馬」有馬之內容。而堅持己見地辯論下去。雙方就在這各是其所是以非其所非的態勢下爭論下去，因此彼此的結論不一致，也因此彼此不服對方的結論。

曰：求馬，黃黑馬皆可致㈠。求白馬，黃、黑馬不可致。使白馬乃馬也，是所求一也，所求一者，白者㈡不異馬也。所求不異，如㈢黃、黑馬有可有不可，何也？可與不可其相非明。故黃、黑馬一也，而可以應有馬㈣，而不可以應有白馬，是白馬之非馬審矣。

㈠致：即羅致包括之意。
㈡白者：錢基博曰：百子全書本「白者」作「白馬」。按：作「白馬」是。
㈢如：猶「而」也，訓見經傳釋詞。表語意之轉折。
㈣而可以應有馬：王琯曰：「而字疑衍文」。

按：從「命形」加「命色」不等於「命形」，亦即從概念（名）之構成言白馬非馬，只是一種泛說。公孫龍接著從概念（名）的外延與內容上更具體地說明白馬非馬之理。其意是：說到馬，它可以包括黑色、黃色、……等各色之馬（常然，也可以包括白馬）在內。因為從馬這一概念的外延上言，它可似包括黑、黃、……等顏色之馬，故曰：「求馬，黃、黑馬皆可致。」但是當說到白馬時，則它的外延就不包括黃、黑、……等馬在內了。因為白馬這概念的內容比馬這一概念的內容多了一個白色的特性。這樣，內容固然增多了，但是外延卻相對變狹隘了。故它只能應用在白色的馬身上，而不能把黃、黑、……等色之馬包括在內。故云：「求白馬，黃、黑馬不可致。」公孫龍以概念之內容及外延「表」白馬與馬之不等後，接著以此論據來「遮」難者白馬是馬之說。其言是：如照你的說法，白馬是（乃）馬，那麼，「白馬」與「馬」是二而一的了（是所求一也）。亦即是兩者的外延相等了。既然白馬與馬是二而一，它們的外延相等，那麼白馬和馬就沒有差異了（白馬不異馬也）。白馬與馬既然沒有差異（所求不異），但是當說到馬時，它可以包括黃、黑馬在內，而在說到白馬時則不能包括黃、黑馬在內。你說白馬是馬，但是當把馬和白馬分開說時，對於黃、黑馬卻有可致與不可致之別，這是甚麼緣故呢（如黃、黑馬有可有不可，何也）？既有可致與不可致的差別，則白馬與馬的不相等，就很明顯了（可與不可，其相非明）。總之，同樣的黃、黑馬（黃、黑馬一也），可以包括在「馬」內而為其分子（而可以應有馬）；卻不能包括在「白馬」之內而為其分子（而不可以應有白馬）；這樣說來，白馬非馬的道理，是很明顯的了（是白馬之非馬審矣）。

前面難者把對方「白馬非馬」的「非」字，由異，不等之意曲解為內容的否定之意。同樣的，公孫龍也沒能瞭解對方白馬是馬的是字是內容的肯定及類與類間的包含之意，而把它誤認作相等之意。故曰：「使白馬乃馬也，是所求一也。所求一者，白者（馬）不異馬也。」此中之「一」字與「不異」皆是「相等」之意。依此，則：白馬是馬＝白馬不異馬＝白馬等於馬。難者絕對沒有白馬「等於」馬之意，而公孫龍卻如此曲解對方。而對方也沒覺察出自己的立論被曲解，至少沒有指出公孫龍誤解了他「白馬是馬」的「是」字。雙方就這樣不明不白地一直辯論下去。

曰：以馬之有色為非馬，天下非有無色之馬也。天下無馬，可乎？

按：公孫龍是從概念的外延與內容之不等上言「白馬非馬」。這樣的理論是正確無誤的，是不能反駁的。但是難者都不能如實地去瞭解對方的理論。更確切地說，他根本不理會對方說的是甚麼，心中只知：「白馬絕對是馬，而不可能非馬。」因為白馬只不過是在馬加上白顏色而已。所以他質問公孫龍說：「馬」加上了「白色」而成為「白馬」，你就說它不是「馬」（以馬之有色為非馬）。而天下一切馬都是有顏色的，你認為馬有了顏色就不是馬，這樣一來，天下就沒有馬了，這樣說得通嗎？

曰：馬固有色，故有白馬。使馬無色，有馬如㈠已耳，安取白馬？故白者非馬也。白馬者，馬與白也；馬與白馬也㈡，故曰：白馬非馬也。

㈠如：謝希深（下簡稱謝注）曰：「如，而也。」

㈡馬與白馬也：譚戒甫校改作：「白與馬也。」此校非。按：「馬與白馬也」，乃承上文「白馬者，馬與白也」以言馬與白馬異。白馬與馬異，則白馬非馬矣。故下接「故曰：白馬非馬也」。依此，則「馬與白馬也」應作「馬與白馬異也」。補一「異」字，則上下文義可以連貫矣。

按：龍之意是：馬本來是有顏色的，所以才有白馬之名。如果說馬沒有顏色，那麼只要有「馬」名就行了，何必要再有「白馬」之名稱呢？故曰：「馬固有色，故有白馬，使馬無色，有馬如已耳，安取白馬？」現在既然有馬與白馬二名，這就表示馬與白馬之間有別。二者有別，則彼此必不相等，故曰：「故白者（白的馬）非馬也。」至於馬與白馬之別何在呢？馬只有馬的內容，而白馬則是在馬的內容外又加上白色這一內容，故曰：「白馬者，馬與白也。」依此，則馬與白馬的內容顯然有異，二者有異，故不相等。內容不相等，則白馬當然非馬。故曰：「馬與白馬（異）也，故曰：白馬非馬也。」

前面公孫龍說：「求馬，黃、黑馬皆可致；求白馬，黃、黑馬不可致。……是白馬之非馬審矣。」這是從概念的外延的不等上說「白馬非馬」。而此處言：「白馬者馬與白也。馬與白馬（異）也，故曰：白馬非馬也。」則是從概念的內容上的不相等說明「白馬非馬」之理。公孫龍「白馬非馬」的義蘊至此已說得十分確切明白了。

曰：馬未與白為馬，白未與馬為白。合馬與白，復名㈠白馬，是相與以不相與為名㈡，未可㈢。故曰：白馬非馬，未可。

㈠復名：俞樾曰：「復名，兼名也。荀子正名篇：『單足以喻則單，單不足以喻則兼。』楊倞注曰：『單，物之單名也；兼，復名也。』復名白馬，正所謂不足以喻則兼也。合馬與白，則單言之。馬不足以盡之，故兼名之曰白馬，是謂復名白馬，猶今言雙名矣。」

㈡相與以不相與為名：「相與」，即白與馬相與也，亦即白馬也。「不相與」，即馬未與白也，亦即馬也。「相與以不相與為名」，意即白與馬相與而成之復名「白馬」，仍以「不相與」之單名——「馬」與「白」為名也。

㈢未可：此二字疑衍，涉下文「未可」而重。

按：本節難者自「名」（概念）之構成上斥「白馬非馬」之說。其意是：當「馬」未與「白」

結合時叫「馬」（單名），「白」未與「馬」結合時叫「白」（單名）。如把單名之「馬」與「白」結合起來，就成了復名「白馬」了。如此說來，「白」與「馬」相與而成的「白馬」，是以不相與之單名——馬、白而得名的。「白馬」既是因「白」、「馬」而得名，則顯然「白馬」有「馬」及「白」的內容。「白馬」既有「馬」的內容，則你說「白馬非馬」當然是不可以的。

公孫龍自始至終皆就概念以言「白馬非馬」而不從客觀實存之物之內容上言「白馬非馬」。他對於概念有一「普遍自存」之洞見。例如客觀世界只有特殊之白物，如白馬、白鳥、白石、……等。而無所謂「白」存在。但是公孫龍則以為有不為某特殊物所限之「白自己」存在，此即「普遍自存」之白。前節：「白馬者，馬與白也。」之白即指「普遍自存」之白而言。這是公孫龍所特有的思想。難者是一個質樸的實在論者，對此「概念之普遍自存」之理論完全不能理解，更無從瞭解概念之內容與外延的問題了。所以他自始至終只能就客觀存在之物實上言：「白馬是馬」。在本節，難者似乎已遷就公孫龍的思路，自概念之構成上言「白馬非馬」之非。但是，他的結論仍然不變——「白馬」之名是由「白」與「馬」形成的，故「白馬」有「馬」之內容。白馬既有馬之內容則「白馬」不能不是「馬」。

曰：以有白馬為有馬，謂有白馬為有黃馬，可乎？曰？未可。曰：以有馬為異有黃馬，是異黃馬於馬也。異黃馬於馬，是以黃馬為非馬。以黃馬為非馬，而以白馬為有馬；此飛者入池，而棺槨異處㈠；此天下之悖言亂辭也。」

㈠飛者入池，棺槨異處：王啟湘曰：「飛者入池，喻強合異以為同；棺槨異處，喻強離同以為異。」按：推敲原文上下文語意，「飛者入池」「棺槨異處」乃用以譬喻「以黃馬非馬，而以白馬為有馬」之自相矛盾者。理則學有所謂矛盾律者，其定義曰：「任何一項a不能既是a。而又非a。」凡有「a而非a」者，即為自相矛盾而不得成立。「白馬」與「黃馬」其色雖異，然其為「有色之馬」則一也。依上文觀之，「以黃馬為非馬」為難者所必承認者，而「白馬為馬」則為難者之主張。總之，「黃馬非馬」與「白馬為馬」皆為難者所認可而以為能同真者。然同為有色之馬，而一為「非馬」，一為「馬」，此豈非「既是a而又非a。」乎？「黃馬為非馬」與「白馬為有馬」為自相矛盾之命題，故公孫龍乃以「飛者入池」「棺槨異處」為喻以斥難者之自相矛盾。飛者，乃鳥類之泛稱鳥非池中之物，今飛者入池，則馬非鳥矣，此豈非a而非a乎？棺槨者，本內外相依而不能異處者，今異處之，則失棺槨之所以為棺槨矣，此亦a而非a也故龍以之喻「以黃馬為非馬，而以白馬為有馬。」為自相矛盾，以斥難者。

按：本節公孫龍仍以「概念之外延」為其立言之根據。為醒目起見，擬借用幾個符號來幫助說明。龍之意是：你認為「有白馬為有馬」，換言之，即「白馬是馬」。白馬是馬，亦即是「白馬等於馬」（因為公孫龍自始至終把對方「白馬是馬」或「白馬為馬」的「是」與「為」字看成是「等於」，「相等」之意。關於這一點，已詳前說。本節「異黃馬於馬，是以黃馬為非馬。」顯然是以「異」，來規定「黃馬非馬」之「非」字。「異」即「不等」之意。依此，「非」字之相反詞「是」字，當然是「不異」之意「不異」即「相等」之意）。若以符號a代表白馬，b代表馬，則「白馬是馬」可列成下式：a＝b。你（難者）說「白馬是馬」，那麼說「白馬是黃馬」（謂有白馬為有黃馬），可以嗎？難者對此問的回答是：「未可」。若與前面一樣，仍似a代表白馬，另以c代表黃馬，則難者的不承認「白馬是黃馬」，可列成下式：a≠c。前面說：a＝b，現在又說：a≠c。如此，則顯然 b≠c、c≠b。c≠b 如換成文字應是：黃馬不等於（異於）馬。所以公孫龍接著把對方的意思歸結為：「以有馬為異有黃馬（b≠c），是異黃馬於馬也

(c≠b)。」並且再推進一步說：「『異黃馬於馬』，也就等於是說：『以黃馬為非馬。』」至此，公孫龍乃作一總結以難對方說：你現在既承認「黃馬非馬」，而前面卻說「白馬是馬。「白馬」是「加上顏色的馬」，「黃馬」亦是「加上顏色的馬」，兩者既然同是「加上顏色的馬」，而你卻認為「黃馬非馬」，而「白馬是馬」。換言之，同是有顏色之馬，而一為「非馬」，一為「是馬」。這與「飛者入池，棺槨異處。」同樣是犯了自相矛盾的毛病。如此看來你的主張真是天下第一等的悖言亂辭啊。——觀此節文字，可知公孫龍之辯論技巧相當高明。非難者所可企及。

曰：有白馬，不可謂無馬者，離白之謂也。是離者有白馬不可謂有馬也㈠。故所以為有馬者，獨以馬為有馬耳，非有白馬為有馬。故其為有馬也，不可以謂馬馬㈡也。

㈠是離者有白馬不可謂有馬也：王啟湘：「道藏本及陳本，『是離』，作『不離』。歸本同。」錢基博曰：「百子全書本，不離之不，誤作是。」按：是離，不可通，應作「不離」。俞樾曰：「有馬，當作無馬，涉下文三言有馬而誤耳。」王啟湘曰：「有馬二字不誤，俞說非。」按：俞說是，應據改。依此，「是離者有白馬不可謂有馬也」應作：「不離者，有白馬不可謂無馬也。」

㈡馬馬：俞樾曰：「此難者之辭。承上文而言，上論馬不馬，不論白不白。若必以白者為非馬，則白者何物乎？白即附於馬，不可分別，故見白馬，止可謂之有馬而已。不然，白馬一馬，馬又一馬，一馬而二之，是馬馬矣。」按：俞說未能切中公孫龍之思理，措詞亦不諦。「馬馬」之說詳見本節疏解。

按：觀前面辯論的結果，不但難者成了自相矛盾，而且被指為悖言亂辭。而由難者挨罵後所作的答覆可以發現難者不但沒有為自己的自相矛盾辯解，而且是默認了。他似乎也感到自己理虧，所以不敢再堅持自己的立論——白馬是馬。而只是消極地反難對方：我的立論固然站不住，而你這種「馬馬」的說法亦是不通的呀。其實，雙方自始就是站在不同的層面上來辯論「白馬」是否是「馬」的問題。照理說，這是無法得到結論的，因為雙力的立論並非是互相矛盾而不可同真的。如果要勉強對雙方的理論下斷語的話，只能說：雙方都對，也都錯。因為從「物實」上說，「白馬」當然是「馬」，故難者對，而公孫龍的「白馬非馬」錯；但是，若從「概念的外延與內容的不等」上言，則「白馬非馬」當然能成立，故公孫龍對，而難者之「白馬是（等於）馬」錯。所以只要難者頭腦稍為清楚一點，根本不必承認自己的主張是自相矛盾，是悖言亂辭，結果他卻默認了。這完全是由於他被公孫龍的巧辯（不是狡辯）搞昏了頭所致。因為如果他能不為對方所擾亂，而始終維持從「物實」上說「白馬是馬」的立場的話，則當對方問他：「以有白馬為有馬，謂白馬為有黃馬，可乎？」時，他大可理直氣壯地說：「可」。因為從物實上言，「白馬」是「馬類」的一種，有「馬」的內容；而「黃馬」亦是「馬類」的一種，亦有「馬」之內容；說「白馬是馬」只是肯定「白馬」有「馬」之內容。說「黃馬是馬」亦只是肯定「黃馬」有「馬」之內容。就這一點——有馬之內容而言，當然可以說：「有白馬為有黃馬」。復次，「白馬」是「加上顏色之馬」，「黃馬」亦是「加上顏色之馬」，從其同為「顏色之馬」而言，當然也可以說：「有白馬為有黃馬」。何必惶恐地馬上否認「有白馬為有黃馬」而以為「未可」，因而予對方話柄。果能如此，則公孫龍也就無法根據對方的「曰：未可。」而推出「黃馬為非馬」以與「白馬為（是）馬」構成自相矛盾來斥責對方為悖言亂辭了。所以在這吃緊的關頭，只要難者很鎮定地「曰：可。」那麼，雖然不一定能難倒對方，至少不會陷自己於自相矛盾的窘境。茲將難者之言，逐句加以疏解如後。

就客觀實存之「白馬」而言，不能說它無「馬」的內容，因為只要把白抽離了，「白馬」就成為「馬」了。故曰：「有白馬不可謂無馬者，離白之謂也。」因之，當「白」末從「白馬」中加以抽離時，當然只有肯定：「白馬」有「馬」的內容，而不能說「白馬」無「馬」之內容。故曰：「不離者，有白馬不可謂無馬也。」（至此，難者尚能維持他原來的立場，但是不能據此以消解公孫龍所強派給他的自相矛盾，而且此後的立論都不能再固守其原來立論的根據而進行辯論了。）如果照你公孫龍的說法：「馬者，所以命形也，白者，所以命色也。命色者非命形也。」來說，馬之「所以為有馬」，只在以「命形之馬」為馬而不能以「命形加命色」之「白馬」為「有馬」。故曰：「故所以為有馬者，獨以馬為有馬耳，非有白馬為有馬。」如照你這種「有馬觀」來說（故其為有馬也），只能以「形」命「馬」，而不能以「色」命之，以「色」命之即成定非馬」，亦即「馬」加上「白」，就成了「白馬非馬」了。換言之，「命形之馬」加上一個「非命形之謂詞」（所謂「非命形之謂詞」，即除了命形之馬以外的謂詞，在這裏只指「白」而言）以後，「命形之馬」就成為「不是命形之馬」了。如此說來，你如果要給「馬」加上謂詞，而不使「馬」變成「非馬」的話，只能以「命形之馬」命「命形之馬」。簡言之，即只能以「馬」命「馬」。但是，你總不能在要為「馬」加上一個「謂詞」時，為了剋就「以馬命馬」而說「馬馬」呀，這不是十分可笑的說法嗎？故曰：「故其為有馬也，不可以謂馬馬也」。按：難者是以「馬馬」之不通而可笑以非難公孫龍。

曰：白者不定所白，忘之而可也㈠。白馬者，言定所白也。定所白者，非白也。馬者無去取於色㈡，故黃、黑㈢皆所以應㈣。白馬者，有去取於色，黃、黑馬皆所以色去㈤，故唯白馬獨可以應耳。無去者非有去也㈥。故曰：白馬非馬。

㈠忘之而可也：譚戒甫曰：「忘之而可，猶云可置諸不論也。」

㈡馬者無去取於色：按天下之色眾矣，凡有色之物僅能於眾色之中取某一色（或數色），而去其餘之一切色。如白馬於眾色之中取其白，而去其餘之色。單言馬而不言及其色，則馬於眾色皆無所取，亦無所去，故曰：馬者。無去取於色。

㈢黃黑：黃黑下脫一馬字，應據下文「黃、黑馬皆所以色去」句補。

㈣皆所以應：譚戒甫曰：「上文言『皆所以應』，下文言『獨可以應』，所猶可也。見王引之經傳釋詞。古人自有此互文耳。」按：譚說是。

㈤皆所以色去：按：「皆所以色去」義不可通，當作「皆以所色去」，涉上文「皆所以應」句而誤。

㈥無去者非有去也：按「無去者」，當指無去取於色之「馬」而言。「有去」，指有去取於色之「白馬」而言。「無去者非有去」者，猶云「馬非白馬」也。

按：本節文字可分兩部分：前半「白者不定所白，忘之而可也。白馬者，言定所白也。定所白者非白也」與前後文之義理無直接之關聯性，它只在糾正難者「有白馬不可謂無馬者，離白之謂也。不離者有白馬不可謂無馬也。」中離不離的說法有問題。而對白馬非馬之說無積極的意義。故曰忘之而可也。至於後半「馬者無去取於色，故黃、黑（馬）皆所以應。白馬者，有去取於色，黃、黑馬皆所以色去，故唯白馬獨可以應耳。無去者非有去也，故曰：白馬非馬。」則仍是就「概念之內容與外延的不相等」以強調「白馬非馬」。茲分別疏解於後。

按：「白者不定所白」之「白者」，乃是指抽象而普遍之「白之自性」而言，亦即指「白之共相」而言。「共相」的定義是：無時空性，普遍而永恆自存的抽象之理。「白之自性」是從白物中抽離出來的，故是抽象的；而此「白性」不為任何「白物」所限（白者不定所白）故是普遍的：沒有「白馬」或其他「白物」存在而「白性」仍可永恆自存（堅白論之「離藏」義即指「堅」、「白」之可離堅物，白物而永恆自存而言），故是永恆的。「白馬者，言定所白也。」此是指具體而特殊的「白物」而言，此即「殊相」是也。「殊相」的定義是：在時空中存在而可變化的具體特殊物。白馬（殊相）之白對「白之自性」而言，是一限定。「白之自性」既受「馬」的限定而為「白馬」之「白」則已非「白之自性」了，故曰：「白馬者，言定所白也。定所白者，非白也。」「白之自性」是「共相」，而「白馬」則是在時空中存在而可變化的具體特殊物，故是「殊相」。於此，公孫龍已接觸到了「共相」與「殊相」的問題。至少，他已感覺到而且能區別共相與殊相了，只是尚未能以專門術語把它表示出來罷了。他雖然已接觸到共相的問題，但是只是引而不發，因為本文的辯論主題是「白馬是否是馬」。而不是在討論共相問題。於此我們要追問的是：雙方既以「白馬是否是馬」為辯論的主題，何以公孫龍會在此突然提出共相殊相的問題？按：在堅白論，公孫龍主張「白之自性」可離白物而自藏，自存。此「白之自性」、「白之共相」既是離乎白物而自存，自藏，則它不為任何白物所限，故曰：「白者不定所白」。前節難者說：「有白馬不可謂無馬者，離白之謂也。」其意是：白馬只要把白抽離了，白馬就只剩下馬的成分，所以說「有白馬不可謂無馬」。就客觀實有之馬而言，不可能把白馬之白抽離。所以可抽離之白應是指「白之共相」而言，而「白之共相」是不為任何物所限，所定（白者不定所白）而自藏、自存、故它不可能與白物合在一起。但是難者卻說：「不離者，有白馬」這顯然是把「白之自性」強加在「馬」上。在公孫龍看來，這是不通的。可「離馬而自存」之「白」是「不定所白」之「白自己」，而「白馬」之「白」是「定所白」之「白」，二者之「白」不同，不可混為一談，而難者卻把「離而不定於馬之白」，說成「可與馬不離」，顯然是把「共相之白（不定所白之白）」與「殊相之白」（定所白之白）混為一談，所以公孫龍特為難者將此不同之白加以辨別，故曰：「白者不定所白，忘之而可也，白馬者，言定所白也，定所白者非白。」——這是提醒難者說：你既說「白」可離「馬」，則此「白」是「不定所白」之「白」。此「不定所白之白」是自藏自存，而不可與馬合的。而你卻以為此「不定所白之白」可與馬合（不離者有白馬），這是不對的。「與馬合」之「白」是「定所白」之「白」而非「不定所白」之「白自己」。「定所白之白」與「不定所白之白」是有分別的（定所白者非白也），你不可混為一談。不過，這不是主題所在，我們可以把它暫時擺在一邊不去談論它（忘之而可也），以免打岔，現在還是回到本題上來討論「白馬是否是馬」吧。

當單舉「馬」的時候，它對於顏色無所取捨。換言之，馬只有馬的內容，而沒有加上任何顏色以作為它的內容。在這種情況下，馬的外延廣，它可以把黃馬、黑馬都包括在內，故曰：「馬者，無去取於色，故黃黑（馬）皆所以應。」（馬除了應黃、黑馬之外，當然亦可應白馬，不過公孫龍是在強調「白馬非馬」，所以為了避免引起對方的干擾，節外生枝起見，只說馬者可以應黃、黑馬，而不說可以應白馬。其實，他若能把外延與內容的關係明確地說出來的話，就不必顧慮對方，會利用「馬者，可以應黃、黑、白馬」而提出「白馬是馬」以非難自己。而可逕直地說：「馬者，可以應黃、黑、白馬。」但是公孫龍雖然已能直覺到內容與外延之不等而主張「白馬非馬」，卻不能把概念的內容與外延的關係以定義的方式提示出來，所以為了免除對方的干擾，只說：「馬者，無去取於色，故黃、黑馬皆可以應。」）至於說到白馬時，它對於顏色有所去取，亦即取白色而捨其他黑、黃……諸色。如此一來，在「馬」原有的內容外又加上了「白色」這一內容。內容雖是增多了，但是從外延上說，「白馬」的外延卻比「馬」的外延變狹隘了。所以它只能應用在「白馬」身上，而不能包括「黃、黑馬」在內。故曰：「白馬者，有去取於色，黃、黑（馬）皆以所色去，故唯白馬獨可以應耳。」依此，則「無去取於色之馬」與「有去取於色之白馬」不論在內容或外延上皆不相等。二者在內容與外延上既然皆不相等，則「馬」當然不等於「白馬」、「白馬」不等於「馬」。故曰：「無去者非有去也。故曰：白馬非馬。」白馬非馬的辯論至此終告結束。為更易於瞭解起見，可用左圖來表示公孫龍「白馬非馬」之說。

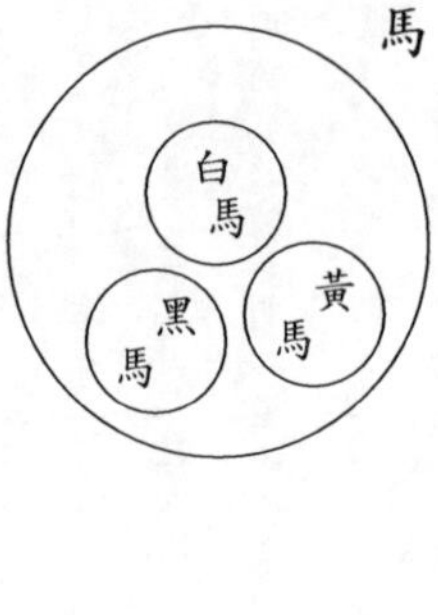

附註：㈠外面的大圓圈代表馬，它可以包括黃、黑馬。故曰：「馬者，無去取於色，故黃、黑馬皆可以應。」

㈡小圓圈白馬則不能包括黃、黑馬，故曰：「白馬者，有去取於色，黃、黑馬皆以所色去，故唯白馬獨可以應耳。」

㈢小圓圈白馬不等於大圓圈馬，故曰：「白馬非馬。」由此更可證明公孫龍白馬非馬之「非」字，只是「不等」「異於」之意，而非「內容的否定」，或「類與類間的排拒關係」。

三

就白馬論全文看來，公孫龍似乎是已贏得了這一場辯論。因為他能自始至終自圓其說地主張「白馬非馬」，而難者卻不能始終如一地主張「白馬是馬」。其實這一場辯論由於雙方立論基礎不一致，所以嚴格說來是不會有結論的，亦分不出勝負的，因為辯論一個問題要有結論，則參加辯論的人的立論基礎必須在同一層面上。否則，就無法判定孰是孰非。公孫龍是從「名」（概念）的外延與內容的不相等上說：「白馬這個名」不等於「馬這個名」；而難者則是從「物實」上說「白馬」有「馬」的內容，是屬於「馬類」的一種，故主張「白馬是馬」。就「內容的肯定」與「類的包含關係」上說，「白馬是馬」真，而「白馬非馬」為假；反之，如就「概念的內容與外延的不相等」上說，則「白馬非馬」真，而「白馬是（等於）馬」為假。由此看來，「白馬是馬」與「白馬非馬」並不是「此是而彼非，此非則彼是」的矛盾命題，它們之間並無「不能同真，不能同假」的矛盾關係存在。相反的，它們是可同真亦可同假的「相容關係」。兩者既是可相容，則雙方只能「各是其是」，而無法駁倒對方的。結果，難者卻陷於自相矛盾的窘境，這是由於他的腦筋不夠清楚所致。如果他頭腦夠清楚的話，他也可以像公孫龍一樣始終如一地自圓其說的。總之，這一場辯論如果雙方能自覺到彼此立論的根據不同，同時也能自覺到或指出雙方對「是非」二字所取的意義不一致的話，則這場辯論的一切糾纏就可釐清。如此，則雙方可以「自是其所是」，而不必費那麼多口舌去「非其所非」了。

復次，由這場辯論的所以引起及其內容看來。他們已接觸到了概念與類；內容與外延；共相與殊相等問題——這些問題是理則學上概念論中的主要課題——而且至少在公孫龍已能熟練地應用它們來辯論問題了。但是儘管如此，他對於這些問題仍然停留在「行之而不著焉，習矣而不察焉，終身由之而不知其道也。」的階段，而不能自覺到其所依之以立論的根據是甚麼？並由此自覺而翻轉上來，點出內容、外延、共相、殊相、概念與類等範疇，亦即使它們由實用的階段冒上來而成為一套客觀的理論。借用羅素的術語來說，公孫龍的學問仍是第一序的，尚未能由不自覺的，實踐的階段逆轉過來，反省並釐清其自己所接觸到的問題的層次，並且把它突顯出來，使之成為有獨立性而客觀的學問。若有此發展，則已成第二序的學問了。果能如此，則白馬非馬這一場辯論，只要三言兩語就可解決了，而不必費那麼多無謂的口舌。尤有進者，若能有此翻轉則公孫龍就能完成理則學的雛型了。理則學的不出現是中國文化發展中的一項缺憾，公孫龍的學問若能由「第一序的」逆覺而成為「第二序的」，或許就可彌補這一缺憾了。因為若有此逆覺則不僅可以釐清白馬論及他自己所接觸到的其他問題，而且也可以用它來釐清與反省他人的問題。這種逆覺代表一個新學問的方向，不會一覺即了，它必然層層覺下去。如此，則在公孫龍時就有中國的理則學出現並非是不可能的。至少若有此逆覺，則可為當時的學術領域開闢一條新的途徑，以吸納更多的學者以他們的精力與智慧來開拓、發展、並完成這一系的學問。

最後再從公孫龍子名實論立論的旨趣與內容來看白馬論的意義。先秦諸子大多自覺地或是習慣地有「法先王」的主張，他們常以其理想或學說託諸先王，以表示其思想之其來有自，並且借此以自重。所以我們只要觀察其所言之「先王之法」，常可得其學說之旨趣所在。名實論篇末云：「至矣哉！古之明王。審其名實，慎其所謂。至矣哉！古之明王。」公孫龍一再地贊嘆古之明王至矣哉，其所持的理由端在其能「審其名實，慎其所謂。」所以「審名實，慎所謂」實在是名實論同時亦是公孫龍全部學說之旨趣所在。不過在名實論中他只提示了幾個原則並強調一下它的重要性而已。但是在白馬論（其他各篇亦然）中，卻不厭其詳地與難者反覆辯論「白馬非馬」的問題，這就是「審名實慎所謂」的具體表現。跡府篇開宗明義地說：「公孫龍六國時辯土也。疾名實之散亂，因資材之所長，為守白之論。假物取譬，以守白辯。謂白馬為非馬也。……欲推是辯（「是辯」，按指「白馬非馬」之辯。），以正名實而化天下焉。」依此，公孫龍之所以有白馬非馬的論辯，是因為看到名實之散亂，大家不知「審名實」，亦不能「慎所謂」，所以才不憚其煩地對「白馬非馬」的問題反覆加以辯論，以求「正名」，並希望由此以達到化天下的最終目的。這是公孫龍提出「白馬非馬」的主張的動機及其終極意義所在。（但是，如就公孫龍子全書的內容及公孫龍之氣質看來，要達到「正名實而化天下」的目的，是大有問題的。）

公孫龍在白馬論中雖然沒能夠自覺地點出他是以「概念的外延與內容的不等」作為「白馬非馬」的理論依據。但是他已能夠純熟地運用它來辯論了。現在如撇開白馬論之內容不談，單就名實論的主張來看，白馬非馬之說亦可找到它的理論根據。在名實論中，公孫龍為正名所提出的兩大原則之一的「名要專當於實」，可用來和「白馬非馬」的主張互相發明。所謂「名要專當於實」是說：一切名應專指謂某一物實，而不可有歧義。白馬之所以非馬，固然是由於兩者之外延與內容不等，但是亦可把它當作是一個正名的問題看待。

名實論云：「彼彼止於彼，此此止於此，可；彼此而彼且此，此彼而此且彼，不可。」其意是：如果用「彼名」去指謂「彼實」，而且這個「彼名」僅止於指謂「彼實」；或是用「此名」去指謂「此實」，而且這個「此名」亦僅止於指謂「此實」。換言之，此名專當於此實，彼名專當於彼實，那是可以的。反之，如果用「彼名」去指謂「此實」，則此「彼名」既可指謂「彼實」同時又可指謂「此實」。同樣的，如果用「此名」去指謂「此實」，則此「此名」除了可以指謂「此實」外，又可指謂「彼實」。如此，則「此名」不專當於「此實」而有歧義，「彼名」不專當於「彼實」而有歧義。這是不可以的。總之，公孫龍之意是：每一名只應專指一實，而不可用一名指數實，因為這樣會造成名實之混亂。據此而言，「白馬」這個名（概念）若只用來指謂「白馬」這個物實的話，這就是上面所說的「彼彼止於彼，此此止於此」—亦即「白馬」之名專當於「白馬」之實而無歧義，這在公孫龍是認為可行的。相反的，如果以「白馬」這個名來指謂「馬」這個實的話，則「白馬」這個名，不但可以用來指謂「白馬」這個實，而且還可以用來指謂「馬」這個實了。難者所說的「白馬是馬」，顯然就是如此。因此「白馬是馬」患了名實論所說的「彼此而彼且此，此彼而此且彼」的毛病。亦即「白馬」這個名有了歧義而不專當。這在公孫龍看來是不可以的，是違反正名原則的。名實論又云：「不當而當，亂也。」意即以不當之名為當，必然造成「名實之散亂」（跡府篇語）。而公孫龍是最重視「審其名實，慎其所謂」而且「疾名實之散亂」的，所以他絕對不能忍受在他看來是不當之論的「白馬是馬」。因此基於名要專當於實（彼彼止於彼，此此止於此）的原則，亦即為了正名，他必然主張「白馬非馬」之說而闢「白馬是馬」之說。因為「白馬非馬」乃是表示「白馬」這個名止於指謂「白馬」這個實。而不兼指「馬」實。亦即能彼彼止於彼。而「白馬是馬」，則表示「白馬之名」除了指謂「白馬之實」外，又可用來指謂「馬實」，這顯然是患了「彼此而彼且此」之病。

就白馬論的內容看來，公孫龍主張「白馬非馬」的理論根據，毫無疑問的是「白馬」與「馬」這兩個概念的內容與外延不相等。但是如從名實論所提出的正名原則看來，公孫龍也必然會主張白馬非馬的。

第二章　指物論

一

白馬論的主題在辯論「白馬」是馬或非馬。而此辯論之所以糾纏不清的癥結在於公孫龍與難者雙方立論之根據不一致及雙方對「是」與「非」二字的意義有不同的認取。此癥結若能把它釐清，則白馬是否是馬的問題就可豁然而解了（說詳上篇白馬論）。而指物論則旨在闡發「物莫非指，而指非指」之說。若能將此「物莫非指而指非指」之意義解析清楚，則指物論之義蘊就可迎刃而解了。故在疏解指物論原文之前，想先把「物莫非指，而指非指」化整為零地加以解析，然後再把它們合起來，作一總解，以求得其真實涵義。並以此解析與瞭解為基礎，進而疏解指物論全文。

「物」——名實論開宗明義說：「天地與其所產焉，物也。」這是外延地為「物」下一簡單的界說。如此界定下的「物」；實際上是天地萬物的泛稱。名實論接著說：「物以物其所物而不過焉，實也。實以實其所實而不曠焉，位也。」這是以「實」、「位」作為「物」之屬性。具有實，位之物，實際上就是指客觀世界具體存在之一切萬物而言。指物論云：「物也者，天下之所有也。」此「天下之所有」，即在客觀世界上具體存有，實有之意。依此，物的定義應是：凡是在客觀世界中具體存有實有之一切東西都是物。

「莫非」——莫，非皆是否定詞。兩否定等於肯定（負負得正），故莫非為一肯定詞。莫非即沒有不是之意，亦即「皆是」之意。依此，「物莫非指」即「凡物是指」，「凡物皆是指」之謂。若以邏輯術語說，它是全稱肯定命題，亦即是A命題。「物莫非指」之「莫非」既是「皆是」之意，而吾人在白馬論之疏解中曾說「是」字有三義——「表示內容的肯定」，「表示主詞類與謂詞類間的包含關係」，「表示相等之意」（詳見白馬論）。依上下文義看，「凡物是指」之「是」字，應是「相等」之意（說詳後），而不會是另外兩種意義。依此，我們可以得到這樣的結論：物莫非指＝凡物是指＝凡物等於指。至於物何以會等於指，以及凡物等於指之真實意義為何，則詳後說。

「指」——歷來各家對於指物論中的「指」字所下的界說各不相同，迄無定論。也因此使各家對指物論的解釋極為紛紜，莫衷一是。故對此一「指」字的意義有詳加考察探究的必要。茲先略舉數家對「指」字的解說以供參考，然後再進而指出此「指」字應作何解。

一、說文：「指，手指也。」此「指」字為名詞。爾雅釋言：「觀、指，示也。」史記張釋之傳：「上指示慎夫人新豐道曰：此走邯鄲道也。」此二條之指，皆以手指示物之意，亦即指示之意。作動詞用，以上三條是「指」之一般用法。

二、俞樾諸子平議補錄卷五云：「指，謂指目之也。見牛而指目之曰牛，見馬而指目之曰馬。此所謂物莫非指也。」按：「指，謂指日之也」，即以某一名指謂某物之意。此「指」字兼有名詞與動詞之性質。

三、胡適中國古代哲學史云：「公孫龍子的指物論，用了許多指字。仔細看來，似乎指字都是說物體的種種表德，如形色等等。」

四、馮友蘭中國哲學史二五七頁云：「公孫龍以指物對舉，可知其所謂指，即名之所指之共相也。」

五、譚戒甫公孫龍形名發微十二頁云：「蓋指義有二：即名謂之別。其指目牛馬之指，謂也；因而所指目牛馬之形色性亦曰指，名也。……然則形色性三者，可稱為德，亦即此所謂指耳。」

六、徐復觀先生公孫龍子講疏五十頁云：「指是在主觀認識能力中所形成的映象，同時也即是使映象得以成立的心的認識能力。」

七、指通假為恉，孟子告子下：「軻無問其詳，願聞其指。」又盡心篇：「言近而指違者，善言。」此指皆恉之意。亦即意趣，意義之意。作名詞用。勞思光公孫龍子指物篇疏證（刊香港中文大學崇基學報第六卷第一期）就是以「恉」，「意義」來解釋指字。

按：以上諸說內容雖異，然並不相矛盾，大致是可相容的。而且也大都能或多或少地道出指物論中的「指」字的意義。指物論旨在闡述「指」與「物」之關係及其區別，故可說是公孫龍的認識論。一般說來，物之被認識，必須透過主觀的感官撲著客觀的存在物才能形成。亦即主觀的感官撲著於客觀的事物產生一認知的活動過程，然後才能使我們對物有一「是甚麼」的認識。當人們對客觀存有之物有一「是甚麼」的認識後，就以定義的方式，用一個概念或一組概念來指謂所認識之物，說它（物）是XX。例如動物學家，對一客觀存有之物——「牛」加以觀察、研究與歸納，然後把他對牛所得到的認識，透過定義的手續用一組概念把它表示出來說：牛是「哺乳類，反芻，偶蹄類，體肥大，四肢短，頭有二角，上顎無門牙及犬芽，臼齒強壯，胃分四囊，力強，耐勞苦，故適於負重或耕田的動物。」簡言之，即以「哺乳類，……及耕田的動物。」這一組概念來指謂客觀的存在物——牛。又如印度人透過他們的認識，認為牛是「聖物」，因而以聖物這一概念來指謂牛（物）。總之，當人對客觀存有的「物實」有了認識後，就把他的認識形式化，外在化而為概念，並以它來指謂或論謂該物。這種用來指謂或論謂客觀之物的「概念」就是指物論中的「指」的意義。

指物論云：「天下無指，物無可以謂物。」意即若無「指」（指謂物之概念）則天下一切物就不能稱之為XX物了。亦即對天下之物皆不能有所指謂或論謂了。換言之，指乃是使物得以被指謂或論謂的概念。指物論又云：「天下無指者，生於物之各有名。」意即天下（客觀世界）本無指這東西，但是為了使具體存有之「物」各有其「名」，以便加以指謂，才有「指」的產生。名實論亦云：「夫名，實謂也。」按：實即物也（物以物其所物而不過焉，實也。），故「實謂」，即「物之謂」之意。以上所引三條公孫龍子原文皆可作為「指」是「指謂物之概念」之佐證。

「物」是客觀的實有，故指物論云：「物也者，天下之所有。」而指謂「物」之概念——指，卻是人類認知活動過程中所產生的抽象的產品。它是人類主觀上的造作，而非客觀之實有。故指物論云：「指也者，天下之所無。」又天地萬物，人皆可對之有完全或不完全，粗陋或精密，正確或錯誤的認識，故皆可對之加上或多或少，或同或異的謂詞（概念，指）去指謂它。換言之，人可以根據他的認知的主、客觀條件而指說任何「物」是XX（指）。

綜上所言，我們可以把「指」的意義作如下的歸納：「指」是指謂或論謂客觀實有之物的「概念」。它是抽象而無實體的，因而是「天下所無」的。人對一物加一指謂的概念（指）即表示人對該物有一認識。故對一切物都可以有不同程度的認識，故對一切物都可以加上指謂的概念（指）。亦即可以指著每一物說它是XX（指），此即「物莫非指」——「凡物是指」之意。

這樣以「指謂物之概念」來界定「指」，可以把上引第一、二條之「指」之意義包括進去，同時亦可與「物體的種種表德」（胡適），「名之所指之共相」（馮友蘭），「名謂」（譚戒甫），「主觀認識能力中所形成的映象」（徐復觀），「意義」（勞思光）等各家關於「指」的界說相容。

而指非指——對這樣的一個命題，我們所要解釋與追問的有幾點：一、而字當作何解？二、指非指中的上指字與下指字是否字同義亦同？若字同義亦同，會有甚麼結果？反之，若字同而義異，則其所異之處何在？亦即此二「指」字各何所指？三、指非指中之「非」字該作何解？茲將這些問題分別解說如下。

「而」字為承上起下之詞。上承「物莫非指」，下起「指非指」，表示語意之轉折，相當於白話的「但是」。

在白馬論中，公孫龍把「白馬非馬」中的「非」字看作是「不等」，「異於」之意（詳見白馬論）。同樣的，「指非指」中之「非」字亦是「不等」之意。

「指非指」中的上下二「指」字，若其意義相同，亦即此二「指」字所指之內容完全相同，則「指非指」這一論斷就絕對不能成立。因為若是同義，則用符號a來代表它，就成了「a而又非a」，這顯然違犯了矛盾律。若「a而又非a」成立，則任何事物皆不能說，不能肯定。a既是a而又非a，那麼a到底是甚麼就不得而知了。故「指非指」中之上下二「指」字的內容絕對不能相同。亦即此二「指」字，一定有不同的指陳。既然如此，那麼它們的差異何在？要解決這問題，「而指非指」之「而」字是一個關鍵字。「而」字上承「物莫非指」，下起「指非指」。故「指非指」必須扣緊「物莫非指」以確定其涵義。換言之，「指非指」是順善「物莫非指」這一命題而來，並對「物莫非指」加以補充說明，以確定「物」與「指」之界線與關係。

上言「指」是指謂「物」之概念。當人對一外物有所認識，就用一概念來指謂該物，說該物是X X（指）。如以x代表物，以a代表指，就成為「x是a」這樣的一個命題。而當人指著x說它是a

時，總是自覺或不自覺地以為x就是a，a就是x。譬如，當人們對一個客觀實有之物——某人，有了認識而得出一個概念（指）——「傻瓜」時，就以此「指」——「傻瓜」來指謂這個「人」，說「他」（物）是「傻瓜」（指）。又當人們看到這個「人」（物）走來時，就會說：「傻瓜」來了。這時，人們總是自覺或不自覺地以為這個人（物）就是傻瓜（指），傻瓜（指）就是指的這個人（物）。同理，當人們說宋江（宋江亦物也）是及時雨（指）時，總認定宋江（物）是及時雨（指），及時雨是宋江。推而廣之，「天地萬物」人對之都可以加上某（些）概念去指謂它，因此就成了「凡物是指」，「凡x是a」，這就是物莫非指之意。公孫龍對此「凡物是指」的是字所認取的意義與他在白馬論中對「白馬是馬」的是字所認取的意義皆是「相等」之意。在白馬論中與公孫龍論難的人，認為「白馬是馬」。而公孫龍把對方的「白馬是馬」解釋為「白馬等於馬」，而認為是錯誤的。同樣的，一般人說「凡物是指」時，總是自覺或不自覺地以為物等於指，指等於物，這在公孫龍看來是不可以的。故指物論云：「指也者，天下之所無。物也者，天下之所有也。以天下之所有為天下之所無，未可。」依公孫龍之意，「為天下之所無」之「為」字即「是」也，亦即「相等」之意。在他看來，天下萬物固然都是指，但是「是指之物」並不就等於「指」。這是他指物論所要闡發的主旨，但是他不肯如此直截了當地說出來，卻以「指非指」來說明「是指之物不等於指」。所以指非指的上「指」字是「是指之物」之意，而下「指」字則是上述之「指」之原意——「指謂物之概念」。關於這兩個指字的差異，歷來諸家鄙未能辨別清楚。唯章太炎能把它點出來。他在齊物論釋定本云：「上指謂所指者，即境；下指謂能指者，即識。」姑不論以「能指」、「識」釋下「指」是否妥當，但是以「物」釋上「指」字卻是頗有見地的。何以說「指非指」之上「指」字是「是指之物」？其理由如下：

「物莫非指」既等於凡物是指，而此「凡物是指」之是字，一般人都把它看成是等於，相等之意，故「物莫非指」就成了「凡物等於指」。如以符號x，a分別代表物，指。則凡物等於指就是x＝a。凡相等的兩項可以相代，如A＝B而且A＝C時，當然B＝C。所以一般人既把物看成等於指，公孫龍當然可以用「指」來代替「物」，而以「指非指」來表示他的「物非指」之意。依此，「指非指」之上指字是「是指之物」之意。公孫龍是一個「好治怪說、玩琦辭」的人，而一般人誤把「凡物是指」看成「物等於指」。因此他就順看一般人的誤解，而以「指非指」來闡述他的「凡物是指，但是物並不等於指」之說。這正是他以詭辭來困惑人以求服人之口的本色，不足為怪。以上是就「物莫非指，而指非指」之語意作如上的解析。底下再進一步以指物論原文來證明這一說法之不誣。

指物論云：「指非非指也，指與物，非指也。」按：「指非非指也」即「指並不是非指」之意。若把「指非非指也」改為「非『指非指』也。」語意就更明顯了（這樣改在文法上，語意上都是許可的）。所以，「指非非指也，指與物，非指也。」乃是說：不是說「指非指」，而是「指與物」才是非指啊。依此，「指非指」的上指字的確切意義應是「指與物」。「指非指」之上指字既是「指與物」，則「指非指」應是「『指與物』非指」之省稱。於此，我們所要追問的是：何謂「指與物」？「指與物」是「指」和「物」所合成的那個東西。前面說過，指是用以指謂物的概念。當我們用「某指」來指謂「某物」時，「指與「物」就相合為一了。「指與物」，就是指此而言。而「『指與物』非指也」中之「指與物」就其詞性言，應是名詞。而此名詞之主體是「物」，「指」是附加的成分。例如：指著宋江（物），說他是「及時雨」（指）時，宋江（物）是主詞，而及時雨（指）是謂詞。若把「宋江（物）是及時雨（指）」這個句子改成一個名詞性的詞組，就成了「是及時雨的宋江」。依此，「指與物」即「是指之物」。加把它套在「非『指非指』也，指與物，非指也。」中，則此句之意應是：不是說指可以非指，而是那「是指之物」才是非指。如以「宋江是及時雨」為例，當作如是解：

不能說及時雨非及時雨（指非非指也），而是那「是及時雨的宋江（物）」並不就等於「及時雨」（指與物，非指也）。何以「是及時雨的宋江」不等於及時雨呢？因為「指也者，天下之所無也。物也者，天下之所有也。以天下之所有為天下之所無，未可。」把客觀實有之「物」說是等於客觀上無實體之抽象的「指」既是不可以的，而宋江是物，是天下之所有，「及時雨」則是「指」，是天下之所無。所以宋江雖然可以是及時雨，但是他並不等於及時雨。由上可知「指非指」之上指字是指「物」而言，更確切地說上指字是指「是指之物」；而下指字則是「指謂物之概念」，這兩者在客觀上一有一無故彼此不相等，故曰：「指非指」。此外，指物論中尚有兩段話——「天下無指，而物不可謂指也，不可謂指者，非指也。」「非指者，天下而物，可謂指乎？」亦可用以證明「指非指」中之上「指」字是「物」（是指之物）之意。茲分別解說如下。

指物論云：「天下無指，而物不可謂指也。不可謂指者，非指也。」按：物是客觀存在的，而指是人認知活動過程中所產生的抽象的造作而非客觀的存有。因此物不可說就是指，就等於指（天下無指，而物不可謂指也。）。「不可謂指者，非指也。」中之「非指」為「指非指」之省。故「不可謂指者，非指也」，應作如是解：物不可以說就是指（等於指），這就是「指非指」之意。換言之，「指非指」是說物不能就等於是指。

「非指者，天下而物，可謂指乎？」按：此中「非指者」乃指「指非指」而言。「天下而物」之「而」字，乃「之」之意（說見原文疏釋）。公孫龍之意是以「天下之物可以說是指嗎？」的反問語來說明「指非指」。物為天下之所有，而指為天下之所無，一有一無，故二者不相等。二者不相等，則天下之物不可謂指，這「物」不可「謂」指就是「指非指」之意。以上兩段文字都在說明「指非指」之上「指」字乃指「物」（是指之物）而言。

綜上所述，不論就「物莫非指，而指非指」之語意解析或指物論原文皆可證明「指非指」實際上即「是指之物非指」之意。於此，我們可以把「物莫非指，而指非指」這一組命題的確切涵義作如此的總結：：「天地萬物」人對之都可以有某種程度的認識，依據各人的認識可以形成某（些）概念來指謂一切物，而說「一切物是XX（指）」。由此可以得出「凡物是指」這一命題，此即「物莫非指」之意。而一般人卻自覺或不自覺地把「凡物是指」看成「凡物等於是指」。公孫龍就順著這誤解而以「指非指」來闡述「是指之物非指」之旨，以破斥凡「物」等於「指」之說。故「指非指」即「物非指」，而「物非指」如實說來應是：「是指之物並不等於指」之意。依此，「物莫非指而指非指」應解作：一切物都可以說它是指，但是「是指之物」並不就等於指。這樣的解說，不但在指物論原文中有根據，且可順通指物論全文。同時，「凡物是指，而指非指」中之「是，非」二字與白馬論中「白馬是馬」與「白馬非馬」的「是、非」二字，在語意上完全一致。復次，「白馬非馬」「指非指」之說，看似公孫龍在以怪說琦辭玩弄人，以求服人之口。但是，如進一步去加以探究，則可發現它們皆有思想上的妥實性。不可妄加貶斥。底下試以上面的解析為依據，進前疏解指物論全文以發明其義蘊。

二

物㈠莫非指㈡，而指非指㈢。

㈠物：名實論：「天地與其所產焉，物也。」指物論：「物也者，天下之所有。」故「物」乃泛指客觀世界具體存有之天地萬物而言。

㈡指：指謂「物」之概念。此為人類主觀之造作，抽象而非客觀之實有。故指物論云：「指也者，天下之所無。」

㈢指非指：上指謂「是指之物」。非，「異於」，「不等」也。下指乃「指謂物之概念」（說已詳前）。

按：指物論為公孫龍之主要學說。其內容在說明物與指之關係及其區別。「物莫非指，而指非指。」二語為全文張本。客觀存有之物為「所識」，而人為「能識」。當人對客觀之物有一「是甚麼之認識」後，就將此認識形式化為概念，並以此概念指謂物，而得出「某物是ＸＸ（概念，指）」這樣一個命題。天地萬物，人皆可對之有所認識，有所指謂，故可得出一個全稱肯定命題——「凡物是指」。故曰：「物莫非指」。一般人在說「凡物是指」時，總是自覺或不自覺地在「物」與「指」之間加一等號，以為物即是指，指即是物，二者相等。但是，在公孫龍看來，一切物固然可以用「指」來指謂它，而說它是指，但是這「是指之物」卻不等於指。物是物。指是指，二者並不相等。不過因為他好「治怪說玩琦辭」，所以不肯直截了當地說：「凡物是指，但是物並不等於指。」而故意繞圈子，順著一般人「把物看成就是指」的誤解，用「指」來代替「物」，說它不等於「指」，因而形成「而指非指」這樣一個貌似自相矛盾的命題。「指非指」上下二「指」若字同義亦同則「指非指」當然是矛盾命題。但是，依前面的解析及指物論原文看來，上「指」應是指「是指之物」，與下「指」字同而義異。故「指非指」並不構成自相矛盾。依此，「物莫非指，而指非指。」應作如是解：凡「物」都是「指」，但是「是指之物」並不就等於「指」。

天下無指，物無可以謂物。

按：此二句在說明指之性質及其功用，並作為「物莫非指」之注腳。「指」是用以指謂「物」之「概念」，天下若無此指謂物之概念，則任何物我們皆不能指謂它是ＸＸ了。譬如杯子是一個指謂物之概念，假如沒有杯子這個指，則我們對一個盛酒或水之容器就不能指稱它（物）是杯子了。又如沒有「方」這個指，則我們對所有客觀實有之「方物」就不能指謂它（物）是方桌、方舟、或方臉……。故曰：「天下無指，物無可以謂物。」用邏輯術語說，指是謂物之必要條件。所謂必要條件即「無之不然」之意。亦即無指則無法謂物，要謂物，則必須要有指才行。有「指」然後可以指著某物說它是ＸＸ。依此，指是人認識物所必不可無者。而人對任何物皆可有所認識，故對任何物皆可用「指」來指謂它。依此，一切物沒有不可以用「指」來指謂，而說它（物）是ＸＸ（指）。故曰：「物莫非指。」

非指者㈠，天下而㈡物，可謂指乎㈢？

㈠非指者：「者」字為承上起下之詞。「非指者」之「非指」為「指非指」之省。故「非指者」應作「上所謂指非指者」解。

㈡而：猶之也。古書而，之互文之例甚多，可為證。又陳柱以為「而」應作「之」，蓋因「之」，「而」二字篆文形似而誤。

㈢可謂指乎？：此為反詰句，「可謂指乎？」即不可謂指之意。下文「天下無指，而物不可謂指也。」可為證。

按：此三句承上解釋「指非指」之意。上言「指非指」之上「指」字當為「是指之物」，於此可以得到有力之證明。此處「非指者」之「非指」當為「指非指」之省。者為承上起下之詞，故「者」字下之「天下而物，可謂指乎？」是在申述者字上「指非指」一語之意。「天下而物，可謂指乎？」意即天下之物，不可謂指，亦即天下之物，不可說它就是指。公孫龍既以「天下之物不可謂指，不可說它就是指」來解釋「指非指」，則「指非指」之上「指」字應是指「物」而言。至於天下之物不可謂指之理由則如下。

指也者，天下之所無也。物也者，天下之所有也。以天下之所有，為㈠天下之所無，未可。

㈠為：此「為」字與白馬論「以有白馬為有馬」之為字皆「是」之意。

按：此節承上解說「天下之物不可謂指」之理由。指（指謂物之概念）是人類主觀的造作，抽象而非客觀的實有，而物卻是客觀的存有。二者一有一無，因此物當然不等於指。故曰：「以天下之所有，為天下之所無，未可。」

天下無指，而㈠物不可謂指也。不可謂指者，非指也㈡。

㈠而：猶故也。「而」與「故」古多互文。

㈡非指也：亦「指非指」之省。

按：此節總結上文「物指一有一無之意」而得出「指非指」之結論。天下無客觀實存之指，所以物不可說就等於指（天下無指，而物不可謂指也）。這「物不可說就等於指」（不可謂指者），就是上述「指非指」之意（非指也）。故曰：「天下無指，而物不可謂指也。不可謂指者，非指也。」以上三節文字以「物不等於指」來界定「指非指」。故「指非指」之上「指」字顯然是指「物」而言。公孫龍之所以要以「指非指」來代替「物非指」，那是因為前面有「凡物是指」的話才會有這詭辭。非指者，物莫非指也。按：前面雖然把「指非指」實即「物非指」（或「是指之物非指」）這問題解決了。卻又產生另一嚴重問題——「物非指」這一命題若真，則開頭「物莫非指」——「凡物是指」這命題就不能成立了。因為「物非指」與「凡物是指」為一對矛盾命題。兩者不能同真，有一真，則另一必假。「物莫非指」是肯定「凡物是指」為真，而「而指非指」則是說：「物非指」為真。故表面看來，「物莫非指」與「而指非指」是相矛盾的。假如這兩個命題真是相矛盾的話，則公孫龍必須於此二者中有所選擇，或棄此取彼，或取此而舍彼。否則，就不能自圓其說。他似乎也發現了這個問題，所以在他解說過「物莫非指而指非指」之意義後，接著就來解決這貌似的矛盾。所以稱之為貌似的矛盾乃是在他看來「物莫非指」與「而指（物）非指」不但不構成矛盾，反而是可同真的。現在就來看他如何解開這個結。「非指者，物莫非指也。」其意是：儘管上面說：「物非指」（是指之物非指），但是「物莫非指」——「凡物是指」仍然是對的，兩者並不相矛盾而可同真。其理由如下：

天下無指，而物不可謂指者，非有非指也㈠。非有非指者，物莫非指也。

㈠非有非指也：此句應作：「然非有非指之物也」解。

按：本節由「物非指」轉而肯定「物莫非指」。其意是：物為天下之所有而指為天下之所無，因而「物不可謂指」，亦即物非指。物雖然非指，但是「物」沒有一樣不能用指來加以指謂的。換言之，世上沒有不能用指來指謂的物。因此任何物都可以用指來指謂它，而說它（物）是指。既然一切物都可以用概念來加以指謂，這就表示「凡物是指」，「物莫非指」。故曰：「非有非指者，物莫非指也」。

物莫非指者，而指非指也。

按：公孫龍以為「物莫非指」（凡物是指）與「指非指」（是指之物非指）並不相矛盾而可同真，所以在此再重複地強調說：「物莫非指者，而指非指也。」以與指物論之開頭相呼應。至此，這兩個命題之可同真而不相矛盾似乎已不成問題了。但是嚴格說來，對這一問題，公孫龍並沒解釋得很清楚。故有詳加探討的必要。按：「物莫非指——凡物是指」與「指非指——是指之物非指」從字面看，顯然相矛盾。而公孫龍卻以為二者可同真。其所以不矛盾的關鍵在於此兩命題立論的角度不同。「物莫非指」這一論斷是從「人的認知活動中物與指所發生的關係」而得出的。而「是指之物非指」則是分別從物、指的性質之差異處而得出的結論。總之，這兩命題是從兩個不同的角度得出的結論。故彼此不相矛盾而可同真。茲再詳加解說如下。

物是人認知的對象，而指則是人認知活動中所得出的主觀造作。一切物是可認識的（當然人之認識有種種程度的差異，但是物總是可認識的）。故一切物都可用「指」來加以指謂的。因此可得出「凡物是指——物莫非指」的結論。在人的認知活動中，物與指產生了「凡物是指」這種命題形式的關係。就人的認知活動而言，這種關係是真實的，是可成立的。而就物，指本身之性質言：物是天下之所有，指是天下之所無。二者一有一無，彼此當然是不相等的，故可說「指非指」（「是指之物非指」）。依此，「物莫非指」與「指非指」（是指之物非指）皆真，且可不相矛盾。此中關鍵，公孫龍當然能夠意識到，只是沒有明顯地加以點出罷了。

天下無指者，生於物之各有名，不為指也㈠。

㈠不為指：為，是也。不為指即非指之意。詳言之，即物非指之意。

按：此就指之所以產生及其功用處言物非指。指固然非客觀之實有，但是為了使天地萬物各有其名以便指謂，因而有指的產生。有了指，就可以之指謂一切物，而說它是ＸＸ（指）。但是儘管如此，卻不能說物就等於指。

不為指㈠而㈡謂之指，是兼㈢不為指。以有不為指㈣之㈤無不為指㈥未可。且㈦指者，天下之所兼。

㈠不為指：謝注曰：「物皆不為指。」案：「不為指」此處當作名詞解。即「不為指之物」。

㈡而：如也，若也。

㈢兼：俞樾曰：「兼乃無字之誤，無與兼相似而誤。」按：俞說可從。下「且指者，天下之所兼」之兼同此。

㈣有不為指：謝注日：「有不為指，謂物也。」按：物為天下之所有，而又不等於指。故曰：「有不為指。」

㈤之：謝注：「之，適也。」金受申及陳柱皆以「之」為「為」之誤。按：二說皆通。

㈥無不為指：謝注曰：「無不為指，謂指也。」

㈦且：猶夫也，助詞。訓見經傳釋詞。陳柱以且為曰之誤，非是。

按：此節強調「是指之物等於指」之不通，以明「指（案：即「是指之物」）非指」之義。其意為：本來不等於指之物。如說它等於指（不為指而謂之指），這樣一來，就成了無物不等於指了。（是兼不為指）把不等於指之物，說成無物不等於指，那是不可以的。（以有不為指之無不為指，未可。）因為指是天下之所無，而物卻是天下之所有。兩者絕對不會相等（且指者，天下之所兼。）。

天下無指者，物不可謂無指也。不可謂無指者，非有非指也㈠。非有非指者，物莫非指。

㈠非有非指：此為「非有非指之物」之省。

按：前一小節說「物不等於指」，「物（是指之物）非指」，公孫龍怕這樣的話使人誤會「物既非指」，則「物莫非指」——「凡物是指」這一命題不能成立，所以在本節立刻又強調「物莫非指」與「物非指」之可同真。某意為：「指」固然是天下之所無，而「物」為天下之所有，因而有「物非指」之說。但是任何客觀存有之物之被認識，被指謂不可以沒有「指」。因為無「指」則「物無可以謂物」。物既然不能沒有「指」而可被認識被指謂，這就表示沒有非指之物存在。換言之，凡是物都被加上「指」，而說它（物）是X（指）。依此，凡物都是指，亦即「物莫非指」。總之，「指（是指之物）非指」與「物莫非指」是可同真而不相矛盾的。

指非非指也㈠。指與物㈡，非指也。

㈠指非非指也：上一非字為否定詞，即不是之意。下一非字為「異於」、「不等」之意。「指非非指也」，應作：「非『指非指』也」解。

㈡指與物：即「是指之物」，說詳下。

按：「指非指」顯然是一個矛盾命題。故曰：「指非非指也。」意即指不能非指。換言之，「指非指」並非說指本身不等於指。那麼是甚麼非指呢？公孫龍之意是「指與物」非指。故曰：「指非非指也。指與物，非指也。」指不能非指，「指與物」才是非指，則「而指非指」之上指字顯然是指「指與物」而言。依此，「指非指」＝「『指與物』非指」。上節云：「物不可謂無指也。」前面又云：「天下無指，物無可以謂物。」依此，任何物之被認識被指謂必須加上指（指謂之概念），若不加上指，則物就不能為吾人所識，亦不能加以指謂了。因此，任何物進入吾人之認識中，必與指相合。此即「指與物」之意。「指與物」在此應是名詞性之「詞組」，故「指與物」＝「是指之物」。（因為物是主體，指是附加成分，故就文法或語意而言，指與物應解作：「是指之物」）依此，「指非指」＝「是指之物非指」。以「是指之物非指」來界定「指非指」，不但於指物論原文有據，而且可解消「指非指」之自相矛盾。至此，指物論之主旨——「物莫非指，而指非指。」之義蘊已明確地表達無遺了。底下公孫龍乃作一總述以結束指物論。

使天下無物指㈠，誰徑謂非指㈡？天下無物，誰徑謂指㈢？

㈠物指：當是上節「指與物」之省改。

㈡非指：乃「指非指」之省。

㈢伍非百以為：「使天下無物指，誰徑謂非指？天下無物，誰徑謂指？」二句舊倒，又衍一「指」字。當作「使天下無物，誰徑謂指？天下無指，誰徑謂非指？」按：此二句如伍氏所言，則語意較順當，可從。然謂衍一指字，則非是。

按：指是用以指謂物的概念。而此概念乃是人對物有了認識才形成的。因此，無物則指就無從產生。故曰：「天下無物，誰徑謂指？」此言指之產生以物為必要條件。就「夫名，實謂也。」而言，先有物後有指。有了物，就可產生指，並以之指謂物。當對一物加一指去指謂或論謂它時，就可得到「物是指」這一命題。物既是指，則指可以作為物之代稱。而此作為物之代稱之指，實際上是物與指相合而成的，亦即是含著物而言的。「天下無物指」之「物指」與上節「指與物非指也」之「指與物」皆指此而言。此亦即「指非指」之上指字。當指與物相合，且單以「指」作為「物指」，「物與指」之代稱時，才能說「指非指」，否則「指非指」就成為一個矛盾命題。故曰：「使天下無物指，誰徑謂非指。」由此更可證明：以「物」，「是指之物」解「指非指」之上「指」字，能道破公孫龍「物莫非指，而指非指」之本意。

天下有指，無物指，誰徑謂非指？徑謂無物非指㈠？

㈠無物非指：即「凡物是指」、「物莫非指」。

按：假使僅有指，而不以指去指謂物使之成為「物指」，則「指非指」一論斷就無從成立。同理，如僅有指，而不以指去指謂物，則「物是指」這一命題亦無從成立。更無法把「物是指」普遍化為「凡物是指」，「無物非指」故曰：「天下有指，無物指，誰徑謂非指？徑謂無物非指？」意即必須以「指」論謂或指謂物，使物，指相合，然後「物莫非指，而指非指」的理論才能成立。

且夫指固自為非指，奚待於物。而乃與為指㈠？

㈠而乃與為指：金受申及伍非百皆以為「與為」下脫一「非」字。按：此說可從。

按：依上述，「指非指」之上指字，應是「指與物」，「物指」，「是指之物」之省稱。此指字必如此界定，「指非指」這一論斷才能成立。否則就是一個矛盾命題。但是公孫龍卻於文末提出：「指固自為非指奚待於物，而乃與為非指？」之說。這顯然與前面的立論相牴牾。因為「指非非指也，指與物非指也。」與「使天下無物指，誰徑謂非指？……天下有指無物指，誰徑謂非指？」顯然是說：指不能自為非指，必待與物相合而為「物指」或「指與物」時才能說「指非指」。但是此處卻認為：指固自為非指，不必等待與物相合而為「物指」或「指與物」，就可逕直地主張指非指？這顯然與前說相矛盾。關於此，我們可作如下的解釋：就物與指之關係及其區別上言，必須而且唯有主張：「指非非指也，指與物非指也。」而文末以為「指自為非指」，則是把指與物的關係完全去除，純自「指」自身而言。若外延地說，指當然是指，而不能非指。但是若從指自身之內容上說，則此指不等於彼指。譬如：紅、白、黃、黑……皆是指。但就這些概念（指）之所以為概念之內容說，則紅不等於白，亦不等於黑、黃。每一指皆有其獨立性，皆有其自己之內容。故彼此皆不相等。它們的不相等是「自顯」的，而非與物發生關係後才「對顯」出來的。故曰：「指固自為非指，奚待於物而乃與為非指。」依此，指非指之說有兩種不同的層次。一是就物與指之關係及其分別上言「指非指」。一是自每一指之內容之不相等而言指非指。兩者立論之角度不同，故此兩說可並行而不悖，皆可同真而不相矛盾。

三

指物論原文雖然只有二百六十餘字，但是因為文字上及義理上有許多夾纏，故向稱難解。其實如果能把全文前後會通以觀，並對其語意詳加解析，並不難探出其義蘊。

此文旨在闡述「物莫非指，而指非指」之義。天地萬物，人皆可根據其主觀與客觀的條件對之有不同程度的認識。當人對外物有了認識時，便在心中形成某（些）概念。而且習慣上總是基於其認識，以所得之概念來指謂或論謂其所認識之物，而說「某物是某指」。如把它普遍化便成為「凡物是指」，此即「物莫非指」之意。而當人們說某物是某指時，總是自覺或不自覺地在「物」與「指」間畫上等號，認為某物即某指，某指即某物。這對於物的認識來說是一個極粗率的冒險與錯誤。因為「物」固然可以說它是「指」，但是「物並不就等於「指」。二者仍然有其界線的。公孫龍有鑑於此，乃在「物莫非指」之後，接著提出「而指非指」之說以破斥這種不正確的「認識模型」。這是他作指物論的動機與目的所在。

「物莫非指而指非指」——一切物都是指，但是「是指之物」並不等於指——這是一個頗有價值的見解。公孫龍這見解的理論根據在於：物為天下之所有而指為天下之所無。換言之，物為在時空中存在之具體物，而指則為無時空性之抽象概念。這兩者絕對無法相等。所以公孫龍的理論是有其思想上的妥實性的。同時這也是富有啟發性的見解，它可以啟發人對「認識的問題」作更純哲學的，純思辨的探討。諸如人對物之認識之所以可能，由指以認識物之真實性及其有限性，影響人對物之認識的種種因素——如人所據以認識物的方法、範疇、知識水平、心理狀態、及社會習性等。如能對這些問題加以探討，則可發展成為一套有系統的認識論。遺憾的是後人不但不能正視公孫龍的理論，並順之以開拓一新的知識領域。而且群加貶損，使此思想的新種苗未經培養立即枯萎，這是我華族文化發展過程中美中不足之事。

復次，文末「指固自為非指」之說，亦有其思想上的依據。公孫龍有一基本思想，即堅白論中的

「離獨而正」（堅白論：「離也者天下，故獨而正。」）是也。「指固自為非指」之說即是由此衍生出來的。每一指皆有其獨立自足之內容，故彼此皆是不相等的。既然「指固自為非指」，則「是指之物」之為非指自不在話下，故「指自為非指」之說不但與「物莫非指而指非指」之「指非指」不相矛盾，而且可以極成「物莫非指而指非指」之說。同理，白馬與馬，堅與白亦皆有其獨立自足之內容，彼此皆自離自藏而不可渾融為一，故有白馬非馬，堅白離之說。通變論之「變與不變」之理，名實論之「實其所實，位其所位」而正之說，亦應通過此「離獨而正」之思想以求得其確解。總之，「指固自為非指」，「白馬非馬」，「堅白離」，及通變論名實論皆是從「離獨而正」之甚本思想一根而發的，由此吾人可以看出公孫龍子各篇之思想有其一致性。

第三章　通變論

一

通變論旨在闡明「變」與「不變」之理。天下一切「物」或「名」皆有它所特具的內容。此獨特之內容使一切「名」或「物」永遠「是它自己而非他」。在公孫龍看來，使一切「物」或「名」永遠「是它自己而非他」的內容，是永遠不變的。通變中所說的不變即是指此而言。不過他在通變論中只是舉出某些特定的事例來說明變與不變。而沒有將變與不變之理作一理論性的闡述。倒是其他各篇的某些理論可以作為通變論思想的理論根據。

名實論云：「物以物其所物而不過焉，實也。實以實其所實而不曠焉，位也。位其所位焉，正也。」物之所以成其為物，所以能有其位而得其正，其關鍵端在物之「實」。物之「實」即物之所以為物之獨特內容。有此獨特之內容，則物成其為物，而且能有其位而得其正。例如「牛」永遠是「牛」而且有「牛」之位，而不離其自己以成他物而得其正（成為他物則牛不得其正），這完全是由於「牛」之「實」使然。牛之永遠「是其所是而非他」，這就表示「牛」之「實」是永遠不變的。名實論又云：「夫名，實謂也。」名既是「實」之謂。則名亦隨其所指謂之「物實」，有其永遠不變之內容。

指物論云：「指固自為非指。」其意是說：一切「指」，彼此各不相等，其所以彼此不相等，是由於每一「指」皆有其獨特之內容。堅白論曰：「離也者天下，故獨而正。」天下之物彼此相離而不相盈，也是由於一切物皆有其獨特之內容。一切物有其獨特之內容，故能獨立自存，彼此不相泯。因而「物」都能得其正。

總之，一切「物」及「名」之所以能「位其所位而正」，能「離獨而正」都是由於「物」及「名」皆有其永遠不變之獨特的內容。通變論所說的「不變」應透過上面所引的理論去求得瞭解。這是瞭解通變論思想的最佳途徑。

通變論曰：「曰：右有與，可謂變乎？曰：可。曰：變奚？曰：右。」「左與右，可謂二乎？曰：可。」按：「右」這一概念（名），有它所以為「右」的永遠不變之內容。所以當它與「左」相與而為二時，右仍然是「右自己」，亦即右仍然有「右」之獨特之內容；因而它是不變的，它還是它自己。故有「右變仍為右」之說。右變仍為右，即表示「右」不變，「右」之所以不變，是因為右有它獨特之內容。「右」有其獨特之內容，故「右」能「位其所位而正」，能「離獨而正」。「右」之不變，其理由在此。反之，「右」若變而為「他」，則表示「右」失去了它獨特的內容。如此，右就不能「位其所位而正」，不能「離獨而正」了。至於「右有與，可謂變。」之變顯然不是指「右」之內容變（因為右之內容是永遠不變的），而是就「右」與「左」所發生的「相加關係」而造成的「數」以言變。任何關係皆是外在的，是後加的，是可以加以排列組合的，故為可變的，而且可以有無窮的變化。至於右（或其他之一切「名」或「物」）之內容，則是內在於其自己的，是本然的，不可割裂或混合的，所以是不變。簡而言之，就一切「名」及「物」之內容而言，它永遠不變；而由外在於其內容的種種關係所形成的新組合」對原來的「名」及「物」而言，則是「變」。通變論的主旨即在闡明這種「變」與「不變」之理。開頭「二有一乎？」及「二有右乎？」之問答，是導入討論主題變與不變之理的引言。而「羊合牛非馬」及「青以白非黃」兩組問答，則是以具體的事例作譬喻，以說明「變」與「不變」之理。明乎此，然後可貼切地瞭解通變論之義蘊。

二

曰：二有一乎？曰：二無一。

按：依公孫龍之意，任何「物」或「名」（概念）皆有其獨立之自性，皆有其獨特之內容。而且此內容是本然如此的，它是一整全，絕不可加以割裂，移易，或混合的。依此，「二」是一獨立自足的概念，它有它自己獨特的內容，它只表示「數之二」。「一」亦是一獨立自足的概念，有其獨特之內容，它只表示「數之一」。故「二」是「二」，「一」是「一」。「二」之為「二」非賴於一加一，或三減以一，一乘以二，四除以二而後才成其為「二」。同理，「一」亦非把「二」割裂對分，或由三減以二而後才成其為「一」。換言之，「二」之為「二」是本然如此的，而非如上述經由加減乘除而後「二」才成其為「二」。「二」既非由「一」加「一」這種相加的關係而得出的，故曰：「二無一」。如果說二有一，則是把「二」割裂對分而成為兩個「一」，然後再經過相加的關係而成為「二」。如此把「二」割裂成兩個「一」。則「二」就不是它自己而為兩個「非二之一」。「二」成了兩個「非二之一」，則「二」已非它自己而為「他」（「一」）了，亦即

「二」失去了它獨特的內容，而不能「位其所位」，不能「離獨而正」了。這顯然違背了公孫龍「不變」之理。故他主張「二無一」。總之，他是就任何概念之皆有其獨特之內容而且各「自是其所是而非他」的立場言「二無一」。

曰：「二有右乎？」曰：「二無右。」曰：二有左乎？」曰：「二無左。」

按：公孫龍以「二無一」回答難者「二有一乎？」之問後，顯然難者並不同意對方的見解，但是並沒有加以反駁，而接著提出一連串的問題，目的是想套出對方立論的漏洞。本節公孫龍的答語之理論根據與前節同。「二」是數目概念，「左」、「右」是表示方位的概念，就每一概念之各有其特殊的內容而言，二當然無左亦無右。

曰：「右可謂二乎？」曰：「不可。」曰：「左可謂二乎？」曰：「不可。」

按：上節就概念之內容的性質不同，而言二無左無右。本節則自數目的觀點，言左、右不可謂二。左、右如不把它們當著方位概念看，而把它們數目化，則左是「一」，右也是「一」；第一節既已認為「二無一」，則左或右當然不可謂之「二」。

曰：「左與右可謂二乎？」曰：「可。」

按：左、右如就數目上說，都只是「一」，但是若左加右時，則在數目上就成為「二」了。故「左與右」可謂「二」。不過「左與右」可謂「二」，並不表示「左與右」之內容可謂「二」，而是「左與右」所成之數目可謂「二」。依此，不僅「左與右」可謂「二」，即「上與下」，「大與小」……亦皆可謂之「二」。下文之「羊牛二」可以為證。

曰：「謂變非不變㈠，可乎？」曰：「可。」

㈠謂變非不變：俞樾曰：「既謂之變，則非不變可知，此又何足問耶？疑『不』字衍文也。」譚戒甫曰：「按俞疑此有誤，是也；謂『不』字衍文，非也。疑『非』字本係『而』字，形似致誤也。」按：俞、譚之說皆非。蓋無論依俞說：「變非變」，或依譚說作：「變而不變」皆違犯矛盾律。公孫龍絕無「曰『可』」之理。謝注曰：「物有遷變之道，則不可謂之不變也。」按：謝注亦未明難者所發「謂變非不變」之問之用意所在。難者「變非不變」之間，無誤，不必改，說詳後。

按：難者前面的發問，目的是想套出對方立論的漏洞。而對方的答語，在難者看來，已足夠成為他所要佈置的「使對方自相矛盾的陷阱」的伏筆，所以就此打住。另外提出「謂變非不變可乎？」的問話，誘使對方「曰可」，以陷對方於自相矛盾的窘境。「變非不變」之意是：如果XX變了，就不能說XX不變。這是任何人所不能否認的，當然公孫龍也只有「『曰』可」而已。難者所以提出這樣一個平淡無奇的問題，目的是在使對方承認「變非不變」，以與前後文，形成自相矛盾。俞、譚不明白難者問難之技巧，故妄加「刪」「改」。

曰：「右有與，可謂變乎？」曰：「可。」

按：「右有與」之與，合也。白馬論：「合馬與白復名白馬。是相與（按：「相與」指合「白」「馬」而為「白馬」）以不相與（按：「不相與」分指「馬」「白」而言。）為名。」即以「合」為「與」。

左、右為相偶之詞，故「右」有所與時，其所與者，必是指「左」而言。依此，「右有與」即「右與左」之意。左、右本來皆只是「一」，而當左右並舉，而為「右與左」（右有與）時就成了「二」（左與右可謂二）。由「一」而為「二」，這樣顯然在數目上已有了變化，故「右有與」可謂之變。

曰：「變隻㈠？」曰：「右。」

㈠隻：俞樾曰：「變隻，無義。隻疑奚字之誤。變奚者，間辭也。」按：俞說是。

按：「右有與」可謂變，乃是就外在於右之內容所產生的外在的關係處而言變，並非指「右」之內容有所變。右本來只是「一」，當它和左「相與」而為「二」時，固然是變，但是這只是右和左「相與」時，在數目上有了變化，而內在於右之內容，則仍然不變。所以，公孫龍所承認的「右有與，可謂變」之「變」是指右之外在的關係有所變了。至於右之內在的內容，則不變（所以不變之理由已見前）。故「右有與」之變，不影響右之為右。因此，當難者問「變奚」時，公孫龍就以「右」作答。

曰：「右苟變，安可謂右？苟不變，安可謂變？」

按：公孫龍既承認「變非不變」於前，現在又認為「右變仍為右」。右變而仍為右，這就成了「變而不變」。「變非不變」與「變而不變」，是一對彼此相矛盾的命題。而這一對命題又都是公孫龍所承認的。難者發現公孫龍的前後自相矛盾，所以提出：「右苟變，安可謂右？苟不變，安可謂變？」來難他。其意是：如果說「右」變，怎麼可以說它變了以後還是右呢？這樣不就成了「變而不變嗎」？又如果說右不變，那麼你公孫龍卻明明說過「右有與」可謂變，這樣不就成了「不變而變」嗎？不管是「變而不變」或是「不變而變」同樣都違犯了矛盾律。

曰㈠：二苟無左又無右，二者左與右奈何㈡？羊合牛非馬，牛合羊非雞。

㈠曰：楊壽籛以為「二苟無左又無右」上有「曰」字不可通。按：此「曰」字當下移於「羊合牛非馬」之上。

㈡「二苟無左又無右，二者左與右奈何」：陳柱疑此十四字當在「曰左與右可謂二乎」之下。按：如依陳說將此十四字前移，則與「曰左與右可謂二乎」下公孫龍之答語「曰：『可』。」，文氣不連貫。故如欲前移則當移置公孫龍之答語「曰『可』。」之下，文氣方能連貫。然如此移置，則與難者之語「謂變而不變可乎」文義無法連貫。故仍以不更動為宜。

按：難者以「二苟無左又無右，二者左與右奈何？」與上節之「右苟變，安可謂右？」及「苟不變，安可謂變？」一貫而下，把前面公孫龍的立論，歸納成三組矛盾命題，以非難對方。言詞十分犀利。茲根據雙方之立論，分別就此三個問題加以探討，並判定其是非如下。

一、「右苟變，安可謂右？」——公孫龍認為「右有與，可謂變。」而「變」的結果，「右」仍為「右」。這就成了「變而不變」。就此命題之形式看，「變而不變」是一自相矛盾的命題，在這之前，公孫龍又承認「變非不變」。這樣一來「變而不變」與「變非不變」又成了一對矛盾命題。「變而不變」就其自身而言，是自相矛盾，而就其與「變非不變」言，是彼此相矛盾。依此，公孫龍是犯了雙重矛盾。其實，這並不真成矛盾。因為公孫龍之所謂「變」是扣緊「右有與」，亦即就「右與左相加而為二」之處言「右」之變。換言之，是就「右與左」所發生的相加關係而言變。至於「右變仍為右」，亦即「變而不變」中的「不變」則是就「右」的內容而言不變。依此，「變而不變」中的「變」是指「右」與「左」所發生的相加關係而言，而「不變」則是指右之內容不變。如此「變」與「不變」各有所指，故不構成自相矛盾。至於「變非不變」中之「變」與「不變」都是就同一的對象而言，而「變而不變」中的「變」與「不變」，則是分別指不同的對象而言。故「變非不變」與「變而不變」是不同層次的命題，故亦不構成矛盾。

二、「苟不變，安可謂變？」——「右變仍是右」這是不變。「右」既是不變，而「右有與」又可謂之變。如此，右成了「不變而變」。就字面上看，「不變而變」亦是一矛盾命題。但是「右之不變」與「右有與之變」根本不同層次，故亦不算矛盾。

三、「二苟無左又無右，二者左與右奈何？」——這一問是針對前面公孫龍「二無左又無右，左與右可謂二。」之意而發的。照理，「二」既無「左」又無「右」，則「左」與「右」不能謂之「二」。而公孫龍卻謂之「二」，這似乎也構成自相矛盾。但是公孫龍是就「二」之內容言其無「左」無「右」，就左與右相加而成之數目說，左與右可謂二，「左與右，可謂二。」並不表示「二」有「左與右」之內容。所以「二無左無右」與「左與右可謂二」亦不構成矛盾。總之，就語意的解析，及公孫龍的立論根據而言，難者所提出的三問，皆不能難倒對方，皆不能陷對方於自相矛盾的窘境。針對這樣的責難，公孫龍本可就語意的解析及他的基本思想，作直接的答覆，以消解對方的責難。但是他卻不如此作答，而繞出去以「羊合牛非馬，牛合羊非雞。」的譬喻作答，因而引出許多夾纏不清的問題來。至於「羊合牛非馬，牛合羊非雞。」之意義為何，則詳下文。

曰：「何哉？」曰：「羊與牛唯㈠異，羊有齒，牛無齒㈡。而羊牛之非㈢羊也，之非牛也

㈣，未可。是不俱有，而或類焉。」

㈠唯：孫詒讓曰：「唯與雖通」。

㈡牛無齒：譚戒甫曰：「此牛無齒，乃指無上齒言；以其無全齒，故口無齒耳。」按：本草綱目云：「兩旁曰牙，當中曰齒。」牛之上顎無門牙及犬牙。故此言牛無齒，實乃謂牛之上顎無門牙及犬牙也。

㈢非：無也。下文「羊合牛非馬也。非馬者，無馬也。」即以「無」解「非」。

㈣「而羊牛之非羊也，之非牛也，未可」：按：此據道藏本。各本多作「而牛之非羊也，牛之非牛也，未可。」孫詒讓校改作：「而牛之非羊也，羊之非牛也，未可。」牟宗三先生對此三種不同之讀法，有極詳盡之評述，以為仍以「而羊牛之非羊也，之非牛也，未可。」之讀法為是（詳見民主評論第十四卷第三期：公孫龍子通變論篇疏解）。茲從之。

按：羊牛之差異處甚多，而公孫龍單舉有齒無齒以概括羊牛之差別。公孫龍之意是：羊牛雖異——一有全齒，一無全齒；但是，如果把這兩種不同的動物合在一起，而成為「羊牛」時，就說「羊牛非羊，非牛。」那是不可以的。因為羊與牛合而成「羊牛」時，對羊、牛而言是變。但是羊、牛之內容並不因為二者之相合而變。就如「右有與」（右所與者是左，故「右有與」即「右與左」。故「右有與」與「羊合牛」同一意義。）對右而言是變。但是「右變」只是表示「右」與「左」所發生的關係有所變，而右之內容則不變，故右仍是右。同理，羊與牛相合相與而為「羊牛」時，牛羊之內容仍然不變，羊仍是羊，牛仍是牛，它們不因「羊合牛」而喪失其內容，故曰：「羊牛之非羊，之非牛，未可。」如果羊，牛並舉（羊合牛），而在現實上產生一種既是牛，又是羊的動物，亦即現實上如果能夠有一種既有羊又有牛之內容的動物的話（事實上，那是不可罷的，因為不管就理論或現實上言，絕對不可能有既「無齒」來「有齒」的動物。）則「羊牛之非羊也，之非牛也。」這一論斷就可成立。但是就「物」之「物其所物而不過焉」，亦即就任何「物」皆「自是其所是而非他」言，牛合羊而成「羊牛」時，「羊牛」仍保有羊、牛之內容，故「羊牛」只能「是羊是牛」，而不能說它「非羊非牛」（下文「羊牛二，是而羊而牛，非馬，可也。」即在申明此義。）「是不俱有，而或類焉。」一語，各家的解說出入頗大。依上下文氣，「是不俱有，而或類焉。」顯然是用作上面「羊牛之非羊也，之非牛也，未可。」之注腳，故「是不俱有」應作如是解：「是」字為代名詞，分別指羊、牛而言。「不俱有」指「羊」或「牛」不俱有「羊牛」之內容。「羊」或「牛」雖不俱有「羊牛」之內容，但是「羊牛」仍然涵有「羊」、「牛」之內容。故「羊」或「牛」與「羊牛」仍有部分類同之處，亦即「羊」、「牛」與「羊牛」有其相同的內容，所以不能說「羊牛」非牛，非羊。（「是不俱有，而或類焉。」如解為：「羊牛雖不俱有全齒，然而羊牛卻仍是同類。」則與上文「羊牛之非羊也，之非牛也，未可。」文義上完全無涉。故不可從。）

又按：本節文字旨在重申「變」與「不變」之理，以回答難者「右苟變，安可謂右？」的責難。並為「右有與是變，而右變仍為右。」之說作辯護。其意是：「右有與」及「羊合牛」對右、左；羊，牛而言，是變：因為，就「數」的觀點而言，右、左；羊、牛皆是「一」。而當「右」與「左」「相與」時，「右」就由「一」進而與「左」合而為「二」、「羊」與「牛」合時，「羊」就由「一」進而與「牛」相合而為「二」。這樣，對「右」與「羊」、「牛」而言，是一變化。但是這種變，是指「右」、「羊」、「牛」之與「他」所發生的關係而言。至於「右」、「羊」、「牛」之內容，則仍是不變的。「羊牛」對「羊」、「牛」而言是變，但是「羊牛」仍有「羊」、

「牛」之內容。換言之，「羊牛」之變不影響到「羊」、「牛」之內容，故「羊牛」仍是「羊」，仍是「牛」，亦即「羊牛」，仍有「羊」，「牛」之內容，故不可說「羊牛非羊非牛」。下文「羊不二，牛不二，而羊牛二，是而羊，而牛可也。」亦是此意。

羊有角、牛有角。牛之而㈠羊也；羊之而牛也，未可。是俱有，而類之不同也。

㈠之而：謝注曰：「『之而』，猶『之為』也。」

按：羊牛同樣有角，但是不能因此而說牛是羊；羊是牛。因為兩者雖然同樣有角，卻是不同類之動物。本節與上節所說的內容雖然不同，但是其基本思想則是一致的，都在申述其「不變」之理。就物之「是其所是而非他」而言，「羊」、「牛」皆有其獨特之內容，故牛是牛，羊是羊。牛之為牛，羊之為羊是不變的。本節是就「牛」、「羊」雖然同樣有角，卻不能據此而泯滅「羊」、「牛」在內容方面之差異，以言「羊」、「牛」之內容之「不變」。上節則是就羊雖與牛合而成為「羊牛」，而羊、牛之內容卻不因「羊」「牛」之合而變。以明「羊」、「牛」之內容之「不變」。故這兩節所表達的思想是相通的，是一致的。

羊牛有角，馬無角；馬有尾，羊牛無尾㈠。故曰羊合牛非馬也。非馬者，無馬也。無馬者，羊不二，牛不二。而羊牛二。是而羊，而牛，非馬，可也。

㈠羊牛無尾：譚戒甫曰：「羊牛無尾，謂無鬃毛長尾，與前「牛無齒」辭例正同。」

按：「羊牛有角，馬無角；馬有尾，羊牛無尾。」這是以角，尾之有無，以概括「羊牛」與「馬」之內容不同。「羊」「牛」既無「馬」之內容，則「羊合牛」當然是「非馬」。故曰：「羊合牛非馬也，非馬者，無馬也。」「無馬者，羊不二，牛不二，而羊牛二，是而羊，而牛，非馬，可也。」此中「羊不二，牛不二，羊牛二。」與上下文之文義不連貫，疑有錯簡。如將它下移於「是而羊，而牛，非馬，可也。」之下。則可避免割斷文氣之病，為醒目起見，將本節改動後之句讀抄錄於左：

羊牛有角，馬無角；馬有尾，羊牛無尾。故曰羊合牛非馬也。非馬者，無馬也。無馬者，是而羊，而牛，非馬，可也。牛不二，羊不二，而羊牛二。

「羊牛」與「馬」之內容不同，單就「羊牛」而言，它無「馬」之內容，當然是「非馬」，故曰「羊合牛非馬也。非馬者，無馬也。」這是以無「馬」之內容來界定「羊合牛非馬」。「羊牛」無「馬」之內容，而它所有的，則是羊及牛的內容。所以就物之「實其所實而不曠」言，「羊合牛非馬」這一命題，應解釋為：「羊牛」有「羊」、「牛」之內容，所以應說「羊牛」是「羊」，是「牛」。但是它無「馬」之而容「所以可以說它非「馬」。總之，「羊合牛非馬」只在表示「羊牛」是「羊」是「牛」而非「馬」。故曰：「無馬者「是而羊，而牛，非馬，可也。」至於「羊不二，牛不二，而羊牛二。」則在重申「二無左，又無右；左不可謂二，右不可謂二；而左與右可謂二。」之意，以回答難者「二苟無左又無右，二者左與右奈何？」之責難。難者之意是：「二」既無「左」、無「右」，則「左與右」焉能謂之為「二」？公孫龍之意則是：右（左）有它所以為「右」（左）之內容，所以它不能是「二」。同理、「羊」、「牛」皆有其獨特之內容，皆有其所以為「羊」、「牛」之自性。所以它們不能是「二」。故曰：「羊不二，牛不二。」至於「左與右」之所以可以謂之「二」，則是因為把左、右之內容撇開不談，而把它們數量化，亦即把它們當著一個數量看待，然後就其「加和」而言其為「二」。所以「二」無「左」無「右」，並不妨礙「左與右」之為「二」。同理，羊、牛就其內容言無「二」；「二」亦無「羊」、「牛」之內容。但是如果把「羊」、「牛」數量化，且就其「羊合牛」之加和而言，則「羊」「牛」當然可謂之「二」。故曰：「羊不二，牛不二，而羊牛二。」

難者在前面一連指出了公孫龍的立論，有三處自相矛盾。公孫龍則以上述之理由，來回答對方，以明其思想之不相矛盾。而其立論之依據，則仍是前述之「變」與「不變」。

若㈠舉而以是㈡；猶㈢類之不同。若左右猶是舉。

㈠若：王琯曰：「若字疑衍，似涉下『若左右』句而誤。」

㈡舉而以是：是，此也。指「羊合牛非馬」而言。「舉而以是」，簡言之，即「舉是」之意。亦即舉「羊合牛非馬」為言之意。

㈢猶：猶通由。譚戒甫曰：「猶，當假為由，二字古以同韻通用。」

按：前面所以說「羊牛之非羊也，之非牛也，未可。」這是由於「羊」或「牛」與「羊牛」之間，有其相類之處．故不能說「羊牛」非「羊」非「牛」。至於上節舉出「羊合牛非馬」之說，並且說「非馬可也」的理由，乃是因為「羊牛」與「馬」之間無相類之處，亦即彼此之內容不同，因此可以說「羊合牛非馬」。故曰：「舉而以是，猶類之不同。」至於「若左右猶是舉」之意是：上節所說的有關「左右」之理論，與上節「羊合牛非馬」之理論，是相通的。茲將二者所以相通之理由，敘述如下：就物之內容上言，羊牛與馬不同類，故「羊合牛非馬」。同理，「二」（上節有「而羊牛二」之言，故「二」可與「羊合牛」「羊牛」相比論。）亦無「左」「右」之內容，故曰「二無左，二無右。」此其一。「羊不二，牛不二。」，亦即「左不可謂二，右不可謂二。」之意。此其二。「牛羊二」即表示「羊合牛」可謂「二」，這與「左與右可謂二」之意，亦是相同的，此其三。有此三點相似，故曰：「若左右猶是舉」換言之，公孫龍是用前節「羊合牛非馬」，以及圍繞此一命題之理論來重申前面「二無左，無右；右不可謂二，左不可謂二；左與右可謂二。」之理。「左右」與「變與不變」之辯論至此本可就此收場。但是公孫龍卻又提出「牛合羊非雞」之說，以致節外生枝，引發另一論戰。

牛羊有毛，雞有羽。謂雞足，一。數雞足，二。二而㈠一，故三。謂牛羊足，一。數足，四。四而一；故五㈡。牛，羊足五，雞足三。故曰：牛合羊非雞。非有以非雞也㈢。

㈠而：猶與也。訓見經傳釋詞。下「四而一」之「而」字同此。

㈡「謂雞足，一……四而一，故五。」：謝注曰：「人之言曰：『羊有足，牛有足，雞有足。』而（譚戒甫云：「而」同「如」。）不數其足，則似各一足而已。然而歷數其足，則牛羊各四，而雞二；並前所謂一足，則牛羊各五足，而雞三足（譚戒甫云：原缺「雞三足」字，今補。）矣。」

㈢非有以非雞也：「非有」即無也。此指「無雞」而言。「以」，因也，故也。前云：「非馬者，無馬也。」此云：「非有以非雞也」二者同義。「非有以非雞」即「牛合羊無雞，故謂之非雞也」之意。

按：「牛羊有毛，雞有羽。」與前面「羊牛有角，馬無角，馬有尾，羊牛無尾。」一樣，其目的只在說明「牛合羊」與「雞」有不同之內容。二者不同類。若與前文相對應，本可就此得出「牛合羊非雞」的結論。因為「牛合羊」無「雞」的內容，所以非雞（非有以非雞也）。但是公孫龍卻於此處突然冒出牛羊足五，雞足三之說。這完全是「無謂的琦辭」。其意是：如單說「雞足」、「牛羊足」而不管其內容及其足數，則雞之足、牛羊之足皆只是「一」，故曰：「謂雞足，一；謂牛羊足，一。」若數雞之足數，則有二。由「謂」及「數」雞之足可得出「三」這個數。「謂」及「數」牛羊之足，可得出「五」這個數。公孫龍就根據此「雞足三，雞有羽」。及「牛羊足五，牛羊有毛」。而說「牛合羊」中無「雞」，以得出「牛合羊非雞」之結論。公孫龍這種雞足三、牛羊足五之說是毫無意義的。因為雞足三，牛羊足五之說，只在說明牛羊與雞足之數不等，以明「雞」與「牛羊」之「無以類」。但是雞與牛羊之足數本就不等，何必再加上「謂足」之「一」呢？因為任何不等之兩數，各加以同一數字，其數仍然不等。所以說這是一種無謂的琦辭。

與㈠馬以㈡雞，寧馬㈢。材，不材，其無以類審矣。舉是㈣亂名，是謂狂舉㈤。

㈠與：如也。見廣雅。

㈡以：與也。見廣雅。

㈢與馬以雞寧馬：即「如馬與雞，寧取馬也」之意。與下文「與其碧寧黃」同一語法。

㈣是：此也。作代名詞用。指「牛合羊非雞」而言。

㈤「舉是亂名是謂狂舉」：譚戒甫曰：「各本多作『舉是謂亂名，是狂舉。』『謂』字錯誤在上也。子彙本守山閣本澤史本傳本皆不誤；茲據乙正。」按：譚說是，當從。「狂舉」，孫詒讓釋之曰：「舉之當者曰正，不當者為狂。」

按：難者就「變」，「不變」及「左右二」等問題，指出公孫龍嚴重地違犯了矛盾律，公孫龍乃以「羊合牛非馬」及「牛合羊非雞」之說回答對方以明其並不自相矛盾。就命題之形式，及其思想依據而言，「羊合牛非馬」與「牛合羊非雞」是一致的。而且雙方的論辯到此已可結束。但是他卻突然提出「如馬與雞，寧馬」之說，並且以「牛合羊非雞」為「亂名」為「狂舉」。而其所以為「狂舉」的理由，端在於牛羊與雞之「材，不材，其無以類。」難者對此不能瞭解，所以他要求公孫龍再作「他辯」。公孫龍乃以「青以白非黃」及「白以青非碧」作答。其意是以「青以白非黃」喻「羊合牛非馬」，以「白以青非碧」喻「牛合羊非雞」。且以「青以白非黃」為正舉，以「白以青非碧」為「非正舉」。故本節所論應對照下面「非黃、「非碧」之說，方能求得其解。青、白、黃皆是五正色之一（另二色為赤與黑），而碧則為間色、雜色。本節「材，不材」顯然是分別指馬，雞而言（譚戒甫曰：「馬為材，雞為不材。」）。材，質性也。不材，即質性不同之意。「馬」與「羊牛」同為獸，而「雞」與「牛羊」則一為禽，一為獸，二者之質性不同。「黃」與「青白」同為正色，而「碧」與「白青」則一為間色，一為正色，二者之質性亦異。據此，則「材、不材，其無以類」。應解為：「馬」與「羊牛」同為獸，二者之質性相同。其間有相類之處；而「雞」與「牛羊」一為禽，一篇獸，二者質性不同，其間無相類之處。同理，「青白」與「黃」相類，而「碧」與「白青」無以類。公孫龍以「有以類」之「黃」為「正舉」以「無以類」之「碧」為「非正舉」。而「雞」與「碧」同為「無以類」，故公孫龍以「牛合羊非雞」為「亂名」，為「狂舉」。依此，本節所論應解釋為：如於「羊合牛非馬」與「牛合羊非雞」間作一選擇，寧願取「非馬」之說，而不取「非雞」之說。因為「馬」與「羊牛」同為獸，其質性相同。而雞為禽，牛羊為獸，二者之質性不同，彼此間無相類之處。如果舉用這種「不材，無以類。」之言——「牛合羊非雞」，那就患了亂用名言之病，所以凡是舉用「不材，無以類。」之名言，就叫「狂舉」。由本節看來，「正舉」與「狂舉」之分，只在指出用名之妥當與否。以下文字即在申論此意。

曰：「他辯。」曰：「青以㈠白非黃。白以青非碧。」曰：「何哉？」

㈠以：猶與也。「青以白」與前「羊合牛」、「左與右」之句法同。故「以」、「合」、「與」皆為同義字。王琯曰：「以、與聲相通。禮燕禮：『君曰：以我安。』註：『猶與也。』」

按：難者不知「如馬與雞，寧馬。」及「亂名狂舉」之意，所以要求對方再以其他方式加以說明。而公孫龍乃以「青以白非黃」及「白以青非碧」作答。而難者對此話頭仍不得其解，所以公孫龍就進一步對這兩個命題，加以解說如後。

曰：青白不相與㈠而相與，反而對也㈡。不相鄰㈢而相鄰，不害其方㈣也。不害其方者，反而對。各當其所㈤，左右不驪㈥。

㈠相與：與、合也。與上「右有與」之「與」字同義，「相與」即相合也。

㈡反而對也：譚戒甫曰：「反而對也句，原缺『而』字；茲據下文『反而對』句增。舊本似亦有而字，觀注（按指謝注）便知。」按：譚說是，茲據增。

㈢不相鄰：謝注曰：「青者木之色，其方在東；白者金之色，其方在西，東西相反而相對也。東自極於東，西自極於西，故曰：不相鄰也。」

㈣方：併船也，見說文。爾雅釋水：「大夫方舟。」注：「併兩船也。」引申為併之意。莊子山木：「方舟而濟於河。」釋文：「方，併也。」

㈤各當其所：此句當為「各當其所實，各當其所位。」之省。名實論云：「物以物其所物而不過焉，實也。實以實其所實而不曠焉，位也。位其所位焉，正也。」本不相鄰不相與之青白，雖相與相鄰，而青白能各「實其所實，位其所位」，仍為青、白而不相雜，斯之謂「各當其所」。故曰「各當其所，左右（當作青白，說見下注。）不驪。」

㈥左右不驪：驪，雜也。謝注曰：「驪，色之雜者。」「左右」疑為「青白」之誤。下文以青驪乎白為碧，為非正舉；又云：「非正舉者，名實無當，驪色彰焉。」既以「青白驪」為「名實無當」，而此云：「各當其所，左右不驪。」則「左右」當為「青白」。

按：禮記玉藻：「衣正色，裳間色。」古人以青、黃、赤、白、黑為正色；而以二色相廁雜，或相合之色為間色。青、白皆是正色之一，青自為青而不與白（或其他任何顏色）相合；白亦自為白而不與青相合。現在說「青以白非黃」，則是把「青」、「白」合（以，與也，合也）在一起。把本不相合的「青」、「白」合在一起，故曰：「青白不相與而相與。」謝注曰：「青者，木之色，其方在東；白者，金之色，其力在西；東西相反而相對也。」這顯然是以五行之說解釋「反而對」之意。青、白本是相反之色，現在把它們合在一起（青以白），使成對偶而為二，這與把方位相反之左、右，合在一起而為二（左與右可謂二）是一樣的。故曰：「反而對也」。青、白一東一西，本不相鄰近，現在說「青以白」則是把不相鄰近之色相合使成相鄰。但是這樣做並不妨礙「青」、「白」之並存。換言之，把青白使之相與相鄰，而青仍自為青，白仍自為白。猶如「左」與「右」合而為二，左仍為左，右仍為右（右變仍為右）。又如把「羊」「牛」合在一起，羊仍為羊，牛仍為牛（羊牛之非羊也，之非牛也，未可。）故曰：「不相鄰而相鄰，不害其方也。」青白相鄰而不妨礙「青」「白」之並存，此即表示把青、白合在一起，白仍是白，青仍是青。「青」「白」仍然是相反之二正色。故曰：「不害其方者反而對也」。這也同時表示「青」、「白」能各自保有其自性，能「實其所實，位其所位。」而得其正。亦即青、白不相雜而成他色。故曰：「各當其所，青白不驪。」

又按：公孫龍時，是否已有以五色配五位之說，是一個待考證的問題。若其時已有此說，則上面的解說當然能成立。如當時無五行相配之說，則「反而對」及「相鄰」當另作解釋。但是這在思想的實質上，並不至於造成意義上的大差異。因為上面的解說與前面「羊合牛非馬」及「左與右」之說是相通的。茲再簡單地將之比論如下：「青與白」反而對，「左與右」亦是反而對。青白雖相與相鄰，卻能「不害其方」，能「不驪」。同理，羊雖與牛合而成「羊牛」，但是「羊牛」仍是羊，仍是牛，而不能謂之非羊非牛。左與右雖可謂之二，但左仍是左，右仍是右，彼此不至於相混雜。總之，本節的解說，與前半之解說，在思想上有其一致性。

故一於青不可，一於白不可。惡乎其有黃矣哉？黃其正矣，是正舉也。其有㈠君臣之於國焉，故強壽矣㈡。

㈠其有：金受申曰：「疑『其有君臣之於國焉』之有字，為若字之譌。」伍非白曰：「有當作若，形譌致誤。」陳柱曰：「『其有』疑『其猶』聲近之誤。」按：有字作若，作猶，皆可。

㈡其有君臣之於國焉，故強壽矣：此二句疑為後人所加，非公孫龍子原文，說詳下文。

按：青、白雖使之相與相鄰，卻能「不害其方」能「各當其所」而不驪，這就表示「青」、「白」能各自「持有其自性而不走失」，能「實其所實，位其所位。」而得其正，亦即能「離獨而正」。既是如此，則青與白「相與」「相鄰」時，不能使其中任何一色消失而只剩其他一色。因為「一於青」或「一於白」皆違背了「離獨而正」、「位其所位焉，正也。」的思想。「青以白」既已不可一於青或一於白，則「青以白」如何能有與青、白無關之黃呢？換言之，即「青以白」非

「黃」。故曰：「故一於青不可，一於白不可，惡乎其有黃矣哉？」至於「黃其正矣，是正舉也。」乃是針對下文「碧則非正舉矣」而言。依公孫龍之意：「青以白非黃」一命題中之「青」、「白」、「黃」皆為正色，故「黃」與「青白」相類。猶如「羊合牛非馬」中之「馬」與「羊牛」同類。「有以類」而舉以為言，則為「正舉」，故曰：「黃其正矣，是正舉也。」至於「碧」則為雜色，與「青白」之正色「無以類」。猶如「雞」與「牛羊」無以類，無以類而舉以為言，則是「狂舉」。故曰「碧則非正舉矣」。公孫龍是以「黃之正舉」「碧之非正舉」，以喻「如馬與雞，寧馬。」之說，至於雞、碧之為「狂舉」為「非正舉」之理由及非「正舉」「狂舉」之函義，則詳下。

又按：現存公孫龍子各篇之內容，皆是「純名理之思辨」，文中雖有好「玩琦辭」之處，但是都不以政治上之人事關係作譬喻，亦不以具體之政教問題作為討論之主題。唯獨通變論有「其猶君臣之於國焉，故強壽矣。」「暴則君臣爭而兩明也」之說。這與其他各篇之風格，顯然不調和。故疑為後人所加。然無確證之前，姑且順其上下文義為之疏解如下：依下文之意，青白相雜而爭勝爭明則為「碧」，猶如君臣之相爭勝。如此，則青、白；君、臣皆不能得其正，故皆是「非正舉」。而本節云「黃其正矣，是正舉也。」則表示青白不相爭，猶如君臣（謝注：白以喻君，青以喻臣，黃以喻國。））皆如其分，如其位，各掌其所司，而不彼此爭勝爭明。亦即能君君，臣臣，能夠如此，則「國強而君壽。」（謝注：「君臣各正其所舉，則國強而君壽。」））按：「國強而君壽」，疑當作「國強而君臣壽」。這種譬喻，頗為牽強，故譚戒甫斥其非，曰：「舊注：『白以喻君，青以喻臣，黃以喻國。』據此，則青以自非黃，又可比之『君與臣非國』。壽，當讀為儔，荀子勸學篇楊註：『疇與儔同，類也。』按此係以黃或國而比之於馬，雖然相似，仍非自然極詣，殆皆強為比類也。」故如不以「其猶君臣之於國焉，故強壽矣。」作譬，則文字反而簡練，多此枝節，適成蛇足。

而且㈠青驪乎白，而㈡白不勝也。白足之㈢勝矣，而不勝，是木賊金也㈣。木賊金者碧，碧則非正舉矣。

㈠而且：「而」猶「如」也。「且」亦「如」也，訓見經傳釋詞。「而且」，為表假設之複詞。

㈡而：則也。訓見經傳釋詞。

㈢之：孫詒讓曰：「之當作以」。按：非是。之，則也。訓見經傳釋詞。

㈣木賊金也：徐復觀先生以為「木賊金」為後人所加。又以為「木賊金」當作「木賊於金」。按：五行相勝之說為金賊木，而無木賊金之語。若欲保留此句，則應作「木賊於金」。如刪之而作「而不勝者碧，碧則非正舉矣。」於文氣似較順當。且可與下文「不相勝，則兩明也。爭而明，其色碧也。」相呼應，故仍以去之為是。

按：本節之意是：如果使青色與白色相混雜，則青、白皆不能「保持其自性而不走失」。如就色質之濃淡而言，青白相雜，則白必勝不過青。但是如果「白」有足夠的「量」，則「白」必能因「量」之增多，而促成質之變，使「青」敵不過「白」。故曰：「而且青驪乎白，而白不勝也。白足之(則)勝矣。」總之，「青」「白」相驪，則其結果或是「白」不勝，或是「青」不勝(以「白足」為條件)。不管「青」不勝，或是「白」不勝，只要有「不勝」之現象；則「青」、「白」皆不能保有其自性，而成另一種顏色——「碧」；青白相驪而為「碧」，此為「非正舉」。故曰：「而不勝者碧，碧則非正舉矣。」至於「不勝則碧」之為「非正舉」的理由，則詳下。

青白不相與而相與㈠，不相勝㈡，則兩明也。爭而（兩）明㈢，其色碧也。

㈠青白不相與而相與：即前「青白不相與而相與，……青白（左右）不驪。」之省。

㈡不相勝：承上節「青驪乎白……而不勝。」而言。

㈢爭而明：王琯曰：「『爭而明』當作『爭而兩明』，脫一『兩』字。下文『暴則君臣爭而兩明』可證。」按：王說是，應據補。

按：本來「不相與」之青、白，若只是使它們「相與」，但「不相勝」，則青仍為青、白仍為白。相反的，如果使青、白「相驪」，則其結果必是：或「白」不勝「青」，或「青」不勝「白」。白不勝青是青勝白以自明其色，青不勝白則是白勝青以自明其色。總之，「不相勝」則必「此」勝「彼」以自明，或是「彼」勝「此」以自明。故曰：「不相勝則兩明也。」青白如果相驪而爭勝爭明，則不管青勝或白勝，但是總因為雜有「他色」，故青已不再是原來的青、白也不再是原來的白，而為另一種間色的「碧」。故曰：「爭而明，其色碧也。」

與其碧，寧黃。黃，其馬也。其與類乎㈠，碧其雞也，其與暴乎㈡。

㈠其與類乎：其，代名詞，兼指黃，馬而言。「乎」同「也」，非疑問助詞。與字下省一代名詞「之」字。此「之」字乃兼指「青白」、「羊牛」而言。「其與（之）類乎」，乃承上「材、不材，其無以類。舉是亂名，是謂狂舉。」以言「黃」與「青白」類，「馬」與「羊牛」類。下「其與暴乎」之句法同此。

㈡其與暴乎：譚戒甫改「暴」為「異」，疑其形近致誤。按：此疑甚是。前云：「如馬與雞，寧馬。材、不材，其無以類審矣。舉是亂名，是謂狂舉。」此云：「與其碧，寧黃。黃，其馬也，其與類乎。碧其雞也，其與暴乎。」如以此兩節對照以觀。則「碧，其雞也，其與暴乎。」顯然指「碧」與「白青」無以類而言（猶雞之與牛羊無以類）。故譚氏之疑，除「形近致誤」之理由外，尚有其思想上之根據。

按：公孫龍於前面說「羊合牛非馬，牛合羊非雞。」，而且認為與其雞寧馬。難者不解，所以要對方另作「他辯」。公孫龍乃以「青以白非黃，自以青非碧」為喻作答。而且認為「與其碧寧黃」。這是重申「與其雞寧馬」之意。於此，我們應追問的是：於非馬、非雞、非黃、非碧中，何以寧取馬、黃而舍雞、碧。即其取舍之標準為何？又馬與黃，雞與碧何以可作類比（黃其馬也，碧其雞也）？

公孫龍在解說「羊合牛非馬」這一命題之意義後，緊接著說：「若舉而以是，猶（由）類之不同。」這是說「羊合牛」之所以非馬，乃是由於「羊牛」中無馬之內容（非馬者，無馬也），亦即羊牛與馬不同類。因「類之不同」，才得出「羊合牛非馬」的結論。據此理由，「牛合羊」亦必「無雞」而「非雞」。故如以「類之不同」為標準。則「羊合牛非馬」與「牛合羊非雞」皆能同時成立，二者同真。但龍卻於此兩命題中強分高下，以為「如馬與雞，寧馬。」並緊接著說：「材、不材，其無以類審矣。舉是亂名，是謂狂舉。」對照下文「碧則非正舉」（非正舉即狂舉），「碧其雞也」以觀，「舉是亂名，是謂狂舉」乃是指「牛合羊非雞」而言，而「牛合羊非雞」之為亂名狂舉的理由則是「材、不材，其無以類」。公孫龍之意似是：牛羊為獸（材），而雞為禽。禽則非獸（不材）。故雞與羊牛無以類。無以類故謂之狂舉。此處既以「無以類」為準而判定「牛合羊非雞」為狂舉。而前此卻以「類之不同」為由，斷定「羊合牛非馬，牛合羊非雞」之可成立，這顯然有前後牴牾之病。因為「類之不同」與「其無以類」在文義上是相通的。復次、既可據「類之不同」以得出「羊合牛非馬」之結論，當然方可據「其無以類」以斷定「羊合牛非馬」為亂名狂舉。但是龍卻以為：「黃其正矣，是正舉也。」「黃，其馬也。」這顯然是以「羊合牛非馬」為正舉。這亦有自相矛盾之病。

關於這個問題，似可作這樣的解釋：「羊牛」與「馬」、「雞」雖不同類，但是如果兩相比較，則「羊牛」與馬皆是獸，可以看成其間「有以類」。而雞則為禽，故與羊年間「無以類」。這就是公孫龍於「羊牛非馬、非雞」中寧取「非馬」之說及以「牛合羊非雞」為狂舉之理由所在。同理，青、白，黃皆是正色，故其間「有以類」。而碧則為間色（雜色），故與青、白無以類，也因此「白以青非碧」成了非正舉」之說。綜上所言，可以把本節的文義作如下的疏解：「黃」與「青、白」都是正色，它們中間有相類之處，就如同「馬」與「羊牛」皆為獸，它們間亦有相類之處。故曰：「黃其馬也，其與（之）類乎。」而「碧」則為「青」「白」爭勝以自明而造成之間色，與「青」、「白」之為正色「無以類」，就如「雞」之為禽而與「羊牛」之為獸，二者「無以類」一樣。故曰：「碧其雞也，其與暴（異）乎。」（無以類即異也。）因此，在「青以白非黃」與「白以青非碧」這兩命題之中，與其取後者，不如取前者，故曰：「與其碧，寧黃。」

暴則君臣爭而兩明也。兩明者。昏不明，非正舉也㈠。

㈠謝注曰：「政之所以暴亂者，若臣爭明也。君臣爭明，則上下昏亂，政令不明，不能正其所舉也。」

按：「暴則君臣爭而兩明也」句疑與前「其有君臣之於國焉，故強壽矣。」同為後人所加。如刪去此句，而以「兩明者皆不明，非正舉也。」連上讀作「爭而（兩）明，其色碧也。兩明者皆不明，非正舉也。」則文章更為緊湊。如不刪去此句，則謝註大致可以採納。

青如不自為青，白亦不自為白，而欲彼此爭明爭勝，則結果必定是兩色皆暗而不明而成「碧」色。故曰：「兩明者，昏不明。」「青」「白」爭明，而結果兩皆不明而成「碧」，這種現象，對青、白而言，是喪失其自性。亦即不能「實其所實，位其所位，而得其正」。再就「白以青非碧」這一命題而言，青、白為正色，碧為間色，正色與間色「無以類」，「無以類」而舉以為言，則是亂名狂舉。故曰：「非正舉也。」

非正舉者，名實無當。驪色章焉，故曰兩明也。兩明而道喪，其無有以正焉。

按：公孫龍認為與其取「牛合羊非雞」及「白以青非碧」之說，不如取「羊合牛非馬」及「青以白非黃」之說為愈。故曰：「如馬與雞、寧馬。」「與其碧，寧黃。」他去此取彼的理由端在於「馬」、「黃」與「羊牛」、「青白」相類。故曰：「與其碧，寧黃。黃其馬也，其與類乎。」而他所以不取「非雞」、「非碧」之說，則是「雞」、「碧」與「牛羊」，「白青」不相類。故曰：「碧其雞也，其與異（暴）乎。」「如馬與雞、寧馬。材、不材，其無以類，審矣。舉是（按指非雞之說）亂名，是謂狂舉。」總之，他以「類與不類」作為「非馬」與「非雞」；「非黃」與「非碧」間取捨的標準。並且據此以斷定「非馬」、「非黃」為正舉；「非雞」、「非碧」之說為狂舉，為非正舉。故曰：「黃其正矣，是正舉也。」「碧則非正舉矣。」據此而言，公孫龍是就「黃」與「碧」在「青以白非黃」與「白以青非碧」兩命題中與「青白」的關係（類與不類）而分別其為正與不正。除此而外，公孫龍又自「青」「白」之能否「實其所實，位其所位。」而言「正」

與「不正」。他認為「青」「白」如能「實其所實，位其所位。」，亦即以「青自為青，白自為白」，「青」「白」各「自持其性，而不走失以成他色。」為正。青白如不能固持其性而爭明，致青白皆昏而不明以成碧，則為不正。本節所說的「非正舉」即是指此而言。又本節「非正舉者，名實無當，驪色彰焉，故曰兩明也。」應解為：「碧」之所以稱為非正舉，是由於「青」「白」之「名實無當」；而「青」「白」之「名實無當」，則是由於「驪色彰焉」；而驪色之所以彰，則是由於青、白之兩明。依此，本節之意是：「青」、「白」如果彼此兩相爭明，則青白反而昏暗不明，而使驪色之「碧」彰明。「碧」色彰，則青、白之「名實」不能得其當。因為公孫龍認為天下一切「物實」，如能「實其所實，位其所位。」就叫做「正」（名，實是一物之兩面，故曰：「夫名，實謂也。」就客觀之存在而言是「實」，就主觀之指謂符號而言是「名」。實「正」，名亦「正」；實「不正」，名亦「不正」。）亦即名實得其當。現在青、白爭明而成「碧」，這就表示「青」、「白」不能「實其所實，位其所位。」而名實無當。名實無當，所以說它是非正舉。故說：「非正舉者，名實無當，驪色彰焉，故曰兩明。」公孫龍在其他各篇都沒有提到「道」字，只在本篇結尾「兩明而道喪，其無有以正焉。」中提到「道」字。公孫龍之所謂「道」，是指「使天下萬物得其正的依據」而言。故有「道」則一切物實或概念皆能得其正，若喪失道，則一切皆不得其正。名實論以物之能「實其所實，位其所位」為正，堅白論以「離獨」為正。依此，一切「物實」或「概念」如都能「自是其所是」，而不與他「物實」或「概念」相雜相亂而失其自性，這就是「正」，就是合乎「道」。反之，如不能自持其自性，則一切皆不得其正，也就不合乎道了。今「青」「白」爭明而成碧，則「青」「白」不能固持其自性，不能「實其所實，位其所位。」，如此則「青」「白」皆失其「道」而不能得其「正」，故曰：「兩明而道喪，其（青白）無有以正焉。」

三

由上面的疏解，可以證明通變論之內容，旨在闡發「變與不變」之理。任何「物實」（或概念），皆有其所以成為此「物實」（或概念）之內容或義理在。而此義理，此內容是永久不可移易的。依公孫龍之意，任何「物實」（或概念）皆必自持其內容，固持其義理。亦即一切「物實」（或概念）皆必「自是其所是，而非他。」。就此而言，任何「物實」與「概念」，皆是永久不變的，公孫龍在通變論中所說的不變即指此而言。一切「物實」與「概念」雖然都是不變的，但是當某一「物實」或「概念」，與他「物實」或「概念」發生關係時，必形成一種「新組合」，而這種「新組合」把原來的「物實」或「概念」，帶進此「新組合」中而為其分子之一，這對原來的物實或概念而言是「變」。通變論中所謂的「變」，即是指此而言。但是這種「變」，只是形式上的「變」而「物實」或「概念」之本質則是「不變」。公孫龍在通變論中所要闡發的，就是這種「變而不變」之理。不過他並沒有把這種理論作抽象的闡述，而只以幾組具體的事例作譬喻來說明這種道理。大致說來，他的那些譬喻，雖然有繳繞之病，卻是可以言之成理的。唯於「羊牛非馬非雞」及「青白非黃非碧」中取「非馬」「非黃」之說，而舍「非雞」「非碧」之喻，則沒有甚麼積極的意義。公孫龍是根據「馬」、「黃」與「牛羊」、「青白」相類；「雞」、「碧」與「牛羊」、「白青」「無以類」以作為去此取彼的標準。且以非馬非黃之說為正舉，以非雞非碧之喻為狂舉。這都是多餘的。因為就命題形式與其內容而言，「羊合牛非馬」與「牛合羊非雞」是一樣的，不應有正舉狂舉之分。它們都是在說明「羊牛」有羊有牛而無羊牛以外之第三者的馬或雞的成分。而且馬、雞之於羊牛的「類不類」，是比較的而非絕對的。馬與羊牛同為「獸」是「相類」，但如就「動物」的立場看，「雞」與「牛羊」亦「相類」。所以大可不必於非馬非雞間分出高低，而有所取舍。至於「青以白非黃」與「白以青非碧」間亦沒有足夠的理由，也不必斷定前者為正舉，後者為狂舉。理由同上，茲不贅。

「青白不相與而相與，……惡乎其有黃矣哉。」這一段文章在說明「青以白非黃」之理。照理「青驪乎白，……其無有以正焉。」這一大段亦應是說明「白以青非碧」才對。但是就其內容看則正好相反。它是在說明「白以青而為碧」為「非正舉」。而照「與其碧，寧黃。黃其馬也，其與類乎，碧其雞也，其與異（暴）乎。」看來，這一段文字應該是在說明「白以青非碧」為「非正舉」。「白以青為碧」與「白以青非碧」就表面看來，是一組相矛盾的命題，它們不能同真同假。而照通變論看來，它們卻成了同假的關係，同為「非正舉」。這是公孫龍失察之處。

綜上所言，公孫龍應取消「如馬與雞，寧馬」。及「與其碧，寧黃」之說。因為這種取舍是不必要的，如果取消這一不必要的取舍。則「白以青非碧」與「白以青（爭明而）為碧，碧則非正舉。」之說可以相表裏以明變而不變之理。「羊合牛而成羊牛二」對牛或羊而言是「變」；同理，「白以青」對「白」或「青」而言亦是「變」。這是就「羊合牛」「白以青」之「新組合」而言變。「牛」或「羊」雖「變」而為「羊牛」，但是「羊牛」仍是「羊」，仍是「牛」，而無「馬」，故曰「羊合牛非馬」。同理，「白以青」對白、青而言，亦是「變」。但是「白以青」仍是「白」，仍是「青」，而無「碧」，故曰「白以青非碧」，這是表示「白」或「青」之本質不會變而為「碧」。依此，「白以青非碧」正是用以說明「變而不變」之理。而「白以青（爭明而）為碧」則是表示「青」、「白」由於「白以青」這一新的組合，而使白，青失去其本質，而不能「自是其所是」，這樣不但形式變，而且連本質亦變，這顯然違背了通變論的主旨——形式可變而本質不變。如此「青白爭明而為碧」當然是「非正舉」。故以「白以青爭明而為碧」為「非正舉」，是因為它違背了「變而不變」之理。而「白以青非碧」則正好符合「變而不變」之理。所以「白以青非碧」與「白以青（爭明而）為碧」之主張，在思想上是一致的。由此可反證，取「青以白非黃」而舍「白以青非碧」之說，丕但不必要，而且有自相牴牾之病。故特點而明之。

任何譬喻，「所譬喻」與「能譬喻」之間，皆只是「少分相似」而不能完全相似。故以譬喻來說明所要闡明的義理，常易滋生誤會，或引起不必要之糾纏。公孫龍在白馬，指物，堅白，名實各篇都不用譬喻，唯獨通變論全以譬喻來闡明其「變而不變」之理。這就是通變論內容拉雜，義理欠明確的原因所在。

第四章　堅白論

一

先秦諸子，及後之論者，在評論或稱引公孫龍學說時，總要提到「離堅白」，以為這是公孫龍最具代表性的思想，而且各家對之都持有一種譏刺的態度，加以貶損。其實各家都是站在自己的立場，是其所是，非其所非，而不能正視離堅白之說所接觸到的義理層次，故皆不能如其理地瞭解「堅白離」之義蘊。也因此之故，各家的批評皆是不相應的。以「純理智的思辨」來處理邏輯及認識論上的問題，是公孫龍的特色及其長處，而這正是各家之所短。復次，各家所欣趣的是政教上的「道」或形上學的「道」，而公孫龍的興趣卻不在此。故無論就思想之方法或內容上言，公孫龍與先秦諸子都是迥異其趣的。故各家對公孫龍之批評不但不相應，而且是不公平，不稱理的。為求客觀而如實地瞭解公孫龍，唯有擺脫各家的批評，直就其原文加以探究，方能確知其思想之內容及特色。

「堅白論」與「白馬論」，「通變論」都是以對話論難的方式寫成。難者——亦即一般人的觀點，以為堅、白、石三者相盈，而公孫龍則以為「堅」「白」離。不管他的理論是否嚴密周洽，但是他所提出的「堅白離」之說，則是確有所見的。而且堅白論的結論：「離也者天下，故獨而正。」是公孫龍最基本的思想，他的一切學說皆由此一根而發。換言之，「離獨而正」是瞭解公孫龍思想最基本，且最重要的線索。底下試將堅白論原文逐句加以疏解，以明其義蘊，並判定其立論之是否有當。

二

堅、白、石、三，可乎？曰：不可。曰：二可乎？曰：可。曰：何哉？曰：無堅得白，其舉也二。無白得堅，其舉也二。

按：難者首先發問：「堅、白、石、三，可乎？」其意是：吾人對著一塊「堅硬的白色石頭」這樣的「物實」，能否說：這「物實」上同時具有堅、白、石三者？依難者看來，「堅也，白也，石也，三物合體」（謝注語），故對著「堅硬的白色石頭」這樣的「物實」當然可以說它同時具有堅、白、石三者。而公孫龍則不以為然，認為不能有三，只能有二。他的理由是：「無堅得白，其舉也二。無白得堅，其舉也二。」這樣的答覆，不是就客觀物實之整體上說堅白石三，而是分別就視覺及觸覺的認知外物上說其為二。就人之視覺而言，只能看出那石頭是白的，而看不出它是堅硬的。同理，就觸覺上言，只能觸知那石頭是堅硬的而觸不出它是白的。依是，分別就視覺及觸覺上的認知而言，我們只能分別得知白、石、二者，或堅、石、二者；而不能堅、白、石、三者同時覺知。故曰：「無堅得白，其舉也二。無白得堅，其舉也二。」如就客觀的實有而言，當然堅、白、石、三者相盈相聚，故可說堅白石三。如分別就視覺及觸覺之認知言，只能是二——或白，石；或堅、石。依是，難者與公孫龍雙方的立論皆能成立，彼此並不相抵觸。因為他們是站在兩個不同的角度上而立言。但是也正因為立論的角度不同，而且雙方各自固執其立場，故公孫龍的答覆在難者看來，是不能令他滿意的。因此難者接著仍就其「客觀實有」的立場。堅持其堅、白、石、三之說。

曰：得其所㈠白，不可謂無白。得其所堅，不可謂無堅。而之㈡石也，之於然㈢，非三也㈣？

㈠所：語助詞，無義。訓見經傳釋詞。下同此。

㈡之：此也。俞樾曰：「之石，猶此石也。」

㈢之於然也：之猶則也。然，此也。之於然也，即「則就此情形而言」之意。

㈣也：疑問助詞。俞樾曰：「也讀為邪。」

按：公孫龍就官覺之認知上言「堅石二」及「白石二」之說，不但不能否認難者就「客觀實有」的立場，認為「堅白石三」之說，而且反而有助成「堅白石三」之說之勢。故難者才有本節之反問。公孫龍就視覺及觸覺的認知上說：「無堅得白」，「無白得堅」。難者就順著他的立論說：用眼睛只能看出這石頭是白的，而看不出它是硬的，這不就等於明白承認這石頭有白嗎？故曰：「得其所白，不可謂無白。」同理，用手觸摸只能感覺出這石頭是硬的，而覺不出它是白的，既是能覺知其為硬的，這不正是肯定這石頭有「堅」嗎？故曰：「得其所堅，不可謂無堅。」就此情況而論，顯然，這硬石頭同時既有白，又有堅。這豈不是「堅白石三」？——難者仍就「客觀實有」之立場主張「堅白石三」。

曰：視不得其所堅，而得其所白者，無堅也。拊不得其所白，而得其所堅。得其堅也，無白㈠。

㈠俞樾曰：「此當作視不得其所堅，而得其所白，得其所白者，無堅也。拊不得其所白，而得其所堅，得其所堅者，無白也。」文有脫簡。」王琯曰：「『而得其所堅，得其堅也。』證之上文，疑當為『而得其所堅者』，遺一『者』字，衍『得其堅也』四字。涉上文錯簡。俞說竄改過甚，恐失真。」

按：二校文義皆完足，並可通。然不校改，於文義之疏解亦不生影響。

按：難者之言，頗為犀利不易駁倒，但是公孫龍根本不理會對方「客觀實有」之立場，仍就感官之覺知上堅持他的理論。其意是：就視覺上說，不能覺知石之堅，而只能覺知石之白。故就視覺而言，只有「白」而無「堅」。同理，就觸覺而言，只有「堅」而無「白」。總之，就感官之覺知言，堅、白、石三者不能同時呈現於吾人之某一官覺（視覺或觸覺）。所以不能說堅白石三，而只能是二。這樣的辯論，雙方立論的根據迥異，而無共同的接觸點，所以只能「各是其所是」，而不能判定此是彼非，或此非彼是。這種情形與白馬論的辯論如出一轍。

曰：天下無白，不可以視石㈠。天下無堅，不可以謂石㈡，堅白石不相外㈢。藏三㈣，可乎？

㈠天下無白不可以視石：謝注曰：「白者，色也。寄一色，則眾色可知。天下無有眾色之物，（眾色之物，王啟湘曰：疑當作無色之物。），而必因色乃色（乃色，王啟湘曰：疑當作乃見。）。故曰天下無白，不可以視石也。」按：此注甚佳。原文「天下無白，不可以視石。」有語病。蓋白非石僅有之色。謝注以色解白，甚切。

(二)天下無堅，不可謂石：謝注曰：「堅者，質也。寄一質，則剛柔等質，例皆可知。萬物之質不同，而各稱其所受。天下未有無質之物，而物必因質乃固。故曰：天下無堅，不可以謂石也。」按：此注亦得之。

(三)堅白石不相外：謝注曰：「石者，形也。舉石之形，則眾物之形，例皆可知。天下未有無形之物，而物必因形乃聚。然則色，形，質者，相成於一體之中，不離也（王啟湘曰：「相成」疑「相域」之。「不離」當作「不相離」也。）故曰：堅白石不相外也。」按：謂「白者，色也。」「堅者，質也。」可。而謂「石者，形也。」未當。又「不相外」與下文「相盈」同義。亦即「不相離」之意。

(四)藏三可乎：謝注曰：「人目之所見，手之所觸，但得其二，不能兼三。人自不能兼三，不可謂之無三。故曰：藏三可乎？言不可也。」按：謝注「人自不能兼三，不可謂之無三」頗能點明難者之意。就「客觀實有」言之，堅白石三者相盈而不相外。手拊，目視之僅得其二，乃人之視覺及觸覺之感知如此，焉能據此以判定「客觀實有」之為二。又「藏三」即藏三中之一而為二之意。

按：公孫龍不理會難者「客觀實有」之立場，難者亦無視於對方自感官之覺知而主張「無白、無堅。」之說。難者之意是：就「客觀實有」而言，白（或其他顏色）及堅都是石所具有之屬性。如果沒有顏色，我們就看不出某客觀的「物實」為石頭。同理，沒有堅性也就不能指謂某「物實」為石頭了。換言之堅白（白為顏色之泛稱下同此。）是石頭所以為石頭的必要條件。無堅白就無所謂石。而就石頭而言，它是堅白的充足條件，即有石頭必有堅、白。任何「物實」，只要它是石頭，那麼它就具有「堅、白」之屬性。據此而言，堅、白、石，三者必然一起存在，必然相盈而不相離（不相外）。所以他認為公孫龍把堅白石三者藏去其一，而主張堅石二或白石二皆是不可以的——因為不管藏去白或堅，則客觀實有之石皆不成其為石了。

曰：有㈠自藏也，非藏而藏也。

㈠有：助詞，無義。

按：難者之意，認為公孫龍任意把「堅白石」三者匿藏其一而為「白石二」，「堅石二」。而公孫龍則認為「堅」、「白」之藏是「堅」、「白」自己隱藏而不呈現於我們的感官，而不是他加以匿藏而使堅、白、石，三者不能同時呈現，而只呈現其二。故曰：「有自藏也，非藏而藏也。」

曰：其白也，其堅也，而石必得以相盛盈㈠，其自藏奈何？

㈠石必得以相盛盈：俞樾、譚戒甫，陳柱皆以「盛」為衍字。案：此說是。又「石必得以相盈」，「以」字下省一稱代「其白也，其堅也」之「之」字。故「石必得以相盈」應作「石必得以白、堅相盈，而後乃得為石」解。

按：難者仍堅持其立場；認為「石」必定要有「堅」「白」相盈，石才能成其為石。如果說，「堅」「白」能自己隱藏，則「堅」「白」一隱藏，石頭就不成其為石頭了。這種「堅」、「白」自藏之說如何說得通呢？

曰：得其白，得其堅，見與不見離。不見離㈠，一一不相盈㈡，故離。離也者，藏也。

(一)不見離：俞樾以為「不見離」一句當作「見不見離一」。王啟湘曰：「孫氏所據本，不見離三字不重。」楊壽籛曰：「此處當係衍不見離三字，否則下不見離之上，應係脫見與兩字。」按：楊說是。然刪「不見離」三字，或於「不見離」上加「見與」二字皆可，於文義皆不生影響。

(二)一一不相盈：孫詒讓據墨經經說下校改作：「一二不相盈」。按：此校非是。經說下：「見不見離，一二不相盈。」高亨墨經校詮以為「相」上之「不」字當在「離」上。高說是，當從。蓋墨經主「堅白盈」故當如高校作「見不見不相離，一二相盈。」依是，則「一一不相盈」不可據經說之錯簡校改作「一二不相盈」。而且公孫龍主堅白離，而墨經則主堅白盈，二者大相逕庭，焉可據墨經以改公孫龍子？此處「一一不相盈」之「一一」係分別指「堅」「白」而言，文義甚明確。焉可妄加校改。

按：公孫龍仍然自官覺上主張堅白離。視可以得白，拊可以得堅。如果單就視覺而言，只能見白而不能見堅。故所見之白與所不見之堅相離。故曰：「見與不見離」。（「見」與「不見」既相離，則據同樣的理由，亦可得出「拊與不拊離」。但是公孫龍卻只舉「見與不見離」以概括「拊與不拊離」。）總之，就感官之覺知上說，堅白不能同時呈現於視覺或觸覺之中。換言之，不管就視覺或觸覺而言，「堅」「白」總是不能同時呈現。「堅」「白」既然不能同時呈現，這就表示「堅」「白」彼此不相盈。既不相盈，所以「堅」「白」是永遠分離的。公孫龍就從這「堅」「白」的分離而不同時呈現處說「藏」。故曰「離也者，藏也。」

曰：石之白，石之堅，見與不見，二與三(一)，若廣修而相盈也，其非舉乎(二)。

(一)二與三：「二」指「堅」「白」而言。「三」指「堅」「白」「石」而言。「二與三」即堅白與石相盈而為三之謂。

㈡其非舉乎：此「非舉」二字與通變論之「非正舉」，「狂舉」同義。乎為反詰助詞。「其非舉乎」即「此堅白與石相盈而為三」才說為「非舉乎」之意。換言之，即「堅白石三」為正舉也。

按：儘管「白」是可見的，而「堅」是不可見的。但是就「客觀實有」而言，「堅」「白」（二）是與「石」相盈而為三的，就好比是「廣」（寬）「修」（長）的相盈於一面積上一樣，是不可分離的。堅白與石既相盈而不能分離，那麼說堅、白、石三，難道是不對（非正舉）的嗎？——堅白石三之說，當然是對的，是正舉。

曰：物白焉，不定其所白㈠。物堅焉，不定其所堅。不定者兼，惡乎其㈡石也㈢？

㈠不定其所白：即「白之自性」，不定於其所白之物之謂。

㈡其，各本多誤作甚。

㈢也：猶邪。

按：前此，公孫龍都走從感官之不能同時見白與得堅而說「堅白離」。此後則換一個角度，從堅白之「「普遍的自性」上說堅白離。此與白馬論末段之論調同。白馬論云：「白者不定所白，忘之而可也。白馬者，言定所白也，定所白者非白也。」文中「白者不定所白」之「白者」是指抽象而普遍之「白之自性」而言。亦即白之共相。白馬之白對此「普遍之白之自性」而言，是一限定。一受限定則白之自性已非本來普遍之自性了。故曰：「白馬者，言定所白也。定所白者非白也。」從具體實有之白馬而能向上翻轉出「普遍之自性」這一概念來，是思想上的一大進展。是公孫龍獨特的創見。他於此處即是以「堅」、「白」之有其「普遍之自性」為立論的根據，以破斥「堅白盈」之說。「白馬者，言定所白也，定所白者，非白也。」是說白馬之白是「限定的白」，而非「普遍之白之自性」。而此處「物白焉，不定其所白。」則是說：具體實有之物，雖然可以有白色之屬性。但是「白之自性」都不受限制而定著於它所白（白作動詞）之物上。同理，具體之物實，亦可有堅之屬性。但是普遍之堅之自性卻不受限制而定著於它所「堅」之物上。堅白既各有其自性，而不為某物所限定，這就表示「白之自性」可以兼「白」一切物，「堅之自性」可以兼「堅」一切物。故曰：「不定者兼」。依此，怎麼可以因為「石堅」、「石白」就說「白」定於石，「堅」定於石，並據此以主張堅自相盈於石呢？言外之意是：堅、白皆各有其自性，而不定於石。堅、白皆有其普遍之自性，而不定著於物，這就意謂「白」離一切而自存，「堅」亦離一切而自存。堅、白既皆離一切而自存，則堅、白相盈於石而為三之說，當然無法成立。公孫龍之說頗為新奇，而且亦能言之成理，但是以此說來否定堅白盈於石而為三之說，則仍然是成問題的。

曰：循石(一)，非彼無石(二)，非石無所取乎白(三)。（堅、白）石不相離(四)者固乎。然其無已(五)。

(一)循石：譚戒甫：「循石之循，當與上文附不得其所白之附同義。古書每「附」「循」二字連文。見史記晉世家。晏子春秋問下篇第四云：『堅哉石乎落落！視之則堅，循之則堅，內外皆堅。』循之則堅，猶云以手拊石而得堅也。」案此說是。

(二)非彼無石：謝注曰：「彼，謂堅也。非堅則無石矣。必賴於堅以成石也。」

(三)非石無所取乎白：謝注曰：「言必賴於石然後以見白也。」

(四)石不相離：「石」上原脫「堅白」二字。茲據謝注：「此三物者相因，乃一體，故曰堅白石不相離也。」補。

㈤其無已：王琯曰：「其無已三字，無解。疑有脫譌。」譚戒甫云：「其無已，猶云無止時。」

按：「堅、白、石不相離者固乎，然其無已。」各本多於「然」字下斷句，非是。然字應連下讀，作：「堅白石不相離者固乎，然其無已。」「然其無已」之「然」字，猶「然則」也。說見楊樹達詞詮。其，此也。代名詞，指「堅白石不相離」之說而言。無，非也（說見經傳釋詞）。「已」猶「乎」也，疑問助詞。「其無已」，意即：此堅白石不相離之說非乎？

按：此節文句過於簡略，文意不甚完足。「循（拊）石，非彼（堅）無石」下應補「視石，非白無石」一語。又「非石無所取乎白」下亦應補「無所取乎堅」。據此，本節應作：「拊石，非堅無石；視石，非白無石。非石無所取乎白，無所取乎堅。不相離者固乎，然其無已？」

難者這節文章有兩層意義：一是「表」自己堅白盈於石而為三之理。一是「遮」公孫龍「不定者兼」之說。「堅」「白」是我們感官觀知「石」之存在的必要條件之一（說堅白是覺知石之存在的必要條件之一，是因為堅白只是石所以為石之條件之一部份，而非全部條件。例如木及金屬方可以有堅白之性。我們不能因為「白金」與「石頭」一樣，具有「堅」「白」之性，就說它是石頭。故堅白只是覺知石存在的必要條件之一）。所以當我們觸摸石頭時，如果石頭「無堅」，就無法覺知它是石頭。同理，如果石頭沒有顏色（白或其他一切色）時，我們也無法看出它是石頭。總之，若無堅、無白，則石不成其為石，我們也就無法覺知它是石了。而事實上我們能覺知石之存在。「石」既能被覺知，則「堅」「白」必然存在於石中。依此，堅白必然相盈於石而為三。以上是就石之存在與被覺知言，必須有堅白。因而得知堅白石相盈而不離。難者接著就堅白之存在與被覺知言「堅」「白」必須依賴於石，因而證明堅白石之不相離。某意是：如果沒有「客觀實有」之石，則我們就無法覺知「堅」、「白」之存在。換言之，「堅」「白」無法自存，它們必賴於具體物（不只是石而已）才能呈現於吾人之官覺中。故曰：

「無石無所取乎白，無所取乎堅。」難者這一層意思，正好與公孫龍「不定者兼」之思想相反。公孫龍以為堅白有普遍而獨立自存之性。而難者則以為若無石及其他「物實」，則「堅、白」無所依附，因而亦不能被覺知，如何能有「不定所白之白」與「不定所堅之堅」存在？總上所述，堅白為石所以為石的必要條件，而石則為堅白之存在的充足條件（按：此「石」字應泛指一切有堅白之性之物，而不能單指石。若單指石，則「非石無所取乎白（堅）」有語病。因為有「堅」、「白」之性之物甚多，非石亦可取堅白。這是公孫龍的疏忽。）換言之，石不能無堅白，堅白亦不能離石而自存，故堅白與石是實然而必然地相聚在一起，亦即堅白必然同時相盈於石而不可離。所以難者接看作結論說：「堅白石不相離者固乎」。並反詰公孫龍說：然則你能說這「堅白石相盈而不離之說」是不對的嗎（然其無已）？

難者是一個質樸的實在論者，所以他不能把握到公孫龍所說的離乎「客觀物實」而自存的堅白。不過他對自己的立論卻能持之有故，言之成理。所以能「表」亦能「遮」。

曰：於㈠石一也，堅白二也、而在於石。故㈡有知㈢焉，有不知焉；有見焉，有不見焉。故知與不知㈣相與離。見與不見㈤相與藏。藏故。孰謂之不離？

㈠於：譚戒甫疑「於」字為衍文。案：於，助詞，無義。
㈡故：猶則也。訓見經傳釋詞。
㈢知：知覺，觸知也。
㈣知與不知：以手拊石則知堅，不知白。故「知與不知」之「知」當指「堅」而言。而「不知」則指「白」而言。
㈤見與不見：以目視石則見白不見堅。故「見與不見」之「見」當指「白」而言。而「不見」則指

「堅」而言。

按：公孫龍這一節答辯，僅在重申自視覺與觸覺之得不得「堅」「白」而言堅白離，並無新意。公孫龍之意是：就數上說，石是一，堅白是二。而在石上，堅白只能分別為人的「觸覺」或「視覺」覺知其一而不能堅白與石三者同時被覺知。因為就觸覺而言，只能觸知石之「堅」而不能觸知石之「白」。就視覺言，只能見石之「白」，而不能見石之「堅」。故曰：「於石一也，堅白二也。而在於石，故(則)有知焉，有不知焉；有見焉，有不見焉。」就觸覺而言，知堅而不知白，堅白既不能同時被手所拊知，這就可證明堅白相與離。同理，就視覺而言，見白而不見堅，堅白既不能同時為目所見，可知堅與白必有一「藏」而不呈現於吾人之官覺中。故曰：「知與不知相與離，見與不見相與藏。」堅白在人之感官覺知中。既然必有其一隱藏而不呈現，那麼誰能說它們(堅、白)不相離呢？

曰：目不能堅，手不能白。不可謂無堅，不可謂無白。其異任㈠也，其無以代也。堅白域㈡於石，惡乎離㈢？

㈠其異任也：王琯曰：「任，訓職，訓用。異任，言手目之職責，作用不同。」

㈡域：作動詞解。域，界也。有限定，局限之意。孟子公孫丑下：「域民不以封疆之界」。集注曰：「域，界限也。」「域於石」，即定於石，盈於石之意。

㈢謝注曰：「目能視，手能操。目之與手所任各異，故曰其異任也。目自不能見於堅，不可以手代目之見堅；手自不能知於白，亦不可以目代手之知白。故曰其無以代也。堅白相域不相離，安得謂之離？言不相離。」按：此注甚切。

按：難者之言，亦是重複前說而無新意。依難者之意，堅白相盈於石是一客觀之真實。目只能見「白」而不能見「堅」，手只能知「堅」而不能知「白」這是人類各官覺之功能不同使然。因為每一感官雖然都有其功能，但是也同時有其限制，因此只能知此而不知彼，或知彼而不知此。而且各感官的功能都不能彼此兼代。所以手永遠只能拊「堅」而不能見「白」，目永遠只能見「白」而不能知「堅」。不過這種「目不能堅，手不能白」的現象，只是主觀之感官功能如此，不能據此以判定客觀實存之石無堅或無白，並進而說堅白離。因為客觀之石皆有「白」（顏色之泛稱）又有「堅」，亦即堅白相盈於石。如何可以憑主觀的感官不能知「堅」或見「白」就說堅白相離？難者自始至終是一實在論的態度，他只就客觀實有之石之有「堅」有「白」而主張堅白相盈於石而為三。難者之言止於此，以下全為公孫龍之言。

曰：堅未與石為堅，而物兼㈠。未與（物）為堅㈡，而堅必堅——其不堅石、物而堅。天下未有若堅㈢而堅藏。

㈠而物兼：意即「堅」兼一切物而堅之。謝注曰：「堅者，不獨堅於石，而亦堅於萬物。」

㈡未與（物）為堅：謝注曰：「……故曰：未與物為堅，而堅必堅也。」據此可知「未與」下脫一「物」字，應據補。

㈢若堅：若，此也。堅，係指「不堅石、物而堅。」之「堅自己」而言。

按：此節各家斷句頗不一致，依其上下文義當斷句如上。公孫龍認為堅有其普遍而自存之性。因為有普遍性，故「堅者，不獨堅於石，而亦堅於萬物。」（謝注語）故曰：「堅未與石為堅，而物兼。」堅除了有普遍性外又有自存之性。因此當它未因萬物而呈現其堅時，堅必然自為其堅。故曰：「未與物為堅，堅而必堅——其不堅石、物而堅。」而客觀世界裏，並沒有這種既不堅（堅動詞）石亦不堅其他物之「堅自己」存在，這就表示此「堅自己」可以離萬物而自藏自存。故曰：「天下未有若堅，而堅藏。」公孫龍乃依此而主張「堅藏」「堅離」。依此，他於此處所主張的「堅」，至少含有下列三義：一、它是普遍的，亦即不為石或其他物所限，它可以「堅一切物」。二、它是有自性的，亦即它不依於客觀之具體物，才成其為「堅」。三、它是離乎萬物而自存，亦即它是「潛存」「潛藏」而不域於物，不盈於物。

白固㈠不能自白，惡能白㈡石物乎？若白者必白，則不白物而白焉㈢，黃黑與之然。

㈠固：猶若也。「故」「若」古籍多互文。

㈡白：作動詞解。

㈢則不白物而白焉：譚戒甫校改為：「則不白石物而白焉。」

按：上節言堅藏，而本節則以一省略的兩難推理式言「自藏」之理。堅有其自性，同理，白亦有其普遍之自性。白有其自性才能「自白」。假若白不能「自白」，亦即白若無自性，則它如何能使石及其他物白呢？故曰：「白固不能自白，惡能白石物乎？」反之，如果白有其自性，則白必能自為其白，而不必依賴於「白」（白，動詞）石，或「白」某他物，然後才成其為白。故曰：「若白者必白，則不白物而白焉。」總之，白若無自性，則不能有「白石」及其他一切「白物」。反之，若白有「自性」，則「白」必能不依賴客觀實有之白物而自存。而客觀上既有白物存在，同時白又能獨立自存，故「白」亦如「堅」一樣是離「藏」的。不只是白自藏而離，就是其他黑、黃之色亦是同樣能自藏而離。以上兩節，旨在說明堅與白皆有其自性，因而證明堅白離。

石其無有，惡取堅白石乎？故離也。離也者，因是。

按：此節乃根據上二節之理論，而得出堅白離而不盈於石，以破斥「堅白石三」之說。謝注以「天下未有無色而可見之物，故曰：石其無有矣。石既無矣，堅白安所記哉？」解釋「石其無有，惡取堅白石乎？」欠當。按：「石其無有」乃承上「堅、白皆有其自性，而且離乎萬物而自存」而得出之結論。堅白既離乎萬物而自存，則堅白自不為石所限，不為石所專有，故曰：「石其無有」。石既不能使堅白定於石而為石所專有，則如何能說堅白石相盈而為三呢？故曰：「惡取堅白石乎？」公孫龍就是根據堅白有其普遍之自性而且獨立自存而言堅白離，故曰：「故離也。離也者，因是。」

力與知，果不若因是㈠。

㈠謝注：「果，謂果決也。若，如也。夫不因天然之自離，而欲運力與知，而離於堅白者，果決不得矣。故曰不如因是天然而自離也。」按：「力與知，果不若因是。」語意不完足，疑「力與知」下有脫漏。然謝注頗能與上文相連貫，故各家多從之。又按：謝注：而欲運力與知而離於堅白者，果決不得矣。」之離，就上下文義推之，疑當為「盈」之譌。

按：天下萬物如「各順其自性」，則物莫非離。所謂「各順其自性」即「各自是其所是」之意。此與名實論「物其所物，實其所實，位其所位焉正也。」同一意義。謝注「天然之自離」及堅白論之結語：「離也者天下，故獨而正。」皆指此而言。天下萬物之「離」之「獨」之「正」是天然如此的，若憑藉人力與智力（力與智皆非天然，且有改變自然之意。），想把「天然之自離」強合之而使之相盈，終究不如順其自然，使天下萬物各自是其所是而離焉為是。

且猶(一)白以(二)目（見，目）以火(三)見，而火不見(四)。則火與目不見而神見。神不見，而見離(五)。

(一)猶：為指事之詞。

(二)以：由也，因也。

(三)火：光也。

(四)「且猶白以目以火見，而火不見」：孫詒讓曰：「墨子經說下篇云：『智以目見，而目以火見，而火不見。』此文亦當作『且猶白以目見：目以火見，而火不見。』今本脫『見目』二字，遂不可通。」按：孫說是，茲據補。

(五)謝注曰：「神謂精神也。人謂目能見物，而目以因火見，是目不能見，由火乃得見也。然火非見白之物，則目與火俱不見矣。然則見者誰乎？精神見矣。夫精神之見物也，必因火以見（王啟湘曰：陳本「以見」作「以目」。以猶與也。謂必因火與目，乃得見也。按：王說是，見當為目之誤，應據改。），乃得見矣。火目猶且不能為見，安能與神而見乎。則神亦不能見矣。推尋見者，竟不得其實，則不知見者誰也？故曰：而見離。」按：謝注：大體得之。唯「火目猶且不能為見，安能與神而見乎？」錯會原文之意，不可從。

按：公孫龍堅白離之論據，前後共有三點。一是就官覺之不能同時覺知堅、白而言堅、白離。二是就堅白之有「普遍之自性」而言堅、白離。三為本節及下節所說，就「知」、「見」之不能成立以言堅白離。第一、二點前面已經言之甚詳。茲將第三點論據疏釋如后。

人之見「白」，要靠「目」，而「目」之見「白」，要靠光線（火）。「目」如無光線就不能見「白」，而「火」雖然能助目以見白，但是火本身並無見的功能，所以它也不能「見」。依此，則火（光線）與目都不能見白了。目，火既不能見，那麼能見的必定是人的精神。但是人的精神之見「白」，必須依靠「目」與「火」。據此而言，精神也不能見白了。總之，單是「目」，「火」或「神」皆不能見「白」，也因此可證明「白」與吾人之「見」，離而自存。本節立論頗有問題。擬留到餘論中再詳加評論。

堅以手，而手以捶㈠，是捶與手知而不知。而神與不知㈡。神乎㈢，是之謂離焉㈣。

㈠捶：王啟湘曰：「捶，疑當作揣，聲近誤。」譚戒甫曰：「說文：『捶以杖擊也。』引申蓋亦上文拊循之義。然龍以手對目言，捶對火言，則捶當假為棰。」按：譚說是。然王說亦通。

㈡而神與不知：王琯曰：「與字無義，應係語助。」按：與同歟，語末助詞，表疑問，反詰之意。「而神與不知」當為「而神知歟，不知也」之意。

㈢神乎：謝注曰：「……故曰：神乎，神乎，其無知矣。」

㈣本節文字各家多疑其有脫衍而有所校改。按：此節文義與上節同。如參照以觀，則文義尚稱顯豁，不校改亦無妨。各家之注，以陳澧最為詳明，茲錄之以供參考。陳澧云：「此言手與捶皆離，即神亦離也。知堅必以手，而手必捶之。手以捶而知。手本不知也。捶之知，乃手知，而非捶知也。是捶與手皆知而不知也。捶與手既皆不知，則知者神也。然不以手捶，則神亦不知也。如是，則神亦離也。」

按：上節由「見」之不成立說白離，本節則由知之不成立而說堅離。堅是由手而得知，而手必須拊而後才能知堅。依此，則手與捶合，似乎可以知堅，但是實際上手與捶本身皆不能知堅。故曰：是捶與手知而不知。捶與手既皆不能知「堅」，則似乎唯有精神可以知「堅」，但是精神必賴手之拊捶才能知「堅」，故精神亦不能知「堅」。精神既不能知「堅」，則「堅」離。以上兩節由「見白」，「知堅」之不能成立而言堅、白離。

離也者天下，故獨而正。

按：「離也者天下，故獨而正。」為堅白論之結論。綜觀全文，公孫龍由三個不同的角度主張堅白離之說。至此乃進一步由此堅白離之特殊事例，進而推概一切皆離。換言之，即將「堅白離」這一命題普遍化而得出「離也者天下」這一全稱命題。其意是：不僅是堅離、白離，凡天下之一切亦都是離的。天下之一切既然皆是離的，則人如能如其實而離之，則一切皆能獨立而自持其性。誠如是，則一切皆能得其正了。此即名實論所說的：天下之一切皆能物其所物，實其所實，位其所位而得其正。

又「離也者天下故獨而正」，亦可如此斷句：「離也者，天下故獨而正。」其意是：我（公孫龍）之所以主張（堅白）離，乃是因為天下之一切本來（故通固，本來也。）都是獨立自存，都是各自物其所物，實其所實，位其所位，而得其正的。換言之，因為天下之一切本來都是獨立自存，皆是位其所位而得其正的，所以我才有堅白離的主張。這是由「天下故獨而正」之全稱，以推知「堅白離」之偏稱。堅白離盈之辯論至此結束。文中公孫龍自三個不同的層次來「表」他的「堅白離」之理，並「遮」「堅白盈」，「堅、白、石三」之說。但是究竟說來，公孫龍之是否能駁倒對方，以及他前後的理論是否有一致性，則是大成問題的。故以下擬就雙方所接觸到的問題及其立論作一綜合性的探討與評論。

三

堅白離與堅白盈，如僅就字面之意義看來，這是一組矛盾命題。兩者不能同真；有一真，則另一必假。但是如就雙方立論的依據，及其內容看來，則因彼此立論的出發點不同，所以雙方的理論可以不必是相矛盾的。

難者自始至終是站在「質樸的實在論」的立場，來闡述他堅白盈之說。他認為就一塊白色的硬石頭而言，堅、白「實然」而且「必然」相盈於石。換言之，堅、白與石同時並存，無堅，無白（色）則石不成其為石，因而主張堅自相盈於石而為三之說。如就客觀實有之石而言，堅白盈於石之說是有其客觀妥實性的，是不能駁倒的。但是公孫龍在與對方論難時，根本不理會對方實在論的立場，而自其他的角度主張堅白離之說。他的論據共有三層。一、是就認識論的角度說。單一的感官不能同時覺知堅與白，因而斷定堅白離。二、是由堅、白之有其普遍而潛存之自性，以證明堅白離。三、是由「見白」、「知堅」之不可能以言堅白離。這三層都有它獨特的思理。但是就遮撥堅白盈之說看來，並非有力的論據，所以無法駁倒對方。此外，這三層理論本身不但不能彼此相輔相成而且有前後互相牴觸之病。茲分別評述於下。

公孫龍曰：「視不得其所堅，而得其所白者，無堅也。拊不得其所白，而得其所堅者，無白也。」（依王琯校）「得其白，得其堅，見與不見離。見與不見離，一一不相盈，故離。離也者，藏。」這是就認識論的立場言堅白離。就主觀的單一官覺而言，無法同時覺知「堅」與「白」。這是事實，是不可反駁的。

但是如果據此以言客觀之石與堅、白不相盈而離，則是不能成立的。因為單一的感官不能同時覺知堅與白，這是主觀的感覺如此，而不是客觀的事實。「視不得其所堅」只表示堅離乎主觀之視。同理，「拊不得其所白」亦只表示白離乎主觀之拊而已。所以就認識論的立場所得的堅白離，只表示堅與白不同時相盈於單一之感官（視或觸），而不能據此以證明「客觀實存」之「石」上，堅白不相盈而相離。此其一。「無堅得白，其舉也二。」（此處之「二」是指石與白而言）這是表示視覺可以同時對一客觀之物實，知其為石，為白。故「無堅得白，其舉也二」這一論斷無形中肯定石上有白，亦即白盈於石而不離。同理，「無白得堅，其舉也二」；也無形中肯定堅盈於石。依此，則「無堅得白，其舉也二；無白得堅，其舉也二。」之說不但不能證明堅白不盈於石而離之說。反而有助於難者堅白相盈於石而為三之說。因此難者接著質問公孫龍說：「得其所白，不可謂無白；得其所堅，不可謂無堅。而之（此）石也，之於然也，非三也？」所以公孫龍之理論有自我否定其說並予對方把柄之病，此其二。又如自視覺之功能只見「白」而不見「堅」，觸覺之功能只能知「堅」而不知「白」，亦即自視拊之功能之不能互相兼代言，亦不能主張堅白離。視、拊之功能誠然不能兼代，但是這並不意味視、拊之不能同時對一客觀之物起覺知作用。而視、拊之兼用是可能的，當視、拊同時對「石」起覺知時，則堅、白、石可以同時呈現於主觀之覺知中。就算是視，拊不但不能兼代，而且不可能同時起作用，這也只能說在視或拊單獨起覺知作用的某一特定時間內，在人的主觀上無法得到堅、白、石、相盈的感覺而已，而不能據主觀的感覺以斷定堅白離而不相盈於石。總之，視拊如不能同時覺知外物，則可成就主觀覺知堅白離之說，但不能證明客觀之石上之堅白離之理論。又如果視，拊可以同時對石起覺知的話，則主觀覺知之堅白離根本就不能成立，更不用說堅白離而不盈於客觀之石，此其三。就客觀之石而言，它是本質地有堅、白（或其他顏色）之性。此堅與白是不可能自石中加以抽離的，如抽離則石就不成其為石，更何況感官之覺知「石」，根本不能把堅白自客觀之「石」上分開或抽離，故自認識論的立場不能駁倒客觀上堅白石相盈而為三之說，此其四。

綜上而言，公孫龍自認識論的立場而主張的堅白離之說，不能駁倒難者堅、白相盈於石而為「三」之論。底下接著要分析他自「堅白之自性之潛存義」而得的堅白離之說是否能破堅自相盈於「石」之說，以及它是否能證明其「認識論的堅白離」之說。

難者自具體之「石」有堅，有白，而主堅白盈之說。而公孫龍則自「堅自己」與「白自己」而言「堅白離」。歸納公孫龍所說的見解，此「堅自己」、「白自己」有以下幾個特性：它不為任何特殊物所限定，故它是普遍的：它有其自性，故它不依賴任何具體物而自存；同時它又是時空中所未有的（天下未有若堅），故是抽象的。這種抽象而普遍自存的堅、白，實際上是指堅、白之「共相」而言。就其「共相」而言，堅、白當然不相盈而離。所以就堅、白之自性而言「堅白離」是可成立的。而難者的「堅白盈」則是就「殊相」之有堅，有白而說的。因此雙方立論的出發點並不一致，既不一致則不能據此以否定彼。換言之，公孫龍之堅白離對難者之堅白盈而言，是不相干的。共相之堅白之相離，不礙殊相之石，堅，白之相盈。此其一。堅、白之自性是抽象而自存的，故它不是手拊，目視的對象，亦即手拊，目視不能得抽象而普遍自存之堅與白。而前面龍卻有「視得其白，拊得其堅」之說。前後立論竟如此自相牴牾。依此，由堅白之自性而得之堅白離不但不能支持並證成其認識論之堅白離，而且有否定認識論之離藏義之嫌。此其二。又堅、白之自性既離乎一切而自存，則石焉能有堅、有白？石既不能有堅有白，則「無堅得白，其舉也二；無白得堅，其舉也二。」之說，亦即堅石二，白石二之說亦不能成立。公孫龍又由堅白之離，進而概括一切而得出「離也者天下」之結論，天下之一切既是彼此相離，則不但堅、白、石三為不可，就是堅石二，白石二之說也不能成立，而只能是堅一，白一，石一。此其三。

上述之第一點不能否定堅白相盈於石而為三之說，而第二、三點，則表示公孫龍兩種不同立場的堅白離之說，不但不能相輔相成而且有彼此否定之病。至於由「見白」「知堅」之不可能以言「堅」、「白」藏而離之說亦是大有問題的。公孫龍以為單是目、火、與神不能成見；見既不能，則「白」藏而離。前此公孫龍以「白之自性」之潛存自存而言「白」離於石，此處則以見之不成立以言白離乎吾人之覺知而自存。就白之自性而言，它當然四無旁依，離人（目、神），離物（石）而自存。但是這只能證成白之自性之離藏義，而不能據以斷定白與具體存在之石相離。且就命題之性質而言，「白色之石」之有白是一「分析命題」，其值為必然真。故由單一之目、火、神之不能見「白」而得之「離藏」義，對具體存在之「石」與「白」相盈是一不相干的理論，不能據此以否定彼。此其一。火、目、神不能單獨成「見」，但是火、目、神合則能成「見」，「見」既能成立，則必能見石之白。因為「見」的對象必是指客觀存在之具體物而言，而石之有白（或其他色）是一客觀事實。所以公孫龍如果要以目、火、神單獨不能成「見」，以否定白與石盈之說，則必須先肯定目、火、神絕不能合以成「見」。而目、火、神之可以合而成「見」，是公孫龍及任何人所不能否認的。其次火、目、神如不可以合而成「見」，則一切皆為不可知，一切皆不能說。因此，由目、火，神分而不能「見白」而得之「離藏」義不能破白與石盈之說。此其二。目、火、神既是可以合而成「見」，且能「見」石之有白（白不與石離），如此則目、火、神單獨不能成「見」之說是毫無意義的，此其三。由目、火、神單獨不能成「見」以言「藏」而「離」，可與「白之自性」離具體之石而自存之說相發明，以證成「白之自性」自存之說，但是與認識論之「視不得其所堅而得其所白」之說相牴牾。此其四（手、捶、神單獨不能知堅之說同此，不贅。）。綜上可知，公孫龍由「見白」、「知堅」之不可能而得之離藏義，不但不能駁倒難者堅白盈於石之說，且前後立論不能一致。

就堅白論全文看來，公孫龍之立論不能破堅白盈之說，且自身立論有自相矛盾之病。但是這並不表示公孫龍之思想全無價值。中國人之心靈是具體的心靈，所以談思想說名理，總是把它與政治教化，人情事理，明體適用，混在一起而談。唯獨公孫龍的心靈具有「理智之俊逸」（說詳名實論），能自具體之事物與事理超越出來，對名理作抽離之解析，純名理地談名理。這是他的心靈與思想內容之特色及其價值之所在。

公孫龍能由「殊相之石」之堅、白，進而把握「堅、白之共相」，「堅白之自性之自存」，這是他的創獲，富有新意與啟發性，只是他把他的獨見用以反駁具體存在之石與堅白相盈而為三之說則是不妥的。他應擺脫其「認識論之堅白離」之說，並且放棄反駁具體之石上「堅白石相盈」之企圖；而謹守住他的「堅白之自性之離藏義」，自是其所是，而不要去非其所非。如此，則更能顯示其思想之純淨性。

第五章　名實論

一

春秋戰國時，周文疲憊，天下大亂，原有的各種制度與社會的結構都在解體中，這客觀局勢大變的刺激是促成當時學術界百家爭鳴的主要因素之一。雖說諸家學說「多得一察焉以自好」、「不該不徧」，皆為「一曲之士」，但亦「皆有所長時有所用」且在闡發其所見的過程中，時常自以為其道術即是「古人之大體」，因而總是自覺地或是習慣地有「法先王」的主張。他們常以其理想託諸先王，以示某思想之其來有自，並以此自重。甚至於反對或批評舊制度者，或是其學說完全是自己的創見而與古之道術無關者，亦有此種現象。所以我們只要觀其所法之先王為誰及其所稱述的先王之法為何，常可得其學說之旨趣所在，並且可以由此以判定其思想型態之層次與價值。

研究公孫龍子，從其各篇次第而言，應先通過名實論，而後再及他篇，才能有一個總持的瞭解。名實論篇末云：「至矣哉！古之明王，審其名實，慎其所謂。至矣哉！古之明王。」公孫龍一再地贊嘆古之明王至矣哉，其所持的理由端在其能「審其名實，慎其所謂」。跡府篇云：「公孫龍，六國時辯土也。疾名實之散亂，因資材之所長，為守白之論。假物取譬，以守白辯。謂白馬為非馬也。……

欲推是辯（案指白馬非馬之說），以正名實而化天下焉。』在公孫龍看來，古之名王是能「審名實，慎所謂」以化天下的，但是到了六國時，周文疲憊，名實散亂。公孫龍有鑑於此，乃起而欲行先王之法——正名實，以化天下。（跡府篇雖非出於公孫龍之手，但是如與他贊嘆古明王之言相對照，則上所引跡府篇之言，亦是順理成章之論。）因此「審名實慎所謂」（簡言之，即正名實。）實為公孫龍立論之旨趣之所在。公孫龍子各篇雖也接觸到名實與稱謂問題，但是都是只就某一個特殊的名實問題加以探討，至於完全以「名實」為主題，而作一個總論性地探究闡述的，則是名實論。復次，除指物論外，白馬、堅白、通變各篇都是用對話，彼此論難的方式寫成，而名實論則是完全用直敘的方式，把個人對名實問題的見解加以闡述，並且把它擺在最後，有總結前面各篇意義之意。所以名實論可以把它當作是公孫龍各種學說的通論或總論。因此，如欲瞭解公孫龍的思想旨趣，認識並判定其學說之層次與價值，必先通過名實論。而且透過名實論的瞭解，對前面各篇內容之瞭解及其所接觸到的問題之釐清有很大的幫助。由此可知名實論在公孫龍子全書中之地位。底下試將名實論之原文逐句加以疏釋，以發其義蘊。

二

天地與其所產焉，物也㈠。

㈠譚戒甫曰：「舊注：『天地之形及天地之所生者，皆謂之物也。』按舊說極是。列子湯問篇：『天地亦物也。』莊子則陽篇：『天地者，形之大者也。』又達生篇：『凡有貌象聲色者皆物也。』夫天地之為物，助其形也；則凡天地之所生者，亦皆以其形為物。尹文子云：『牛則物之定形。』蓋牛馬皆物也，以其賦有此形也。」

按：此開宗明義地為「物」下一定義。天地本身和它所生的，亦即天地及天所覆地所載的一切東西都是「物」。在這樣界定下的物，乃是指天地萬物而言。（荀子正名篇：「萬物雖眾，有時而欲徧舉之，故謂之物，物也者，大共名也。」）亦即在客觀世界具體存在之一切東西都是「物」。這是外延地（而非內容地）為物下一簡單的界說。

物以㈠物其所物㈡而不過焉㈢，實也。

㈠以：猶能也。「以」與「能」古通用。下節「實以實其所實」之「以」字同此。

㈡物其所物：上物字，名詞作動詞用；下物字為名詞。物其所物，即物皆如其自己而為物之意。

㈢過：越也。即越出、溢出、離其自已之意。易大過疏：「過，謂過越之過，非經過之過。」

按：此節言物之所以為物在實。天地萬物能各如其自己而為物，而不溢出其自已，亦即物能不離其自己，乃是因為物皆有其實之故。所謂「實」，乃是物所以為物之具體內容之泛稱。天有天之內容，地有地之具體內容。推之萬物亦皆有其所以為萬物之內容。甲物如自其內容溢出，亦即離其自己，則甲物就失去甲物之內容，亦即甲物不能如其自己而為甲物了。總之，凡物必有其實；有其實，則物能如其分而為物。例如：牛必有牛之實，有牛之實，則此物為牛。反之，牛如不能「物其所物」而過焉；如此，牛就不成其為牛了。做曰：「物以物其所物而不過焉，實也。」依此，物與實彼此互為既充足又必要的條件。詳言之，有物則有實，無物則無實；同理，有實則有物，無實則無物。故物與實為「等價關係」。依此，物即實，實即物。故公孫龍常以實代物，稱實即稱物。

實以實其所實而㈠不曠㈡焉，位㈢也。

㈠而：王啟湘曰：「不曠上當有而字。」茲據補。

㈡不曠：即不空，不虛之意。

㈢位：按：位非指物在空間所佔之位置而言。位有界域，界定之意，兼有名詞與動詞之詞性。堅白論：「堅白域於石」之域為動詞。而此處之位，為具有動詞性之名詞。應作：「固有其實而不虛所呈現之態勢或特性」解。故此位字乃扣緊物之實，亦即物之內容而為言，非指物所佔之空間。如君有君位，此君位乃由君之內容，君之實而定，而非指君所佔之空間而言。君有君所以為君之實，而君之實所呈現之態勢或特性即為君之位。

按：此節承上節由實以界定位。一切物實，如能固持其所實，而不空曠虛脫，則一切物實皆能有其「實」所呈現的態勢或特性，這就是物實之位。凡物都有其實，物如不能固持其實，而失其內容，空曠其內容則物必失其位。如君有君所以為君之實（內容），如君能固持其實，則君必有君之位。否則必不能「實其所實」而曠，而失其位。故曰：「實其所實而不曠焉，位也。」綜上所述，失物之位，即失物之實，失物之實，則物失其為物。故公孫龍之意是：以實定物，以位定實。如此，物、實、位皆是就客觀具體存在之一切東西而得的概念。如分別言之，則物是客觀具體存在的一切東西的泛稱；實則是指內在於物之內容，或物之本質而言：位則是指由物實所呈現於外之態勢，狀況，與特性而言。

出其所位，非位。位其所位焉，正也。

按：本節以「位」定「正」。萬物皆有其一定的內容，亦即皆有定實，有定實，故有定位。物如離其實所定之位則物失其實。失其實，則物不成其為物。如此，物、實、位都不能得其正，這就叫做非位。反之，萬物如固持其實，而定於其本位，則一切物皆能得其正。故曰：「出其所位，非位。位其所位焉，正也。」堅白論云：「離也者天下，故獨而正。」其意是：天下萬物都是相離而獨立自存。物所以能離而獨立自存，乃是因為物皆有其自性，亦即皆有其內容，皆有其定實。物有定實，故能彼此不相混，不相泯。也因此萬物才能彼此相離而獨立自存。物能離，獨，則物能得其正。物能「位其所位」，即表示物能固持其內容，固持其自性而不與他物相混相泯。此即「離」，即「獨」。物能離能獨，亦即物能位其所位，如此，則一切皆井然有序而不亂，天自為天，地自為地，君自為君，牛自為牛，馬自為馬，……一切皆在其定位，這就叫做正。

以其所正，正其所不正，疑㈠其所正㈡。

㈠疑：俞樾曰：「疑當讀如詩靡所止疑之疑。毛傳曰：『疑，定也。』」按：俞說是。定即貞定，固定，凝定之意。

㈡胡適於「疑其所正」上，據經說下補「不以其所不正」六字，曰：「舊脫」。王琯、陳柱本皆據胡說補。伍非百則據馬繡繹史本補「以其所不正」五字。譚戒甫同伍氏，曰：「『以其所不正』五字，諸本皆缺；茲據子彙本繹史本增。據舊注，似亦有此五字（按：謝注曰：「以正正於不正，則不正者皆正。以不正亂於正，則眾皆疑之」。）按以上諸說，雖皆持之有故，然於順通義理，則不若俞氏之以「定」訓「疑」為得其切要。且補字與否於義理皆不生大影響，故從俞說而不校補。

按：上節以「位其所位」為正，而以「出其所位」為「非位」。「出其所位」為「位其所位」

之否定，故「出其所位」而成之「非位」，即「位其所位」之「正」的否定。依此，「非位」即「不正」之意。本節「正其所不正」之「不正」即指此「非位」而言。物如有「出其所位」而不得其「正」時，當根據物的「位其所位」之「正」來加以糾正，使它凝定，固定於其本位以得其「正」。故曰：「以其所正，正其所不正，疑（定）其所正。」

其正者、正其所實也。正其所實者，正其名也。

按：凡物皆有其實，能固持其實而不走失，則物能有其位而得其正。反之，如物不能固持其實，則物失其位而不能得其正。因此，物之正與不正的關鍵完全在於「實」，所以要正物之不正，使它歸於其正而貞定不移，則必須自「正實」入手，故曰：「其正者，正其所實也。」自「正其所實」入手，以使「非位」者，復歸於其定位上，以得其「正」，只在提示如何「以其所正，正其所不正。」的原則。而這個原則的落實處則在「正名」。故曰：「正其所實者，正其名也。」「名」是用以謂「實」的。而人用「名」以謂「實」時，可能與「物」之「實」、「位」相應相符而得其正，亦可能與「物」之「實」、「位」不相應而有出入。因此，用名以謂實時必須以「物」、「實」、「位」之「正」為依據；能與「物、實、位之正」相應相符，則「名」能得其「正」。前此的文字，只在為正名提供一理論上的依據；此後的文字，即在根據此原則以闡述如何「正名」的理論。

其名正，則唯㈠乎其彼此㈡焉。

㈠唯：謝注曰：「唯，應辭也」。按：唯，諾也，應也。亦即相應，相符之意。

㈡彼此：指客觀存在之此物，彼物；此實，彼實而言。謝注曰：「謂施名，當於彼此之實。」

按：名實論曰：「夫名，實謂也。」「實謂」即「實之謂也」之省。故「名」（概念）是用以論謂或指謂實的，「名」既是用以謂「實」的，則原則上「名」應與客觀之物之實、位、正相應。如「名」不能與物之實、位、正相應。則為「出其所位」，為「不正」。如此則當據物之實、位、正來加以糾正（此即上文「出其所位、非位」。「以其所正、正其不正。」「正其實者，正名也。」之意。）反之，如名能與客觀之物實如如相應、相符，則此名為能得其正。故曰：「其名正，則唯乎其彼此焉。」名應與實相應，只是一個最基本的原則。至於如何才算是名實相應，應如何使名與實相應等問題則詳下文。

謂彼㈠而彼㈡不唯乎彼㈢則彼謂不行；謂此而此㈣不唯乎此，則此謂不行。

㈠彼：指彼物彼實而言。

㈡彼：指「論謂或指謂」彼物彼實之名而言。

㈢彼：彼物彼實也。

㈣謂此而此：各本皆作「謂此而行」，惟子彙本及繹史本作「謂此而此」。按：行字當為此字之譌。應據正。

按：本節承上節：「其名正，則唯乎其彼此焉。」以辨別「謂物之名」之可行不可行。其意是：如果用一個「彼名」去指謂（或論謂）「彼實」，而這個「彼名」不能和它所指謂的「彼實」相應相當的話，那麼就不能用這個「彼名」去指謂「彼物」。故曰：「謂彼而彼不唯乎彼，則彼謂不行。」例如用「白馬」（彼名）這個「名」去指謂「黑馬」這個「物實」（彼實），則因為「白馬之名」與「黑馬之實」有差異而不能相應相當，這就成了「謂彼而彼不唯乎彼」。因此，「白馬之名」就不可以拿來指謂「黑馬之實」了。同理，如果用「此名」去指謂「此實」，而結果「此名」不能和「此實」相應相當。那麼，這個「謂此之名」就不能用以指謂「此實」了。故曰：「謂此而此不唯乎此，則此謂不行。」

其以當㈠，不當也；不當而當㈡，亂也。

㈠其以當：即以「謂彼而彼不唯乎彼」，「謂此而此不唯乎此」為當之意。

㈡不當而當：俞樾曰：「此本作不當而當，亂也。傳寫脫當字，下文云：以當而當，正也。兩文相對。」譚戒甫曰：「不當而當，各本皆缺下一當字，惟子彙本繹史本不誤，茲據正。」按：俞，譚之說是，今從之。

按：此順上文作一批判。如果把不能與物實相應的「不行之名」，強認為其能與物實相應相當，這是不當的看法。故曰：「其以當，不當也。」這樣強把不當於實之名，亦即把「不行之名」認為是「可行之名」的說法既是「不當」的。如果把它看成是妥當的，這就要造成亂用名的現象了。故曰：「不當而當，亂也。」例如：用「白馬」這個名去指謂「黑馬」這個實是不當的，如果認為以「白馬之名」去指謂「黑馬之實」，是妥當的，那就要造成「白馬是黑馬」這種亂名之說了。如此，「名」就不得其正了。因此，正名必須從「名與實應」做起（其名正，則唯乎其彼此焉）。

故彼㈠彼㈡當㈢乎彼㈣，則唯乎彼㈤，其謂㈥行彼㈦；此此而當乎此，則唯乎此，其謂行此。

㈠彼：動名詞，即以「彼名」指謂「XX實」之意。

㈡彼：名詞，指彼物，彼實而言。

㈢當：即恰當而無出入之意，亦即「唯」（應）也。

㈣彼：亦指彼物彼實而言。

㈤彼：同上。

㈥其謂：即以「當乎彼之名」指謂「彼實」之意。

㈦彼：亦指彼物彼實而言。

按：上面說明何謂「不行之名」，本節則反過來說明何者為「可行之名」。其意是：如果用「彼名」來指謂或論謂「彼實」，而能與「彼實」相當（無出入），這就表示這個「彼名」可以和「彼實」相應。既可相應，則用這個「彼名」來指謂「彼實」是妥當可行的。故曰：「彼彼當乎彼，則唯乎彼，其謂行彼。」同理，如果用此名指謂此物，而能與此物相當，則此名為能與此物相應。既能與此物相應，則用「此名」來指謂「此物」，亦是妥當可行的。故曰：「此此當乎此，則唯乎此，其謂行此。」例如：用「白馬」這個「名」去指謂「白馬」之「實」，而不是用它來指謂馬「實」，則此「白馬之名」就與「白馬之實」相當而無出入。這就表示此「白馬之名」可與「白馬之實」相應，而可用以指謂「白馬」這個「實」。

其以當而㈠當，以當而當，正也。

㈠而：猶為也。

按：此順上文對「可行之名」作一判斷，認為它合乎「正名」之原則。其意是：上面所說的

「彼彼當乎彼，則唯乎彼，其謂行彼。」是以當於「實」之「名」為當。以「當於實之名」為「當」，名就能得其正了。故曰：「其以當而當，以當而當，正也。」依此，公孫龍的正名，只在求「名」與「實」應，「名」與「實」當。換言之，能「名」符其「實」，就算是「正名」了。

故彼彼止於彼㈠此此止於此，可；彼此而彼且此㈡，此彼而此且彼，不可。

㈠彼彼止於彼：首一彼字為動名詞，即以彼名指謂XX之意。其餘二彼字皆指「彼實」而言。止，「僅止於XX而不及其他」之謂也。

㈡彼此而彼且此：首一彼字亦為動名詞，即以彼名指謂XX之意。二「此」字皆指「此實」而言。第二彼字為彼實之意。「且」字與上「彼彼止於彼」之「止」字為反義詞。「且及於XX」之謂也。

按：上文說明正名須名與實當。此節則進一步要求名之專當於實而不可有歧義。其意是：如果用彼名去指謂彼實，而且它（彼名）僅止於指謂彼實；用此名去指謂此實，而且它（此名）僅止於指謂此實而不及於他實。如此，則這樣的「彼名」，「此名」是可行之名。故曰：「彼彼止於彼，此此止於此，可。」反之，如果用「彼名」去指謂「此實」，則此「彼名」既可指謂「彼實」而且可指謂「此實」，同樣的，如果用「此名」去指謂「彼實」，這樣一來，這個「此名」除了可以指謂「此實」之外，同時又可指謂「彼實」。這就表示同樣一個名，同時可以指兩個（當然亦含兩個以上）不同的「實」了。這在公孫龍看來是不可以的。故曰：「彼此而彼且此，此彼而此且彼，不可。」例如：以「白馬」之名指謂白馬之實，而且僅止於指謂「白馬之實」而不用它（白馬之名）再去指謂「他實」，這是可以的。相反的，如果以白馬之名，去指謂馬時，則白馬之名除了指謂「白馬」之「實」外，同時又可指謂「馬」之「實」了。這在公孫龍看來是不可以的。所以他以為白馬之名只能用來指謂白馬之實，如果白馬之名除了指謂白馬之實外，又同指謂馬之實，這就是亂名了。因此，它為了要正名——名與實專當起見，特主張白馬非馬，以破斥白馬是馬之亂名。因為「白馬是馬」正是犯了「彼此而彼且此」之毛病。

又按：人類主觀所造作之名，是用以指謂客觀存在之物實的。而客觀之物實必須「物其所物而不過」、「實其所實而不曠」方能得其「正」。故名亦應「名其所名而不過」，換言之，名應與所謂之實之「正」嚴格一致。如此，名才能得其正。「彼彼止於彼，此此止於此」，這是名之能「名其所名而不過」；故曰：「可」。「彼此而彼且此，此彼而此且彼」，則是名不能止於「名其所名」而過焉；故曰：「不可」上言「名」應與「實」相應，相當，亦即名應與實相符；此言名應專當於實而不可有歧義；這「名與實當」及「名專當於實」是公孫龍正名的兩大原則。

夫名，實謂也㈠。知此之非此也㈡，如此之不在此也㈢，則㈣不謂也。知彼之非彼也，知彼之不在彼也，則不謂也。

㈠夫名實謂也：「實謂」，即「實之謂」之意。增一之字，則語意立顯。然「實謂」亦可作「謂實者也」解。意即名乃用以指謂實者。

㈡知此之非此也：此句各本皆作：「知此之非也」。俞樾曰：「此當作『知此之非此也，知此之不在此也，則不謂也。』下文云：『知彼之非彼也，知彼之不在彼也，則不謂也。』兩文相對，同據以訂正。」按：俞說是，茲據正。又按：「此之非此也」即上文：「謂此而此不唯乎此」之省改，文義相通（說詳下疏）。下「知彼之非彼」同此，不贅。

㈢此之不在此也：此句為上文「此彼而此且彼」之省改。語意相通（說詳下疏）。下「彼之不在彼也」同此。

㈣則：各本皆作明，茲據俞說校改。

按：本節承上言不合乎正名之兩大原則之「名」，不可用以稱謂實。依公孫龍之意，名是「實之謂」亦可說名是用以謂實的。依此，名之產生及用名皆應以實為依歸。有「此」實而後有「此」名，有「此」名是為了要指謂「此」實，因之，名應與所指之實相應。如果牛這個名，所指的竟非牛之實，或是牛之名不能與牛之實相應的話，這就成了「此之非此」。所以「此之非此」亦即前面所說的「謂此而此不唯乎此」。復次，此「名」本來是用以指謂「此」實的，如果「此」名又可以用來指謂「彼」實的話，則「此」名不僅可以用來指謂「此」實，而且又可用以指謂「彼」實，這就表示「此」名不僅可用在「此」實上，又可用在「彼」實上，這就成了「此之不在此」（不在，即不僅在，不專在之意）。依此，則「此之不在此」亦即前面所說的「此彼而此且彼」。「此之非此」表示「此」名不能指謂「此」實，而名是用以謂實的，故「此之非此」這種名就不能用它來指謂「此」實。「此之不在此」，即表示名不能「名其所名而不過焉」。凡物實都應「物其所物而不過，實其所實而不曠」方能得其正，而名既是用以謂實的，故名亦應「名其所名而不過焉」才行。因此「此之不在此」之名亦是不能用來指謂「此」實的。故曰：「知此之非此也，知此之不在此也，則不謂也。」下「知彼之非彼也，知彼之不在彼也，則不謂也。」義同此，不贅。依此看來，本節只是重複地強調正名的兩大原則——名實相應，名專當於實——以作結，而無新意。關於名實問題的理論至此告終。底下所說的話，只是用來裝門面，壯聲勢而已。

至矣哉。古之明王。審其名實，慎其所謂。至矣哉，古之明王㈠。

㈠謝注曰：「公孫龍之作論也，假物為辯，以敷王道之至大者也。夫王道之所謂大者，莫大於正名實也。仲尼曰：『唯名與器，不可以假人。』然則名號器實，聖人之所重慎之者也。名者，名於事物，以施教者也。實者，實於事物，以成教者也。夫名（夫本作失，茲據王啟湘、陳柱之說改），非物也。而物無名，則無以自進矣。物非名也，而名無物，則無以自明矣。是以名因實而立，實由名以通。故名當於實，則名教大行，實功大舉。王道所以配天而大者也，是以古之明王，審其名實，而慣其施行者也。」

按：名實論的主要內容有二：一是為名、實下一簡單的定義，並說明二者間的關係。一是說明正名之原則，以作為用名謂實的依據。如果不能瞭解名、實之分際，又不能依正名原則使用名謂，則必造成名實之乖亂。為了「正名實而化天下」（跡府篇語），公孫龍特於文末揭櫫「審名實，慎所謂」以作為名實論點睛之筆。並且為了強調它的重要性，一再地以之歸美古之明王。以自己之理想託諸先王，本是先秦諸子的共同習慣。所以「審名實，慎所謂」，不僅是名實論立論的主旨，而且是公孫龍全部學說旨趣之所在。又按，先秦諸子之學說，雖彼此互異，甚至有大相逕庭的地方。但是，他們的立論卻有一共同的依歸，則教化是也。公孫龍也許自覺或不自覺地以為他的學說有助於教化，就如跡府篇所說的「欲推是辯，以正名實而化天下焉」。但是就今存之公孫龍子看來，公孫龍所談的是「純名理」；他是形式地，抽象地談名理。而不牽連著教化來談名理。所以如就教化問題內容地，具體地去瞭解公孫龍的思想是有欠妥貼的。而謝注率多牽連著教化問題來解釋它，則是不相應的。

三

現存公孫龍子每篇皆有其獨特的內容，表面看來，彼此並無關聯性。其實，公孫龍的全部學說是有一共同的依歸的，此即名實論之「審其名實，慎其所謂」是也。白馬論的「白馬非馬」之說，通變論的「變」與「不變」之理，堅白論之「堅白離」，指物論之「物莫非指而指非指」，以及名實論所談的「名實」問題，都是「審名實，慎所謂」的具體表現。換言之「審名實，慎所謂」是公孫龍子各篇所以作的指導原則。

復次，「審名實，慎所謂」最後的目的，或許就如跡府篇所說的有「正名實以化天下」的意味。但是就公孫龍子的全部內容看來，則與政教無關。公孫龍是以另一種心靈來談異於傳統的一種新學問。而這一點是當時諸子及後來的人所不能確切理解的。故公孫龍的心靈型態及其學問的性質與價值，在歷史上不但不能得到應有的承認與評價，而且還蒙受不白之冤。關於這一點，唯牟宗三先生能加以辨明。故底下擬抄錄其「公孫龍之名理」一文中有關這一問題的文字，以見公孫龍的心靈型態及其學問所應得的評價，並作本文之結束。

自春秋戰國以來，貴族政治漸趨崩解，周文罷弊，禮樂不興，名實多乖，名器多濫。故易引發人注意名實問題也。然直就政治而言政教方面之名實問題，則始于孔子之正名，並發展而為儒家之春秋教；以政教方面之名實乖亂為現實之緣，引發而為更一般化抽象化之純名理之辯，則始于戰國時之名家，惠施、公孫龍其選也，墨辯繼之，而以荀子之正名篇為殿。故公孫之歸贊明王，亦只明其純名理之辯之現實因緣，並明其純名理之辯亦有實用之意義而已。名家之本質的意義實在其能進一步而為純名理之談也。由現實之因緣解放而為一般化抽象化之名實，純名理地談之，不為政教方面之名實所限，此則更顯「理智之俊逸」。公孫龍之名實論即名家名理意義之名實之典型也。然後之論名家者，概從孔子之正名說起，以現實因緣為本質，而于名家內部名理之辯則大都視為「苛察繳繞」，「怪說琦辭」，不復知有名理之境，亦不復能欣賞其「理智之俊逸」也。是則既失名家之所以為名家，亦失孔子言正名之發展為春秋教之義也。孔子之言正名，不只被藉以徒為名家之現實因緣，其本身即有其本質之引發，此即單言政教方面之名實，滋長壯大，發展成熟，而為儒家之春秋教也。孔子固非名家，儒家亦非純名理之談者。然而其直就政治而言政教方面之名實，特顯價值判斷之名實而為春秋教，則是儒家客觀精神之表現，亦即道義之客觀地建立或名理地建立，此則固有其本質之意義，亦顯儒家「道德之莊嚴」。故孔子之正名若只牽引而為名家之現實因緣，復以此現實因緣為名家之本質，則既失名家理智之俊逸，亦失儒家春秋教道德之莊嚴。茲判而分之，儒、名兩得，義智雙彰，而于政教方面之名實，則只視為名家之現實因緣，而非其本質，如是苛察繳繞之譏，怪說琦辭之責，方可以不作矣。

故春秋時代孔子之正名實乃向兩路發展：一是發展而為儒家之春秋教，義道之建立；一是稍後發展而為名家之純名理，名理域之開闢。此兩者決不能混一說。不幸後之記載學術流派之史家全不了解此中之分別，全無了解「名理域」之獨立意義之能力，遂只以籠統之「正名實」說名家，而於「名理域」之名理則視為苛察繳繞而泯沒之，如是則名家之所以為名家全不顯，而于儒家道德之莊嚴與名家理智之俊逸遂亦兩俱失之矣。

第六章　跡　府

公孫龍，六國時辯士也。疾名實之散亂，因資材之所長，為守白之論。假物取譬，以守白辯，謂白馬為非馬也。白馬為非馬者：言白所以名色；言馬所以名形也。色非形，形非色也。夫言色，則形不當與；言形，則色不宜從。今合以為物，非也。如求白馬於廄中無有，而有驪色之馬；然不可以應有白馬也。不可以應有白馬，則所求之馬亡矣。亡則白馬竟非馬。欲推是辯，以正名實而化天下焉。

龍與孔穿，會趙平原君家。穿曰：「素聞先生高誼，願為弟子久，但不取先生以白馬為非馬耳。請去此術，則穿請為弟子。」龍曰：「先生之言：悖！龍之所以為名者，乃以白馬之論爾。今使龍去之，則無以教焉。且欲師之者，以智與學不如也。今使龍去之，此先教而後師之也。先教而後師之者，悖。且白馬非馬，乃仲尼之所取。龍聞楚王張繁弱之弓，載忘歸之矢，以射蛟兕於雲夢之圃。而喪其弓，左右請求之，王曰：『止！楚王遺弓，楚人得之，又何求焉？』仲尼聞之曰：『楚王仁義而未遂也。亦曰人亡弓，人得之而已，何必楚！』若此，仲尼異楚人於所謂人。夫是仲尼異楚人於所謂人，而非龍異白馬於所謂馬，悖。先生修儒術，而非仲尼之所取；欲學，而使龍去所教，則雖百龍，固不能當前矣。」孔穿無以應焉。

公孫龍，趙平原君之客也。孔穿，孔子之葉也。穿與龍會，穿謂龍曰：「臣居魯，側聞下風，高先生之智，說先生之行，願受業之日久矣，乃今得見。然所不取先生者，獨不取先生之以白馬為非馬耳。請去白馬非馬之學，穿請為弟子。」公孫龍曰：「先生之言悖！龍之學，以白馬為非馬者也。使龍去之，則龍無以教。無以教，而乃學於龍也者，悖。且夫欲學於龍者，以智與學焉為不逮也。今教龍去白馬非馬，是先教而後師之也。先教而後師之，不可。先生之所以教龍者，似齊王之謂尹文也。齊王之謂尹文曰：『寡人甚好士，以齊國無士何也？』尹文曰：『願聞大王之所謂士者？』齊王無以應。尹文曰：『今有人於此，事君則忠，事親則孝，交友則信，處鄉則順，有此四行，可謂士乎？』齊王曰：『善！此真吾所謂士也。』尹文曰：『王得此人，肯以為臣乎？』王曰：『所願而不可得也。』是時，齊王好勇，於是尹文曰，『使此人廣庭大眾之中，見侵侮而終不敢鬬，王將以為臣乎？』王曰：『鉅士也，見侮而不鬬，辱也。辱，則寡人不以為臣矣。』尹文曰：『唯見辱而不鬬，未失其四行也。是人未失其四行，其所以為士也。然而王一以為臣，一不以為臣，則向之所謂士者，乃非士乎？』齊王無以應。尹文曰：『今有人君，將理其國，人有非，則非之。無非，則亦非之。有功，則賞之。無功，則亦賞之。而怨人之不理也，可乎？』齊王曰：『不可。』尹文曰：『臣竊觀下吏之理齊，其方若此矣。』王曰：『寡人理國，信若先生之言，人雖不理，寡人不敢怨也。竟未至然與？』尹文曰：『言之敢無悅乎？王之令曰：殺人者死，傷人者刑。人有畏王之令者，見侮而終不敢鬬，是全王之令也。而王曰：見侮而不鬬者，辱也。謂之辱，非之也。無非，而王辱之。故因除籍，不以為臣也。不以為臣者，罰之也。此無罪而王罰之也。且王辱不敢鬪者，必榮敢鬪者也。榮敢鬪者，是而王是之，必以為臣矣。必以為臣者，賞之也。彼無功而王賞之。王之所賞，吏之所誅也。上之所是，而法之所非也。賞罰是非，相與四謬，雖十黃帝，不能理也。』齊王無以應焉。故龍以子之言、有似齊王。子知難白馬之非馬，不知所以難之說。以此猶知好士之名，而不知察士之類。」

第三部

墨辯研究

凡例

一、本書所稱墨辯包括：墨子書中經上、經下、經說上、經說下、大取、小取等六篇。

二、本書計分七章，前四章為墨辯原文校釋，可視為墨辯研究之內篇；第五章分類綜述墨辯之學術；第六、七章敘述名、墨二家之關係及其學術之異趣，可視為墨辯研究之外篇。

三、一至四章之墨辯原文以孫詒讓著墨子閒詁為據；為求醒目與方便計，每一條均依序冠以阿拉伯數字；經上、下及經說上、下均依「旁行句讀」例為序，並「引說就經」；經及經說原文均分行排印，並冠以「經」、「說」以資區別；「校釋」之內容計分兩部分：先「校注」，後「疏釋」。

四、墨辯原文之誤、衍、脫、竄甚多，加以文義艱澀，致有不可解者，凡此皆本「不知為不知」之古訓，闕而不釋，計存疑而不釋者有九條；又原文雖難解，而前人已有善解者，則抄錄其言，以供參考。

五、校釋可使吾人對墨辯原文之義蘊有一如實而貼切之理解，然而墨辯各條之次序均無義理上及文理上之連貫性，故對散列、拼湊而成之墨辯原文雖能有所瞭然，亦不能對墨辯之學術有一全面且有系統之理解。為補救此缺憾，乃有第五章墨辯學術之作。此章乃以前四章之校釋為基礎，將同性質、同範疇之各條加以組織，然後以現代學術之眼光作一綜述，以使此二千餘年前之古代學術能綱舉目張，並以新面目呈現於現代人之眼前；據此，吾人可以對先賢之智慧與知識有一真切之瞭解，並給予應得之評價。

六、名家與墨辯之關係甚深，歷來諸家對此談論甚多，然眾說紛紜，迄無定論；第六章乃摘錄前賢二十餘家之言，加以分析、評論，並益以一得之愚以釐清二家之關係。

七、名墨二家之學術心靈迥異其趣，對同一問題，往往有不同之看法，第七章乃將二家所共同接觸到之問題，詳加羅列，並加以比較其異同。二家之言，雖有或相反、或相異、或相似、或相同之別，然而就學術發展而言，均能收相輔相成，並豐富學術史內涵之功效。

第一章　經上、經說上校釋

1. 經　故：所得而後成也。

說　故：小故，有之不必然，無之必不然。體也，若有端。大故，有之必然，無之必不然(一)。若見之成見也。

(一)有之必然，無之必不然：此二句原僅有一句作：「有之必無然」。孫詒讓（以下簡稱孫）云：「當作：『有之必然，無之必不然。』與上小故文相對。」孫校是，茲據改。

按：本條為事物之因果關係下一界說。一切事物之形成，皆有其所以如此之「因」，此所以如此之「因」，墨經稱之為「故」。甲物必先具備成為甲物之「故」，而後方能成其為甲物。所以「故」是指一切事物所資以成其為事物之條件而言。故曰：「故，所得而後成也。」

「經」文之定義過於簡單，經說乃將故分為大故與小故，以解釋經文。經說以「有之不必然，無之必不然。」界定「小故」。「有之不必然，無之必不然」二語可以簡化作：「有S不必有P，無S必無P。」「有S不必有P」，一命題中，S與P之關係為不充足關係。即S非P之充足條件，因為非充足條件，故有S之因，不一定有P之果。「無S必無P」一命題中，S與P之關係為必要關係。S是P之必要條件，因為是必要條件，故無S則必定無P。如有「有S不一定有P，然如無S則必定無P。」之關係存在，則S乃P之小故。換言之，S為P之必要條件，而非P之充足條件時，S為P之小故。故曰：「小故，有之不必然，無之必不然。」「體也，若有端。」是小故之譬喻。按：歷來各家多以幾何學之「點」解釋「體」，非是。經上第二條云：「體，分於兼也，」經說云：「體，若二之一，尺之端也。」據此，所謂「體」，實即部分之意（說詳後）。「小故」是某「果」之部分「因」（不充足條件故也），好比一把尺有二端，其中之任一端只是此「尺」之部分（體）而已，故曰：「體也，若有端。」

大故之定義是：「有之必然，無之必不然。」此二命題可以簡化為：「有S必有P，無S必無P」。「有S必有P」一命題中之S與P之關係為「充足關係」，S為P之充足條件，因為是充足條件，故有S之因，必定有P之果。至於「無S必無P」前面已加解析，不贅。依此，如有「有S必有P，無S必無P」之關係存在，則S為P之大故。換言之，當S為P之既充足又必要之條件（可簡稱為充要條件）時，S為P之大故。故曰：「大故，有之必然，無之必不然。」「若見之成見也。」為大故之譬詞。歷來諸家率多好以唯識論之說解「見之成見」，義雖可通，實為附會之言。經上第八十三條云：「見：體、盡。」經說云：「見，時者體也，二者盡也。」其意是：見有體見與盡見之別，僅見其部分為體見，見其全部為盡見。體見非完整之見，而盡見方為完全之見。因為體見必有所未見，而盡見則一切皆見，故真正之「見」必是指盡見而言。S如為P之大故，則S必為造成「P之果」之全部原因。換言之，即是一切「部分之因」，皆包含在內。故經說以「見之成見」——一切皆見而無遺漏，以喻大故之包括一切之「因」。

2.經　體：分於兼也。

說　體：若二之一，尺之端也。

按：梁啟超（以下簡稱梁）曰：「兼，指總體，體指部分。部分由總體分出，故曰：體分於兼也。」按梁說深得經義。唯總體一詞不甚切。「兼」有「整全」之意。墨子主兼愛，所謂兼愛，乃是一種整全而無差等之愛。凡有所取捨，有厚薄之愛均為有差等之愛，俱非「整全之愛」，亦非「兼愛」。故「兼」有整全之意。「分於兼」為「體」，故所謂體，即整全之部分而已。

梁云：「二者一之兼，一者二之體，尺者端之兼，端者尺之體也。凡是經所謂『尺』，皆當幾何學之線，所謂『端』當其點。『體若尺之端』者，謂點為線之一體，將一線分割之，可以得無數點，即『體分於兼』之義。」梁氏之詮經說亦不差，唯以幾何學之線、點，釋尺、端，則有牽強附會之嫌。蓋所謂點之定義為：「無長、廣、厚，無大小而僅有位置者。」線之定義為：「線為面之界。點移動而積成之軌跡為線，線有位置與長度，而無廣及厚。」而經說以「若二之一，尺之端也」為譬喻以解釋「體」，其意是：「體」是「整全」中之「部分」，好比「二」這一數字，是一個整全，如於此整全之二，只取其一，則此「一」是「二」中之一部分。換言之「一」是從「二」分出之部分，亦即「一」是「二」之體。同理，每一尺皆有兩端，若只取尺之任一端，則不管彼端或此端，只是尺這一整全中的一部分而已，故曰：「體若二之一，尺之端也。」梁氏以尺為幾何學之線，尺有長、廣、厚且有大小，如何能稱之為線？尺之任一端如何能是無長、廣、厚、大小之「點」？梁氏之說一起，後之解墨經者如高亨、譚戒甫、李漁叔等人皆羣起響應，何不察之甚也。

3. 經　知㈠：材㈡也。

說　知材㈢：知也者，所以知也，而必知，若明。

㈠知：張惠言（以下簡稱張），俞樾（以下簡稱俞）、孫詒讓，均以此「知」當讀如智。按：此「知」字，當讀如字。

㈡材：才也，才質也。此指人類天生之覺知官能。

㈢知材：梁云：「舊本經說第一個知字下有材字，據本書通例，經說每條首一字皆牒舉經文首一字以為標題。所牒者，僅一字而止，則此文材字，殆涉經文而衍。」茲從之。

按：此條在說明，人所以能認知之條件在「材」——覺知官能。人之認知活動之構成必須有「能知」與「所知」。「所知」是指客觀之認知對象，而「能知」則是指主觀之覺知官能。亦即經說所言之「所以知」。經說「而必知，若明。」諸家之校說，頗為紛歧。按：耳、目、口、鼻、心、舌、膚，皆為「所以知」、「能知」之器官，然此諸器官，不一定能對「所知」有所覺知。因為在目盲、耳聾、口爽、心狂之情況下，目、耳、口、心等器官，必無法覺知「所知」。故須在耳聰、目明之下，方能有「見知」、「聞知」之功能。換言之，主觀之覺知器官，是形成認知活動必具之條件，而認知器官之所以能知，又必須以各器官皆具有其正常官能——如：目之「明」，耳之「聰」為條件，故曰：「而必知若明。」（經說只是以「目」之「明」為例以概其餘。）綜上所言，本條之意是：五官為形成認知活動之必要條件之一，而五官之要發揮其認知功能，必須各器官之官「能」正常，方能有所知。簡言之，主觀之認知條件是「官」與「能」。

4.經　慮㈠：求也。

說　慮：慮也者，以其知㈡有求也，而不必得之，若睨㈢。

㈠慮：說文：「慮，謀思也。」

㈡知：高亨（以下簡稱高）曰：「此知字即『知材』之知字也。」

㈢睨：斜視也。

按：本條承接前條「知，材也」而言認知活動之開始，須先有求知之動機。人類具有認知器官，而且各認知器官亦具有正常之認知官能，然僅有「所以知」、「能知」之「材」，尚不能形成認知。人必須先有謀求思求覺知某「所知」之動機，方能運用各認知官能去作認知活動。故曰：「慮，求也。」「慮也者，以其知有求也。」人如有「才」（認知官能）與「求」（認知之動機），而其「能知」之「才」不與所「求」之「所知」，正面接觸，則不一定能得「知」。好比想知某物，然眼睛不正視該物，只是斜視、旁視，則不一定能覺知該物。故曰：「以其知有求也，而不必得，若睨。」據此，人之形成認知活動，除需有求知之動機（求）外，尚需有與之一致之行動，如眼需正視所欲求知之物，否則不能有所知。而此與求知動機相一致之行動，即下條之「接」也。按經文是從正面言「認知」必須有求知之動機，而經說則是消極地言徒有求知之動機而無與之配合之動作則不能得「知」。

5. **經　知：接也。**

說　知：知㈠也者，以其知㈡過㈢物，而能貌㈣之，若見。

㈠知：動詞，感知其「所知」之意。

㈡知：此「知，材也」之「知」，指認知之官能。

㈢過：孫云：「過疑當為遇，與經文接同義。」

㈣貌：孫云「說文皃部云：皃頌儀也。籒文作貌。能貌之，謂能知物之形容。」

按：人之認知活動之形成，必須先有正常官能之覺知器官，其次，須有求知之動機，方能使覺知官能發動「覺知活動。」然覺知活動必須撲著於所欲認知之「所知」上，亦即主觀之認知官能活動，必須與客觀之「所知」接觸，方不致落空，故曰：「知，接也。」「能知」與「所知」接觸，方能描摹、認知、所知之形貌（及其他所可覺知之性質）。例如：目（能知）必須與月（所知）相接觸，才能「見知」月之陰、晴、圓、缺。（其他覺知器官亦然。）故曰：「知也者，以其知過物，而能貌之，若見。」

6. 經　𢜔㈠：明也。

說　𢜔：𢜔也者，以其知㈡論㈢物，而其知㈣之也著，若明㈤。

㈠𢜔，本作「恕」，顧廣圻據道藏本校作「𢜔」。諸家多從之。梁云：「𢜔字不見字書，疑當為智字之古文。非攻中篇云：「『此則智者之道也。』𢜔者，即智者。」

㈡知：此知字即𢜔也，名詞。指心所特具之能力（說詳下）。

㈢論：爾雅釋名云：「論，倫也；有倫理也。」「論物」即倫理事物也。此所謂倫理，動詞，倫理事物即綜合、組織，推斷事物之理也。

㈣知：知為認知，覺知之意，動詞。

㈤明：說文明部引左傳昭公二十八年曰：「照四方曰明。」

按：依經說，「𢜔」似是指人「心」所特具之能力而言。心具有組織、理解、判斷、綜合、推論之能力。心能將聽、視、嗅、味、觸等之感覺器官個別得來之感覺資料，組織貫串成一體，以便對之作一理解，並根據過去之經驗與目前之感覺，對其他事物作判斷與推論。此種人「心」所特具之能力，墨經稱之為「恕」。為便於稱呼，可與耳、目、口、鼻之官能對稱為「心能」。因為人具有此種「心能」，方能明察事物，故曰：「恕，明也。」人如果以其「心能」懂理「官能」所覺知之資料，則人之知物必能明白洞曉，如日之照徹四方，明白無遺。故經說曰：「以其知論物，而其知之也著，若明。」

7. **經　仁：體㈠愛也。**

說　仁：愛己㈡者，非為用己也，不若愛馬，著若明㈢。

㈠體：說文：「體，總十二屬也。」體為全身之總稱，故體有「全」、「兼」之意，故體愛即兼愛。

㈡己：孫云：「疑己或當為民，民唐人避諱闕筆（按避李世民諱，民闕筆作巳）與己形近，因而致誤。」按經上云：「忠，利君也。」（從張純一校），「孝，利親也。」「功，利民也。」墨家有強烈之利他主義，故以利君、利親、利民界定忠、孝、功，故不應以「愛己」界定「仁」。故經說：「仁，愛己者。」當依孫校作「仁，愛民者。」

㈢著若明：孫云：「三字無義，疑著當為者，屬上讀，涉上文而誤作著，又并衍若明二字。」茲從之。

按：兼愛為墨子之基本學說，而「仁者」為墨子之理想人格，故仁者，必兼愛全人類，（兼愛中、下篇均開宗明義以兼愛為仁人之事。）故曰：「仁，體愛也。」絕對之利他主義為墨家之基本精神，故極力反對自私自利。主利他，故愛民；非自私，故愛民非為用己。反之，馬為利人類之具，故人率因馬之利己，可為己用，故愛之。仁者之愛民與愛馬之動機及目標迥異其趣，故曰：「仁，愛民者，非為用己，不若愛馬。」

8.經　義：利也。

說　義：志以天下為芬㈠，而能能㈡利之；不必用。

㈠芬：王闓運云：「芬，即分字，讀為職分之分。」

㈡能能利之：孫引漢書百官公卿表顏注云：「能，善也。」能能利之，言能善利之也。

按：仁為孔子思想之核心，而「義」則是墨子學術之本質。墨家之「義」，是一種功利主義之「義」。墨經云：「功，利民也。」「利，所得而喜也，害，所得而惡也。」故墨家之功利主義——「義」，實為十足之利他主義。「利」為墨家一切價值觀之基準。利不利即是義不義。「利」是衡量義不義之準繩，故曰：「義，利也。」墨子之利他主義在墨子書中隨處可見。而且墨子之行事及墨家之組織皆有強烈之利他主義。因此，墨者之志行皆以「愛利萬民」（尚賢篇語）為其天職，且其利他既不望報，亦不求於己有用，故曰：「義，志以天下為芬。而能能利之，不必用。」

9.經　禮：敬也。

說　禮：貴者公，賤者名㈠，而俱有敬僈㈡焉等異論㈢也。

㈠貴者公，賤者名：高云：「名疑當作台，形似而誤。」又曰：「台讀為臺，左傳昭公七年：『王臣公，公臣大夫，大夫臣士，士臣皁，皁臣輿，輿臣隸，隸臣僚，僚臣僕，僕臣臺。』此文之公，即左傳之公，此文之台，即左傳之臺。」戰國之世，天子徒有虛名，公為最貴，臺為最賤，故墨家舉以為例曰：「貴者公，賤者台。」茲從之。

㈡僈：敬之相反詞。

㈢焉等異論：高云：「焉疑當作差，形似而誤。」

按：儒家十分重視禮。而墨子則有「節葬」之說，可知墨子是反對禮的。不過墨子之非「禮」，並非主張完全取消或否定禮。就節葬而言，墨家所反對者為對人民之生活無直接之「利」，或是對人民有害之禮之形式。換言之，墨家所反對者乃已產生流弊之「禮之文」，對於「禮之質」則是持肯定之態度。禮之質為「敬」，故曰：「禮，敬也。」

高亨詮經說云：「貴者對賤者有敬有僈。賤者對貴者有敬有僈。貴者對貴者有敬有僈。賤者對賤者有敬有僈。故曰：『而俱有敬僈。』禮之用在示敬而去僈。因貴賤之等有差，故敬僈之論亦異。敬則是禮。僈則非禮。如何為敬，如何為僈，須視彼此之等級而後論定。如公坐而台立，公不為僈，不為非禮。公立而臺坐，臺即為僈，即為非禮。故曰：『差等異論也。』要之，墨家對於禮之觀點有二：其一，禮以示敬；其二，人倫之等級有差，故示敬之禮有異。」

按：高說頗能發經說之義蘊。禮，必講究差等、階級，由尚同篇之主張里長須層層尚同於天子而言，墨子對當時社會面之階級、差等是默認其存在的。禮既是隨差等而生者，故禮（敬）不禮（僈）之標準亦必隨「公」（貴者）「台」（賤者）等之差等而有異。故曰：「貴者公，賤者名（台）而俱有敬僈，焉（差）等異論也。」

10.經　行：為也。

說　行：所為不善㈠名，行也；所為善名，巧㈡也；若為盜。

㈠善：張云：「善名求善其名也。」范耕研（以下簡稱范）曰「善借為繕，脩治也。不善名者，不脩名也。善名，脩名也。」譚戒甫（以下簡稱譚）曰：「善，繕之省文，治也，緣飾也。」按：各家之說雖異，而其義並不牴牾。

㈡巧：偽也。列子楊朱篇：「名者偽而已矣。」廣韻：「巧，偽也。」

按：「行」、「為」乃同義詞，故經曰：「行，為也。」不過經說，卻從「為」之「動機」、「目的」及「方式」而區別「行」與「巧」。人之「為」在「動機」、「目的」、「作法」上，如果純粹為「為」而「為」，而非為「名」而「為」，此之謂「行」。否則為「名」而「為」，則此種「為」，乃是一種巧偽，是一種竊名之勾當，好比盜之竊物。故曰：「所為不善名，行也，所為善名，巧也，若為盜。」以善不善名界定並區別「巧」、「行」，即表示墨家要求一切「行為」，以「為其所當為」為準則，當下即是，而不要使「為」淪為求名之工具與手段。墨子之止楚攻宋是「為止楚攻宋」而「止楚攻宋」，而非為名而「止楚攻宋」。故墨經之「行」，不只是指一種行為而已，而且是一種價值判斷。

11.**經　實：榮也**㈠

說　實：其志氣之見㈡**也，使人如**㈢**己，不**㈣**若金聲玉服**㈤。

㈠實，榮也：范引曹耀湘（以下簡稱曹）說云：「實，榮也者，實至則英華外發，凡榮者由於實也。」高云：「實存於內，榮見於外，有實必有榮，故曰：實，榮也。」譚曰：「實，榮之質；榮，實之著。有諸內必形諸外也。」按：實，實質也。榮，名聲也。漢書揚雄傳：「四皓采榮于南山。」註：「謂聲名也。」

㈡見：同現，顯露也。

㈢如：高採張之銳說云：「如當作知，形近而誤。」

㈣不：孫云：「不字疑當作必。」從之。

㈤金聲玉服：高曰：「金聲謂金之聲音也，玉服謂玉之文采也。」

按：墨經以「榮」界定「實」，其意是：有其「實」必有其「榮」也，實為榮之因，榮為實之果。儒家尚「文」，墨家尚「質」。有實質在，必能贏取應得之聲名，故曰：實，榮也。凡人胸中如有大志氣，則誠於中必形於外，實至，人必知之，而以「名」歸之。好比有堅潤之質之金玉，必鏗鏘而有文采。故曰：「實，其志氣之見（現）也，使人如（知）己，不（必）若金聲玉服。」墨經之意，蓋勉人尚實，實至，榮必隨之，不可徒知求榮而不求實，比本末倒置也。

12. **經　忠：以為利而強低㈠也。**

說　忠：不利，弱子亥足將入止容㈡。

㈠低：孫云：「低疑當為君，君與氏篆書相似，因而致誤。氐復誤為低耳。」茲從之。

㈡弱子亥足將入止容：高曰：「說文當作：『弱孩足將入井之容。』蓋孩誤延為『子亥』二字。井字轉寫誤脫，之以形近誤為止耳。」

按：此條經說，因為譌舛難解，校釋者或避不解，或雖解而欠當，唯高亨頗能自圓其說，茲錄其說如下：

詮經：墨家所謂忠，乃其臣認為於君國有利之事，強其君以為之也。故曰：「忠，以為利而強君也。」荀子臣道篇：「逆命而利君謂之忠。」又曰：「有能比智力，率羣臣百姓，而相與強君撟君。君雖不安，不能不聽，遂以解國之大患，除國之大害，或於尊君安國，謂之輔。」意與墨同。

經文以為利而強君為忠。但強君之事，非可濫行，必當人君生死之機栝，國家存亡之關鍵，而後可。君之所為，其不利如幼兒足將入井之狀態，其危險甚大，設不強止之，則幼兒入井必死無疑。必強止之而始為忠。故曰：「不利、弱孩足將入井之容。」以譬君之所為，其禍必致殺身或亡國，設不強止之，任其自蹈禍機，則非忠矣；必強止之，而始為忠。強君之事，必行於此種情況之下。是乃經文所未言，而以說補之也。要之，墨家對於忠之觀點有三：其一，忠是利君；其二，利君之事可用強君之手段；其三，強君之手段必用於生死存亡之關鍵。

13. 經　孝：利親也。

說　孝：以親為芬㈠而能能㈡利親，不必得㈢。

㈠芬：分也，職分也。（已見第八條）。

㈡能能：猶能善。（已見第八條）。

㈢得：諸家之訓差異頗大。按「得」當訓為得取之意。不必得，即不冀求於親處有所得也。

按：墨子之道德標準為「義—利」。故以「利親」為孝之定義。故曰：「孝，利親也。」利親為孝，故為人子者，當以事親為其職分，並且應盡其力以利親。墨家此種利親之「孝論」，是由其絕對利他之功利主義所引申出來者。因為利他，故以利親為人子之本分。孝子只求盡本分以利親而不希望從父母親處得到精神上或物質上（如財產）之回報。故曰：「孝以親為芬，而能能（善）利親，不必得。」

14. 經　信：言合於意也。

說　信：不以其言之㈠當也，使人視城得金㈡。

㈠之：猶為也。之、為古多互訓。「不以其言之當也。」即「不以其言為當也。」

㈡視城得金：孫云：「言告人以城上有金，視而果得之，明言必信也。」諸家多以誠訓城。

按：城，如字或以誠訓之均無不可。

按：甲之言，如合於乙之意，則乙必認為甲之言為可信，故曰「信：言合於意也。」如乙不以甲之言為當，則必定不信甲之言，如此，則甲唯有令乙親自證實其言，方能使乙「信」，例如：甲言城上有金，乙認為城上不可能有金，亦即甲言不合於乙意，換言之，乙不以甲言為當，則甲唯有使乙親臨城上，視之，如果得金，則可證實甲之言為可信。故曰：「不以其言之當也，使人視城得金。」據此，「信」之基礎在於雙方對某一事物之「認同」。有所認同，則以對方之言為可信。否則，必須以實證之方法使對方認同於我，而信於我。

15. 經　佴：自作也。

說　佴：與人遇，人眾，㥞。

按：此條不可解。諸家率憑己意以臆解之，俱不可採信。孔子曰：「不知為不知」，故存疑焉。

16. 經　詷㈠：作嗛也㈡。

說　詷：為是為是㈢之台㈣，彼也，弗為也。

㈠詣孫云：「畢云：字書無此字。詒讓案：孟子：『睊睊胥讒』，孫奭音義云：『睊一作詣』。詣、睊、狷並同聲詣借字。」

㈡作嗛：嗛，謙也。說文通訓定聲：「嗛，叚借為謙。」易謙釋文：「嗛，謙也。」釋文：「嗛本作謙。」說文：「謙，敬也。」

㈢為是為是：高云：「為是二字不當重，蓋轉寫誤複。」

㈣之台：之猶「而」也。台，怡也。說文：「台，說也。」段注：「台說者，今之怡悅也。」

按：論語子路篇：「狂者，進取；狷者，有所不為也。」狷（詣）者之所以「有所不為」，乃因狷者以「敬」存心，有所作，必敬肅莊重，故曰：「狷：作，謙也。」因為敬肅莊重，故絕對不肯如鄉愿般，為怡悅人而「行動」，故曰：「狷：為是而怡彼也，弗為也。」

17. **經**　**廉㈠：作非也。**

說　**廉：已惟㈡為之㈢，知其𢟪㈣也。**

㈠廉：廉，察也。說文通訓定聲：「廉，叚借為覝。」漢書高帝紀：「且廉問有不如吾詔者，以重論之。」注：「師古曰：廉，察也。廉字本作覝，其音同耳。」察為動詞，此處「廉」為名詞而兼有動詞之性質。

㈡惟：猶「雖」也。

㈢為之：「為之」即經文之「作非」也。

㈣𢟪：高以為恥之異文，從之。

按：不苟求之廉士，雖風骨稜然而謹於操守，然有時亦難免有做錯之時，故曰：「廉，作非也。」廉士雖有做錯之時，然而善於「省察」其行為，故於「為非」、「作非」之後能「察」知其為非，而恥其過。亦即行己有恥之意也。故經說云：「廉：己雖為之，知其恥也。」

18. **經　令：不為所作也。**

說　所令，非身弗行。

按：令，發令，命令也。發號司令者，旨在使受令者，依令行事，而自身則不為。故曰：「令，不為所作也。」所令，猶「被令」也，指受令之人也。發令之人不為所作，而受令之人則非親身依令行事不可。故曰：「所令，非身弗行。」先秦各學派，唯墨家有嚴密之組織，其鉅子對門下墨徒有生殺予奪之權。故墨者重視「令」與「所令」之區分，乃特為之界定其定義如上。

19. **經　任㈠：士損己而益所為也。**

說　任：為身之所惡，以成人之所急也。

㈠任：謂任事也。

按：墨子所倡導之兼愛，摩頂放踵以利天下之言行，實為中國古代社會游俠之濫觴。故墨徒（士）任事必須謹守「損己以求對其所為之事有所助益」之原則，故曰「任：士損己而益所為也。」人皆好生惡死，然墨徒有時甚至犧牲自己以成全他人，亦在所不惜，故曰：「任：為身之所惡，以成人之所急也。」莊子天下篇謂墨子「以繩墨自矯，而備世之急。」即此意。

20. **經　勇：志之所以敢㈠也。**

說　勇：以其敢於是也，命之；不以其不敢於彼也，害㈡之。

㈠敢：大戴禮記文王官人：「潔廉而果敢者也。」注：「果敢，謂不慮不懼也。」一切經音義十六：「敢，必行也。」

㈡害：患也。淮南子脩務訓：「時多病毒傷之害。」注：「害，患也。」

按：凡人能不慮不懼，以求志之必行，則可謂之勇矣。故曰：「勇，志之所以敢也。」人之勇敢隨其人之氣質、訓練、修養、環境、年齡、對象、……等之差別而異。敢於此者，不一定敢於彼，亦即人世間無所謂絕對之大勇者，故用人之際，但求其人敢於為「吾所欲使之為之事」即可，而不必患對方不敢於為他事。故曰：「勇，以其敢於是也，命之；不以其不敢於彼也，害之。」按經說之意有二層：人之勇於此者，不一定勇於彼。換言之，人之勇皆為有限者，此其一。用人不必求「全勇」；任事能當其勇，使其「偏勇」發揮其作用斯可矣。此其二。

21. 經　力：刑㈠之所以奮㈡也。

說　力：重之謂，下與重㈢，奮也。

㈠刑。畢沅（以下簡稱畢）云：「刑同形。」

㈡奮：說文：「奮，翬也。翬，大飛也。」廣雅釋詁：「奮，動也。」

㈢下與重：孫云：「與疑當為舉，言凡重者皆就下，有力則能舉重以奮也。」

按：人之形體之所以能動，皆由於「力」使然，故曰：「力，形之所以奮也。」譚云：「據今動力學：『凡改變物形之動止狀態者，皆謂之力。』然則令物體動，須加外力耳。牛頓動例，正合此旨。力加於物而後物動，惟力不易見，須由重而見之耳。故曰：『重之謂。』」人如施力於物，則能自下將物上舉，而使之動。故曰：「下舉重，奮也。」

按：本條旨在說明「力」、「物」（重）「運動」（奮）之關係。其意是：凡物皆有重量，若不對之施「力」，則物必靜止於某空間而不動；若施力於物，則物必因「力」之作用，而改變其所在之空間。施「力」是「物」「動」之因，而「物」之「動」則為「力」之果。

22. **經　生：刑㈠與知㈡處也。**

說　生：楹之生㈢，商㈣，不可必也。

㈠刑：形也。

㈡知：知覺也。

㈢楹之生：楹，吳鈔本作盈。盈即「堅白盈」之盈，同處之意也。

㈣商：爾雅釋詁：「商，常也。」說苑修文：「商者，常也。」

按：凡具有形體及知覺，則謂之生。二者須同在，任缺其一，皆不得謂之生，故曰：「生：形與知處也。」形體與知覺相盈謂之生，然而形、知之相盈為有時間性者，而非恆常如此，亦即生命為一有限之存在也，故曰：「生：盈之生。商，不可必也。」

23. **經　臥㈠知無知也。**

說　（無說）

㈠臥：說文：「臥，伏也。」廣韻：「臥，寢也。」段玉裁曰：「寢於牀，臥於几。」荀子解蔽篇：「心臥則夢。」釋名釋姿容：「臥，化也。精氣變化，不與覺時同也。」

按：人入睡後，感官之覺知活動即呈休止狀態，然而人之潛意識卻反而大肆活動，因而形成夢。人在夢中有所思，有所見，有所聞，有所觸，似與清醒時之覺知活動無異。然醒後，頓時發覺夢中之知覺皆非真實之覺知活動。換言之，睡夢中之覺知似知而實無知也。故曰：「臥：知無知也。」據此，墨經乃是以五官之實際活動所得之知為「知」，夢中非直接透過五官而得之知，則不視之為「知」。此即以感官之「經驗之覺知」為知，而夢中之知，則是非經驗者，不可驗證者，故不以之為「知」。

24. 經　夢：臥而以為然也。

說　夢。

按：前條以夢中之「知」為非可驗證者，故不以之為「知」，然作夢者在夢中，僅能「夢」，而不能立於夢外對其所作之夢作客觀之驗證，故不以夢為夢，而以之為真實者。故曰：「夢：臥而以為然。」臥、夢二條經文簡明，故無說焉。

25. 經　平(一)：知無欲惡也。

說　平：惔然。

(一)平：正也。國語鄭語：「平八索以成人。」注：「平，正也。」

(二)惔：一切經音義十六：「惔，恬也。」

按：人之覺知活動，如受「欲惡」等情感之左右，則人之認知活動，極易偏失而不得其正。反之，人心如能恬然不為好惡所動，則其感官可以作正常之覺知活動。故曰：「平：知無欲惡也。」依此，「恬然無惡欲」乃成為使五官之覺知作用得其正之必要條件。於此，墨者無異以奧坎刀將「感情」自覺知活動中割除。

26. **經　利：所得而喜也。**

說　利：得是而喜，則是利也。其害也，非是也。

27. **經　害：所得而惡也。**

說　害：得是而惡，則是害也。其利也，非是也。

按：此二條以人主觀之好惡作為界定「利害」之標準。故曰：「利所得而喜也。」「害所得而惡也」。復次，墨者認為利與害是一組矛盾概念，彼此不能同真假，有一真，則另一必假，故曰：「其害，非是（利）也。」「其利，非是（害）也。」喜、惡是當下的，利害則應自久遠處看。故以喜惡來界定「利害」，則此「利害」只是當下的、片面的、情緒的、主觀的。

28. **經　治：求得也。**

說　治：吾事治矣，人有㈠治南北㈡。

㈠有：孫云：「有疑當讀為又。」

㈡南北：按此南北，當兼指東西而言，南北即四方之意。

按：前二條分別以「所『得』而喜」、「所、『得』而惡」界定「利」、「害」，而人有趨利避害之本性，故只求利而不求害。本條經文求『得』，當即求『利』之意，墨家為十足之功利主義者，故曰：「義，利也。」天志上曰：「天下有義則生，無義則死，有義則富，無義則貧，有義則治，無義則亂。」墨經以利界定義，而天志則謂「有義則治，無義則亂」，可知「有義則治」實即「有利則治」。墨家重功利，故以為有「利」則「治」。墨家不僅重功利，抑且為絕對之利他主義者，一切以國家百姓人民之利為依歸，故其三表法云：「於何用之？發以為刑政，觀其中國家百姓人民之利。」總上言之，墨子政治之目標旨在使百姓人民均能得利，故曰：「治，求得也。」墨子在政治組織上，主張尚同——人民、里長、鄉長、國君，遞相尚同於天子，而天子則上同於天，並體天之意、致治以利民。國君、鄉長、里長，亦當體天子之意以利民，使民得利。簡言之，天子事治，則國君、鄉長、里長亦當事治，以使四方之人皆能得利，故曰：「吾事治矣，人又治南北。」

29. **經**　譽(一)：明美也。

說　譽之必其行也，其言之忻。使人督之(二)。

(一)譽：集韻：「譽，稱美也。」

(二)使人督之：孫云：「督，篤之借字，書微子之命云：『曰篤不忘』。左僖十二年傳云：『謂督不忘』。督即篤也。爾雅釋詁云：『篤，厚也。』使人厚于為善行。」

按：譽之目的在稱揚人之美善，以使其美善彰顯於世，故曰：「譽，明美也。」稱美人，必以其人之真實行為為根據，而不可稱過其實，亦不可吝於稱譽，如能譽副其行，則受譽者，必心生喜悅而可使之厚于為善行，以收勸善之效，故曰：「譽之必其行也，其言之忻，使人督之。」

30. 經　誹㈠，明惡也。

說　誹必其行也，其言之忻㈡。

㈠誹：說文：「誹，謗也。」說文通訓定聲：「大言曰謗，微言曰誹，曰譏。」

㈡忻：梁以為忻當為怍，形近而譌，茲從之。

按：謗議之目的在彰明人之惡，以使之知所悔改，故曰：「誹，明惡也。」謗議人亦須以其人之惡行為據，方能使彼無所狡遁而心生愧怍。如此必能使之悔改，故曰：「誹必其行也。其言之怍。」

31. 經　舉：擬實㈠也。

說　舉：告以文名㈡，舉彼實也。

㈠擬實：梁云：「擬實者，模擬其實相也。」

㈡文名：許慎說文解字序：「依類象形，謂之文。其後形聲相益，謂之字。」通志、六書略、六書序：「象形指事文也。會意諧聲轉注，字也。」周禮、秩官、大行人：「諭書名。」注：「書名，書之字也。古曰名。」儀禮、聘禮記：「百名以上書於策。」注：「名，書文也，今謂之字。」故經說之「文名」實即文字也。各家之校注俱非。

按：人對一切事物有所覺知或有所認識後，必對認知對象（實）加以描繪、摹擬，以便於記憶與傳達給他人。將認知對象之實，加以描摹，墨經稱之為舉。故曰：「舉，擬實也。」當人對某一物實能有所「舉」時，實際上是表示對該「物實」在某種「意義」上有所認取，而文字是一種最能

「表意」之符號，而且最能使「意義」貞固確定者，故人在認知活動到達對認知對象形成某種「意義」之認取後，就以文字來表示並貞定其所描摹而得之意義。故曰：「告以文字（名），舉彼實也。」

32. **經**　言㈠：出舉也。

說　故㈡言也者，諸口能之出民者也，民若畫俿也㈢，言也，謂；言猶石致也㈣。

㈠言：釋名釋言語：「言，宣也。宣彼此之意也。」

㈡故：故字疑衍。

㈢「言也者，……畫俿也。」高以為當作：「言：言也者，口能之，出名者也。名若畫俿也。」其言曰：「蓋標牒言字，轉寫誤脫，今依例補。諸字涉言者二字而衍。名、民聲近而誤。俿蓋虎之異文。」茲從之。

㈣「言也謂，言猶石致也」：孫云：「石疑名之誤，猶與由通，謂言因名以致之，也謂二字誤倒。」孫說是，從之。

按：言語乃用以宣示彼此之意者。人欲將其描摹物實所得之印象（舉，擬實也）轉示他人時，最便捷之方法為利用「言語」。故曰：「言，出舉也。」前條言：當人對某一認知對象加以描摹後，就以文字來貞定及界定其描摹所得之「意義」。然當人欲將一己所得之「舉」示人時，則文字不如語言便捷。就感官而言，「言」為「口」之所司；就「言」之目的而言，乃旨在將透過文字所界定之「舉」，傳示他人。故曰：「言也者，口能之，出名者也。」

實（物實）、名（文字）、言（語言）三者之關係，可以經由下列譬喻加以理解：例如：有一虎

（物實）於此，吾人對之有某種瞭解後，乃以「虎」字描摹對虎之理解。故「虎」字之作用在於描摹虎之形象、特性（說文釋例：「虎，本全體象形。」說文部首訂：「虎：山獸之君也，象踞形。」）以確定界定吾人對虎之具體理解。而當吾人欲將對虎之理解示人時，則捨「文字畫」，而代之以言語。依此，則言語應該以吾人描繪物實之心得——「文字畫」為據，為準。故曰：「名，若畫虎也；言，謂也；言由名致也。」於此尚須一提者，經說之意不可誤解作文字之產生早於語言。其意乃是：吾人對「物實」有所理解時，乃以「文字符號」或「文字畫」記存之；而於欲將對物實之理解示人時，則往往將「文字」翻成「語言」以行之。

33. **經　且：言然也。**

說　且：自前曰且㈠，自後曰已㈡，方然亦且㈢，若石者也㈣。

㈠且：表事物將然之詞。國策秦策：「城且拔矣。」注：「且，將也，」

㈡已：廣雅釋詁：「已，訖也。」國策齊策：「言未已。」注：「已，畢也。」

㈢方然亦且：通訓定聲：「且，叚借為此。且，此雙聲。」詩周頌載芟：「匪且有且。」注：「且，此也。」

㈣若石者也：俞云：「若石者也，涉下句『君以若名者也』而衍。又誤名為石耳。」從之。

按「且」為用以表示事物情狀之詞，故曰：「且，言然也。」任何事物自其發展之歷程言，皆可分之為過去，現在，未來三態。例如：「城且拔矣」之「且」，即為表未然之詞。故曰：「自前曰且。」「已」為用以表示事態之已完訖者，亦即自事後言其狀況者。故曰：「自後曰已。」「且」字除表示未然外，亦可用以表示「現在」（此）之狀況。故曰：「方然亦且。」

34. 經　君：臣萌㈠通約也。

說　君：以若㈡名㈢者也

㈠萌：孫云：「鈕云：『萌即氓字。上文已屢見。』案鈕說是也。」

㈡若：梁曰：「若疑當作約，音近而譌。」

㈢名：李云：「名與民同，古字通。本經屢屢互用之。」

按：墨子尚同中云：「古之民始生未有正長之時，天下之人異義；是以天下亂焉。明乎民之無正長以一同天下之義而天下亂也，是故選擇天下賢良聖智辯慧之人，立以為天子，使從事乎一同天下之義。」春秋戰國之國君，為世襲制，墨子是就「君」產生之歷史言，君為天下人所公認而產生者。故曰：「君，臣民通約也。」君雖為臣民所公推而生者，但「君」之目的在「從事乎一同天下之義。」故君乃必然地成為約束人民之人，故曰：「君以約（若）民（明）者也。」

35. 經　功：利民也。

說　功：不待時若衣裘。

按：墨經以利君為忠，利親為孝。為臣、子者必須做到利君、利親方能稱之為忠臣孝子。此處以利民界定「功」，其立言之旨乃在規定：為人君者，必須普利萬民方能算得上有功，才能稱之為賢君。利君，利親是臣、子之道德律，而利民則是為人君者之道德規範。天志上曰：「必上利於天，中利於鬼，下利於人，三利無所不利，故舉天下美名加之，謂之聖王。」墨家所強調者為徹底之利他主義，故君之利民亦應是絕對者——必須「無時無地」地愛民，「無所不利」於民。如衣，只能於「夏時」利民，而裘僅於寒冬利民。夏裘冬衣於民無大利，為君之利民不應如衣裘之利民有其時間性，換言之，君之利民應無時間（及空間）之限制。故曰：「功，不待時若衣裘。」

36. 經　賞：上報下之功也。

說　賞：上報下之功也。

按：墨子書中在揭櫫「利他主義」之理想後，常常接著主張以賞罰作為手段以達成其理想。上天如此，天子亦如此，臣下如能秉承天子之意以利民，則賞之。故曰：「賞：上報下之功也。」反之，臣下如犯禁而不能利民，斯為「罪」，則必罰之，故三十八條云：「罰，上報下之罪也。」

37. 經　罪，犯禁也。

說　罪：不在禁，惟(一)害無罪，殆姑(二)。

(一)惟：雖也。

(二)殆姑：梁氏校作若殆，從之。高云：「殆疑借為詒，同聲系古通用，說文：『詒相欺詒也。』廣雅釋詁：『詒，欺也。』欺人雖有害於人，而不在禁內，固無罪也。故曰：『若殆。』」

按：凡犯法違禁者，為有罪，故曰：「罪，犯禁也。」犯禁為有罪之條件，故不犯禁，則其行為不致構成「罪」。例如欺騙行為雖足以害人，但不在禁內，亦不得謂為犯罪。故曰：「不在禁，雖害無罪，若詒。」

38. 經　罰：上報下之罪也。

說 罰：上報下之罪也。

按：釋已見第三十六條——「賞」

39. 經 侗㈠異而俱於之一㈡也。

說 侗：二人而俱見是楹也，若事君。

㈠侗：范云：「侗舊作同，今依說改。」

㈡俱於之一：孫云：「之一猶言是一，謂合眾異為一。」案：李校「俱於之一。」作「俱之於一」，從之。

按：凡某一事物能使彼此殊異之他種事物，產生一種共同之反應者。換言之，殊異之事物由於某一事物而引起共同反應者，謂之侗。故曰：「侗，異而俱之於一也。」

釋名、釋宮室云：「楹，亭也。亭亭然孤立，旁無所依也。」按在宮室中，楹柱亭亭然孤立，所以最容易吸引人之視線，如有二人進室，同被楹所吸引而見楹，此之謂侗。又如：三公、九卿。彼此身份雖異，然其為君之臣，且以事君為其共同之目標則一。故曰：「侗：二人而俱見是楹也，若事君。」推墨經之意是：如有一事物，能使殊異之事物產生統一，一致或共同之反應，因而產生異中之同之現象者曰「侗」。

40. 經 久：彌㈠異時也。

說 久：古今旦莫㈡。

㈠彌：周禮春官大祝：「彌祀社稷禱祠。」注：「彌，猶徧也。」易繫辭上：「故能彌綸天地之道。」釋文：「彌，遍也。」

㈡莫，暮也。

按：時間是一無限延伸之虛流，它因古今、旦暮之差異，而顯現其存在，人乃亦因春夏秋冬、日夜、古今等之差異變化而感覺時間之存有。同時也由於古今旦暮等之變異，而感覺時間之無限與長久。墨經稱無限與長久之時間為久。故曰：「久，彌異時也，」「久，古今旦暮。」

41. **經　宇㈠：彌異所也。**

說　宇：東西家㈡南北。

㈠宇：莊子齊物論：「旁日月，挾宇宙。」釋文：「尸子云：天地四方曰宇，往古來今曰宙。」爾雅釋詁：「宇，大也。」

㈡家：顧千里曰：「家字衍。」

按：遍合古今旦暮之異時，可以知時間之無限與長久。徧合東西南北不同之處所，則可以知空間之廣大而無窮。故曰：「宇：彌異所也，」「宇：東西南北。」

42. **經　窮：或㈠有前㈡不容尺也。**

說　窮：或不容尺有窮，莫㈢不容尺無窮也。

㈠或：說文：「或，邦也。从口戈以守其一。地也。」又「或重文作域。」廣雅釋詁：「邦，國也。」周禮天官大宰：「以佐王治邦國。」注：「大曰邦，小曰國。」

(二)前：邦國之前，即邦國之邊界也。

(三)莫：廣雅釋言：「莫，漠也。」說文：「漠，北方流沙也，从水莫聲。」正字通：「漠，廣也。」字彙：「漠，大也。」按：莫字歷來諸家率以否定詞解之，未當。揆之經說，「或」、「莫」，相對成文，其詞性應同，或，既解為邦國，名詞；則莫亦應為名詞，故以沙漠解之。

按：戰國七雄皆千乘之大國——邦（或），其領土廣大，非「尺」所能勝量，儘管如此，邦國總有其邊境，故為有限者，因其為有限，故可窮其大小。故曰：「窮；或有前，不容尺也。」邦國雖大，但因有界域，故雖不容尺，然究為有限之空間，而沙漠在農業社會之中國人心目中是一片無垠之流沙，故以為非尺所能窮者。故曰：「窮：或，不容尺，有窮；莫，不容尺，無窮也。」依經說「不容尺」之空間雖大，但有「有窮」、「無窮」之別，邦國為有窮之大，而沙漠則為無窮之大。

43. **經　盡：莫不然也。**

說　盡：但(一)止動(二)。

(一)孫云：「但疑當作具，謂盡與俱義略同。」按經說下第六十四條云：「方盡類，俱有法而異。……盡類猶方也，物俱然。」可為孫說之佐證。

(二)止動：高云：「止動，猶靜動也。」

按：小取篇云：「或也者，不盡也。」按：「或」，有也，即英文之 Some，為邏輯命題中表示特稱，偏稱之概念。「或」與「盡」為對稱之相反詞，（或也者，不盡也。）故盡相當於英文之 all，為表示全稱之概念。有「凡」，「全」之意，亦即無有例外。故經文以「莫不然」界定

「盡」。經說則以「動」，「靜」俱然以釋「盡」。故曰：「盡，俱止動。」

44. **經　始：當㈠時也。**

說　始：時或有久，或無久，始當無久。

㈠當：辭海：「當，遇也，謂所遇在前也。禮曲禮：『當食不歎。』按：當世為今世，當日為即日等，並謂其所遇在前也。」是「當」有「前」義。「當時」即「前時」。

按：時間本為一極抽象之存在。人之理解與把握時間特性之方法是將時間「度」（度量衡之度）化。而且是度化為一無限延伸之直線。墨經之以「無久」，「當時」釋「始」，實際是以「始」為「時線」之點。按：依數學，點者，無長、廣、厚、無大小而有位置者也。有限直線之端為點。某一「時線」之起端為「時點」，此「時點」，無長廣厚、無大小、無長短，故為「無久」，因為是時線之前端，故稱為「始」，稱為「當（前）時」。故曰：「始：當時也。」至於「有久」之時則為「時線」，因為是「時線」，故有長度。有長度，故為「有久」。

45. **經　化：徵㈠易也。**

說　化：若鼃㈡為鶉。

㈠徵：成也。淮南子、氾論訓：「故聖人見化以觀其徵也。」注：「徵，成也。」集韻：「徵，成也。」

㈡鼃：古蛙字。說文：「蛙，蝦蟆也。」

按：荀子正名篇：「物有同狀而異所者，有異狀而同所者，可別也。狀同而為異所者，雖可合，謂之二實。狀變而實無別而為異者，謂之化，有化而無別，謂之一實。」周禮春官大宗伯：「合天地之化。」注：「能生非類曰化。」墨經之「化：徵易也。」即正名篇：「狀變而實無別而為異者，謂之化。」荀子之意是：同一「物實」由甲狀變為乙狀，則「物實」之形狀表徵有了變異，然甲、乙二狀僅為該「物實」之變化而已。此種現象墨經及荀子均稱之為化。徵（成）、易、化，俱有「變」義，故墨經以「徵易」界定化。淮南子齊俗訓：「夫蝦蟆生非其類，唯聖人知其化。」萬畢術云：「蝦蟆得爪化為鶉。」論衡無形篇：「歲月推移，氣變物類，蝦蟆為鶉，雀為蜃蛤。」由此可知，「蛙變為鶉」之說由來已久。由蛙變為鶉，在形狀上有變異，然此二形狀為同一物實之變化，故經說以之為譬，以說明「化」。

46. 經　損：偏去也。

說　損：偏也者，兼之體也。其體或去或存，謂其存者損。

按：高亨曰：「損者在物之全體或全量之中，偏去其一部分也。故曰：損，偏去也。」高說得之。據墨經第二條「兼」有整全之意，而「體」則為部分。偏，即不全之意，故曰：「偏也者，兼之體也。」例如：首及四肢合稱五體，當吾人單舉全體中之任一體時，則表示吾人對「五體」有所去取，例如吾人於五體中單舉「首」，則表示去四體而單存其「首」，故當單謂其首時，則表示吾人對五體已有所偏損，故曰：「其體或去或存，謂其存者，損。」

47. 經　大益(一)。

說　（無說）

㈠大益：高亨曰：「大益疑本作『益大也。』轉寫益大，二字誤倒，又脫也字耳。上條言損，此條言益，文義相對，可證也。」又曰：「無說，因其義簡也。」

按：於全體中去其部分而留其另部分曰損。益，則於全體中再增加另外之成分，如此可使原有之物實加大，故曰：「益，大也。」

48. **經　儇：稘秪㈠。**

說　儇：昫民也㈡。

㈠儇稘秪：孫云：「吳鈔本作秪，畢云：『稘，經說作昫。』詒讓案：當為環俱秪，皆聲之誤。俱，說作民，當作氐，即柢之省。爾雅釋言：『柢，本也』。凡物有耑，則有本，環之為物，旋轉無耑，若互為本，故曰：俱柢。」

㈡昫民：李云：「昫民，即俱氐，氐與民形近而譌。」

按：本條范耕研以為「未詳」，梁氏則云：「此條譌脫，不能索解。」其餘諸家雖有解說，然皆牽強，唯李漁叔似得之，其言曰：「環與輪同，環皆無端，於地面行之，其相切之處，即抵地之一點也。輪轉一同，即成一環，處處抵地，故曰：俱抵。莊子天下篇載辯者有『輪不蹍地』之語，此蓋破其說也。」

49. **經　庫㈠：易也。**

說　庫：區穴若㈡斯貌常。

㈠庫：藏也。說文：「庫，兵車臧也。从車在广下。」

(二)區穴若：孫云：「管子宙合篇云：『區者虛也』。區穴猶云空穴。『區穴若』猶言『若區穴』，文偶倒耳。」

按：兵車本當使用於戰場，而竟藏之於庫，則表示其間有所變易，其變易為何，墨經未嘗言，不過總不外指局勢之變易，物用之變易。器物使用空間之變異等。器物之用可以有變化，而虛空（區穴）則永無變易。其貌如常，故曰：「庫，易也。區穴若斯貌常。」經言其變，經說言其不變。

50. 經　動：或從也(一)。

說　動：偏祭從(二)者(三)，戶樞免瑟(四)。

(一)或從也：孫云：「此義難通，從當作徙。經下篇云：『字或徙。』此與彼文義正同，彼徙字今本亦譌作從，可證。說文：『徙，移也。』或當為域之正字。」按：「從」作「徙」，是；然「或」，非「域」之正字。或、有也。

(二)偏祭從：義不可解，存疑。

(三)者：曹耀湘、梁啟超俱校作若。從之。「若」應與下「戶樞免瑟」連讀。

(四)免瑟：譚戒甫云：「瑟，疑當讀為閟，同從必聲，故得通用。說文：『閟，閉門也。』引申之，如詩、載馳、閟宮傳曰：「閟，閉也。」而小字本白虎通禮樂篇亦云：『瑟者閉也。』瑟閟皆可訓閉，知二字實如一字矣。」按左傳僖二十一：「免牲。」注：「免，猶縱也。」左傳成公七年：「免牛。」注：「免、放也。」集韻：「免，釋也。」按：放、縱、釋，俱有「開」義。故免瑟即開閉也。

按：凡物有所移，謂之動。故曰：「動：或徙也。」戶樞，乃門扇所由開閉者，戶樞之開閉，即表示門扇有所移，亦即有所動。故經說以之為「動」之譬詞。

51. 經　止：以㈠久也。

說　止：無久之㈡不止，當牛非馬，若矢過楹。有久之不止；當馬非馬，若人過梁。」

㈠以：猶則也。古書以，則多互訓之例。

㈡之：猶則也，訓見經傳釋詞。下「之」字亦「則」也。

按：此條言運動與時間、空間之關係。凡物有所動，則必從甲空間移至乙、丙……等不同之空間。如此，則運動必佔有空間之長度。（經下第十五條「宇或徙，說在長。」）運動固然擁有空間之長度，然「動」之過程，由於變動不「居」，故運動主體在運動之空間長度中之任何一點，只擁有時間之點，而無時間之線。亦即在時間上無「久」。反之，如運動停止，則其運動者，在空間上只佔有其「所止」之「點」，而無「長」度。雖然「止」在空間上只有點而無「線」，然在時間上卻擁有時間之長度，佔有時間之線——亦即「久」，故曰：「止以久也。」有「止」，則在時間上必有其長度——「久」，由此可以得出一假然命題：「如止則久」，依假然推理之規律，否定後件，則否定前件，故「無久」必函「無止」，故經說曰：「無久則不止」，如矢飛過「楹柱」時，不「久」停，而繼續飛行——不止，故曰：「無久則不止，若矢過楹。」「止則久」之義到此已完足，經說則又橫生枝節引出「有久之不止，若人過梁」。按久與止，為等價關係，即有久必有止，無久則無止，反之亦然，有止則有久，無止則必無久。故「有久之不止」，顯然與「止則久」相矛盾，經說之所以造成自相矛盾，關鍵在其譬詞，「若人過梁」。梁是一萬乘之大國，不論是橫貫而過或是縱貫而過，皆須相當時日。不像矢過楹，只是一剎那而已。因而使人有「過梁有久」之感。而人在過梁時，一直在運動中，故又有「不止」之象。因而有「有久之不止，若人過梁。」之語。「無久則不止」一語，與「牛非馬」一樣，極易理解，而「有久之不止」則與「馬非馬」一樣，不可理解，而且似相矛盾，故曰：「無久則不止，當牛非馬，若矢過楹；有久之不止，當馬非馬，若人過梁。」

按：經說「無久之不止」與「有久之不止」二語，不能並立。如以「楹」為點之標準，並以一剎那為無久之標準，則矢之過楹，只一剎那，因為只一剎那，可以說它不止，無久。但是梁與楹相比，梁在空間上不能算是一點，是一面，而就人之過梁言，必經一「時線」，因為是時線——久，故人之過梁必「有久」，既有久則必「有止」而不能無止，如一人以三日時間過梁，則此三日必止於「梁」，惡得稱之為不止？故「有久之不止」僅為一詭辭耳。

52. 經　必：不㈠已㈡也。

說　必：謂臺執者也，若弟兄㈢一然者，一不然者，必不必也，是㈣非必也。

㈠不：語首助詞，爾雅釋丘：「夷下洒下不漘。」注：「不，發聲。」爾雅釋魚：「龜左倪不類，右倪不若。」疏：「不，發聲也。」

㈡已：必也。漢書灌夫傳：「已然諾」注：「已，必也。謂一言許人，必信之也。」

㈢謂臺執者也，若弟兄：此二句依曹耀湘校，移作下條經文「平，同高」之說。

㈣是：此也。

按：必、已為同義詞，皆「必然」之意。所謂必然，是以「反面為不可能」來界定。例如：二加二為四，「二加二」之為「四」是必然的，亦即「二加二」不等于「四」是不可能的。某一事物，如肯定其為「然」時，即表示其「必」如此，如一事物一方面可以是「然」，另一方面也可以是「不然」，如此則成為既可「必」也可「不必」，則此「然」，並非是「必然」的，故曰：「一然者，一不然者，必不必也，此（是）非必也。」

53. 經　平㈠：同高也。

說　平：謂臺執㈡者也，若弟兄。

㈠平：詩、小雅、伐木：「終和且平。」箋：「平，齊等也。」書、堯典：「平秩東作。」傳：「平，均也。」後漢書、皇甫規傳注：「平人，齊人也。」

㈡臺執：說文：「臺，觀四方而高者也。」帝京景物略：「孤山西峯橫潤，東望一平處曰歡喜臺。」是臺有高、平之意。執，多作為動詞，此處疑與臺合為「合義複詞」，作名詞解。

按：有高有低謂之不平，故同高，則平矣。故曰：「平、同高也。」臺，高而平；兄弟，彼此為同輩、平輩；故經說，以臺、兄弟作為平之譬詞，名家有「山與澤平」、「山淵平」之說。山高而淵低，二者不同高，不得謂之平。故墨經「平、同高也。」顯然是在駁名家之詭辯。

54. 經　同長：以𤴓㈠相盡也。

說　同：捷㈡與狂之同長也。

㈠𤴓：畢云：「𤴓，即正字。」

㈡捷：畢云：「一本捷作楗。」

按：高亨詮經云：「正謂彼此相比，得其長度之正也。同長也者，彼此相比，則相盡。故曰：『同長，以亓相盡也。』」又詮經說云：「捷者，拒門之直木也。狂當讀為框。框、門兩旁柱也。框字始見廣韻，蓋古代有框之物，亦有框之名，而無框字，故墨子以狂為之耳。門楗與門框其長相同，故墨家舉以為例，曰：楗與狂之同長也。」高說顯較諸家為勝，故從之。

55. **經　中：同長也。**

說　中：心㈠自是往相若也。

㈠中心：譚云：「中心二字，原倒誤，茲乙正。」說文：「心，人心，土藏也，在身之中。」禮記、小儀：「牛羊之肺，離而不提心。」注：「不提心，謂不絕中央也。」

按：任何有長度之物之中心點，至其兩端，其長度相等，故曰：「中，同長也。」「自是往，相若也。」譚、高，皆以圓心釋中，圓心至圓周之任一點皆同長。義頗足取。

56. **經　厚：有所大也。**

說　厚：惟無所大㈠。

㈠惟無所大：高云：「『惟無所大』，疑當作『惟無厚無所大』轉寫誤脫。蓋寫者寫至上無字，而誤視為下無字，遂脫兩字耳。」

按：惠施有「無厚不可積也，其大千里」之說，本條經及說，則在駁惠子之說。凡立體之物皆有厚度，有厚度方有「大」可言，故曰：「厚，有所大也。」反之，如無厚度，即無「大」可言，故曰：「惟無厚無所大。」例如：長度與寬度相同之兩物，其厚度大者，體積亦大，厚度小則其體積亦小，厚度愈小則體積亦隨之變小。若厚度變至「零」、「無」而成「無厚」時，則其體積亦等於零。體積為零，故無所大。此說雖在駁惠施之說，然惠子確有其獨到之見，非墨經所能駁倒。（詳第七章第一節厚大之辨）

57. **經**　**日中：正南也。**

說　（無說）

按：淮南子天文訓：「日至于昆吾，是謂正中。」注：「昆吾丘在南方。」故曰：「日中，正南也。」論者，多以為此條旨在駁惠施日方中方睨之說。按：睨，斜也，即不正也，不中也。推墨經之意，蓋以為既謂之「中」，即不得為「睨」，為「睨」則非「中」。日至正南（昆吾），適為正中，不可謂之睨也。惠、墨二家之說皆能言之成理，可並存不誖。

58. **經**　**直：參也。**

說　（無說）

按：高云：「參者，縱也，豎也。論語衛靈公篇：『立則見其參於前也』。參於前謂縱立於前也。第一百三十八條說。按：即經說下第三十七條云：『衡指之，參，直之也。』衡參相對，義即橫縱也。此參有縱義之證。直者縱立，故曰：『直，參也。』」茲從之。

59. **經**　**圜㈠：一中同長也。**

說　圜：規寫㈡交㈢也。

㈠圜：圓也。漢書梅福傳：「高祖從諫如轉圜。」注：「圜與圓同。」集韻：「圜或作圓。」

㈡寫：畫也。

㈢交：交本作支。孫云：「疑當為交之誤。」孫校是。

按：圓之中心為圓心，每一圓，只有一圓心，而自圓心至圓周之任何一點其距離均相等。故曰：「圜，一中同長也。」規為畫圓之器，畫圓必自某一點畫起，作一圓形線直到此線與其起點相交，則成圓矣。故曰：「圜，規寫交也。」辨者之徒有：「規不可以為圓」之詭辭，墨經則以「圜：規寫交也」駁之。

60. 經　方：柱隅四讙㈠也。

說　方：矩見交也。

㈠讙：楊寬曰：「古從雚聲者，皆有『雜出』義。說文：『讙，譁也。』言之雜出也。」

按：楊寬解經及說最為簡明，其言曰：「柱，直線也；隅，直角也；『柱隅四讙』者，直線直角，四出而相雜也。矩之形為『∟』，『矩見交』者，二矩相交如□而成方。周髀算經云：『合矩以成方，』同其義。」茲從其說。

61. 經　倍：為二也。

說　倍：二尺與尺但去一。

按：高亨詮經云：「彼倍於此者，謂彼數量為此數量之二也。故曰：『倍，為二也。』」又詮說云：「去即數學所謂減也。二尺為一尺之倍，因二尺但減一尺，正餘一尺也。故曰：『二尺與尺但去一。』」

62. **經　端：體之無序㈠而最前者也。**

說　端：是無同㈡也。

㈠無序：李漁叔云：「無序者，言無與為次序。」

㈡同：齊也。書舜典：「同律度量衡，」釋文：「同齊也。」廣韻：「同，齊也。」

按：歷來諸家多以幾何學之「線」「點」解「體」、「端」。按經上第二條云：體分於兼也，故「體」即「部分」之意。（說已詳前），某一物體，任取（無序）其中之一部分，則此部分之最前，亦即最邊之處，稱之為端，故曰：「端，體之無序而最前者也。」例如移動某一物體，當此一物體與另一物體最先接觸之處，即為此物之「最前者」，亦即此物體之端。墨經以「最前」界定「端」，故端總是指最突出之部分，既為突出，則不齊（同），故凡是「端」，皆有不齊義，故曰：「端是無同也。」

63. **經　有閒㈠：中也。**

說　有閒：謂夾之者也。

㈠閒：隙也。

按：凡兩物相包夾，而未至密合之程度，則此二物之中間，必有空隙存在，故曰：「有閒，中也。」經以「中」界定「有閒」，凡言及「中」，必先有兩旁，方有「中」可言，故必先有兩物相夾，方有「中」可言，方有「有閒」可言，故曰：「有閒，謂夾之者也。」

64. **經**　閒：不及㈠旁也。

說　閒：謂夾者也。尺前於區㈡穴㈢，而後於端，不夾於端與區內，及及非齊㈣之，及也。

㈠及：廣雅釋詁：「及，連也。」

㈡區：說文：「區，踦區臧隱也。从品在匸中。」荀子大略：「言之信者，在乎區蓋之間。注：「區，藏物處，凡言之可信者，如物在器皿之間，言有分限，不流溢也。」據此則區為中空而可藏器物者，此處當指藏尺之尺套而言。

㈢穴：梁曰：此字疑衍。

㈣齊：同也，一也。

按：說文：「閒，隙也。从門月。」段注曰：「會意也，門開而月入，門有縫而月光可入，皆其意也。」虛空，或獨立之某物無所謂閒隙之可言，必須兩（或以上）物相夾，且兩物之邊際（旁）不相連（及）始有閒隙可言。例如兩門柱相夾而不及旁，方有閒隙之存在。故曰：「閒，謂夾者也。」「閒，不及旁也。」如將尺收藏於區（尺套）內，則由於尺梢露出於尺套，故曰：「尺前於區」，而尺之最邊際，為端。（端，體之無序而最前者也。）故尺「後於端」。依此，端、尺、區三者雖有前、中、後可言，但端與尺實連為一體而不可分；尺入區內，則尺、區密合，亦即「及旁」。必須兩物相夾，且相夾而不相連（不及旁）之情況下方有閒之可言，而端、尺、區實相連及，故曰：「(尺)不夾於端與區內」尺與端相及，尺又與區相及，此之謂「及及」，尺、端、區雖「及及」，然而究非一物，僅是相連及而已。故曰：「及及非齊之，及也。」

65. **經　纑：閒虛也。**

說　纑：閒虛也者，兩木之間，謂其無木者也。

按：凡閒虛處，墨經謂之纑，故曰：「纑，閒虛也。」例如兩木間無木之處，即為兩木之閒虛，此閒虛，謂之纑，故說云：「纑，閒虛也。兩木之間，謂其無木者也。」又按：「有閒，中也。」「閒，不及旁也。」「纑，閒虛也。」三條似相同，而實不相等也。茲辨之如下：「有閒，中也，謂夾之者也。」是積極地、正面地為「有閒」下一定義——兩物相夾而中空，謂之「有閒」。至於「閒不及旁也」，則是消極地限制兩物相夾，而不相連及，方有「閒」可言，否則相連及則儘管相夾，亦不得謂之有「閒」。「纑、閒虛也。」「閒虛者，兩木之間，謂其無木者也。」則是賦予「閒」一專有名詞——「纑」，以之指稱兩物相夾而不相及之中空處。

66. **經　盈(一)：莫不有也。**

說　盈：無盈無厚。

(一)盈：說文：「盈，滿器也。」詩、召南、鵲巢：「維鳩盈之。」傳曰：「盈，滿也。」廣雅、釋詁四：「盈，充也。」故盈即充滿之意。

按：凡物皆有厚度，而有厚度之物，必具有如軟、硬、黑、白、粗、細、形狀……等之「物性」。例如一塊黑色粗糙之石，必充滿「黑」、「硬」、「粗」之性，反之，如「黑」、「硬」、

「粗」、「石」之性，各自分離而不相盈，則絕不能有「黑粗石」之具體物存在，故曰：「無盈（則）無厚。」諸物性必相盈，而後有「有厚之物」（有體積之物）在，亦即「有盈」而後「有厚」，有厚，則諸物性必相充滿於此「厚」，換言之，凡厚（盈）則此「厚」之「物性」，必全為此厚所有。故曰：「盈，莫不有也。」此說在駁名家堅白離之說。

67. **經　堅白：不相外也。**

說　於尺㈠無所往而不得得㈡二，堅㈢異處不相盈，相排㈣是相外也。

㈠尺：孫云：「此尺字，實當作石，形近而誤。經說下：『廢石於平地。』石亦譌尺可證」茲從之。

㈡得得二：高云：「得，不當重，蓋轉寫誤複耳。」應據刪。

㈢堅：堅下疑脫一「白」字。

㈣相非：高云：「非疑當讀為排，古字通用。釋名釋語言曰：『非，排也。』即其證。

按：就一白石而言，此石同時具有「堅」與「白」二種物性，堅中有白，白中有堅，堅白相盈於石中而不相離不相外，故曰：「堅白，不相外也。」因堅白相盈於石中，故不論在何種時空條件下，吾人必能從白石中得知其「堅」性與「白」性，故曰：「於石無所往而不得二。」如堅與白不在同一物體上存在，亦即堅白異處，此之謂不相盈，不相盈即表示堅擯白於其外，而白亦擯堅於其外，故曰：「堅白異處不相盈，相排是相外也。」墨者之意是：「堅白離」之說必須以「堅」與「白」異處，相排，相外為條件，如堅、白同處、同聚於同一物體之上，則堅白離之說為詭辭。

68. 經　攖㈠：相得也。

說　攖：尺與尺俱不盡㈡，端與端俱盡。尺與或盡或不盡，堅白之攖相盡，體盈不相盡，端㈢。

㈠攖：畢云：「玉篇云：攖，結也。」正字通：「攖、觸也。」

㈡俱不盡：疑「俱不」二字誤倒，當作「不俱盡」。

㈢端：高亨採孫說云：「最末端字，當在第三句，『尺與』二字下，轉寫誤竄。」茲從之。

按：異體或異質相觸而結為一體，彼此不可分，如此則得「此」，亦必同時得「彼」，得「彼」亦即得「此」。故曰：「攖，相得也。」經文以相得——得此則得彼，得彼亦得此界定攖，故攖有盡義。得此得彼即得彼此中之任一，必定彼此盡得，故經說以盡解「攖」。其意是：如甲乙二尺相並，彼此雖「觸」而不相「結」，故不相得，得甲尺不函其必得乙尺，得乙尺亦不函其必得甲尺，故曰：「尺與尺不俱盡，」任何一尺，必有兩端，且此端與彼端必然相觸結為一，故得此端，必函得彼端，得彼端亦必函得此端。二端任得一端必彼此二端盡得，故曰：「端與端俱盡。」「尺與尺」，「端與端」可以有「不俱盡」，與「俱盡」之別，而就一白石而言，則堅白不可能有「不盡」——堅白離，與「盡」——堅白盈同時皆真之可能性。堅白，只能是「盡」，而不可能是「不盡」。故當堅與白攖於石時，堅白必相得相盡。故曰：「尺與端或盡或不盡；堅白之攖相盡。」堅白離之說亦即堅白不相盡，此說之成立，其唯一條件為「體盈」。體即部分之意（說已詳前）堅、白如果能部分相盈，另有部分不相盈亦即「體」盈而已，如此則堅白可以不相盡，然堅白之相盈，必全部相盈，相攖、相得而俱盡，不可能「體盈不相盡。」經說是以「（堅白）體盈不相盡」之不可能，以反駁堅白離之說，前條「不相外」是消極地、反面地說堅白盈，而本條則是積極地、正面地主張堅白盈。

69.經　仳㈠：有以相攖，有不相攖也。

說　仳：兩有端而後可。

㈠仳：仳本作似，孫據經說標題校改，茲從之。說文：「仳，別也。」詩曰：「有女仳離。」廣韻：「仳、離也。」

按：本條諸家多以幾何學名詞附會之，然皆牽強。堅白、攖、仳三條俱在批駁名家堅白離之說。本條旨在闡發前條經說「體盈不相盡」之旨。墨家依常識認為堅白相合（相攖）於石為事實。而名家堅白離（不相攖）則是詭辯。要「堅白離」成立，必須堅白同時可分為兩端。第六十二條經說云：「端：是無同也。」堅白分為兩端，即表示堅、白不齊同於石。然白石之中有堅亦有白，故白石中之堅、白不能截然分為兩端，然如能證明其中一端相攖，而另一端則不相攖，則亦可證明堅白之仳離。故經及經說曰：「仳：兩端而後可。」「仳：有以相攖，有不相攖也。」事實上，石之堅白並無兩端可言，故堅白離亦不得成立。故本條雖是在為「仳」下定義，而其立言之宗旨，則在駁名家堅白離之說。

70.經　次㈠：無間而不相攖㈡也。

說　次：無厚而後可。

㈠次：列也，比也。呂氏春秋、季文：「次諸侯之列。」注：「次，列也。」文選張衡東京賦：

「次和樹表」注：「次，比也。」故次有比並，並列之意。

(二)相攖：本作攖攖，依孫校作相攖。

按：本條亦為駁堅白離而作。孫解經文云：「兩物相次，則中無閒隙，然不相連合，故云：不相攖。」墨經之意是：堅白之於石，如是「次」而非「盈」「攖」，則堅白離可成立。詳言之，堅與白如為兩「物」而相「次」，則堅白之中雖無閒隙，然二者不相連合，亦即不相攖。如此，堅白離之說可成立。然堅白之於石，實相攖相盈而非相次，欲使堅白為「次」而非「攖」、非「盈」，其條件為「無厚」，故經說云：「無厚而後可。」凡物皆有厚（說已詳見），如白石有厚，有厚之石，其堅白必相盈相攖。如欲使堅白相次，必先使白石無厚，而後能使堅與白離而為二。堅白既離而為二，則堅白可相「次」，可「無閒而不相攖，」故經說以「無厚，而後可」解說「次：無閒而不相攖也。」事實上，白石不能使之無厚，無厚既不可能，則「次」為不可能，「次」為不可能，則堅白離亦隨之不可能。

71. **經　法(一)：所若(二)而然(三)也。**

說　法：意、規、員(四)三也(五)俱，可以為法。

(一)法：梁引說文謂法之本義為模型，模範。

(二)若：爾雅釋言：「若，順也。」釋名釋言語：「順，循也。」

(三)然：廣雅釋詁：「然，成也。」

(四)員：員通圓。

(五)也：「也」猶「者」，訓見經傳釋詞。

按：人所依循以成事者，謂之法。故曰：「法，所若而然也。」例如：人心中有作圓之意，必假借「圓規」，而後能成圓。歷來諸家多以意、規、圓三者和合乃可以為法釋經說。其實意、規、圓中足以為法者、實僅「規」耳。墨子法儀篇：「子墨子曰：天下從事者，不可以無法儀，無法儀而其事能成者，無有也。雖至士之為將相者，皆有法，雖至百工從事者，亦皆有法。百工為方以矩，為圓以規，直以繩，正以縣，（衡以水），無巧工不巧工，皆以此五者為法。」法儀篇即以規為法，而不及意與圓。蓋「所若而然」者為「法」，則法為一客觀而外在之行事標準。故主觀而內在之「意」不得為法，而圓則為規之產物，亦不得稱之為法；唯規乃合乎「所若而然」之定義。不過，「規」必須能滿足畫圓之「意」，而作成「圓」，如此，「規」方得稱之為法。故曰：「意、規、圓三者俱，可以為法。」

72. 經　佴㈠同然也。

說　佴：然也者，民若㈡法也。

㈠佴：廣雅釋詁：「佴，次也。」司馬遷報任少卿書：「僕又佴之蠶室，重為天下觀笑。」注：「善曰：如淳曰：佴，次也。」次，止也。文選班固典引：「寢寐次於聖心。」注「次，止也。」

㈡若：順也。

按：經文「所然」即前條「所若而然」——「法」之省稱。「法」為人所當依止者，故曰：「佴：所然也。」人民之行為當以「法」為依止，亦即以法為行為之準據。人民若能順「法」以行事，則其行為必能中規中矩矣，故曰：「佴：然也者，民若法也。」

73. 經　說：所以明也。

說　（無說）

按：凡有定義、學說，其義不顯，則須加「說」以明其義，故曰：「說，所以明也。」例如：墨子本僅有墨經，恐其義之難明也，乃作「經說」以闡明經義。亦即「經說乃所以明經也。」小取篇：「以『說』出故」，義同此。

74. 經　彼㈠：不可兩不㈡可也。

說　彼：凡牛，樞㈢非牛，兩也，無以非也。

㈠彼：本作攸，張惠言據「說」改作彼，從之。
㈡不：楊寬以為不字衍。應據刪。
㈢樞：李云：「樞字，區字之繁文。」說文通訓定聲：「區，發聲之詞。」「凡牛樞非牛」即「凡牛非牛」。

按：下條經文云：「辯，爭彼也。辯勝，當也。」文中「爭彼」之「彼」字當是指辯論雙方所爭辯之論題。任一辯題，其值或為真，或為假，兩者必居其一，且僅能居其一，如此，爭辯方有結果，否則，其辯題，既可真又可假，則此辯題必無結論可得，辯論雙方亦分不出勝負矣。故曰：「彼，不可兩可也。」例如：「凡牛非牛」一命題，牛既是「牛」，而又是「非牛」此顯然犯兩可之病，因為兩可，故不可以作為相非難之論題矣。故曰：「凡牛非牛，兩也，無以非也。」

75. 經　辯：爭彼也。辯勝，當也。

說　辯：或謂之牛，或謂之非牛，是爭彼也，是不俱當。不俱當，必或㈠不當，不當若犬㈡。

㈠或：有也。

㈡不當若犬：當若二字原誤倒，茲乙正。

按：凡是辯論之產生，必先有一論題，使參與辯論之雙方有一接觸點，以便對此論題提出其不同之看法，墨經稱此論題為「彼」。故曰：「辯，爭彼也。」如果辯方之論點確當，則辯論必勝，故曰：「辯勝，當也。」例如對某一「物實」，甲方稱之為「牛」，乙方稱之為「非牛」，雙方為此而爭勝，牛與非牛為一組矛盾概念，此真則彼假，此假則彼真，兩者不能同真，亦不能同假。換言之，即是「是不俱當」，不能同真假必函其中有一必「假」，例如對一「物實——牛」竟稱之為犬，則其說必不當而假。故曰：「或謂之牛，或謂之非牛，是爭彼也。是不俱當。不俱當，必或不當，不當若犬。」

76.經　為㈠：窮知而縣㈡於欲也。

說　為：欲雝㈢其指，智不知其害，是智之罪也；若智之慎文㈣也，無遺於其害也，而猶欲雝之，則離㈤之是猶食脯也。騷㈥之利害，未可知也，欲而騷㈦，是不以所疑止所欲也。廧㈧外之利害，未可知也，趨之而得力㈨，則弗趨也，是以所疑止所欲也。觀為窮知而縣於欲之理，雝脯㈩而非恕(十一)也，雝指而非愚也，所為與不所與為(十二)相疑(十三)也，非謀也。

(一)為：謀也。去聲。論語憲問：「古之學者為己」史記屈原列傳：「求忠以自為。」二句「為」字俱謀也。經說，末句「非謀也，」可作「為，謀也」之佐證。

(二)縣：畢云：「縣，同懸。」張惠言云：「縣，猶繫也。」

(三)雝：譚云：「雝，養之繁文。養指者，孟子告子篇云：『養其一指，而失其肩背而不知也，則為狼疾人也。飲食之人，則人賤之矣，為其養小以失大也。』曹云：『但養其指，則體之失養者，必多，是有害也。』」

(四)慎文：孫云：「文當為之之誤。」

(五)離：孫云：「史記管蔡世家索隱云：『離即罹。罹，被也。』案離，俗作罹，同詩王風，兎爰：『逢此百罹。』釋文云：『罹，本亦作離。』離之，謂因欲而離患也。」

(六)騷：騷，臭也，與臊同。說文通訓定聲：「騷，叚借為臊。」

(七)欲而騷：騷字作動詞解，食騷(臊)脯也。「欲而騷」即為「欲」所牽而食騷脯也。

(八)廧：古牆字。

(九)得力：孫云：「力疑當為刀，謂泉刀也。」泉刀，古代銅幣之作刀形者也。

(十)雝脯：高云：「雝脯，當作食脯，雝字涉上下文而誤。前文云：『是猶食脯也。』是其證。」

(十一)恕：張以為「智」之誤，從之。

(十二)所為與不所與為：高云：「『所為與不所與為』當作『所為與所不為』所不誤倒，又衍一與字。」

(十三)相疑：相，胥一聲之轉，古通用，爾雅：「胥，皆也。」疑，惑也。相疑猶云：「皆惑也。」

按：凡人遇事，於其「智」有所窮而不能全知，而又為「欲」所牽繫之時，當知有所謀

（為）。故曰：「為：窮知而縣於欲也。」「但養其指，則體之失養者必多，是有害也。」然而人之智如不能知「養指」為「養小而失大」，其咎在智之不及。故曰：「欲養其指，智不知其害，是智之罪也。」反之，其智如能慎察養指之害，必能避免此種不智之害，故曰：「若智之慎之也，無遺於其害也。」或智雖知「養指」之害，而猶欲「養指」，則必定罹其害。例如：一人將食脯（乾肉也），而其脯味臊，其臊是否有害於人體，未先察知，而為欲所牽竟而食之。此即表示人之「智」，雖於是否可食脯一事有所疑，然雖有所疑而不能制其食欲。故曰：「而猶欲養之，則離之。是猶食脯也，騷之利害，未可知也。欲而騷，是不以所疑止所欲也。」又如：有一人在牆內，對牆外之利害情況不明時，則雖告以牆外有錢幣焉，趨之可得，然因對牆外有所疑而不趨，則表示此人因所疑而止所欲。故曰：「牆外之利害，未可知也，趨之而得刀，則弗趨也，是以所疑止所欲也。」由上觀之，食脯，養指之事，皆因「欲」使然，而無關乎智愚。「養指」、「食脯」有害而竟為之；趨而得刀，竟因有所疑（窮於知，故疑）而止之。依經文「為（謀）：窮知而縣於欲。」論之：前者為「縣於欲」之過；而後者為「窮於知」之蔽；二者均非慎謀者之所為，皆惑也，故曰：「觀『為（謀）』：窮知而縣於欲』之理：食脯而非智也，養指而非愚也，所為（指養指、食脯也）與所不為（可得刀而不趨也）相疑也，非謀也。」

77. 經　已：成，亡。

說　已：為衣，成也；治病，亡也。

按：楊寬解此經及說甚諦。其言曰：「『且』句說云：『事後曰已。』已者，事之已然，已至止境，結果也。事之結果，有『成』、『亡』之別，（廣韻亦云：「已，成也。」又云：「去也。」）(一)

『成』，言有所成就也。譬若為衣，則以成衣為已。㈡『亡』，言有除去也。譬若治病，則以去病為已。凡從事，有『立』與『破』之別。『成』者，『立』之果；『亡』者，『破』之果。」

78. **經　使：謂㈠，故㈡。**

說　使：令㈢，謂謂㈣也，不必成。濕㈤，故也。必待所為之成也。

㈠謂：廣雅、釋詁：「謂，使也。」漢書、霍光傳注：「謂，告語也。」

㈡故：說文：「故，使為之也。」

㈢令：說文：「令，發號也。」爾雅、釋詁：「令，告也。」廣雅、釋詁：「令，禁也。」

㈣謂謂：下「謂」字即經文「使：謂，故」之謂字。

㈤濕：諸家之校、釋，均不貼切。周禮、考工記、弓人：「必因角幹之濕，以為之柔。」注：「濕，猶生也。」生，成也。故經說以必待所為之「成」也釋「濕，故也。」

按：役使之行為，就其受令者受令後之反應可分為：謂，故二種。故曰：「使：謂，故也。」所謂「謂」是指發令者，禁令受令者，不可為某事，因其為禁令，不得為某事，故受令者於受令後，不為即可，而不必有所為，因不必有所為，故不必有所成。故曰：「令，謂謂也，不必成。」至於「故」，則是發令者，命令受令者於受令後有所為（故，使為之也），且其所為必須有所成，方算完成其使命。故曰：「濕（生、成），故也。必待所為之成也。」「不必成」即前條楊所云：「破」之果也。而「必待所為之成」，則是「立」之果也。

79. **經　名：達，類，私。**

說　名：物，達也，有實必待文多㈠也㈡命之。馬，類也，若實也者，必以是名也命之。臧㈢，私也，是名也，止於是實也。聲出口，俱有名，若姓宇㈣。

㈠文多：孫云：「多疑當作名。」按：文名即文字也。文字者用以舉實也，（見三十一條）。大凡文字，皆有其所代表之概念。故墨經所謂之「名」皆指用以指謂「物實」之文字，概念。

㈡也：表停頓之助詞，下「必以是名也命之」之「也」字，同此。

㈢臧：方言曰：「荊淮海岱之間，罵奴曰臧，罵婢曰獲。燕齊亡奴謂之臧，亡婢謂之獲」。名義考引風俗通云：「臧，被罪沒官為奴婢；獲，逃亡獲得為奴婢。」

㈣姓宇：畢沅、張惠言俱校作「姓字」，從之。

按：三十一、二條，言制「名」之緣起及其目的，而本條則在為名分類。墨經於此將「名言」、「概念」分作達名，類名，私名三類。故曰：「名：達、類、私。」楊寬云：「通，達也，達名，通名也。物者，萬物之通名也。宇之有實者，必待此文飾之名以命之。荀子正名篇云：『萬物雖眾，有時而欲偏舉之，故謂之物。物也者，大共名也。』荀子之大共名即此達名。馬者，物之一類，類名也，凡與此實相若者，必皆以此名命之。荀子正名篇云：『有時欲偏舉之，故謂之鳥獸，鳥獸也者，大別名也。』『大別名』即此『類名』。臧本愚賤者之名，時人借之以罵奴婢也。故墨經以臧為私名。私名者，僅限於此實。他物不得以命之，故說云：『是名也，止於是實也。』即荀子正名篇云：『別則有別，至於無別然後止。』凡聲之出於口，莫不有名；物之有名，猶人之有姓字然。故說云：『聲出口，俱有名，若姓字。』」楊說大致得之。唯經說以臧為私名，則不甚當。臧，亦是類名之一。與其以臧為私名，不如逕以姓字，為私名為愈。

80. 經　謂(一)：移(二)舉加。

說　灑謂(三)：狗犬，命也；狗犬，舉也；叱狗，加也。

(一)謂：說以灑謂為標題字，經疑脫一灑字。

(二)移：依經說「狗犬，命也。」「移」應作「命」。

(三)灑謂：梁啟超、伍非伯校「灑」作「麗」。小爾雅、廣言：「麗，兩也。」荀子正名篇：「累而成文，名之麗也。」麗謂即重名。凡以二名同指一實者，墨經謂之「麗謂」。如狗犬是也。

按：凡以二名謂一實，墨經稱之為「麗謂」，而同為麗謂卻有命、舉、加之別。故曰：「麗謂：命、舉、加。」就命名而言，人可以用「狗」、「犬」之名，同謂一「狗實」，就用名以舉實言，聞「狗、犬」之名，即知同指一實。如於「狗」字之上加一「叱」字，而成「叱狗」，則「叱」、「狗」二字因同用於一實上，故亦造成一「麗謂」。故曰：「麗謂：狗犬，命也；狗犬，舉也；叱狗，加也。」墨經及說意在駁名家狗非犬之說。「狗非犬」，即表示，狗、犬二字不可同指一實。而墨家則以為狗是犬，犬是狗。可同指一實，故可並用而成一「麗謂」——「狗犬」。

81. 經　知：聞、說、親、名、實、合、為。

說　知：傳受之，聞也。方不㢓，說也。身觀焉，親也。所以謂，名也。所謂，實也。名實耦，合也。志行，為也。

按：本條言人成就其知識之方法有聞、說、親、名、實、合、為七種方式。故曰：「知：聞、說、親、名、實、合、為。」凡得之於傳聞之知曰聞，故曰：「傳受之，聞也。」楊寬釋：「方不㢓，說也」云：「說知者，非身歷，非聞得，以意推論而得。（廣雅釋詁：「說，論也。」考工記注：「猶意也。」）方，比方也。方不㢓者，言分析綜合而比方之，通於理而無所障塞也。荀子正名篇云：『凡同類同情者，天官之意物也同，故比方之，疑似而通。』荀子之『比方之，疑似而通』，與此『方不㢓』相彷彿。」凡親見而得之知為親，故曰：「身觀焉，親也。」名乃用以謂實者，故由其名，亦可得「知」。例如：居黃土高原之人，雖不曾見紅土，然由「紅」之名，亦可知紅土之情狀。此即由所用以謂實之名以得知，故曰：「所以謂，名也。」此亦得知之一途也。名所指謂者為實，故曰：「所謂，實也。」由實亦可得「知」。例如，吾人見張三，有所以為「人」之實，則吾人可由張三之「實」以知其為「人」。名與實相耦，相合亦為得「知」之一途。例如：吾人曾見天空中有七星如水杓狀，亦聞大熊星座之名，然不知此大熊星座即指如水杓之七星。如經人指謂，水杓狀之七星即大熊星座，此為「名實耦，合也」，由名實之合，亦可得「知」。志蘊於內，行見於外，志發而為行，必有所為。故曰：「志行，為也。」人由「立志」發展而為「行為」，則人可從行為中獲得種種新知，故「為」亦得知之一端也。

82. 經　聞：傳、親。

說　聞：或告之，傳也；身觀焉，親也。

按：聞有傳聞與親聞二種方式，故曰：「聞：傳、親。」凡事經第三者之輾轉相告而得知，此為傳聞，故曰：「或告之，傳也。」反之，如一事非經第三者之傳告，而係親身聽自當事者，為親聞。故曰：「身觀焉，親也。」

83. 經　見：體盡。

說　見：時㈠者，體也，二者盡也。

㈠時：爾雅、釋詁：「時，是也。」書、湯誓：「時日曷喪。」傳：「時，是也。」是，此也。

按：見有體見與盡見之別，故曰；「見：體、盡。」一切事物皆有彼此二端，如只見此端而不見彼端，亦即只見其部分（體，部分也，說已詳前），故曰：「時者，體也。」反之，如彼此二端俱見，此為全見、盡見，故曰：「二者盡也。」按：見雖有見其部分之「體見」與見其全部之「盡見」之別。然體見非見之究意義，非真正之見。因為體「見」，雖有所見，然亦有所不見。真「見」應是「盡見」。故經說第一條，以「見之成見」喻「大故」，即是取「盡見」之義。

84. 經　合：正、宜、必。

說　合㈠：兵立反㈡中，志工㈢正也。臧㈣之為，宜也，非彼必不有，必也。聖㈤者，用㈥而勿必，必也者，可勿疑㈦。

㈠合：本作古，據高亨校改。

㈡合兵立反：義不可解，諸家之校釋均牽強，梁譏為：「曲為之解，皆無益，費精神也。」故存疑焉。

㈢工：功也，二字古通用。

㈣臧之為：臧，奴僕也。國語、晉語：「諸侯之為。」注：「為，行也。」「臧之為」即奴僕之行事，為事也。

㈤聖：孫云：「聖，疑當為宜，或當為正，經上正無非，說亦作聖，可證。」按：作「正」是也。

㈥用：說文：「用，可施行也。」

㈦疑：廣韻：「疑，不定也。」勿疑，即定也。

按：合有三類，即正合，宜合，必合是也。故曰：「合：正、宜、必。」何謂「正合」？楊云：「心之所之為志，事之所成為功。魯問篇云：『吾願主君之合其志功而觀焉。』『中志功』者，言所為與所志相適也。故所志與所為，必相適而後可謂之『正』。」何謂宜合？奴僕之為其主人做事，與其身分相合，相宜，此之為宜合。故曰：「臧之為宜也。」何謂必合？凡無「彼」則不能有「此」，如此，則彼為「有此」之必要條件。例如：無空氣則必不能有生命，空氣為保有生命之必要條件，必有空氣與生命「合」，方能延續生命。此之謂必合。故曰：「非彼必不有，必也。」志與功合為正，人之行事，當求志功相合以得其正，然人之有志，不必即有其功，故曰：「正者，用而不必。」蓋立志乃純主觀之事，而功之成有賴於客觀條件之配合也，故「正」不能保證其為「必」。而「必」則為「非彼必不有此」「彼」與「此」之合，乃是必然，必定而不疑者，故曰：「必也者，可勿疑。」

85. 經　權㈠：欲正㈡，權㈢利，且㈣惡正㈡，權害。

說　權㈤：權者兩而勿偏。

㈠權：高云：「欲上當有權字，轉寫誤脫，蓋權為本條之主題。」茲據增。

㈡欲正、惡正：高云：「兩正字，並當作『之』，蓋之以形近誤為正。」

㈢權：大取篇：「權，正也。」

(四)且：孫云：「且字衍文。」

(五)權：權本作杖，孫云：「以經文推之，疑仗當作權，草書形近而譌。」

按：前言「利，所得而喜；害，所得而惡。」凡人皆欲利，而惡害，唯人「欲利」時，須權衡其是否真能有利，同理，「惡害」「避害」時須權衡如此做是否必能去害，故曰：「權：欲之，權利；惡之，權害。」故人於求利或避害時，皆須權衡之，以免有所偏失，故曰：「權者，兩而勿偏。」

86. **經**　**為：存、亡、易、蕩、治、化。**

說　**為：早(一)臺，存也。病(二)，亡也。買鬻，易也。霄(三)盡，蕩也。順長，治也。鼀買(四)，化也。**

(一)早：譚校作亭，其言曰：「亭原作早。疑因篆文形似致誤。亭臺存也，與下經第四十二條『室堂所存也』，同一句法。」

(二)病：動詞，治病，療病也。高云：「古稱治病曰為病。」

(三)霄：畢云：「霄，與消同。」說文：「消，盡也。」又「盡，器中空也。」

(四)鼀買：孫云：「買疑當為鼠，列子天瑞篇云：『田鼠之為鶉。』蓋古說鼀鼠二者皆能化為鶉。故上文既以鼀鼠釋化，此文兼舉鼀鼠二者以盡其義。兩文雖異，而義實同也。」

按：墨經以為「為」就其情狀言，可有存、亡、易、蕩、治、化等之差異。故曰：「為：存、亡、易、蕩、治、化」，人築亭、臺，人雖死，而亭、臺長存。人之所為亦有如亭臺之久存不亡者，故曰：「為：亭臺，存也。」人之治病，旨在去病，使病亡。人之所為，亦有如治病，欲去其害也，以使無害也，故曰：「為：病，亡也。」人之所為亦有如買賣——以物易物，亦即交易也。故曰：「為：買鬻，易也。」人之所為亦有如器物之中空，蕩然無存也，故曰：「為：霄盡，蕩也。」治民之道在順民意而長養之，此亦「為」之一種。故曰：「為：順長，治也。」鼃鼠，可變化而為鶉。人之所為，其變化有如此者，故曰：「為：鼃鼠，化也。」

87. 經　同：重、體、合、類。

說　同：二名一實，重同也。不外於兼，體同也。俱處於室，合同也。有以同，類同也。

按：此言同有重同、體同、合同、類同四類，故曰：「同：重、體、合、類。」所謂重同，是指同一物實而有兩個名謂。名雖異，而其所指者為同一物實，如：狗、犬二名實同指一實，此之謂重同，故曰：「二名一實，重同也。」經云：「體，分於兼也，」說：「體：若二之一，尺之端也。」按：兼為整全、整體、全體之意；體為部分之意，（說俱已詳前），如「此端」與「彼端」皆為尺之一體，然此端與彼端相連屬於「尺之兼」中而不相外，此之謂體同。故曰：「不外於兼，體同也。」換言之，凡部分（體）與部分（體）相連而不可分，同屬於一全體中，則此體與彼體為體同。兩相異之物實，同處於某一空間，此種空間之共處，墨經稱之為「合同」，故曰：「俱處於室，合同也。」各種異物，如彼此之間有相同之處，則吾人可依據其相同之點，將它歸納成類。如白馬、黑馬、黃馬，其色雖異，然因其同為馬，故可將它合稱之為「馬類」。凡物與物之間，有相同或相似之處，墨經稱之為類同。故曰：「有以同，類同也。」

88. 經　異：二、不體、不合、不類。

說　異：二必異，二也。不連屬，不體也，不同所，不合也。不有同，不類也。

按：此條與前條正相反，謂「異」有二、不體、不合、不類四種。二名一實為重同，反之，凡二名指二實，如牛、馬二名分指牛實與馬實，則牛、馬二名必異。故曰：「異：二必異，二也。」不外於兼——體與體間相連屬而不可分為體同，則此體如與彼體不相連屬，則非體同，而為不體之異。故曰：「異：不連屬，不體也。」同處一空間為合同，則不同在某一空間，為不合，故曰：「異：不同所，不合也。」物與物間有相同相似處者為類同，反之，彼此之間無類似之處，則為「不有同」，故曰：「不有同，不類也。」

89. 經　同異交得：放(一)有無。

說　同異交得：於福家良，恕有無也。比度，多少也。免蚓還園，去就也。鳥折用桐，堅柔也。劍尤早，死生也。處室子，子母，長少也。兩絕勝，黑白也。中央，旁也，論行行行學實，是非也。難宿，成未也。兄弟俱適也。身處志往，存亡也。霍為姓故也。賈宜，貴賤也。

(一)放。李云：「放與倣同，放有無，言以有無為例也。」

按：本條經說譌脫，故不可得其確解。諸家雖強為之解，然率多牽強附會之言。茲本「不知為不知」之訓，本條經說擬存而不論，但論「同異交得」之大旨。同異交得似在駁名家「萬物畢同畢異」之說。萬物畢同，則無「異」；畢異，則無「同」。故畢同、畢異必然造成無同又無異之大矛盾。而墨家則是主有同有異。如前二條即在講「同」與「異」之種類。所謂「同異交得」旨在「同」、「異」雙彰，二者俱加肯定。有無、多少、去就、堅柔、死生、長少、白黑、中央與旁、是非、成未、存亡、貴賤等皆是彰「同」「異」，求得「同異之別」之方法。例如：有白馬、黑馬於此，其色雖異，然皆「有」馬之性，就此而言，白馬、黑馬「同」為馬。白馬、黑馬雖「同」為馬，然白馬「無」黑毛，黑馬「無」白毛，故白馬與黑馬「異」。故以「有」、「無」為出發點可從白馬與黑馬中求得其「同」與「異」。故曰：「同異交得，放有無。」

90.經　聞：耳之聰㈠也。

說　（無說）

㈠聰：廣韻：「聰，明也。」詩王風兎爰：「尚寐無聰。」傳「聰，聞也。」

按：耳之機能正常，謂之聰，耳聰，則必能聞。故曰：「聞：耳之聰也。」換言之，耳聰為能聞之先決條件。

91.經　循所聞而得其意，心之察也。㈠

說　（無說）

㈠張純一、譚戒甫、高亨、李漁叔等皆以本條為前條之說，而非經文。

按：耳為受聲之器官，而非「知」聲之器官，若無心之「察」，則耳雖聰亦不能得知聲之「意」。荀子解蔽篇之「心不使焉，則雷鼓在側而耳不聞也。」即此意。耳為受聲之器官，心為徵知（荀子曰：心有徵知）之器官，但徒有耳、心亦不能知聲，尚須心之「察」，方能知聲，「心不在焉」之不能知聲即因心之不「察」，故曰：「循所聞而得其意，心之察也。」

92. 經　言，口之利也。

說　（無說）

按：口為發聲器官，其官能正常，謂之「利」。口利則能發聲而為言。故曰：「言，口之利也。」

93. 經　執所言，而意得見，心之辯也。㈠

說　（無說）

㈠前條無說，張、譚、高、李皆以本條為前條之說。

按：人有所言，吾聞其言而能得其意者，端賴心之辨識也，故曰：「執所言，而意得見，心之辨也。」

綜觀此四條，旨在說明口、耳、心之功能。口之功能為「能言」，耳之功能為「能聞」。而心之功能則能由「所聞」、「所言」而得其意。故心之功能為「能知」。（此即荀子所謂「心有徵知也」。）

94. 經　諾：不一，利用。

說　諾：超、城、員、止也。相從、相去、先知、是、可、五色。長短、前後、輕重援。㈠

㈠高云：「『超城員止也』當作『詒、誠、負、正四也。』詒與超、誠與城、負與員、正與止，並形近而誤。四字轉寫誤脫。去當作合，色當作也，並形近而誤。『長短前後輕重援』七字當為第八十九條說文，誤竄此處。」

按：本條經說亦多不可解者，諸家之說紛紜，莫衷一是。茲節錄高說於左，以供參考。

說文：「諾，譍也。」譍即應對之應之本字也。諾非一種，人宜善用之。故曰：「諾，不一，利用。」說中所舉之諾，前有四種，後有五種，共為九種，即經文所謂「不一」也。（以上詮經）詒諾即詐諾偽諾，謂口諾之，而心未諾之也。誠諾謂口諾之，而心亦諾之也。負諾者，否定之諾也。正諾者肯定之諾也。（問為否定，則諾亦否定。如彼問曰：「子未曾讀墨經乎？」我應曰：「諾。」意謂我固未曾讀墨經，因彼之問為否定，故我之諾亦否定，此負諾也。）以上四者皆就諾之本體而言，可為一組，故曰：「詒誠負正，四也。」相從之諾者，彼之所言，我願從之而云諾也。相合之諾者，彼之所言，與我意相合，而云諾也。先知之諾者，彼之所言，我先知之，而云諾也。是之諾者，彼之所言，我以為是，而云諾也。可之諾者，彼之所言，我以為可，而云諾也。以上五者皆就諾之應用而言，可為一組，故曰，「相從、相合、先知、是、可也。」此兩組有錯綜關係。（以上詮說）

95.經　服：執說㈠言，利㈡；

說　服：執㈢難，成言務成之，九㈣則求執之。

㈠說：廣韻：「說，言不正也。」高云：「考以兒得聲之字，多有邪曲之意。說言謂邪言也。」

㈡言利：本作音利。畢云：「音利二字，舊注，未詳其義。」孫云：「音利當作言利，二字本是正文，誤作小注。」

㈢服執：譚云：「說標題『服』字，原倒誤在『執』下，茲乙。」從之。

㈣九：高云：「九疑借為宄，同音系，古通用。宄謂宄言。宄言即邪言，又即經文之說言。此宄字正釋經文之說字也。」

按：高亨解此條甚精，其言曰：「此述以言服人之道也。執猶制也，執說言，謂制止邪言也。執其邪言，於世有利，故曰：『服，執說言，利。』由此可見，墨家非不辯，辯非欲不服人，唯其服人之本意，在乎制止邪說僻辭，以正人心。若名家之以反人為實，以勝人為名，能服人之口，不能服人之心，非墨家之所取矣。」又詮經說云：執難二字為句，以言服人，在執其言，但執其言亦非易事，故曰『執難』，執其言者，非攻其正確之言也，如其人所述為成言，（按：成與誠通。誠、正也。）則我亦務成之可也。莫求破其說也。故曰『成言，務成之。』若其人所言為宄言，為邪說，為僻辭，則我必求執之。執之謂制而止之也。故曰：『九則求執之。』如有人曰：『白馬是馬。』乃眾人公認之成言，則我亦務成之也。如有人曰：『白馬非馬』。乃違反事實之宄言，則我必求執之也。」

96. **經　法同則觀其同，巧轉㈠則求其故，大益㈡**

說　法：法取同，觀巧轉。

㈠巧轉：墨子法儀篇云：「無巧工不巧工皆以五者（按指：矩、規、繩、縣、水）為法。巧者能中之，不巧者雖不能中，放依以從事猶逾已，故百工從事，皆有法度。」經文巧轉之巧即「巧者能中」之巧者。轉，移也，即「不巧者雖不中」之不巧者。

㈡「巧轉則求其故，大益」：此句原在服執說經文之下，疑傳寫誤竄，移此。

按：墨子法儀篇：「天下從事者不可以無法儀，無法儀而其事能成者，無有也。雖至士之為將相者，皆有法，雖至百工從事者，亦皆有法。」準此以觀，「法」是人處事、造物、創作時所依循之法則，原理、方法、工具等之總稱與簡稱。如有數人於此，其所依以「從事」之法，相同，則吾人當觀其「同法」下所產生之結果是否相同。如其結果有「巧者能中」，不巧者「不能中」之差異，則吾人當探求「同法」何以「巧轉」有別之故，能得其故，則可據此以求改進，如此必於事有大益焉，故曰：「法同則觀其同，巧轉則求其故，大益。」

97. 經　法異，則觀其宜。

說　法：取此擇彼，問故觀宜。以人之有黑者，有不黑者也，止黑人；與以有愛於(一)人，有不愛於人，心愛人(二)，是熟宜。

(一)於：語中助詞，下句於字同此。「有愛於人」即「有愛人。」

(二)心愛人：孫據張校疑「心」當作「止」。

按：吾人「從事」之「法」，如果有異，亦即其法，非止一種時，當觀何種法較適其所從之事，以決定「法」之取捨。故曰：「法異，則觀其宜。」吾人在權衡「法」以定取捨時，必須先探求「此法」與「彼法」對所從之事，將造成何種後果，然後方能決定何「法」宜於採取，何法當捨棄，故曰：「法：取此擇彼，問故（故，所得而後成也。）觀宜。」例如：人之膚有黑、不黑之異，就愛而言，有愛人者、有不愛人者之異，吾人究應抑止黑人與否，究應抑止愛人與否，亦當先問其故，並觀其宜，而後有所取捨。故曰：「以人之有黑者、有不黑者也，止黑人與以有愛人有不愛人，止愛人，是孰宜。」

98. 經　止：因以別道。

說　止㈠：彼舉然者，以為此其然也，則舉不然者而問㈡之。

㈠止：本作心。高云：「心當作止，形近而誤，止標牒字也。」

㈡問：質問、詰問也。

按：此「止」字，已也。即息辯之方法也。彼此相辯不止，其息辯之最佳方法，乃是以迴異於對方之理論以駁倒對方，故曰：「止，因以別道。」例如：彼方主攻戰，彼之所以主攻戰者，乃以攻戰為有利，故以攻戰為然也，吾如欲止其攻戰論，則當舉攻戰之不利以詰之。如此必可止對方之主攻戰。故曰：「止：彼舉然者，以為此其然也，則舉不然者而問之。」

99. 經　正無非。

說　正：若聖人有非而不非。正五諾。皆人㈠於㈡知，有說，過五諾。若員無直無說，用五諾若自然矣。

㈠皆人：李以為皆人二字誤倒，應乙正。李校是。

㈡於：語中助詞。

按：凡事、理如能得其正，則不非之。故曰：「正，無非。」反之，事理如不得其正，則當非之。然聖人於事理有時雖有非，亦不非之，其因在於先已有所諾，且以其諾為「正」，則雖有非而亦不非之。蓋聖人之諾，人所皆知，如於所諾之事，不遵行而另有說詞，則有違其諾，故曰：「若聖人有非而不非。正五諾（五諾已見九十四條，此處不贅），人皆知，有說，過五諾。」例如：圓形本非直線，此自然如此，本然如此，故無須有所說，聖人之應諾，亦當如圓之無直無說，而不可矯作說詞也，故曰：「若員無直無說，用五諾，若自然矣。」

墨家為我國游俠之濫觴，且為一組織嚴密之團體，其鉅子對墨徒有生殺予奪之權，故特重然諾也。

第二章　經下、經說下校釋

1. 經　止：類㈠以行人，說在同。

說　止：彼以此其然也，說是其然也。我以此其不然也，疑㈡是其然也。

㈠類：同也，似也。參看經上八十七、八十八條。

㈡疑：禮記坊記：「章疑別微。」疏：「疑謂是非不決。」

按：本條與經上九十八條內容大致相同。唯後者著重在說明如何息辯之方法，而本條則旨在說明如何息辯，以使對方放棄其主張，並同意於我之立論。其意是：止息對方之辯說，其最終之目的，在使對方同意我之主張，使我之主張推及於人，而使你我看法齊一。故曰：「止：類以行人，說在同。」欲達此目的，則必須在對方提出其自以為然之主張，並加上說辭以維護其主張時，提出相反之主張，反駁對方以顯示對方主張之有欠正確，如此，則對方必對自以為是之主張感到疑惑不決，而終於同意我之主張。故經說云：「止：彼以此其然也，說是其然也，我以此其不然也，疑是其然也。」

2. 經　推類之難，說在之大小㈠。

說　推：謂四足獸，與生鳥與，物盡與㈡，大小也。此然是必然，則俱。

㈠說在之大小：高云：「在下疑當有類字，轉寫誤脫。」

㈡生鳥與物盡與：孫校作：「牛馬異，物盡異。」從之。

按：本條旨在告誡人作「推類」——依據物之相類而作推論時，務必小心，不可太濫，因為類有大類小類之別，故曰：「推類之難，說在類之大小。」例如牛馬雖然俱為四足獸，然牛、馬並不相等，擴大言之，不僅同為四足獸之牛與馬異，即同為「物」之一切亦皆相異。對牛馬而言，四足獸為大類，就四足獸而言則牛馬為小類，大類與小類之間必有所差異。小類與小類之間亦有所差異，所以在作推論時，不可因為牛馬同為四足獸而謂牛與馬同。故曰：「推：謂四足獸，與牛馬異，物盡異，大小也。」牛、馬之為四足獸乃是必然之事實，不過當吾人言及「四足獸」或對四足獸作某種推論時並非單指四足獸之牛或馬或其他四足獸而為言，而必須兼指一切有四足之獸而言。故曰：「此然是必然，則俱。」

3. 經　物盡同名，二與鬪。愛食與招。白與視。麗與暴。夫與履。

說　為麋同名㈠。俱鬪，不俱二，二與鬪也。包、肝、肺、子，愛也。橘、茅、食與招也。白馬多白，視馬不多視，白與視也。為麗不必麗，不必麗與暴也。為非以人，是不為非，若為夫勇，不為夫。為屨，以買衣為屨，夫與屨也。

㈠為麋同名：高云：「同名二字當在說首，誤竄麋字下耳。」

按：本條譌奪頗多，極不易解，諸家之校釋亦難愜人意。故李漁叔有如下感嘆：「近主治墨經諸家，強為校釋，至不可通處，輒奮臆改竄，或妄舉同聲假借之字，以附會更易之，近於嚮壁虛構，解經至此，亦本書之一厄也。」諸家中似以高亨之校詮較為可取。茲節錄其「詮經」及「詮說」之第一條，聊供參考。

詮經：究訓窮，窮訓盡，則盡亦可訓究明矣。物必究其同名者，以觀其實之同否。故曰：「物盡同名。」

詮說：說文「為，母猴也。」猴與猴鬥，麋與麋鬥，此為麋俱鬥也。獸之鬥也，至少有二獸，一獸則無以鬥也。其多或三獸或四獸或至十百獸。今云「為麋俱鬥」，為之數未必為二，麋之數亦未必為二。是不俱二也。故鬥之名雖同，而鬥之數則異。故曰：「為麋俱鬥，不俱二。」此同名異實之例一也。

4. 經　一：偏棄之，謂而固是也，說在因。

說　一：一與一亡，不與一在，偏去未。有文實也，而後謂之；無文實也，則無謂也。不若敷與美，謂是則是固美也，謂也則是非美，無謂則報也。

按：本條譌舛亦多，諸家校釋亦多臆測之詞，俱不可取，故闕而不釋焉。

5. 經　不可偏(一)去而二，說在見與俱(二)，一與二，廣與脩。

說　不：見不見離，一二不相盈(三)，廣脩堅白。

(一)偏：半也。左傳閔公二年：「衣身之偏。」注：「偏，半也。」

(二)說在見與俱：依經說，「見」下，「與」上疑脫「不見」二字。「說在見與俱」應作：「說在見與不見俱」。

㈢見不見離，一二不相盈：高云：「相上不字，當在離上，蓋轉寫誤竄耳。」

按：本條旨在說明某具體物所具之性質，憑人之意識作用不可使其分離，以駁名家堅白離之說。其意是：一物如同時具有兩種不同之現象或性質時，吾人不可能使之分離而成為不相連屬之兩種現象或性質，此之謂「不可偏去而為二。」例如：有一白石於此，吾人憑視覺能見其為「白」，而不能知其為「堅」，但人之見白，並不能使石之「白」與「堅」分離為二，堅白仍舊俱在於石。換言之，白石為一，堅、白為二，堅白之「二」與石之「一」相盈而不離。好比石及其他任何「物」，皆具有廣度與長度。此廣度與長度永遠相盈於石（或其他物）而不可分離為二。故曰：「說在見與不見俱，一與二，廣與脩。」公孫龍以為視覺能見石之白，而不能見石之堅。白、堅一可見，一不可見，因而有「見與不見離」（即堅白離）之說。經說則不以為然。其意是：白堅固然一可見一不可見，然可見之白與不可見之堅，並不相離，換言之，即堅、白之二與石之一相盈而不離，堅白之相盈而不離，就如物之廣度與長度不相離（凡物皆有廣與脩，有廣而無脩，或有脩而無廣，則物不成其為物矣，故廣脩不離）故曰：「見不見不離，一二相盈，廣脩堅白。」

6. 經　不能而不害，說在害。

說　不：舉重㈠不與箴㈡，非力之任也。為握者之觭倍㈢非智之任也，若耳目。

㈠不舉重：原誤作舉不重，茲據梁校作「不：舉重。」

㈡不與箴：畢云：「不與箴，疑當作不舉箴。」箴，綴衣所用之竹籤也。說文：「箴，綴衣箴也，以竹咸聲。」

㈢頎倍：孫云：「頎當為觭，形近而誤。周禮大卜杜子春注云：『觭讀為奇偶之奇。』經上云：『倍，為二也。』觭倍者，觭為一，倍為二，與觭偶義同。此言握物而使人射其奇偶之數，雖或億中不足以為智，故云非智之任也。」

按：高詮經云：「人之於事，無萬能，亦無萬不能，雖有所不能，亦無害也。故曰：『不能而不害』。」譚釋說云：「箴極輕微，無所任力；舉重而箴不舉者，以非力之所事也。一二最易知，計數者不以能知一二見長，以非智之所事也。二者皆在智力範圍以下，故曰不能而不害。若耳目者。孫謂『視聽殊用，各有所不能。』是也。蓋耳司聞，目司視，其異任也，其無以代也；故目不能聞，耳不能視，不害其為聰明焉。」高、譚之說得之。

7. **經**　**異類不吡㈠，說在量㈡。**

說　**異：木與夜孰長？智與粟孰多？爵、親、行、賈，四者孰貴？麋與霍㈢孰高？麋與霍孰霍㈣？蚒與瑟孰瑟㈤？**

㈠吡：李云：「吡，比之繁文。」

㈡量：凡稱輕重，量容積，量長短，度多少，俱稱之為「量」。

㈢霍：孫云：「霍字篇中少見，此與麋同舉，下文又與狗同舉，則必為獸名，以字形校之，疑當作虎。」王闓運曰：「霍即鶴。」

㈣麋與霍孰霍：孫以此五字涉上文而衍。

㈤蚒與瑟孰瑟：高云：「『蚒與瑟孰瑟』，疑當作『蚒與瑟孰悲』。蚒蜩疑為一字也。蟬聲與瑟聲俱淒悲。」

按：凡是不同類之物，不取以相比。因為不同類則其輕重、長短、多少，不能以同一標準加以比量，故曰：「異類不比，說在量。」例如：木之長乃由其所佔空間而定，而夜之長則由時間定。故木與夜不能比其孰長孰短。同理，智之多寡在心，為內在者，而粟之多寡則為外在者，二者亦不比其多少。高云：「爵貴之量屬於朝庭，親貴之量屬於宗族，行貴之量屬於道德，價貴之量屬於市物。不可相比也。麋高之量屬於獸，鶴高之量屬於鳥，不可相比也。蜩悲之量屬於昆蟲，瑟悲之量屬於樂器，不可相比也。」

8. 經　偏去莫加少㈠說在故㈡。

說　偏：俱一無變。

㈠加少：梁云：「加少，增減也。」

㈡故：廣韻：「故，舊也。」

按：本條與經下第五條旨趣相通。其意是：吾人主觀之意識，對客觀之物實之性質作個別或部分之認取活動，對該物實之性質，並不能發生增減之作用，亦即該物實仍如其舊而不變。故曰：「偏去莫加少，說在故。」例如：目見石之白，而不見石之堅；然見白，不見堅，並不能使石無堅，石仍堅如故。換言之，不論人之見白不見堅，或觸知其堅而不知其白，堅白仍俱在於一石，而不變，故說曰：「偏，俱一無變。」

9. 經　假：必誖㈠，說在不然。

說　假：假必非也，而後假，狗假霍也，猶氏霍也。

㈠誖：漢書「誖天犯祖。」注：「師古曰：誖，違也。」玉篇：「誖，逆也。」

按：此以「誖」，「不然」界定「假」，故曰：「假，必誖，說在不然。」「誖」、「不然」，皆有「非」義，否定之義，故說曰：「假，必非也，而後假。」例如狗原非鶴，如謂「狗，霍也」，則此命題之值為假，故曰：「狗假霍也。」（狗非霍也）又如，霍姓之人原非鶴，故指霍姓之人為鶴，亦假，故曰：「猶氏霍也」。

10. **經**　**物之所以然，與所以知之，與所以使人知之，不必同，說在病。**

說　**物：或傷之，然也。見之，智也。告之，使智也。**

按：某物之現象可以相同，而其造成此一現象之原因（所以然）則不必同；人之知某一現象可以相同，而所以知其現象之方法則不必同。同理，將一已之所知，告知他人以使他人知，可以相同，而使人知之之方法亦不必同。例如人患感冒之病也同，而其所以感冒之原因眾多，不必即同。醫生之知人患感冒之方亦不盡相同，望、聞、問、切皆足以知人患感冒。又醫生將病情告知患者之方法亦多，不必盡同也。故曰：「物之所以然，與所以知之，與所以使人知之，不必同，說在病。」梁釋說云：「身體有受傷處，病之所以然也。見其病，所以知也。以病告人，使人知也。此條含義甚精，例如蒸熱之氣，遇冷而降，此雨之所以然也，吾因偶有所見而明其理，是所以知也。設種種試驗使人明其理，是所以使人知之也。所謂科學精神者，不惟知其所以然，又須使人知之。」

11. **經**　**疑：說在逢、循、遇、過。**

說　疑：逢為務則士。為牛廬者夏寒，逢也。舉之則輕，廢之則重，非有力也。沛從削，非巧也。若石羽，循也。鬪者之敝也，以飲酒，若以日中，是不可智也，愚也。智與以已為然也與，過也。

按：李云：「本條辭義簡奧，瑞安孫氏連有『難通』，及『未詳』之注語，其難其慎之意如見，不似各注家之草草。」李之評論甚是。本條不擬逐句加以校釋，而僅擇其可解者略述其大意。依經文，「疑」可分為逢之疑，循之疑，遇之疑，過之疑。故曰：「疑：說在逢、循、遇、過。」高云：「逢疑者，方言：『逢，迎也。』其事未來，預迎而疑之。疑之於未然之前也。」按牛廬者，所以御寒，未雨綢繆者，於夏季即修牛廬。惑者，不知為牛廬者所以防患未然之意，而見為廬即疑「夏寒」。此種不知「預迎」之意而產生之疑，謂之「逢疑」。循，假借為揗，揗，摩也。石有重義，羽有輕義，石羽，因其為羽，故「舉之則輕」，就其為石，可謂：「廢（廢，置也）之則重。」然一般言之，凡「物」，舉則重，置則輕，今謂「舉之則輕，廢之則重」誠令人不能無疑。然如親以手摩之，則石羽果「舉之則輕」；置之地，則因其為石，故「廢之則重」。凡未以手揗循，而生之疑，謂之循疑。引申之，凡未親自經歷而生之疑均屬循疑。敝，疲也。鬪者疲困，未親見其鬪者，但見其疲困，竟疑其飲酒於市（孫云：「日中，謂市也。易繫云：『日中為市』」）而致疲困。凡事未親遇而生之疑謂之「遇疑」。梁云：「以過去經驗為憑，所經驗者為真知耶？抑僅以已然者為然耶，是未可定也。」事有過去為然，而今則不然，疑者執過去之「然」，而謂今猶「然」，此之謂「過疑」。

綜上言之，凡囿於「昔」而不知「今」之疑為「過疑」，囿於今而不知未來之疑為「逢疑」，凡非親撫而生之疑曰「循疑」，凡未親見之疑為「遇疑」。

12.**經　合與㈠，或復否，說在拒。**

說　（無）

㈠與，為也，訓見經傳釋詞。

按：高云：「今謂兩物混合也。復，謂還原也。兩物相合，有可以還原者，有不可以還原者。如黃豆與綠豆相合，則可以復原，此物理上之混合也。如白水與墨水相合，則不可以還原，此化學上之混合也，其可以還原者，因彼此相拒也，其不可以還原者，因彼此不相拒也。拒者兩物之本體不相納也，不拒者兩物之本體相納也。故曰：『合與一，或復否，說在拒』」高說得之。

13.**經　歐物㈠一體也，說在俱一惟是。**

說　俱：俱一，若牛馬四足；惟是，當牛馬。數牛馬，則牛馬二，謂牛馬則牛馬一。若數指，指五而五一。

㈠歐物：歐同區。區別也。後漢書黨錮傳贊：「物性既區」。注：「區，猶別也。」歐物即別物，別物即不同之物也。

按：凡彼此不同之物，可分之亦可合之使成一體。彼此不同之物如連屬而俱合於一處，此之謂一體，俱一。反之，不同之物，此為此，彼為彼，各自獨立，分立，此之謂惟是。故曰：「歐物一體也，說在俱一，惟是。」例如牛馬之四足，有前後左右之分，本為不同之四體，然牛馬之四足俱合於牛馬之上，故曰：「俱一，若牛馬四足。」牛、馬本為不同之物，牛是牛，馬是馬，彼此不相連屬，不如四足之同聚於牛馬之身上。故曰：「惟是，當牛馬。」又如分別數牛數馬時，牛為一，馬亦為一，牛與馬合，則為二，故曰：「數牛馬，則牛馬二。」反之，牛馬合稱時，「牛馬」為一。故曰：「謂牛馬則牛馬一。」同理，人手有五指，分別數之為五，合稱之，五指皆指，且同在一手，故為一，故曰：「若數指，指五而五一。」

指之數為五，牛馬之足之數為四，二者雖為五，為四，然皆同在一手，同在一牛、一馬。就物之合成體，全體而言為「俱一」，為「一體」，就個別言之，則為「惟是」，為四（足）為五（指）為二（牛馬）。引申之，個別概念為「惟是」，如「數牛馬，牛馬二」是；複合概念為「一體」，為「俱一」，如「謂牛馬，則牛馬一」是。

14. 經　宇：或徙，說在長宇久。

說　長宇：徙而有處，宇㈠。宇：南北。在旦有㈡在莫，宇徙，久。

㈠宇：疑衍。

㈡有：又也。

按：本條言時間（久）空間（宇），與物體之關係。吾人由物體在空間之移動，而感覺出長度、空間與時間之存在。故曰：「宇：或徙，說在長宇久。」由物體之從甲處移至乙處，吾人可覺察出長度，並由長度而顯示出空間之存在。故曰：「長宇：徙而有處。」（如徙而無處，則必既無長亦無宇。）又如物體由南至北移動，亦可感覺空間之存在，故曰：「宇：南北。」又如物體之移動經歷旦暮（莫）之變化，則可同時覺知空間與時間之存在。故曰：「在旦有在莫，宇徙，久。」

15. 經　不堅白，說在無久與宇，堅白，說在因。

說　無堅得白，必相盈也。

按：本條乃是從時空與物之關係言堅白盈，以破名家堅白離之說。依墨家之意，必先有具體之物存在，方能覺出「堅」、「白」之存在。換言之，堅、白不能離「物」而存在，「堅」「白」可離，則是否定物之存在。此其一。依墨家，物之存在是實然而必然者，除非是無時間與空間之存在，物才能不存在，此其二。總之，有時空在，則定然而實然地有物在。有物在，則堅、白必然俱存於物上。反之，如說堅白離而不相盈，則是否定物之存在，而物只有在無時、空存在時才不能存在。而時、空是不可能不存在的，依此，則堅白必相盈，其所以相盈，乃是因為白、堅相因相依於具體物而不相離之故。故曰：「不堅白，說在無久與宇；堅白，說在因。」公孫龍子堅白論云：「無堅得白，其舉也二，無白得堅，其舉也二。」其意是就觸覺而言，只能得知石之堅而不知白，就視覺而言，只能知其白而不知其堅，故白與堅乃是相離而為二者。而經說之意是：「無堅得白，無白得堅」僅表示在人之主觀覺知上，堅、白相離；而就客觀事實上則堅、白同時相盈於石（或其他白色之硬物）故曰：「無堅得白，必相盈也。」

16. 經　在諸㈠其所然未者然㈡，說在於是㈢推之。

說　在：堯善治，自今在諸古也。自古在之今，則堯不能治也。

㈠在諸：爾雅釋詁：「在，察也。」書經舜典：「在璿璣玉衡，以齊七政。」傳：「在、察也。」諸，之也。（經說之「諸」字義同此。）經說以「在諸古」與「在之今」對舉可為證。

㈡者然：高云：「者然當作然者，轉寫誤倒。」

㈢於：以也。訓見詞詮。

按：高詮經云：「察事物之所然者與其所未然者，宜以其所然者推其所未然者。故曰『在諸其所然未然者，說在於是推之。』於是推之即以其所然推其所未然也。」李詮說云：「夫治上世，所然也，治今世，未然也。上世與今世政情國俗，截然不同，以此推之，宜堯之不能治也。」

按：經言可據所已知者以推知所未知者；而經說則言「推知」不可太濫。如自今推古，可推知堯善治，然以今推未來，則未必準確，以堯當時之「今」，不能推知今日之「未來」，是以堯不能以其道治今之世也。故作「推知」時不可不慎。

17. **經**　**景不徙㈠，說在改為。**

說　**景：光至，景亡；若在，盡古息㈡。**

㈠徙：舊作從，從王引之依列子改。

㈡盡古息：盡，終也，盡古，即終古也。孫云：「息，當訓為止。」

按：本條在說明影與光之關係。凡光線受阻，則在光線所照射不到之處，亦即在阻擋光線之物背後形成影象。此影象，本身並不能主動地移動其自己，而必待光線移動或是阻擋光線之物移動，甚或光線與遮光體同時移動，影方能移徙，亦即影之動乃是光線與遮光體位置之改易而造成者，故曰：「景（影）不徙，說在改為。」凡是影必存在於光線所不及之處，一旦光線至，則影必立刻消逝。要某影象長在，則造成此影之光線與遮光體必須終古止息不動方可。故曰：「影：光至，景亡；若在，盡古息。」按：「光至」僅為「景亡」之一端，「無光」亦足以使「景」亡。此則非墨經之所及。

18. 經　景二，說在重。

說　景：二光夾一光，一光者景也。

按：高詮經云：「此條言影之有本影，副影也。本影者影之本體，其黑暗特濃者也。副影者影之外邊，其黑暗特淡者也。凡影皆有本影與副影，是二也。所以成二者，因其影之重也。故曰：『影二，說在重。』」

又詮經說云：「光有體，則非一點也。其顯而易見者為光體之上點與下點。即以此兩點言之。光體上點，映成物影一層，光體下點，又映成物影一層，兩層相重，兩位相差，其相重而為兩層之濃影，即本影也，其相差而為一層之淡影，即副影也。然則就光體之上點與下點而言，物影之映成，乃二光夾一影。二光者光也，明光也。一影者亦光也，暗光也。故說曰：『二光夾一光，一光者影也。』」高說頗得經、說之旨，從之。

19. 經　景到㈠，有午㈡有端與㈢景長，說在端。

說　景：光之㈣人煦㈤若射，下者之人也高，高者之人也下。足敝㈥下光，故成景於上，首敝上光，故成景於下，在遠近有端與光，故景庫㈦內也。

㈠到：倒也。

㈡午：儀禮大射儀：「度尺而午。」鄭注：「一從一橫曰午。」張云：「午，交午也。」高云：「午即幾何所謂交也。」

㈢與：高云：「與疑當作昗，形近而誤。昗即映字，皆从日央聲。」

㈣之：往也。

㈤人煦：高云：「人煦當作照人，蓋照煦形近而誤，二字又誤倒耳。」

㈥敝：蔽也。

㈦庫：經上，第四十九條：「庫，易也。」高以為「庚」之誤。

按：高亨詮經云：「此條言影倒之理也。光射於物，影成於壁。物壁之間置一大屏。屏中穿一小孔，則影映於壁，必成倒形。其所以然者，因光線相交於小孔之一點，而映出線之長也。故曰『景到，在午有端昗景長。』在午有端，謂在光線相交之處有小孔之一點也。昗景長即映影長，謂此小孔映出影之長於壁也。倒影之映成，實繫於小孔之一點，故曰：『說在端。』」又詮經說云：「此申言影倒之理也。光往以照人若射而矢出。射而矢出，其矢走直線，不走曲線。光往照人，其光亦走直線，不走曲線故曰：『光之照人若射。』光之在下者，其往射於人之直線，斜而向上。光之在上者，其往射於人之直線，斜而向下。故曰『下者之人也高。高者之人也下。』下者謂光之在下者也。高者謂光之在上者也。光之在下者與光之在上者相交於屏之小孔，更射而映於壁上，人之形體障礙蔽其光。光所不及、遂成暗影，而見於壁上。但人之足蔽其下光，光蔽則足影成。因下光之直線斜而向上，故足成影於上。人之首蔽其上光，光蔽則首影成，因上光之直線斜而向下，故首成影於下。推之人之全身無不如此，此影之所以倒也。故曰：『足蔽下光，故成景於上。首蔽上光，故成景於下。』要之，倒影之成，繫於屏之小孔。在物之遠處或近處，有屏上一點之小孔，則物之本形被光之斜行直線所攝，而反映於壁上，故影更易其位於屏之內面，而成倒影。故曰：『在遠近有端昗，於光，故景庚內也。』景庚內者，言影更易其形之位於內面也。」茲從其說。

20. 經　景迎日，說在摶㈠。

說　景：日之光反燭人，則景在日與人之間。

㈠摶：高云：「摶當作轉，形近而誤。」

按：高亨詮經云：「此言回光反照之義也。日光照物，物成影，影必背日。但影有時迎日，蓋日光射於物後之晶體上，其光回轉而照物，物影遂見於前也。故曰：『景迎日，說在轉。』轉謂光之回轉也。」又詮經說云：「日之光射於晶體上，而後方能反照，如取一大鏡，鏡面向上而植於地上。人向日而立於鏡前。日光射於鏡上，其光反射於人，則人影見於人之前，影適在日與人之間。故曰：『日之光反燭人，則景在日與人之間。』燭猶照也。」茲從之。

21. 經　景：大小，說在杝㈠正遠近。

說　景：木杝，景短大。木正，景長小。大㈡小於木，則景大於木；非獨小也，遠近。

㈠杝：原作地，孫云：「地字為杝。杝即迆之叚字。說亦云遠近杝正，是其證。」高云：「廣雅釋詁：『迆，衺也。』（衺通作邪）杝與正義相對。」

㈡大：曹云：「大小於木之木，當作火。」

按：高詮經云：「光照物而成影，其影之大小，在乎物體之邪正，又在乎光距物之遠近。蓋物體邪則影大，物體正則影小，光距物遠則影大，光距物近則影小也。故曰：『景之大小，說在杝正遠近。』」又詮經說云：「此舉木為例。火之光照於木，木邪則其影短而大，木正則影長而小，故曰：『木杝景短大。木正景長小。』所謂杝者謂木或向左而杝，或向右而杝；非向火而杝，背火而杝也。又火小於木，則木之影大於木。故曰：『火小於木，則景大於木。』豈僅火而影大哉！以遠近言之，火去木愈遠，則其影愈大。火去木愈近。則其影愈小。故曰：『非獨小也，遠近……』意謂遠近亦然也。」高說頗能曲盡其意，從之。

22. 經　(一)臨鑑(二)而立，景到，多而若少，說在寡區(三)。

說　臨：臨鑒立，景寡貌能，白黑，遠近，柂正異於光鑒。景當俱就去，亦當俱向北。鑒者：臭於鑒無所不鑒。景之臭無數，而必遇。正仮同處，其體俱然，鑒少(四)。

(一)本條原竄入上文，依譚校移此。

(二)臨鑑：臨，廣雅釋詁：「臨，視也。」方言十三：「臨，照也。」廣雅釋器：「鑑謂之鏡。」

(三)寡區：廣雅釋詁：「寡，獨也。」區，高以為匹之誤。匹者偶也，二也。

(四)經說原文全依高校。

按：高亨詮經云：「此條言人臨鏡而立，有兩種現象。(一)鏡中之影為人之倒形。鏡平置於地，人立鏡邊，則影之上下相倒。鏡直立於地，人對鏡而立，則影之前後左右均相倒。如人之面向東，而影之面向西。人之左手舉，而影之右手舉。此一窺鏡而即知者也。此種現象，乃照於獨鏡而後有也，必人立於一鏡之前而後然也。(二)鏡中之影有無數之多，而自人視之，因目力有限，其所見之影，比實有之影為少。此種現象，乃照於雙鏡而後有也，必人立於兩鏡之間而後然也。其複影必兩兩相對，實偶影也。故曰：『臨鑑而立，景到，多而若少，說在寡匹。』寡獨也。鏡獨則影獨。影獨則影倒。若鏡二，則影至多，一倒一正，不得單言倒矣。故『景到』云者說在『寡』。匹偶也。鏡偶則影偶。影偶則影多。若鏡一則影亦一，不得言多而若少矣。故『多而若少。』云者、說在『匹』也。」又詮說云：「人立於一鏡之前，其影僅一。故曰：『臨鑒立，景寡。』其貌態之形，白黑之色、遠近之度、邪正之勢、俱映於光與鑒，而成一影。故曰：『貌能、白黑、遠近、杝正、昊於光鑒。』蓋有光有鏡而後有影，故云『昊於光鑒。』此言影之成由於光與鏡也。影與人相值相對，人就鏡，影亦就鏡。人去鏡，影亦去鏡。故曰：『景當、俱就去。』但人如就而趨東，影則就而趨西。人如去而趨西，影則去而趨東。是就去之行動相倒也。影與人相值相對，人向鏡，影亦向鏡。人背鏡，影亦背鏡。故曰：『亦當俱向北。』但人如向而面東，影則向而面西。人如背而面西，影則背而面東。是向背之形勢相倒也。此二句正申明經文『景到』之義也。

人立於兩鏡之間，則其影重複於鏡中，可以自見身之前部，又可以自見身之後部，左右上下，無處不見。故曰：『鑒者之复於鑒，無所不鑒。』無所不鑒謂無所不察見也。鏡中之複影多至無數。故曰：『景之复無數。』此無數之複影，必兩兩相偶。故曰『而必偶。』遇借為偶也。偶者即一正影、一反影、同處相對。故曰『正仮同處。』仮即反字也。鏡中之影、其形體正仮同處以成偶，無不如是。故曰：『其體俱然。』影之複無數。影之偶亦無數。但人之目力有限，鏡中之影去人愈遠，則人見其影愈小，小而又小，小至人不能見，則人以影為滅，而影固未滅也；人以影為無，而影固未無也。然則實有之影無數，而能見之影有數；實有之影本多，而能見之影若少。故曰：『鑒少。』謂所察見者少也。」

23. **經　鑑位㈠景一小而易、一大而正，說在中㈡之外內。**

說　鑑：中之內，鑒者近中，則所鑒大，影亦大；遠中，則所鑒小，影亦小，而必正。起於中緣正而長其直也。中之外，鑒者近中，則所鑒大，景亦大，遠中，則所鑑小，景亦小，而必易，合於中而長其直也。

㈠位：高云：「位疑本作弧，形近而誤。」

㈡中：高云：「中者鏡光之焦點也。然點為鏡光反射之中心，故謂之中也。」

按：高亨詮經云：「鑑弧者、鏡面下凹，成為弧形也。此類鏡今稱凹面鏡，若依據墨書當稱弧面鏡。易改也，變也。此易字謂物之正形變為反影也。中者鏡光之焦點也。焦點為鏡光反射之中心，故謂之中也。

此條言弧面鏡所映物影之現象也。鏡為弧面，映成物影，其現象有二種：一為其影小而易，易謂變成反形也；一為其影大而正，正謂仍得原形也。故曰：『鑑弧，景一小而易，一大而正。』小大者兩種相比，前者小後者大也。其影小而易者、必其物在鏡光焦點之外，其影大而正者、必其物在鏡光焦點之內。故曰：『說在中之內外。』分言之，景小而易、說在中之外。景大而正、說在中之內也。」又詮說云：「物在焦點之內，物距焦點近，則鏡光所照於物之光線多，其光線佔鏡面之面積大，物影亦大。物距焦點遠，則鏡光所照於物之光線少，其光線佔鏡面之面積小，物影亦小。故曰：『中之內、鑒者近中，則所鑒大，景亦大；遠中，則所鑒小，景亦小。』所鑒猶言所照也。物在焦點之內，其所成之影、必為物之正形。故曰：『而必正。』此近大遠小與必正之理，欲證明之，則由焦點引兩直線，通過物形直射鏡面之首尾兩點，再引長此兩線即可矣。故曰：『起於中，緣正而長其直也。』

物在焦點之外，物距焦點近，則鏡光所照於物之光線多，其光線佔鏡面之面積大，物影亦大；物距焦點遠，則鏡光所照於物之光線少，其光線佔鏡面之面積小，物影亦小。故曰：『中之外、鑒者近中，則所鑒大，景亦大；遠中，則所鑒小，景亦小。』所鑒猶云所照也。物在焦點之外，其所成之影、必為物之反形。故曰：『而必易。』易即為變為反形也。此近大遠小與必易之理，欲證明之，則由物形直射鏡面之首尾兩點，引兩直線，相交於焦點；再引長此兩直線即可矣。故曰：『合於中而長其直也。』」

24. **經**　鑑團㈠，景一天㈡而必正，說在得。

說　鑒：鑒者近則所鑒大、景亦大；亓㈢遠，所鑒小，景亦小，而必正。景過正故招㈣。

㈠鑑團：高云：「說文：『團，圓也。』按體圓曰團。鑑團者鏡面上凸，成為團形，此類鏡今稱凸面鏡，若依據墨書當稱團面鏡。」

㈡一天：高疑當作「一小一大」。

㈢亓：高云：「亓讀為其。墨子往往以亓為其。」

㈣景過正故招：高疑當作「景遇招故正。」遇猶迎。招猶攝也。

按：高亨詮經云：「此條言團面鏡所映物之現象也。鏡為團面，映成物影，其現象有二種：一為影小；一為影大。故曰：『鑑團、景一小一大。』但無論大小，其影必為正形。故曰：『而必正。』其影之小，由於鏡光攝得之物形小。其影之大，由於鏡光攝得之物形大。其影之正，由於鏡光攝得之物形正。故曰：『說在得。』得謂鏡光攝得物形也。」又詮說云：「團面鏡所映物影之大小，視其物距鏡面之近遠。物距鏡光所照於物之光線多，其光線佔鏡面之面積大，物影亦大。物距鏡面遠，則鏡光所照於物之光線少，其光線佔鏡面之面積小，物影亦小。故曰：『鑒者近，則所鑒大，景亦大。丌遠，所鑒小，景亦小。』無論影大影大，而其影必為物之正形。故曰：『而必正。』所以必為正形者，因團面鏡之攝物影，乃迎而攝之也。故曰：『景遇招故正。』」

25. 經　負而不撓，說在勝。

說　負：衡木加重焉，而不撓，極㈠勝重地。右校交繩㈡，無加焉而撓，極不勝重也。衡㈢加重於其一旁，必捶㈣。權㈤重相若也。相衡則㈥本短標長，兩加焉，重相若，則標必下，標得權也。

㈠極：孫云：「說文：『極，棟也。』屋棟為橫木，引申之，凡橫木通謂之極。」

㈡右校交繩：高云：「右字上疑當有左字，轉寫誤脫。……方言郭注：『縣蠶薄柱也，亦名校。』左右校交繩，言在左右柱之間接聯以繩也。」

㈢衡：高云：「此衡即今所謂秤桿也。」

㈣捶：垂下落也。吳汝綸曰：「捶者垂之借字。」

㈤權：高云：「權即今所謂秤錘也。」

㈥則：則疑當在相衡之上傳寫誤倒。

按：如有一木，兩端負物，而能不曲撓，則表示此木能勝兩端之物重，故曰：「負而不撓，說在勝。」「衡木加重焉，而不撓，極勝重也。」高詮經說云：「如左右校柱，接聯以繩，未嘗加重，而繩已曲，即因衡繩不能勝本身之重量。故曰：『左右校交繩，無加焉而撓，極不勝重也。』」如於稱桿（即衡）之一端加重量，則此端必下垂。如能移動權之位置使重相等，則稱桿必能平正。故曰：「衡加重於其一旁，必捶，權重相若也則相衡。」稱為一衡木由提挈處而分，右端懸物左端懸權，懸物之一端較另一端為短。經說稱之為本，另一端較長且有重量之標示，稱之為標。故曰：「本短標長」。凡稱物之重量時，必使稱桿平衡，方能測得其重量。所稱之物如加重，則為使權與物能同重而平衡，則權必往標之邊端處移動，移動至稱桿平衡時，即可由標得知權重，而權與物重相若，故得知權重亦即得知物重。故曰：「本短標長，兩加焉，重相若，則標必下，標得權也。」譚戒甫曰：「本條論槓杆之理。」按「稱」確合槓桿原理。

26. 經　(一)挈與收仮(二)，說在薄(三)。

說　挈：挈，有力也，引，無力也。不正所挈之止於施也。制(四)繩挈之也。若以錐刺之。挈：長重者下，短輕者上。上者愈得，下者愈亡。繩直權重相若，則正矣。收：上者愈喪，下者愈得，上者權重盡，則遂(五)。挈、兩輪高兩輪為輲(六)，車梯也。庳(七)其前，弦其前，載(八)弦其前，載弧其軲(九)，而縣繩重於其前。是梯絜且絜則行。凡重、上弗挈，下弗收，旁弗劫(十)，則下直拖(十一)；或害之也沶(十二)。梯者不得沶也，直也。今也廢(十三)石於平地，重下，無踦(十四)也。若夫繩之引軲也，是猶自舟中引橫(十五)也。

(一)按本條經文及說文俱依高校。
(二)仮：高云：「即反之異文。」
(三)薄：迫也。

(四)制：高云：「制借為掣，玉篇：『掣，牽也。』」

(五)遂：高云：「遂借為隊，俗字作墜。」

(六)輲：高云：「輲當即輇之異文。」

(七)庳：高云：「庳，卑也，下也。」

(八)載：高云：「載借為再，古字通用。」

(九)軲：高云：「軲者輿前下垂者也。古以胡為之。……車轅前下垂者，亦名胡。」

(十)刼：高云：「刼者強奪之義也。」

(十一)拖：高云：「拖讀為拖。木落曰拖，引申物落皆曰拖。」

(十二)沶：高云：「沶即流字。流，移動也。」

(十三)廢：置也。

(十四)䠙：高云：「䠙蓋徬之異文。旁行，偏行亦為徬。」

(十五)橫：高云：「橫者，舟前橫木也。」

按：高詮經云：「以繩繫物，自上提之曰挈，自下曳曰收，兩者正相反，故曰：『挈與收反。』挈者用力於其上，迫而使之升。收者用力於其下，迫而使之降。此兩者相反也。故曰：『說在薄。』」又詮說云：「挈者以繩繫物，人自上提之也。引者以繩縣物，物向下引之也。挈係人用力，引係人不用力。故曰：『挈有力也，引無力也。』不正其所挈之力止於所施之物，則其物必有反面之擺動也。故曰：『不正所挈之止於施也。』制繩挈之也，若以錐制之。」挈者自提上之也，收者自下曳之也。兩者適相反。試以衡驗之，衡中繫紐而懸焉，左右兩臂，一臂懸權，一臂懸物。其臂長而物重之一端必下。其臂短而權輕之一端必上。人用力量上提其物，則上者之重量有得，下者之重量有失，上提之力量愈大，則上者之重量愈有得，下者之重量愈有失。故曰：『挈、長重者下，短輕者上，上者愈得，下者愈亡。』繩謂懸權之繩、與懸物之繩也。直謂衡之直桿，即衡之兩臂也。若懸權之繩、與懸物之繩同長，此端直之長度，與權之重量相乘，彼端直之長度與物之重量相乘其數相等，則衡平矣。故曰：『繩直權重相若，則正矣。』長重者下、短輕者上、即如上述。人用力下曳其物，則上者之重量有失、下者之重量有得，下曳之力量愈大，則上者之重量愈有失，下者之重量愈有得。故曰：『收、上者愈喪，下者愈得。』人用力下曳其物，下曳之力量愈大，則上者之權之重量愈失，至權之重量已盡之時，則衡直垂而物墜地矣。故曰『上者權重盡，則遂。』由此觀之，挈之力量、使權之重量有得，物之重量有失。收之力量，使權之重量有失，物之重量有得，兩者正相反也。說文：『輇蕃車下庳輪也。』下庳輪謂其下兩輪卑，與此文兩輪高兩輪為輇之義合。則輲輇同字明矣。禮記雜記上：載以輲車。」鄭注『輲讀為輇。』是其徵矣。輲車四輪。無輈無轅。不駕牛馬，以繩挈引而行。後兩輪高於前兩輪。故曰：『契、兩輪高兩輪為輲。』挈字冒全節而言也。輲車成梯形。故曰：『車梯也。』輲車兩輪高兩輪庳。其孰高孰庳，亦須說明。故曰：『庳其前。』即謂車之前兩輪庳也。弦弧對言，弦以喻其直，弧以喻其曲也。輲車之高層輿前、使其成弦形而直，故曰：『弦其前。』輲車之低層輿前、再使其前成弦形而直，並垂胡焉，使其胡成弧形而曲。故曰：『載弦其前，載弧其軲。』縣繫也。繫於車前軲上。故曰：『而縣繩於其前。』然後挈其繩則車動，挈而又挈則車行。故曰：『是梯挈且挈則行。』凡物之重、上而不以力挈之，下而不以力收之。旁而不以力劫之，則其向下垂也，必直落而不邪；如有防害之者，則移動而不直落。故曰：『凡重、上弗挈，下弗收，旁弗劫，則下直抴；或害之也汴。』兩輪之車、其輿或軒或輊，時時擺動。唯有四輪之車梯，其輿不得軒輊，不得擺動。故曰：『梯者不得汴也。』所謂『凡重、上弗挈、下弗收、旁弗劫、則下直抛』者，例如人兩手捧石，放手而舍之，落於平地，則石之重下落必成直線，而無旁行邪下之理。故曰：『今也廢石於平地，重下，無[足旁]也。』舟前有橫，所以為繫纜牽舟之用也。挈繩引軲、與挈纜引橫同理。故曰：『若夫繩之引軲也，是猶自舟中引橫也。』」

27. 經　倚者不可正，說在剃(一)

說　倚：倍(二)、拒、堅(三)、䠶(四)，倚焉則不正。

(一)剃：高云：「剃疑本作刜，形近而誤，刜讀為拂，拂猶觸也。」

(二)倍：高云：「倍疑借為剖。古所謂剖猶今所謂劈也。」

(三)堅：高云：「堅借為掔，實借為牽。堅掔牽古通用。」

(四)䠶：高云：「䠶當作射，形似而誤。」

按：高詮經云：「倚，偏邪也。物有偏邪而不可正者，因其觸發之機力固偏邪也，故曰：『倚者不可正，說在刜。』」又詮經說云：「倚者不可正，其類有四：一曰倍之倚；二曰拒之倚；三曰堅之倚；四曰射之倚。以刀劈物，機力既發，一邪則不可正，此其一也。拒者支物使退也。支物使退，機力既發，一邪則不正，此其二也。牽者引物使進也。引物使進、機力既發，一邪則不可正，此其三也。射箭亦機力既發，一邪則不可正，此其四也。故曰：『倍、拒、堅、射，倚焉則不正。』」

28. 經　推之必往，說在廢材。

說　推：竮石絫石，耳夾寁者法也。方石去地盡，關石於其下，縣絲於其上，使適至方石，不下，柱也。膠絲去石，挈也。絲絕，引也。未變而名易，收也。

按：本條不可解，故存疑焉。

29. 經　買無貴，說在仮㈠其賈。

說　買：刀糴相為貴。刀輕則糴不貴。刀重則糴不易㈡。王刀㈢無變，糴有變。歲變糴則歲變刀，若鬻子。

㈠仮：畢云「仮，反字異文。」禮記樂記：「樂盈而反。」注曰：「謂自抑止也。」

㈡易：左傳襄公四年：「貴貨易土。」杜注：「易猶輕也。」漢書食貨志：「綫益多而輕。」顏注：「輕，賤也。」

㈢王刀：王室所造之錢幣也。

按：本條言貨幣與物價之關係也。欲使人民購物不貴，其方法端在平抑物價，故曰：「買無貴，說在仮其賈。」賈誼諫鑄錢疏云：「又民用錢，郡縣不同，或用輕錢，百加若干，或用重錢，平稱不受。……今禁鑄錢，則錢必重，重則其利深。銅畢歸於上，上挾銅積，以御輕重。錢輕則以術斂之，重則以術敬之，貨物必平。」(見李注引)據此，則貨幣輕重之調節可以影響物價。經說即此意。李云：「蓋錢輕，易於流通，則農家多糴穀以取錢，錢重則難用，則閉糴不出也。」故曰：「刀糴相為賈，刀輕則糴不貴，刀重則糴不易。」又云：「法錢有定值，穀物則以歲之豐歉而升降其價格，故曰『王刀無變，糴有變。』穀價遞年有變，則亦隨宜權衡法錢之輕重以御之，故曰『歲變羅，則歲更刀』。周語單穆公諫鑄大錢云：『民患輕，則為作重幣以行之，於是乎有母權子而行，民皆得焉。若堪重，則多作輕而行之，亦不廢重，於是乎有子權母而行，小大利之。』注：『重曰母，輕曰子。子權而母行，母不足則以子平而行之。』若鬻子者，正子權母而行之義，喻若留母鬻子，仍指調劑輕重言也。」

30. 經　賈宜則讎㈠，說在盡。

說　賈：盡也者，盡去其所以不讎也。其所以不讎者去，則讎，正價也。宜不宜，正欲不欲。若敗邦，鬻室，嫁子。

㈠讎：今省作售。

按：凡積有貨物者，如認為物價適宜，則必出售其貨物。而物價之宜否，決定於「盡」，故曰：「賈宜則售，說在盡。」當造成物主惜售之原因完全消除，此之謂盡，盡則必售其貨物，商人肯供售，則物價必能恢復正常，故曰：「盡也者，盡去其所以不售也，其所以不售者去，則售。正價也。」準此，則價之宜不宜，決定在供求者之欲不欲——需要程度之差異，故曰：「宜不宜，正欲不欲。」譚云：「戰國時代，戰敗國每遭敵兵焚室姦女之慘禍，故敗邦人民為預防計，賣屋嫁女為適時，亦即宜。」按本條以「盡去其所以不讎」界定物價之「宜」。頗能一語道盡售物者判定物價宜不宜，可否出售其物之依據。唯「所以不售」之具體內容，則墨經未明言，唯人之不售其物，要之不外二途，一為圖利，一為避害。反之，如囤貨不再有利可圖，或其利已至飽和，則必售，又如囤貨而有害時，亦必盡出其貨，「敗邦，鬻室嫁子」即屬後者。

31. 經　無說㈠而懼，說在弗心。

說　無：子在軍，不必其死生；聞戰，亦不必其生㈡。前㈢也不懼，今㈣也懼。

㈠說：經上：「說，所以明也，」小取：「以說出故」經文之「說」義同之。

㈡在軍不必其死生，聞戰亦不必其生：孫云：「或當作在軍不必其生，聞戰亦不必其死。」

㈢前：指「子在軍」而言。

㈣今：指「聞戰」而言。

按：凡是不能明確知道其真實狀況者，可不必心懷恐懼。故曰：「無說而懼，說在弗心。」例如：兒子雖在軍中，父母多不懼，而一聞戰則懼其子死，其實在軍中亦不能保證其必「生」，而作戰時，亦非必定戰死，故為父母者，大可不必為此「非必然」之事而心生憂懼。經說之旨在此。

32. 經　或㈠過名也，說在實。

說　或：知是之非此也，有知是之不在此也，然而謂此南北，過，而以為然。始也謂此南方，故今也謂此南方。

㈠或：惑也。

按：本條言名應與實相應，而不可「過」，名而過實，必然造成疑惑。故曰：「惑：過名也，說在實。」如「是」名，非指「此」實，或「是」名，不僅限於指謂「此」實，而竟以「是名」指「此實」此之謂「過」，「過」而又以為然。必然造成「惑」。例如「北」之名本不指「南」之實，「南北」之名不僅指南方，如竟以「南北」之名指謂「南方」之實，此之謂過名。古人命名之初，既以「南」之名謂「南」之實，則今人須以「南」之名指謂「南」之實。故曰：「或：知是之非此也，有知是之不在此也。然而謂此南北，過，而以為然，（惑）。始也謂此南方，故今也謂此南方。」按：本條立言之旨有二：一為名應與實相應而不可過。如合南北二名以指南方，即為過。二為用名須依約定俗成之原則，否則必為「過名」。

33. **經**　知㈠：知之，否之，足用也。誖㈡。說在無以也。

說　智：論之非智無以也。

㈠知：當依說作智。

㈡誖：原作諄，依張校改。

按：凡人對事物不僅應知其然，且應更進一步知其所以然，否則不足以與人相辯。如有一人僅知事物之「然」、「否」，且以此為足用，乃是大謬之事，蓋雖知其然否，而不知其然否之因（以）也。故曰：「知：知之，否之，足用也，誖。說在無以也。」人欲知事物之所以然非有「智」不可，經上，「恕（智），明也」說「智也者，以其智論物，而其知之也著，若明。」故無智則不能論物之所以然。故曰：「智：論之非智，無以也。」按本條之意是：事物之然、否依習俗、常識即可得知，而進一步論物之所以然，則非智不可。此其一。人當由知其然，進一步知其所以然。此其二。

34. **經**　謂：㈠辯無勝，必不當，說在辯。

說　謂：所謂非同也，則異也。同則或謂之狗，其或謂之犬也。異則或謂之牛、其㈡

或謂之馬也。俱無勝，是不辯也。辯也者，或謂之是，或謂之非，當者勝也。

㈠謂：名詞，指論辯雙方之論題。

㈡其：本作牛，依孫校作其。

按：凡辯論，雙方必先有一論題，論題正確（當）必能辯勝，反之，如不能勝，則表示其論題有欠當之處。故曰：「謂：辯無勝，必不當，說在辯。」辯論雙方之論題不是相同，則是相異。例如，甲稱某物實為狗，乙則稱之為犬，而狗即犬，犬即狗，如此，則甲乙之「謂」相同；反之；甲稱某物實為牛，而乙則稱之為馬，如此，則甲乙之「謂」相異。故曰：「謂：所謂非同也，則異也。同則或謂之狗，其或謂之犬也。異則或謂之牛，其或謂之馬也。」「謂之狗」與「謂之犬」，因其謂相同，則雙方分不出勝敗，亦即無一方能勝，這就構不成「辯」，故曰：「俱無勝，是不辯也。」凡辯之形成，則雙方之「謂」必有一「是」一「非」，「謂」當者為「是」，為「勝」，故曰：「辯也者，或謂之是，或謂之非，當者，勝也。」按墨經之意是：辯之「形成」以有彼此相矛盾之「論題」為必要條件，而辯之「結果」，亦即勝負之分則決定於論題之當與否。

35. 經 無不讓也，不可，說在始㈠。

說 無讓者酒，未讓，始也，不可讓也。若殆㈡於城門與於臧也。

㈠始：李云：「經上云：『始，當時也。』是為本條始字最明確之疏證。」

㈡殆：李云：「殆與擠義同。荀子：『小涂則殆。』楊注：『殆，近也，凡行而爭先曰殆。』」

按：李釋經云：「儒家以讓為美德，墨家尚任好勇，則以無不讓為不可。尤以當急人之急，與事勢迫切時，無所容讓。故曰：『說在始。』」又釋說云：「讓者酒，猶言酒以成禮，固應讓人。當對飲時，則亦無庸退讓，蓋飲者各如其量，或不勝蕉葉，或百觴不醉，又無所容其讓與不讓也。如爭先入城，及與臧獲（奴僕）輩前行，皆不必讓也。」

36. 經　於一，有知焉，有不知焉，說在存。

說　於石一也，堅白之也，而在石，故有智㈠焉，有不智焉，可。

㈠智：二智字皆知也，動詞。下各條諸「智」字，同此。

按：此亦駁名家堅白離之說。名家因視（白）石知白而不知堅，拊石知堅而不知白，故主堅白離，而墨經，則以為單一之感官於堅白雖有所知有所不知，然堅白究同存於一石之上，故不可言堅白離。故曰：「於一，有知焉，有不知焉，說在存。」石為一物，堅、白為二性；二性皆存於一石，謂單一感官僅能覺知其一性而不知另一性，則可；謂此二性離，則不可。故曰：「於石一也，堅白二也，而在石，故有知焉，有不知焉，可。」

37. 經　有指於二，而不可逃，說在以二絫㈠。

說　有指：子智是，有㈡智是吾所先舉，則重㈢。子智是，而不智吾所先舉也，是一。謂「有智焉，有不智焉，」可。若智之，則當指之㈣智告我，則我智之，兼指之以二也。衡指之，參直之也㈤。若日「必獨指吾所舉，毋舉吾所不舉」，則二者㈥固不能獨指，所欲相不傳㈦，意若未校。且其所指智是也，所不智是也，則是智之不智也㈧。惡得為一，而謂㈨有智焉，有不智焉。

㈠衆：張云：「衆當為參。」

㈡有：又也。

㈢則重：本誤作重則，今乙正。

㈣之：其也。

㈤衡指之，參直之也：疑當作「衡指之，直指之，參也。」蓋脫一指字而「叄」、「直之」傳寫誤倒。

㈥則二者：原脫「二」字，據張校增。

㈦欲相不傳：孫云：「相疑指之誤」。

㈧智之不智也：「之」，與也。書立政：「其勿誤於庶獄，惟有司之牧夫。」經傳釋詞：「之猶與也。」

㈨而謂：本作謂而，據譚校乙正。

按：本條換一方式以申論堅白不離之理。其意是：如二人同時視，拊白石，甲視而得白，乙拊而得堅。如此，則堅白同時為甲乙二人所覺知，而不能逃出甲乙之知覺。總之，由二人之合知，合指，可知堅白二性實存於一石，亦即堅、白、石三者相盈，故曰：「有指於二，而不可逃，說在以二參。」如子知石白（或堅）又知吾先前所指（經上：「舉，擬實。」故舉亦即指也。）者亦為白（或堅），如此，則你我二人之知相重複也，又如子知白（堅）而不知吾所先舉者為何，則子僅知其一耳。故曰：「子知是，又知是吾所舉，則重。子知是，而不知吾所先舉也。是一。」在此情況下，你我重複知其一，或汝僅知其一，則可謂之「有知焉，有不知焉」。反之，如子知白（堅）我知堅（白），子以其所知告我，則我能兼知石有堅、白二性矣。故曰：「若知之，則當指之（其）知告我，則我智之，兼指之以二也。」如此則不論橫指，或豎指，皆一「石」而有「堅」、「白」二性，此非石、堅、白三者相盈邪？故曰：「衡指之，直指之，參也。」李云：「若不如是，而曰必獨指吾所舉，毋舉吾所不舉，是猶我視白，子亦視白，我拊堅，子亦拊堅，則所欲知者互不相傳，而兩意不相交矣。（校，交也。）」故曰：「若曰必獨指吾所舉，毋舉吾所不舉，所欲指不傳，意若未校。」白為視之所知，堅為拊之所知，而白為拊之所不知，堅為視之所不知，然由此視知白不知堅，拊知堅不知白，適足以證明石實有堅白二性，焉得離之而為一，而有拊（視）知堅（白）不知白（堅），以證明堅與白離而為一之說哉？故曰：「且其所知是也，所不知是也，則是知之不知也，惡得為一，而謂有知焉，有不知焉。」

38. 經　所知而弗能指，說在春也，逃臣，狗犬，遺者。

說　所；春也，其執㈠固不可指也。逃臣不智其處。狗犬，不知其名也。遺者，巧弗能兩也。

㈠執：張云：「執，疑當為埶，與勢同。」勢、情狀也。

按：事物有為人所覺知，然而不能指之者，如春，逃臣，狗犬，遺者皆所知而弗能指者也。故曰：「所知而弗指，說在春也，逃臣，狗犬，遺者。」春之臨，人皆知之，然人不能直指其情狀為何物。故曰：「春也，其勢固不可指也。」春之不可指，乃因春非一具體物，故不能指也。逃臣因不知其藏匿之處，故不可指也，此乃因所欲知之物，其所存在之空間不能確知而不可指也。他人之狗犬，雖知其為狗犬，然不知其「專名」故不可指也。李云：「失物者雖有巧工，亦不能重製與原物無二也。」故曰：「遺者，巧弗能兩也。」按此乃就物之遺失，不能得其具體形象而為不可指也。

39. 經　知狗而自謂不知犬，過也，說在重。

說　智：智狗，重智犬，則過；不重，則不過。

按：經說上第八十七條云：「二名一實，重同也。」狗犬異名同實，重同也。亦即狗等於犬，犬等於狗，故自謂知狗，而不知犬，此為過矣。故曰：「知狗而自謂不知犬，過也，說在重。」李云：「若知狗而猶須重行知犬，則過」故曰：「智狗，重智犬，則過。」反之，狗與犬，如非「重同」，亦即二名二實，則言知狗而不知犬斯不為過，故曰：「不重，則不過。」按此駁辯者之怪說：「狗非犬」。

40. 經　通意後對，說在不知其誰謂也。

說　通：問者曰：「子知䮒乎？」應之曰：「䮒何謂也？」彼曰：「䮒施㈠。」則智之。若不問䮒何謂，徑應以弗智，則過。且應問之時，若應長㈡，應有深淺大常中在兵人長㈢。

㈠䮒施：張子晉墨經注云：「䮒，疑為駱之假借字。施，疑當作它，為駝之假借字。前漢書匈奴傳：『其奇畜則橐佗，驢驘。』佗亦駝之假借字。」

㈡若應長：高云：「『若應長』當作『若應焉』焉長形近而誤。」

㈢應有深淺大常中在兵人長：高校作：「應有深淺大小，當在其人焉。」

按：高云：「有人問我，我必先通曉其所問之意，然後對答之。不然，我不知其所謂為何，而答焉，詎有不謬哉。故曰：『通意後對，說在不知其誰謂也。』」例如：有人問：「子知駱乎？」時，不可即答，知與否，應先問之曰：「駱何謂？」彼必以駱駝回答。如此，則我可應之曰知之矣。反之，如不追問對方「駱何謂？」而竟以不知作答，則為過，蓋我本知駱駝，而竟以不知作答，故為「過」。高云：「應之道不僅通意後對也。且應必應於問之時而應焉。若未問而應之，或問之既久而應之過遲，皆非其宜也。故曰：『且應必應問之時若應焉。』且應有深淺大小之別，宜察其人而施之，其人可以語深，則應以深；不可以語深，則應以淺；可以語大，則應以大；不可以語大，則應以小。故曰：『應有深淺大小，當在其人焉。』」

41. **經**　所存與存者㈠，於㈡存與孰存，駟者說㈢。

說　所：室堂，所存也，其子，存者也。據㈣存者而問室堂，惡可存也㈤。主室堂㈥而問存者，孰存也。是一主存者以問所存，一主所存以問存者。

㈠所存與存者：本脫下存字，依張校增。
㈡於：音烏，何也。
㈢駟異說：疑有譌脫，吳汝綸曰：「駟即四。」顧廣圻曰：「當云說在異。」並從之。
㈣據：依也，就也。論語述而：「據於德」集解：「據，依也。」張衡東京賦：「據其府庫」注：「據，就也。」
㈤惡可存也：梁云：「可字衍。」惡與於，烏通。惡存即經文於（烏）存也。
㈥主室堂：主，親也，近也。論語學而：「主忠信」集解：「主，親也。」主室堂即近室堂也。
按：同一「存」字，分別加以「所」、「者」、「於」、「孰」，則成「所存」、「存者」、

「於存」、「孰存」，語意完全相異之四詞，故曰：「所存與存者、於存與孰存、四、說在異。」「所存」乃是存物（或人）之所，堂室是也。某人之子存於堂室，則其子為「存者」，故曰：「室堂，所存也；其子，存者也。」所謂「惡存」乃是就「存者」問其存於何處，或就「存者」問其嚮者存於何處也；而「孰存」，則是走近室堂而問存於室堂者為何人。故曰：「據存者而問室堂，惡存也。主室堂而問存者，孰存也。」前者乃是就人（存者）以問其所存之所，而後者則就存處以問存者（人）為誰，故曰：「是一主存者以問所存，一主所存以問存者。」簡言之，「所存」指人存之空間，「存者」指存於某空間之人，「惡存」指人存何所，「孰存」則是問存於某所之人為誰。同一存字，加上不同之字，則可造成語意迥異之詞。推本條之意，旨在提醒人對同字所造成之「異詞」之語意應加簡別而不可混。

42. **經**　**五行毋(一)常勝，說在宜。(二)**

說　**五：合水土火。火(三)離(四)然火鑠金，火多也。金靡(五)炭，金多也。合(六)之合水，木離木(七)若識(八)麋與魚之數，惟所利。**

(一)毋：張云：「毋，無也。」

(二)宜：高云：「宜當作多。說文『宜古文作𡧱』、廣韻『宜古文作𡧱』、多與古文宜形似，故誤為宜。說云：『火多金多』即其證。」

(三)合水土火火：高云：「當作金水土木火。金與合，木與火，並形近而誤。」

(四)離：李云：「離，麗也，狀火盛貌。」

(五)靡：方言：「靡，滅也。」

㈥合，亦金之誤。

㈦木離木：高云：「當作火離木。火木亦形似而誤。」

㈧若識：高云：「若識當作識若，轉寫誤倒。識借為熾，火燃之盛也。」

按：王應麟困學紀聞云：「五行，大禹謨以相克為次，洪範以生數為次。鄒衍以相勝為義，劉向以相生為義。」可知五行相克相生之說由來久矣。本條旨在闡發五行相勝之義。墨家之意，以為五行之相克，並非恆常不變者，且其相勝相克亦非全無限制者。五行之能相勝其條件全在「多」，如火多則可勝金，少則否。故曰：「五行毋常勝，說在多。」所謂五行，即金水土火木。故說云：「金水土火木。」火盛，則火能銷金，火之銷金全在火多也。故曰：「離然火鑠金，火多也。」金之所以能滅炭火者，由於金多也。故曰：「金靡炭，金多也。」高云：「五行相生，亦物性之定數。如金附（府通附）麗於水，火附麗於木而熾，是也。此物性之定數，與動物無殊，如麋利於山，故附於山，魚利於淵，故附於淵。亦皆物性之定數也。故曰：『金之府水，火離木識，若麋與魚之數，惟所利。』」按：準此以觀，則墨家認為五行之相克與相生非機械而不變者，其所以相生相克乃是受某種條件之影響而形成者，而非本然如此，必然如此。

43. 經　無欲惡之為益損也，說在宜。

說　無：欲惡傷生損壽，說以少連㈠。是誰愛㈡也，嘗多粟。或㈢者欲不有能傷也。若酒之於人也。且恕人利人，愛也，則唯恕弗治也。

㈠少連：高云：「少連，即論語禮記之少連也，蓋少連曾言欲惡足以傷生損壽。」

㈡愛：欲也。

㈢或：惑也。

按：人之有欲惡，乃人情之本然。故欲惡，無所謂益，亦無所謂損。欲惡如得其宜，則為「益」，如不得其宜，則必「損」。故曰：「無欲惡之為益損也。說在宜。」經說多譌誤，諸家之校說率多牽強難從。故僅略述其大旨於下，而不作逐句之疏釋也。「欲惡傷生損壽」為當時所通行之學說，而墨家則不以為然。如人多食粟，欲也，然嘗多粟並不「損壽傷生」也。惑者竟因此而誤以為「欲不有能傷」，乃縱欲飲酒，如此必傷生損壽。故欲惡之情是否傷生損壽，端視其是否得宜，宜則不傷，不宜則損。

44. **經**　**損而不害，說在餘。**

說　**損：飽者去餘，適足不害，能害飽，若傷麋㈠之無脾㈡也。且有損而後益智㈢者，若𤸎㈣病之之㈤於𤸎也。**

㈠麋：高云：「麋當作糜，形似而誤。」

㈡無脾：高訓作脾臟生病也。

㈢智：高以為涉下條而衍。

㈣𤸎：畢云：「𤸎即瘧之省文。」

㈤之之，曹校作：「之止」。

按：高詮經云：「物有損之而害者，不足是也；有損之而不害者，有餘是也。蓋物既有餘，餘者無用，雖損何害，故曰：『損而不害，說在有餘。』」又詮經說云：「如食而飽者，去其餘食。因食者適足，於人無害，其能害人者，唯有既飽而仍食也。人食糜過飽而傷，因而病脾，即其例也。故曰『飽者去餘，適足不害，能害飽，若傷糜之無脾也。』然則食有餘，雖損之無害矣。物有損之而後有益者。如患瘧疾者之於瘧疾，必去其瘧疾而後益，即其例也。故曰：『且有損而後益者，若瘧病之於瘧也。』」

45. 經　知而不以五路㈠，說在久。㈡

說　智：以目見，而目以火見，而火不見。惟以五路智，久不當以目見若以火見。

㈠五路：梁云：「五路，五官也。官而名以路者謂感覺所經由之路。」譚云：「管子君臣下篇：『四肢六道，身之體也。』其道即此所謂路耳。」

㈡久：久，時間也。（說見前）

按：人對事物之覺知必賴五官。唯時間則非五官所能直接覺知者，故曰：「知而不以五路，說在久。」目為五官之一，其功能在見物之形、色。唯須有光線（火）目方見物之形色。火雖能助目以見，然火並非「能見」，總之，人之知必賴於五官。故曰：「以目見，而目以火見，而火不見。惟以五路智。」而時間，則不當如物之形、色，借火之助而以目見之，故曰：「久，不當以目見，若以火見。」

46. 經　必熱㈠說在頓㈡。

說　火：謂火熱也，非以火之熱我有，若視日。

㈠必熱：李云：「必字上傳寫脫火字，當據說增。」孫云：「必當作火，火必形近而誤。」

㈡頓：李云：「頓，遽也。謂火一經燃燒，其熱之傳，必立時知之。」按說文段注：「頓首拜，頭叩地也。……檀弓稽顙注曰，觸地無容，皆與周禮頓首注合。」周禮春宮大祝疏：「頓首者引頭至地，首頓地，即舉，故名頓首。」是「頓」有觸而遽離之意。

按：此條旨在駁名家火不熱之怪說。墨家以為火必熱，因為人一觸及火，必即刻覺知其熱而遽離之，故火之熱乃實然而必然者。故曰：「火必熱，說在頓。」名家火不熱乃是因「熱」為人之感覺，而非火本身有熱之覺知，故主火不熱，而經說則不以為然。「熱」雖非我之所有，然「熱」之感覺則由火而來，「熱」之感覺，既來自火，則火必熱，否則人不能有「熱感」，猶如日出，而人有「熱感」，則顯然日熱，否則，日，火無熱則人何能有「熱感」。故曰：「火：謂火熱也。非以火之熱我有，若視日。」

47. 經　知其所不知㈠，說在以名㈡取。

說　知：雜所智與所不智而問之，則必曰：「是所智也，是所不智也。」取去㈢俱能之，是兩智之也。

㈠知其所不知：所下原有一以字，梁云：「此字涉下而衍。」茲據刪。

㈡名：論謂「實」之概念也。

㈢取去：取乃取而以為知之意，亦即上文「是所知也」，去，乃去而以為不知也，即上文「是所不知也。」

按：此條言不以五官覺知事物之方法。其意是：吾人對所未曾知之事物，可以根據其「名謂」以推知之。故曰：「知其所不知，說在以名取。」例如：某人曾見白馬，未見白熊，今問之曰：汝知白馬與白熊乎？則此人必曰：白馬我所知也，白熊我所不知也。此人雖未見白熊，然知熊之形，亦知白馬之白，則據「白」與「熊」之名，當可推知白熊之形與色。如此則嚮所以為知（取）之白馬與所以為不知（去）之白熊，俱能知之矣。故曰：「雜所知與所不知而問之，則必曰：是所知也，是所不知也。取去俱能之，是兩知之也。」

48. **經**　**無不必待有，說在所謂㈠。**

說　**無：若無焉，則有之而後無。無天陷，則無之而無。**

㈠所謂：指「名」所謂之「物」。

按：此條為「無」下定義。無者，不必待有，方顯出其無。如世間本無「馬角」之物存在。則可逕謂無馬角，而不必待有「馬角」之日，方謂前此無馬角。故曰：「無，不必待有，說在所謂。」經說則補充之而言「無」有兩類。一為本有此物而後無之，如古有龍，而今則無。故曰：「若無焉，則有之而後無。」一為本來無此事或無此物，如天陷。自古天未曾陷，則天陷，本無，今亦無。故曰：「無天陷，則無之而無。」簡言之，無有二類，一為先有後無之「無」，一為本無今亦無之「無」。

49. **經**　**擢慮不疑，說在有無。**

說　**擢：疑無謂也。臧也今死，而春也得文，文死也可。**

按：本條經及說疑有譌脫，不易校釋，諸家之說亦牽強，故存疑焉。

50. **經**　**且然，不可正㈠，而不害用工㈡，說在宜。**

說　且：猶是㈢也，且然，必然。且已，必已。且用工而後已者，必用工而後已。

㈠不可正：正，預期也。孟子公孫丑上：「必有事焉而勿正。」集注：「正，豫期也。」

㈡而不害用工：「不」字疑涉上「不可正」之不字而衍。

㈢是：是，正也。易，未濟：「有孚失是」虞注：「是，正也。」

按：凡事接近完成時（且然），絕不可因可預期其成功而致懈怠不盡力以成之，如此必功虧一簣，故仍應盡力以成之為宜。故曰：「且然，不可正而害用工，說在宜。」「且然」之事可預期其成，故曰：「且，猶是（正也，預期也）也。」然而且然、且已，雖可預期其必然，必已，然仍須盡力用工方能使其必然，必已也，故曰：「且然，必然；且已，必已；且用工而後已者，必用工而後已。」

51. 經　均之絕不，說在所均。

說　均：髮均縣輕重而髮絕，不均也。均，其絕也莫絕。

按：譚謂本條：「辭句孤簡，或有遺脫耶？不可考矣。」諸家率多引列子湯問篇張湛注文：「髮甚微脆而至不絕者，至均故也。今所以絕者，由輕重相傾有不均處也。若其均也，寧有絕理。」以釋本條，且以張注為甚當。然細按張注，文義欠明確，是否即為墨經之義，不易判定。

52. 經　堯之義也，生於今㈠而處於古，而異時，說在所義二。

說　堯：霍㈡或以名視㈢人，或以實視人。舉友富商也，是以名視人也。指是臛㈣也，是以實視人也。堯之義也，是聲也於今，所義之實處於古。

㈠生於今：「生」，疑為「聲」之誤。經說「聲也於今」可為證。

㈡霍：高云：「霍字涉下文而衍。」

㈢視：視古通示。

㈣臛：即霍也。霍，鶴也（說已詳前）。

按：本條借堯之義以明名實，古今之差異。堯之「義名」流傳於「今」，而其義之「實」，則存於「古」，故古今之人於堯之義有「實受」「名取」之別。故曰：「堯之義也聲於今而處於古，而異時，說在所義二。」人以事物示人之道有二：一為以名示人，一為以實示人。譬如舉「吾友，富商也」以告人，乃以「友」及「富商」之名示人，此以名視人也。反之，如指一鶴，謂人曰此鶴也。此乃以實示人也。故曰：「或以名視人，或以實視人。舉友富商也，是以名視人也；指是鶴也，是以實視人也。」同理，堯之義流傳於今，乃其義「名」也。堯之義行存於古者，乃其義之「實」也。

53. **經　狗犬也，而殺狗非殺犬也，可，說在重。**

說　狗：狗犬也，謂之殺犬，可，若兩䏿。

按：經以「殺狗非殺犬也」為「可」，而經說卻以「殺狗，殺犬也」為「可」。此二命題顯然相矛盾。本章三十九條：「知狗而自謂不知犬，過也，說在重。」據此，則經說為真，而經為假，故經文「殺狗非殺犬也」之「非」字，應刪，方能消解此中之矛盾。小取有：「盜，人也；殺盜，非殺人也」之言，似可以支持經文為真，唯小取「盜，人也」中之「盜」為「人」之一小類，「盜」為「人」所函攝，而狗，犬二者間無大小類之別，亦無函攝之關係在，故不能據小取之例以證經文為真（參考第四章）。故仍以刪除經文中之「非」字為宜。本條與三十九條義相通不必贅釋。

54. 經　使殷美，說在使。

說　使：令使也。我使我，我不使，亦使我。殿戈亦使殿，不美，亦使殿。

按：孫云：「此義難通。」梁云：「此條譌誤不可讀。」諸家雖有校釋，然皆不可信。故存疑焉。

55. 經　荊㈠之大，其沈㈡淺㈢也，說在具㈣。

說　荊：沈，荊之具也，則沈淺非荊淺也。若易五之一。

㈠荊：楚國之別名也。墨子書中多稱楚為荊。

㈡沈：高引左傳證沈為楚國之大縣。

㈢淺：呂覽先己篇：「吾地不淺。」注：「淺，褊也。」褊，狹小也。孟子梁惠王篇：「齊國雖褊小，吾何愛一中。」

㈣具：高云：「具當作有，形似而誤。」作「有」是，說之「具」字亦當作「有」。

按：高詮經云：「楚國大，沈縣小。沈縣為楚國所有。故曰：『荊之大，其沈淺也，說在有。』」又詮說云：「經所謂有者，謂沈縣為楚國所有也。故曰：『沈，荊之有也。』楚為大名，沈為小名。楚為大國，沈為大縣。然則沈褊小，非荊之褊小也。故曰：『沈淺非荊淺也。』沈之幅幀如何不可考，蓋相當楚國五分之一，以沈易楚，僅五分之一。故曰：『若易五之一。』」此條殆駁名家之說也。莊子天下篇引辯者之言曰：『郢有天下。』本天下有郢，而名家謂郢有天下，依此推測，名家或有『沈有荊』之說，而墨家不以為然，故曰：『沈，荊之有也。』且斤斤辨其大小，以大能有小，小不能有大，證荊能有沈，沈不能有荊，正所以駁名家之說也。」高說得之。

56.經　以楹為摶，於以為無知也，說在意。

說　以：楹之摶也，見之；其於意也，不易。先智意相也。若楹輕於秋，其於意也洋然。

按：梁云：「此條亦難校釋。」釋之者，亦皆未愜，故存疑焉。

57.經　意未可知，說在可用，過仵㈠。

說　意：段、椎、錐㈡，俱事於履㈢，可用也。成繪㈣屨，過錐；與成椎過繪屨同，過仵也。

㈠仵：高云：「仵當讀為伍。說文：『伍相參伍也。』」

㈡段椎錐：高云：「段借為碫，椎物所墊之石也。椎今作錐，圓者有柄，所以擊物者也。錐者，所以刺物穿物者也。」

㈢履：高以為當依下文作「屨」

㈣繪：高云：「膾借為繪。屨有底有旁，以錐穿之，以繩結之，使底與旁聯合，是為繪。」

按：高詮經云：「一人之意，他人不可預揣而知之，如兩物皆可用，可先用過此，而後用彼；亦可先用過彼，而後用此；可參伍其次序。則其人之意將如何，未可知也。故曰：『意未可知，說在可用，過仵。』」又詮說云：「製屨者，必將屨加於碫上，以椎擊之使平；亦必以錐穿之，使其底與旁合，是碬、椎、錐三器俱用於屨，皆可用。故曰：『段、椎、錐俱事於屨，可用也。』製屨者或繪屨既過，然後椎、或椎過然後繪，其功相同，是其事之次序可以參伍。故曰：『過仵也。』要之，一人將為一事，其事只有一軌可循，則其人之意可知也；其事非止一軌可循，則其人之意不可知也。」高說是否即為墨家本意，不得而知，僅錄之以供參考耳。

58. 經　一少於二，而多於五，說在建住。

說　一：五有一焉，一有五焉，十二焉。

按：本條立論之依據何在，不得而知。諸家之釋，皆無足取。高亨仿公孫龍通變論「謂鷄足一，數足二，二而一故三；謂牛羊足一，數足四，四而一故五。」之例，以一手少於二手，釋「一少於二」；以一手五指，手之數一，指之數五，合而為六，一手多於五指，釋「一多於五」也。高說如確為墨經之意，則本條與公孫龍通變論之說皆為「無謂之琦辭」，為玩弄數字之遊戲，於名理，則無足取者。

59. 經　非半，弗𣃁㈠則不動，說在端。

說　非：𣃁，半。進前取也，前則中無為半，猶端也。前後取則端，中也。𣃁，必半，無與非半，不可𣃁也。

㈠𣃁：畢引玉篇云：「𣃁，破也。」盧云：「此當與斫、斲同義。」

按：本條旨在破辯者「一尺之棰，日取其半，萬世不竭」之怪說。辯者之意是：一尺之棰日取其半，則半者又有半焉，如此，則雖至萬世永遠有其半在，而無取完之日。墨經則不以為然。尺棰自其「中」處取之，則雖取其半，而必餘一半，反之，如不自中處取之，而改由尺棰之一端取之，尺棰雖不變（動）而為二半，而終有取盡之一日。故曰：「非半、弗斱則不動，說在端。」經說之意是：自中處斫之則半。反之，如自尺之前端漸取之，則取至尺棰之中處時，中處乃變而為端，如此取下去，必有取盡之一日。又如自前後同時取之，則取至中處時，中處乃一變而為最後被取之端。如此，則取至中處，亦即取盡之時，故曰：「斱半，進前取也，前則中無為半，猶端也。前後取，則端，中也。」如自中處斫之，必成二半，二半又自中處取之，則必成四半，如此下去，所取者，全非原尺棰之半矣。故不可謂斫半萬世不竭也。故曰「斱必半，無與非半，不可斱也。」

60. **經**　**可無也，有之而不可去，說在嘗然。**

說　**可無也，已給，則當給㈠不可無也。**

㈠已給則當給：孫云：「以經校之，疑當作『已然則當然。』然與給草書形近而誤。」高云：「當宜作嘗，形近而誤，經文作嘗，即其證。」孫、高校是，並從也。

按：本條旨在駁辯者：「孤駒未嘗有母」之怪說。其意是：某事物，現今雖然可無，然過去嘗有之，則不可謂本無此事物。譬如：孤駒今雖無母（無母故為孤），然本嘗有母。故曰：「可無也，有之而不可去，說在嘗然。」往昔如已有之，即為嘗有之矣，不可謂未嘗有（無）也。故曰：「已然，則嘗然，不可無也。」

61. **經**　**正而不可擔㈠說在摶。㈡**

說　**丸㈢無所處而不中縣，摶也。**

㈠擔：負荷也。

㈡摶：李云：「摶，圜互訓。說文：『摶，圜也。』朱駿聲說文通訓定聲云：『圜，天體也。按渾圓為圜，平圓為圓。』」

㈢丸：畢云：「一本作凡。」

按：李云：「經文言此大圜正懸虛空無所擔，猶言無他物為之負荷也。」又釋經說云：「至所言中縣之理，即近代力學上之所謂重心，凡無所處而不中懸者，即無所在而不得重心也。牛頓所發明之萬有引力，大意謂地球被太陽吸力所把持，凡在地球四周各部分，無論何處，所有物體，均被牽曳向地球之中心，牛頓並證明太陽吸引地球，使其在軌道上自轉，而不讓其馳離至空間，與本條之意相合。」李說是否即為墨經之原意，不敢必也，錄於此以供參考耳。

62. 經　宇進無近㈠說在敷。㈡

說　宇：傴㈢不可偏舉，宇也。進行者，先敷近，後敷遠，行者必先近而後遠。

㈠無近：高云：「近下當有遠字，轉寫誤脫，說中近遠並言，即其證。」

㈡數：高云：數疑借為步，古字通用。」

㈢宇傴：本作傴宇。高云：「宇為標牒字，例居說首。」譚云：「傴，區之繁文。」區、域也，地面也。

按：本條言遠近之相對而非絕對者。其意是：人如立定於某所，並以此所為標準，則有遠近可言，反之，人如步行，則近者變遠而遠者變近。例如：人在新竹，則臺北近、臺南遠，然人如行進至嘉義，則臺北遠，而臺南近矣。故曰：「宇進無近遠，說在敷。」宇為空間之總稱，其大不可偏舉，故曰：「偏，不可偏舉，宇也。」人於宇中行進，則先經近處，而後達遠處。人先經之處為近，然如繼續前行，則近者乃變為遠矣。故曰：「進行者，先敷近，後敷遠；行者，必先近而後遠。」

63. 經　行脩㈠以久，說在先後。

說　行：遠近脩也。先後久也。民行脩必以久也，久有窮無窮㈡。

㈠脩：原作循、形以致誤，今據說改作「脩」。小爾雅廣言：「脩，長也。」

㈡久有窮無窮：此句原誤竄經下第六十一條，據孫校移此。高云：「無窮之上當有脩字，轉寫誤脫。」

按：本條承上條言行進及時間與空間之關係。人行於空間必先近後遠，如其所行之空間長，則所費時間必久，故曰：「行脩以久，說在先後。」由近行至遠，則必有空間之長度可言，由先行而至後行，其間必有時間之長度可言。依此，凡人有所行，則必有空間之長度——脩，及時間之長度——久可言，而且兩者（脩與久）必成正比。故曰：「遠近脩也，先後久也，民行脩必以久也。」就人行而言，其時間之長度有盡（人之生命有限故也），而就空間言，則其長度為無窮。故曰：「久有窮，脩無窮。」

64. 經　一法㈠者之相與也盡類㈡，若方之相合㈢也。說在方。

說　一：方盡類，俱有法而異，或木或石，不害其方之相合也。盡熕猶㈣方也，物俱然。

㈠法：高云：「法者造器之法也，木曰模、竹曰笵、金曰鎔、總名曰法。又管子七法篇云『尺寸也，繩墨也，規矩也，衡石也，斗斛也，角量也，謂之七法。』此法之廣義也。」

㈡盡類：盡下原脫類字，孫云：「說云一方盡類，則此盡下當脫類字。」孫說是，茲據增。

㈢合，廣雅釋詁：「合，同也。」

㈣猶：與由通。

按：凡同出一法之物，則彼此之間必全相類似，譬如方物與方物相同也，故曰：「一法者之相與也盡類，若方之相合也，說在方。」矩，乃為方之「法」也。故凡中矩之方物，必皆類似，然方物雖因中「方之法」——矩，而類似，然方物之間同中仍有其異也。如方木與方石，其質迥異。方石方木之質雖異，然不妨其同為方物也，方木與方石所以類似，乃由於方也。故曰：「方盡類，俱有法而異，或木或石，不害其方之相合也。盡類，猶方也。」不僅方物如此，一切物凡同法，必盡類也，故曰：「物俱然。」

65. 經　狂舉不可以知異，說在有不可。

說　狂：牛㈠與馬惟㈡異，以牛有齒，馬有尾說牛之非馬也，不可。是俱有，不偏有偏無有。曰：之㈢與馬不類，用㈣牛有角，馬無角，是類不同也。若舉牛有角，馬無角，以是為類之不同也，是狂舉也㈤。猶牛有齒，馬有尾。

㈠狂牛：本作牛狂。狂乃標牒字，應置說首。

㈡惟：雖也。

㈢之：當作牛，形似致誤。

㈣用：以也，因也。

㈤以是為類之不同也：孫以為同上之不字，涉上文而衍。

按：經上：「舉，擬實也。」舉名乃所以知實也，如其舉不當，則謂之狂舉，凡狂舉則不足以知「實」之異，因所舉之名，有所不可故也。故曰：「狂舉不可以知異，說在有不可。」譬如：牛馬雖異，然如僅以「牛有齒，馬有尾」而逕謂「牛非馬」，此不可也。蓋齒、尾乃牛馬之所共有者，而非牛馬所特有（偏有）或特無（偏無有）者。故曰：「牛與馬惟異，以牛有齒馬有尾，說牛之非馬也，不可。是俱有，不偏有，偏無有。」牛與馬不同類，其所以不同類乃因牛有角，馬無角，故可由此而斷定牛馬不同類。故曰：「牛與馬不類，用牛有角，馬無角，是類不同也。」反之，如以牛有角，馬無角為由，而斷定牛馬同類，此與前所謂「以牛有齒馬有尾，說牛之非馬也。」皆為不通之狂舉也。故曰：「若舉牛有角馬無角，以是為類之同也，是狂舉也，猶牛有齒、馬有尾。」

按：依經說，則所謂狂舉有二類：一為「以牛有齒，馬有尾，說牛之非馬也。」此乃「就牛馬之同，以言牛馬之異。」一為「舉牛有角，馬無角，以是為類之同也。」此乃「就牛馬之異，以言牛馬之同。」總上所述，經說之意，旨在說明：「不能舉同以別異，亦不可舉異以知同。」凡此，皆狂舉也。

66. 經　牛馬之非牛，與可之同㈠說在兼。

說　牛馬：或不非牛而非牛也㈡，可。則或非牛或牛而牛也，可㈢。故曰牛馬非牛也，未可。牛馬牛也，未可。則或可或不可，而曰牛馬牛也未可，亦不可。且牛不二，馬不二，而牛馬二。則牛不非牛，馬不非馬，而牛馬非牛非馬，無難。

㈠與可之同：孫校作：「不可之用」梁校作：「其名不同」高校作：「與可未可。」按：與經說合觀，當以高校為是。

㈡牛馬或不非牛而非牛也；牟師宗三先生曰：「關於經說，開頭原脫牛馬二字，此是標題字，普遍只補一牛字，茲為完整，補牛馬二字。」

㈢則或非牛或牛而牛也可：孫云：「疑當作『則或非牛而牛也可。』」孫說是，從之。

按：「牛馬」乃合「牛」「馬」而成者。故「牛馬」有牛之成分，然「牛馬」不等於牛。就牛馬不等於牛而言，「牛馬非牛」一命題可成立，就牛馬有牛之成分言，謂「牛馬非牛」則未可。蓋牛馬乃兼「牛」、「馬」而成者，故曰：「牛馬之非牛，與可未可，說在兼。」經說之意是：如「牛馬不是非牛而同時又非牛」（牛馬或不非牛而非牛）一論斷成立，則「牛馬不是牛而又是牛」（依孫校）一論斷，亦同樣可以成立。前一論斷之前半「牛馬不是非牛」實即「牛馬是牛」之意，此與後一論斷之後半「牛馬而又是牛」文義相同。此外，前一論斷之後半「牛馬非牛」，與後一論斷之前半「牛馬不是牛」文義亦相當。故此二論斷實為二而一者。其意皆在表示：「牛馬非牛」與「牛馬是牛」這兩命題皆可成立。故曰：「牛馬或不非牛而非牛也，可。則或非牛而牛也，可。」然「牛馬是牛」與「牛馬非牛」為一組矛盾命題，二者不能同真亦不能同假，有一真另一必假，即「牛馬是牛」為真、為可，則「牛馬非牛」為假，為未可。同理，「牛馬非牛」為真、為可，則「牛馬是牛」為假，為未可。故經說云：「牛馬非牛也，未可；牛馬牛也，未可。」依此，則「牛馬非牛」一命題既「可」亦「未可」；同理，「牛馬是牛」可「可」，亦可「不可」。換言之，此二命題皆為可真可假，故經說云：「則或可或不可。」又因「牛馬牛也」為可真可假，故如一口咬定「牛馬牛也，未可」亦是不可以的，故經說云：「而曰『牛馬牛也，未可』，亦不可。」又牛馬皆為單一之動物，故曰：「牛不二，馬不二。」而「牛馬」，則是由單一之「馬」與「牛」合成者，故曰：「而牛馬二」，至於「牛不非牛，馬不非馬」實即「牛是牛，馬是馬」之意，此為「同一律」故墨經以為「無難」。「牛馬」既為二，而「牛」「馬」各為一，則依「二非此一亦非彼一」之例，「牛馬」當然非牛非馬。故經說亦以「牛馬非牛，無馬（無馬即非馬）」亦為「無難」。

67. 經　循此循此㈠與彼此同，說在異。

說　正名者彼此。彼此可——彼彼止於彼，此此止於此。彼此不可——彼且此也。彼此亦可——彼此止於彼此，若是而彼此也，則彼㈡亦且此此也。

㈠循此循此：高亨採梁啟超之說云：「循此循此當作彼彼此此。彼循形近而誤，且此彼誤倒耳。」按諸經說，「彼循形近而誤」可信，然「此彼誤倒」則不可從。「循此循此」當作「彼此彼此」，上一「彼此」為標題字，下一「彼此」為經文。

㈡彼：譚作「彼彼」，曰：「原彼字不重，似脫，茲補之。」譚校是，從之。

按：本條言正名之原則。正名之原則，簡單言之，即「彼」名「此」名必須與「彼實」，「此實」相應，相當。唯「彼此」之名與「彼此」之實相應之方，則非僅一端也，故曰：「彼此與彼此同，說在異。」經說則詳言正名之具體方法。經說論正名之原則共分三層，即「彼此可」、「彼此不可」、「彼此亦可」。茲分別疏釋於后：

一、彼此可——彼彼止於彼，此此止於此。所謂「彼彼止於彼」之意是：如以「彼名」指謂「彼實」，而且此「彼名」僅止於指謂「彼實」，則此「彼名」乃為可行之名。（「此此止於此」義同此，不贅）例如以「馬名」指謂「馬實」，且僅止於指謂「馬實」，而不及「他實」則此「馬名」

為「可」。故曰：「彼此可——彼彼止於彼，此此止於此。」

二、彼此不可——彼且此也。如以「彼名」指謂「彼實」，而又以之指謂「此實」，此之謂「彼且此也」。如以「白馬」之名指謂「白馬」之實，而且又以「白馬」之名指謂「馬」實，則此「白馬」之名必引起名實之乖亂，故類此之「彼名」（或此名）為不可行之名，故曰：「彼此不可——彼且此也。」

三、彼此亦可——彼此止於彼此，若是而彼此也，則彼彼且此此也。其意是：如有「彼名」與「此名」合而為一，而成「彼此」之「名」並以之指謂「彼實」與「此實」，且僅止於指謂「彼實、此實」而不及他實，則此「彼此止於彼此」亦合乎正名之原則。蓋合用「彼名此名」以共指「彼實此實」實即與分別以彼名指謂彼實，以此名指謂此實無異。例如：分別以「牛名」指「牛實」，「馬名」指「馬實」為可行之名，則合牛馬之名而為「牛馬」，以合指「牛實馬實」，而不及他實，亦為可行者。故曰：「彼此亦可——彼此止於彼此，若是而彼此也，則彼彼亦且此此也。」

68. 經　唱和同患㈠，說在功。

說　唱：無過，無所周，若粺㈡。和，無過，使也，不得已。唱而不和，是不學也；智少而不學，功必寡㈢。和而不唱，是不教也。智多而不教㈣，功適息。使人奪人衣，罪或輕或重；使人予人酒，義或厚，或薄㈤。

㈠同患：俞樾曰：「患讀為串，詩皇矣篇『串夷載路』毛傳：『患習也』釋文云：『串一本作患』」同患，即同習也。

(二)粺：孫云：「當為稗，喻無所用若荑稗。」

(三)功必寡：原脫「功」字，依李校補。

(四)智多而不教：原脫「多」字，依孫校增。

(五)義或厚或薄：原缺「義」字，譚引「義可厚厚之，義可薄薄之。」校增「義」字。茲從之。

按：本條言「唱」、「和」，「教」、「學」應並重，同時施行方能奏效，故曰：「唱和同患（習），說在功。」如欲使眾人習歌，必須先有人教唱，然僅有教唱者，而不令眾人和之，則此教唱活動必如荑稗之無所用；反之，如不教唱，而徒令眾人和之，則眾人雖不得已而和之亦不能收效。唱、和為習歌之所必需者，（故唱、和皆無過）然二者不能同時進行，則不能達到目的。故曰：「唱，無過，無所周，若粺；和，無過，使也，不得已。」徒有教唱者，而不令眾人和之，則無異徒令眾人聽而不學，眾人對所學者本無所知，或所知甚少，今又不使之學，則其結果，必勞而寡功。故曰：「唱而不和，是不學也；知少而不學，功必寡。」反之，如無人教唱，而徒令眾人和而習之，則無異令眾人自學而無人教之也；如此則眾人雖於所學有所知，然因乏人「唱導」，亦必不能收效也。故曰：「和而不唱，是不教也。知多而不教，功適息。」「使人奪人衣，罪或輕或重；使人予人酒，義或厚或薄。」四句語意明顯，亦能言而成理，然與上文及唱和，教學之理無涉，故不釋焉。

69.經　聞：所不知若所知，則兩知之，說在告。

說　聞：在外者所不知也，或曰：「在室者之色，若是其色。」是所不智，若所智也，猶白若黑也，誰勝(一)？是若其色也，若白者必白。今也智其色之若白也，故知其白也。夫名，以所明正所不智，不以所不智疑所明，若以尺度所不知長。外，親智也，室中，說智也。

(一)猶白若黑也，誰勝：孫云：「若猶與也，言問其色白與黑。」勝，能也。易遯：「莫之勝說。」虞注：「勝，能也。」誰勝，猶言誰能知之。

按：本條言：由他人所告之言，可以推知所未親知之事。例如甲事為我所不知者，乙事則為我所已知者。如有人告我：甲事若乙事，則我可由已知之乙事推知未知之甲事，如此，則甲、乙二事我可皆知之矣。故曰：「聞所不知若所知，則兩知之，說在告。」如室外某物之色為我所不知者，有人告予云：「其色如室內某物之色」，則我必能由室內之色以推知室外之色。譬如室外某物之色為白為黑，如非親見，誰能知之乎？今有人告予其色若此色也。設此色為白，則室外之色必白。今如知室外之色若室內之白，則吾知其為白矣。故曰：「在外者，所不知也。或曰：『在室者之色，若是其色。』是所不智若所智也。猶白與黑也，誰勝？是若其色也，若白者必白。今也智其色之若白也，故知其白也。」白，「名」也，吾由己知之白，知原所不知之色。此即表示吾人可由已知之名以知所不知之事，換言之，吾人用名當以所已知喻所不知，以求知所不知者。反之，如以所不知之事喻所已知者，則徒增吾人之疑惑耳。譬如「尺」為吾所知者，如以尺量度吾所不知之長度，即「以所明正所不智」也。故曰：「夫名，以所明正所不智，不以所不智疑所明。若以尺度所不知長。」室外之色，吾所不知也，若吾至室外視之，則必知室外之色，此「親知」也；如在室中，聞他人之言，而推知之，則為「說智」也。故曰：「外，親智也，室中，說智也。」

70. 經　以言為盡誖，誖，說在其言。

說 以：誖，不可也。出入之言，可㈠，是不誖，則是有可也。之人之言不可，以當，必不當㈡。

㈠出入之言，可：孫云：「以下文校之，『出入』當作『之人』，形近而誤。」

㈡必不當：當原作審，依孫校改。

按：如有人以他人之言為盡誖，則此人之言為誖。蓋人之言，誖否當分別察之，不可以偏概全也。故曰：「以言為盡誖，誖。說在其言。」經說以「不可」界定「誖」，故曰：「誖，不可也。」如其人之言為真實而可信，則不誖，如此，則其人之言有可取之處矣。故曰：「之人之言可，是不誖，則是有可也。」如其人之言，為不可信，不可取，卻以之為「當」，如此，則必不當矣。故曰：「之人之言不可，以當，必不當。」按經說「之人之言可，是不誖，則是有可也。」乃是戒人不可不顧人言之可，而謂之「盡誖」。此即「是則是之」之意。「之人之言不可，以當，必不當。」則旨在提醒人不可誤人之不當為當，此即「非則非之」意。故「是是而非非」一語可概括本條之旨。

71. 經 唯：吾謂非名也㈠，則不可，說在仮㈡。

說 惟：謂是霍㈢可，而猶之非夫霍也。謂彼是是也㈣，不可。謂者毋惟乎其謂，彼猶惟其謂㈤，則吾謂不行，彼若不惟其謂，則不行也。

㈠「唯：吾謂非名也」：「唯」，諾也，應也。說之「惟」字同此。

㈡仮：孫云：「仮與反同。」

㈢霍：即鶴也（說已見前）。

㈣謂彼是是也：上一「是」字，此也；下一「是」字為「是否」之「是」，表肯定之意。

㈤彼猶惟其謂：猶，若也。下文「彼若不惟其謂，則不行也。」可為證。

按：本條旨在說明「用名」之道應求「名」與「實」相應。其意是：吾所用以謂物之詞，如非通用常用之名，則此「吾謂」為不可用者，其所以「不可」之理，端在其違反約定俗成之常名而不能與所謂之「實」相應。故曰：「唯：吾謂非名也，則不可，說在反。」經說則申述其意：如某物可以謂之為「霍」，同時亦可謂之為「非霍」，換言之，即此物既謂之「彼」，復謂之「此」，斯「不可」矣。故曰：「謂是霍可，而猶之非夫霍也，謂彼此是也，不可。」某物如可謂之霍，又可謂之為非霍，則物無定名矣。故當同一物所用之名謂不一致時，必須區別何者為可行之名，何者為不可行之名。例如我所用之名謂不能應乎所謂之物，而另一名謂能與所謂之物相應，則「吾謂」為不可採行者。同理，如「彼謂」不能與所稱謂之物相應，則「彼謂」亦為「不行」之名。故曰：「謂者毋惟乎其謂，彼猶惟其謂，則吾謂不行。彼若不惟其謂，則不行也。」

72. 經　無窮不害兼，說在盈否。

說　無：南者有窮則可盡，無窮則不可盡，有窮無窮未可智，則可盡不可盡不可盡㈠未可智。人之盈之否未可智，而必㈡人之可盡不可盡亦未可智，而必人之可盡愛也，誖。人若不盈無窮，則人有窮也，盡有窮，無難。盈無窮，則無窮盡也，盡有窮，無難。

㈠則可盡不可盡不可盡，未可智：下「不可盡」三字畢校以為衍文，當刪。

(二)必：李云：「必字衍。」

按：本條借南方有窮無窮，可盡不可盡之說以申言「兼愛」之說。先秦之人有南方無窮之說（說見羅根澤諸子考索第一次答張默生書），而惠施則有「南方無窮而有窮」之說。因此有人以南方無窮有窮未可知，可盡不可盡未可知；人之盈滿與否亦未可知，因而愛人之可盡與否亦未可知，以難墨家兼愛之說。墨家則仍持兼愛之說，乃以本條之經與說駁之。經意是：南方雖無窮並不影響兼愛之說。蓋人之是否盈滿於無窮之南方皆可證成兼愛之說。故曰：「無窮不害兼，說在盈否。」經說之前半為「難者」之言，而後半者則為「墨者」反駁之言。難者之意是：南方如有窮，則可盡愛南方之人；反之，如南方無窮，則不可能盡愛南方之人。今南方之有窮、無窮不能確知，則愛之可盡與否亦未可知。愛之可盡與否不能確知，則兼愛之說必落空，此其一。人之是否盈滿於南方，亦未可確知，故愛之可盡與否亦未可確知，愛之盡否不能確知，則兼愛之說必落空，此其二。故曰：「南者有窮則可盡，無窮則不可盡，有窮無窮未可知，則可盡不可盡未可知。人之盈之否未可知，而人之可盡不可盡亦未可知，而必人之可盡愛也，誖。」墨者則以一兩難推理駁之，以維護兼愛之說。其意是：人如不能滿盈於無窮之南方，則人之數為有窮者；人有窮，則盡愛之，並非難事。反之，人如盈滿於無窮之南方，則南方為有窮也，南方有窮，則盡愛其人，亦非難者。故曰：「人若不盈無窮，則人有窮也，盡有窮，無難。盈無窮，則無窮盡也，盡有窮，無難。」此論難頗饒趣味。

73. 經　不知其數而知其盡也，說在問者(一)。

說　不：不智其數(二)，惡智愛民之盡之也(三)，或者遺乎其問也(四)。盡問人，則盡愛其所問。若不智其數而智愛之盡之也，無難。

㈠說在問者：問本作明。孫云：「此明字當作問，說云：『盡問人則盡愛其所問。』即其義。」茲據改。

㈡不智其數：不字原作二。曹謂古書疊字多作「二」，蓋當與標題「不」字相重也。曹說是，茲據改。

㈢盡之也：之字本作「文」，據孫改。

㈣或者遺乎其問也：遺，失也。謂難者之問失之也。

按：本條承前條言：雖不知人之確數，亦不害其兼愛也。其意是：難者前既以「南者有窮則可盡，無窮則不可盡」相詰，則難者已承認「南方有窮則可盡」矣，而南方無窮亦可盡，蓋「盈無窮，則無窮盡也。」故吾雖不知南方之人之數，仍可盡愛之也。蓋由難者之問語即可推出「可盡愛」之結論。故曰「不知其數而知其盡也，說在問者。」經說乃據難者之詰問而駁之也。其意是：難者以「不知南方之人之數，何以知可以盡愛其人」見問，其問實乃「失問」也。故曰：「不知其數，惡知愛民之盡之也。或者遺乎其問也。」難者「南者有窮則可盡，無窮則不可盡。」（前條說文）之言，已明言「南者有窮則可盡」矣，故雖不知南方人數，亦可盡愛之也。此其一。「盈無窮，則無窮盡也，盡有窮，無難。」（前條說文）依此，則無窮者，亦可盡愛之矣。此其二。故由難者以盡不盡問人之言，則可推知可盡愛南方之人矣。故雖不知南方之「民」數，並不礙其盡愛之也。故曰：「盡問人，則盡愛其所問，若不智其數而知愛之盡之也，無難。」

74. **經**　不知其所處，不害愛之，說在喪子者。

說　（無）

按：本條旨在從「不知其所」以言兼愛之可成立。其意是：吾雖未能確知吾所欲兼愛之人居處何地，然不害吾之兼愛之也。譬如：其子雖已亡故他鄉，而其父母之愛則仍不減損也。故曰：「不知其所處，不害愛之，說在喪子者。」按：墨者蓋以為「兼愛」屬心，為內在者，吾能為之主。人之「數」，人之「處」為外在者，人數之增減，人處之移易吾雖不能為之主，然皆與主觀之愛無關，故不害其「兼愛」之說。

75. **經**　仁義之為內外也，內、說在仵顏㈠。

說　仁：仁，愛也；義，利也。愛利，此也；所愛所利，彼也。愛利不相為內外，所愛所利亦不相為內外。其為仁內也義外也，舉愛與所利也，是狂舉也。若左目出，右目入㈡。

㈠內，說在仵顏：孫以為「內」字當作「非」字。又疑「仵顏」當作「仵觭」。且以「不合」釋之。茲從之。

㈡左目出，右目入：舊本無出字，孫據道藏本增。集韻：「出，自內而外也。」說文：「入，內也。」是出入，即內外也。

按：本條旨在駁告子「仁內義外」之說。其意是：仁內義外，實為互相乖牾之說也，故曰：「仁義之為內外也，非。說在仵顏。」經說申論之云：仁，愛也；義，利也。愛（即仁）與利（即義）皆為人心之欲求，內在而主觀者也（此也）。所愛之人，所利之人、事、或物，則是外在而客觀者（彼也）。故愛利——仁義同為內在者，彼此無內外之分；同理，所愛、所利之人皆為外在者，故亦無內外之別。故曰：「仁，愛也；義，利也。愛、利，此也；所愛、所利，彼也。愛利不相為內外，所愛所利亦不相為內外。」主仁內義外之說者，無異以「愛」與「所利」對舉而言也，「愛」，仁也；「所利」乃義所及之對象也。故仁內義外之說實牛頭不對馬嘴，為狂誖之言也。故曰：「其為仁內義外也，舉愛與所利也，是狂舉也。」左右二目並生於面，而無內外之分，仁、義亦無內外之分。故說以「若左目出，右目入」，為譬詞以喻仁內義外之說為非。

76. **經　學之益也㈠，說在誹者㈡。**

說　學：也㈢以為不知學之無益也，故告之也，是使智學之無益也，是教也。以學為無益，教，誖。

㈠學之益也：孫云：「此疑當作學之無益也。」按諸經說，當依孫說於「益」上增一「無」字。
㈡誹：張云：「誹，非也。誹學之人。」
㈢學也：學為牒經之文，「也」字疑衍。

按：本條旨在斥「學無益」之說。高詮經云：「今有人唱學無益之說，以誹人之為學，其是否誖謬，但就誹者之本身，即可斷定。故曰：『學之無益也，說在誹者。』」又詮說云：「唱學無益之說者，以為他人不知學之無益，故告之，使他人知學之無益也。故曰：『以為不知學之無益也，故告之，使智學之無益也。』告之，是教之也。故曰：『是教也。』既云學無益，則當廢教，今以學為無益，而反教之，教之既使之學也，豈不謬哉！故曰：『以學為無益也，教，誖。』此條蓋駁老莊之說也。」高說得之。

77. **經　誹㈠之可否，不以眾寡，說在可非。**

說　誹：論㈡誹之可不可，以理之可非㈢，雖多誹，其誹是也。其理不可非，雖少誹，非也。今也謂多誹者不可，是猶以長論短。

㈠誹：經上：「誹，明惡也。」故誹，譏議也，批評也。

㈡誹論：原本誤倒，據曹校乙正。

㈢非：原作誹，從張校改。

按：本條旨在為誹立一準據。其意是：凡對人、事、或物之譏議，其譏議之當與否，不決定於非議之人之多寡，及其次數之多少，而端視其所非議之對象是否有可非議之處。故曰：「誹之可否，不以眾寡。說在可非。」經說申言之曰：非議之可不可，端視其對象之是否有可非議之「理」。如其理應非議之，則雖絮聒以誹之，其誹為是，為可。反之，如其理不可非，則其誹雖少，仍為非、為不可。故曰：「論誹之可不可，以理之可非，雖多誹，其誹是也。其理不可非，雖少誹，非也。」墨家於諸子中最富宗教意識，排他性特強，而有嫉惡如仇之勢，故其攻擊他家之說也多且烈。因此有人以墨家之多誹為非，墨家則不以為然，故曰：「今也謂多誹者，不可。是猶以長論短。」以長論短，猶言以長為短也。墨家以多誹為是、為可、為長，而論者則以墨家之多誹為不可、為非、為短，故經說以「以長論短」駁之。

78. 經　非誹者誖，說在弗非。

說　非：非誹㈠：己之誹也。不非誹：非可非也，不可非也，是不非誹也。

㈠「非：非誹」：原作「不誹非」今從李校作：「非：非誹」。上「非」字：為標題字。下「非誹」即反對譏議批評之意。

按：墨家好誹，故論者非之。本條旨在駁以墨家好誹為非之說。蓋譏議，批評之目的在使受批評者能改其過而無非，今以誹為非，則人之過不可得而改，斯誖矣。故曰：「非誹者，說在弗非。」（換言之，即欲使人「弗非」，則須「誹」，甚至「多誹」亦在所不惜。）經說分析人之所以非誹，端在己受誹，故非之也。故曰：「非誹，己之誹也」換言之，即人有過，有非，懼人之誹已，故「非誹」。反之，人之言行如得其正而「非可非」、「不可非」，則此人必「不非誹也」。故曰：「不非誹：非可非也，不可非也，是不非誹也。」總之，小人行徑有見不得人者，故非誹；而君子則坦蕩蕩，是以不非誹也。

79. **經　物甚不甚㈠，說在若是。**

說　物：甚長、甚短——莫長於是，莫短於是，是之是也㈡，非是也者，莫甚於是。

㈠物甚不甚：舊本下一甚字作箕。茲據俞樾校改。

㈡是之是也：高以為當作：「是之甚也。」蓋甚是形似而誤。按諸上下文意，當從高校。

按：本條言物「甚」與「不甚」之別，必須扣緊眼前之物（是，此）而為言。故曰：「物甚不甚，說在若是。」例如就長短而言甚不甚，可得「甚長」、「甚短」（甚短即甚不長也）二概念。然此甚長，甚短不能憑空而言，必須指著某物體而言：「莫長於是」、「莫短於是」，方能分別得出「甚長」、「甚短」之概念。故必先有甚長或甚短之「是」物（是之甚也）在，方能謂他物（非「是」也者）莫甚（長或短）於是物。故曰：「甚長，甚短——莫長於是，莫短於是。是之甚也，非是也者，莫甚於是。」

80. 經　取下以求上也，說在澤。

說　取：高下以善不善為度，不若山澤。處下善於處上，下所謂㈠上也。

㈠下所謂：謂本作請，依孫校改。

按：本條旨在斥老子「大言若反」之易造成名實之乖亂也。其意是：上下為方位之概念，上下之位相對而生，如取澤以為「下」，則可由澤之下而得出「上」。例如取澤為下，則可得山為上。故曰：「取下以求上也，說在澤。」老子第八章：「上善若水，水善利萬物而不爭，處眾人之所惡，故幾於道。」按「眾人之所惡」，謂「下」也。老子以「處下」為「上」，為「善」；而以「處上」為「下」，為「不善」。善不善本為價值概念，上下為方位概念，老子則將善不善與上下混為一談，此其一。以水之處「下」，為「上」善，無異以下為上，將上下混為一談，此其二。故墨家反對之。經說「高下以善不善為度，不若山澤」即是反對價值概念與方位概念之相混，而主張就山澤以言高下。「處下善於處上，下所謂上也」即在反對老子之混同上下之區別。總之，墨家反對道家大言若反之易造成名實之混亂，故有本條之言。

81. 經　是是與是同，說在不州㈠。

說　不㈡是是，則是且是焉。今是文㈢於是而不於是，故是不文。是不文則是而不文焉。今是不文於是，而文於是。故文與是不文同說也。

㈠州：廣雅釋言：「州，殊也。」說文通訓定聲州字下，引春秋說題辭：「州之言殊也。」

㈡不：不字疑衍。

㈢文：說文：「文，錯畫也。」王注：「錯者，交錯也。錯而畫之，乃成文也。易繫辭物相雜，故曰文，錯斯雜矣。」文，交錯重疊也。

按：數學及邏輯有所謂重負原則，即負負得正，亦即雙否定為肯定。反之，雙肯定則仍為肯定。本條即在說明雙肯定仍為肯定也。「是是」為雙肯定，其值仍為肯定，「是」為肯定，故「是是」與「是」之值相同而無差別，故曰：「是是與是同，說在不州（殊）。」「是是」為「是」而又「是」（此「是」字為「對」「可」「正確」之意）故曰：「是是，則是且是焉。」是而又是，則「是」應交疊於「是」之上而成「是是」（今是文於是），然而「是是」與「是同」，故「是」無須重疊於「是」之上（而不於是），故「是是」不必寫作「是是」（故是不文）。「是是」不必重疊（今是不文於是）單作是即可表示重疊之意（而文於是）。故重疊而作「是是」（故文於是）與單作是而不重疊（不文）其值完全相同（同說也）。故曰：「是是，則是且是焉。今是文於是而不於是，故是不文。是不文則是而不文焉。今是不文於是，而文於是。故文與是不文同說也。」

第三章　大取篇校釋

1.天之愛人也，薄㈠於聖人之愛人也；其利人也，厚於聖人之利人也。大人之愛小人也，薄於小人之愛大人也；其利小人也，厚於小人之利大人也。

㈠薄：疑當作博。天志上：「故天意曰：此之我所愛，兼而愛之；我所利，兼而利之。愛人者此為博焉，利人者此為厚焉。」可為證。下「薄」字同此。

按：依天志、明鬼、兼愛、法儀諸篇可得知墨家所認取之「天」，為一全能至善之人格神。墨家思想均由其「天論」引申而得者。因其為至善，故天之於人「愛博而利厚」，唯「大人」能體天意故對於小人亦能「愛博而利厚」焉。唯小人則否。本節旨在勉人法天以愛利人。

2.以臧㈠為其親也而愛之，非愛其親也；以臧為其親也而利之，非利其親也。以樂為利其子，而為其子欲之，愛其子也㈡；以樂為利其子，而為其子求之，非利其子也。

㈠臧：奴僕也。

㈡愛其子也：「愛」上疑脫一「非」字。依上下文例，當作：「非愛其子也」。

按：墨子主兼愛，所謂兼愛為無差等之愛。兼愛上云「視人之室若其室，誰竊？視人身若其身，誰賊？故盜賊亡有。視人家若其家，誰亂？視人國若其國，誰攻？故大夫之相亂家，諸侯之相攻國者亡有。若使天下兼相愛，國與國不相攻，家與家不相亂，……若此，則天下治。」又云：「盜愛其室，不愛異室，故竊異室以利其室。賊愛其身不愛人，故賊人以利其身。」準此，則人應「愛人之親若其親，愛人之子若其子。」而不可獨愛利其親與子也。換言之，人之親與己之親應平等視之，人之子與己之子亦應平等視之。不可因其為己之親、之子而偏愛之、偏利之也。故「以臧為其親也而愛之，非愛其親也」之「非愛其親也」一句實即「非因其為己之親而愛之，乃因其為人而愛之。」餘同此不贅。

3. 於所體㈠之中，而權其㈡輕重之謂權。權，非為是也，非為非也㈢。權，正㈣也。斷指以存掔㈤，利之中取大，害之中取小也。害之中取小也，非取害也，取利也。其所取者，人之所執也。遇盜人，而斷指以免身，利也。其遇盜人，害也。

㈠體：體，身體也，首、身、手、足之總稱也。說文：「體，總十二屬也。」
㈡其：本無「其」字，從孫校增。
㈢非為非也：本作：「非非為非也。」從畢校改。
㈣正：廣韻：「正，當也。」
㈤掔：畢云：「此捥字正文。」捥，腕也。

按：本節旨在說明「權」之意義。對某事物權衡其輕重、緩急、利害而定其取捨謂之權。凡權，率有取捨，所取者，非為其「是」而取之也；所捨者，亦非因其「非」而捨之也。蓋求其當而已。所謂「當」之標準為：「取其利大而害小」。例如：指、腕皆人身之所屬，斷指以存腕，權也。「斷指」非為「指」之為「非」因而斷之也，存腕，亦非「腕」之為「是」因而存之也。蓋「斷指」之害小，而「存腕」之利大，故權輕重，寧「斷指」以「存腕」也。故曰：「權非為是也，非為非也。權，正也。斷指以存腕，利之中取大，害之中取小也。」所謂「害之中取小也」非因其有害而取之也，乃是因其取固有害於己，然取此「小害」則可避免「大害」之臨身，故其取雖有「小害」，然與不取小害而招致大害相較，則顯有利於己，故曰：「害之中取小，非取害也，取利也。」此種「害中取小」以換取大利之「取」法，一般人不能知，故不肯以「小害」換取「大利」，亦即固執不肯取小害。殊不知不取「小害」而換取利，則必招來「大害」，故大取告戒之曰：「其所取者，人之所執也。」遇盜，本為「害事」，然而如斷指可以免身，則寧願取斷指之小害以換取保全生命之大利，故曰：「遇盜人，而斷指以免身，利也。其遇盜人，害也。」

4. **斷指與斷腕，利於天下，相若無擇也；死生利若，一㈠無擇也。殺一人以存天下，非殺一人以利天下也；殺己以存天下，是殺己以利天下。於事為之中，而權輕重之謂求。求，為之非也㈡，害之中取小。求為義㈢，非為義也。**

㈠一：語助詞，無義。

㈡為之非也：「之」猶「而」也。非，失也。禮記禮運：「非禮也。」注：「非，猶失也。」「為之非也，害之中取小。」意謂：為而有所失，則取其害小者。

㈢義：經上：「義，利也。」「利，所得而喜也。」

按：本節旨在區別「求」與「權」之差異。上節云：「於所體之中，而權其輕重之謂權」，本節云：「於事為之中，而權（其）輕重之謂求。」是則「權」、「求」之別在於「所體」與「事為」。「所體」屬「權者」自身，而「事為」，則是外於身者，故所權衡之對象為己身，則為「權」，反之，所權衡之對象為外於己身之「事為」則為求。前者為主觀而內在之事，後者為客觀而外在之事。此權求之別也。例如：「遇盜，而斷指以免身，利也。」為「權」之例。斷指免身之利，在己也。此「於所體之中而權輕重」也。「斷指與斷腕，利於天下」此「求」之例也。斷指斷腕之利在天下，而不在己也。其利既不在己，則無須「權」斷指與斷腕孰者為愈，此其一。斷指可利天下，斷腕亦可利天下，二者無別，其利天下也相若，故亦無須權之也。此其二。故曰：「斷指與斷腕，利於天下，相若無擇也。」「死生利若，一無擇也。」義同此，不贅。

「殺一人以存天下」，則天下人之中已有一人被殺，故不得謂殺一人以利天下。反之，如殺己而天下可存，則所殺者己，而普天下之人皆蒙其利，故曰：「殺一人以存天下，非殺一人以利天下也；殺己以存天下，是殺己以利天下。」

「權」、「求」因對象之不同而有別，然其方法則一，皆「利中取其大，害中取其小」也。故曰：「於事為之中，而權輕重之謂求。求，為而（之）非也，害之中取小，（利之中取大）。」「求」既是為客觀而外在之事而權衡其利害、輕重。故「求為義（利）」，乃是為天下人而求利，非為求一己之義（利）而為義也。故曰：「求為義，非為義也。」

5. **為暴人㈠語天之為，是也；而性㈡為暴人歌天之為，非也。**

㈠暴人：譚以為暴人即暴王也。

㈡而性：曹云：「原衍而性二字。」曹說是，而性二字無義，應刪。

按：為暴君解說天之所為，可以使暴王法天，而兼愛天下之人，故「是」也。為暴王歌頌天之所為及其權威，以娛暴君，則非也。

6. **諸陳執㈠既有所為，而我為陳執。執之所為，因吾所為也。若陳執未有所為，而我為之陳執。陳執因吾所為也。**

㈠陳執：曹云：「人之有所執而不化也久矣，是陳執也。」

按：陳執一詞，不知其義。或與今之「習慣法」義相近。本節之意似是：凡習慣法所已有之事，則我必沿襲其法而為之；如為習慣法之所無者，則我乃自我作古以為之。如此，則我之所為日久亦成為習慣法矣。前者因循之義，後者創新之意。創新之事日久則亦成因循之根據。

7. **暴人為我為天之以人非為是也而性。**

按：孫云：「此文多譌脫。」故存疑焉。

8. **不可正而正之：利之中取大，非不得已也；害之中取小，不得已也。於㈠所未有而取焉，是利之中取大也；於所既有而棄焉，是害之中取小也。**

㈠於：原無「於」字，茲據譚校增。

按：凡事不能得其正（正，當也），則須權衡其輕重而有取捨，以求得其正，故曰：「不可正而正之。」經上云：「利：所得而喜也。」故利非求之於其身，而是得之於身外。人之取利，多欲取其大者，然人之「取利中之大」，非情勢所迫，而是出於己之欲求，故曰：「於所未有而取焉，是利之中取大也。利之中取大，非不得已也。」利取之於外，害則避之於身，人為情勢所逼，而須棄其所有時，皆力求減低其害，故曰：「於所既有而棄焉，是害之中取小也。」「害之中取小不得已也。」

9.義可厚，厚之，義可薄，薄之，謂倫列㈠。德行、君上、老長、親戚，此皆所厚也。為長厚，不為幼薄。親厚，厚；親薄，薄。親至㈡，薄不至，義。厚親，不稱行而顧行㈢。

㈠倫列：戰國策宋策：「內臨其倫。」注：「倫，等也。」呂覽孝行：「列文章。」注：「列，別也。」是「倫列」也者，等別也，差等之別也。荀子非議墨子優差等，然墨子實肯定政治及社會皆有各種之差等在焉。

㈡親至：譚云：「猶云至親，此當指父母言。」

㈢不稱行而顧行：稱，合也。「而」猶則也（訓見經傳釋詞）。書太甲傳：「顧，謂目在之。」不稱行而顧行，言人之行為如有不合「倫列之義」者，則當時時以「倫列之義」存心以求合乎「倫列」。

按：於義所當厚者，應厚之；於義所當薄者，應薄之，此之謂倫列。換言之，人之厚待人或薄待人，須視其對象之差等而定。如有德行之人、君上、長老之輩、親戚，皆為人所當厚者也。人於其「長」應厚待之，然此「為長厚」，不含其應對「幼」薄。蓋同為親，亦有厚薄之別，當厚則厚；不當厚，則薄。「長」當厚，「幼」亦在厚之列，故曰：「為長厚，不為幼薄。親厚，厚；親薄，薄。」至親之人，不當薄之，故曰：「至親，薄不至，義。」人如於其親之厚薄，有不合者，當時時以倫列之義存心，以使其行合乎倫列。故曰：「厚親，不稱行則顧行。」

10. **為天下厚禹，為禹也㈠；為天下厚愛禹，乃為禹之人愛也㈡。厚禹之加於天下㈢，而厚禹不加於天下；若惡盜之為加於天下，而惡盜不加於天下。**

㈠「為天下厚禹，為禹也。」：上「為」字疑涉下「為」字而衍。下第三句之「為」字亦涉第四句之「為」字而衍。「厚禹」之厚，貴也。荀子富國：「或厚或薄。」注：「厚薄，貴賤也。」「為禹也」之「為」字猶「於」也（訓見經傳釋詞）。「為禹也」謂加厚（貴）於禹也。

㈡乃為禹之人愛也：孫云：「人愛二字誤倒。」應據正。

㈢厚禹之加於天下：孫云：「據下文『之』下當有為字。」

按：此言禹厚愛天下之人，故天下之人皆厚愛禹。故曰：「天下厚愛禹，乃為禹之愛人也。」亦因此天下人乃加厚（貴）於禹也，故曰：「天下厚禹，為禹也。」原文一、二句說明客觀之事實，三、四句則進一步說明其原因。復次，禹厚愛之行為普加於天下之人，而天下人之厚愛亦集於禹一身，而不偏加於天下之人，故曰：「厚禹之為加於天下，而厚禹不加於天下。」此如盜之行為天下受害，故天下之惡，加之。然天下之惡，僅加於盜，而不及天下之人，故曰：「若惡盜之為加於天下，而惡盜不加於天下。」墨家最尊崇大禹王，本節蓋以「禹之為天下厚而天下之厚愛集於禹一身」勉墨徒當法禹之所為。

11. **愛人不外己，己在所愛中。己在所愛，愛加於己。倫列之愛，己愛人也。**

按：本節辨「愛人」與「倫列之愛」。「愛人」之「人」泛指一切人，己亦人之一，故「愛人不外己，己在所愛中。己在所愛，愛加於己。」所謂「倫列之愛」泛指各種不同身分之愛，如愛親之愛，愛君之愛等。愛親，非泛愛天下之人，其愛僅及親而已，非如「愛人」之愛，故其愛乃由己及親，而不及「人」（一切人），因不及「人」，故亦不及「己」。故曰：「倫列之愛，己愛人也。」

12.聖人惡疾病，不惡危難；正體不動㈠，欲人之利也；非惡人之害也㈡。聖人不為其室臧之故，在於臧。聖人不得為子之事。

㈠正體不動：正，常也。素問：「故風勝則動。」注：「動，不寧也。」正體不動，謂使身體健康如常而無不寧也。

㈡非惡人之害也：「正體不動欲人之利也」為「惡疾病」之注腳。而此「非惡人之害也」依文例當為「不惡危難」之注腳。而此「非惡人之害也」依文例當為「不惡危難」之注腳。「非惡人之害」之惡字，依上下文例疑為「欲」之譌。

按：本節言聖人之用心，由此足以見墨家之基本精神。聖人之所以惡疾病者，蓋欲使身體健康，以為天下之人謀利也。故曰「聖人惡疾病，正體不動，欲人之利也。」危難泛指天下之遭危難也。聖人之不惡危難，非不顧天下人之危難也，墨徒皆有急人之難，赴火蹈刀，死不旋踵之志節。故曰：「不惡危難，非欲人之害也。」譚云：「聖人兼利天下，不為其居室足以存藏之故，而心在於貨財之藏也。」此「聖人不為其室臧之故，在於臧」之義也。又聖人以天下為事，故不得為子之事而影響兼利天下之心，故曰：「聖人不得為子之事。」

由上觀之，墨家主張為天下生、為天下死，廓然大公，而毫無私意介於其間，誠聖人之大志節也。

13.聖人之法：死亡親㈠，為天下也。厚親，分也；以死亡之，體渴興利。有厚薄而毋倫列之興利為己。

㈠死亡親：孫云：「亡、忘通。謂親死而忘之，即薄葬之義。」按：以薄葬釋忘親，不如以短喪釋之為愈。荀子禮論所謂：「彼朝死而夕忘之」是也。

按：此節言聖人之體法。聖人親死而即忘之，非無親情也，乃為天下之利而忘私親也。故曰：「聖人之法，死亡親，為天下也。」禹治水十三年，三過其門而不入，即此精神也。厚待親人，乃人子分內事，然死而即忘之者，乃渴望為興天下之利使然也。故曰：「厚親，分也；以死亡之，體渴興利。」聖人以天下為厚，以親為薄，故不為一般「倫列之愛」——如厚親，而求私利。故曰「有厚薄而毋倫列之興利為己。」聖人之所以異於常人者蓋在於此。

14.語經，語經也㈠。非白馬焉㈡，執駒焉，說求之舞㈢，說非也。漁大之舞大，非也。三物必具，然後足以生㈣。

㈠語經，語經也：疑有譌脫，不可解。
㈡非白馬焉：孫云：「此即白馬非馬之說。」
㈢舞：孫云：「舞當從畢校，為無之誤。」作「無」是，下「漁大之舞大」，舞亦無之誤也。
㈣三物必具，然後足以生：疑有譌脫，不可解。

按：此節駁公孫龍白馬非馬之說也。其駁之之法為：執一白駒於此，謂求之於此白駒而無馬之特性在，則可謂之非馬矣，否則白馬非馬之說為非也。主白馬非馬，猶謂大魚無大，皆非也。故曰：「非白馬焉，執駒焉，說求之無，說非也，漁大之無大，非也。」

15. **臧之愛己，非為愛己㈠之人也，厚不外己，愛無厚薄。**

㈠己：疑涉上文「愛己」而衍，應刪。

按：此言臧（奴僕）僅知愛己，非如聖人之能泛愛人也。故曰：「臧之愛己，非為愛之人也。」人如能厚愛眾人則因「愛不外己，己在所愛之中」（語見第十一條）故厚愛人亦即厚己，故曰：「厚不外己。」墨家主兼愛，不可因對象之異而使其愛有厚薄之別，故曰：「愛無厚薄。」本節旨在斥臧之自私，並勉人應兼愛眾人。

16. **舉㈠己非賢也。義，利；不義，害。志功為辯㈡。**

㈠舉：孫云：「舉當作譽。」經上：「譽，明美也。」

㈡辯：說文：「辯，治也。」

按：墨家尚實，實具則榮至（詳經上第十一條）故譽己為賢者，非真賢也。故曰：「譽己非賢也。」經上：「義，利也。」「功，利民也。」凡墨徒當立志致力於利民之事，故曰：「志功為辯（治）。」

17. **有有於秦馬㈠，有有於馬也。智來者之馬也。**

㈠有有於：譚校「有有」作「友有」，且以「於」為可省。

按：此續駁白馬非馬之說也。其意是：友人有秦地之馬，則吾友有「馬」也。彼騎其秦馬來，則吾見之而知其所騎者馬也。秦馬為馬，則白馬為馬矣。

18.愛眾眾世㈠與愛寡世相若，兼愛之，有相若。愛尚㈡世與愛後世，一若今之世人也。

㈠眾眾世：疑衍一眾字。

㈡尚：上也。

按：此言兼愛之無時空性。孫云：「眾世，寡世，以廣狹言；尚世，後世，以古今言。」能兼愛，則其愛無廣狹——眾世、寡世之分，亦無古今——尚世、後世、今世之分。故墨家之兼愛為一無時間性與空間性之大愛也。

19.鬼，非人也；兄之鬼，兄也。

按：小取篇云：「人之鬼，非人也。兄之鬼，兄也。祭人之鬼，非祭人也，祭兄之鬼，乃祭兄也。……此乃一是而一非者也。」可與本條相發明。「鬼，非人也」照理應類推出「兄之鬼，非兄也。」然大、小取竟得出「兄之鬼，兄也」之結論。其所以如此之理在於：「祭人之鬼，非祭人也；祭兄之鬼，乃祭兄也。」其意是：如七月號稱鬼月，各地接踵祭鬼。所祭者非親人之鬼，乃是泛祭他人之鬼，且其祭之對象為鬼而非人，故曰：「祭人之鬼，非祭人也。」至於人之祭其親人如祭祖、祭兄等，則乃因其為己之祖、己之兄而祭之，非如七月祭鬼，乃是為祭鬼而祭；又就遣詞之習慣言，僅稱祭祖祭兄而無祭祖之鬼兄之鬼之語。故曰：「祭兄之鬼，乃祭兄也。」如將「祭兄之鬼，乃祭兄也。」二語中之祭字同時抽出，則成「兄之鬼，兄也」矣。

20.天下之利驩㈠，聖人有愛而無利。俔日之言也㈡，乃客㈢之言也。天下無人，子墨子之言也猶在。

㈠天下之利驩：之猶有也。裴學海云：「『有』古讀若『以』，『之』訓『以』，故亦訓『有』。」國語晉語：「雖後之會，將在東矣。」之，有也。驩，古與歡通。天下之利驩，即以天下有利為歡也。

㈡俔日之言也：說文：「俔，諭也。」廣韻：「俔，譬喻。」俔日之言，謂其言如日之永恆不變也。

㈢客：士也。魏書李諧傳：「坐有清談之客」，清談之客即清談之士也。

按：愛為付出，而利為獲得（經上：「利，所得而喜也」）聖人兼愛天下，且以天下有利為歡，而不求於己有利。亦即聖人但求付出「愛」，而不求獲得「利」。故曰：「天下之利，驩——聖人有愛而無利。」「士」讚墨子「聖人有愛而無利」之言譬猶日之永恆也，故雖至天下無人之時，而墨子之言——真理，則仍與天地同在也。故曰：「俔日之言也，乃士之言也。天下無人，子墨子之言也猶在。」

21.不得已而欲之，非欲之也。專殺臧㈠，非殺臧也；專殺盜，非殺盜也。凡學愛人㈡。

㈠專殺臧：王引之云：「非殺臧也上有脫文；以下二句例之，當云專殺臧非殺臧。」王說是，玆據增。禮記檀弓下：「爾專之。」注：「專，猶司也。」

㈡凡學愛人：上下疑有脫文、不可解。

按：專司殺臧、盜之人，其職司在於殺人，然彼之殺人非己欲殺，而是職司上不得不殺耳。故曰：「不得已而欲之，非欲之也。」司殺盜（臧）之人，非己欲殺盜（臧）也，乃職司使然耳，彼之殺盜（臧），非惡盜（臧）之害人而殺之也，乃執行其職務也。故曰：「專殺盜（臧），非殺盜（臧）也。」就「名理」而言，此亦玩琦辭耳，無有可取者。

22. **小圜㈠之圜，與大圜之圜同，方㈡至尺之不至也，與不至鍾㈢之至，不異㈣。其不至同，遠近之謂也。**

㈠圜：圓也。

㈡方：孫云：「方當為不。」依下句文例，作「不」是。

㈢鍾：量名，八斛為鍾。

㈣「與不至鍾之至，不異」：依上句文例，當作：「與不至鍾之不至，異。」

按：此言同異之辨。大圓與小圓，其圓雖有大小之別，然其為圓之性，則同也。故曰：「小圓之圓，與大圓之圓同。」十寸為尺，八斛為鍾，未及十寸為不至尺，未及八斛為不至鍾。二者雖同為不至，然一為長度之不至，一為量之不至，故其不至「異」也。故曰：「不至尺之不至也，與不至鍾之不至異。」大圓與小圓為異中有同；尺、鍾之至為同中有異。異中有同，相近也；同中有異，相遠也。故曰：「遠近之謂也。」

23. **是璜㈠也，是玉也。意楹非意木也，意是楹之木也㈡。意指之人㈢也，非意人也。意獲也，乃意禽㈣也。**

㈠璜：說文：「璜，半璧也。」

㈡意是楹之木也：此句疑衍，依上下文例，不當有此句。

㈢之人：此人也。

㈣意獲也，乃意禽也：孫云：「言獵者之求獲，欲得禽也。」

按：本節承上同異之辨，進而言大類與小類間之同異。玉為大類，璜為玉之一小類；楹柱為木製品，亦木之一小類。此人，為人之一小類（個體類也）。禽為獵獲物之一小類。小類與大類之間有其同，故曰：「是璜也，是玉也。」然亦有其異，當「意指」小類時，不可以為其「意指」其大類也，亦即不可以偏概全，以小概大也。故曰：「意楹，非意木也；意指之人也，非意人也。」又各「小類」間之共同點即為「大類」之內容，故有時可以以「大類」指「小類」，「意獲也，乃意禽也。」即其例。綜上觀之，大類與小類間之關係共有三種。如以A代表大類，以a代表小類，則其關係是：㈠a是A（是璜也，是玉也。）㈡a非A（意楹非意木也。）㈢A是a（意獲也，乃意禽也。）其實此三類關係，完全決定於約定俗成之習慣法，非名理上之必有此三分。

24.志功不可以相從也㈠。利人也，為其人也；富人，非為其人也。有為也以富人㈡，富人也。治人有為鬼焉㈢。為賞譽利一人，非為賞譽利人也，亦不至無貴於人㈣。

㈠志功不可相從也：此句與上下文無涉，疑有脫文，故不解之也。

㈡有為也以富人：孫云：「言有所為以使人富。」

㈢治人有為鬼焉：此句亦與上下文無涉，疑有脫文。

㈣無貴於人：貴，愛也。荀子正論：「下安則貴上。」注：「貴，猶愛也。」

按：依「利人也，為其人也」之例，「富人」，亦應為「為其人也」。然大取卻以「富人」為「非為其人」，且以「有為也以富人」為「富人也」。推其意似是：「利人也」為一句子，「利」為動詞；而「富人」則為一名詞，「富」字為形容詞。而「有為也以富人，富人也」之「富人也」亦為一句子，其「富」字亦為動詞。「利人也」、「富人也」為句子，「富人」為名詞，則句子與名詞之差別端在語末助詞「也」字之有無。有「也」字為句子，無則為名詞。「利人也」、「富人也」為句子，利、富二字俱為動詞，其意是：「使人利」、「使人富」，故曰：「利人也，為其人也。」「富人」為名詞，無動詞，無「使人富」之義，故曰：「富人，非為其人也。」凡句子必有動詞，而動詞必有所為，「有為也以富人」已表明有所為，故可視之為一句子，而謂之為「富人也」（句子）。故曰：「有為也以富人，富人也。」

「為賞譽利一人」之所以「非為賞譽利人也」，其關鍵在於所賞譽而利者為「一人」，與「非為賞譽利人也」之「人」不相等。「一人」僅為「人」類之一「個體類」，利僅及一人，故不得稱之為「賞譽利人也」。意即：某一行為僅及於某類之一小類時，不得以偏概全謂其遍及「全類」。然雖不能謂其及於全類，然亦不得謂其全不及於其類。故曰：「為賞譽利一人，非為賞譽利人也，亦不至無貴（貴，愛也，利也。）於人。」

25. 智親之一利，未為孝也，亦不至於智不為己(一)之利於親也。智是之世之有盜也(二)，盡愛是世(三)。智是室之有盜也，不盡是室也。智其一人之盜也，不盡是二人。雖其一人之盜，苟不智其所在，盡惡其弱也(四)。

(一)智不為己：疑當作：「不智己為」，傳寫誤倒，智，知也。下同。

㈡智是之世之有盜也：上「之」字依下文「智是室之有盜也」之例，疑衍，應刪。

㈢盡愛是世：疑「盡」字下脫一「不」字。依上下語意，當作：「盡不愛是世。」

㈣盡惡其弱也：孫云：「弱疑當為朋，形近而誤。言盜止一人，然不能審知其誰某，則盡惡其朋黨也。」孫說是，然「盡」上疑脫一「不」字。補一不字，方能與上文語意一致。

按：此節亦言人不可由一小類之事而概括其全類皆如此也。人如僅有一事利及其親，則不得謂之孝子也，然亦不可謂其全不知孝——利親（經上：「孝，利親也」。）故曰：「知親之一利，未為孝也，亦不至於不知己為之利於親也。」

盜，可惡之人也，然不可因「是世」之有盜，而盡惡「是世」之人。故曰：「知是世之有盜也，盡不愛是世」同理，某室有人為盜，亦不可「以偏概全」謂其全室之人皆為盜；故曰：「知是室之有盜也，不盡是室也。」知一人為盜，亦不可濫指他人亦為盜。故曰：「知其一人之盜也，不盡是二人。」更不可因為知某人為盜，由於一時不知其藏匿之所在，而盡惡盜之朋黨也。故曰：「雖其一人之盜，苟不知其所在，盡惡其朋也。」

26. 諸聖人所先為人欲名實㈠，名實不必名㈡。

㈠欲名實：增韻：「欲，愛也。」欲名實，謂愛重名實之理也。小取篇：「夫辯者，將以……察名實之理。」

㈡名實不必名：下名字疑當作民。經上三十四條李注：「名與民同，古字通，本經屢屢互用之。」

按：名、墨二家俱重視名實問題。「諸聖人所先為人欲名實」與公孫龍子跡府篇：「公孫龍，疾名實之散亂……欲推是辯，以正名實而化天下焉。」及名實論：「至矣哉，古之明王。審其名實，慎其所謂。至矣哉，古之明王。」皆在假託古之聖王以強調名實問題之重要性。大取之意是：古聖人最先發覺名實問題之重要性，且欲人之重視此問題，然「名實之理」則非必人人所能知也。故曰：「諸聖人所先，為人欲名實，名實不必民。」

27. 苟是石也白，敗㈠是石也，盡與白同。是石也唯㈡大，（敗是石也，）**㈢不與大同。是有便㈣謂焉也。**

㈠敗：說文：「敗，毀也。」

㈡唯：雖也。

㈢敗是石也：本無此四字，依前三句文例增。

㈣便：孫云：「便疑當為便。」譚以「便利」釋之，皆非。「便」疑當作變，同音傳寫致誤也。

按：如有一石於此，其色白，則雖毀損之，其色仍白。故曰：「苟是石也白，敗是石也，盡與白同。」如有一大石於此，如毀損之，使成小石，碎石，則不得再謂之為「大」矣。同一石也，毀之，其白不變，而其大則變，故隨「石形」之變，其「大」之「稱謂」亦變焉。故曰：「是石也雖大，（敗是石也，）不與大同，是有變謂焉也。」按本節旨在說明「物實」有所變化，則其原有之「名謂」有隨之變者，有不隨之變者。復次，「白」為「質謂」；「大」、「小」為「量謂」。物實之形變，「量謂」隨之而變，而其「質謂」則不變。

28. 以形貌命㈠者，必智是之某也，焉㈡智某也。不可以形貌命者，唯㈢不智是之某也，智某可也。諸以居運㈣命者，苟入㈤於其中者，皆是也。去之因非也。諸以居運命者，若

鄉里齊荊者，皆是。諸以形貌命者，若山丘室廟者，皆是也。智與意異㈥。

㈠命：命名也。

㈡焉：孫云：「焉猶乃也。」

㈢唯：孫云：「唯亦與雖通。」

㈣居運：畢云：「居運言居住或運徙。」人之居住或運徙必於某特定之空間行之，故居運當指某特定之空間而言。

㈤入：本作人，依孫校改。

㈥智與意異：孫云：「舊本挩異字，今據吳鈔本補。」

按：名者所以謂實也。本節言因命名方式之不同，人之由名以知實之方法亦異。例如：山、丘、室、廟等物實之名，皆因其形貌而得名者，吾人對此以形貌而得名之物實，須目睹之，方能知之也，如人須見「山」之形貌，而後能知山之為何物。故曰：「以形貌命者，必知是之某也，乃知某也。」反之，如其名，非以形貌命者，如各種抽象之名詞，即是非以形貌命者。吾人雖不能以感官認知之，然不害吾人之知之也。如良知、道德等是。故曰：「不可以形貌命者，雖不知是之某也，知某可也。」至於如齊、楚、某鄉、某里，乃指謂某特定空間之名也，此類名實，吾人須親入其中，方能指稱之。如人須入齊國，而後能指其為齊國；反之，如不入，或離開（去之）則不能指而知之（因非也）。故曰：「諸以居運命者，苟入於其中者，皆是也，去之因非也。諸以居運命者，若鄉里齊荊者，皆是。」此外以「形貌命」及以「居運命」之名實尚有另一層差異。凡以形貌命者，其物必甚多，如馬亦以形貌命者，世界各地所在多有，故見其形貌，而知其為馬，不受空間之限制。其他以形貌命者皆如此。反之，以居運命者，則不然。非至齊地，不得指謂其為齊；離齊地，則不能指謂某空間為齊矣。故認知以居運命者之物實，必受空間之限制也。

復次，「以形貌命者」及「以居運命者」，須經由感官——主要是「目」官，以覺知之；而「不可以形貌命者」則不由感官，而由「意會」得之，二者覺知之方法迥異，故曰：「智與意異。」

29.重同，具同，連同，丘同，鮒同；同類之同，同名之同，同根之同；是之同，然之同。

按：此三組十類之「同」，其次序本極凌亂，茲依譚說分為三類如右。大取於此僅列「同」之種類名稱，而缺其例且未加說明，茲分別略加解說如下：經說上第八十七條：「二名一實，重同也。」如狗、犬二名同指一實，狗犬之同曰「重同」。具同之「具」通「俱」。經說上八十七條：「俱處於室，合同。」是「具同」者，「合同」也。所謂「合同」者，相異之「物實」同處於某特定之空間之謂也。「連同」之「連」，即經說上第八十八條「不連屬，不體也。」之「連屬」。故「連同」即經說上八十七條：「不外於兼，體同也」之「體同」。所謂「體同」者，「部分」與「部分」相連屬而不可分也。如人之五體，相連屬而不可分離之，換言之，左、右手，左右膝及頭首同體而不可分，此之謂「連同」。前節云：「諸以形貌命者，若山丘室廟者，皆是也。」據此，所謂丘同或指形狀之同而言。「鮒同」者，不得其解，故存疑焉。

「同類之同」，即經說上八十七條之：「有以同，類同也」之「類同」也。所謂「類同」者，物與物之間有相類似、雷同者之謂也。「同名之同」，異實而同名之謂也。如霍，一指鶴，一指人之姓，此「同名之同」也。「同根之同」，同一根源之謂也。如兄弟稱「同根生」，此「同根之同」之例也。「是」，正也。諸事皆能同得其「正」者，謂之「是之同」。「然」，「對錯」之「對」也，事雖異，而人對之所作之判斷，皆以之為「然」，此「然之同」也。

前八種「同」，皆客觀而外在之事實之同也，後二種同，則主觀價值判斷之同也。

30.有非之異，有不然之異。有其異也，為其同也；為其同也，異。一曰乃是而然，二曰乃是而不然，三曰遷㈠，四曰強㈡。

㈠遷：孫云：「昔是而今不然。」

㈡強：孫云：「貌是而情不然。」

按：本節言「異」之種類，然不如上節言「同」之整齊。「非之異」、「不然之異」與上節「是之同」、「然之同」義正相反，不贅。「是而然」、「是而不然」之辨見於小取篇。小取以「獲，人也；愛獲，愛人也。」為「是而然」之例；而以「盜，人也；愛盜，非愛人也。」為「是而不然」之例。觀此二例，除「獲」與「盜」二字有別外，其命題形式完全相同，然一為「是而然」，一為「是而不然」。二者之值雖異，而其形式則同；反言之，彼之「命題形式」雖同，而其「命題之值」則異。故大取以之作為「有其異也，為其同也；為其同也，異。」之例。至於「遷」、「強」之義為何，何以可作為「有其異也，為其同也；為其同也，異。」之注腳，皆不得而知。孫以「昔是而今不然」釋「遷」；以「貌是而情不然」釋「強」。孫說是否即大取原意不得而知，故存疑焉。

31. 子深其深，淺其淺，益其益，尊其尊㈠。

㈠尊其尊：俞云：「尊，當讀為劕。說文刀部：『劕，減也。』劕有減損之義，故與益其益對文成義。」

按：此節文義簡明，然其立論之旨趣何在，則不得而知也。玆錄譚戒甫之說以供參考。譚云：「句首子字，當即稱子墨子，猶孔門常稱孔子為子耳。此言墨子教人，深淺、益劕，隨機順應，觀耕柱貴義等篇可證；蓋亦孔子因材施教之意歟。」

32. 察次山比因至優指復，次察聲端名因請復。正夫辭惡者，人右以其請得焉。諸所遭執，而欲惡生者，人不必以其請得焉。

按：本節誤舛過多，幾至不能定其句讀，文義更無由得解，故闕而不釋焉。

33. 聖人之附瀆㈠也，仁而無利愛，利愛生於慮。昔者之慮也，非今日之慮也。昔者之愛人也，非今之愛人也。愛獲之愛人也，生於慮獲之利，慮獲之利，非慮臧之利也。而愛臧之愛人也，乃㈡愛獲之愛人也。去其愛，而利天下，弗能去也。昔之知牆㈢非今日之知牆也。貴為天子，其利人不厚於正夫㈣。

㈠附瀆：孫云：「附，道藏本，吳鈔本、並作拊。」曹云：「拊與撫同。」譚云：「瀆，字書所無，疑瀆當為瀆之形誤。瀆字从賣聲。賣，說文謂讀若育。此瀆為賣之繁文，即假用為育字耳。」

按拊瀆，即拊賣，亦即撫育。」並從之。

(二)乃：依上文之句式，「乃」疑當作「非」。

(三)牆：孫云：「牆疑當作臧。俞云牆字不可通，乃嗇字之誤。嗇愛也。昔之知嗇非今日之知嗇猶上文云昔者之愛人也非今之愛人也。」

(四)正夫：孫云：「顧云，正當作匹，俞校同。案顧校是也。此書匹夫多譌作正夫。」「貴為天子，其利人不厚於正夫」，語意不完足，正夫下，疑有脫文。

按：本節似在辨仁、愛、利之差別，然文意欠連貫，且有譌奪，幾至不可解。茲述其大意如下。經上第七條：「仁，體愛也。」說：「仁：愛民者，非為用己也。」按：體愛即兼愛（說詳第一章），兼愛乃以全民為其愛之對象，而不求於己有利，此仁也。本節所言之愛、利，如「愛獲之愛人也」，「慮獲之利」，皆特定而有限之愛利，亦即私愛，私利也。此有異於「兼愛—仁」之義。聖人主兼愛而反對私愛、私利，故曰：「聖人之撫育也，仁而無利愛。」其意是仁者兼愛天下之人，而非僅求愛利於某特定之對象也。凡私利私愛皆生於「求」（經上第四條：「慮，求也。」）愛利某特定之對象也。例如：欲使「獲」得利而愛「獲」，則此愛此利僅及於「獲」，而不及於他人，如「臧」。此種愛利僅及某特定對象，故為私愛私利。故曰：「利愛生於慮。愛獲之愛人也，生於慮獲之利，慮獲之利，非慮臧之利也。而愛臧之愛人也，非愛獲之愛人也。」此其一。復次，私利、私愛，皆起於私意，而私意則隨時可變者，故其愛利亦隨時而變。故曰：「昔者之慮也，非今日慮也；昔者之愛人也，非今之愛人也。昔之知嗇，非今日之知嗇也。」此其二。凡私利私愛，僅知有「己」及其所私之人，故絕不以他人為意為念，亦即不能兼愛兼利天下人，故曰：「去其愛，而利天下，弗能去也。」此其三。以上三點為私利私愛之特性。而兼愛則反是。兼愛乃是無差等而永恆之愛，且為有犧牲精神之愛。「貴為天子，其利人不厚於匹夫」此私利私愛，而無兼愛精神之人也。

34.二子事親，或遇孰，或遇凶㈠，其親也相若㈡。非彼其行益也，非加㈢也。外執無能厚吾利者㈣。

㈠或遇孰或遇凶：孫云：「孰，道藏本吳鈔本並作熟。畢云：言歲熟歲凶。」正字通：「生孰之孰，古作孰，今作熟。」

㈡其親也相若：孫云：「言不以熟凶而事親有厚薄。」按：「其」下，「親」上疑脫一「事」字。

㈢加：說文：「加，語相增加也。」非加也，謂人子之事親厚，非因他人以言語加於身而後然也。

㈣外執無能厚吾利者：孫云：「執疑埶之譌。謂外物不能使吾利親之心加厚。」譚云：「埶即勢字。」

按：本節言人子事親之心不因外在環境而有所改變。如有二子事其親，其一遇豐年，其一遇凶歲，此二字事親之心不因豐歉而有差異，故曰：「二子事親，或遇熟，或遇凶，其事親也相若。」遇凶之子，非因受遇熟之子厚事其親之影響而增益其事親之心；亦非他人以言語強其事親厚，而後其事親厚也。蓋人子之事親厚出自本性，不因外在環境之改變而增厚其利親之心也。故曰：「非彼其行益也，非加也，外勢無能厚吾利者」。

35.藉㈠臧也死，而天下害，吾持養臧也萬倍，吾愛臧也不加厚。

㈠藉：正字通：「藉，假令之辭。」

按：本節之意是：假使某臧（臧，奴僕也）死，而天下將受其害，則吾必以待臧萬倍之厚遇待之。吾之所以厚待彼也，非因愛彼之情加厚，乃為天下之利也。故曰：「藉臧也死，而天下害，吾持養臧也萬倍，吾愛臧也不加厚。」

由本節及前節可看出墨家倫理思想之特點。前節言人子事親之心，乃永恆不可變者；本節言臧雖有大利於天下，吾寧厚養之萬倍，而不加厚其對臧之愛。此即表示墨家對「親疏貴賤之辨」甚嚴。關於此點，第五章將加以探討。

36. **長人之與短人也同㈠，其貌同者也，故同。指之人也，與首之人也㈡異。人之體非一貌者也，故異。將劍與挺劍異㈢；劍以形貌命者也㈣，其形不一，故異，楊木之木與桃木之木也同。諸非以舉㈤量數命者，敗之盡是也故同㈥。**

㈠長人之與短人也同：本作「長人之異、短人之同。」依俞校改。

㈡指之人也與首之人也：疑當作：「人之指也與人之首也。」「人」與「指」、「人」與「首」傳寫誤倒。下文「人之體非一貌者也」正指「人之指」與「人之首」非一貌也。

㈢將劍與挺劍異：孫釋「將」為「扶」。廣雅釋言：「將，扶也。」說文：「挺，拔也。」

㈣劍以形貌命者也：句中之「貌」字，疑涉上二「貌」字而衍。下句「其形不一，故異」即無「貌」字，可證。

㈤舉：周禮考工記盧九：「舉圍欲細。」注：「舉，謂手所操。」按：舉字指「將劍」、「挺劍」之將（扶）與挺（拔）而言。

㈥敗之盡是也，故同：敗，毀也。謂「楊木、桃木雖砍毀之，仍俱為木也。」譚云「敗之盡是也，故同。原無同字，據上文三例，故下當有同字，蓋脫去耳；舊皆以故字屬下文讀，非也。」譚說是，茲從之。

按：本節就大類與小類之關係言同異之理。若干小類彼此之間如有共同之特點，則可據此特點將各小類合成一大類。如就其大類處言，因其有共同之特點，故彼此皆同；反之，如就其小類而言，則彼此各有其不同之特點，故彼此相異。例如：長人與短人，就其大類言，皆為人，皆同具「人之貌」，故二者同。故曰：「長人之與短人也同，其貌同者也，故同。」「人之指」與「人之首」，皆人之一體，亦皆人體之一小類，故異。其所以異者，蓋「指」與「首」之貌不同故也。故曰：「人之指也與人之首也，異。人之體，非一貌者也，故異。」此劍與彼劍，就其大類而言為「同」，然就二者分別加一形態相異之動作「扶」與「拔」而成「將劍」與「挺劍」時，則二者顯然有別，而其異，非因劍本身有異，而是「扶」與「拔」之形狀不一故也。故曰：「將劍與挺劍異；劍以形命者也，其形不一，故異。」楊木與桃木皆木之一小類，故彼此有別，然就其大類而言，則皆木也，故同。故曰：「楊木之木與桃木之木也同。」

長人與短人就其為人而言為同，就其有長短之別，則為異；「人」為「質名」，「長短」為「量名」；長人與短人就其質名而言為同，就其量名而言，則為異。同理，楊木與桃木就其為木之質名而言為同，楊桃形狀之粗細、大小有別，故就其量名而言則為異。人之指與人之首其大小、粗細、長短亦復不同，故人指與人首之異，亦是就其量名而言其為異。將劍與挺劍，就其為劍之質名而言為同，然就其操劍之形狀而言，則為異。綜上言之，凡「同」皆就其「質名」而為言，「異」則皆就其「量名」（量數）或「形狀」（舉）而為言。換言之，凡言「同」，皆不從量名或形狀而言，因就量名，形狀而言，則一切皆異，故「同」必須就其「質名」而為言。質同，則其形狀、數量雖有所改變，而其質則仍舊不變（敗之盡是也）。故曰：「諸非以舉量數命者，敗之盡是也，故同。」

37. 一人指，非一人也；是㈠一人之指㈡，乃是一人也。方㈢之一面，非方也；方木之面，方木也。

㈠是：「是」字疑涉上，「非一人也」之非字而衍。

㈡一人之指：「一人之指」為「指之一人」之倒裝句。「指」為動詞。

㈢方：禮記儒行：「毀方而瓦合。」注：「方，謂物之方正有圭角鋒芒也。」「方之一面，非方也。」中二「方」字皆指「方物」。

按：此節言部分與全體之關係。僅有「人指」不得謂之為一完全之人；反之，如指某人，而謂之為一人則可。故曰：「一人指，非一人也；一人之指，乃是一人也。」凡方物，其方共有前後左右上下六面，僅有一方，不得謂之方物；反之，方木之方共有六面，可指其一面，而稱之為方木。故曰：「方之一面，非方也；方木之面，方木也。」準此而言，凡僅具某物之部分形狀或性質，不得即據此謂其為某物；然如有某物於此，則可僅指此物之「部分」而謂之此某物也。換而言之，凡某物，必須某物之所以為某物之條件俱全，方得謂之為某物；而對某具體存在之物之認識，則可僅見其部分，即知其為某物，如神龍見首不見尾，雖不見其尾，然既見首，即可謂此神龍也。總之，就物之所以為物言，必須一切「部分」俱全，缺一不可，僅具其一亦不可，故曰「一人指，非一人也；方之一面，非方也。」反之，如有一物於此，則此物之一切「部分」已俱全，故只見其部分即可知其「全部」。故曰：「一人之指，乃是一人也；方木之面，方木也。」

38. 夫辭以故生㈠，以理長，以類行也者。立辭而不明於其所生妄㈡也。今人非道無所行。唯㈢有強股肱，而不明於道，其困也，可立而待也。

㈠夫辭以故生：本脫「夫辭」二字，據孫校增。

㈡妄：本作忘，據顧校改。

㈢唯：雖也。

按：本節言「辭」之功用。墨經上第一條：「故，所得而後成也。」小取：「以說出故。」經上第七十三條：「說，所以明也。」本節言：「夫辭以故生。」由上引可知辭即說也。可合稱之為「說辭」。凡事皆有其故，換言之，任何事物、學說皆有所憑以成其為事物及學說之條件與道理在，此道理與條件即故也。一切說辭皆在明此「故」也。此「說辭」所以產生之目的也。為「明故」之故，「說辭」勢須繁衍滋長，方能明「故」，而說辭之「長」，則須依「理」而繁衍，且須作種種類比推理，方能充分達到「明故」之目的。故曰：「夫辭以故生，以理長，以類行也者。」凡立辭，而不明「辭」所以產生之目的在「明故」，則其一切「辭」皆為妄言也。故曰：「立辭而不明於其所生，妄也。」春秋戰國時期，是一「知識爆發」之時代，如不明道，換言之，如無知識作憑藉，則雖「四肢發達」，亦必處處碰壁矣，故曰：「今人非道無所行，雖有強股肱，而不明於道，其困也，可立而待也。」

39. 夫辭以類行者也，立辭而不明於其類，則必困矣。故浸淫之辭，其類在鼓栗。聖人也，為天下也，其類在于追迷。或壽或卒，其利天下也指若，其類在譽石。一日而百萬生，愛不加厚，其類在惡害。愛二世有厚薄，而愛二世相若，其類在蛇文。愛之相若，擇而殺其一人，其類在阬下之鼠。小仁與大仁行厚相若，其類在申。凡興利除害也，其類在漏雍。厚親不稱行而類行，其類在江上井。不為己之可學也，其類在獵走。愛人非為譽也，其類在逆旅。愛人之親，若愛其親，其類在官苟。兼愛相若，一愛相若，其類在死也。

按：本節強調「類行」在「立辭」上之重要性。經上八十七條云：「有以同，類同也。」八十八條：「不有同，不類也。」故所謂「類」，即類同，類似也。「立辭」以「說故」、「明故」時，為便於詮己之說，並遮對方之非，必須借助於與吾之「詮辭」、「遮辭」相類似之「言辭」，以達成目的。否則必不能達成「遮人詮己」之目的。故曰：「夫辭以類行者也，立辭而不明於其類，則必困矣。」如以邏輯名詞言之，此所謂「辭以類行者」，當指類比推理與譬喻而言。因為類比推理及譬喻皆以「類似」作為推理之基礎也。

本節所列十餘種「類辭」，率多不可解，蓋文字有所譌奪故也，故不擬加以解說。然就其命題形式言，皆是「甲命題，其類在乙命題」之形式。其意殆以甲命題與乙命題相類似，借乙命題之助可以確立甲命題也。

第四章　小取篇校釋

1. 夫辯者，將以明是非之分，審治亂之紀，明同異之處，察名實之理，處㈠利害，決嫌疑。

㈠處：決斷也。漢書谷永傳：「臣愚不能處也。」注：「師古曰：處，謂決斷也。」
　按：此節言辯之功用。辯在政治與倫理上可收「明是非之分，審治亂之紀」之效。在知識與邏輯上，可收「明同異之處，察名實之理」之效。而落在人之為人處事上，則可「處利害，決嫌疑。」依此，人無時無地無事無學不需用「辯」，「辯」之用大矣哉。

2. 焉摹略萬物之然㈠，論求群言之比㈡；以名舉實，以辭抒意，以說出故，以類取。以類予。有諸己，不非諸人；無諸己，不求諸人。

㈠焉摹略萬物之然：譚云：「焉，乃也。」俞正燮云：「摹略，即今言之模量。」按：然，狀也。摹略萬物之然，謂模擬描摹萬物之情狀也。亦即理解客觀世界之理也。

㈡論求羣言之比：論求，探究也。比，錯雜也。禮記樂記：「比物以飾節。」注：「比，雜也。」

論求羣言之比，謂探究羣言錯綜複雜之情狀也。

按：此節說明辯論前應作之準備工作、及辯論時所用之各種工具。為達成前述「辯」之六大功用，必須先描摹萬物之情狀，並論究羣言錯綜複雜之內容。蓋人在辯論時所涉及者非宇宙萬物之情狀，即人所創造之各種言論，此皆人辯論時之題材，故須先加探研，以作為日後參與辯論時之憑藉。

其次，名、辭、說、類取、類予皆是表達己意以進行辯論時之工具，故不可不對之有充分之認識。茲分別解說其義於後：

以名舉實：經上：「舉，擬實也。」每一「實」皆有其名稱與意義，「名」乃用以指謂「實」之名稱及其意義者。如以今之名詞言之，名即名言，概念，稱謂語也。此為構成辯論內容最基本之要素也。

以辭抒意：辭者，所以抒意。乃由「名」合成者，徒「名」不足以抒意，能抒意者，「句子」也，即邏輯所謂之命題是也。合名以成命題，有命題方可抒意。故曰：「以辭抒意。」

以說出故：經上：「故，所得而後成也。」「說，所以明也。」大取：「夫辭以故生。立辭而不明於其所生，妄也。」凡任何事物與學說皆有其所以然之道理或條件在，此道理或條件即故也。說之目的乃是在明「故」也。故曰：以說出故。凡對方不瞭解或不相信吾之所言，則說明其「故」，以使對方接受吾之所言，此「說」所以作也。「說」，需借「辭」為之。禮記表記：「故仁者之過易辭也。」注：「辭猶解說也。」辭，命題也。利用單一，或一組命題而能「明故」，則此一命題或諸命題皆為「說」也。利用諸命題以明「故」，此「以說出故」也。以類取以類予：類，似也，同也。予：說文：「予，相推予也。」凡與吾所欲言者有相類似之言，則取以喻吾言，此類取也。凡某未知之事物或言論與吾所已知之事物或言論相類似，則吾人可據所已知者以推所未知者，此類予也。故類取類予實即譬喻與類比推理也。

以上名、辭、說、類取、類予皆辯論進行中所必用之工具，故皆須先明其意義與功用也。「有諸己不非諸人，無諸己不求諸人」二語中己所有及己所無者究為何物，不可得而知。如其所指者為上述「萬物之然，羣言之比，名、辭、說、類取、類予」則此二語似可解作：辯之目的在求勝，己如能「摹略萬物之然，論求羣言之比」，且於「名、辭、說、類取、類予」之意義與功用能了然於胸中，如此則辯論時將可致勝，故大可不必以此非議他人不具此致勝之方；反之，己如不能具此致勝之方，則必須自我訓練以求之，而不必求之於人。

3. **或也者，不盡也。假者，今不然也。**

按：此謂命題之種類也。或，有也。有者，不全之意。例如：「花有紅者」，謂花僅有部分為紅色者，非謂花全紅也。故曰：「有也者，不盡也。」此即邏輯之偏稱命題是也。假，假設之詞也。假設之言，非指現實如此也。故曰：「假者，今不然也。」故「今不然」之「假」，實即邏輯之假然命題也。此二種命題亦辯論時所常用者，故小取特為表出，並加解說焉。

4. **效者，為之法也；所效者，所以㈠為之法也。故中效，則是也；不中效，則非也；此效也。**

㈠以：以字疑衍。

按：此言「辯論法式」之重要性也。效，倣效也。吾人於使用名、辭、說、類取、類予時，應有所依循，而不可亂。為使人有所倣效依循，故必須為之立各種「法式」也，故曰：「效者為之法也。」吾人所倣效者，即所立之「法式」也，故曰：「所效者，所為之法也。」凡事依法度而行，則必成，否則必不能成事。辯論亦然，吾人之使用名、辭、說、類取、類予，如能依循「法式」，亦即「中效」，則其立言必「是」，反之，如不能中效，則其言必非。此乃效之功用也。墨子法儀篇云……「天下從事者，不可以無法儀。無法儀而其事能成者，無有也。」即此理也，故曰：「故中效，則是也；不中效，則非也；此效也。」辯論所效之法式，小取篇所列者計有下面所列譬、侔、援、推四者。

5. **辟㈠也者，舉也㈡物而以明之也。**

㈠辟：孫貽讓云：「畢云：辟同譬。說文云：譬，諭也。諭，古文喻字。」

㈡也：王引之云：「也與他同。」

按：譬喻為辯論所用法式之一種。所謂譬喻者，假借他物他事以喻吾所欲言之事物也。故曰：「譬也者，舉他物而以明之也。」荀子非相篇：「談說之術，分別以喻之，譬稱以明之。」潛夫論釋難：「夫譬喻也者，生於直告之不明，故假物之然否以彰之。」據此，則用譬喻之時機為「直告之不明」。而其形式則是：以「能譬」（他物）明「所譬」（吾所欲言，而為人所不明者。）此法可收「以顯見幽，以淺見深。」（陳大齊先生語）之效，此為辯論時所常用而且有用之方法也。

6. **侔㈠也者，比辭而俱行也。**

㈠侔：孫云：「說文人部云：『侔，齊等也。』謂辭義齊等比而同之。」

按：歷來諸家之釋「侔」，極為紛紜。其中以陳大齊先生之說為最中肯，茲錄其言於左。「侔之定義曰：『比辭而俱行也。』比字有齊等的意思，有類例的意思。故比辭而俱行，意即齊等其辭或類例其辭，相與推行。既曰比辭，必有能比之辭，亦必有所比之辭，故比辭必含有兩辭。小取篇云『以辭抒意。』辭是抒意的，近人將其解作邏輯上所說的判斷（按：「判斷」為「命題」之異譯。），今從其說。故比辭而俱行，亦即取與另一判斷相等的方式以造判斷，或仿另一判斷之例以造判斷，或亦可說，比照另一判斷以造判斷。」（見其名理論叢：「墨子所說的侔是甚麼」一文）陳氏並以由「白馬馬也」一命題，而造出「乘白馬乘馬也」一命題為侔之例。茲從其說。

7. **援也者，曰子然，我奚獨不可以然也。**

按：援，引也。援引對方所自以為是之理論，以建立己方之理論，此之謂「援」。因己方之立論乃是根據對方之立論而來者，對方既自以其立論為「是」，則據其「是」而建立之己方之理論，對方不能加以反駁，而只好承認吾方之立論亦然也。故曰：「援也者，曰子然，我奚獨不可以然也。」此為以子之矛攻子之盾，以子之盾禦子之矛之方法也。在辯論上為極犀利而有效之方法。莊子與惠施濠上辯魚樂，雙方皆用「援」以難對方。

8. **推也者，以其所不取㈠之㈡同於其所取者，予之也。是猶㈢謂他㈣者同也，吾豈謂他者異也。**

㈠取：擇用也。漢書賈誼傳：「莫如先審取舍。」注：「師古曰：取，謂所擇用也。」

㈡之：「之」猶「者」也。二字一聲之轉，古書多互訓。

(三)猶：欲也。說文通訓定聲：「猶段借為欲。」

(四)他：「他」本作「也」。下「他」字原亦作「也」。

按：推，類比推理也，根據所已知之事，以推斷所未知之事亦復如此，此即「推」也。所已知之事為「能推」，所未知之事為「所推」。吾人作類比推理時，皆是假「能推」以知「所推」。而作類比推理之目的，則是在以「所推」來「立」己之說，或「破」他人之說。故吾人所欲取用者為「所推」，而非「能推」。因為「能推」僅為得出「所推」之工具，而非吾人所欲取用以立以破者，故稱之為「其所不取者」，而「所推」則為「其所取者」。所已知之事，如與吾所欲得之結論有相同或相似之處，則可據以作類比推理。故曰：「推也者，以其所不取者，同於其所取者，予之也。」凡類比推理皆是利用已知與未知之事之相似點以作為推論之基礎。凡事無有絕對相同者，故已知之事與未知之事，雖有其同，亦必有其異。類比推理乃取其「同」以作推論之依據，而不論其異。故曰：「是欲謂他者同也，吾豈謂他者異也。」

9. 夫物有以同而不率遂同(一)。辭之侔也(二)，有所止而正。其然也，有所以然也。其然也同，其所以然不必同。其取之也，有所以取之，其取之也同，其所以取之不必同。是故辟侔援推之辭，行而異，轉而危，遠而失，流而離本，則不可不審也。不可常用也。

(一)率遂：率遂二字古通用。俱訓作「皆」、「盡」之意。

(二)辭之侔也：疑當作：「辭之辟侔援推也。」下「是故辟侔援推之辭，……不可常用。」可證。

按：本節旨在警戒人當慎用辟、侔、援、推之辭，而不可濫。其意是：辟、侔、援、推四種辯論之模式，皆是利用「同」以作推論，而物雖有其同，然其同僅為部份相似，而非全同。故作推論時，須適可而止，方能得其正。故曰：「夫物有以同而不率遂同，辭之侔（譬、援、推）也，有所止而正。」蓋凡事物之然，必有造成其然之所以然在。物之然可以同，而其所以然則不必盡同。故曰：「其然也，有所以然也。其然也同，其所以然不必同。」譬、侔、援、推有一共同點，乃是取與我立論相類同之事理以作推論，吾人所取之事理可以相同，而其所以「取之」之原因則異。故曰：「其取之也，有所以取之，其取之也同，其所以取之不必同，」吾人作推論時，對「所以取之」之理須有所簡別，其「所以取之」之理如確當，則推理亦必正確，否則，如太濫必導致「行而異，轉而危，遠而失，流而離本」之病。蓋濫用與我立論類同之事理以作推論時，易使我之立論因而滑離原來之理論層面，以致離題，故「不可不審也，不可常用也。」

10. 故言多方，殊類異故，則不可偏觀也。夫物或乃是而然；或是而不然；或一周而一不周；或一是而一不是也；不可常用也。故言多方殊類異故，則不可偏觀也，非也㈠。

㈠「故言多方……非也」：此三句與上文重出、疑衍，應刪。

按：此節承上言辟侔援推之辭何以易「流而離本」而不可常用之故。蓋言語之道、事理、物實之同異，以及事物所以然之理（故）均極為複雜，如不能作全面性之觀察與理解，而僅偏知其一，且以其「偏知」作為推論之依據，則其言必有所失矣。故曰：「故言多方，殊類異故，則不可偏觀也。」「是而然」，「是而不然」，「一周而一不周」，「一是而一不是」，此「言多方」之例證也。「辭」而有「然不然」之別，「周不周」之異，「是不是」之分，此皆「殊類異故」所使然也。因此使用譬、侔、援、推之時，不可偏執一端以為常也。故曰：「不可常用也。」

11.白馬，馬也；乘白馬，乘馬也。驪馬，馬也；乘驪馬，乘馬也。獲，人也；愛獲，愛人也。臧，人也；愛臧，愛人也。此乃是而然者也。獲之親，人也；獲事其親，非事人也。其弟，美人也；愛弟，非愛美人也。車，木也；乘車，非乘木也。船，木也；入船，非入木也㈠。盜人㈡，人也；多盜，非多人也；無盜，非無人也。奚以明之？惡多盜，非惡多人也；欲無盜，非欲無人也。世相與共是之若㈢。若是則雖盜人，人也；愛盜，非愛人也；不愛盜，非不愛人也；殺盜人非殺人也。無難。盜無難㈣。

㈠入船非入木也：入本誤作人，依畢校改。

㈡盜人：孫云：「衍一人字。」按墨子書常有稱「盜」為「盜人」者，故「人」字非衍。唯刪之，則句式整齊而無傷原意，故以去之為愈。

㈢世相與共是之若：若，猶焉也，語末助詞。「世相與共是之焉」謂世人皆以「上所言者」為是。

㈣盜無難：孫以此三字為衍文。三字實衍，應刪。

按：此節分別列出「是而然」與「是而不然」之例。就其所舉之例之命題形式而言，不應有「是而然」與「是而不然」之別，然就事實而言，則此二者確實有別。推其立言之本旨蓋在證明「言多方，殊類異故，不可偏觀也。」茲將「是而然」與「是而不然」之含意及二者之差異何在分別說明如后。

小取所舉「是而然」與「是而不然」之例頗饒趣味，所謂「是而然」中之「是」字乃指一命題之值為真；「是而然」中之「然」字是指在其值為真之命題（即「是而然」之「是」）中之主詞與謂詞上分別加一動詞（或形容詞），則所形成之新命題，其值亦真。例如：「白馬，馬也；乘白馬，乘馬也。」中之「白馬，馬也」此一命題為真（即「是」），則對此命題之主詞「白馬」與謂詞「馬」分別加一相同之動詞「乘」，所得出之新命題「乘白馬，乘馬也」其值亦真（即「然」），此之謂「是而然」。至於「是而不然」之意是：一命題之值為真，然而如對此一命題之主謂詞分別加一動詞（或形容詞），則新形成之命題之值為假。例如：「盜，人也」一命題為真，然對此命題之主詞「盜」及謂詞「人」分別加一相同之動詞「愛」之後，則新得之命題其值為假，故曰：「盜，人也；愛盜，非愛人也。」餘例同此，不贅。

其實，如果僅就「命題形式」看，「是而然」與「是而不然」之區別為毫無意義者。例如：小取以「獲，人也；愛獲，愛人也。」為「是而然」，而以「盜，人也；愛盜，非愛人也。」為「是而不然」。如以a代獲與盜，以b代人；則上舉「是而然」與「是而不然」之例可列成下式：

是而然——a，b也；愛a，愛b也。

是而不然——a，b也；愛a，非愛b也。

既同樣以「a，b也」為是，而根據此「是」所得出之新命題卻一為「愛a，愛b也」之「然」，一為「愛a，非愛b也」之「不然」。而此「然」與「不然」顯然相矛盾。兩者不能同真，如「然」為真，則「不然」為假；「不然」為真，則「然」為假。同一前題，照理不應得出一組相矛盾之結論來。然觀小取：「夫物，或乃是而然，或是而不然」之意，顯然認為「是而然」與「是而不然」並不相矛盾，而可同真。至於其可同真的理由何在，小取則未加說明。不過就其所舉之例加以分析，可知其所以能同真之道理端在對「是」所加之詞（小取所舉之例除加動詞外，亦有加形容詞者，故為方便計，擬襲用陳大齊先生之語簡稱為「加詞」。）其意義不相等。例如：「愛獲」之「愛」與「愛盜」之「愛」，如果其意義完全相等，則「愛獲」既可以是「愛人也」，「愛盜」亦同樣可以是「愛人也」，而不應該是「非愛人也」。而現在既同時承認「獲」與「盜」皆是「人」，而分別對「獲」與「盜」加一「愛」，卻得出不同之結論——「愛護，愛人也」、「愛盜，非愛人也」——則顯然此不同之結論是由於對獲與盜所加之「愛」不同而造成者。

獲是奴婢，本無甚可愛之處，然就墨家兼愛而言，則凡是人，俱當兼而愛之。對獲之愛即是對人之愛。詳言之，愛獲之愛就其內容或性質言，與愛人之愛同，其間無差別性。復次，就其愛所及之對象言，「人」類中之任何一小類（獲，亦是「人」之一小類。）皆是此愛所及之對象。「人」類當愛，「人」類當中之任何一小類（如獲、藏、盜、……）亦皆當愛之，故大類與小類間之愛亦無差別性。依此，愛大類中之任何一小類，與愛大類相同，故曰：「愛獲，愛人也」。

盜，本不可愛，然盜跖之徒偏愛盜。盜跖愛盜之愛，就其性質上言，必不同於愛人之愛（兼愛上云：「盜愛其室，不愛異室，故竊異室以利其室。」）亦即對「盜」與「人」之愛，在性質上有差別性。就其對象言，其愛亦僅止於盜，而不通於「盜」以外之人。換言之，愛盜之愛與愛人之愛有差異性，故曰：「愛盜非愛人也。」

又「是而然」與「是而不然」中之「是」所指之命題均包含有二類，而且其中之前一類為後一類所含攝。例如：「白馬，馬也」、「獲，人也」、「其弟，美人也」、「車，木也」、「盜，人也」等皆為「是」，而「白馬」、「獲」、「其弟」、「車」、「盜」分別為「馬」、「人」、「美人」、「木」、「人」所含攝。為方便計，稱前者為小類，後者為大類。當吾人對某一小類產生一「加詞」，而此「加詞」亦同時可以加在該小類所屬之大類中之其他任何一小類時，則此「加詞」可以同時加在小類與大類之上而兩者同真，此之謂「是而然」。例如：獲為「人」類中之一小類，如對獲加一愛字，而此愛亦可加在「人」類當中之任何一小類，則可得出「愛獲，愛人也」之論斷。反之，如對某一小類產生一加詞，而此加詞，僅能加於此特定之小類，而不能普遍地加之於其他小類時，則此一加詞不能加於其大類，亦即此加詞加在小類為真，而加之於大類則為假，此之謂「是而不然」。例如：盜是「人」類中之一小類，如對盜加一愛字，而此愛僅能加於「盜」之上，而不能普遍地加於「盜」以外之其他「人」類中之小類，則此「愛」必不能加於大類「人」之上，如此所得之結論乃成「愛盜，非愛人也」之「是而不然」。

若干小類可以隸屬於一個大類時，則此大類所有之性質必為它所含攝之一切小類之共同特性，就此共同特性而產生加詞時，則此加詞必可同時通用於大、小類上而得出「是而然」之結論。小類間因為有其共同點，故可同屬於一個大類；然而小類與小類間亦必有其差異在，亦即每一小類在其所屬之大類之共同特性外皆有其特殊之性質。就某一小類之特性而產生加詞，則此加詞就不能通用於其大類上，如此所得出來之結論為「是而不然」。

12. **此與彼同類，世有彼而不自非也。墨者有此而非之，無他㈠故焉。所謂內膠外閉㈡，與心毋空㈢乎！內膠而不解也，此乃是而不然者也。**

㈠他：「他」本作「也」。

㈡內膠外閉：孫云：「謂內膠固而外閉塞。」

㈢心毋空：空，竅也。心毋空，猶言心竅不通也。

按：本節文義不甚明顯，疑有譌奪。其意似謂：「是而然」與「是而不然」就命題形式言，二者相類似，不當有別（此與彼同類）世人多不知二者有別，唯墨家則能辨而明之。世人之所以不明此二者有別之理，無他故焉，乃其人內膠固而外閉塞，致心竅不通，故有此失耳。

13. 且夫讀書，非好書也；好讀書，好書也㈠。且鬭雞，非好雞㈡也；好鬭雞，好雞也。且入井，非入井也；止且入井，止入井也。且出門，非出門也；止且出門，止出門也。若若是㈢，且夭，非夭也；壽，非夭也㈣。有命，非命也；非執有命，非命也。無難矣。此與彼同類，世有彼而不自非也。墨者有此而罪非之。無他故焉，所謂內膠外閉，與心毋空乎！內膠而不解也，此乃是而不然者也㈤。

㈠好讀書，好書也：本脫此二句。據下文文例增。蓋此段所舉之例均一「是」，一「非」相對成文。

㈡且鬥雞，非好雞：且字疑涉下文「且」字而衍。非好雞，原脫好字。據「讀書，非好書」之例增。

㈢若若是：疑當作「若是若」，上若字，如也；下若字，猶則也。意謂：「如是，則」。

㈣壽非夭：原脫非字。據下「有命，非命也；非執有命，非命也。」之例增。

㈤「此與彼同類，……此乃是而不然者也。」：此八句與上節重出，疑涉上而衍，應刪。

按：本節所舉之例與上節「是而然」、「是而不然」之例相似而有別。本節之句例計分三組，然三組小取皆未賦予專名。「讀書，非好書也；好讀書，好書也。鬥雞，非好雞也；好鬥雞，好雞也。」為第一組。「且入井，非入井也；止且入井，止入井也。且出門，非出門也；止且出門，止出門也。」為第二組。「且夭，非夭也；壽，非夭也。有命，非命也；非執有命，非命也。」為第三組。茲分別解析其意義及三者差別之所在於后。

「讀書，非好書也；好讀書，好書也。鬭雞，非好雞也；好鬭雞，好雞也。」文義簡明，不必逐句疏釋，茲僅就其命題形式以探討此一組命題之特點。此組命題之形成過程是這樣的：將同一概念（如「書」）分置兩端，使之成為前後二項。然後對此同一內容之兩項加上意義不相等之「加詞」（如「讀」與「好」），使之分別成為前後二命題（如「讀書」與「好書」）。此時之前一命題不等於後一命題，亦即此二命題之值不相等（如「讀書，非好書也。」按：此中之「非」為「不等」之意。二者不能同真，但是，如果將後一命題之加詞（如「好」）加置於前一命題之前，則此新造成之前一命題與後一命題之值相等，二者可以同真（如「好讀書，好書也。」）。茲為醒目計，將它列表如下：

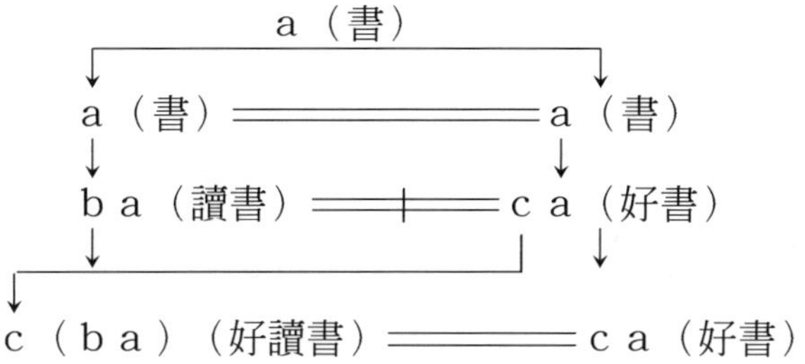

「鬪鷄，非好鷄也；好鬪鷄，好鷄也。」同此，不贅。

「且入井，非入井也；止且入井，止入井也。且出門，非出門也；止且出門，止出門也。」茲將此一組命題之形成過程分析如下：

如將某一實然命題（如「入井」）分置兩端，使之成為前後二命題，然後於前一命題加一表將然之詞（如「且」字）使之成為一或然命題（如「且入井」）。如此，則前面之或然命題與後面之實然命題，其值不相等（如「且入井」非「入井也」）。亦即二者不能同真假，此真則彼假，彼真則此假。但是如於此其值不相等之前後二命題，各加一相同之詞（如「止」字），則此新造成之前後二新命題之值，乃由原來之不相等，一變而為相等（如「止且入井，止入井也」。），亦即二者同真。茲列表如下：

「且出門，非出門也；止且出門，止出門也。」同上，不贅。

「且夭，非夭也；壽，非夭也。有命，非命也；非執有命，非命

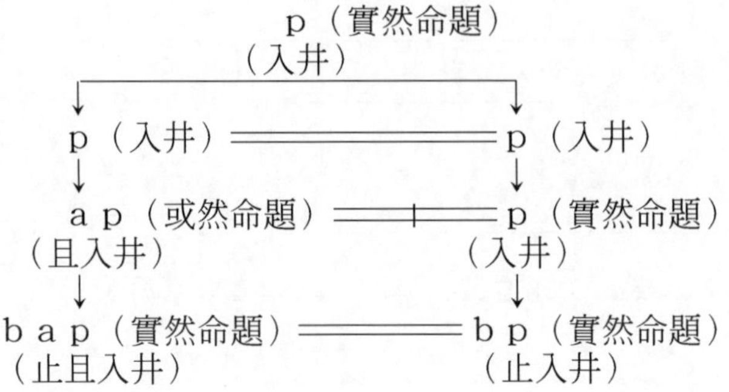

也。」此組命題之結構有異於前者，其意是：將某一項a（如「夭」字）分置兩端，然後於其前端加一表將然之辭b（如「且」字），則此前後二端之值不等，而得出ba≠a之式（如「且夭，非夭也。」）其次，如將a之相反詞-a（如「夭」之相反詞為「壽」）及a分置兩端，則此前後兩端之值亦不相等，而得出，-a≠a之式子（如：「壽，非夭也。」）。觀此，小取之意，似在說明：「且夭」與「壽」本不相等，即其值不能同真；但是此不能同真之二項（如「且夭」與「壽」）卻可以得出相同之結果（如「非夭」）；此與前述之由一「是」可以得出「是而然」與「是而不然」之結論正相反。「是而然」與「是而不然」，是由共同的前題（如「是」）可以得出不同之結論（如「然」與「不然」）而此「且夭，非夭也；壽，非夭也。」卻是由不同之前題，可以得出相同之結論，二者正相反。如仿照「是而然，是而不然」之例，可以賦與「是而不然」（且夭，非夭也）與「不是而不然」（壽，非夭也。）之專名。

「有命，非命也；非執有命，非命也。」同此，不贅。總上言之，上述之「讀書」、「入井」、「且夭」三組命題皆可成立，故曰：「無難矣。」

14. 愛人，待周愛人，而後為愛人；不愛人，不待周不愛人，不周愛，因為不愛人矣。乘馬，不待周乘馬，然後為乘馬也，有乘於馬，因為乘馬矣。逮至不乘馬，待周不乘

馬，而後為不乘馬。此一周而一不周者也。

按：墨子主張兼愛，故必須周愛徧愛一切人，方為「愛人」，故曰：「愛人，待周愛人，而後為愛人。」反之，如有不愛任何一人，則不合兼愛，周愛之義矣，因此不必待人人皆不愛之，方為不愛人。故曰：「不愛人，不待周不愛人，不周愛，因為不愛人矣。」同理，人之乘馬，僅乘一馬與乘十馬、百馬及一切馬，皆為乘馬也。換言之，如有乘馬之事實，則不論其所乘馬之數之多寡，皆為乘馬也。故曰：「乘馬，不待周乘馬，然後為乘馬也，有乘於馬，因為乘馬矣。」至於「不乘馬」，則須一切馬皆不乘，方為「不乘馬」，故曰：「逮至不乘馬，待周不乘馬，而後為不乘馬。」愛人須「周」，不愛人則否；不乘馬須周，乘馬則否；故曰：「此一周而一不周也。」此亦「言多方，殊類異故」之一例也。

按：此所謂周不周，實即邏輯所謂之周延不周延也。凡概念，如能周遍於此概念所應用之分子之全體，或能舉盡其分子之全體，此之謂周延。反之，則為不周延。小取以周愛人為愛人。則此「愛人」之愛乃是周延之愛，由周延而顯其「愛」；「不愛人」之愛，則為不周延之愛，由「不周延」而顯其「不愛」。至於「不乘馬」與「乘馬」之別亦是以周延不周延為判定之依據。「愛不愛人」與「乘不乘馬」雖同以周不周延為判定之依據，然二者有別。傳統邏輯以全稱命題之「主詞」為周延，而以否定命題之「謂詞」為周延。如「凡牛非馬」為一全稱否定命題，其主詞「牛」及謂詞「馬」皆為周延。就「凡牛非馬」而言，「凡牛」一詞中之牛為周延，乃是指全體之牛，亦即周一切牛之意。就「非馬」中馬之為周延而言，乃是謂一切馬俱被排斥於牛之外。故「凡牛」中「牛」之周延乃因全體肯定而顯，而「非馬」中「馬」之周延乃是因全體否定而顯。「待周愛人而後為愛人」此為肯定之周延，而「周不乘馬而後為不乘馬」為否定之周延。

15.居於國，則為居國；有一宅於國，而不為有國。桃之實，桃也；棘之實，非棘也。問人之病，問人也；惡人之病，非惡人也。人之鬼，非人也；兄之鬼，兄也。祭人之鬼，非祭人也；祭兄之鬼，乃祭兄也。之馬㈠之目盼，則為之馬盼㈡；之馬之目大，而不謂之馬大。之牛之毛黃，則謂之牛黃；之牛之毛眾，而不謂之牛眾。一馬，馬也；二馬，馬也；馬四足者，一馬而四足也；非兩馬而四足也。一馬，馬也㈢。馬或白者㈣，二馬而或白也，非一馬而或白。此乃一是而一非者也。

㈠之馬：之，此也。下「之馬」、「之牛」之「之」字均同。

㈡為之馬盼：據下文「不謂之馬大」，「為」字當作「謂」。

㈢一馬馬也：王引之云：「一馬馬也四字蓋衍。」

㈣馬或白者：白字本誤作自，據孫校改。

按：本節所列「一是」「一非」之例，如就命題形式言之，不應有「一是」與「一非」之別。例如：「人之鬼，非人也；兄之鬼，兄也。祭人之鬼，非祭人也；祭兄之鬼，乃祭兄也。」如以a代表人，b代表鬼，c代表兄、d代表祭；則可化成下式：

a之b，非a；c之b，是c。da之b，非da；dc之b，是dc也。

「a之b，非a」為真，則同理c之b亦應為非c，然小取卻以為「c之b，是c」。如此「a之b非a」與「c之b，是c」顯然有抵觸，就命題之形式而言，兩者不能同真，然小取謂此為「一是而一非者也」，顯然認為此「一是」、「一非」皆可成立，皆可同真。其所以如此，與命題形式，及推理無關，而是語意界定之習摜使然耳。例如：活人稱「人」、稱「兄」，死人稱「鬼」，「祭」僅及於死人——鬼，而不及活人及兄，故「祭人之鬼，非祭人也。」，同理，「祭兄之鬼」，應為「非祭兄也」，蓋「兄」為對活人之稱，故不應稱「祭兄也」。然習摜上，無人稱其亡兄為兄之鬼，或兄鬼。有祭兄文祭妹文，而無「祭兄之鬼文」「祭妹之鬼文」。其所以如此，完全是習慣使然耳，而與「名理」無涉，人因敬其兄，故兄雖死仍稱兄而不稱其為鬼。因之，「兄之鬼」仍稱「兄」乃敬兄之習慣有以致之也。他如「居於國」，為「居國」；「桃之實」為「桃」；「問人之病」為「問人也」等之為「是」。「有一宅於國」不為「有國」；「棘之實」非為「棘」；「惡人之病」非「惡人也」等之為「非」。其間之「是非」，亦完全依「習摜」而定。「之馬之目盼」所以可「謂之馬盼」乃因馬之盼不盼，完全依馬之目是否有「盼」之動作，今馬目既有所盼，則可謂之「馬盼」。同理，牛之色決定於牛毛之色，因此「之牛之毛黃」當然可「謂之牛黃。」

至於馬目大，不得謂之「馬大」，乃因馬之大小不以「目」為衡量之標準，故不稱「馬大」。牛毛眾，不得謂之「牛眾」，亦因牛之眾否，不由牛毛而定。「馬大」，「牛眾」之「大」、「眾」為量名，而馬目大，牛毛眾，則是形容馬，牛所具之特徵，為質名。「質名」與「量名」異，故前者為「是」，後者為「非」。因馬目大而謂之馬大及因牛毛眾而謂之牛眾，皆為「非」。

「一馬，馬也；二馬，馬也。一馬而四足也；非兩馬而四足也。」其中一馬為馬，二馬亦為馬者，乃就馬之「質」而為言；「一馬而四足也，非兩馬而四足也。」乃就馬足之「量」而為言也，一為質名，一為量名，二者不可等量齊觀之也，質名為「一是」，故量名為「一非」也。「馬或白者，二馬而或白也，非一馬而或白。」意謂「馬白」乃謂一切白馬（小取之「二馬」，實指二馬以上之白馬也）皆白，非僅指一馬為白也。「白」亦馬之質名，「一馬」為馬之量名；前者為「一是」，故後者為「一非」也。

綜上言之，小取「一是而一非」之例，可分為兩大類：第一類是依語意認取之習慣法，亦即依語言之約定俗成原則為判定「是」與「非」之標準。依約定俗成原則所造成之命題為「是」，反之，形式上雖與「是」之命題完全相似，但其構詞違反習慣法而造成之命題則為「非」。第二類是由質名與量名之不等以定「是」、「非」。如依「質名」而得之命題為「是」，則仿照此「是」之命題形式而造成之量命題為「非」。

命題形式完全一致之命題，而有「一是」、「一非」之別，此亦「言多方，殊類異故」有以致之也。故辯論而使用此類命題或推理時，不可草率從事。故小取警戒人「不可不審也」，「不可偏觀也」，「不可常用也」。

第五章　墨辯之學術

第一節　倫理學

一、功利主義與利他主義之道德觀

先秦諸子中以儒、墨二家最重視倫理道德。墨經中所標列之德目亦大致與儒家相同。唯二家對其德目之界說及其基本精神則迥異其趣。

墨經上云：「忠：以為利而強君也。」「孝：利親也。」「義：利也。」「功：利民也。」由此可知，「利」為墨家之道德標準。利不利為判定義不義、忠不忠、孝不孝、功不功（功乃為君者之德目，故功不功即君不君也。說詳第一章三十五條）之準據。貴義篇云：「萬事莫貴於義。」由此可知墨家道德觀之基本精神是功利主義。

經以「利而強君」為「忠」，「利親」為「孝」，「利民」為「功」（君）經說上云：「愛民者，非為用己。」「義：志以天下為分，而能善利之。」「孝：以親為分，而能善利親，不必得。」由此可見，墨家雖是十足之功利主義者，然其功利，非求一己之功利，乃是利他之功利主義。而且是不求報，不求得，不求於己有用之利他主義。同時又主盡愛天下人（經下七十二條）以使天下人得利而喜（經上：「利：所得而喜也。」）。故墨家之功利主義比邊沁「最大多數之最大幸福」更為徹頭徹尾而到家。利他的功利主義是墨家道德思想之本質所在，與儒家理性的理想主義相映成趣。

二、兼愛與倫列之愛

兼愛為墨家最具代表性之學說，兼愛上、中、下三篇論兼愛之精義甚詳，此處不贅述。本節僅就墨辯以言其兼愛之說。經上第七條云：「仁、體（兼也）愛也。」說：「愛民者，非為用己也。」兼愛中、下均以兼愛為仁人之事，故「仁、體愛也」即兼愛也，且此愛僅求利人而不求利己。

大取篇：「天之愛人也，博於聖人之愛人也；其利人也，厚於聖人之利人也。大人之愛小人也，博於小人之愛大人也；其利小人也，厚於小人之利大人也。」此言天能兼愛兼利天下之人，人應法天以兼愛兼利人。

大取篇：「愛眾世與愛寡世相若，兼愛之，有相若，愛尚（上）世與愛後世，一若今之世人也。」（孫貽讓云：「眾世、寡世，以廣狹言：尚世、後世，以古今言。」）此表示墨家之兼愛無廣狹與古今之分。換言之，其兼愛乃是一種無時間性與空間性之大愛也。

大取篇：「以臧為其親也，而愛之，非愛其親也，以臧為其親也，而利之，非利其親也。」此言臧之愛利其親，非因其為己之親而愛利之，乃是因其為人而愛利之。小取：「愛人，待周愛人，而後為愛人。」依此，墨家之兼愛為一普遍之愛也。

經下及經說下七十二條言，不論南方有窮或無窮，皆不影響人之可兼愛世人。七十三條則言，雖不能確知世人之確數並不能影響人之兼愛世人。第七十四條言不知吾所欲兼愛之人居處何地，亦不影響人吾人之兼愛。

總而言之，墨辯所謂之兼愛為一種「無時間性、空間性，不受人數多寡之限制，無人我之別」之普遍大愛。

墨子主兼愛，故孟子斥之為無父，荀子非其「僈差等」，而根據上述之兼愛及大取另一條：「愛無厚薄」看來，兼愛似真有泯滅差等之處。然實際上，墨子之差等觀亦甚嚴。經上：「禮，敬也。」經說上：「貴者公，賤者臺，而俱有敬僈焉，差等異論也。」大取篇：「義可厚厚之，義可薄薄之，謂倫列。德行、君上、老長、親戚，此皆所厚也。……藉臧也死，而天下害，吾持養臧也萬倍，吾愛臧也不加厚。」依上引，可知墨家頗為重視貴賤親疏長幼之辨。因而義亦隨之有厚薄之別，敬僈之禮亦因差等而有差異。賤者——臧，生而有利天下，死而有害天下，墨者寧願對之持養萬倍，而不肯加厚其對臧之愛，於此可見墨家「嚴差等」之一斑。此種有差等之愛為「倫列之愛」。

按：兼愛與倫列之愛似相矛盾，而亦可不相矛盾，蓋墨子所嚴之差等為縱貫面之差等，如君臣、公臺、長幼、親疏、貴賤等。而其所僈之差等，則是橫截面之差等。兼愛上：「視人室若其室，誰竊？視人身若其身，誰賊？視人家若其家，誰亂？視人國若其國，誰攻？」由此類推，則「視人父若其父，視人子若其子」矣。如此，則我父與人父，我子與人子，我家與人家……之差等泯滅而不存矣。我父與人父，我子與人子之差異為橫面之差等。墨家因泯橫面之差等，故孟子斥其無父，荀子謂其僈差等也。

總之，墨子主兼愛，故人我之差等不存，但是由政治、社會、德行、年齡、地位等所造成之差等，則是強烈地加以區別。嚴縱貫之差等而僈橫面之差等，為墨家最具特色之倫理觀。儒家則縱橫之差等皆予以強化。此亦儒墨差異之所在也。

三、聖人之襟度

聖人為先秦諸子心目中之理想人格。故透過對聖人之界定、解說與崇拜可以瞭解各家道德理想之所在。

大取：「聖人惡疾病，不惡危難；正體不動，欲人之利也。非欲人之害也。聖人不為其室臧之故，在於臧。聖人不得為子事，聖人之法：死忘親，為天下也。厚親，分也，以死忘之，體渴興利。有厚薄而毋倫列之興利為己。……聖人有愛而無利。」聖人惡病病非為己而惡也，乃因恐疾病而害其「為天下興利」也；不惡危難，非因危難為大眾之害，害不及己，故不以為惡也。聖人不僅不惡危難，且以為有危難，乃替天下去害謀利之好時機也。此其一。聖人不為一己謀利謀財，亦不為其子之事縈心。此其二。為親厚，乃人子之本分也，而聖人因渴於為天下興利，親死而竟忘之。此其三。「聖人有愛而無利」，換言之，聖人只有付出，而不望回報；但問耕耘，而不求收穫。此其四。

由此吾人可以看出墨家之聖人，其生命通體是愛。除生民之利害外，其生命毫無內容——無己、無家、無子。而以全民之普受其愛而得利，為其生命之目的與意義。且於兼愛中得大安慰，尋回其自己建立其自己。故曰：「愛人不外己，己在所愛之中，己在所愛，愛加於己。」

由於其聖人——道德理想之感召，自墨子本人以至其門徒皆有赴湯蹈刀，死不旋踵之大勇與摩頂放踵以利天下之大仁。大哉！聖人。

四、實踐論

兼愛為墨家道德思想之總原則與理想，此理想與原則之落實，則靠「仁」、「義」。墨家言及兼愛，每以「兼相愛」，「交相利」並舉。而經上第七、八、二條云：「仁、體愛也。」「義：利也。」二十六條云：「利：所得而喜也。」故使所有之人得到愛利而喜，即為兼愛理想之實現。所以「仁」、「義」乃所以實現兼愛之方法也。依墨辯，仁、義所施及之對象有君、親、民三者。經上第八條：「忠：以為利而強君也。」十三條：「孝：利親也。」三十五條：「功：利民也。」仁愛之德能及於君為忠，及於親為孝，及於民為功。一切人皆能忠、孝、功，則天下之人必能得利而喜，如此則天下「治」。故經上第二十八條云：「治：求得也。」大取篇云：「義，利；不義，害。志（立志也）功為辯（辯，治也）。」此即三表法中「中國家百姓人民之利」之具體實現。為達成此理想之實現，墨家特別強調力行實踐。

儒家尚「文」，而墨家則特別重視「質」。因為尚質，故於大禹特致其誠摯之崇敬。大取：「天下厚愛禹，乃為禹之愛人也。」禹之所以為天下人所厚愛，乃因禹愛天下人之「行為」有以致之。故墨徒特重行為，不而講求「名聲」。經上第十條：「行，為也。」說云：「所為不善名，行也；所為善名，巧也；若為盜。」十一條云：「實，榮也。」說云：「其志氣之見也，使人知己，必若金聲玉服。」墨家以為人當為其所當為，以求其理想之實現，而不必求名，「實」至則「榮」自然歸之。禹有卑宮室，菲飲食，盡力乎溝洫十三年之「實」，故有王天下之「榮」焉。故曰：「實，榮也。」墨家有為所當為之精神，故亦有不為所不當為之狷者之操守。故經說上十六條云：「狷，為是而怡彼，弗為也。」如其行為有一時之失，則當知恥而改之。故曰：「廉，作非也。」「廉，己雖為之，知其恥也。」（經，經說上十七條）

不當為則不為，或為而不當則恥而改之，僅有消極之操守，最能表現墨家積極精神者為「勇」與「任」。經上二十條：「勇：志之所以敢也。」（按：敢者，必行也。見第一章）十九條經云：「任（謂任事也）：士損己而益所為也。」說云：「為身之所惡，以成人之所急也。」墨家以為人有理想（志），當求其必行。不但應力行踐履以達成其理想，甚至為達成利他之理想應「損己而益所為」，「為身之所惡，以成人之所急。」這種奮不顧身之犧牲精神，激發了墨徒赴湯蹈刀，死不旋踵之殉道義行。

天志上：「順天意者，兼相愛，交相利，必得賞；反天意者，別相惡，交相賊，必得罰。」天志中：「天子為善，天能賞之，天子為暴，天能罰之。」墨家實踐意識太過強烈，所以為達成理想之實現，乃主張賞罰。依墨經，其賞罰可分為「賞罰」及「譽誹」二類。經上三十六條：「賞：上報下之功也。」三十八條：「罰：上報下之罪也。」二十九條：「譽：明美也。」三十條：「誹（謗議也）：明惡也。」「賞罰」是一種實質之賞罰，而「譽誹」則是一種輿論之制裁與鼓舞，且具有教育之意義。墨家以此二者雙管齊下，以作為達成其理想之重要手段。

第二節　知識論

一、論認知之條件——能知

經上第三條：「知，材也。」說：「知也者，所以知也。而必知，若明。」「知，材也」之材，人之才質，詳言之，乃是指人憑以認知之感官，如目、耳、口、鼻、舌、膚等。此為人形成知識必備之條件。無此，則無法求得任何知識。

五官是覺知器官，但是它要能收到覺知之效還有一些限制條件。經上九十條：「聞：耳之聰也。」九十一條：「循所聞，而得其意，心之察也。」九十二條：「言，口之利也。」九十三條：

「執所言，而意得見，心之辯也。」此四條旨在說明，耳須「聰」，口須「利」，心須「察」、「辯」，才能產生覺知活動。換言之，五官之官「能」必須正常——如耳聰、目明、心察、心辨，方能有所覺知。亦即有「官」又有「能」，方能有所覺知。此其一。經上二十五條：「平（平，正也）：知無欲惡。」欲惡，感情也。感情常能左右影響人之知覺活動。故欲使人之覺知活動得其「正」，則須去除情感之干擾。此其二。經說下第四十五條：「知：以目見，而目以火見，而火不見，惟以五路（五路，五官也）知。」人有五官，且五官之官能正常，同時亦不受情感之干擾，總之，主觀之條件皆健全，在此情況下，如無客觀條件之配合，亦不能有所知也。例如人有目，目能見，且心亦恬然無欲惡，然而無光線（火），則人之目不能有所見。故客觀上必須無限制「官能」發揮其功能之條件存在，「能知」之五官方能作正常之覺知活動，此其三。

二、認知之對象——所知

經說上第五條：「知也者，以其知遇物而能貌之。」經下三十八條：「所知而不能指者，說在春也。」四十五條：「知而不以五路，說在久（久，時間也）。」大取篇：「以居運命者，若鄉里齊荊者皆是；諸以形貌命者，若山丘室廟者，皆是也。」小取篇：「焉摹略萬物之然，論求羣言之比。」綜上所引，可知人之認知對象頗廣。有形貌之萬物——如山丘、室廟等，無形象之時間、春，某特定之空間——如齊、荊等，以及語言文字所代表之思想（羣言）皆是人之認知對象。人之「所知」雖複雜而眾多，然要而言之，不外兩類：一為具體之所知，一為抽象之所知。此二者皆是人所欲知者也。

三、認知之過程

能知與所知皆備，只是具備可認知之條件而已，真正產生認知之事實一須「慮」，二須「接」，三須「恕」。經上第四條云：「慮：求也。」說云：「慮也者，以其知有求也。」所謂「慮求」乃是指求知之動機。人必須先有「求」知某「所知」之動機，方能運用其五官去從事「認知」之活動。此為人覺知活動過程之第一階段。

經上第五條：「知，接也。」說云：「知也者，以其知遇物，而能貌之，若見。」有「能知」、「所知」及「求知之動機」，然而「能知」不與「所知」接觸，亦不能形成「知」也。如目須與所欲見之物相接，而後人能有所見。此為認知活動過程之第二階段。

經上第六條：「恕，明也」說云：「恕也者，以其知論物，而其知之也著，若明。」經上九十三條：「執所言，而意得見，心之辯也。」荀子正名篇：「心有徵知，徵知則緣耳而知聲可，緣目而知形可也。然而徵知必將待天官之當簿其類，然後可也。五官簿之而不知，心徵之而無說，則人莫不然謂之不知。」耳雖能聞，目雖能視，然耳目並不能知。耳目僅能收受各種感覺資料而已。例如人在「心不在焉」之情況下，必「充耳而不聞。」故真正「能知」者非耳目等之感官，而是「心」。心能將聽、視、嗅、味、觸等之感覺器官所個別得來之感覺資料，加以組織貫串成一體，並對之作理解之工夫，而產生「知識」。心之此種功能，可稱之為「心能」。「以其知論物」、「心之辯也」及荀子之「心有徵知」皆指此「心能」而言。經過「心能」之工作，乃能有「知識」之產生，此為認知活動之第三階段，亦為完成階段。

四、經驗與知識

墨家以為知識不論為具體之知識，或抽象之知識，皆以經驗為基礎。經上二十三條：「臥（臥，睡夢也），知無知也。」經上二十四條：「臥而以為然也。」人於睡夢中，有所見，有所聞，有所觸，似與清醒時之覺知活動無異。故曰：「臥而以為然也。」然墨經以為夢中所得之知為「無知也」。其所以不以夢知為知，端在夢中之知，為非可經驗，非可驗證者。人必須透過「能知」、「所知」，及「心能」之真實活動所產生者方為真正之知識。此種知識皆是以經驗為基礎者，且是可驗證者。甚至抽象之知識亦有其驗證之方。故皆為真知，而「夢知」則算不得知識。總之，墨家所求之知，乃是以經驗為基礎之「經驗知識」。

五、認知之途徑

經上八十一條：「知：聞、說、親、名、實、合、為。」說云：「傳受之，聞也。方不瘴，說也。身觀焉，親也。所以謂，名也。所謂，實也。名實耦，合也。志行，為也。」經上八十二條：「聞：傳，親。」經下四十七條：「知其所不知，說在以名取。」經下六十九條：「聞所不知若所知，則兩知之，說在告。」說云：「在外者所不知也。或曰：在室者之色，若是其色。是所不知，若所知也。猶白若黑也，誰勝，是若其色也，若白者必白。今也知其色之若白也，故知其白也。」

以上諸條說明吾人獲「知」之途徑、方法甚多，如：親眼目睹（身觀）、親耳聽說（親聞）、傳聞、比方（方不瘴）、由名以知實、由實以知名、名實相合而知、於行為中知之、由他人言而推知、等皆可獲得知識。

六、知識之價值

經下七十六條：「學之無益也，說在誹者。」說云：「以為不知學之無益也，故告之也，是使知學之無益也，是教也。以學為無益，教，誖。」大取篇：「夫辭以故生，立辭而不明於其所生，妄也。今人非道無所行。雖有強股肱，而不明於道，其困也，可立而待也。」小取篇：「夫辯者，將以明是非之分，審治亂之紀，明同異之處，察名實之理，處利害，決嫌疑。焉摹略萬物之然，論求羣言之比。」

經上七十六條旨在駁「學」無益之謬論（詳見第一章）。墨家以學為有益者也，而學之主要內容為「知識」。故墨家對知識之價值持肯定之態度。大取以「辭」與「道」並言，故其「道」，亦是以知識為其主要內容。在中國歷史上，春秋戰國是一「知識爆發」之時代，大取以為在此時代中若「四肢發達」而無知識——不明道，則其人必到處碰壁矣。此亦在強調知識之價值。小取特別推重辯有六大功用。而辯論之題材、內容，皆知識也。無知識，則必不能贏得辯論，亦必不能收到「明是非之分，審治亂之紀，明同異之處，察名實之理，處利害，決嫌疑。」之功效。「摹略萬物之然，論求羣言之比」乃人辯勝所必作之準備工夫（說詳第四章）。而「萬物之然，羣言之比」，則皆知識也。綜上所言，可知墨家對「知識」重視之程度。

老子曰：「絕學無憂。」莊子養生主云：「吾生也有涯，而知也無涯；以有涯隨無涯，殆已。」顯然地，道家反對知識，以為知識非徒無益且有害。故必須「損之又損，以至於無」。道家是由學之流弊，亦即學之負面作用而消極地反對知識；至於儒墨則重視知識之正面價值，因而積極地勸學。

由上述，可知墨家之知識論，思慮綿密，面面顧到，二千餘年前而有此成就，誠難能而可貴矣。

第三節　邏輯思想

一、概念論

㈠概念之定義與功用

人在利用其覺知器官對認知對象產生認知活動而有所得後，必對「所知」產生一「是甚麼」之認識。經上三十一條云：「舉，擬實也。」說云：「舉：告以文名（文名即文字也。說詳第一章）舉彼實也。」三十二條云：「言，出舉也。」認知之對象——所知，墨經稱之為「實」。人對「實」有所認識，亦即表示人對「實」獲得了「概念」。語言文字乃是紀錄、表達、貞定吾人所獲得之「概念」之最佳工具。故曰：「舉，擬實也。」「告以文名（文字），舉彼實也。」「言，出舉也。」表達吾人對「實」所獲之「概念」之語言文字，墨辯總稱之為名。故經上八十一條云：「所以謂，名也；所謂，實也。」小取篇云：「以名舉實。」總上言之，所謂名者，乃是用以指謂「實」之概念也。因為「名」乃是謂「實」者，故有了「名」就可收聞名而喻實，名定而實辨之效。

㈡名之種類

名之種類甚多，經上七十九條將名分為達名、類名、私名三類。經說則分別舉例說明名之種類云：「物，達也，有實必待文名也命之。馬，類也。若實也者，必以是名也命之。臧，私也，是名也，止於是實也。聲出口，俱有名，若姓字。」所謂達名者，萬物之通名也。荀子正名篇：「萬物雖眾，有時而欲偏舉之，故謂之物。物也者，大共名。」荀子之大共名，實即墨經之達名也。正名篇又云「有時欲偏舉之，故謂之鳥獸者，鳥獸者，大別名也。」所謂大別名即「類名」也。所謂私名，乃是某物實所特有之名，不得用以指謂任何其他物實。如人之姓名，皆私名也。如以「量」之觀念言之，「達名」為無限類之概念；「類名」為有限類之概念；「私名」為個體類之概念。

又就名之構成上言，又有單謂（單名）與麗謂之別。經上八十條：「謂：命、舉、加。」說：「麗（麗，兩也。）謂：狗犬、命也；狗犬，舉也；叱狗，加也。」所謂「麗謂」乃是指以二單名合而為一複名之意。經說之意乃是在說明基於不同之需要，人可利用單名，造成各種麗謂以表意。

二、命題論

㈠命題之定義

小取篇云：「以辭抒意。」馮友蘭中國哲學史云：「辭，即今人所謂『命題』，合二名以表一意，乃謂之辭。所謂『以辭抒意』，亦即荀子正名篇所謂『兼異實之名以論一意』是也。」按：馮說是也。唯以「合二名以表一意」界定命題，則不甚當。蓋一命題非僅二名也。凡能表達一完整意義者，句子也。凡有所陳述而有真假可言之句子謂之命題。小取「以辭抒意」之「辭」，正合命題之定義也。

㈡命題之種類

凡命題皆由實概念與虛概念所合組而成者。所謂虛概念乃是用以說明命題之邏輯形式之字也。故由虛概念之不同，命題可據以作種種之分類。小取篇：「或也者，有不盡也。」經上四十三條：「盡，莫不然也。」按：或，有也。有者，不全之意。莫不然為盡，則盡為全部之意。凡以盡為虛概念之命題謂之「全稱命題」，而以「有」為虛概念之命題謂之偏稱命題。

小取：「假者，今不然也。」假，假設之詞也。凡假設之言，皆非指現實如此也。凡以假設語氣造成之命題為「假然命題」。

經上第五十二條：「必，已也。」（已，必也。說詳第一章）經說云：「一然者，一不然者，必不必也，是（此也）非必也。」所謂「必」者，必然之意也。所謂必然乃是以「反面為不可能」來界定。故凡事既可「然」，亦可「不然」者必定非「必」。凡是以「必然」語氣造成之命題，理則學上稱之為「必然命題」。

經下第九條：「假：必誖，說在不然。」說：「假必非也，而後假。狗假霍也，猶氏霍也。」此所謂假，即非也，否定也。狗、霍本非一物，如謂：狗，霍也，必為假，故曰：「狗假霍也。」「狗假霍」，即「狗非霍」；「狗非霍」為否定命題。

全稱與偏稱命題屬於量命題，否定命題屬於質命題，假然命題屬於關係命題，必然命題屬於程態命題。墨經所列之命題種類雖不齊全，但是墨徒已注意及此，則是一頗為可貴之事實。

㈢命題之功用

大取篇云：「夫辭以故生。立辭而不明於其所生，妄也。」經上第一條：「故所得而後成也。」小取篇云：「以說出故。」經上七十三條：「說，所以明也。」凡任何事物與學說皆有其所以然之條件與道理在。此所以然之條件與道理墨經稱之為「故」（說詳第一章）。一般言之，事物或學說之「然」易解，而其「所以然」（故）則不易知。吾人立辭之主要目的，即在以「辭」說明故。故大取以為立辭而不知「明故」，則一切「辭」皆為妄言也。集若干「辭」以成「說」，並以之「明故」，此乃辭之最大功用也，亦即命題之功用也。

三、定義

下定義為傳統邏輯主要課題之一。所謂下定義乃是「用謂詞去規定一物之特徵，並劃定它的類界。」復次，「在定義中能界定與所界定必須相等。即兩端有意義上的同一性。」（上引俱見牟師宗三先生理則學第一章）墨辯雖未言及如何下定義之方法。但是墨經全是由一條條之定義所構成者。且觀其所下之定義，甚能符合上面所說下定義之要求。而且每一定義均舉例加以說明。西方學者，常有中國人不知下定義之譏，觀墨經，則此不實之譏，不攻而自破矣。

四、周延

小取篇云：「愛人，待周愛人，而後為愛人；不愛人，不待周不愛人，不周愛，因為不愛人矣。乘馬，不待周乘馬，然後為乘馬，有乘於馬，因為乘馬矣。逮至不乘馬，待周不乘馬，而後為不乘馬。此一周而一不周也。」

牟先生為周延下定義云：「周延是說一個概念能不能周遍於或舉盡了它所應用的分子之全體。如能，則為周延；如不能，則為不周延。」小取篇所謂之「一周」「一不周」即周延，不周延之謂也。就「兼愛」之立場而言，愛必須周遍於全人類，方能稱之為「愛人」，「愛」只要不及於某一人，則為「不愛人」矣。依此，「愛人」之愛為周延之愛；不周延之愛為「不愛」。一切馬皆不乘之，此之謂「不乘馬」，只要乘一馬，則為「乘馬」。此亦周延不周延之謂也。不過「愛不愛人」與「乘不乘馬」雖同以周延不周延為判定之依據。然二者實有差別。傳統邏輯以全稱命題之主詞為周延，而以否定命題之謂詞為周延。如「凡牛非馬」為一全稱否定命題，其主詞「牛」，及謂詞「馬」二者皆為周延。就「凡牛」而言，乃是肯定一切牛皆如此之意；就「非馬」而言，乃是否定一切馬之意，亦即排斥一切「馬」於「牛」之外。故周延可以因肯定與否定而顯。「待周愛人而後為愛人」之「愛」為周延之愛，而此「周延」乃是由肯定而顯，「周不乘馬而後為不乘馬」之周不乘馬，乃是因否定而顯其為周延。由此可知墨辯之作者對「周延」之意義之體會頗為深入。

五、因果關係

經上第一條云：「故，所得而後成也。」經說云：「故：小故，有之不必然，無之必不然。體也，若有端。大故，有之必然，無之必不然。若見之成見也。」所謂「故」，乃是指事物所以成其為事物之原因與條件。此原因、條件墨經稱之為「故」。「故」為一切事物之因，而事物為「故」之果。故本條所言者，實為因果關係也。

經說以「有之不必然，無之必不然。」界定「小故」，此二語，可化作「有Ｓ不必有Ｐ，無Ｓ必無Ｐ」。有Ｓ不必有Ｐ，表示Ｓ不是Ｐ之充足條件；「無Ｓ必無Ｐ」表示Ｓ是Ｐ之必要條件。故所謂「小故」乃是事物所以造成之必要條件而非充足條件。亦即沒有了「小故」之因，就造成不了某事物之果，但是有了「小故」亦不一定有某事物之果。

經說又以「有之必然，無之必不然」界定「大故」。此二語可以化作：「有Ｓ必有Ｐ，無Ｓ必無Ｐ。」「有Ｓ必有Ｐ」則Ｓ為Ｐ之充足條件；「無Ｓ必無Ｐ」則Ｓ為Ｐ之必要條件。故所謂「大故」乃是表示它是事物之充要條件。凡是Ｓ成為Ｐ之充要條件，則Ｓ為Ｐ之因，Ｐ為Ｓ之果。故「故」所說者，實際上即是事物之因果關係也。

六、思想律

傳統邏輯之思想律，計有同一律、排中律、矛盾律三條。而墨辯雖無此三律之名，然實已不自覺地肯定有此三律之存在。茲分述如下：

經上第七十四條：「彼：不可兩可也。」說云：「凡牛樞（樞，語助詞）非牛，兩也，無以非。」經說七十五條云：「辯：或謂之牛，或謂之非牛，是爭彼也，是不俱當。不俱當，必或（或，有也）不當。」

所謂矛盾律也者，乃是謂「a不能既是a而又非a也。」如有a而非a之現象即為自相矛盾。因為a與非a不能同真，不能同假。有一真，另一必假；有一假，另一必真。如有一獸於此，不能謂之為「牛」，而又謂之「非牛」，「牛」與「非牛」二者，不能同真，故曰：「不可兩可也」，「是（此）不俱當」。「牛」真，則「非牛」為假；反之，「非牛」為真，則「牛」必假。如謂「凡牛」是「非牛」，則兩者皆真，而無一假可言矣。故曰：「凡牛樞非牛，兩也，無以非。」此顯然違犯矛盾律矣。

牟先生為同一律下定義云：「任何一項a或¬a，如果其意義一經確定，則它即是其自己而不是他。其式如下：a＝a。」經說下六十六條：「牛不非牛，馬不非馬，無難。」牛不非牛，馬不非馬，實即牛是牛，馬是馬，此即a是a、a等於a而非他。此正合同一律之定義。

排中律之定義是：「不是a就是¬a，不是¬a就是a，並沒有第三者，故曰排中。」經說下六十六條：「牛馬或不非牛而非牛也」「或可或不可」，經說上五十二條：「一然者，一不然者；必不必也。」小取篇有「一是而一非」，「一周而一不周」、「是而然，是而不然」……凡此皆a與¬a並舉，而無有第三者，觀此，墨辯之作者，已不自覺地肯定是與非，然與不然、必與不必，為一窮盡關係而無第三者在，此實即排中律也。

七、推理

(一)推理之定義

推理之定義是：以既知之命題為根據，而推得另一新命題。經下四十七條：「知其所不知，說在以名取。」說云：「雜所知與所不知而問之，則必曰：是所知也，是所不知也，取去俱能之，是兩知也。」經下六十九條：「聞：所不知若所知，則兩知之。」按：「說在以名取」，即是根據已知之命題（合若干「名」則成「辭」——命題）以推知「其所不知」之命題。據已知以推斷未知，則「未知」可變為「知」，故曰：「所不知若所知，則兩知之。」由是觀之，經下四十七、六十九二條所言者，即推理之定義也。

(二)推理之種類

一、類比推理：所謂類比推理是：有兩件相異之事物，兩者之性質，吾人已知其中有若干已知之相似點，便可推知到未知之其他性質亦相類似。故類比推理是以類似為其推理之基礎。小取篇云：「推也者，以其所不取之（者）同於其所取者，予之也。」又云：「以類取，以類予。」（說文：「予，相推予也。」）其意是：凡與吾所欲言者有相類似之言，則取以喻吾言，此類取也。凡某未知之事物或言論與吾所已知之事物或言論有相類似之處，則吾人可據所已知者以推論所未知者亦必如此，此類予也。由是觀之，所謂「推」，所謂「以類取以類予」者，實即類比推理也。

二、譬喻：小取篇云：「辟（通譬）也者，舉他物而以明之。」凡假借他物他事以喻吾所欲言之事物者，謂之譬喻。荀子非相篇：「談說之術，分別以喻之，譬稱以明之。」潛夫論釋難云：「夫譬喻也者，生於直告之不明，故假物之然否以彰之。」據此，則用譬喻之時機為「直告之不明」，而其形式則是：以「能譬」（他物）明「所譬」（吾所欲言，而為人所不明者）。此法可收「以顯見幽，以淺見深」之效。此為辯論時所常用而且有用之方法，故先秦諸子之著作中，俯拾皆是。

三、侔：小取篇云：「侔也者，比辭而俱行也。」所謂「比辭而俱行」之意是：有某一正確之命題於此，吾人乃仿照此命題之形式再造一新命題，且此新命題之值與原命題之值皆為「真」。此之謂「侔」。例如：「白馬，馬也。」一命題為真，則吾人於主詞白馬及謂詞馬，各加一乘字，可得出一命題：「乘白馬，乘馬也。」而且新舊二命題之值皆真。此侔之一例也。此種推理方式，不見於西方傳統邏輯，為墨徒之創說。

四、援：小取篇云：「援也者，曰：子然，吾奚獨不可以然也。」其意是：援引對方所自以為「然」（然，真也）之理論，以建立己方之理論。如此，雙方之理論基礎一致。故對方自以其理論為是，則亦必承認己方之理論亦真。如對方自以為是，而以我為非，則對方必陷入「既是又非」之自相矛盾之困境。此為極為犀利有效之方法。故辯論時屢被使用。例如莊子與惠施辯魚樂時，惠施曰：「子非魚，安知魚之樂？」莊子乃援引惠施之理論而言：「子非我，安知我不知魚之樂？」莊子所使用之推理形式即「援」也。

(三)推理之謬誤

小取篇云：「效者，為之法也；所效者，所為之法也。故中效，則是也；不中效，則非也。此效也。」此所謂「法」，即各種推理之「法式」也。推理之是否合法有效，端視其是否中效。不中效，則必造成謬誤而為「非」；反之，中效，則其結論為「是」。墨經所言推理之謬誤種類頗多，茲分別簡述於後。

一、「是而然與是而不然」：小取篇以為「獲，人也；愛獲，愛人也。」為「是而然」。亦即由「獲，人也」之「是」可以推出「愛獲，愛人也」之「然」。又以「盜，人也；愛盜，非愛人也。」為「是而不然」。亦即由「盜，人也」之「是」，可以推出「愛盜，非愛人也」之「不然」。總之，某一肯定命題之值為「真」，吾人仿照此其值為真之肯定命題，既可以得出一其值為真之肯定命題亦可得出一否定命題。此即所謂「是而然」與「是而不然」之意。若干小類可以隸屬於一個大類時，則此大類所有之性質必為它所含攝之一切小類之共同特性，就此共同特性而產生一加詞（如於「獲，人也」加一「愛」字而成「愛獲，愛人也。」此愛字即為「加詞」，說詳第四章）時，則此加詞必可同時通用於大、小類上，如此得出之新命題為「然」。反之，如僅就某一小類之特性而產生加詞，則此加詞就不能通用於其大類上，如此所得出來之新命題則為「不然」（說詳第四章），此為「是而然」與「是而不然」之「法」（所效之「法」）如依此「法式」作推理，則真，否則必假。如由「盜，人也」推出：「愛盜，愛人也。」則「不中效」，此乃誤「是而不然」為「是而然」之謬誤也。同理，如由「獲，人也。」推出：「愛獲，非愛人也。」則顯然犯了誤「是而然」為「是而不然」之謬誤。

二、「一周而一不周」：小取篇曰：「愛人，待周愛人，而後為愛人，不待周不愛人，不周愛，因為不愛人矣。」「愛人」之愛必須「周延」，而「不愛人」之「不愛」則不必周延（詳第四章）。此「一周一不周」亦為推理所須「效」之「法」。「愛人」之「愛」必須周延，如以此類推「不愛人」之「不愛」亦須周延，此誤「不周」為「周」之謬誤也。反之，「不愛人」之「不愛」不須周延，如以此類推「愛人」之「愛」亦不必周延則為誤「周」為「不周」也。

三、「一是而一非」：小取篇以「之馬之目盼，則謂之馬盼」為「一是」，而以「之馬之目大，而不謂之馬大。」為「一非」。此亦推理所必「效」之「法」也。如以「之馬之目大，而謂之馬大」，此乃誤「非」為「是」之謬誤也。又如：「桃之實，桃也；棘之實，非棘也。」亦為「一是一非」之例。如援「桃之實，桃也。」之例而推出「棘之實，棘也。」則亦為誤「非」為「是」之謬誤也。

四、「一非而一是」：小取又有「且入井，非入井也；止且入井，止入井也。」之例，而未如前三者各賦予專名。觀其形式，皆是前一命題為「非」——否定命題，而後一命題為「是」——肯定命題，為方便計可稱之為「一非而一是」。如由「且入井，非入井也」推出「止且入井，非止入井也」，則是觸犯誤「是」為「非」之謬誤也。此外小取之「且鬪鷄、非好鷄也；好鬪鷄，好鷄也。」亦為「一非而一是」之一例，如由「且鬪鷄，非好鷄也」推出「好鬪鷄，非好鷄也」亦是犯誤「是」為「非」之謬誤也。

五、以偏概全之謬：經下第七十條：「以言為盡誖，誖。說在其言。」說云：「誖，不可也。之人之言，可；是不誖，則是有可也。之人之言，不可；以當，必不當。」人之言不分其「可」、「不可」，而謂之盡誖。此所謂以偏概全之謬誤也。此外，大取篇：「知是世之有盗也，盡不愛是世。」亦是犯以偏概全之一例。小取篇：「言多方，殊類異故，則不可偏觀也。」其意是：言語之道、事物之同異，以及事物所以然之理（故）均極為複雜，如不能作全面性之觀察，則其言必有以偏概全之失也。

八、正名原則

名，乃用以指謂實者也，故聞名則知實。此名之正常功用也。如人之用名不當，則聞名而不能知實。為使「名」能發揮其正常之功用，故墨辯對「正名」一事頗為重視。

經下第三十二條：「或（惑也），通名也，說在實。」說云：「知是之非此也，有知是之不在此也，然而謂此南北，過，而以為然。始也謂此南方，故今也謂此南方。」本條旨在強調名應與實相應，而不可「過」，名而過實，則必然造成人之疑惑，而至有聞名不能以知實之弊。例如以「南」之名，指「南北」之實，則「南」為過名。反之「南之名」，如僅以之指「南之實」，則南為正名。總之，人之用名必須名與實相應相當，而不可「過」。避免用名之過之最佳途徑則為遵循約定俗成之原則。「始也謂此南方——故今也謂此南方」即是依約定俗成而用名之例也。

舉名以指實，如其所舉之名不當，墨經稱之為狂舉。例如：「以牛有齒，馬有尾，說牛之非馬也。」即是狂舉。因為「齒」、「尾」皆牛馬所共有，如據此而言牛馬異，則為狂舉。此為「就牛馬之同以言牛馬之異」之狂舉也。另一狂舉之例為：「舉牛有角，馬無角，以是為類之同也。」此是「就牛馬之異以言牛馬之同」所造成之狂舉也。（此段之意可參閱第二章六十五條）此二種狂舉皆不合乎正名原則也。此外，經下六十七條言正名之方法頗詳，茲略述其意於后。

一、「彼此可——彼彼止於彼，此此止於此。」：其意是：如以「彼名」，指謂「彼實」，而且僅止於指謂「彼實」，則此為可行之名。例如以「南」之名指「南」之實，且僅以「南名」指「南實」而不兼指「南北」之實，則此「南名」為正名。

二、「彼此不可——彼且此也。」：如以「彼名」指謂「彼實」，而又以之指謂「此實」，此之謂「彼且此也」。例如以「南」名指謂「南北」之實即為「彼且此也」。此為不可行之名。

三、「彼此亦可——彼此止於彼此，若是而彼此也，則彼彼且此此也。」：如有「彼名」與「此名」合而為一，而成「彼此」之「名」，並以之指謂「彼實」及「此實」，且僅止於指謂「彼實此實」。例如分別以「南名」指「南實」，以「北名」指「北實」為「可行之名」，則合「南」、「北」二名以指謂「南北」之實，而不以之指「東西」之實，則此「南北」之名，亦為可行之名。

總上言之，墨家正名原則之大旨是：人用「名」之際應依循約定俗成之原則，使名能與實相應，而且名應專當於其所指謂之實，而不可「過」。

又經說下六十六條：「牛馬或不非牛而非牛也，可。則或非牛而牛也，可。故曰：牛馬非牛也，未可。牛馬牛也，未可。則或可或不可，而曰牛馬牛也，未可，亦不可。」此條旨在說明「牛馬是牛」、「牛馬非牛」兩命題可同真，可同假。因為牛馬函蘊牛，故可謂「牛馬是牛」。但牛馬不等於牛，故又可說「牛馬非牛」，故二者同真。反之，牛馬不等於牛，故「牛馬是牛」為假；牛馬函蘊「牛」，故「牛馬非牛」亦為假，二者同假。依此，單獨言「牛馬是牛」或「牛馬非牛」都有「可」與「未可」兩可能在，因此不能單獨言其究為可（真），或究為不可（假）。然如言「牛馬是牛而又非牛」或「牛馬非牛而又是牛」則可。換言之，如某一命題之值為可真可假時，單言其真，或單言其假，此為「可」，亦為「不可」。但是如合言之，「此一命題可真可假」，則此為可。簡言之，某一命題之值為可真可假時，不可單言其為真，或單言其為假，須言其為「可真可假」。此亦正名原則之一例也。

第四節　辯論學

一、辯之重視

戰國時期，談辯之風熾盛，當時之知識分子不論是被動或是主動，往往不能免於與人爭辯，故孟子有予豈好辯哉之嘆。在先秦諸子中，墨家之宗教意識最重，因而其排他性，戰鬥性亦最為強烈。故在貫徹其理想之實現過程中，不論是「詮己」或「遮人」皆好與人相辯，而且其辯之對象又廣。除與執政者抗辯外，墨家又非儒家、反名家、駁道家、誹陰陽家。故墨家視辯論為實踐其理想之重要工具。故一般墨徒不但好辯，而且善辯，更有辯之理論。因此墨家不但非如孟子以辯為不得已，甚至以「善辯」為治國者所必具之條件。尚同中云：「是故選擇天下賢良聖知辯慧之人，立以為天子，使從事乎一同天下之義。」因此墨家將「辯」予以合理化與合法化。故經下七十八條云：「非誹者，誖。」其意乃是在破斥「好辯論以非議人是錯誤的」之看法。經說下七十七條：「今也謂多誹者不可，是猶以長論短。」亦是在斥墨家好辯多辯為「不可」之論。尤有進者，墨家認為只要對方有可誹之處，則多誹多辯亦在所不惜，故經下七十七條云：「誹之可否，不以眾寡，說在可非。」說云：「以理之可非，雖多誹，其誹是也。」

二、辯之功用

小取篇云：「夫辯者，將以明是非之分，審治亂之紀；明同異之處，察名實之理；處利害，決嫌疑。」此言「辯」在政治上及倫理上可收「明是非之分，審治亂之紀」之效；在知識與邏輯上可得

「明同異之處，察名實之理」之效；而落在人之為人處事上，則可「處利害，決嫌疑。」如此，人無時無地無事無學不需用「辯」，辯之功用可謂大矣。

三、辯之目的

經上第七十五條云：「辯：爭彼也。辯勝，當也。」辯之目的在「爭是非之真」，而最終之目的則在求勝，以使對方同意我之見解。故經下第一條云：「類以行人，說在同。」若不求勝，則失去辯之意義矣。故經說下三十四條云：「俱無勝，是不辯也。」經說下七十七條云「以理之可非，雖多誹，其誹是也；其理不可非，雖少誹，非也。」其意是無理者應多誹之，有理者則不可誹之。又經說下七十八條，以為「非可非也，不可非也」之人則不反對誹。可知辯之產生乃是起因於有不合理之學說在，如無邪說在，則無須乎辯。故辯雖在求勝，然其最終之真正目的，則是在息邪說顯正理。

四、辯論之條件

凡辯論之產生，必先有一論題，使參與辯論之雙方有一接觸點，以便雙方對此論題提出其不同之看法。墨經稱此作為辯論對象之辯題為「彼」。故曰：「辯：爭彼也。」

經上第七十四條云：「彼：不可兩可也。」說云：「凡牛樞非牛，兩也。無以非也。」（樞，語助詞。）任何一辯題，其值或為真，或為假，兩者必居其一，且僅能居其一。如此，爭辯方有結果；否則，其辯題，既可真又可假，則此辯論必無結論可得，辯論雙方亦分不出勝負矣。故曰：「彼：不可兩可也。」例如「凡牛非牛」一命題中，牛既是「牛」，又是「非牛」，此顯然犯兩可之病。因為兩可，故不能以之作為相非難之論題矣。故曰：「凡牛非牛，兩可也，無以非也。」

復次，辯題不僅不可「兩可」，而且還應「一可」、「一不可」，方能分出真假勝敗。如辯論雙方分別對某一「牛」謂之為「牛」與「非牛」，則此中必有一真一假可言，亦即雙方可分出「真」與「假」。故經說上七十五條云：「辯：或謂之牛或謂之非牛，是爭彼也，是不俱當。不俱當，必或（有）不當。」

辯論須有辯題，而且辯題之值，不可「兩可」，如此辯論方能成立，此為辯論成立最基本之條件。換言之辯之成立，必須使雙方之辯題，不可同真假，方能有對錯勝負可言。

五、致勝之道

經下第三十四條云：「謂：辯無勝，必不當，說在辯。」說云：「所謂非同也，則異也。同則或謂之狗，其或謂之犬也。異則或謂之牛，其或謂之馬也。俱無勝，是不辯也。辯也者，或謂之是，或謂之非，當者勝也。」其大旨是：辯論之辯題必須有「是」、「非」之可言，方能構成「辯」。換言之，雙方之辯題必須不能同真假——此真則彼假，彼真則此假。如此方可有「辯」。例如甲謂某物實為狗，乙謂之為犬，此二者同真，「辯」必不能成立。又如甲謂犬為牛，乙謂之為馬，二者俱假，亦不能成「辯」，故「辯」必須有一真一假之別。至於彼此之論，何者為真何者為假，則決定於其立論之當否。立論當，則能勝，此致勝之基本條件也。

經上第九十八條云：「止：因以別道。」說云：「止：彼舉然者，以為此其然也，則舉不然者而問之。」經說下第一條云：「彼以此其然也，說是其然也。我以此其不然也，疑是其不然也。」辯之目的既在求勝，則除辯題應正確外，亦應講求方法。例如「止：因以別道」即是致勝方法之一。所謂「止：因以別道」乃是以迥異於對方之理論以駁倒對方。彼方如主攻戰，則彼之所以主攻戰者，乃以攻戰為有利，故以攻戰為然也。吾如欲止其攻戰論，則當舉攻戰之不利以詰之，如此必可止對方之攻戰論。故曰：「止：彼舉然者，以為此其然也，則舉不然者而問之。」當對方「以此其然也，說是其然也」時，我方應指出「其不然」，以使對方懷疑自己之說而終至否定其說，以同意我之意見。故曰：「止：彼以此其然也，說是其然也，我以此其不然也，疑是其然也。」

經上九十五條云：「服：執說（邪）言。」說云：「服：執難，成言務成之，宄言則求執之。」其意是對方之言為正言，實言，則我不應駁斥之，駁之必失敗也；反之，服對方之道乃是要針對其宄言而痛斥之。

總之，致勝之道，首須有正確之辯題，方能立於不敗之地。次須攻擊對方之弱點，方能使對方認輸。此雙管齊下，則必能贏取辯論之勝列矣。

第五節　宇宙觀

一、論空間

經上四十一條云：「宇：彌（彌，　也）異所也。」說云：「宇：東西（家）南北。」偏合不同之處所——東西南北之總稱，墨經謂之「宇」。淮南子齊俗訓：「四方上下謂之宇。」爾雅釋詁：「宇，大也。」故所謂宇，實是指廣大之空間而言。

經上四十二條云：「窮：或（或，邦國也。）有前（前，邊也。）不容尺也。」說云：「窮：或不容尺，有窮；莫（莫同漠，沙漠也。）不容尺，無窮也。」經說下第七十二條云：「南者有窮則可盡，無窮則不可盡。」邦國之大，雖不能以尺量之，但是邦國總有邊界；有邊界，故雖大仍為有窮之空間。至於中國北方大沙漠，在農業社會之古代中國人則認為是無邊無盡者，故亦不能以尺量之。除大沙漠外，古代中國人有南方無窮之說，而惠施則有「南方無窮而有窮」之說。關於南方是否有窮，墨經持兩可之態度。由是觀之，北方大沙漠為無窮，南方亦有無窮之說，則合東西南北而為言之「宇」之為無窮大自不在話下。故墨經認為宇——空間，其大無窮。

經下六十二條：「宇：進無近遠，說在步。」說云：「宇傴不可偏舉，宇也。進行者，先步近，後步遠，行者必先近而後遠。」宇雖其大無窮，然人類步行所及之任何空間，則為有限者，且在人類步行所及之空間，其遠近皆為相對而非絕對者。（詳第二章）

二、論時間

經上四十條云：「久：彌異時也。」說云：「久：古今旦莫（莫，暮也）。」經下四十五條：「知而不以五路（五路，五官也），說在久。」淮南子齊俗訓：「往古來今謂之宙。」淮南子之所謂「宙」，即墨經之「久」也，皆指時間之總稱。空間，可以由「目官」而知其大，知其存在；而時間，則不能以五官覺知其存在。時間是一無限延伸之虛流，它因古今旦暮之差異變化而顯示其存在，同時亦因之而感覺到時間之無限與長久，故墨經稱時間為「久」。

經上四十四條云：「始：當（當有「前」義，說詳第一章）時也。」說云：「始：時或有久，或無久，始當無久。」時間為一無限之延伸，然而是否有開始？依墨經，時間有「始」。時間為一極端抽象之存在。人之理解與把握時間特性之方法是不自覺地將時間「度」（度量衡之「度」）化，而且將它度化為一有起端而無終點之無限延伸之直線。經及說以「無久」、「當時」釋始，實際上是以「始」

為「時線」之「起點」。（按：依數學，點者，無長廣厚，無大小而有位置者。）「時線」之起端為「時點」。此「時點」，無長廣厚，無大小長短，故「無久」。因此所謂「始」、「當時」、「無久」，實即指時線之起點。至於時線，既為線，故有長度；有長度，故「有久」。綜上言之，墨經認為時間有如一無限延伸之直線有始而無終。

經上三十三條：「且：言然也」。說：「且：自前曰且，自後曰且，方然亦且。」（且，況也。）時間為一有始無終之直線，人為便於指陳或把握其「況」，習慣上將「時線」劃分為過去——自後曰且，現在——方然曰且，未來——自前曰且。

三、時空之關係

經下十四條云：「宇：或徙，說在長宇久。」說云：「宇，徙而有處，宇，南北。在旦有（又也）在莫（暮也）宇徙，久。」經下六十三條云：「行脩以久，說在先後。」說云：「行：遠近脩也。先後久也。民行脩必以久也。」經上五十一條云：「止，以（則也）久也。」說云：「無久之（則也）不止。」以上諸條俱在說明時間與空間之關係。

時間與空間本為兩不相涉之存在。但是由於「運動」而使人發覺兩者有密切之關係。例如某物體有所動，則它必由甲空間動至乙、丙、……等不同之空間。如此，物一有所「動」，則必佔有空間之長度。同時，由甲動至乙空間，亦必佔有時間之長度，故曰：「宇：或徙，說在長宇久」「民行脩必以久也。」而且空間之脩與時間之久二者之關係成正比。以上是就「運動」以言「時間」與「空間」之關係。

如運動停止，則某物僅佔有其所止之空間之「點」，而無空間之「線」；就時間而言，因物不動，故在其所止之空間上佔有「時間之長度」。故曰：「止，以（則）久也。」反之，如某一物體在某一特定之「空間之點」不佔有「時間之線」，則表示此物體在動，故曰：「無久之（則）不止。」

綜上言之，空間與時間可因運動而發生密切關係，此其一，就某物體運動之結果言，時空與空間之長度成正比。此其二。就某物體之停止運動而言，該物體擁有時間之長度而無空間之長度。此其三。

四、宇宙之現象

(一)變與不變

經上四十五條云：「化：徵易也。」說云：「化若蛙為鶉。」此以兩棲動物之蛙變而為鳥類之鶉，以言宇宙變易之大。

經上四十九條云：「庫：易也。」說云：「庫：區穴（空穴也）若斯常貌。」兵車本當用之於戰場，而竟藏之於庫，此變易也。故曰：「庫，易也。」而虛空（區穴）則如如而不變，其貌如常。「經」言其易，而「說」言其「不易」。

大取篇：「苟是石也白，敗是石也，盡與白同。是石也，唯大，敗是石也，不與大同，是有變謂焉也。」其意是：白石毀之其色仍白；而大石毀之碎之，則不得稱為大矣。「白」為「質名」，「大」、「小」為「量名」，物之「形」變，其「質謂」不變，而「量謂」則隨之而變。此亦事物有變有不變之一例也。

(二)損與益

經上四十六條云：「損：偏去也。」說云：「損：偏也者，兼之體也。其體或去或存，謂其存者損。」經上四十七條云：「益：大也。」萬物，隨時空之變化而有損益。此亦宇宙恆常之現象也。

經下四十四條：「損而不害，說在餘。」說云：「飽者其餘，適足不害。能害飽，若傷麋之無脾也。且有損而後益者，若⿸疒虎（瘧也）病之止於⿸疒虎也。」人之常情率多好「益」惡「損」，而本條則言，過「益」可能有害，如多食糜，可能導致生病此其一。損而無害，如飽者去餘食者是，此其二。有時損不但無害抑且有益，如去除瘧疾，於身體有益，此其三。

㈢長與短

經下七十九條：「物甚不甚，說在若是。」說：「甚長，甚短——莫長於是，莫短於是。」此言物之長短乃是相對而顯，而非絕對者。必先有一物為標準，然後以他物與之相比，方能因莫短於是而顯其為甚短；莫長於是而顯其為甚長。

㈣動與止

經上五十條云：「動，或徙也。」五十一條云：「止：以久也。」經說上四十三條云：「盡：俱止動。」宇宙萬物，或止或動；不是動，便是止；不是止，便是動；「動」「止」窮盡宇宙萬物之狀態，故曰：「盡：俱止動。」

㈤有與無

經下四十八條：「無不必待有，說在所謂。」說：「無：若無焉，則有之而後無。無天陷，則無之而無。」本條言有無之關係及無之類別。其意是：「無」不必待有，方顯其前此為無。如天陷之無不必待有天陷之時，方能證明前此無天陷。此為本無今亦無之「無」。古有恐龍，今則無之，此為先有而後無之「無」。

總上言之，墨家認為宇宙是無限的，而宇宙之各種現象則是相對而有限的。

第六節　科　學

一、力學

經上二十一條云：「力：形之所以奮也。」說云：「力：重之謂，下舉重，奮也。」此條言力之定義，及「力」、「物」與「運動」之關係。力是一種「能」，而不易見，力加於物，則物動；由物之動，可顯現力之存在。故曰：「力，形之所奮也。」此與力之定義：「凡改變物形之動止狀態者，皆謂之力。」正相合。凡物皆有重量，若不對之施力，則物必靜止於原地而不動；若施力於物，則物必因力之作用，而有「運動」之產生，例如加力於地上物，可使之由下而上舉是也。故施「力」是「物」「動」之因，而「物」之「動」，則為「力」之果。

經說下二十六條云：「挈，有力也；引，無力也。」按「挈者以繩繫物，人自上提之也。引者以繩縣物，物向下引之也。」（高亨說）挈之所以有力，引之所以無力者，地心引力使然也。蓋地心引力使一切物「就下」故「引」無須著力；而物之上提，因欲擺脫地心引力故須著力也。惟墨經之作者是否確知其為地心引力之作用，則不得而知也。經六十一條：「正而不可擔，說在摶。」說：「正：凡無所處而不中縣，摶也。」李漁叔釋經文云：「經文言此大圜（天體）正懸虛空而無所擔，猶言無他物為之負荷也。」又釋經說云：「至所言中懸之理，即近代力學上之所謂重心，凡無所處而不中懸者，即無所在而不得重心也。」並以為此條之義與牛頓之萬有引力義正相合。

經下五十一條云：「均之絕不，說在所均。」說云：「髮均縣（懸也）輕重而髮絕，不均也。均，其絕也莫絕。」高葆光釋本條之義云：「同樣的髮，懸掛較輕的物體，而髮斷折，就是為髮每絲所負的重量不平均的緣故。若是重量平均的話，髮不會折斷的。」

經下二十五條：「負而不撓，說在勝。」說云：「衡木加重焉，而不撓，極勝重也。右校交繩，無加焉而撓，極不勝重也。衡加重於其一旁，必捶。權，重相若也。相衡，則木短標長，兩加焉，重相若，則標必下，標得權也。」按本條解說「稱」之構造及稱棰，物重與稱上重量標誌之關係（詳見第二章，此處不贅述其詳細內容）。「稱」構造之原理與力學之槓桿原理正相合。

二、化學

經下十二條云：「合與（與，為也）一，或復否，說在拒。」其意是：兩物（或二以上之物）相混合而為一，有可還原為原來之物，有不能還原者。能還者，即化學上所謂之混合物也。凡不能還原者，為化合物。能不能還原之關鍵端視其物與物之間是否起化學作用而定。起化學作用者為化合物，不起化學作用者為混合物。

三、數學

(一)點、線、面

經上六十二條云：「端：體之無序而最前者也。」說云：「是無同也。」經上六十四條云：「閒：不及旁也。」說云：「閒：謂夾者也。尺前於區穴，而後於端，不夾於端與區內，及及非齊之，及也。」歷來諸家均以幾何學之點、線、面比附端、尺、區。亦有以體為線者。按：點之定義是：有限直線之端為點，無長廣厚，無大小，而有位置。線之定義為：面之界，有位置與長，而無廣厚。面之定義為：空間中有寬而無厚者。準此以觀，則墨經中絕無合此所謂點、線、面之定義者。

（至於端、尺、區之義，已詳第一章，不贅。）楊寬墨經哲學云：「墨經論空間，不離實物：所謂「端」、「尺」、「區」亦未嘗抽象。」楊說是。諸家之比附均不可從。

㈣圓

經上五十九條云：「圜（圜通圓）：一中同長也。」說云：「圜：規寫（畫也）交也。」說之意是：以圓規畫一圓形線，至此線與該線之起點相交，則成一圓形。經文之一中，即圓心也。蓋圓心在圓之正中處，且每一圓僅有一圓心，故稱圓心為「一中」，自圓心至圓周之任何一點，其距離均相等，故曰：「圜：一中同長也。」此與圓之定義「自中心至外邊無論何點，其距離皆同者謂之圓」完全吻合，而且言及圓心、圓周、半徑以及作圓之法，可謂言簡而意賅。

經上五十五條：「中，同長也。」說云：「中：心自是而往相若也。」，此亦言圓心至圓周之任一點為等距離。

大取篇云：「小圜之圜與大圜之圜同。」，就具體之大圓形與小圓形而言，有大小之別；而大取以為小圓與大圓同，則絕非就具體之圓形而為言，乃是就圓之共相，就圓之定義而言圓無大小之異。

㈢方

經上六十條云：「方：柱隅四讙（讙，雜也）也。」說云：「方：矩見交也。」柱，謂直線也；隅，謂角也；四直線四角所合成之圖形，謂之方也。故曰：「方，柱隅四讙也。」矩之形為「∟」，二矩相則成□形。故曰「方：矩見交也。」周髀算經云：「合矩以成方」與經說之定義正同。本條言及為「方」之法、「方」有四線四角。

㈣倍

經上六十一條云：「倍：為二也。」說：「倍：二尺與尺，佰去（去，減也）一。」此言二尺為一尺之倍，二尺減去其一尺，則餘一尺。此算術之加減法也。

㈤厚

經上五十六條云：「厚：有所大也。」說云：「厚：惟無厚無所大。」（依高校）凡立體之物皆有厚度，依厚度可以別大小。故凡物須有厚度方有「大」可言；反之，如無「厚」，則無所大矣。例如甲物與乙物長與寬相同，而甲物厚於乙物，則甲物大於乙物。故此所謂「厚」，即幾何學之「體」也。

㈥面

經上六十三條云：「有閒：中也。」說云：「有閒：謂夾之者也。」六十五條云：「纑：閒虛也。」由直線所夾而成中間空虛之處曰纑，則此纑，實即幾何學之面也。

㈦雙肯定原則

經下八十一條云：「是是與是同，說在不州（州，殊也）。」說云：「是是，則是且是焉。今是文（文，交錯重也）於是而不文於是，故是不文。是不文則是而不文焉。今是不文於是，而文於是。故文與是不文同說也。」本條之「是」即肯定之意。依數學及邏輯，負負得正——雙否定為肯定，而雙肯定則仍為肯定。故雙肯定與單一之肯定相同，故曰：「是是與是同，說在不州。」「文與是不文同說也。」墨經僅言及「是是」為「是」，惜未言及「非非」為「是」與「是非」為「非」。

四、光學

㈠影之生成與消失

經下十七條云：「景不徙，說在改為。」說云：「景：光至景亡；若在，盡古息。」此條言影與光線之關係。如光線受阻，則在光所不及之處，必形成影，而一旦光線至，則影必立刻消失。

㈡本影與副影

經下十八條云：「景二，說在重。」說云：「景：二光夾一光，一光則景也。」此條言影有本影與副影也。本影者，影之本體，其黑色特濃者也。副影者影之外邊，其黑暗特淡者也。凡影有本影與副影，故曰影二。影之所以有二，乃因其影之相重也，故曰：「說在重。」（經說之義參看第二章）。

㈢倒影

經下十九條云：「景到（到，倒也）：有午，有端與景長，說在端。」說云：「光之人煦若射，下者之人也高，高者之人也下。足敝下光，故成景於上，首敝上光，故成影於下，在遠近有端與光，故景庫內也。」本條言影倒之理也。光射於物，影成於壁。物壁之間置一大屏。屏中穿一小孔，則影映於壁，必成倒影。其所以然者，因光線相交於小孔之一點，而映出線之長也。故曰：「影倒，在午有端映影長。」倒影之映成，實繫於屏中小孔之「一點」，故曰：「說在端。」（經說之義參閱第二章）。

㈣物影在光源與物體間之理

經下二十條云：「景迎日，說在摶。」說云：「影：日之光反燭人，則景在日與人之間。」在一般情形下，物影必在物體背光之一面。此條言在某種特殊情況下，物影映現於光源及物體之中間。如取一大鏡，鏡面向上而植於地，人向日而立於鏡前。日光射於鏡上，其光反射於人，則人影見於人之前。

㈤影所以有大小之理

經下二十一條云：「景：大小，說在杝（邪也）正，遠近。」說云：「景：木杝，景短大。木正，景長小。火小於木，則景大於木，非獨小也，遠近。」本條言影之大小，決定於物體之邪正及光距之遠近，物體邪，則影大；物體正，則影小。光距近，則影小；光距遠，則影大。

㈥**凹面鏡**

經下二十三條云：「鑑位，影一小而易，一大而正，說在中之外內。」此條言凹面鏡所映物影之現象也。凹面鏡之鏡面呈弧形，故映成物影，其現象有二種：一為其影小而易（易，謂變成反形也。）一為其影大而正（正，謂仍得原形也。）（參閱第二章）

㈦**凸面鏡**

經下二十四條云：「鑑團（團，圓也）：景一大一小，而必正。說在得。」此條言凸面鏡所映物之現象也。凸面鏡之鏡面呈圓形，映成物影，其現象有二種：一為影小；一為影大。但不論其大小，其影必為正形。

五、經濟學

㈠**貨幣與物價之關係**

經下二十九條云：「買無貴，說在反其賈。」說云：「刀（刀，刀形幣也）糴相為賈。刀輕則糴不貴。刀重則糴不易。王刀無變，糴有變。歲變糴，則歲變刀。」按：本條言貨幣與物價之關係也。其意是：欲使人民購物不貴，其方法端在乎抑物價，而平抑物價須依賴於貨幣輕重之調節。（其理已詳第二章）

㈡**售物之時機**

經下三十條云：「賈宜則售，說在盡。」說云：「盡也者，盡去其所以不售也。其所以不售者去，則售，正賈也。宜不宜，正欲不欲。若敗邦鬻室嫁子。」本條以「盡去其所以不售」界定「賈宜而售」。商人惜售之理由消失，則必以為價宜而盡售其貨物矣。

第七節　論　人

一、論生命

經上二十二條：「生：形與知處也。」說云：「生：盈之，生。商（商，常也），不可必也。」此言必須「形體」與「知覺」同時並在，方有生命之存在。二者任缺其一，則生命必不存在，故「形」與「知」為生命之充要條件。此其一。生命皆是有限者，不可求其永恆不變。故曰：「常，不可必也。」此其二。

二、論夢

經上二十三條云：「臥：知無知也。」二十四條云：「夢：臥而以為然也。」夢為人生命必有之現象也。夢中人之一切知覺，墨經以為皆是虛幻而非真知。

三、論欲望

㈠喜利惡害

經上二十六條云：「利：所得而喜也。」二十七條云：「害：所得而惡也。」此言人有趨利避害之本性。

㈡欲望與理智

經上二十五條云：「平（平，正也）：知無欲惡也。」說云：「平：惔然。」七十六條云：「為：窮知而懸於欲也。」此言惡欲之情常能左右人之知覺活動而不得其正，而且會使人失去理智而妄為。

經下四十三條云：「無欲惡之為益損也。說在宜。」墨家以為「欲惡」乃人情之本然，故欲惡無所謂益，亦無所謂損。欲望如得其宜，則為「益」，如不得其宜，則必「損」。

總之，依墨家，欲望乃是生命之本然而實然，它可影響人之知覺活動，蒙蔽智慧。故人當力求恬淡，以使理智得其正，故曰：「平，惔然。」此其一。至於欲望對生命之影響則非絕對者，欲望得其宜，則不但無害，而且對生命有益，反之，如縱欲過度而不得其宜，則必有傷生命。人不可不慎於調理其欲望。此其二。

四、論恐懼

經下三十一條：「無說（說，明也）而懼，說在弗心。」說：「子在軍，不必其生，聞戰亦不必其死。前也不懼，今也懼。」本條旨在說明凡不能確知之事，不必心懷憂懼。復次，有子在軍中，為父母者多不懼，而聞戰則憂其子死，此中之懼與不懼皆不一定正確，蓋在軍中不能保證其必生，參戰亦非必死者，為「非必然」之事及未確知之事而憂懼，乃是多餘之事。總之，人不必為未確知及非必然之事而憂懼此其一。亦不可為想當然而非必然之事太過樂觀（如子在軍中以為其必生）此其二。

五、論疑與信

經下十一條：「疑：說在逢、循、遇、過。」此言疑之種類有四：凡囿於「昔」而不知「今」之

疑為「過疑」，囿於今而不知未來之疑為「逢疑」，凡非親撫而生之疑為「循疑」，凡未親見之疑為「遇疑」。（說詳第二章）

經上十四條：「信：言合於意也。」說：「不以其言為當也，使人視城得金。」此條言，信與疑之定義及如何息疑之道。凡甲方之言與乙方之意相合，則乙方必以甲方之言為可信，如不合，則乙必不信甲之言而生疑焉。如乙疑甲，則甲唯有使乙驗證其言，以息乙之疑，如甲言城上有金，乙如不信，則可令乙上城視之，如得金，則乙必息其疑而信甲之言矣。換言之，實證為息疑之方，如上述經下十一條之逢疑、循疑、遇疑、過疑皆可由實證而釋之。

六、論行爲

㈠行為之種類

經上八十六條：「為：存、亡、易、蕩、治、化。」本條言人之行為有存、亡、易、蕩、治、化等六類。凡某行為已告結束，而其所為之事仍能留存下來，如人築亭臺之事已畢，而所築之物能久存於人世，此之謂「為存」。治病亦人之行為，旨在去病，使人亡病，此之謂「為亡」。人從事貿易，以有易無此之謂「為易」。人之行為有旨在去除某事物，使之蕩然無存者，此之謂「為蕩」。為政者，順民之意以行事，其目的旨在求治，此之謂「為治」。人之行為有旨在使所為之事物有所變化，此之謂「為化」。以上所言「為」之類別，完全是以「為」之「目的」為標準而作之分類也。人之目的本極繁多，本條僅略舉數端以示「為」之種類繁多。

㈡論然諾

經上九十四條依高亨之校詮，認為諾有九種。口諾之，而心未諾之此為「詒諾」。口諾，心亦諾謂之「誠諾」。否定之諾曰「負諾」，肯定之諾為「正諾」。彼之所言，我願從之而云諾，此「相從之諾」也。彼之所言，與我意相合，而云諾也，此為「相合之諾」也。彼之所言，我先知之而云諾也，此為「先知之諾」。彼之所言，我以為是，而云諾，此「是之諾」也。彼之所言，我以為可，而云諾，此「可之諾」也。

經說上九十九條：「若聖人有非而不非，正五諾。人皆於知，有說，過五諾。」本條旨在說明：聖人為眾人所仰望週知，如有所應諾，必須遵行其諾言，雖其諾言不當，亦不可矯作說詞以違諾。墨家組織嚴密，急功好義，為我游俠之濫觴，故特重然諾也。

(三)論令與受令

經上十八條：「令：不為所作也。」說：「所令，非身弗行。」此言，發令者但須下達命令即可，自身不必為所令之事。反之，受令者則非躬身依令行事不可。墨家巨子之於墨徒有生殺予奪之權，而墨徒則「以巨子為聖人，皆願為之尸」，（莊子天下篇語）故特重服從命令。墨經特為「令」與「受令」下定義如上，以便墨徒遵行。

經上七十八條：「使：謂（謂，使也，告語也。）故（故，使為之也）。」說：「使：令（告也，禁也），謂也，不必成。濕（濕，生也，成也。）故也，必待所為之成也。」本條言墨徒受令後之反應不外謂、故二種方式。如下令者禁止受令者，不可有所為，則受令者但須「不為」即可而不必求有所「成」也。反之，下令者如命受令者有所為，則受令者須俟有所成，方為完成使命。據此，受令者受命後之反應方式雖有所不同，然其須絕對服從命令，達成命令則一也。

(四)論成事之道

墨子法儀篇：「子墨子曰：天下從事者，不可以無法儀，無法儀而其事能成者，無有也。雖至士之為將相者，皆有法，雖至百工從事者，亦皆有法。百工為方以矩，為圓以規，直以繩，正以縣，（衡以水），無巧工不巧工，皆以此五者為法。巧者能中之，不巧者，雖不能中，放（放，仿也）依以從事，猶逾（逾，勝也）已。」其意是：人依「法」而行事，則事能成，否則不能成事。經上第七十一條「法：所若（若，順也，循也）而然（然，成也）也。」說：「意、規、圓三者俱，可以為法。」經上七十二條：「佴（佴，次也，止也）：所然也。」說：「佴：然也者，民若（若，順也）法也。」皆與法儀篇之意相合。唯七十一條旨在為「法」下定義，而七十二條則在強調人須依「法」以行事方能成事。（說詳第一章）

經上九十六條：「法同則觀其同，巧轉（轉即「不巧」，說詳第一章）則求其故，大益。」說：「法取同，觀巧轉。」此言如依同一「法」以行事，而其結果有巧、不巧之別，則當探求其何以有此差別之故，以求改進，則於今後之行事必大有裨益。

經上九十七條：「法異，則觀其宜。」說：「法：取此擇彼，問故觀宜。」此言，吾人所依以行事之法，非僅一法時，則吾人對之應有所選擇，而選擇之道乃在於觀各「法」所可能造成之後果如何，然後選擇一最適宜之「法」以作為行事之準據。

經下六十八條：「唱和同患，說在功。」說：「唱而不和，是不學也；智少而不學，功必寡。和而不唱，是不教也；智多而不教，功適息。」按前數條言個人之行事須依「法」以行，方能有所成，而本條則言，與他人合作行事時，須「教」與「學」，「唱」與「和」並重，方能收事半功倍之效，否則徒唱（教）而不和（學）或徒和（學）而不唱（教），則必事倍而功半也。

經上七十七條：「已：成，亡。」說：「已：為衣，成也；治病，亡也。」此言事情「成功」之狀態有二，如人為衣，須其所為之衣成，方為竟事，而人之治病，則以病之去為竟功。前者以有所成，為竟功，而後者則以有所去除為竣事。

㈤論權變之道

經上八十五條：「權：欲之，權利；惡之，權害。」說：「權者兩而勿偏。」按：人之常情，「欲」利而「惡」害，唯在欲、惡之際，則須權衡其欲、惡是否真能得利而避害，以免有所偏失。

大取篇：「於所體之中，而權其輕重之謂權。權，非為是也，非為非也。權，正也（正，當也）。斷指以存掔，利之中取大，害之中取小也。害之中取小也，非取害也，取利也。」「不可正而正之，利之中取大，非不得已也；害之中取小，不得已也。於所未有而取焉，是利之中取大也；於所既有而棄焉，是害之中取小也。」經上、八十五條言利、害臨身時，人當對之有所「權」，而大取則進一步為「權」下定義，並指出「權」之原則。所謂「權」與「是非」無關，而是扣緊「利害」而權其輕重得失之意。權本有「變」義，然「權變」之中卻有其定則存焉，此即「利之中取大，害之中取小也。」能如此取，則人之「求利避害」必能得當。

大取：「斷指與斷腕，利於天下，相若無擇也；死生利若，一無擇也。殺一人以存天下，非殺一人以利天下也；殺己以存天下，是殺己以利天下。於事為之中，而權輕重之謂求。」本條言「求」與「權」之別。人在權衡輕重時，其對象如為「自身」（所體）則為「權」；如為客觀而外在之「事為」則為「求」。人在為天下人有所「求」時，只求天下人能得利而避害，為達成此目的，個人之利害可以不必計。例如斷指與斷腕皆能有利於天下，則人當求有利於人，而不必於斷指與斷腕間作權衡選擇。「求」之精神在此。墨家之精神亦在此。

第六章　墨家與名家之關係

一、

西漢司馬談論六家要旨一文將先秦諸子分為：陰陽、儒、墨、法、名、道等六家，東漢班固漢書藝文志則更細分為：儒、道、陰陽、法、名、墨、縱橫、雜、農及小說等十家，並詳列各家著作。其所列名家著作共有鄧析子二篇、尹文子一篇、公孫龍子十四篇、成公生五篇、惠子一篇、黃公四篇、毛公九篇，計七家三十六篇。依此，惠施、公孫龍之為名家及名家與墨家為截然不同之兩學派自無問題。先秦傳世之著錄書計有：莊子天下篇、尸子廣澤篇、荀子非十二子篇、天論篇、解蔽篇、韓非子顯學篇、呂氏春秋不二篇。以上各書雖然對先秦諸子沒有賦予家別流派之名稱，但是其分別對諸子之學所作之評述，實已開司馬談、班固將諸子分「家」之先河。

天下篇所列諸子計六家十一人：一、墨翟、禽滑釐（並附及相里勤、五侯、苦獲、己齒、鄧陵子）；二、宋鈃、尹文；三、彭蒙、田駢、慎到；四、關尹、老聃；五、莊周；六、惠施（附及公孫龍、桓團）。據此，墨翟與惠施、公孫龍顯然不屬於同一學派。而荀子所非之十二子計分為六組，墨翟與宋鈃一組，而惠施與公孫龍為另外一組。解蔽篇所論惠施與墨子之蔽亦復不同。天論篇、廣澤篇及不二篇所論諸子皆有墨子而不及惠施公孫龍。顯學篇所列墨子死後，墨家所分成之三派亦無名家公孫龍惠施之名。此外莊子徐無鬼云：「莊子語惠施曰：然則儒、墨、楊、秉四與夫子為五，果孰是耶？惠子曰：令夫儒、墨、楊、秉且方與我以辯，相拂以辭，相鎮以聲，而未始吾非也，則奚若矣？」據此，除莊子外，當時重要學派有五，而墨家及惠施各居其一。復次，惠施不但不與墨家同派，而且以墨家為其相辯論之對手。

根據以上先秦及兩漢之文獻，可以得出如下之結論：

一、名、墨二家並立，楚河漢界，彼此界線分明，絕不相混。

二、惠施、公孫龍為名家巨擘，且與墨家毫無牽連。

三、墨家之支派有三，但公孫龍及惠施均不列名其中之任何一派。

總而言之，自先秦至兩漢，墨自為墨，名自為名，公孫龍及惠施之為名家且與墨家毫無淵源，已成公論而無異議。但是到了晉朝魯勝「墨子著書，作辯經，以立名本。惠施、公孫龍祖述其學，以正刑名顯於世」之說起，遂開啟了清朝中葉以後名墨訾應之說，因而有泯滅混同名墨界線之勢。名墨訾應之說，要而言之，可分為兩派，一為主張名家出於墨家，一為主張先有名家而後有墨辯之說。底下擬將兩派之說分別列出，然後評論其得失，以明名墨之關係。

二、

晉書魯勝傳引勝墨辯注敘云：

> 墨子著書，作辯經，以立名本。惠施、公孫龍祖述其學，以正刑名顯於世。……墨辯有上下經，經各有說，凡四篇。

案：魯勝以經上下、經說上下四篇合稱墨辯，並斷為墨子自著，且為名家惠施、公孫龍思想之所自出。

張惠言書墨子經說解後云：

> 觀墨子之書，經說，大小取、盡同異堅白之術。蓋縱橫、名、法家、惠施、公孫、申、韓之屬皆出焉。

案：張惠言顯然是沿襲魯勝之說，不過他比魯勝多了兩點意見：一、他於墨辯四篇外，加上大取小取兩篇作為名家思想之來源。二、名家所以出於墨家之理由在於：經上下、經說上下及大小取「盡同異堅白之術」，而「同異堅白」正是名家之主要學說，換言之，張惠言是以兩家所討論之題材之雷同而斷言名出於墨。

汪中墨子序：

> 公孫龍為平原君客，當趙惠文、孝成二王之世，始治墨經。

案：汪中既言公孫龍治墨經，顯然認為「名出於墨」。但是公孫龍治墨經之根據何在則未明言。

陳澧東塾讀書記諸子：

> 畢秋帆云：「經上下，經說上下四篇，有似堅白異同之辯。」

澧案：大取篇云：「非白馬焉，執駒焉如求之舞，說非也。」又云：「苟是石焉，白敗是石也，盡與白同是石焉。」小取篇云：「白馬，馬也；乘白馬，乘馬也。驪馬，馬也；乘驪馬，乘馬也。盜人，人也；多盜非多人也；無盜，非無人也。愛盜，非愛人也；不愛盜，非不愛人也。」澧案：此與公孫之說相似，公孫龍之學，出於墨氏。然墨子言「白馬，馬也」。公孫龍則云：「白馬，非馬」。其說云：「求馬，黃黑馬皆可致；求白馬，黃墨馬不可致。故曰：白馬非馬。」又云：「堅白石三，可乎？曰不可。視不得其所堅，拊不得其所白。且猶白以火見，而火不見，則火與目不見而神見。堅以手，而手以捶，是捶與手知而不知，而神與不知，神乎？是之謂離焉。」皆較墨子之說更轉而求深，皆由於正言若反而加以變幻。然其末篇（案：指公孫龍子名實論）則云：「古之明王，審其名實，慎其所謂。」其大旨不過如是，何必變幻乎？

案：蘭甫之意歸納起來有四點：一、公孫龍之主要學說白馬論、堅白論出於大、小取。二、顯然他認為大、小取成書在先，而公孫龍則據大小取之意加以「轉幻」，故主張「公孫龍之學，出於墨氏」。三、將小取篇「白馬，馬也。……」斷為「墨子言」，顯然是認為大、小取為墨子之作。四、雖然他沒有提到經及經說的作者是誰，但是他既以大小取為「墨子言」，則經及經說之為「墨子言」自不在話下。

孫詒讓墨子閒詁經上第四十云：

> 畢（沅）云此翟自著，故號曰經，中亦無子墨子曰云云。……案以下四篇（案：指經上下及經說上下）皆名家言，……其堅白同異之辯，則與公孫龍書及莊子天下篇所述惠施之言相出入。……似戰國之時，墨家別傳之學，不盡墨子之本指，畢謂翟所自著，考之未審。

又其籀膏述林卷十與梁卓如論墨子書云：

墨經揭舉精理，引而不發，為周名家言之宗。而惠施、公孫龍竊其緒餘，迺流於儇詭口給，別成流派，非墨子之本意也。

案：孫氏之說約而言之有兩點：一、經及經說絕非墨子自著，而是戰國「墨家別傳之學」。二、名家之學說出於墨經。其理由是：兩家之言相出入，而墨經之詞約理精，惠施公孫龍則是據此「引而不發」之「精理」，衍為怪說而「流於儇詭口給」。

又案：前引兩節文字關於墨經作者問題，顯然有自相矛盾之處。前者以經上下及經說上下四篇為名家言，且出於戰國墨家別傳之學。而後者則以「墨經」為「周名家言之宗」。「墨經」怎麼能既是「名家言」而又為「名家言之宗」？這是孫氏之不察。

梁啟超墨子學案附錄云：

惠施、公孫龍皆所謂名家者流也，而其學實出於墨。墨經言名學過半，而施、龍辯辭，亦多與經出入。公孫龍亦嘗勸燕昭王偃兵，可見皆宗墨學。

又其讀墨經餘記云：

經上下、經說上下、大取、小取六篇，雖皆多言名學而性質各異，不容併為一談。大取、小取既不名經，自是後世墨者所記。……經分上下兩篇，文例不同。經上必為墨子自著無疑；經下或墨子自著，或禽滑釐、孟勝諸賢補續，未敢懸斷。至經說與經之關係，則略出公羊傳之於春秋。經說固大半傳述墨子口說……非墨子手著。……經說則決非出自一人，且並未必出自一時代。

墨經與惠施、公孫龍一派學說之關係，最當明辨。施龍輩確為「別墨」，其學說確從墨經衍出，無可疑也。蓋施龍輩所祖述者，不過墨經中一小部分，而其說之內容又頗與經異也。

案：梁氏之說值得一提的有二：一、施、龍之祖述墨家有二，一是祖述墨經中之「名學」，一是祖述墨子之「非攻」。二、把經上、經下、經說之作者分屬不同人之手，且不成於一個時代。

胡適之中國古代哲學史：

今本墨子裏的經上下、經說上下、大取、小取六篇是這些別墨作的。……這六篇中討論的問題，全是惠施、公孫龍時代的哲學家爭論最烈的問題，如堅白之辨同異之論之類；還有莊子天下篇所舉惠施和公孫龍等人的議論，幾乎沒有一條不在這六篇之中討論過的。又如今世所傳公孫龍子一書的堅白、通變、名實三篇，不但材料都在經上下，經說上下四篇之中，並且許多字句文章都和這四篇相同，於此可見墨辯諸篇若不是惠施、公孫龍作的，一定是他們同時的人作的。

案：名家之學說與墨辯（胡適墨辯與別墨云：「晉人有個魯勝，曾替經上下、經說上下四篇作注，名為墨辯注，我如今用他的名詞，統稱這六篇（案：指經上下、經說上下及大小取）為墨辯。」茲從之）雷同是一事實。張惠言、汪中、陳澧、孫詒讓、梁啟超等人乃根據此一事實斷定名家之學出於墨家，而胡適則不但據此一事實遷謂墨辯可能出於施、龍之手，而且乾脆把施、龍列入墨家（胡適曾謂公孫龍「終是墨家一派」，且以惠施、公孫龍及別墨之「詭辯」為墨學急速衰亡之三大原因之一。詳見其中國哲學史第八篇五、六兩章）。此說論者頗表不贊同，駁之者夥。

黃建中墨子書分經、辯、論三部考辨云：

> 墨經（經上下、經說上下）者翟所自著，而無「子墨子」及「墨者」（案：小取篇兩稱「墨者」）之稱者也。……而又以經名，其為翟所自著，殆無疑義。……至其（墨經）堅白之辨，同異之論，固往往與公孫龍書及莊子所述惠施之言相出入，此則惠施、公孫龍取諸墨經，非必上下經說作於惠施、公孫龍時也。……墨辯（案：指大小取二篇）者，翟之門人所演述而有「子墨子」及「墨者」之稱者也。

案：黃文旨在駁胡適墨辯出於施龍之說，而與前舉諸家同主名出於墨之論。且以經及經說為墨翟自著，大小取為翟之門人所述。如此劃分的理由是：前者無「子墨子」及「墨者」之稱且以經為名，而後者則無此現象。

又案：張煊墨子經說作者考一文駁胡適之說甚詳，其結論為：「墨經者，殆翟所作以教後生者也。說之作，蓋略後於經，殆為弟子講解時隨時所錄，故補經不逮處甚眾。」

景昌極名家公孫龍子之唯象主義論別墨與名家云：

> 以余觀之，別墨者，名家之前驅，而異夫後之名家者也。曷以言別墨者，名家之驅也？一者，名家之態度，別墨實或起之，……二者，名家問題，別墨實或起之。……曷以言別墨異夫後來之名家也？一者，其（案：指名家與墨辯之說）同者少而不同者多，其同者小而其不同者大。……

且墨辯之字句，與公孫龍子「或曰」下之字句，多有相同者，尤足見其徵引駁詰之迹，亦可知其說之大體相異矣。二者，別墨與名家斷非一派，可即於莊子天下篇之析別墨與惠施、桓團、公孫龍等二段而知之。惠施、鄧析、皆不顧道德，尤非墨家所宜有，信若墨辯為公孫龍等所作者，則公孫龍又何必別自著書乎？故曰：別墨者，名家之前驅，而異乎後之名家者也。

案：景氏亦在駁墨辯出於公孫龍之說。他對於名墨二家關係的結論是：「別墨者，名家之前驅，而異乎後之名家者也。」這種論斷較諸前引各家之說具體而確定。前引諸家，多就名墨內容之同而言名墨關係，而景氏除了名墨之同外，且能就二家之異以言名墨關係。此外，楊壽籛亦能就名墨之異而言二家之關係。

楊壽籛墨子釋義：

顧世之論者，或謂公孫之旨同於墨氏，是有誤也。如近代孫詒讓氏，作墨子閒詁，於經、經說上下諸篇，關乎辭句，有與公孫論相似者，未深辯究，遂引公孫之文證之，而謂塙詁。孫君序云：「經說上下篇，與莊周所述惠施之論。及公孫龍書相出入，似原出墨子，而諸鉅子以其說綴益之。」是直納公孫龍於別墨之倫矣。厥議一唱，和者繼起，幾成定論，公孫之真相全失，斯則余之所未敢緘默者也。夫公孫與墨之淵源，無可考見，或者以其生於墨後，當亦曾受墨說之濡染以引其趣，則夫學之成也，謂得助力於墨，斯或可矣。然得其助力，不必遂受其範圍，蓋公孫之學，視墨則已大進，其說不特不可綴益於墨，以余所見，乃在在有以非墨者，堅白論一篇，其最著者也。

案：楊氏之論，可歸成兩點：一是由時間之先後及兩家題材之「同」而斷定：名家之學乃由墨家所引發，受到墨家之助力甚大。一是就名墨二家思想之內容之差異斷定名墨界線之不可相混。

鄧雲昭墨經正文解義別墨考曰：

> 別墨者，同而異，異而同者也。或得墨之一端，而未竟其全體；或據墨之近似，而轉失其本真，間曾考之，固有見於當時者，亦有尚存於後世者，是可得而言焉。……惠施、桓團、公孫龍即其人者，然亦不過得墨辯才之一端耳。顧其說則又與墨相左，……龍始學於墨，繼又別於墨而欲以相高，而顧竊墨微眇之言以文其書，而復正用其言，反用其意。……禽滑釐學於子夏，是出儒而入於墨者也；龍又出墨而入於名者也。

案：鄧氏之說亦可歸於「名出於墨」一類，不過他對公孫龍頗不欣賞，不但把惠施、桓團、公孫龍等名家學說小看為「得墨辯才之一端耳」，而且還大罵公孫龍為「名家之蟊賊，墨氏之叛臣。」（同上引）其實，公孫龍之是否出於墨家，尚是一個問題，而且公孫龍之學自有其價值，何可隨意惡言詆毀。

王琯公孫龍懸解敍錄：

> 公孫學派，出自何宗，此最當明辨，……胡梁諸子，以施龍學出墨氏，謂其造論資料文句多與經同，是為佐證。章氏（案：指章行嚴）則以名墨兩宗同論之事，其義莫不相反，申明彼此訾應異流之趣。以余所見，施、龍立論，誠多與墨相反，然惟其如此，乃愈證施、龍為墨家者流。公孫誦經係於方法方面，傳其論辯之術，於義理方面則或背而不遵。嗚呼！所謂倍譎者在是，

所謂私淑者亦在是也。雖然，公孫龍而果出於墨者，其在墨門之中，居何地位，是當明瞭墨學傳受之派別。關於此節，任公論之最審。其言曰：「墨子之所以教者，曰愛與智。天志，尚同、兼愛諸篇，墨子言之，而弟子述之者，什九皆教愛之言也。經上下兩篇，半出墨子自著，南北墨者俱誦之，或誦所聞，或參己見，以為經說，則教智之言也。」（墨經校釋序）當就任公之說，分墨子為兩宗：一屬於教愛者，為墨子之倫理學；一屬教智者，為墨子之辨證學。……得其倫理一派，多演為實踐家，如孟勝，禽滑釐諸人是也；得其辨證一派，多演為名理學，如三墨，惠施諸人是也。正類孔門之中，顏氏傳詩，孟氏傳書。大乘教下，龍樹明性，無著明相。皆同源而異流者也。公孫後墨子一百數十餘歲（略據梁任公先秦政治思想史人物年代表）雖以晚出，未獲親炙，但既誦習墨經，而傳其籀理方法，應為辨證一派，所不可掩者，惟曾勸燕昭王趙惠王偃兵，亦以受墨子非攻主義之影響，近於倫理一派。但置之公孫學說全部，仍當認為末耑。

案：王氏之結論與胡適相同——將惠施、公孫龍列入墨家。不過兩人之推論過程則異，如他們的結論能成立，則王氏之說要比胡適為詳實而可靠。

楊寬墨經哲學：

所謂堅白之辯，蓋墨家倡道「盈堅白」之宇宙論，窮百家之辯者乃以「堅白離」之說破之（莊子及公孫龍）而墨家更辯護之。……魯勝、孫詒讓、胡適混同名墨兩家，其說固非；章行嚴以墨家辯難名家，似亦賓主顛倒也。所謂同異之辨，當亦由墨家嚴分同異之別，辯者乃以「合同異」之說破之，而墨者更辯護之也。

經上「堅白」「同異」之辭，其旨在立不在破，不與經下同，遂惚然悟上下兩經，非可一概而論。經上命名舉實，文皆界說，其於宇宙人生以及名實之理，無不通條連貫，絕非後墨之辯辭，更非名家怪說，蓋墨家要旨之所在，固後墨所俱誦者也。經下文皆辯說，固後墨與他家辯難而作。疑同出於後墨者，惑於皆有「堅白」、「同異」之辭，而不辯其義也；疑皆為墨子自著者，惑於同名而不察其實也。兩篇旨趣不同，辭亦大異，當分別觀之。墨子欲善之益多，述作不偏廢（耕柱篇）墨經為墨子自著，亦理或然也。

案：楊氏之見解，比之前舉數家之說要深入得多。他能於名墨之同中見出其異，而分出名墨之界線，因而不贊同胡適等人將名家併入墨家之說。同時又自「立」與「破」的觀點斷定墨辯之作早於公孫龍與惠施，因而否定章行嚴（章氏之說詳下節）之說。而其最後的結論是：墨子著經上，為名墨訾應之發端；而名家之說則在破墨子之說；後墨則造經下及經說等再破名家之說而維護墨子之說。如套上辨證法之正、反、合，則墨子（經上）為正，施、龍之說為反，而後墨為合。

錢穆諸子繫年考辨曰：

龍之說燕昭、趙惠文兩君，皆以偃兵兼愛，蓋亦治墨學之餘緒，而文以妙辨，故乃與惠施齊名。

又其公孫龍傳略四云：

龍著書十四篇，至唐時而殘，今存白馬、指物、通變、堅白、名實凡五篇。篇首有跡府一篇疑非原書也。其論似惠施，與墨經相出入，蓋亦源自兼愛之旨，為墨學旁枝。

案：前引諸家大多自同異堅白之辯以言名墨之關係，而錢氏除了自公孫龍之「與墨經相出入」外，兼從兼愛非攻主張公孫龍為墨學旁枝。

李漁叔墨辯新注所附墨經真偽考曰：

> 公孫龍的堅白論，不僅與墨經主旨截然不同，而且完全站在敵對的立場，刺取墨經的論點，作為駁斥的對象、孫詒讓氏懷疑墨經皆名家言，梁啟超氏謂殆即龍之徒所為說，都適得其反。我們應知龍之於墨，有兩個特點，即是㈠舉辭對駁。㈡辭同義殊。甚麼是舉辭對駁呢？就是取墨經之辭，給予反駁。……甚麼是辭同義殊呢？就是表面上用墨經的辭句，而內容全異。最後歸結到墨經作者的問題，……我的意思是：墨經上下四篇，當為墨子自著，或至少亦係門弟子親承講授者所紀錄而成。是墨家的應當還給墨家，這是我草成本文後，急於想要說的一句話。

案：李文甚長，甚主旨在駁斥孫詒讓、胡適、梁啟超三人之說——墨經非墨子所作。關於墨經的作者問題，他斷言為墨子自著；至於名墨的關係他認為：公孫龍惠施「掠取墨經」，而又反對墨經。

三、

關於名墨訾應的問題，多數人都是認為「名出於墨而又反對墨」。換言之，即墨經之作在先，而名家學說在後。首先對此種看法提出相反而有力的見解的當推章行嚴。他在東方雜誌先後發表過名墨訾應論（二十卷二十一號）與名墨訾應考（二十一號紀念號）二文，力主先有名家之說而後有墨辯。與章氏之見解相同的有馮友蘭、羅根澤、方授楚、徐復觀等。茲將他們的意見分別列述於後。

章行嚴名墨訾應論：

墨義之不齊一，章章甚明。然有三事焉，不能明白具答，墨學將永無眉目。墨家相訾應之實云何？一也。墨經為何人所作？二也。惠施公孫龍輩是否祖述墨學？三也。第三事自魯勝以來，各家從無異詞；第二事人言人殊；第一事則迄無人論及。愚意從久成定論之第三事起著手翻案，此而有當，餘二事乃迎刃而解矣。

荀子解蔽篇云：「墨子蔽於用而不知文，……惠子蔽於辭而不知實。」墨惠並舉，名迹之大，幾於相等；而其所蔽，性又相反，彷若各出所長，相齮齕焉。此而謂惠出於墨，苟非惠之生年卒月，略後於墨，將與言墨出於惠，同為無義，證一。

韓非子顯學篇云：「自墨子之死也，有相里氏之墨，有相夫氏之墨，有鄧陵氏之墨。」前引天下篇謂「相里勤之弟子、五侯之徒、南方之墨者苦獲、己齒、鄧陵子之屬，俱誦墨經。」相里、鄧陵兩派，兩書同載。若苦獲、己齒，與相夫氏之墨同出一系，則兩家所紀盡同。似墨學源流，當時共見，初無隱匿。焉有墨家鉅子如惠施公孫龍，所就遠出相里諸墨之上者，轉致漏列之理？證二。

漢書藝文志詳載九流所出：謂名家者流，出於禮官；墨家者流，則出於清廟之守；流別判然不同。惠施公孫龍俱列名家為大師，焉有同時跨入墨家之道？或曰：茲所謂墨家，乃指科學之墨；非宗教之墨也（案：科學、宗教之墨之分，為胡適之說）。藝文志記墨家所長，不外貴儉、兼愛、右鬼、非命諸義，此中應有餘地，可容施龍輩追隨其後，專習墨辯一部。不知墨子言教言學，理原一貫，歧而二之，乃不知墨者之所談也。施龍果為墨者，斷不至有舍教言學之事，證三。

或又曰，不然。惠子所樹名義，為天下篇所載者，俱一一見於墨經，苟非同一淵源，焉得如是巧合？……以愚闇陋所及，墨惠兩家凡所同論之事，其義若不相反；……且細繹兩家之辭意，似惠子諸義先立，而墨家攻之，……以如此互為冰炭之兩宗併為一談，謂此是一是二，夫亦可謂不思之甚者矣。

由右之說，惠施之不為正墨，蓋無疑義。然則如魯勝言，以惠施為別墨，何如？既為別墨，則固無取樹義悉與墨家同也。孫詒讓曰：「據莊子所言，似戰國時墨家別傳之學，不盡墨子之本恉。」孫氏門墻以外，其於「墨子之本恉」將不僢馳若是之遠也。謂為別墨，亦無有是處……準此以談，惠施與墨家俱有事於名，特施為譥者，而墨非譥，其中鴻溝甚大。援名入墨，謂施輩祖墨，與援墨入名，謂墨家亦可號曰名家，皆為不當。名之所以為名，與墨之所以為墨，固較然有不可混同者在也。

然則墨經為何人所作者乎？適之疑為施龍手筆，固是不智，而又疑為施龍同時人所撰，則不中不遠。以愚推之，墨子自著之辯經久已亡絕。辯經中巍然自立之定義，使其層累成為一科，不合與人角智之性者，必較今存之六篇為多且詳。以施龍之出，後於墨子，墨子固不得如預言者流，知某時將有譥者某某求勝於彼，而先設駁義若干條以為之備也。其後墨者傳經，節節遇有名家者流，相與詰難，因釋經以拒之。而後起諸問，經中焉能備載。其徒勢不得不各以己所崇信，詮解師說。詮解不同，而派別以起，此乃天下篇所謂俱誦墨經，而倍譎不同者也。今之六篇，殆墨家弟子之所撰述。惟其為相里勤與五侯之徒乎？抑南方之墨者苦獲己齒鄧陵子之屬乎？俱無可考。要之，此與其徒俱誦之墨經，迥乎不同，而為其徒之一派；半述半刱，以抗禦名家之辯者如施龍輩焉，則愚所自信為千慮一得，無可置疑者也。梁任公謂「經上必為墨子自著，經下或墨子自著，或禽滑釐，孟勝諸賢補續，未敢懸斷。」其論據則「墨經非施龍時代之產物，而實為墨子時代之產物。」由愚看來，正得其反。經中有曰：「謂辯無勝」有曰：「以言為盡誖」。辯無勝與言為盡誖諸說，固施龍時代詭辯之精神，墨子當年應未聞也。孫氏所指堅白異同之辯，經與施龍之言相出入者，猶迹象已。復次，墨家呰應之狀，果何如乎？夫墨子之徒，以說經不同而生倍譎，諸墨詞旨，至為繳繞更可想。今所存六篇，為墨家一派之所述作，雖曰凡與名家駁辯，及諸墨相為齟齬之論，應即俱寓於中，而株守本書求之，義無從見。其與名家駁辯之詞，約略可考，以名家言有存於他書者故。墨家餘派之作，既不可得，則其相應相呰之情，亦難忘言。今所得言：惟某氏之墨自號為正墨者，所以與名家呰應諸義而已。

案：章氏自惠施是否祖述墨家、墨經作者、三墨相呰應之實等三個子題來討論名墨二家之關係。一反自魯勝以來，名家出於墨家之說其所列論據大多確切有力，足可採信。

馮友蘭中國哲學史：

墨子書中經及經說等編，乃戰國後期墨者所作。戰國後期遊學之風極盛，誦習簡編，求簡練易記，所以各家作「經」。墨家有墨經，荀子中引有道經，韓非子中有內外儲說之經。若戰國前期，則尚無此體裁之著作也（顧頡剛先生說，見古史辨第一冊上編頁五六）。……墨子書中如大取小取編皆為據題抒論之著述體裁，亦非墨子時代所有也。

案：上節所引諸家中，多以「稱經」以定墨經為墨子自著。馮氏則針對此說而駁之，其理由是

「經」之產生在戰國後期，而非戰國前期之作品。故墨經不可能出於墨子之手。馮氏又云：且經、經說及大取小取等篇中所說，「堅白同異」、「牛馬非牛」等辨論，皆以後所有，故孟子雖好辯，而對於此等問題，皆毫未談及也。由此諸方面觀察；可知此六編為戰國後期之作品矣。

案：此就墨辯內容所接觸之問題，以斷定其為戰國晚期之作品。

馮氏又云：

墨經之作，亦辯者之學之反動。蓋辯者所持之論皆與吾人之常識違反。儒墨之學，皆注重實用，對於宇宙之見解，多根據常識。見辯者之「然不然，可不可」皆以為「怪說畸辭」而競起駁之。然辯者立論，皆有名理的根據，故駁之者之立論，亦須根據名理。所以墨者有墨經，儒家有荀子之正名篇，皆擁護常識，駁辯者之說。儒墨不同，而對於反辯者則立於同一觀點。蓋儒墨乃從感覺之觀點以解釋宇宙；而辯者則從理智之觀點以解釋宇宙也。在另一方面，儒墨俱受辯者之影響，故於發揮其自己學說之時，立論亦均較前精確；壁壘均較前森嚴。試以本章所論墨子六篇，與墨子中之他篇比。以荀子與論語孟子比便可見矣。

案：此段是就學術發展之趨勢及儒墨學術之本質，推斷墨辯之晚出。又案：馮、嚴二家之說，其推論之出發點及過程雖然不同，而其結論則一——墨經出於戰國後期之墨者，而非墨子自著，且名家學說早於墨辯而先在。

方授楚墨學源流：

墨經吾頗疑其如佛教經典結集，乃開會以決定之者。此必禽滑釐、孟勝、田襄子諸鉅子碩學，以多數人之力量隨時決定而頒佈之者，係用集體主義之精神所成，故不能指為誰某所作。墨經雖未直接與施辯，然與施同異之辯，實有如此之迥殊也。……龍以堅白不相盈而相外，墨經駁之。……凡此所述，皆墨者批駁惠施、公孫龍諸辯者之語也。

案：方氏之意有二：一、墨經作者，他認為非墨子自著，而是墨徒之集體創作。二、就內容之性質言，墨辯為批駁名家之語。此與章、馮之意合。

羅根澤諸子考索墨子探原第五節云：

今案六篇（案：指經上下、經說上下、大小取）每駁施、龍、莊、鄒諸人之說。㈠駁白馬非馬。公孫子龍有白馬篇，言白馬非馬。……可見白馬非馬，創自公孫龍，前此無有也。小取篇則曰：「白馬，馬也；……」顯係針對白馬非馬之說而發。㈡駁離堅白。公孫龍子又有堅白篇，言堅白相離不相盈。經上則曰：「堅白，不相外也。」經說下釋曰：「堅：異處不相盈，相非，是相外也。」……公孫龍謂堅白相離不相盈，此謂異處始相離不相盈，同處則相盈不相離，其反駁龍說，毫無疑義。不惟經上及經說上，駁之，經下及經說下亦駁之。……㈢駁合同異。……同異本有分別，而分別同異之言論必在有人混合同異之後；因無人混合同異，則分別同異之言論，無其作用，不能產生也。㈣駁無窮有窮。……惠施所以釋「南方無窮而有窮者」，不可考，如謂無窮有窮無分，則經上乃駁其說；如謂無窮而實有窮，則經下參用其義。無論駁其說，或用其義，皆必在其後也。㈤駁狗非犬。莊子天下篇辯者之言曰：「狗非犬。」……墨者重視社會常識之功效，故謂狗犬也。「狗非犬」之說不出，「狗犬也」之說不發，故謂「狗犬也」必後於「狗非犬」。㈥駁火不熱。天下篇引辯者又曰：「火不熱」。經下則曰：「火熱，說在頓。」經說下釋曰：「火：謂熱也，非以火之熱我有，若視日。」蓋辯者所以謂「火不熱」者，「以火之熱我有也」，則經及說之謂「火熱」，「非以火之熱我有」者駁辯者之說也。(七)駁取捶餘半。（略）(八)駁辯勝無常。（略）(九)駁仁內義外。（略）(十)駁五德終始。（略）從作用而言，墨子中此六篇，與荀子正名篇有相通者，皆擁護常識而予常識以理論者也。……荀子與公孫龍皆主正名，公孫龍所正者為社會習用之名，荀子所正者為惠施、公孫龍等所淆亂之名。公孫龍從名之純理立論，謂名以符實，故由實以正名；荀子從名之作立論，謂名以指實，故由名以喻實。……墨子此六篇雖未言及正名，然論名之言甚多，駁他家之言亦多，固主正名者也。其正名與荀子相近，與公孫龍相反。

從其稱墨者觀之，應在墨家有相當歷史之後；從其破人說觀之，應在施龍莊鄒之後；從其立已說觀之，亦不應甚前於荀子；然則蓋後於施龍莊鄒而約與荀子同時乎？惠施最早，莊子次之，公孫龍鄒衍又次之。……墨子此六篇既駁詰施龍莊鄒諸人之說，而與荀子有同者，則蓋與荀子時代相先後，戰國最末年之作也。既在施龍莊鄒之後與荀子相先後，當然非墨子自著，亦非禽滑釐續補，亦非施龍時代之別墨所作。莊子稱「相謂別墨」即韓非稱「自謂真墨」之反面，非真有別墨一派也。依後世之眼光視之，說為經訓，當在經後，然先秦所謂經，義謂經式法度，立經式法度，必說明經式法度之義蘊，故率自作經，而自為訓說，韓非子儲說之先出經而後說，即其例也。故經上下及經說上下四篇；必作於一人，大取小取兩篇既與相似，或即其人所作，惜姓名無考耳。作者姓名雖無考，但決出墨家。前引經下曰：「無窮不害兼」，「兼」即墨教。……經上亦曰：「仁，體愛也，義，利也。忠，以為利而強君也。孝，利親也。」……足徵出於墨家。……經上之為墨家言，明矣。大取篇發端即曰：「天之愛人也，薄於聖人之愛人也，其利人也厚於聖人之利人也；……」謂利重於愛，又設權以衡利害，亦可決其為墨家言也。對於「辯」，墨子本甚重視，……故後世之墨者遂有談辯一派。……名家詭辯亂名之後，荀子承孔子正名之傳，正名以非辯；此則承墨子談辯之後，主辯以詰彼之辯，然則作者或可名為談辯之墨家矣。

案：羅氏對於墨辯之作者問題的推斷，最稱詳贍。持之有故，言之成理。非訴諸主觀之臆斷者可比。

陳元德中國古代哲學史云：

墨者著有辯經（案：指經上下、經說上下及大小取），辯經之作者，歷來亦成問題。按辯經為墨子之徒所作，非墨子自著。論證如下：一、墨子為實行家，竭盡精力以救天下；雖亦及談辯，然以談辯須合乎行為，不尚詭譎之辯（子墨子曰：言足以遷行者常之，不足以遷行者勿常。不足以遷行而常之，是蕩口也）。二、墨子反對多言，決不能自作辯經。三、辯經稱為經。經乃戰國末世之名稱。韓非子儲說內有經多篇。辯經當為同時之作品。四、辯經中有反駁戰國時之學說者，故其成書當在戰國末葉——㈠反駁告子之仁義內外說，告子與孟子同時，後於墨子。㈡反駁鄒子之五行相勝說，鄒子與公孫龍同時。五行相勝之說，雖見於春秋時，然盛行於學術界乃始於鄒衍。戰國時以辯學著名者，有名家與墨家。名墨之對峙，乃儒墨抗衡中之一面。名墨二家之辯論，互相訾應。然二家孰為創說？孰為反動？在考察之下，當以名家為創說，而墨家反動。一、戰國時以辯論出名者，為形名家，或稱名家。而辯論之重要題目為「離堅白」及「白馬非馬」等，此皆為名家之學說。二、墨家原為操勞之學派，然由實行家轉至理論家；此種轉變當為社會環境之影響。社會間必先有談辯之風氣，然後墨家亦趨向談辯。開此談辯之風氣者為名家。三、從一般談辯之論題觀察，名家之說在前，墨家之說在後。名家之學說：㈠白馬非馬（公孫龍子，白馬）。㈡牛無齒（同，通變）。㈢狗非犬（莊子天下）。此皆聳動聽聞之言論。墨家之學說：㈠白馬，馬也；乘白馬，乘馬也（小取）。㈡牛有齒（經說下）。㈢狗，犬也（經下）。皆常人之思想，非在名家詭辯之後，無提出之必要。四、從思想發展上觀察，名家在前，墨辯在後。名家多詭辯之士，以怪辭勝人，墨家見思想之紊，乃發展一種辯學，納思想於正軌。思想整理，乃在思想擾亂之後。

案：陳氏之說可與前引馮友蘭、羅根澤之說相發明。

徐復觀公孫龍子講疏先秦名學與名家云：

公孫龍的堅白異同之論，從當時一直到漢初，發生了很大的影響，也引起了很多的批評。因為他以專決於名的方法來正名實，事實上，是把常識上的名實關係都破壞了，這便引起人對客觀世界認識上的混亂。墨子經上下、經說上下、大取、小取各篇，出於墨子後學之手；裏面許多是針對公孫龍的論點加以批評，而要使其歸於常識判斷之上的。

高保光墨學概論：

依我的拙見，經上下、經說上下，就是大取篇裏的「語經」。這些東西未必是墨子自著（墨書重要篇第均載「子墨子曰」。非儒篇雖無此辭，但思想與公孟等篇相合。墨經體裁簡單，亦無此辭）。大概全是墨子口講，弟子記述之。擇其簡要定義，書在竹帛內，經墨子規定為墨者的讀物。在當時內容也許未必像這樣多，以後又經鉅子迭相增續，至成為今日的墨經了。所以我們歸納起來，可以這樣說：「墨經、經說少半是墨子所講，弟子筆記；多半是墨家後學所續，大取小取篇是後學所者作的。」

案：高氏對於墨辯之作者問題，可以說是採取折衷的看法。不過這種看法，亦是有問題的。

四、

第二、三節所引諸家之說，雖然是眾說紛耘，但是要而言之，他們都是圍繞在「墨辯之作者」、「名家是否祖述墨家」及「名家學說與墨辯之思想孰先孰後」這三個問題而各抒己見，以明名墨之關係。本文不擬對上所引述各家之說作個別之評論，只打算依上述三個問題，作一綜合的探討，以釐清名墨之關係。

就歷史的觀點來說，最早涉及名墨關係的文獻，當推莊子天下篇。後人亦多根據天下篇來討論名墨訾應的問題。天下篇記載後墨訾應之文字，雖僅七十餘字，但是歷來各家的解釋卻極紛歧。依管見，如能將天下篇有關後墨之記載那一段文字所接觸到的問題釐清，對我們討論名墨之關係有很大的幫助，亦可以說，它是讓我們解決名墨關係的引子。茲為便於討論起見，先將該段文字引錄於后：

相里勤之弟子、五侯之徒、南方之墨者：苦獲、己齒、鄧陵子之屬，俱誦墨經，而倍譎不同，相謂別墨。以堅白同異之辯相訾，以觭偶不仵之辭相應。以巨子為聖人，皆願為之尸，冀得為其後世，至今不決。

案：天下篇這一段文字中，有三個最具關鍵性的問題，必須先弄清楚。一、後墨所俱誦之「墨經」為何？二、三墨相謂「別墨」的根據是什麼？三、三墨以「堅白同異之辯」相訾應之意義及其與現存墨辯的關係。茲分別加以討論如下。

三墨所俱誦之墨經，到底指的是墨子書中的那幾篇說法有三：

一、以親士以下至三辯等七篇為墨經。張爾田原墨篇曰：以言乎墨子之經，惟親士、修身、所染、法儀、七患、辭過、三辯七篇足以當之。何則？墨子全書之宗旨，不外乎天志、尚賢、尚同、兼愛、非攻、節用、節葬、明鬼、非樂、非命十者而已；而此十者，大抵由此七篇中推而演之者也。……潛溪諸子辨曰：「墨子三卷，上卷七篇號曰經，中卷、下卷六篇號曰論。」是此七篇之為墨經，由來久矣。，豈可與經上經下，名家別墨者同日語乎？

二、以「經上、經說上下」四篇，或其中之一部分為三墨所俱誦之經，第二節所引諸家，率多持此說法。

三、胡適墨辯與別墨云：「墨經不是上文所舉的六篇（案：指經上下、經說上下及大小取），乃是墨教的經典，如兼愛非攻之類。

要決定這三種說法，何者較為可取，應先瞭解後墨「俱誦墨經」這一事實之意義為何？墨子死後，墨家分為三派。除天下篇外，韓非子亦有相似的記載。顯學篇曰：「自墨子之死也，有里氏之墨，有相夫氏之墨，有鄧陵氏之墨。……墨離為三，取捨相反不同，而皆自謂真墨。」墨家既分為三派，這就表示此三派的思想，主張必有所不同。雖然如此，三墨卻沒有因此而脫離墨家自成一派，或歸入他派，這原因端在「俱誦墨經」這一現象上。「墨離為三」這是表示「墨家」同中有異；而「俱誦墨經」則是意謂「墨徒」異中有同，在分裂中仍有其一致性，共同性在。換言之，「墨離為三」是變，而「俱誦墨經」為常。依此，墨經的思想是墨徒所共同信守奉行的真理與理想。質言之，墨經之思想為墨家最本質的思想。

此真理與理想有兩個特性：一、就空間言，它是普遍的，不分東西南北，只要是墨徒都信奉它。二、就時間言，它是永恆不變的。就墨家而言，它是墨子、巨子、以及後墨一貫的信仰。總之，就墨家而言，「墨經」是墨子及其徒眾普遍而永恆的信仰與理想之所在。墨家是一個具有學術性、政治性、社會性與宗教性的團體。而它的理想及其信徒的言行之真實落實處則在三表法之一的「於何用之？發以為刑政，觀其中國家百姓人民之利。」墨家的基本精神是功利主義，因此，「墨經」必然以能「中國家百姓人民之利」為本質的。換言之，墨經絕不會以空談與國家及人民之現實生活無直接關係之問題，如堅白同異之類的問題為其主題的。又天下篇在談到墨家道術時說：「作為非樂，命之曰節用，生不欲，死無服，墨子汎愛兼利而非鬪。……使後世之墨者，多以裘褐為衣，以跂蹻為服，日夜不休，以自苦為極，曰不能如此，非禹之道也，不足為墨。」依此，墨徒必須能「以裘褐為衣，以跂蹻為服，日夜不休，以自苦為極」的精神去實現墨子的理想——非樂、節用、節葬、兼愛、非鬪，才能算是真正的墨徒，墨徒之基本精神及其思想在此，這正是我們衡量何者為「墨經」之準據。

經、經說、大小取諸篇之內害，大體言之，與國家人民之利沒有多大的關連性。尤其是「堅白同異」更是非政治、非生活、非宗教的問題。所以它們不會是墨家普遍而永恆的經典——墨經。此其一。天下篇明言，三墨以「堅白同異之辭相訾」，故「堅白同異」之問題是三墨相訾的題材，而非他們所俱誦的，共同信守奉行的東西。而「堅白同異」之辭分別出現在經、經說、大小取諸篇上，故此六篇絕不會是三墨所俱誦的墨經，此其二。就墨辯六篇而言，絕大多數是非生活的、非政治的、非宗教的，所以他們絕不會使墨徒產生「日夜不休，以自苦為極」的「墨家精神」，此其三。準此而言，墨辯六篇絕不是三墨所俱誦的墨經。

張爾田以親士等七篇為墨經，且斷為墨子自著，此說太過牽強，頗難令人信服，故駁之者多。親士篇記吳起之死，事在楚悼王末年，而呂氏春秋載吳起之死時，墨家已有鉅子孟勝。又依所染篇「宋康梁於唐鞅田不禮」一語考之，此篇殆作於宋亡之後。依此，親士、所染二篇絕不會是墨子自著。如韓非子「墨子死，墨離為三」之說屬實，則就時間上說，出於戰國墨徒之手的親士、所染不可能為三墨所俱誦。此其一。此七篇，孫詒讓、胡適、黃建中、張煊等人認為是偽作而羅根澤則斷為戰國晚期之墨徒所作。如為後人偽託，則它不可能為後墨所俱誦，自不在話下；如果此七篇為戰國後墨所作，則就時間上及「墨經」之權威性而言，此七篇亦不可能為後墨所俱誦之墨經。此其二。張爾田文中以為天志、尚賢、尚同、兼愛、非攻、節用、節葬、明鬼、非樂、非命等十個學說，大抵由親士等七篇推演出來的。但是張煊墨子經說作者考卻認為：「親士以下七篇，蓋後人偽託，本非翟書，親士、修身二篇，文富麗，近荀子所言，皆儒家言，決非翟作。所染、法儀、七患、辭過、三辯五篇，雖似墨說，實後世續墨書者之所為，其意與他篇相複；所染取意於尚賢；法儀取意於天志；尚同、七患、辭過取意於節用、節葬；三辯取意於非樂。」胡適亦云：「親士至三辯凡七篇，皆後人偽造，前三篇全無墨家口氣；後四篇乃根據墨家餘論而作。」案：就其文章之內容與風格看，當以胡、張之說為是。天志、明鬼、兼愛、非攻……皆出於墨徒之手，而親士等七篇更晚出於天志等篇，故不可能為三墨俱誦之墨經。此其三。張煊又云：「七篇之襲經名，實始於宋，殆宋人因其說近儒而強冠以經之美名也。」親士等七篇之稱經既為後起之事，而又無其他文獻上的證據，所以它稱經之可信性也就不高了。此其四。總上言之，張爾田以親士等七篇為經之說，是無法成立的。

胡適以「兼愛非攻之類」為墨經，但是沒有列出具體的理由來。愚意三墨所俱誦之墨經應指天志、明鬼、尚同、尚賢、兼愛、非攻、節葬、節用、非樂、非命等篇而言。其理由如下：

莊子、荀子……等各家所「評述」的墨家道術，都在此十篇之中（此十篇各有上、中、下三篇，為方便計姑以十篇為言），所以此十篇為墨子之道術所在。而這些理論也正是激勵墨徒產生「以裘褐為衣，以跂蹻為服，日夜不休，以自苦為極」的墨家精神的原動力。這種精神與道術正是墨家永恆而普遍的理想，墨家的本質也就在此。所以就大處著眼，三墨所俱誦的墨經應指此而言。此其一。愈樾墨子序云：「墨子死，而墨分為三，有相里氏之墨，有相夫氏之墨，有鄧陵氏之墨。今觀尚賢、尚同、兼愛、非攻、節用、節葬、天志、明鬼、非樂、非命，皆分上中下三篇，字句小異，而大旨無殊，意者此乃相里、相夫、鄧陵三家相傳之本不同，後人合以成書，故一篇而有三乎。」同一內容的學說同時有上中下三篇，最合理的推測是：三墨於墨子死後，各將墨子生前所全力倡導之學說，筆之成書以為墨徒誦習之經典。因而此十篇各有上中下之分。此其二。「墨子死，墨離為三」，但是三墨仍能保持其墨家本色，即因誦此十篇之故。「天志等十篇之上中下係分出於三墨之手」這一論斷如果能成立，則三墨所俱誦之墨經，必定是天志等這十篇東西。因為「墨子死，墨離為三」表示三墨在思想上有了差異，但是在差異中，並沒有變質而變成他家，而仍然為墨家的一份子。換言之，三墨在差異中仍有其一致性，有共同的理想，這完全得歸功於「俱誦墨經」這一事實。天志等十篇之上中下各分別出於三墨之手，不正是表示三墨儘管在思想上有了差異，但是墨子生前所極力提倡的天志、明鬼、尚同、尚賢、兼愛、非攻、節用、節葬、非樂、非命等思想則是他們所共同誦習不輟之經典嗎？此其三。綜上所論，墨經之指天志等十篇，殆無疑義。

底下接著要探討的是三墨相謂別墨，而自以為真墨的依據與標準是甚麼？天下篇云：「俱誦墨經，而倍譎不同，相謂別墨。」觀此，三墨之由「俱誦墨經」過渡到「相謂別墨」的關鍵唯在彼此

「倍譎不同」這一點上。「俱誦墨經」與「倍譎不同」中間有一「而」字，此「而」字表語意之轉折，所以「倍譎不同」，應扣緊「俱誦墨經」來加以解釋。天下篇之意當是：三墨雖然都誦習墨經（天志等十篇），但是（而）對墨子天志等十種學說的傳習、解釋、闡發與取舍上彼此各有不同的看法。而三家總認為自己所誦習的才是墨子的正統，才是真墨而其他二家則非正宗墨家因而稱之為別墨。

最後要討論到的是三墨以堅白同異之辯相訾應的意義及其與現存墨辯之關係。「以堅白同異之辯相訾，以觭偶不仵之辭相應」是三墨理論之爭的延續。不過第一階段「俱誦墨經，而倍譎不同，相謂別墨」之爭，是以墨家本身之學說為爭論相非的對象，這可說是教內理論之爭；而第二階段以「堅白同異之辯，觭偶不仵之辭」相訾應，則是遠離墨家的思想，而以當時名家言為爭論的題材。這可說是教外之爭。三墨既有以堅白同異之辯相訾應之事，則墨子書中應有彼此相訾應之記載才對。堅白同異之論見於墨辯，但是就經、經說、大小取等篇看來，在堅白同異的問題上，並無三墨相爭之痕跡在。這是值得我們追究的問題。關於這個問題應從墨家的組織去求得答案。

名家就現存之內容看來，它的學說、理論並非無理之詭辯，在「名理上」的確有其「別有會心」之處。但是名家亦確實有「然不然，可不可，困百家之知，窮眾口之辯。」（莊子秋水篇語）的意味。換言之，名家是反習慣的，反常識的。就墨家之精神言之，其對人間世（政治、經濟、生活、宗教）的各種主張是功利主義的；其對「名理」問題所持的見解是質樸的實在論。功利主義與質樸的實在論在精神上有其一致性與共通性。三墨既以堅白同異之辯相訾，則顯然在「堅白同異」的名理上，彼此有相反或相異的看法。儘管在「堅白同異」的問題上，三墨有不同的見解，但是墨家的組織，在精神上仍是統一的。「相謂別墨」表示墨家在理論上之分裂，分離；而「以巨人為聖人，皆願為之尸，冀得為其後世」，則意謂其分離中仍有統一。天志等學說的爭論是屬於教內之爭，但是不管如何爭辯，總是圍繞在墨家的基本思想上。所以他們在墨經的詮釋上有詳略之異，在取舍上有輕重緩急之別，卻無本質上的差異。因之，巨子允許其三墨鼎立之勢；而「堅白同異」之問題，是名家所討論的主題而非墨家的基本學說。三墨既以同異堅白之辯相訾，則可斷言，在這些問題的看法上，必有部份墨徒與名家合流，與名家採取同樣的觀點，而其中之另一部分則與名家唱反調，甚至採取折衷的看法，要不然「相訾」之事就不會產生。這對墨家理論的純淨性必產生很大的威脅。這時巨子權威仍在，他必不願意名家喧賓奪主，使墨徒舍其「墨經」之本，而逐「堅白同異」之末，且在次要（就墨家的立場言）問題上加重三墨之更加分裂。所以在「同異堅白」的問題上，訂出定義式的條文以供墨徒遵循，以免墨徒從墨家的主題滑出而成為不切實際（墨家在諸子中是最重實際的）的詭辯之徒。因為就墨家的立場與精神言，政治的、生活的、宗教的問題才是墨家所真正關切的問題。這就是經、經說、大小取各篇上在「堅白同異」的問題上沒有三墨訾應的痕跡存在的原因所在。

對天下篇所記載三墨之訾應有了如上的了解後，底下擬將上兩節所引述諸家之說，歸納成下列四個問題，分別加以探討，以確定名墨之關係。

一、墨子是否為墨辯之作者。

二、名家（惠施，公孫龍）是否祖述墨家？

三、墨辯之作者問題。

四、墨辯與名家之關係。

五、

魯勝、畢沅、梁啟超、黃建中、張煊、楊寬、李漁叔諸家對經上下及經說上下四篇的作者的看法是：此四篇之全部或是部分出於墨子自著。至於何以是墨子自著之理由，不是出於主觀的臆斷，就是語焉而不詳。其主要的理論根據約而言之有四：一、無子墨子曰。二、無墨者之稱。三、稱經。四、內容在立不在破。茲分別加以檢討如下：

墨子書中之經及經說無「子墨子曰」之稱呼，固可解釋為墨子自著，故不稱「子墨子曰」，但是亦可解釋為：因為此四篇之成書時代及其內容與墨子本人無涉，且非墨子之言，故不稱「子墨子曰」。對於這兩種可能，不能率然加以判定，必須看此四篇之內容是否與墨子之主要思想有關，並與其他各種條件相配合再加以研判，才能作一抉擇。

前面談到「三墨所俱誦之墨經為何」這一問題時，曾就墨子之道術與精神判定三墨所俱誦之墨經不是經及經說。根據同樣的理由，我們亦可斷定墨子不會去制定與其思想本質無直接關連性及迫切性之條文——墨辯。墨辯既非墨子自著，自不必加上「子墨子曰」之稱呼。準此而言，無子墨子曰之稱呼，不但不能作為經及經說出於墨子自著之證據，反而可證明經及經說與墨子完全無關。小取篇有「墨者」之稱，而經及經說則無。這不能解釋為後者為墨子自著，而前者則否。小取篇兩稱墨者之原文是：「世有彼而不自非也，墨者有此而非之，無他故焉。」此處墨者之稱，只在區別墨者與非墨者之不同而已，不能作為小取與經、經說不同出一作者及後者出自墨子之證。復次，就其內容及其思想之路數上看，小取與經、經說不會是不同時期，或是產生之年代差距很大的作品。

至於稱經，亦不能作為墨經出自墨子之證。因為「經與經說」和「春秋與三傳」間之關係不可相提並論，故不能因為有「經」之名目就斷定為墨子自著。關於這一點，上節所引馮友蘭、羅根澤、陳元德諸氏，已就「經」之體裁、性質、作用、產生背景及學術演變之趨勢加以辯明稱經不足為墨子自著之理。茲再引蔣伯潛諸子通考之言以作補充說明。其言曰：

> 稱某種書曰經，古所未有。即易、書、詩、禮、樂、春秋六書，初亦未有經名。莊子天運篇記孔子謂老聃曰：「丘治詩、書、易、禮、樂、春秋六經以為文。」稱此六書為六經以此為最早。天運篇非莊子自著，當出莊子之後。孟子與莊子同時，且為儒家大師，亦未嘗稱此六書為經也。禮記經解篇言詩書易禮樂春秋之教，雖未逕稱之曰經，而篇名「經解」，則已以此六書為經矣。但經解篇最早亦止能與莊子並時。書以經名，惟有孝經。但孝經為漢代作品，前已言之。墨子年代，去孔子未遠，在莊子之前而書中竟有以經為名之篇，且有解此經之經說，其非墨子時代之作品，顯然可知也。

依此，墨子書中之經及經說，不但不是墨子自著，而且可能是戰國晚期之作品矣。

至於楊寬認為經上之內容在「立」，不在「破」，為墨子自著；而經下及經說則為後墨與他家辯難而作。這種區別亦是很牽強的。以「立」及「破」來區別經上與經下、經說之性質與作者的差別，實在不能持之有故，言之成理。按諸墨辯原文，其與他家的辯論，率以破為多，尤其是對名家之說更是如此。關於這一點前引馮友蘭、羅根澤、陳元德、徐復觀之說已詳加辨明，下章名墨之訾應各節更可支持這一說法，故此處不再加以贅述。

總上言之，以經或經說出於墨子之手者所持的四點理由，都不能成立。此外，史記孟子荀卿列傳之末言及墨子之年代云：「或曰並孔子時，或曰在其後。」據此，墨子當為春秋時代之人。而羅根澤諸子考索戰國前無私家著作一文，所列舉之證據確鑿，詳贍，當可採信。如此，生在春秋時候的墨子不當有著書之行為。因此，我們可以很肯定地得出結論，墨子非墨辯之作者。

一般言之，主張名出於墨者，認為名家所祖述於墨家者有二：一是祖述墨子之兼愛、非攻而主偃兵。一是祖述墨辯之說而立下各種怪說。茲分別加以探討如左：

呂氏春秋審應覽審應云：「龍曰：偃兵，兼愛天下之心也。」審應覽應言曰：「公孫龍說燕昭王以偃兵。」論者多根據呂覽之言斷定公孫龍曾祖述墨家。甚至據此判定公孫龍為「別墨」，如金受申公孫龍考即以呂覽所記公孫龍之言為襲用墨家術語，並下結語曰：「受申按此即證明公孫龍為別墨之說。」錢穆亦據呂覽之言，斷公孫龍為墨學旁枝。案：解決公孫龍是否為別墨，為墨家旁枝，應先瞭解公孫龍之所以為公孫龍的理由何在？換言之，公孫龍之本質何在，是解決公孫龍是否為別墨的關鍵所在。就審應覽淫辭所記秦攻魏，公孫龍贊成趙發兵救魏事及審應，應言二篇所記公孫龍主偃兵之事看來，與其說公孫龍是非攻、兼愛主義之忠實信徒與宣傳家，不如說他是好逞口舌之辯者。莊子秋水篇記公孫龍之自述云：「龍少學先王之道，長而明仁義之行。合同異、離堅白，然不然，可不可，困百家之知，窮眾口之辯，吾自以為至達已。」史記孟荀列傳云：「趙亦有公孫龍，為堅白同異之辯。」又平原君列傳亦云：「虞卿欲以信陵君之存邯鄲，為平原君請封。公孫龍聞之，夜見平原君曰：……平原君遂不聽虞卿，……平原君厚待公孫龍。公孫龍善為堅白之辯，及鄒衍過趙，言至道，乃絀公孫龍。」由上面這些文獻的記載看來，公孫龍之所以為公孫龍端在一辯字，他之見重於平原君及被絀亦在一辯字。而此「辯」之最具代表性的內容則為「堅白同異之辯」及「白馬非馬之說」（公孫龍子跡府篇云：「公孫龍曰：先生之言悖！龍之學，以白馬為非馬者也。使龍去之，則龍無以教。」）而今存公孫龍子亦有白馬論與堅白論二篇，所以白馬非馬與離堅白之辯，可以說是公孫龍的註冊商標。反之，除了呂覽，在其他一切有關之文獻上皆看不出公孫龍有兼愛非攻之主張，也沒有以「偃兵」作為公孫龍的特色的。復次，「偃兵」之在戰國是一普遍的呼聲，不但是墨家，就是道家、儒家亦都反對攻戰；所以如果公孫龍主張偃兵之記載屬實，那亦只是當代思潮之趨向使然，不能因此斷定公孫龍為「別墨」，為「墨學旁枝」。因為就公孫龍之所以為公孫龍處言之，「偃兵」與「堅白、白馬」之說相比，其所佔的比重簡直太渺小了。此外，呂覽還有一點可作為公孫龍不是墨者之旁證。審應覽應言篇記公孫龍「說燕昭王以偃兵」事後，接著記「司馬喜難墨者師於中山王前以非攻」事。同主非攻之人，一稱其名——公孫龍，一稱其墨者師而不名。依此，公孫龍之不為墨者，是很明顯的了。總之，因呂覽有偃兵之說，而列公孫龍於墨家之列，或說公孫龍出於墨家，其理由都是不充分的。

第二節所引諸家之說，大都由於公孫龍、惠施之說與墨辯相似，因而斷定名家出於墨家，而又反墨家。此說之理論基礎在於墨辯（尤其是經上下）成書在公孫龍惠施之前。反之，如墨辯成書時間在施龍之後，則名家出於墨辯之說就無法成立。關於這問題，第三節所引諸家曾作有力辨別。為醒目計，底下擬綜合各家之說，作一簡要的論斷。

主張名家祖述墨家的，都認為經上下及經說上下之部分或全部出於墨子之手。關於這問題，前面已經詳加批評，並得出結論——墨子不可能是經、經說之作者。經、經說不出於墨子，則名家出於墨家之說，已產生根本的動搖了。此其一。就「墨辯」的內容言，它不可能早於惠施、公孫龍。因為墨辯所反駁而又可指名的除惠施、公孫龍外，尚有告子的仁內義外說及鄒衍的五德終始。依此，必先有告子、惠施、公孫龍、鄒衍之說，而後有墨辯之駁，故施龍非出於墨辯，此其二。就學術發展趨勢言，應先有違反常識之名家之怪說琦辭，而後有維護常識之正名學說——如墨辯及荀子之正名篇。「白馬是馬」與「堅白相盈於石」是眾所公認的，如無名家「白馬非馬」，「堅白離」之說，絕不會有人把常識當作新學說加以鼓吹的。因此，就學術之發展言，名家在先，墨辯在後，此其三。就學術流派之區別言：在晉、魯勝之前，沒有名家祖述墨家之說。一切相關的文獻，都指出名墨二家道術不同，界線分明。復次，由於所討論的題材相似，不但不能斷定名家出於墨家，反而可證成名墨派別之分。對同一問題有迥然不同的看法，正是名墨最大區別之所在。名家的一切學說都是「然不然，可不可」而違反常識的，而墨家則否。尤其重要的是，名家的「然不然，可不可」旨在困「百家」之知，窮「眾口」之辯，而不只是單獨針對墨家而發的。總之，名家道術與墨家全不相干，且名家之說不是專對墨家而發的，故名家祖述墨家之說是絕對無法成立的，此其四。又就學術發展史來看，現實問題的討論，總先於抽象的思辨而存在。墨子全部精神所貫注的是政治的、生活的、社會的現實問題，而墨辯不論就其取材，方法與學術路數都與現實問題有很大的距離，甚至於與現實全不相干。就墨家的發展史上而言，它不應是早期墨家之作，而當是與施龍同時或稍後之作。故不可能產生名家祖述墨辯的現象。從天志、明鬼、兼愛、非攻……的墨家到墨辯時代的墨家，在思想的過渡上沒有內在的必然性，而是外在的因素所促成的。名家的「純思辨」的學術，正是前期墨家過渡到後期墨家的主要因素。此其五。此外，如果名家真是祖述墨家，亦當是祖述三墨所俱誦的「墨經」，而不當是墨辯。因為墨家之所以為墨家在於其「墨經」（天志等），而不在「墨辯」。但是就現存之文獻看來，名家不但沒有祖述「墨經」，更不會祖述「墨辯」。此其六。

綜上言之，名家祖述墨家之說，不論從「祖述墨家兼愛非攻」或從「祖述墨辯」說，皆不能言之成理，持之有故，都是一種輕率的臆斷，不可採信。

依上述，墨辯當晚於施、龍之說。至少與施、龍之說同題材之墨辯，不會早於施龍之說。如此，雖然可以給我們墨辯年代之輪廓，但是仍然無法指出其確切的時間及其作者是誰來。關於這問題，莊子天下篇所記三墨訾應之事可以給我們一點啟示。天下篇說三墨以堅白同異之辯相訾。則三墨在堅白同異之辯上，顯然有紛歧的見解。而堅白同異之問題分別見於墨辯六篇，照理在這六篇中應該有三墨「以堅白同異之辯相訾」的紀錄，但是此六篇在「堅白同異之辯」上，卻是一致而無「相訾」之痕迹在。關於這一現象，前面已作推測，認為極可能是墨家巨子，因為不願三墨在堅白同異這種與墨家精神無關宏旨的論題上引起太大爭論，而使三墨的裂痕加深；同時亦為了防止墨徒忽略了原始墨家所關切的大問題而變成不切實際的詭辯之徒；所以根據常識訂出定義式的條文供墨徒遵循。就墨家之演變與組織言，這樣的推測，可以說是相當近情理的。就現存墨子書看來，亦可支持這一推測。三墨「俱誦墨經，而倍譎不同」，因此留下了各分上中下的天志、明鬼，……等篇章。而三墨以堅白同異之辯相訾，卻沒有留下上、中、下三篇而內容或同或異的經及經說。這不能解釋為現存之經及經說只是「一墨」之言論之紀錄，而其他二墨之言已遺失或故意棄而不錄。因為天志、明鬼……等篇既可保留其上中下三篇，就沒有理由說經及經說有上中下而只留其中之一而棄其二。所以我們認為經及經說，沒有三篇之分（就如天志等十篇之分上中下）是本來如此的，而其所以只有一而無三，極可能是巨子有意使其如此的。如果這種推測屬實，則墨辯之作者當然可以順利地斷為是「巨子」。巨子極可能是墨辯的作者，但是會不會全部墨辯皆出於巨子之手？現存之經（上下）及經說（上下）共有一百八十條，其內容堪稱包羅萬象。它所接觸到的學問領域有宇宙論、知識論、人生論、更有科學、數學、名學、倫理學……等。就人生之有涯，及其所知之有限言，今存墨辯不可能出於一人之手；同時，由於其內容複雜，亦不可能成於一時。所以關於墨辯之作者問題我們只能作這樣的推測：墨辯不出於墨子之手，而出於後墨之手，此其一。所謂後墨，包括有巨子及一般墨徒在內。所以墨辯是集體創作的結品。此其二。所謂集體創作，是以有組織、有計劃的方式為之，還是自然的累積，則不易決定。方授楚之說

（見本章第三節所引）屬於前者。此其三。墨辯產生之時代，可能延續甚長，而以莊子、惠施至韓非這一段時期為主。此其四。

有了以上的瞭解，我們可以進一步地談論名家與墨辯的關係，以作為本章之結論。

就大處著眼，整個地說名墨二家的道術是迥異其趣的。莊子、荀子、司馬談、班固等人對名墨二家的旨趣及其差異的評述，大致尚能中其肯綮。因為他們精於別異，所以不會有混同名墨之論。但是就局部來說，名、墨不但有相似而且甚至有混同的趨向。就此而言，名墨有著頗為深厚的關係。底下擬就學術演變的大關節來剖析名墨之關係。

先秦諸子興起的大背景是周文疲憊。孔子以理想主義的精神重新肯定周文之價值，以「救周文」；而墨子則基於功利主義的立場，發現周文之過失，而極力「反周文」。不管是反周文或救周文，都是牽連著現實問題——如教化、政治、制度、生活——而抒發其理論學說。這是先秦諸子發展的第一階段。緊接著儒、墨之後興起的是道家與名家。這是氣味極其不同的兩個學派，但是他們有一個共同點，就是刊落了周文的牽扯，拋開了與周文相連的現實問題，而大談其「純思想」。所以他們是「非周文」或「超周文」的。這是先秦諸子發展的第二個階段。這個階段的思想，對儒家的影響不太大，但是對墨家卻起了很大的反響。與道、名二家同時期的墨家，因為受到道、名的濡染，對原始墨家「反周文」的興趣大不如「非周文」的「談辯」。這使得後墨有了變質的傾向，就現有的資料與瞭解言，後墨與其說它是墨家，不如說它更接近名家。胡適之主張「墨學」分為兩派：一是宗教的墨學，一是科學——哲學的墨學。而且這兩派是並列的。其實胡適所取的名詞與學派的區分都是有問題的。依愚見，與其說墨學分兩派，不如說墨家分兩期。前期墨家，亦即原始墨家是以功利主義為出發點，而以反周文為主的。因而其主要學說是兼愛、非攻、節葬、非樂、……。而且他們都是自己的理論的實踐者。至於後期的墨家，則以非周文的談辯為樂，所以「堅白同異之辯」、「觭偶不仵之辭」是他們的思想的代表，他們成了清談家，而無行動性。

對墨家的演變有了如上的瞭解後，名墨的關係就成為簡單易解的事了。名家與原始墨家毫無淵源，彼此間沒有甚麼關係可談。道家與名家非周文、超周文的學術路數，影響了後期墨家，使後者產生了質變——失去原始墨家的精神，而更接近了名家。這裏所謂的「接近」是包括學術型態與學術內容而說的。因為在學術的型態與內容上接近了名家，因而產生了名墨訾應的現象，所以名家出於墨家之說，或惠施、公孫龍為墨家之說，都是倒因為果的說法。依此，談名墨的關係，必定不能忽略在學術發展史上名家所給予墨家的影響，尤其名墨二家對同一問題所取的不同看法所代表的意義是甚麼不能不詳加鑑別，故下章即進行名家與墨辯之比較研究。

第七章　墨家與名家之訾應

前一章是外在地檢討了墨辯與名家之關係，而本章則擬進一步內在地探討名墨學術之異趣。

漢書藝文志所錄名家著作計有七種，現在僅存公孫龍子、鄧析子、尹文子三書，其餘皆已亡佚。而今存之鄧析子、尹文子為偽書，已成定論；所以名家之著作今日所能看到的唯有公孫龍子一書。惠施為戰國名家之巨擘，天下篇云：「惠施多方，其書五車。」漢書藝文志亦錄有惠子一書，但是到現在已全部佚失了。我們只能在莊子天下篇看到惠施學說的一鱗半爪。天下篇云：

> 惠施多方，其書五車，其道舛駁，其言也不中，麻物之意曰：至大無外，謂之大一。至小無內，謂之小一。無厚不可積也，其大千里。天與地卑，山與澤平。日方中方睨，物方生方死。大同而與小同異，此之謂小同異。萬物畢同畢異，此之謂大同異。南方無窮而有窮，今日適越而昔來，連環可解也。我知天下之中央，燕之北，越之南是也。氾愛萬物，天地一體也。惠施以此為大，觀於天下，而曉辯者。天下之辯者，相與樂之。卵有毛。雞三足。郢有天下。犬可以為羊。馬有卵。丁子有尾。火不熱，山出口。輪不蹍地。目不見。指不至。至不絕。龜長於蛇。矩不方，規不圓。鑿不圍枘。飛鳥之景，未嘗動也。鏃矢之疾，而有行不止之時。狗非

犬。黃馬驪牛三。白狗黑。孤駒未嘗有母。一尺之棰，日取其半，萬世不竭。辯者以此與惠施相應，終身無窮。桓團、公孫龍、辯者之徒，飾人之心，易人之意，能勝人之口，不能服人之心。辯者之囿也。惠施日以其知與人之辯，特與天下之辯者為怪，此其柢也。

案：天下篇除記載惠施「厤物之意」之說外，又記載所謂「辯者二十一怪說」。此二十一怪說，不管與施、龍之說或同或異，但總歸是名家言。故我們今天所能知的名家學說共有三部份：一、公孫龍子、二、惠施「厤物之意」、三、辯者二十一怪說。而這些名家學說，墨辯上大致上都談到了。不過題材雖同，而兩家所得的結論卻迥然不同。本章即以名家此三部分之學說，重見於墨辯者為研究對象，以明名墨二家學說之異趣，並進而辨別其差異之所在。

莊子天下篇謂墨徒「俱誦墨經，而倍譎不同，相謂別墨，以堅白同異之辯相訾，以觭偶不仵之辭相應。」本章擬襲用莊子語，故稱墨家與名家訾應。

第一節　墨辯與惠施之訾應

惠施為名家巨擘，由莊子天下的記載：「惠施多方，其書五車。」及「惠施徧為萬物說，說而不休，多而無已。」看來，不但他的學術領域廣，而且著作豐富。其學說除天下篇有所記載外，韓非子之說林，呂氏春秋之不屈、應言、開春、愛類，戰國策之魏策，說苑之善說、雜言皆引述惠施之言論。可是時至今日，除了天篇所列「厤事十意」外，竟無法窺其五車之富。這實在是學術史上的一大缺憾。漢書藝文志。雖列有惠子一篇，但早已亡佚。就算是能留傳下來，以一篇與五車相比，亦只能算是得其一斑而已。復次，天下篇所列「麻事十意」亦只是些結論而已，至於其得出結論之過程及其理論之根據，則付缺如。因之，解之者只能依據一己之得加以推測，也因此見解紛紜，茲僅摘其「麻物之意」中與墨辯有關者，加以研究，以見名墨二家學說之旨趣。

一、同異之辨

莊子天下篇記惠子之學說云：

> 大同而與小同異，此之謂小同異；萬物畢同畢異，此之謂大同異。

惠施把「同異」分為兩種，一曰小同異，一曰大同異。何謂小同異？何謂大同異？牟師宗三先生惠施與辯者之徒之怪說一文（見香港大學東方文化第六卷第一期）解之最審。茲錄其言於后，以明惠施之意。

> 大同與小同之間的差別，曰小同異。小同異即相對的同、異。「萬物畢同畢異」，曰大同異。大同異即絕對的同、異。……小同異切實言之，即綱目層級中之同異。例如人與人之間為大同、人與動物間即為小同。人與動物之間為大同，人與草木瓦石之間即為小同。此中之「同」；即相似性或同一性。「大同」即其相似性的程度很大，「小同」即其相似性的程度稍差。「大同」亦可以說其相似點很多，「小同」亦可以說其相似點較少。此「同」之大小或多少皆是比較而言，故是相對的；又是抽出某一點或若干點而言，故是抽象的。無論大同或小同，其中皆含有一種異，即差異點，不相似點。即是比較的大同，同中自不能無異。大同是同性大或多，異性即比較地小或少，小同是同性小或少，異性即比較地大或多。無論同或異，皆是比較的，故總是在層級中。此種綱目層級中的同或異，惠施

即名曰「小同異」。（就同屬一目言，相似性大。就異目而同屬一綱言，相似性小。此可層層向上，亦可層層向下。故曰綱目層級。）

萬物畢同，此是「大同異」中絕對的同；萬物畢異，此是「大同異」中絕對的異。畢異落在何處說？曰：落在個體處說。自個體而言，則個個不同。自抽象之某一面說，儘管有相同處，然孤總而論每一存在的個體自身，則個個不同。此即來布尼茲所說：「天下無兩滴水完全相同者」。此即為絕對的異。「畢異」之「畢」是「皆」義或「都」義，意指一切個體皆個個不同。此不是說：皆不完全相同，亦不是說：皆完全相異。乃只是說：無兩個體完全相同者，此即是說：一切個體總有異。「不完全相同」是對于「完全相同」的否定，此表示相同中有異性，此正好是屬于小同異。「皆完全相異」是說相異的程度已至極高度。但「畢異」不函此義，即畢異不涉及其異之程度，只要有一點異，便足以標識個體之不同。故「萬物畢異」既非「萬物不完全相同」，亦非「萬物完全相異」，乃只是「萬物個個皆不相同」，至於其不相同之異之程度則不在此陳述內。完全相異，不完全相異，完全相同，不完全相同，皆是同異之程度問題。一涉及程度，便是小同異中之同異。但此畢異，則是大同異中之絕對的異，故只是異，而不涉及程度之比較也。

至于「萬物畢同」之畢，則須有不同之了解。畢同不是說萬物（個體）皆同也。乃是說：萬物皆同於一同。此並非說：皆完全相同。亦非說：皆完全無異。乃只是說：萬物皆在一絕對普遍性中而合同。此是從普遍性言，不是從個體性言。不是萬物皆同，乃是萬物皆因分得一普遍性而成其為同，或皆屬于此普遍性而得「合同」。就其因普遍性皆得「合同」言，亦不涉及同之程度，故亦可曰「絕對的同」。畢同落於普遍性上說，畢異落於個體性上說。

此種畢同畢異，可因綱目層級中之層層向上而至一最高之綱，得一最高之普遍性，因而使萬物皆同於此，而成其為畢同，亦可因層層向下而達至個體，因而說無兩物完全相同，此即所謂畢異。（畢異：無兩物完全相同。異同：萬物皆同一于一絕對普遍性。）

案：以上是惠施對同異問題之看法，底下接著來看墨辯對同異問題所持之見解，然後再把名墨作一比較。以見二家學說之差異。

經上八十七條：「同：重、體、合、類。」

經說：「同：二名一實，重同也。不外於兼，體同也。俱處於室，合同也。有以同，類同也。」

經上八十八條：「異：二、不體、不合、不類。」

經說：「異：二必異，二也。不連屬，不體也。不同所，不合也。不有同，不類也。」

右引墨經，將同異分為四類，茲分別疏解如下：

「重」：所謂重同是指一物實而有兩個名謂。換言之，此二名所指者為同一物實，則此二名對此物實而言為重複，重疊地同指一物，此之謂重同。例如：宋江與及時雨二名同指梁山泊坐第一把交椅的那個「人」，則「宋江」與「及時雨」為重同。

「二」：所謂「二」，即「不重」之意（依墨經，體、合、類為同，而不體、不合、不類為異。同理，重既為「同」，則其「異」必為不重），不重即二名不重複地指謂同一物實。既不同指一物實顯見是二名指二實，亦即二名不重，不重則此二名必彼此相異而不可為一，故說云：「二必異，二也。」

由是觀之，所謂「重」與「二」是就名實間之關係而言同異。名之同異決定於其所指之實是否相同，同指者為「重同」，異指者為「二」。

體與不體：經說以「不外於兼」界定「不同」，而以「不連屬」界定「不體」，如將此二定義合而觀之，則「體同」與「不體」之定義是：連屬而不外於兼者為體同。外於兼而不連屬者為不體。經上云：「體分於兼也」，經說上釋「體」曰：「若二之一，尺之端也。」據此，則所謂「兼」乃整全、整體之意，而體則為整全中之一部分或一端之意。尺有兩端，而此端必與他端相連屬，此之謂體同。換言之，某一「全體」、某一「整全」之部分間，彼此可相連屬，此之謂體同。反之，某一全體之部分對另一全體及其部分而言，此部分不同於另一全體及其部分，亦即此部分與另一全體及其部分之間不能連屬而有差異，此之謂不體。

合與不合：經以「俱處於室」為合，而以「不同所」為不合，則「合同」可定義為：「俱處於室——同所」，而「不合」之定義則為「不俱處於室——異所」。這是以空間之分合來界定異同。如甲與乙俱任教於A校，則此甲、乙二人因俱處於A校，而同為A校之教師。甲、乙之同純粹由聚合於同一空間而形成。反之，丙、丁分別任教於B、C二校，兩、丁因不同所，致有丙為B校教師，丁為C校教師之異，此之謂「不同所，不合也。」簡言之，「合不合同」之別在於是否處於同一空間。

類與不類：經說分別以「有以同」與「不有同」來界定類與不類。此所謂「同」即「相似」之意，它是「類」之基礎。把異物羅致在一起而合稱之為某類，必須此異物間有類似之處。所以「類」是以異物之相似點為基礎、為標準，把各種同具有某相似點之異物團聚在一起的那個概念（類只是一個概念，而非實物。世上只有具體之張三、李四……等之「人」。而沒有具體之「人類」，人類只是一個概念）。所以類之形成，必有賴於「同——同似」。一切事物之間如有相似之處，就可將之歸納而成類。換言之，任何「類」，皆有其「同」。這個使「類」得以成立的「相似」，就稱之為「類同」。反之，沒有「相似之處」，則類不得成立，不得成類之物，彼此間必「異」，此為「不類之異」。簡言之，凡物與物之間，有相似之處，足以成類者，則此相似之「同」稱之為「類同」。凡物與物間沒有足以成類之相似點，則物與物之間必相異，此之謂「不類」。

案：體同（不體）與類同（不類）間之差異，歷來諸家之說皆不甚能辨別清楚，而有混淆之病，實有加以辨明之必要。如譚作民墨辯發微云：「兼大於體，而體必為兼所含。如牛羊同為四足獸之家畜，兼也；同為有角，體也，其角雖不必甚同；然牛羊之二，皆為家畜之一，故曰不外於兼也。」梁啟超墨經校釋體同云：「體同者，例如孔子墨子同於中國人。」范耕研墨辯疏證云：「如中國人，兼也；孔子，體也。體自在兼中，此兩者之同，謂之體同。……如人之與馬，不同也。然就其食息生死言，則亦有相同之點。故曰有以同，如此者，謂之類同。」

上引三家之說皆將體同（不體）與類同（不類）混為一談而不自知。四足獸之與牛羊，中國人之與孔子墨子的關係是類與分子的關係，而非兼與體之關係。墨經以「不外於兼」界定「體同」；以「不連屬」界定「不體」。又云：「體分於兼也」。故體是兼中之一部分，此體與兼中之他體間有相連屬而不可分性。故經說云：「體：若二分之一，尺之端也。」尺之此端與彼端「相連屬而同為整體之尺（兼）之一部分。故兼是指具體之存在物而言。體是此具體之物之部分，而類是一抽象的概念，中國、四足獸不是具體存在之物，而是一抽象的概念，是類；而孔子、墨子與牛、羊則是中國人與四足獸這個類之分子。所以以上三家所舉之例，可用作「類同」之例，而不能作為「體同」之例。

墨子大取篇曰：

> 重同，具同、連同、同類之同、同名之同、丘同、鮒同、是之同、然之同、同根之同。有非之異。有不然之異，長人之異、短人之同、其貌同者也，故同。指之人也與首之人也異，人之體非一貌者也，故異。將劍與挺劍異，劍以形貌命者也，其形不一，故異。楊木之木，與桃木之木也同。

案：右引大取言同者十二，言異者五。茲分別加以解說於后。「重同」即經說上「二名一實」之「重同」。「具同」之「具」即經說上「俱處於室」之「俱」，故「具同」即「俱處於室」之「合同」也。連同之連即經說上「不連屬，不體也。」之「連屬」，故「連同」即經上之「體同」也。「同類之同」即經上之「類同」。經上之「重同」為「二名一實」，而大取之「同名之同」則為「一名二實」。重同是二名所指之實同，故此二名雖異而實同。而一名二實，則是一名指二實。「重同」是就「所指之實」而言同；而「同名之同」則是就「能指之名」而言其同。丘同、鮒同、其意不明、暫時闕而不論。「是」，正也，「然」，為肯定之詞。是、然皆表示價值判斷之詞，故「是之同」、「然之同」是對客觀事物所作之主觀價值判斷相同。「短人之同、其貌同者也」這是就形狀相貌之同而言同。「楊木之木與桃木之木也同」，這是就客觀之物之質同而言。「同根之同」，是就客觀事物之來源出處而言同。如花、果皆來於種子、花、果為同根之同。「非之異，不然之異」是就主觀之價值判斷而言「異」。「長人之異」是就形狀而言「異」。「指之人也與首之人也異，人之體非一貌者也，故異。」這是就「體貌」而言「異」。「將劍與挺劍異」是就「其操劍動作不一」而言「異」。亦即就形狀以言「異」。

墨子小取篇曰：

> 夫物，有以同，而不率同。……其然也，有所以然也；其然也同，其所以然不必同。其取之也，有所以取之，其取也同，其所以取之不必同。

案：「其然也」是果，「其所以然」是因。「其然也同，其所以然不必同」表示「果」相同，而「因」不同。「取」，取捨之取也。劉邦同取張良、蕭河、韓信，而其所以取之理由則異。故「其取也同，其所以取之不必同。」是就取舍之結果與原因處言同異之別。

經上八十九條：「同異交得，放有無。」

經說：「同異交得，於福家良，恕有無也。比度，多少也。免蚓還園，去就也。鳥折用桐，堅柔也。劍尤早，死生也。處室子，子母，長少也。兩絕勝，白黑也。中央，旁也，論行行學實，是非也。難宿，成未也。兄弟俱適也。身處志往，存亡也。霍為姓故也。賈宜，貴賤也。」

案：此條似在駁名家「萬物畢同畢異」之說。依墨家看來，「畢同」則無「異」「畢異」則無「同」，如此不但泯滅了萬物同異之界線。而且會造成無同又無異之大矛盾。所謂「同異交得」旨在「同」、「異」雙彰，二者俱加肯定。

本條之經說多不可解，但所舉之有無、多少、去就、堅柔、死生、長少、白墨、是非、成未、存亡、貴賤等及經文之「有無」皆在嚴同異之別。白與黑，是與非、有與無……彼此有別不得謂之為「畢同」。

經上三十九條：「同：異而俱於之一也。」

經說：「侗：二人而俱見，是楹也，若事君。」

案：本條經及經說，各家之解釋極紛紜，且皆不足採信。依愚見，經意當是：不同之人趨向於行「相同」之事。而經說之意則是：某一客觀之物、事，使本來相離之人，在此物、事上產生一致的行動。如「甲」物使乙丙二人同時產生一同之行動——「見」，此時乙丙之「見」皆「盈」於甲物之上。同理，君使眾多之臣子產生「忠」（事君之準則為忠），而此眾多人之忠皆相盈於君之上。故曰：「二人俱見，是盈也。若事君。」故「侗」之意，簡言之，乃是人在某一事上採取共同之行動，此亦為「同」之一種。

經下第七條：「異類不吡，說在量。」

經說：「異：木與夜孰長。智與粟孰多。爵、親、行、賈四者，孰貴。麋與霍孰高。麋與霍孰霍。蚓與瑟，孰瑟。」

案：此條旨在說明：不同類之事物不能用同一標準去比較其屬性。例如：「木」、「夜」不同類，故不能同用一「長」去比較二者之性質。「木長」是就空間言木之長度；而「夜長」，則是就時間而言夜之長度。此二者分屬兩不同範疇之事物，故無法比較其長度孰長。同理：人之智慧與米糧；爵、親、行與賈；麋與霍。蚓與瑟亦都不同類，自然不能比較它們之間之多，貴、高、悲。

本條認為不同類之物、事，不可用同一標準去衡量比較其間之性質。反言之，即同類方可相比。故異類而相比，有使異類混同而不當之病：故本條有「物類之界線不可泯」之意。此正與萬物畢同之思想相反。

大取：「小圜之圜與大圜之圜同。不至尺之不至也，與不至鍾之不至，異。」，大小之圜同，則不可言「畢異」；不至尺與不至鍾之「不至」，異，故不可言「畢同」。

總上言之，前面所引墨家之言有一共同點，即在強調萬物有無數之「同」與「異」。而且此「同」與「異」是不可隨便混同而泯滅之。這顯然是在反駁惠施之論。依墨家之意，惠施之「萬物畢同畢異」顯然會造成同異之不分。此外惠施之「天與地卑」、「山與澤平」、「天地一體也」也都與

「畢同畢異」一樣會造成同異之不分與混亂。就理論上言，也都是墨家所反對的。因為這些都是違反常識之論，而墨家在「名理」上是質樸的實在論者，所以都是擁護常識的，當然不會贊同名家之言。

但是就「大同而與小同異，此之謂小同異。萬物畢同畢異，此之謂大同異。」而言，惠施（至少在這一條學說上）並沒有泯滅同異之企圖，反而是在「別同異」。依本條看，惠施亦如墨經一樣是在列舉不同形式的同與異。例如就「同」而言，有所謂「大同」、「小同」與「畢同」。就「異」而言，有所謂「小同異」、「大同異」、「畢異」。自古以來，大家都認為「合同異」亦即混同「同異」之別，是惠施最具代表性的學說。就現有文獻上看來，這種看法是正確的，不過應分別清楚的是：「大同而與小同異，此之謂小同異。萬物畢同畢異，此之謂大同異」並不是在「合同異」，反而是在「別同異」。此其一。至於可以視為「合同異」的反而是「天與地卑，山與澤平」、「日方中方睨，物方生方死」、「南方無窮而有窮，今日適越而昔來」、「天地一體也」這幾條。此其二。因此，墨家之說固然是在駁「合同異」，但是如果把它拿來駁「萬物畢同畢異」則是對惠施之說作斷章取義式的反駁，那是不妥當的。因為惠施的目的是在說明同異有各種不同的形式，這與墨家立言之宗旨是一致的。此其三。又惠施之「畢同畢異」亦是有其「名理」上之依據的，而不是詭辯。故在思想上，「畢同畢異」之說是有其客觀妥實性的。而不是墨經之說所可駁倒的，此其四。

二、南方無窮有窮之辨

天下篇所記惠施曆物之意，諸家皆分為十條解之，唯牟先生併為八事。「南方無窮而有窮」、「今日適越而昔來」及「連環可解也」向來被視為三事，而牟先生則併為一事，且以「連環可解也」一語作為「南方無窮而有窮，今日適越而昔來」之「提示語」，提示南方何以無窮而有窮及今日適越何以昔來之理由。茲從之。

關於「南方無窮而有窮」一語，解之者眾，大致可分為兩派：一為馮友蘭及羅根澤；一為胡適、張默生及牟先生。後者以地圓說解惠施之說，而前者則否。

馮友蘭中國哲學史云：「莊子秋水篇曰：『井蛙不可以語於海者，拘於虛也。』普通人所至之處有限，故以南方為無窮，然此井蛙之見也。若從『至大無外之觀點觀之』，則南方之無窮，實有窮也。案：馮氏是以「至大無外」為依據，以對顯南方之渺小、有限，以否定南方之為無窮，而肯定其為有窮。故曰：「南方無窮而有窮」。依是，「南方無窮而有窮」一語成了「至大無外」之注腳，亦即只是「至大無外」的引申而無新意。天下篇既將「至大無外」與「南方無窮而有窮」分為二事，當各有其獨特之意義，不可混而一之。

羅根澤諸子考索第一次答張默生先生書云：「兄又謂『南方無窮而有窮』一條，以指地理學上之新見解而言。弟舊日亦持此說，今不能無疑者，荀子正名篇曰：『假之有人，而欲南無多，而欲北無寡，豈為夫南者之不可盡也，離南行而北走也哉？今人之所欲無多，所惡無寡，豈為夫欲之不可盡也，離得欲之道而取所惡哉？』荀子以南之不可盡，比欲之不可盡；今由欲之不可盡，知當時謂南不可盡。言『欲南無多，欲北無寡』，又謂不為『南之不可盡，離南行而北走』，知當時謂南無盡，北有盡；南無盡由於南多，北有盡由於北寡，蓋中國本位於北溫帶，戰國前之活動又偏於中國北部，北行而至於鴻荒無人之地者蓋有人矣，南行而至於鴻荒無人之地者，則無其人，故時人僉謂南方無窮，北方有盡。惠施雖亦未南行至於鴻荒無人之地，然或以北喻南，或有其他證明，知南亦有窮，故謂『南方無窮而有窮』。無窮為時人之常言，有窮乃惠施之新說。如解以地圓，謂有窮為實際之假定，如今所謂南極，無窮為地之真形，南之南仍有南，循環不止，則當謂『南方有窮而無窮』今先出『無窮』，後言『有窮』，明以『有窮』否定『無窮』，與荀子所言，適合，知胡適之郭沫若諸先生之解以地圓，雖新頴而未必是矣。」案：羅氏以為惠施之主南方有窮，乃在破南方無窮之舊說，證之惠施「以反人為實，而欲以勝人為名，是以與眾不適也」（天下篇語）之作風看來，羅氏之說是可成立的。不過名家之「反人勝人」並非無理的狡辯與詭辯，而是有其「名理」上之理論根據的，惠施主南方無窮而有窮之理論根據何在，羅氏只說是：「或以北喻南，或有其他證明，知南方亦有窮。」但是對於以地圓說為惠施主南方無窮而有窮之理論根據則堅決地加以否定。其實，「無窮為時人之常言，有窮乃惠施之新說」與「以地圓說為南方無窮而有窮之理論根據」並不相衝突。地圓說或許就是羅氏所說的「惠施或有其他證明，知南方亦有窮」的「其他證明」。

胡適中國古代哲學史第二冊八十六頁云：「惠施論空間，似乎含有地圓和地動的道理，如說：『天下之中央，燕之北，越之南是也。』燕在北，越在南。因為地是圓的，所以無論那一點，無論是北國之北南國之南，都可說是中央。又說『南方無窮而有窮』。因為地圓，所以南方可以說有窮，可說無窮。南方無窮，是地之真形；南方有窮，是實際上的假定。又如：『天與地卑，山與澤平』；更明顯了。地圓旋轉，故上面有天，下面還有天，上面有澤，下面還有山。又如：『今日適越而昔來』，即是周髀算經所說：『東方日中，西方夜半；西方日中，東方夜半』的道理。我今天晚上到越，在四川西部的人便要說我昨天到越了。」……那『連環可解也』一條，也是此理。」此外，胡適並舉了許多證據，證明先秦已有地圓說。「當時的學者，不但知道地是動的，並且知道地是圓的，如周髀算經說：『日運行處極北，北方日中，南方夜半。日在極東，東方日中，西方夜半。日在極南，南方日中，北方夜半。日在極西，西方日中，東方夜半。』這雖說日動而地不動，但似含有地圓的道理。又如大戴禮記天員篇，辯『天圓地方』之說，說：『如誠天圓而地方，則是四角之不揜也。』這分明是說地圓的。

張默生與羅根澤書（載羅氏諸子考索）云：「來書於『南方無窮而有窮』一條，引荀子另有創見，誠屬可靠，然弟以為即指地理學上之新見解（案：指地圓說），亦無不通，且屬可能。否則『我知天下之中央，燕之北越之南是也』一條，如不假定為地圓，尚有何意義？」

牟先生惠施與辯者之徒之怪說云：「『南方無窮而有窮，今日適越而昔來；連環可解也。』案此條歷來皆作三句獨立解，吾看似並不如此。此條說：南方無窮而有窮，今日適越而昔來，此兩句表面上皆是自相矛盾之辭。然惠施暗示之曰：雖似矛盾，而實『連環可解也』。『連環可解』是指提示語，並非獨立一事。天下篇述惠施厤物之意，自至大無外起，無單辭或一事者。皆是若干句合成一小段，為一意。此與下文『卵有毛』等不同。故此條三句當為一起，而主要是在表面為矛盾之兩句所表之意。吾意當惠施說此兩句時，心中實有一圓圈之洞見。此即『連環可解』一提示語之所由來。『南方無窮而有窮』，此南方自不限于中國之江南或再南至江南以南，乃是就全宇宙而解，故是無窮的。此若直線思考，則『無窮而有窮』自是矛盾。但若視宇宙為圓球，曲線思之，則不矛盾，故曰：『連環可解也』。向南直走，隨圓形而又轉回來，故無窮而有窮。此顯然有一種圓圈之洞見。此洞見，也可說是想像，有一最佳之例證，即今日之相對論視宇宙為『無邊而有限』。從無邊界言，是無窮；從有限言，是有窮。故『無窮而有窮』，如真連環可解，非是圓形不可。」

案：綜合以上諸家之說，似可為惠施「南方無窮而有窮」一語之意，作如下的結論：戰國時，一般人都認為南方是無窮的，而惠施是慣於「以反人為實，而欲以勝人為名，是以與眾不適也。」的人，所以他偏偏主張「南方無窮而有窮」。至於南方何以是無窮而又有窮呢？他大概是由「連環」的的啟示得到一種「圓圈的洞見」，又由「圓圈的洞見」聯想到地是圓的，或是與當時的地圓說一配合，就想出南方固是無窮，但是由於地球是圓的，所以如直往南走，總有一天會復歸原地，這樣無窮的南方，豈不成為有窮的了。這與「天下之中央，燕之北，越之南是也」同一個道理。

墨家對於南方無窮而有窮之說，顯然是不贊同的，這可以從經及經說看出來。

經上四十二條：「窮：或（或，邦也）有前不容尺也。」

經說：「窮：或不容尺，有窮；莫（莫同漠，北方之沙漠也）不容尺，無窮也。」

此條經及經說旨在嚴「有窮」與「無窮」之別。其意是：「邦域」雖大，不易以「尺」量之，但是邦域之大是「有限的」，有其限定的域界的，因而是有窮的。故曰：「或不容尺，有窮。」至於沙漠，亦是不能以尺量的，但是沙漠之大是無邊際的（至少在農業民族的心目中，沙漠是無限的），所以是無窮的。故曰：「莫不容尺，無窮也。」依是，有窮與無窮，乃是根據其面積之是否有邊際而定。又依經說看來，它是在為有窮與無窮下定義。而有窮無窮之定義既異，則二者顯然有別，不可混而為一。而惠施以無窮而有窮指謂南方，則有泯滅有窮與無窮之界線之病，故墨經特嚴有窮無窮之別，以駁惠施之說。

經下七十二條：「無窮不害兼，說在盈否。」

經說：「無：南者有窮則可盡，無窮則不可盡。有窮無窮未可智，則可盡不可盡不可盡未可智。人之盈之否未可智。而必人之可盡不可盡亦未可智。而必人之可盡愛也，誖。人若不盈，無窮，則人有窮也。盡有窮，無難。盈無窮，則無窮盡也。盡有窮無難。」

案：右引經及經說旨在說明空間之無窮，並不妨害「兼愛」之說。其內容與本節主旨無關，故不加以疏解。由經說「南者有窮則可盡，無窮則不可盡」看來，經文之「無窮」，顯然是「南方無窮」之省文。惠施之主張，就表面看來，一向都是違反常識的，而墨家與荀子則都是維護常識的。荀子正名篇有「南者不可盡」之語，所以我們可以推斷墨經亦是主張南方無窮的。既認為南方是無窮的，就不會承認它又是有窮的，因為有窮與無窮相矛盾。依此，墨經作者，斷然不會贊同惠子之說。關於此，墨經雖未明言反對，但是根據右引經說以「有窮」與「無窮」對舉；「可盡」與「不可盡」對舉，則顯然認為有窮與無窮是相對立的，是不可混而為一的。故可視為對「南方無窮而有窮」之不贊同。

由上面之推測，可知墨家是不贊成名家「南方無窮而有窮」之說的。而墨者之反對，是基於「有窮」與「無窮」之矛盾性。而惠施此類似自相矛盾之說，依上述是以地圓說為理論根據的。如果只對一種學說之結論表示反對，而不能批駁其結論之依據則算不得有力的反駁。故墨經對於惠施之說可以說缺乏積極的有力的反難。

三、厚大之辨

惠施之「無厚，不可積也，其大千里。」旨在說明「厚」與「面」的關係。幾何學以具有長、寬、厚三者為「體」，有寬、長而無厚者為面。就經驗世界而言，一切「物」都有其「體」，因此都有其厚度（或言高度）、長度、寬度。同一體積的「物實」，其厚度與所佔空間的體，適成反比。例如：假設有個長、寬、厚各一百尺的正方形物體，其面則為一百平方尺；如將此物從半腰截斷為二，使其厚度各為五十尺，那麼這兩個各為五十尺厚度的物體排列在一起，其面就成了二百平方尺。同理，如將一物體分為十等分，則此十等分的物體之和的面，必十倍於其原來的面。依此，厚度與面，成為反比關係。這就是說：同一單位體積之物，其厚度愈大，則其面愈小；反之，其厚度愈小，則其面相對增大。惠施說：「無厚，不可積也，其大千里。」就是闡發此種「厚」與「面」之關係的道理。

依數學無限小的觀念，一個數，無論如何加以細分，總不會使它成為「零」。依此，厚度無論如何加以削分，只能使它變小，也不能使它變無；換言之，即不能達到「無厚」的地步。惠施是否接觸到這一理論，我們不得而知，不過，二十一怪說中的「一尺之棰，日取其半，萬世不竭」的說法，顯然是依據「數」可變成無限小卻不能變無變零的觀念而立論。推測惠施之意，可能是凡有厚度的，必可堆積；如將此厚度不斷變小，其面積必相對增大；此厚度變小變薄到最後極限——這個極限是理論的抽象的置定，不是真有此極限——其厚度便幾近於零。當厚度薄到極限時，其面之大亦必達到極限。「其大千里」就是指這「面的極大」而言（此所謂「千里」，乃是無限大、最大極限之意）。

就內容看，惠施的學說是幾何學上「面積」與「體積」的關係問題；就方法看，惠施頗能打開具體物的種種限制，而作抽象的純思辨的物「理」之研究。這種抽象的研究心靈，不僅是先秦諸子所少有，也是我華族文化史上所普遍欠缺的一種心靈。

墨經上五十六條：「厚：有所大也。」說：「厚：惟無厚無所大。」本條很明顯的是在駁惠施「無厚不可積，其大千里」之說。其意是：凡立體之物皆有厚度，有厚度方有「大」可言，故曰：「厚，有所大也。」反之，如無厚度，則無「大」可言，故曰：「惟無厚，無所大。」例如：長度與寬度相同之兩物，其厚度大者，體積亦大；厚度小則其體積亦小；換言之，厚度愈小，則其體積亦隨之變小。若其厚度變到「零」、「無」而成「無厚」時，其體積亦必隨之而變成「零」。體積為零，故「無所大」。

就以上文獻看來，名墨二家之說均能持之有故，言之成理。就「厚」與「面」之關係而言，惠施之論絕對正確；如就「厚度」與「體積」之關係而言，無「厚」就無「大」，不可能其大千里；名墨二家對「厚大」之問題的著眼點不同，故其結論亦自然不同，也因為其立論的角度不同，故二者無對錯，是非可言，可並存而不誖。

四、日方中方睨之辨

惠施「日方中方睨，物方生方死。」是在強調時間之不可絕對劃分。按一般習慣，人總喜歡把時間作斷然的劃分。如：過去、現在、未來；如：早晨、中午、黃昏。但是惠施則否定時間之可以劃分，尤其認為不可依據太陽的位置來劃分時間，故有「日方中方睨（睨，斜也）之說。因為時間是連續不斷的，自亦不可分割。「日中」與「日睨」是相連結的，豈可作一截然的劃分？因為太陽的移動（今日的說法是地球轉動）是不停的，所以「日中」就是「日睨」的開始。故曰：「日方中方睨。」

經上五十七條：「日中：正南也。」淮南子天文訓：「日至于昆吾，是謂正中。」注：「昆吾丘在南方。」按墨家之意是：日至南方之昆吾丘，適為日「正中」之時。既肯定日至正南為日中，則表示日正中必非日已睨。換言之，是「中」就不是「睨」，是「睨」就已非「中」；所以名家「日方中方睨」為自相矛盾之命題。因此墨家不以名家之說為然。但是惠施雖然認為日之「中」、「睨」不可分，但是並非否定日有「中」、「睨」兩態之別。只是就日之運轉而言，它無瞬息之停頓，故可以說日方中方睨，而墨家則孤立地認取「日正南」為日中，故日中絕不能說它是日睨。二家出發點不同，故其結論不同，彼此亦無高低對錯可分。

五、天與地卑，山與澤平

惠施「天與地卑，山與澤平」一怪說之理論依據何在，歷來各家之解說極為紛紜。按中國人自古即認為：天是一個實體；故有盤古開天，女媧補天的神話。天不但是一實體，而且天無不覆，整個大地都被天所覆蓋。天既覆蓋地，則天與地相連在一起，就人的視覺言，有「天涯」與「海角」相連的感覺。從天與地相連之處來說，說高，則天高，地也高；說卑，則地卑，天也卑。如此，「天與地卑」之說，自然可以成立。如果這樣的詮釋不差，則「地與天高」與「天與地卑」應當同真。惠施何以取「天與地卑」，而捨「地與天高」？這可能是因為中國人認為「地無不載」，所以「地卑」，地不但卑而且形「平」；反之，天高，而且形「圓」。因為天「圓」，故能與「卑平之地」相接，也因此故可以把天之「高」扯低扯平而成「天與地卑」。其實，「地與天高」比「天與地卑」更弔詭，更符合惠施「益之以怪，以反人為實，而欲以勝人為名」的風格，不知惠施何以竟捨此而取彼。山上之水，下注而成澤，則山與澤必相連結。就山澤的連結處而言，也跟天地的連結處一樣，山澤同高同低，亦即山澤之高低不分。如此，則「山與澤平」矣。荀子不苟篇中所列惠施難持之說七事中的「山淵平，天地比」，即指此「天與地卑，山與澤平」而言。

經上五十三條：「平：同高也。」說：「平：謂臺執者也，若兄弟。」其意是：有高有低，謂之高低不平；反之如高度相同，則可謂之平矣，故墨經以「同高」界定平。「臺」高而平，兄弟間彼此為同輩、平輩，所以經說以臺、兄弟作為「平」的譬詞。據此，墨辯之言顯然是在駁「山與澤平」及「天與地卑」之說。因為山與澤，天與地間有高有低而不平，故以「平：同高也」駁斥惠施之怪論。就事實而言，墨辯之論正確，而名家之言為謬論。但是惠施「天地一體也」一論斷如能成立，則以此為基礎，當然可以說「天與地卑」及「山與澤平」。反之，如「天地一體」一命題不能成立，則「天與地卑」、「山與澤平」二命題亦隨之不能成立。至於「天地一體」之理論何在及其是否能成立，則非本文所及，不贅。

第二節　墨辯與公孫龍之訾應

一、白馬論

「白馬非馬」是公孫龍最具代表性的學說之一。在公孫龍子中有白馬論一篇。篇中論白馬所以非馬之理由甚詳。墨子小取篇則有「白馬，馬也；乘白馬，乘馬也。」之說。篇中對白馬何以是馬之理，則未有說明。就字面上看來，「白馬馬也」與「白馬非馬」是一組矛盾命題。二者不能同真，此真則彼假，彼真則此假。但是如果深一層地加以研究，則可發現這兩個命題，並不矛盾而可同真。其所以會有貌似矛盾而實可同真的現象，那是由於雙方立論的依據及對「白馬是馬與非馬」中的是非二字所認取的意義有不同而造成的。

公孫龍對「白馬非馬」的非字所取的意義是「異於」，「不等」之意。而墨辯之作者及與公孫龍論難的人，對於「白馬是馬」的是字所取的意義是「包含於」（屬於）」及「內容的肯定」之意。這是進行討論「白馬是否為馬」之前所必須先認清楚的。底下擬分別說明公孫龍及小取之理論，然後作一綜合的評論，以判定雙方立論的確當與否。

公孫龍子白馬論曰：

白馬非馬，可乎？曰：可。曰何哉？曰：馬者所以命形也；白者所以命色也；命色者，非命形也。

案：龍之意是：「馬」是用以命形之名，而「白」則是用來命色的名。「馬」只是一個命「形」的概念，而「白馬」則是在命形的概念上加上一個命色的概念。所以「白馬」與「馬」這兩個概念顯然不相等。因此「白馬非馬」。這是從概念的構成上言白馬這一概念不等於馬這一概念。

曰：求馬，黃黑馬皆可致。求白馬，黃黑馬不可致。……黃墨馬一也，而可以應有馬，而不可以應有白馬，是白馬之非馬審矣。

案：龍之意是：說到「馬」，它可以包括黃黑馬在內。因為就「馬」這一概念的「外延」上言，它可以包括黑、黃、……等各色的馬。但是說到「白馬」時，則它的外延就不包括黃、黑、……等色之馬在內了。同樣是黃、黑馬，卻可以包括在「馬」之內，而為馬的一分子；但是不能包括在「白馬」之內而為白馬的一分子，這不是很明顯的告訴我們白馬不等於馬嗎？這是從概念的外延的不相等以言白馬非馬。

白馬者，馬與白也；故曰：白馬非馬也。

案：馬，只有馬的內容，而「白馬」則是在馬的內容外又加上白色這一內容。這樣看來，白馬與馬就內容上言，當然是不相等，故曰：白馬非馬。這是就概念的內容的不相等而言白馬非馬。

公孫龍主白馬非馬之說，其所持的理由共有以上三點。就此而言，公孫龍「白馬非馬」是絕對可以成立，而無法駁倒的。小取篇雖有「白馬，馬也」之說，但是不像公孫龍詳列其立論的根據，所以小取之「白馬，馬也」是否在駁公孫龍，以及它的立論根據是甚麼，不能從字面上望文生義而得。小取「白馬，馬也」之說是套在「夫物，或乃是而然，或是而不然」的模式下而提出的，所以要求得小取「白馬，馬也」立論之旨趣，必須把它還原到「是而然，是而不然」的模式中才行。

墨子小取篇云：

> 夫物，或乃是而然，或是而不然。……白馬，馬也；乘白馬，乘馬也。驪馬，馬也；乘驪馬，乘馬也。獲，人也；愛獲，愛人也。臧，人也；愛臧，愛人也。此乃是而然者也。獲之親，人也；獲事其親，非事人也。其弟，美人也；愛弟，非愛美人也。車，木也；乘車，非乘木也。船，木也；入船非入木也。盜，人也；多盜，非多人也。無盜，非無人也。奚以明之？惡多盜，非惡多人也。欲無盜，非欲無人也。……盜，人也；愛盜，非愛人也。不愛盜，非不愛人也。殺盜，非殺人也。……此乃是而不然者也。

案：公孫龍在其白馬論中詳列其「白馬非馬」之理論根據，而小取則不僅只有「白馬，馬也」的結論，而無推論的過程。同時反而以「白馬，馬也」為引子，大談其「是而然」與「是而不然」。從表面上看來，這是小取的作者在自「表」其說，而實際上是「遮」、「表」雙彰的。他所「遮」的是「白馬非馬」之不當，並且為「白馬非馬」這一「命題形式」提供一正確的「使用法」(說詳下)。

小取所舉「是而然」與「是而不然」之例頗饒趣味，茲分別加以解說如下。所謂「是而然」中的「是」字是指一命題為真；「是而然」中的「然」字是指在其值為真的命題(即「是而然」之「是」)上分別加一動詞，則所形成的新命題，其值亦真。例如：「白馬，馬也；乘白馬，乘馬也。」中之「白馬，馬也」這一命題為真，則對此命題之「白馬」與「馬」分別加一相同之動詞「乘」，所得出之新命題「乘白馬，乘馬也」其值亦真。這就叫做「是而然」。至於「是而不然」的意思是：一命題之值為真，然而如對此一命題加一動詞，則新形成之命題之值為假。例如：「盜，人也」這一命題為真，但是對此命題之「盜」及「人」分別加一相同之動詞「愛」之後，則新得之命題其值為假，故曰：「盜，人也；愛盜，非愛人也。」

又「是而然」與「是而不然」中之「是」所指之命題都包含有兩個類，而且其中之前一類為後一類所含攝。例如：「白馬，馬也」、「獲，人也」、「其弟，美人也」、「車，木也」、「盜，人也」等皆為「是」，而「白馬」、「獲」、「其弟」、「車」、「盜」分別為「馬」、「人」、「美人」、「木」、「人」所含攝。為方便計，稱前者為小類，後者為大類。當吾人對某一小類產生一「加詞」，而此「加詞」亦同時可以加在同一大類中的其他任何一小類時，此「加詞」可以同時加在小類與大類上而兩者同真。這就叫做「是而然」。例如：獲是「人」類中的一小類，如對獲加一愛字，而此愛亦可加在「人」類中的任何一個小類，則可得出「愛獲，愛人也」這一論斷。反之，如對某一小類產生一個加詞，而此加詞，僅能加在此特定的小類上，而不能普遍地加在其他小類時，則此加詞也就不能加在其大類上，亦即此時加詞加在小類上為真，而加在大類上則為假，這是所謂「是而不然」。例如：盜是「人」類中的一小類，如對盜加一愛字，而此愛只能加在「盜」上，而不能普遍地加在「盜」以外之其他「人」類中的小類，則此「愛」就不能加在大類「人」之上，如此所得的結論就成了「愛盜，非愛人也」的「是而不然」。

許多小類可以隸屬於一個大類下時，則此大類所有的性質必是它所含攝的一切小類的共同特性，就此共同特性而產生加詞時，則此加詞必可同時通用於大、小類上而得出「是而然」的結論。小類間因為有其共同點，故可同屬於一個大類；但是小類與小類間亦有其差異點，亦即每一小類在其所屬的大類之共同特性外都有其特殊的性質。就某一小類之特性而產生加詞，則此加詞就不能通用於其大類上，如此所得出來的結論為「是而不然」。

小取「是而然」與「是而不然」之意義既已解析如上，底下就以此解析為基礎，進一步來看小取立下「是而然」、「是而不然」之論的宗旨及其與名家之關係。公孫龍雖然主張「白馬非馬」，但是他只是認為就概念之內容與外延而言，白馬不等於馬而已，他不能也沒有否定白馬是馬之一小類。小取就是就「白馬」為「馬」之一小類而主張「白馬是馬」，而不可能「非馬」。雖然小取未曾明言其白馬何以是馬的理論根據何在，但是我們可以從上引小取原文的句式加以分析，而找出「白馬，馬也」之理由所在。「白馬，馬也」、「驪馬，馬也」、「獲，人也」、「其弟、美人也」、「車，木也」、「盜，人也」、等命題都是「是而然」與「是而不然」所舉的例子中的「是」，所以這些命題之值皆「真」。而這些命題的形式都是一致的，即前者含攝於後者中，前者為後者的小類。所以小取的「白馬，馬也」顯然是以「小類隸屬於大類」為根據而得出來的結論。「白馬」是馬類的一種，一小類，所以「白馬是馬」。

小取「白馬是馬」（白馬，馬也）之說，顯然是在駁「白馬非馬」。但是小取卻不採取條舉的方式來「表」「白馬是馬」之理，「遮」「白馬非馬」之非。反而以「白馬，馬也」作引子大談其「是而然」與「是而不然」。這可能是在小取的作者看來，「白馬之為馬」是實然而必然的，故「白馬非馬」之說不值得批駁。至於談「是而然與不然」可能是認為「白馬非馬」這一論斷固然不能成立，然而此一命題形式——「小類」非「大類」——是可以保留的。不過它不可以停在「白馬非馬」這樣的形式上，它必須多一個「加詞」的形式才能存在，才能被廣泛採用。例如：把「愛盜，非愛人也」中的加詞──「愛」去掉，則成為「盜非人也」，這與「白馬非馬」在命題形式上與內容的性質上完全相同。這樣形式與內容的命題，在小取作者看來，是絕對不能成立的。因為白馬是馬類的一種，盜亦是人之一類，絕不能說它非馬，非人。換言之，就類的隸屬與含攝關係看，白馬是馬，盜是人。亦即小類與大類之間只能用一個「是」而不能用「非」來連結。如要在小類與大類之間，加一個「非」字，則須採用「加詞」的方式行之才行。而且這個加詞必須是「是而不然」的形式，亦即其加詞必須是就某一小類之特殊點而加才行，否則，如果就小類間之共同點為出發點而產生「加詞」，則只能得出「是而然」的命題，而不能得出「是而不然」的結論。例如：在小取作者看來，盜是人之一小類，所以只能說「盜是人」而不能說「盜非人」。如要在盜與人之間用一「非」字來連結，則必須採用「是而不然」式的加詞才行。在某些法律上認為「盜」該殺，根據此法律而殺「盜」，則引起「殺」這一加詞的是小類「盜」這一特性，而不是大類「人」，因此殺這一加詞只能加在盜上，而不能加在其他「人」上。如此，我們就可因為加詞而得出類似「白馬非馬」的命題──「殺盜，非殺人也」。

依是，本文所引小取之文字與名家之關係可以歸結成以下幾點，以作本節之結論。

一、小取認為小類與大類間的關係只能「是」而不能是「非」。所以主張：「白馬是馬」，而不贊成公孫龍「白馬非馬」之說。

二、「白馬非馬」之說雖不能成立，但此命題形式，卻可以加以轉換而存在。小取「是而不然」之說即在為「白馬非馬」之命題形式提供一個可採行的方式。這是墨家修正名家之說，亦可作為墨辯晚於施、龍之佐證。

三、據此，小取之說，對公孫龍「白馬非馬」之各種論據並沒有提出直接的批評，它所提出的「是而然」、「是而不然」對公孫龍之「白馬非馬」為不相干的反駁。

四、就名墨而言，雙方的立論皆能言而成理。「白馬是馬」與「白馬非馬」皆能同時成立。因此，雙方的關係可以說是「可相容而同真」的關係，而不相矛盾。

大取篇：「非白馬焉，執駒焉，說求之無，說非也。漁大之無大，非也。」其大意是：如果有一白駒在此，在此白駒上沒有「馬」的內容，則可以說白馬非馬；否則白馬非馬與大魚不大一樣都是錯誤的。大取又云：「友有秦，友有於馬也。知來者之馬也。」其意是：友人有一匹秦地所產之馬，則表示友人有「馬」。他騎著「秦馬」來，我一看就可知道他所騎的是「馬」。秦馬是馬，則白馬必定是馬，而不可能「非馬」。

小取的「白馬，馬也」是從類的函蘊關係而言白馬是馬；而大取則是從「白馬」，「秦馬」都有馬的內容而言「白馬是馬」；二者皆能成立，不過墨辯不論是從類的包含關係或就其內容的肯定而主張「白馬是馬」，都不能駁到名家就概念之內容與外延的不相等而言之「白馬非馬」。總之，名墨二家之論可以同真。

二、堅白論

堅白論在先秦諸子中是一個熱門的論題，莊子一書分別在齊物論、德充符、駢拇、胠篋、天地、秋水等六篇中提到堅白一詞。此外荀子修身、禮記禮論、韓非子問辯、呂氏春秋季冬紀誠廉篇也都提到堅白的問題。以上諸家雖然提到堅白問題，但是並沒有直接加入堅白論之內容的論辯。直接參加辯論堅白問題的可分為兩派，一是主張「堅」與「白」相盈於石；另一派則認為「堅」與「白」相離。前者為墨辯所主張，後者則是名家之說。墨家堅白之說見於墨辯，而名家公孫子則有堅白論一篇，論列「堅白離」之理甚詳。莊子雖屢次提到堅白一詞，但是在齊物論德充符皆以堅白為惠施之說，而在秋水、天地兩篇，則以「離堅白」為公孫龍之言（天地篇雖以離堅白歸之辯者，而天下篇則列公孫龍於辯者之列）。據此，則堅白離到底為公孫龍還是惠施之說很難斷定。馮友蘭中國哲學史云：「辯者之中，當分為二派：一派為『合同異』，一派為『離堅白』。前者以惠施為首領；後者以公孫龍為首領。」就現存之文獻看，馮氏之區別是頗有見地的，而且公孫龍子亦有堅白論，主張堅白離之說。因此，雖然不能否定惠施有堅白離之說，但是肯定堅白離為公孫龍之說，則是絕對可以成立的。

公孫龍子堅白論云：

> 堅、白、石三，可乎？曰：不可。曰：二可乎？曰：可。曰：何哉？曰：無堅得白，其舉也二。無白得堅，其舉也二。曰得其所白，不可謂無白。得其所堅，不可謂無堅。而之石也，之於然，非三也？曰：視不得其所堅，而得其所白者，無堅也。拊不得其所白，而得其所堅。得其堅也，無白。……得其白，得其堅，見與不見離。一一不相盈，故離。

案：一般人總認為堅、白、石三者相盈相聚，亦即三者一體；而公孫龍則不以為然。他認為就人之視覺而言，只能看出石頭是白的，而看不出它是堅的。同理，就觸覺而言，只能觸知石頭是硬的，而觸不出它是白的。視覺只能覺知白、石；觸覺只能覺知堅、石。因此，就我們的感官而言，只能知石、白，或知石、堅，而不可能堅白石三者同時覺知。換言之，就單一感官（視、或觸覺）言，堅、白不能同時被覺知。因此，堅白在我們的感官覺知上永遠相離，而不相盈。這是公孫龍主張堅白離的第一個理由。

> 堅未與石為堅，而物兼。未與物為堅，而堅必堅——其不堅石、物而堅。天下未有若堅而堅

藏。

白固不能自白，惡能白石物乎？若白者必白，則不白物而白焉，黃黑與之然。石其無有，惡取堅白石乎？故離也。離也者，因是。

案：公孫龍除自感官之覺知上證明堅白離之外，又自堅、白之有其普遍而潛存之自性，以證明堅白離。歸納右引原文，龍認為堅、白有下列三義：一、它是普遍的，所以「堅」「不獨堅於石，而亦堅於萬物（謝希深注語）白不獨白於石，而亦白於萬物。換言之，堅、白不為石或他物所限，它可以堅一切物，白一切物。二、堅、白是有自性的，亦即它不依於客觀之具體物才成其為堅、白。故曰：「堅必堅——其不堅石、物而堅。」「若白者，必白，則不白物而白焉。」三、堅、白是離乎萬物而自存的，亦即它是潛存、潛藏，離而不盈於物。故曰：「天下未有若堅而堅藏」。堅、白有此三種特性，所以主張堅、白離。

白以目見，目以火見，而火不見。則火與目不見而神見。神不見，而見離。堅以手，而手以捶，是捶與手知而不知。而神與不知，神乎，是之謂離焉。

案：公孫龍堅白離之第三個理由是：就「知」、「見」之不能成立，以言堅白離。其大意是：人之見「白」，要靠「目」，而「目」之見「白」，要靠光線（火）。「目」如無光線就不能「見白」，而「火」雖然能助「目」以「見白」，但是火本身並無「見」的功能，所以它也不能「見」。依此，則「火」與「目」都不能「見白」了。目、火既不能「見」，那麼能「見」的必定是人的精神。但是人的精神見白，必須依靠目與火。準此而言，精神也不能見了。總之，單是目、火或神皆不能「見」「白」；同理，單是捶、手、或神皆不能「知」「堅」。公孫龍就因為「見」、「知」之不能成立，而言「白」與「見」離；「堅」與「知」離。

墨家對於堅白的問題，與公孫龍的看法正相反，主張堅白盈。其理論散見於經上第六十六——七十條及經下五、八、十五、三十六、三十七諸條。茲分別說明如下。

經上第六十六條：「盈：莫不有也。」說：「盈：無盈無厚。」第七十條：「次：無閒而不相攖也。」說：「次：無厚而後可。」案：此兩條旨在說明堅白「離」之條件。凡具體物皆有厚——體積可言，有厚則此物必具有此物之各種性質，亦即各該物之「性質」必「盈」於各該物之上，而不可能分離；如諸「物性」不相盈，則「物」不可能存在，故曰：「盈：莫不有也，無盈無厚。」因此要諸物性（如堅、白……）分離必須先「無厚」，故曰：「次：無厚而後可。」總之，墨辯之意是：必須先有「無厚」，方能「無盈」；「無盈」，才能證成「堅」、「白」離。無厚——無具體物存在是堅白離之基本條件。而事實上並無「無厚」之物存在，所以堅白離也就不能成立。

經上六十七條：「堅白：不相外也。」說：「於石無所往而不得二。堅白異處不相盈，相排是相外也。」其意是：任何一塊白石，不論是在任何時空條件下，皆具有堅、白二種性質，亦即堅白不相排斥、不相外。因此「堅白」盈而不離。除非堅白分處在不同物體或空間中，才可說堅白離。這是以堅白異處作為堅白離之先決條件。然而任何一塊白石之中，「堅」與「白」不可能「異處」，也亦此之故，堅白離之說不能成立。

經上六十八條：「攖：相得也。」說：「堅白之攖相盡，體盈相盡。」其意是：堅白之相結合於石上，乃是整個地相結合於石上，故堅白相盈而不離。反之，如果堅、白只是部分相結合，而部分不相盈，如此則可證成堅白離。然而堅白之相攖、相結合是整體的，所以堅白離是不可能的。

經上六十九條：「仳（離也）：有以相攖，有不相攖也。」說：「仳：兩有端而後可。」本條補充前條之說。其意是：堅與白如能有一端相攖，另一端不相攖則可證明堅白離。然而事實上堅白之相攖並無兩端可言，故堅白離之說無法成立。

綜上言之，墨辯是以「無厚」、「異處」、「體盈」、「兩端」作為堅白離之基礎與條件。而此基礎與條件在墨家看來都是無法成立的，故不贊同堅白離之說。

公孫龍因為手能觸知石有堅性，而不能知石之顏色；反之，目只能視知石之色白，而不能知石之性堅；所以主張堅白離。墨辯對此提出了反駁。

經下第五條：「不可偏（偏，半也）去而二，說在見與不見俱，一與二，廣與脩。」說：「見不見不離，一二相盈，廣脩堅白。」其意是：「目」固然只能見石之「白」，而不能見「堅」，但是見與不見並不能使「堅」、「白」相離。換而言之，人類知覺的能覺知與不能覺知，並不能使堅、白分離；堅、白就像「長度」與「廣度」永遠同時存在於「石」或其他「物」上面。

經下第八條：「偏去莫加少，說在故。」說：「偏：俱一無變。」本條與前條大意相同。人的單一感官雖然對石之「堅」與「白」只能偏知其一，而不能同時覺知其二，但是不管人的感官如何，堅、白仍依然如故，永久不變地聚在石頭上。所以不能由感官的「偏知」，而主張堅白離。

經下第十五條：「不堅白，說在無久與宇，堅白，說在因。」說：「無堅得白，必相盈也。」任何一塊「白石」，其中一定有「堅」又有「白」；如「堅」、「白」可以離，則白石就不成其為白石亦即「白石」不存在了，要使「白石」不存在只有一個可能那就是沒有空間、沒有時間。在無時、空的情況下，絕對不會有白石存在。但是時、空之不存在是不可能的。總之，只要有時、空存在，石就可以存在；石存在，堅白就必存在於石上。以手拊觸白石，雖然只能知堅不知白，以目視白石，雖然只能知白不知堅，但是總是可以證明「石」存在，石既存在，則堅白必然共存於石上。經下第三十六條：「於一，有知焉，有不知焉，說在存。」說：「於石一也，堅白之也，而在石，故有知焉，有不知焉，可。」文意與十五條相通，不贅。

經下第三十七條：「有指於二，而不可逃，說在以二參。」說：「有指：子知是，又知是吾所先舉，則重。子知是，而不知吾所先舉也，是一。謂有智焉，有不知焉，可。若知之，則當指之（之，其也）知告我，則我知之，兼指之以二也。衡指之，直指之，參也。」（本條文字甚長故不全引，亦不逐句疏釋，全文疏釋已詳第二章）本條駁「堅白離」最特出的一點是：如果你以手拊知此石為「堅」，而我以目視知此石為白色，你如以所知——「石堅」告訴我，則我可以合你我二人之知，而知道此石具有「堅」、「白」二性。如此堅白二性實相盈於石而不離。

綜上言之，公孫龍之主張堅白離有三點理由，而墨辯之反駁則集中在兩個重點：一是經上六十六——七十各條所說「堅」、「白」離之必要條件「無厚」、「異處」、「兩端」、「體盈」之不能成立，所以堅白盈而不離。一是經下五、八、十五、三十六、三十七各條所說，視只能知白不知堅，拊只能知堅不知白，不但不能證明堅白離，反而可以證成堅白盈之說。此其一。後者是被動地順著名家「拊知堅不知白，視知白不知堅」之論加以反駁；而前者則是主動地從「堅白離」理論基礎之不能成立以遮堅白離並詮「堅白盈」之說。此其二。就感官之覺知，亦即認識論的角度而言，名家之說有漏洞，而墨辯之說反而可以成立。此其三。公孫龍就「堅」、「白」之有其自性、普遍性與潛藏性而言堅白離，實際上是就「堅」、「白」之「共相」而言堅白離，這是公孫龍之創見，而為質樸的實在論者——墨辯之作者所不能及之處。此其四。（至於公孫龍主張堅白離之三點理由究竟能否成立，彼此間是否能相輔相成已詳拙著公孫龍子疏釋，可參閱，不贅。）

三、通變論

公孫龍子通變論旨在闡明「變」與「不變」之理。天下一切「物」或「名」皆有它所特具的內容。此獨特之內容使一切「名」或「物」永遠「是它自己而非他」。在公孫龍看來，使一切「物」或「名」永遠「是它自己而非他」的內容，是永遠不變的。通變論中所說的不變即是指此而言。為了闡明變與不變之理，公孫龍曾列舉了許多事例。在這些例子中有部分是以牛、羊之同異，是非，及羊合牛非馬為例以說明變與不變之理。而墨子經及經說亦有與此極相似的話語。但是墨經（經說）並不是拿它來討論變與不變之理，而是用以討論牛羊之同異、是非、類、及類之函攝等問題。所以墨經有把通變論之本旨轉化的迹象。如果把墨經（經說）之言，放到通變論，則名墨之論就成為不相干之論題。反之，如果以墨經（經說）之言為主，為先，加以研究，然後再以墨經之立論來看通變論中羊、牛、馬之是非等問題，則可以使名墨二家之言，有一共同的接觸面，因此，討論名墨之通變論擬依先墨後名之序。又本小節所討論之名家文獻出於通變論，而墨家之言，亦是因襲通變論之話語，故以通變論為標題。

經下第六十五條：「狂舉不可以知異，說在有不可。」

經說下：「狂：牛與馬惟（雖）異，以牛有齒，馬有尾，說牛之非馬也，不可。是俱有，不偏有，偏無有。曰：牛與馬不類，用（用，因也）牛有角，馬無角，是類不同也。若舉牛有角，馬無角，以是為類之同也，是狂舉也。猶牛有齒，馬有尾。」

案：經說之意是：牛與馬雖異，但是如果只憑「牛有齒，馬有尾」這一點差異，就說「牛非馬」，那是不可以的。因為齒、尾是牛馬所共有的，而非牛馬所特有（偏有）或特無（偏無有）者。換言之，經說之意在說明：如果想就牛馬所共有之特徵，來說明牛馬相異，那是「狂舉」。這種「狂舉」是絕對無法知道牛馬之「異」的，故經曰：「狂舉不可以知異」。案：下定義的公式是：目＝差＋綱。例如：「人是理性的動物」這一命題中，「人」是「目謂」（謂，謂詞也），「理性」是差謂，動物是綱謂。下定義一定要有一個「差謂」，將所要界定的對象與同「綱」中的其他各「目」區別開。而此「差謂」必須是所要界定的「目」所特具（亦即經說所說的「偏有」），而為其他同「綱」中之目所沒有（亦即經說所說的「偏無有」）的才行。如「理性」是人所特有「偏有」，而為其他動物所沒有，「偏無有」的。同理，在為某些事物作「辯異」或劃分類別時，所舉之特徵，必須是甲所有，而為乙所無，或乙所有而為甲所無者才行。依此標準來看「以牛有齒，馬有尾，說牛之非馬也」當然是「不可」，是「狂舉」，而無法用以知牛馬之「異」。

經說後半之意是：「牛與馬不同類，其所以不同類是因為牛有角，馬無角，故可由此而斷定牛馬不同類。反之，如果以牛有角，馬無角為理由，因而斷定牛馬同類，這就是狂舉。這好比前面所說的『以牛有齒、馬有尾，說牛之非馬也』一樣，都是『不可』。」由此看來，此條經說之後半正好與前半相呼應。前半以「牛有齒，馬有尾」為「是俱有，不偏有、偏無有」，故不足以別牛馬之異；而後半則以為「牛有角，馬無角」可以定牛馬之不同類，因為「牛有角，馬無角」正合乎前半「偏有偏無有」之要求，故可以別牛馬之異。復次，依「若舉牛有角，馬無角，以是為類之同也，是狂舉也。猶牛有齒，馬有尾。」看來，經說所認定的狂舉有二：「舉牛有角，馬無角，以是為類之同也」這種狂舉是就「牛馬之異，以言牛馬之同」。而另一狂舉「以牛有齒，馬有尾，說牛之非馬也」則是「就牛馬之同，以言牛馬之異」。簡言之，經說之意可以歸結成：不能舉同以別異，亦不能舉異以知同。

公孫龍子通變論云：

羊有角，牛有角，牛之而羊也；羊之而牛也，未可。是俱有，而類之不同也。羊牛有角，馬無角；馬有尾，羊牛無尾。故曰羊合牛非馬也。非馬者，無馬也。

案：右引公孫龍子原文，本是借牛、羊、馬之種種關係以明「變與不變」之理（詳拙作公孫龍子疏釋），墨子經及經說則據此以言同異之辨。茲為明瞭名墨之差異與關係起見，特順著墨子經及經說之思路，回過頭來看公孫龍這一段話的義蘊，而撇開變與不變之理。

墨經「以牛有齒，馬有尾，說牛之非馬也，不可。是俱有，不偏有偏無有。」之意是：不能就牛馬所具有之共同點，而說牛非馬。而公孫龍「羊有角，牛有角，牛之而羊也；羊之而牛也，未可。是俱有，而類之不同也。」之意，則是認為不能就牛羊所同具之共同特點而泯滅羊牛之界線，而說牛是羊，或羊是牛。換言之，墨家之意是：「不能舉同以別異」，而公孫龍之意則是：「不能因同而混異」。由此看來，兩家學說之關係，並無衝突、對立的現象，反而可同真。故兩家之說，實有相輔相成的關係。

墨家之意是：「不能由甲乙之相同點以別甲乙之異」。而公孫龍則以為：「不能因甲乙之部分相同，而擴大其同，亦即不能以偏概全地說甲等於乙。簡言之，即不能就甲乙之部分相同，而言甲乙之全同。」我們似可把這兩家之說融合在一起而得出這樣的一條規律：「吾人不可因甲乙之同，而求知甲乙之異；同時，亦不能將甲乙之『偏』同而概其『全』同。」這是一條我們就甲乙之同以作推論時所應遵循之規律。

又墨子經說：「若舉牛有角，馬無角，以是為類之同也（依孫校也），是狂舉也。」其意是：不能就甲乙之「偏有偏無」，以求甲乙之同，亦即不能舉異以知同。而公孫龍子：「羊牛有角，馬無角，馬有尾，羊牛無尾。故曰羊合牛非馬也。非馬者，無馬也。」則是說：就甲乙所「偏有偏無」之現象，可推斷甲乙之異。（角為羊、牛所偏有，為馬所偏無；而尾則是馬所偏有，牛、羊所偏無。據此偏有偏無之條件就可斷羊合牛之非馬。附註：譚戒甫曰：「羊牛無尾，謂無鬃毛長尾。」故公孫龍子通變論中之「尾」，非泛指通常之「尾」；而依墨經之「以牛有齒，馬有尾，說牛之非馬也，不可。是俱有。」看來，墨經「馬有尾」之「尾」，乃是泛指通常之「尾」，為牛、馬所共有。）依此，名墨之說，一表，一遮，相得益彰。吾人亦可仿前面之作法，將名墨之說併為一條規律：「就甲乙之偏有偏無，可以推斷甲乙之異；而不能據之以斷定甲乙之同。」

就名墨之說之可以合併言，不僅表示名墨之言並不相矛盾，而且可以說是水乳交融，相得益彰。

經下六十六條：「牛馬之非牛，與可未可，說在兼。」

經說下：「牛馬或不非牛而非牛也，則或非牛而牛也，可。故曰：牛馬非牛也，未可，牛馬牛也，未可，則或可或不可。而曰『牛馬牛也，未可』，亦不可。且牛不二，馬不二，而牛馬二，則牛不非牛，馬不非馬，而牛馬非牛無馬，無難。」

案：經說之意大致是：如果「牛馬不是非牛而同時又非牛」這一論斷能成立的話，則「牛馬不是牛而又是牛」（依孫校）這一論斷亦同樣可以成立。前一論斷之前半「牛馬不是非牛」，換言之，即「牛馬是牛」之意，此與後一論斷之後半「牛馬而又是牛」文義相同（因為「不非牛」用兩個否定詞，依重負原則，「不非牛」即「是牛」之意）。同樣的，前一論斷之後半——「牛馬非牛」，與後一論斷之前半——「牛馬不是牛」文義亦相當。故此二論斷實為二而一者。它們只在表示：「牛馬非牛」與「牛馬是牛」這兩命題皆可成立。但是此二命題為一組矛盾命題，彼此不能同真假，有一真，另一必假。即

「牛馬是牛」為真、為可，則「牛馬非牛」必為假，為未可。同理，「牛馬非牛」為真，為可，則「牛馬是牛」必為假，為未可。所以經說接著說：故曰：「牛馬非牛也，未可；牛馬牛也，未可。」依此看來，「牛馬非牛」這一命題既可以「可」，也可以「不可」；同理，「牛馬是牛」亦有「可」與「不可」兩種可能。換言之，「牛馬是馬」可真可假；「牛馬非牛」亦可真可假。故經說曰：「則或可或不可」。又因為「牛馬牛也」可真可假，所以如果一口咬定「牛馬牛也，未可」那是不可以的。故經說曰：「而曰『牛馬牛也，未可』，亦不可。」牛、馬皆是單一的動物，故曰：「牛不二，馬不二。」而「牛馬」這一概念，則是由單一的「馬」與「牛」合成的，故「牛馬」為二。「牛不非牛，馬不非馬」實即「牛是牛，馬是馬」（依重負原則，負負得正）之意。此為同一律，故墨經以為「無難」。牛馬既為二，而牛、馬各為一，則依「二非此一亦非彼一」，「牛馬」當然非牛非馬，故經說亦以「牛馬非牛、無馬」（無馬，即非馬）為「無難」。（以上是經說原文之疏釋）案：「『牛馬牛也，未可』，亦不可」旨在肯定「牛馬牛也」，而「牛馬非牛無馬，無難」則是在肯定「牛馬非牛」。而「牛馬牛也」與「牛馬非牛」為一組矛盾命題，何以經說俱加肯定？既二者俱加肯定，則顯然不以為矛盾，如為矛盾則不會俱加肯定。要解開此中之糾纏，當從「牛馬是牛」與「牛馬非牛」中之「是」「非」二字著手。

案：經說以「牛馬是牛」與「牛馬非牛」皆為可真可假，則以下四個命題可以同時並存——「牛馬是牛，可」、「牛馬是牛，不可」、「牛馬非牛，可」、「牛馬非牛，不可」。這四個命題皆可同真，則「牛馬是牛，可」與「牛馬是牛，不可」二命題中之「是」字，在意義上如完全相同，則此二命題顯然違犯了矛盾律，而不可能同真，經說既以此二命題為可同真，則唯一可以消解此間之矛盾的理由是此「是」不等於彼「是」。「牛馬是牛，可」與「牛馬是牛，不可」二命題中之「是」字如其意義不相等，則此二命題可以不矛盾而可同真。依經說之意看來，「牛馬是牛，可」中之「是」字，應是「函攝」之意「牛馬」當然函攝「牛」，故「牛馬是牛」為「可」。而「牛馬是牛，不可」中之「是」字，應是「相等」之意。「牛馬」當然不等於「牛」，故「牛馬是牛」為「不可」。對應著「是」作「函攝」與「等」解，「非」自然應解作「不函攝」與「不相等」（或「異於」。）故「牛馬非牛，可」中的「非」是「不等於」之意。牛馬當然不等於牛，故「牛馬非牛」為「可」。而「牛馬非牛，未可」中之非則是「不函攝」之意，「牛馬」必然函攝「牛」，故「牛馬非牛」為「未可」。依是，把「是」字分別解作「函攝」與「相等」，則「牛馬是牛，可」與「牛馬是牛，未可」這一組矛盾命題，就自然不矛盾而可同真。同理，把「非」字分別解作「不相等」與「不函攝」，則「牛馬非牛，可」與「牛馬非牛，未可」這一組矛盾命題，亦自然不矛盾而可同真。又：「牛馬是牛，可」與「牛馬非牛，不可」這兩個命題之值相等；同理，「牛馬是牛，不可」與「牛馬非牛，可」亦為等值之命題。依是，此四命題所要表明的只是「牛馬函攝牛，然而不等於牛」這一點意思。

公孫龍子通變論云：

> 羊牛有角，馬無角；馬有尾，羊牛無尾（尾，指鬃毛長尾）。故曰：羊合牛非馬也。非馬者，無馬也。無馬者，是而羊，而牛，非馬，可也。牛不二，羊不二，而羊牛二。

案：公孫龍之「羊牛有角，馬無角；馬有尾，羊牛無尾。」是以角、尾之有無，亦即墨子經說之偏有偏無（角為羊牛所偏有，而為馬所偏無；尾為馬所偏有，而為羊牛所偏無）以概括「羊牛」與「馬」之內容不同。羊牛既無馬所偏有之內容，則「羊合牛」當然是「非馬」了，故曰：「羊合牛非馬也，非馬，無馬也。」「牛羊」無「馬」之內容，故非馬；而它所有的是羊及牛的內容，則「羊牛」當然是「牛」、是「羊」了。故曰：「無馬者，是而羊，而牛，非馬，可也。」至於「牛不二，羊不二，而羊牛二。」因文字淺顯且與墨子經說文義全同，故不贅。

此處所引名墨之言，可分兩點加以比較討論。

㈠依上述，墨家之意是：「牛馬」函攝「牛」，然而不等於「牛」。而公孫龍則云：「羊合牛非馬也，非馬者，無馬也。」這樣以「無馬」來界定「非馬」，則羊合牛非馬之「非」字，當作「不函攝」解。而「無馬者，是而羊，而牛，非馬，可也。」中「是而羊而牛」之「是」字當是函攝之意。故名家之意是：「羊牛不函攝馬，但是它函攝羊，亦函攝牛。」就「羊牛」之「函攝牛函攝羊」而言，與墨家之「牛馬函攝牛」完全相同。至於墨家之「牛馬不等於牛」與公孫龍之「羊牛不函攝馬」，其意義亦是相通的。龍之「羊牛不函攝馬」，亦必然意謂「羊牛不等於馬」。依此，墨家之「牛馬不等於牛」與公孫龍之「羊牛不函攝馬」，並不衝突而可同真，亦即可相容。綜上言之墨家之「牛馬函攝牛，然而不等於牛」與公孫龍之「羊牛不函攝馬，但是函攝牛，亦函攝羊。」有一半意義完全相等，另一半則是相容而可同真的關係。

㈡墨家言「牛不二，馬不二，而牛馬二。」而名家言「牛不二，羊不二，而羊牛二。」如孤立地看，兩家之言文義完全相同。不過墨家「牛不二，馬不二，而牛馬二」之言，旨在以「二」不「二」來肯定「牛馬非牛、非馬」，而名家之「牛不二，羊不二，而羊牛二」則是在重申與強調通變論中「二無左，又無右；左不可謂二，右不可謂二；而左與右可謂二」之意（詳拙作公孫龍子疏釋）二家之出發點，著眼雖不同，但是其意義則是相同的。

由上述，可知本小節所引名墨二家之言的關係是：或是可同真，或是完全相等。不像「白馬」、

「堅白」等問題上，兩家完全站在相反的立場。

四、名實論

公孫龍子有名實論一篇，其篇末云：「至矣哉！古之明王，審其名實，慎其所謂。至矣哉！古之明王。」公孫龍一再地讚嘆古之明王能「審名實，慎所謂」，這是表示龍對「審名實，慎所謂」之重視。大取：「諸聖人所先為人欲（欲，愛也，重也。）名實，名實不必民」亦是在以託古之方式來強調名實問題之重要。而「審名實、慎所謂」之落實則在「正名」。名實論即在說明如何「正名」之原則。茲僅錄其與墨辯有關之部分加以說明。

名實論云：

其名正，則唯乎其彼此焉。謂彼而彼不唯乎彼，則彼謂不行；謂此而此不唯乎此，則此謂不行。

案：此段文字之意是：名既是用來指謂或論謂「物實」的，則原則上「名」應該與客觀之「物實」相應。如名能與客觀之此物彼物如如相應、相符，則此名為能得其正。故曰：「其名正，則唯乎其彼此焉。」如果用「彼名」去指謂「彼實」，而這個「彼名」不能和它所指謂的「彼實」相應相當的話，那麼就不能用這個「彼名」去指謂「彼實」了。故曰：「謂彼而彼不唯乎彼，則彼謂不行。」（「謂此而此不唯乎此，則此謂不行」義同此，不贅。）例如以「白馬」這個名，去指謂「黑馬」這個物實，則因為這「白馬之名」與「黑馬之實」不能相應，因此就不可以拿白馬之名來指謂黑馬之實了。

其以當，不當也；不當而當，亂也。

如果把不能與物實相應的「不行之名」，強認為能與其所指的物實相應，相當，這是不當的看法故曰：「其以當，不當也。」這樣，強把不當於實之名，亦即把「不行之名」認為是「可行之名」；換言之，即把不當之名，認為是妥當的，這就要造成亂用名的現象了。

故彼彼當乎彼，則唯乎彼，其謂行彼；此此而當乎此，則唯乎此，其謂行此。其以當而當，以當而當，正也。

前面文字說明何謂「不行之名」，此節則在說明何者為「可行之名」。其意是：如果用「彼名」來指謂或論謂「彼實」，而能與「彼實」相當（無出入），這就表示這個「彼名」可以和「彼實」相應。既可相應，則用這個「彼名」來指謂「彼實」是妥當可行的。故曰：「彼彼當乎彼，則唯乎彼。其謂行彼。」而把這種能當彼，唯彼，行彼的「名」認為是妥當的，那麼，名就能得其正了。故曰：「其以當而當，以當而當，正也。」總上言之，公孫龍的所謂「正名」，只在求「名」與「實」應，「名」與「實」當。換言之，能「名」符其「實」，就算是「正名」了。

故彼彼止於彼，此此止於此，可；彼此而彼且此，此彼而此且彼，不可。

案：上文說明正名須名與實當，而此節文字則進一步要求名要專當於實，而不可有歧義。其意是：如果用「彼名」去指謂「彼實」，而且這個「彼名」僅止於指謂「彼實」，則這樣的「彼名」是「可行之名」。故曰：「彼彼止於彼，可。」反之，如果用「彼名」去指謂「此實」，則此「彼名」

既可指謂「彼實」而且可以指謂「此實」，這樣一來，就表示同樣一個名，可以兼指兩個（或兩個以上）不同的實了。這在公孫龍看來是不可以的，故曰：「彼此而彼且此，不可。」例如：以「白馬」之名，去指謂「馬」時，則「白馬之名」除了指謂「白馬之實」外，又可兼指「馬之實」，這樣就形成了「白馬是馬」，在龍看來是不可以的，所以他認為白馬之名只能指白馬之實，而不可以指馬之實。這也就表示白馬之名不可以取代馬之名，因而他主張「白馬非馬」。所以「白馬非馬」是合乎他的「彼彼止於彼，可；彼此而彼且此，不可」的正名原則之要求的。

> 夫名，實謂也。知此之非此也，知此之不在此也，則不謂也。知彼之非彼也，知彼之不在彼也，則不謂也。

案：本節乃承上言不合乎正名之兩大原則——名實相應與名專當於實——之「名」，不可用以稱謂「實」。龍之意是：名是用來指謂實的，故名之產生及用名皆應以「實」為依歸。如果牛這個名，所指的竟非牛之實，這就成了「此之非此」，這也就是前面所說的「謂此而此不唯乎此」。是不合乎「名與實應」之正名原則的。復次，「此名」是用來指謂「此實」的，如果把「此名」用來指謂「彼實」的話，則「此名」不僅用在「此實」上，又可用在「彼實」上，這就成了「此之不在此」，也就是前面所說的「此彼而此且彼」。這是違反「名專當於實」之正名原則的。「此之非此」（「謂此而此不唯乎此」）與「此之不在此」（「此彼而此且彼」）既都違反了正名的原則，那麼就不可以用它們來指謂物實了。故曰：「知此之非此也，知此之不在此也，則不謂也。」以上是公孫龍的正名思想，底下接著來看墨家之說。

經下第六十七條：「彼此：彼此，與彼此同，說在異。」

經說：「彼此：正名者彼此。彼此可——彼彼止於彼，此此止於此。彼此不可——彼且此也。彼此亦可——彼此止於彼此，若是而彼此也，則彼彼亦且此此也。」

案：經說之意是：要求講「正名」，就必須注意「彼名」、「此名」之可不可用。例如：「彼彼止於彼，此此止於此」（文句與公孫龍之名實論全同，其義亦已見前，故不贅。）合乎正名的原則——名專當於實，故此「此名」、「彼名」是可採用的。故曰：「正名者彼此，彼此可——彼彼止於彼，此此止於此。」反之，如「彼且此也」（與名實論之「彼此而彼且此」「此彼而此且彼」同）這種「彼名」既可指謂「彼實」亦可指謂「此實」，是違反正名原則——名要專當於實的，故曰：「彼此不可——彼且此也。」正名原則固然要求「彼彼止於彼，此此止於此。」但是，如果有「彼此止於彼此」的，則這種「彼此」亦是可行的。故曰：「彼此亦可——彼此止於彼此。」「彼此止於彼此」之上一「彼此」，乃是指「彼名」「此名」；而下一「彼此」則是指「彼實」「此實」而言。其意是：如有彼名與此名合在一起，同時指謂「彼實」「此實」，而且僅止於指謂「彼實」「此實」而不再指謂其他之物實，則此「彼此止於彼此」一樣是合乎正名原則的。因為這樣地合用「彼名此名」去共指「彼實此實」，就等於分別以彼名指謂彼實，以此名指謂此實，都是合乎「彼彼止於彼，此此止於此」之原則的。例如，分別以「牛名」指「牛實」，「羊名」指「羊實」是可行的，那麼把牛名羊名併成「牛羊」，去合指「牛實羊實」，這等於是以牛名指牛實，羊名指羊實，亦一樣是可行的。故曰：「彼此亦可——彼此止於彼此。若是而彼此也，則彼彼亦且此此也。」

依經說之意，同為「彼此」之名，而就其使用之法而言可分為：「彼此可」、「彼此不可」、

「彼此亦可」三類。故經文云：「彼此與彼此同，說在異。」如把這「彼此」之名之三種不同的使用方式和公孫龍之名實論相比，可以發現：墨家之「彼此可——彼彼止於彼，此此止於此」與「彼此不可——彼且此也」即是龍之「彼彼止於彼，此此止於此，可；彼此而彼且此，此彼而此且彼，不可。」至於墨家之「彼此亦可」雖為龍之所無者，不過那只是「彼此可」之應用，而無新意。依是，「名要專當於實」是名墨所共同強調的正名原則。

經下第七十一條：「惟吾謂非名也，則不可，說在反。」

經說：「惟：謂是霍（霍，鶴也。）可，而猶之非夫霍也，謂彼是（是，此也）是（是，表肯之詞）也，不可。謂者毋惟乎其謂，彼猶（猶，若也）惟其謂，則吾謂不行；彼若不惟其謂，則不行也。」

案：經之意是：吾所用以謂物之詞，如不是通用常用之名，則此「吾謂」為不可用者，其所以「不可」的道理，端在其違反了約定俗成之常名。經說之意是：如果某物可以謂之為「霍」，同時亦可謂之為「非霍」，這就表示此物謂之為彼，謂之為此皆對，這是不可以的。故曰：「謂是霍可，而猶之非夫霍也，謂彼是是也，不可。」物如可謂之為霍，亦可謂之為非霍，這樣物就無定名了。我所用之「謂」與他人所用者不一致，如此人與人間之情意就無法表達傳送了。因此如對同一物而所用之名謂不一致時，就要有所選擇，分出其「行」與「不行」。例如我所用之名謂不能應乎所謂之物，而另一名謂能與所謂之物相應，則「吾謂」就不能採行。同理，如「彼謂」不能與所稱謂之物相應，則「彼謂」亦一樣是「不行」的。故曰：「謂者毋惟乎其謂，彼猶惟其謂，則吾謂不行，彼若不惟其謂，則不行也。」

案：此條經及經說之意與公孫龍之「其名正，則唯乎其彼此焉。謂彼而彼不唯乎彼則彼謂不行，謂此而此不惟乎此，則此謂不行。」是相同的。都是認為能與物實相應之「名謂」為可行；而以不能與所指謂之物相應之「名謂」為不可行。荀子正名篇云：「名無固宜，約之以命，約定俗成謂之宜，異於約則謂之不宜。」墨經及經說亦曰：「或：過名也，說在實。（以上經，以下經說）或：知是之非此也，有知是之不在此也，然而謂此南北，過，而以為然。始也，謂此南方，故今也謂此南方。」名既無固宜，則某物謂之為甲或乙或丙……皆無不可。依此，則名與實間無所謂「惟」、「不惟」之別，亦無所謂「行」、「不行」之分。詳言之，就「制名」、「命名」而言，因名無固宜，故對某一方位，謂之為東、西、南、北皆無不可，因此所命所制之名皆是「惟」的；可「行」的。也因此不會產生「名謂」之惟不惟、行不行的問題。而公孫龍及墨辯卻一再地強調「惟不惟」「行不行」之別，則顯然不是就制名命名之立場而立說，而是在為「用名」提供一條原則，何者為惟，為行；何者為不惟，為不行。當約定俗成，物（事）有了定名後，人們使用名謂時，如果合乎約定俗成之名，則為「惟」，為可行；否則就成了「不惟」、「不行」。故名墨在正名上皆主張維護約定俗成之名，且以合不合乎約定俗成之名為判別名正不正之準據。至於何以要維護約定俗成之名，則名墨二家皆未提到，倒是荀子替他們補充說明了。荀子正名篇云：「王者之制名，名定而實辨。」、「名聞而實喻，名之用也。」制名的目的在於「辨實」，名定了之後，而大家不採用，人各一名，如此則名聞而實不喻，因而就失去了「名之用」了。反之，如果名定之後，大家用名時，能「惟」乎「定名」，則可因名而辨實，能聞名而喻實。

綜上言之，公孫龍與墨家在正名上的主張，可以說完全相同，而無彼此論難之痕迹在。

第三節 墨辯與辯者之訾應

莊子天下篇在列舉惠施「厤物之意」後，接著說：「惠施以此為大，觀於天下，而曉辯者。天下之辯者，相與樂之。卵有毛。雞三足。郢有天下。犬可以為羊。馬有卵，丁子有尾。火不熱。山出口。輪不蹍地。目不見。指不至，至不絕。龜長於蛇。矩不方，規不可以為圓。鑿不圍枘。飛鳥之景，未嘗動也。鏃矢之疾。而有不行不止之時。狗非犬。黃馬驪牛三。白狗黑。孤駒未嘗有母。一尺之棰，日取其半，萬世不竭。辯者以此與惠施相應，終身無窮。桓團、公孫龍之徒，飾人之心，易人之意。能勝人之口，不能服人之心。辯者之囿也。」由這一段記載，可知上引二十一怪說是辯者拿來和惠施「厤物之意」相應而且相樂之用的。至於此二十一怪說的作者是誰，卻是一個不易解決的問題。天下篇以桓團、公孫龍為辯者。桓團其人，今已不可考。而以二十一怪說全歸諸公孫龍，亦是有問題的。復次，荀子不苟篇所列舉惠施、鄧析之怪說有的與辯者二十一怪說重複。如荀子之記載不誤，則二十一怪說的作者可能有惠施及鄧析在內。依此，二十一怪說之作者，到底有幾，以及那些怪說是誰的創說，都是無法確定的。馮友蘭中國哲學史雖把二十一怪說分為「合同異」與「離堅白」二組，這也只能說「離堅白」組之怪說與公孫龍之思想同一路數；「合同異」組之怪說則與惠施之觀點相近；而不能說公孫龍就是「離堅白」組怪說的作者，「合同異」組之怪說出於惠施。因此，為了免流於主觀的武斷，我們只好說二十一怪說的作者是戰國名家之辯者。

二十一怪說都是一些寡頭而孤立的結論，得出此結論之理論依據及其推論之過程，則全付闕如。墨辯所涉及的只有其中的八條。底下擬先列「怪說」，並予以合理的解說，然後再述墨辯對此「怪說」之反駁。

一、郢有天下

郢為楚國首都，如果楚國曾統一天下，而說郢有天下，那是不成問題的，而事實並不如此。此條與荀子不苟篇之「齊秦襲」當是同一層次之問題。其理論依據可能是惠施之「天地一體也」。郢只是七雄中之一的首都，何以能有天下？齊在東，秦在西，何以能說齊秦襲（襲，合也）？前一章曾說到「天地一體」是惠施厤物之意各條的理論基礎。郢有天下，齊秦襲，亦是以「天地一體」為其思想之依據，故馮友蘭將此條歸到以惠施為首領的「合同異」組。天地既自一體，則郢與天下亦為一體而不可分，郢與天下不可分，則可說郢有天下。例如吾人提物，只提物之某一小部分，即可說我提某物，而不說：我提某物之某部分而非提某物之全體。秦齊在空間上固然隔著楚國與三晉彼此有國界，有界線，但是齊之領土與三晉及楚相連，而三晉及楚又與秦合，如此，似亦可說秦齊合。而且，齊秦在同一陸地上，非如英格蘭與愛爾蘭之被海水所割裂。所以可說齊秦襲。郢有天下及齊秦襲之意，果如上述，則此種怪說，實在只能服人之口，而不能服人之心，它沒有什麼「名理」上的價值。

經下五十五條：「荊（楚也）之大，其沈淺（褊小也）也，說在有。」說：「荊：沈，荊之具也，則沈淺非荊淺也。若易五之一。」

案：高亨詮經云：「楚國大，沈縣小。沈縣為楚國所有。故曰：『荊之大，其沈淺也，說在有。』」又詮說云：「經所謂有者，謂沈縣為楚國所有也。故曰：『沈，荊之有也。』楚為大名，沈為小名。楚為大國，沈為大縣。然則沈褊小，非荊之褊小也。故曰：『沈淺非荊淺也。』沈之幅幀如何不可考，蓋相當楚國五分之一，以沈易楚，僅五分之一。故曰：『若易五之一。』此條殆駁名家之說也。莊子天下篇引辯者之言曰：『郢有天下。』本天下有郢，而名家謂郢有天下，依此推測，名家或有『沈有荊』之說，而墨家不以為然，故曰：『沈，荊之有也。』且斤斤辨其大小，以大能有小，小不能有大，證荊能有沈，沈不能有荊，正所以駁名家之說也。」

名家之郢有天下，不但違反常識，而且在名理上也沒有什麼意義；而墨辯則站在常識的立場反駁辯者之怪論。

二、火不熱

司馬彪曰：「金木加于人，有楚痛。楚痛皆于人，而金木非楚痛也。如處火之鳥，生火之蟲，則火不熱也。」（經典釋文）

成玄英曰：「譬杖加于體，而痛發于人，人痛，杖不痛。亦猶火加體，而熱發于人，人熱火不熱也。」（莊子疏）

馮友蘭曰：「從知識方面立論，則可謂火之熱乃由于吾人之感覺。熱是主觀的，在我而不在火。」（中國哲學史）

案：三家之說都認為「火」是客觀的存在；而熱則是主觀的感覺。故曰：「火不熱。」一般言之，火給予人的感覺是「熱」，因而把「火」與「熱」連在一起而有「火熱」之說。而辯者，卻把客觀的存在與主觀的感覺區分開，而主火不熱，這就認識論上言，是很有意義的一種觀念。儘管違反常識，卻不是無謂的詭辯。把主客觀的糾纏解開，使客觀之存在從主觀的感覺中解放開來，而還原到「物自己」。這是一種有創發性的見解。可惜這種見解得不到尊重，因而「把自然還原到自然」所衍生的學問，在中國得不到健康的發展。

經下四十六條：「火：熱，說在頓。」說：「火：謂火熱也，非以火之熱我有，若視日。」墨家以為火必熱，因為在人所能覺知之範圍內，火一經燃燒，人即刻覺知其熱。火之熱乃實然而必然者。故曰：「火必熱，說在頓。」名家火不熱乃是因「熱」為人之感覺，而非火本身有熱之覺知，故主火不熱，而經說則不以為然。「熱」雖非我之所有，然「熱」之感覺則由火而來，「熱」之感覺，既來自火，則火必熱，猶如日出，而人有「熱感」則顯然日熱，否則，日、火無熱則人不能有「熱感」。故曰：「火：謂火熱也。非以火之熱我有，若視日。」

「火不熱」違反常識，「火熱」合乎常識，然二者皆能言之成理並不相矛盾。墨家因為人之「熱感」來自火、故主火熱之說，然而「熱」究竟是人主觀的感覺，火本身並無所謂「熱感」。如實言之，火具有使人產生「熱感」之條件，所以人的感官如屬正常，則近火或觸火必生「熱感」。如此，「火」為熱之「因」，而「熱」則為人近火觸火在主觀上產生的「果」。名家把「因」與「果」分開，「果」在人不在「火」，故主火不熱；而墨家則因為「火因」可導致「熱果」，故主「火熱」。由此看來，二家之說，實相反而相成，使人對火之熱不熱的問題能有如實而正確的認識。

三、輪不輾地

陳元德中國古代哲學史曰：「輪為圓形，輪與地有一點相切，地為輪之切線。在某瞬間，輪之某點與地相切，是輪輾地，從次瞬以觀此點，已不在地面。故從次瞬以觀前點，則輪不輾地。」

案：陳氏「從次瞬以觀前點，則輪不輾地。」之說雖能言之成理，然亦牽強。從次瞬以觀前點，固然可說輪不輾地，但是如從「當瞬」看，輪實著地，不能說輪不輾地。辯者之意或許是這樣的：「輪」是圓的，而輪與地之接觸只是某一「點」，而非「圓輪」全與地接觸，所以說：「輪不輾地」。如是，則「輪不輾地」，不是「輪全不輾地」，而僅僅是說「非全輪輾地」。這一條雖可言而成理，不過在「名理」上並沒有什麼啟示性，只是「禦人以口給」的玩意兒。

經上第四十八條：「環：俱柢。」李漁叔解本條云：「環與輪同，環皆無端，於地面行之，其相切之處，即抵地之一點也。輪轉一周，即成一環，處處抵地，故曰：俱抵。莊子天下篇載辯者有『輪不蹍地』之語，此蓋破其說也。」

案：二家之說雖相反，然並不相抵觸。車輪在車子行進中，車輪之每一點皆先後與地相接觸，就此而言，輪必輾地；然如就輪輾地之剎那而言，則僅有輪之某一點輾地，而不可能「全輪」同時輾地；因此名墨二家之說可以同真。

四、目不見

此為公孫龍之說。公孫龍子堅白論曰：

白以目見，目以火見，而火不見。則火與目不見而神見。神不見，而見離。（句讀依孫詒讓校）

司馬彪曰：「目不夜見，非暗，晝見，非明。有假也。所以見者，明也。目不假光，而後明無以見光。故目之於物，未嘗有見也。」

成玄英曰：「夫目之見物，必待於緣。緣既體空，故知目不能見之者也。」

案：依習慣，人總認為目能見物。實際上，「目」只是「見物」之必要條件，而非充足條件。無目固然不能「見物」，但是光有「目」亦不能「見物」。依公孫龍，見物之其他條件有「火」（光線）、「神」（正常的視神經作用）。目、火、神三者缺一不能成「見」。所以目不見，雖遠反常識，但是它在認識論上言，是很有意義的見解。它可以啟示人，注意到構成「認識」之各種條件。所以「目不見」是詭辭，而不是詭辯。

經下四十五條：「知而不以五路（五官也），說在久。」說：「知：以目見，而目以火見，而火不見，惟以五路知，久不當以目見，若以火見。」按本條旨在說明「時間」（久）不能利用五官來認知。然而經說：「知以目見，而目以火見，而火不見，惟以五路知。」則可視為對辯者「目不見」之反駁。

目為五官之一，其功能在見物之形、色。雖須有光線（火），目方能見物之形色。火雖能助目以見，然火並非「能見」，總之，人之「知」必賴於五官。故曰：「以目見，而目以火見，而火不見。惟以五路知。」「唯以五路（包括「目」）知」即是肯定目能見，同時反駁「目不見」。墨家之意是：「目」能「見」，只是目之見須受到「火」之限制而已。目之見雖然要受到火的限制，但是火並不是「能見」，「目」才是「能見」。所以不贊成「目不見」之怪說。總之，墨家是就目為「能見」之主體而強調「目見」；而名家則是就「能見」之目及使「目」能發揮其「見」之「火」、「神」必須三者同時具備，方能有所見，否則只是「能見」之目，還是不能有所見，因而主張「目不見」；二者強調的重點不一致，故結論亦隨之而異。然而如就認識論之立場而言，名家之說較墨辯更有啟示性與釐清問題之作用。

五、矩不方，規不可以爲圓

司馬彪曰：「矩雖為方，而非方；規雖為圓，而非圓。譬繩為直，而非直也。」（經典釋文）

案：照常情言，「規」是用以畫「圓」的，而「矩」則用以畫「方」，所以在人的意識裏容易把「規」與「圓」，「方」與「矩」混在一起，而有規即圓，矩即方的錯覺。辯者「矩不方，規不可以為圓」之說即在破除這種錯覺，以明矩與方，規與圓之差別性。矩、規是一種器具；而方、圓則是一種圖形。「規」這種器具，固然可以畫出「圓」的圖形，但是規不即等於圓，故曰：「規不可為圓」。（此處規不可為圓之「為」字，不是作「畫」字解，而是相等之意，「不可以為」即「不相等」之意。）「矩不方」同此。

把規、矩還原為器具；把方、圓還原為圖形；這種別異的工作，在認識論上亦有其價值在。經說上第五十九條：「圜（圓）：規寫交也。」墨辯以為規為畫圓之器。畫圓必自某一點畫起，作一圓形線直到此線與其起點相交，則成圓矣。故曰：「圜，規寫交也。」墨辯之言，顯然是以「規寫交」則成「圓」，以駁規不可為圓之怪說。經上六十條：「方：柱隅四讙（讙，雜也）也。」說：「方：矩見交也。」

楊寬解經及說曰：「柱，直線也；隅，直角也；『柱隅四讙』者，直線直角，四出而相雜也。矩之形為『∟』，『矩見交』者，二矩相交如□而成方。周髀算經云：『合矩以成方，』同其義。」墨經之意是「矩見交」則成「方」，故不贊同辯者「規不方」之怪說。

名墨之言所以相反之關鍵乃是由於二家對「規、矩可不可以為圓、方」中「為」字的認取不同所造成的。名家把「為」字當作「是」字、「等於」解，依此，「矩」當然不可為「方」，「規」亦不可為圓。而墨家則是把「為」字當作動詞——「畫」，如此，矩、規必然可以「為」方圓。因此如把「為」字之意義釐清，則二家之說可以並存而不相抵觸，所以這純粹是「語意」上的問題，而不是義上的差異。

六、狗非犬

> 馮友蘭中國哲學史云：「爾雅謂：『犬未成豪曰狗。』是狗者，小犬耳。小犬非犬，猶白馬非馬。」

案：馮說是。依習俗，狗，犬也。二名同指一實。而辯者卻主張「狗非犬」，這與公孫龍「白馬非馬」之說同出一轍。狗非犬之「非」字是「不等」之意。就概念之內容與外延言，「小犬之狗」，與「泛稱之犬」是不相等的。故曰「狗非犬」。

公孫龍子名實論云：「彼彼止於彼，可；彼此而彼且此，不可。」其大意是：如果用「彼名」去指謂「彼實」，而且它（彼名）僅止於指謂「彼實」，那是可以的；反之，如果用「彼名」去指謂「此實」，則此「彼名」既可指謂「彼實」而且可指謂「此實」，那是不可以的。簡言之，公孫龍是要求「一名僅指一實」，而不要「一名指二實」，因為一名指二實容易引起名實之混亂。在名家看來，「狗是犬」這一命題是以「狗名」兼指「狗之實」及「犬之實」。明顯地，這是犯了「彼此而彼且此」之毛病，這樣會形成狗、犬之不分，這是名家所以要主張「狗非犬」的理由所在。一名僅指一實，這是很理想的原則，只是現實上很難做到就是了。

經下三十九條：「知狗而自謂不知犬，過也，說在重。」說「智：智狗，重智犬，則過；不重，則不過。」經說上第八十七條云：「二名一實，重同也。」狗犬異名同實，重同也。亦即狗等於犬，犬等於狗，故自謂知狗，而不知犬，此為過矣。故曰：「知狗而自謂不知犬，過也，說在重。」李漁叔云：「若知狗而猶須重行知犬，則過」故曰：「智狗，重智犬，則過。」反之，狗與犬，如非「重同」，亦即二名二實，則言知狗而不知犬斯不為過，故曰：「不重，則不過。」

經下五十三條：「狗犬也，而殺狗非（非字疑衍）殺犬也，可。說在重。」本條亦是以「重同」為根據而主張「狗犬也」。

名家之「狗非犬」雖反常識，但是能持之有故，言之成理；墨家之「狗犬也」則是站在常識的立場及習慣法以反駁名家。就「重同」的立場，「狗犬也」可成立；就「犬」為狗類之泛稱而言狗亦是犬，故「狗犬也」亦可成立。二家之言，表面看來似相矛盾，但是其立論的著眼點不同，故兩者皆可真，而不矛盾。

七、孤駒未嘗有母

李頤曰：「駒生有母，言孤則無母，孤稱之，則母名去也。母嘗為駒之母，故孤駒未嘗有母也。」（經典釋文）

案：此解甚切。此條旨在說明「名言」、「概念」之定義須嚴格遵守，以免違犯矛盾律。無母曰孤，駒既稱為孤駒，則此駒必已無母。如說「孤駒有母」則此駒成為既無母又有母，而成為一矛盾命題。故就孤駒之定義言「孤駒未嘗有母也」為必然真之命題。當然，人可以難之曰：「無母，則何以有此孤駒？既有此孤駒，則必有母。」關於這一點，應該分成兩個問題來處理。如把它分成兩個命題：「凡駒皆有母」，「孤駒未嘗有母也」則問題就解決了。前一命題指明一切駒皆有母，則孤駒亦包括在內而有母了。但是孤駒則必無母，因為無母才能稱為孤駒。「孤駒未嘗有母也」中謂詞「無母」已包含在主詞「孤駒」中，所以這是一個「分析命題」。而「凡駒皆有母」是一個經驗的實然命題。「凡駒皆有母」這一實然命題與「孤駒未嘗有母也」這一分析命題並立，則孤駒有母無母之辯就可止息了。總之，「孤駒未嘗有母」不但不是詭辯，而且是極合邏輯的。

經下六十條：「可無也，有之而不可去，說在嘗然。」說：「可無也，已然則嘗然，不可無也。」其意是：某事物現在雖然沒有某現象或關係，但是如在過去有此現象或關係，則不可以說未嘗無此現象或關係。例如孤駒，既然稱為「孤」，則必已無母，但是此孤駒原本必定有母，只是其母現在已死而已；以往有母，則表示它嘗有母，而不可說未嘗有母。因此「已然，則嘗然，不可無也。」可以看著是對辯者「孤駒未嘗有母」之反駁。

如實而論，辯者之說表面違理而實合邏輯；墨家之言合理而實犯矛盾律。關於這一問題，如果把它分作「凡駒皆有母」及「孤駒未嘗有母」兩個命題，則可解消二家之爭論。

八、一尺之棰，日取其半，萬世不竭。

辯者之意是：將一尺長之擊馬竹杖（棰），今日取其二分之一，明日再取「二分之一」之「二分之一」，如此取下去，永遠取不完此「尺棰」。換言之，第一日取尺棰之二分之一；第二日，取其四分之一；第三日取其八分之一；……如此取下去，所取的量成了幾何級數往下遞減，如此最後所取得的是無限小之量，而非「零」。因為取法是取其半，所以所取之量與所剩之量相等，所取之量不能是「零」，則其剩餘之量，亦不可能為「零」，剩餘之量只能是「無限小」而不能是「零」，故曰：萬世不竭。當然辯者之取法，是先把「尺棰」抽象化，數量化，而後有此結論，而非具體地去取。所以辯者之言是純抽象的思辨而得的結果。

經下五十九條：「非半，弗𣃔（斲，斫也）則不動，說在端。」說：「非：𣃔，半。進前取也，前則中無為半，猶端也。前後取則端，中也。𣃔，必半，無與非半，不可𣃔也。」墨經之意以為尺棰自其「中」處取之，則雖取其半，而必餘一半，反之，如不自中取之，而改由尺棰之一端取之，尺棰雖不變（動）而為二半，而終有取盡之一日。故曰：「非半、弗𣃔則不動，說在端。」經說之意是：自中處斫之則半。反之，如自尺之前端漸取之，則取至尺棰之中處時，中處乃變而為端，如此取下去，必有取盡之一日。又如自前後同時取之，則取至中處時，中處乃一變而為最後被取之端。如此，則取至中處，亦即取盡之時，故曰：「𣃔半，進前取也，前則中無為半，猶端也。前後取，則端，中也。」如自中處斫之，必成二半，二半又自中處取之，則必成四半，如此下去，所取者，全非原尺棰之半矣。故不可謂斫半萬世不竭也。故曰「𣃔必半，無與非半，不可𣃔也。」

如果把尺棰「量化」，自幾何級數之觀念而言，一尺之棰是可日取其半而萬世不竭。反之，如果「尺棰」如其為「具體物」，而自其一端或兩端同時取之斫之，必定很快就可取盡。名墨二家之心靈本來就不同，而其立論之根據與出發點亦復不同，結論自然也就不相同。然而如就「名理」而言，墨辯之言是很粗淺的，只是在維護簡單的常識而已；而辯者則是一種很具創見的新說，而有名理上的價值在。

重要參考書目

墨子閒詁	孫詒讓	世界書局
墨經校釋	梁啟超	中華書局
墨辯疏證	范耕研	商務印書館
墨經校詮	高亨	世界書局
墨辯發微	譚作民	世界書局
墨辯新注	李漁叔	商務印書館
墨經哲學	楊寬	正中書局
諸子考索	羅根澤	
諸子通考	蔣伯潛	正中書局
中國哲學史	胡適	商務印書館
中國哲學史	馮友蘭	
中國古代哲學史	陳元德	中華書局
理則學	牟宗三	正中書局
惠施與辯者之徒之怪說	牟宗三	香港大學東方文化第六卷第一期
公孫龍與公孫龍子	何啟民	中國學術著作獎助委員會

公孫龍子疏釋　陳癸淼　蘭臺書局

惠施研究　陳癸淼　國科會研究報告（六十一學年度）

第四部

先秦名學綜論

第一章　孔子的正名思想

中華文化的發展，到了周朝可以說是已經到了粲然大備的階段。所以孔子贊嘆說：「周監于二代，郁郁乎文哉！吾從周。」（論語八佾篇）荀子曰：「欲觀聖王之跡，則于其粲然者矣，後王是也。」（非相篇）此中之所謂「粲然者」就是指的周文而言。西周在周文的籠罩下，頗能循著文武周公所決定下的文化性格調適上遂地發展下去。但是自平王東遷後，由於王室式微，政治制度、社會秩序及經濟結構都起了急劇的變化，因而形成了「周文疲憊」的現象。因此在東周——春秋戰國時，周氏雖仍然存在，由周文所塑造凝聚而成的政治制度與社會秩序亦未完全解體與被否定。但是事實上，它已不能籠罩住並指導當時文化的發展，因而形成了周文與春秋戰國時代文化發展步調不一致的病態。換言之，即形成了周文之名存而實亡的狀態。這種客觀的情勢提供了孔子正名的背景及動機。

孔子在中華文化的發展史上居於承先啟後的地位。他是第一個有「文化意識之覺醒」的人，並基於此覺悟來談文化問題。「夏禮吾能言之，杞不足徵也；殷禮吾能言之，宋不足徵也；文獻不足故也。足，則吾能徵之矣。」（八佾）這表示孔子對夏商之文化有整全而深入的瞭解。「殷因於夏禮，所損益可知也。周因於殷禮，所損益可知也。」（為政）「周監于二代，郁郁乎文哉！」這是孔子對周朝文化所形成的源流之瞭解及其意義的評價。「吾從周」，「吾其為東周乎」，「夢見周公」，則是孔子對周文的價值之瞭解後的承擔。總之，孔子是透過文化發展史的通觀與反省後，發現了「周文」在文化發展上的客觀價值，因而使他在主觀上以周文之弘揚為己任。但是在春秋時客觀情勢的發展已造成了周文的疲憊，甚至名存而實亡。所以孔子乃起而講求正名，以圖挽救周文於不墜。

由於周文的虛脫所導致的亂世，最為孔子所關切的莫過於政制、人倫及禮樂的乖亂，而且認為這是一切混亂之源。穀梁傳宣公十五年：「君不君，臣不臣，此天下所以傾也。」又齊語亦云：「桓公召管子而謀，管子對曰：『為君不君，為臣不臣，亂之本也。』」這些話，固非出自孔子之口，但是這正是孔子的看法。所以孔子對政制、人倫及禮樂的乖亂，深致其慨歎、厭惡與譏刺之意。

> 孔子謂季氏：「八佾舞於庭，是可忍也，孰不可忍也。」（八佾）
>
> 三家者，以雍徹。子曰：「『相維辟公，天子穆穆』，奚取於三家之堂？」（八佾）
>
> 子曰：「禘自既灌而往者，吾不欲觀之矣。」（八佾）
>
> 子曰：「觚不觚，觚哉！觚哉！」（雍也）
>
> 子曰：「邦君樹塞門，管氏亦樹塞門；邦君為兩君之好，有反坫，管氏亦有反坫。管氏而知禮，孰不知禮！」（八佾）

以上所引雖然都只是孔子對名實乖亂的慨歎，但是他並不以此為已足。在這些消極的慨歎的背後，孔子尚有其積極的救治之方，那就是正名思想。孔子之有救世的宏願與理想是眾所公認的，「撥亂世反諸正」是他政治上的最終目的。他既以東周文化之發展與周文形成虛脫而導致名實的乖亂為一切政治制度的混亂與社會秩序的破壞之根源，因此在看出病源之所在後，就終身積極提倡正名主義以救治亂世。因此，孔子認為正名是「為政」之先務。

> 子路曰：「衛君待子而為政，子將奚先？」子曰：「必也正名乎！」子路曰：「有是哉！子之迂也，奚其正？」子曰：「野哉！由也。君子於其所不知，蓋闕如也。名不正，則言不順；言不順，則事不成；事不成，則禮樂不興；禮樂不興，則刑罰不中；刑罰不中，則民無所措手足。故君子名之必可言也；言之必可行也。君子於其言，無所苟而已矣！」（子路）

> 齊景公問政於孔子，孔子對曰：「君君，臣臣，父父，子子。」公曰：「善哉！信如君不君，臣不臣，父不父，子不子，雖有粟，吾豈得而食諸？」（顏淵）

上引兩段文字是孔子正名思想最完整的文獻。這雖是針對衛國及齊國所有的特殊環境而抒發的為政方針，但是文中所描繪的政治景象及孔子的主張都有其普遍的意義。所以由之可以把握到孔子提出正名主張的意義及其內容。依孔子之意：名不正的因，會導致「言不順，事不成，禮樂不興，刑罰不中，民無所措手足」的果。而禮樂不興，刑罰不中正是春秋時候的亂象，這種亂象是由於名不正，亦即名實間的虛脫而造成的。又孔子以「君君，臣臣，父父，子子」作為為政之要務，此即意謂「君不君，臣不臣，父不父，子不子」為當時的一種普遍的病象，才會有君君臣臣的主張。而君不君，臣不臣，父不父，子不子即是君臣父子徒有其名而無其實之謂。換言之，此即政制人倫的名實乖亂。此名實的乖亂正是春秋時代所以為亂世之源，故穀梁傳「君不君，臣不臣，此天下所以傾也」及管仲「為君不君，為臣不臣，亂之本也」的論調亦正是孔子的看法。

孔子既以政制、人倫及禮樂之名實間的乖亂為致亂之源，所以大聲疾呼要求正名。這是孔子正名思想所以提出的時代背景。復次，孔子認為導致周文疲憊，使政治及社會的結構與秩序的破壞最具影響力的莫過於當時的諸侯。所以他認為：「天下有道，則禮樂征伐，自天子出；天下無道，則禮樂征伐，自諸侯出。」（季氏）因此，要使正名收到實效與速效必須自諸侯始：

「政者，正也。子帥以正，孰敢不正。」（顏淵）

「其身正，不令而行，其身不正，雖令不行。」（子路）

「苟正其身矣，於從政乎何有？不能正其身，如正人何？」（子路）

所謂正，即名實得其正之意，亦即君君之意。能君君則必收風動草偃之效。教立於上則俗成於下，如此自然容易做到臣臣、父父、子子，進而使周文所規定下的一切名皆得其正而有其實。果能無此，則必能撥亂世而反諸正。所以孔子認為君君是為政之首務。能君君，則為政不會有多大困難，故云：「苟正其身矣，於從政乎何有？」否則為君者不僅不能收到預期的效果，且會因君之不君而導致臣不臣，父不父，子不子，並進而使周文所規定下的一切，皆有名無實而不得其正。所以就效果上言，孔子的正名思想首先要求諸侯做到君君。但是他的最終目的則是想由君君而達到政制、人倫及禮樂皆得其正以救周文。由於對文化有此反省與承擔。所以孔子一生棲棲遑遑於列國間，想引起列國間政治上的高階層人物能正視此一問題，以共襄盛舉。但是事實證明他的努力終於是徒然無效。但是，孔子的文化意識十分強烈，所以他在周遊列國而理想不得售後，並不就此灰心而卸下他救周文的文化重擔。卻又反而更進一步地從根本處做好正名工作，以完成他文化上的承先啟後的宏願。這便是春秋所以作之理由所在。

公羊傳曰：「君子曷為為春秋，撥亂世，反諸正，莫近諸春秋。」

孟子曰：「世衰道微，邪說暴行有作，臣弒其君者有之，子弒其父者有之。孔子懼，作春秋。春秋，天子之事也。」

趙岐曰：「周衰，孔子懼正道遂滅，故作春秋。因魯史，設素王之法。」

朱子曰：「周衰，王者之賞罰不行於天下，諸侯強陵弱，眾暴寡，是非善惡，由是不明。人欲肆而天理滅矣。夫子因魯史而修春秋，代王者之賞罰，是是而非非，善善而惡惡，誅姦諛於既死，發潛德之幽光，是故春秋成而亂臣賊子懼。」

由上引文獻可知：孔子作春秋的動機在撥亂世而反諸正。亦即想通過春秋之作，從著述上來救周文。他何以選擇史料以作為正名工作的依託呢？因為中國傳統史官的工作與精神對現實的政治有指導與嚇阻的雙重作用，所以孔子在周遊列國而不能收到其正名的實效後，就改變方式從修魯史的工作來達成他的理想。禮樂征伐本由天子出，但是東周王室式微，儘管尊王攘夷是霸者的口號，但是王室的地位並不因此而真正被尊。所以不但禮樂征伐不自天子出，更由於諸侯識力的日益擴張，周天子實在是不敢輕言賞罰。同時也由於周室之軟弱，更使當時之政制、人倫及禮樂益形乖亂而無實。所以孔子就由於他對周文的反省與承擔，毅然決然地設素王之法，以代行王者之賞罰。這是何等的氣慨！總之，孔子是想通過春秋之作來完成他的正名思想，以重興禮樂，重整周文之秩序的。

至於孔子在春秋所用的正名的方法，主要的是定名分與寓褒貶。「春秋於吳楚之君，只稱子，齊晉只稱侯，宋雖弱小，卻稱公。踐土之會，明是晉文公把周天子叫來，春秋卻說是天王狩於河陽。周天子的號令，久不行了，春秋每年仍舊大書春王正月。這都是正名分的微旨。」（胡適中國古代哲學史九十六頁）所以莊子天下篇云：「春秋以道名分」至於寓褒貶，於春秋原文俯拾皆是，此處不具引。此外春秋尚有一種「正言析辭」的正名工作。牟宗三先生公孫龍之名理一文（民主評論第十四卷第一期）云：

「春秋本有一種『正言析辭』之工作。孔子就魯史而修春秋，首先是修辭潤文。春秋公羊傳莊公七年：『不修春秋曰：雨星不及地尺而復。君子修之曰：星霣如雨』。此『君子修之』即孔子對于原文之修潤。不只是修辭上之修潤，且有『當名辨物』之修潤，此亦幾近于名理矣。如公羊傳僖公十六年經『隕石于宋，五。是月，六鷁退飛，過宋都。』傳：『曷為先言霣而後言石？霣石，記聞。聞其磌然，視之則石，察之則五。……曷為先言六而後言鷁？六鷁退飛，記見也。視之則六，察之則鷁，徐而察之，則退非。五石六鷁何以書？記異也。外異不書，此何以書？為王者之後記異也。』于隕石，則先隕後五；先聞甚聲，視之則石，察之則五。于六鷁退飛，則先六而後鷁；先見其數，察之則鷁，再察則退飛，此亦幾近于一種名理之秩序，言之極審而慎也。『為王者之後記異』。則表示不只是『當名辨物』之正言析辭，且亦進而顯示『道德之莊嚴』。其餘褒貶進退，書不書，所謂春秋筆法，皆是以顯示義道為主，其正言析辭自必甚謹，即甚有邏輯之秩序（邏輯的，而非邏輯本身）。穀梁傳于此則云：先隕而後石，何也？隕而後石也。……後數，散辭也。耳治也（即公羊之『記聞』）。……六鷁退飛過宋都，先數，聚辭也。目治也（即公羊所謂『記見』）。子曰：『石知之物，鶂微有知之物。石無知，故曰之。鶂，微有知之物。故月之。君子之于物，無所苟而已。石鶂，且猶盡其辭，而況于人乎』？經文之書法固不必盡如公穀之所傳，然恐子作春秋總不能謂其無『正言析辭』之工夫與褒貶進退之義法也。」

董仲舒春秋繁露深察名號篇亦云：「春秋辨物之理，以正其名，名物如其真，不失秋毫之末。故名霣石則後其五，言退鷁則先其六，聖人之謹於正名如此。君子於其言，無所苟而已矣。五石六鷁之辭是也。」由此可見春秋確有正言析的正名工作（胡適稱之為正名字）。但不能就如胡適所說以此為春秋正名之第一義。因為這種工作在春秋上所佔的比例甚微。而且孔子作春秋最主要的目的不在此。定名分，寓褒貶，才是孔子作春秋的主要工作與目的。所以他才會說：「知我者，其惟春秋乎！罪我者其惟春秋乎。」「知」「罪」都是由春秋正名分寓褒貶所直接引起的社會上的反應。

由以上的敘述可以知道孔子何以有正名思想的提出及從事正名工作的具體因緣、經過與終極目的。底下接著再就孔子的正名思想作一番反省與考察以求瞭解其正名思想的意義、特色、以及在文化上的影響。

孔子既贊歎周監於二代、郁郁乎文哉，而終身從之。所以他對周文所規定下的政制、人倫及禮樂上的名、形式與內容，大體上皆是持一肯定的態度。因此孔子的正名思想的第一步是肯定周文。當子貢看到魯國自文公起已不行告朔禮，但是吏役還依然在祖廟裏供奉牲羊虛應故事一番，因此索性主張連告朔之餼羊也一起去掉時，孔子說：「賜也，爾愛其羊，我愛其禮。」（八佾）說子貢愛羊是一句沉痛的幽默。子貢是因為看到告朔禮之成為形式主義，而無真實的意義，所以才想把殘存之形式完全廢除，這是憤慨的話。而孔子的「我愛其禮」則是表示告朔禮儘管名存實亡，徒具形式。但是它是周文所涵的禮制之一，仍然有其價值，因此要肯定它。這「我愛其禮」雖是由子貢的話而引發的，但是它卻具有普遍的意義。因之，由此師生的對話中可以看出孔子對周文之名及「名」下所規定的形式，是持一肯定的態度，此態度是孔子正名思想的基礎。無此態度——肯定周文之名與形式，則無從談正名。肯定了周文之名與形式後的第二步工作是要求名實合一。所謂名實合一是要名實間無過與不及之病。就周天子而言，「禮樂征伐不自天子出」，「王者之賞罰不行於天下」這是不及。就諸侯而言，「禮樂征伐自諸侯出」「八佾舞於庭」，「三家者以雍徹」，「齊魯之稱公，吳楚之稱王」這是過。過猶不及，都是孔子所不能苟同的，所以孔子要「因魯史設素王之法」，「代王者之賞罰」，於春秋大書「春王正月」以救其不及。「是是而非非，善善而惡惡，誅姦諛於既死，發潛德之幽光」，「於吳楚之君，只稱子，於齊晉只稱侯」，以使一切名位各還原其原——周文所規定之本來面目，以救其過。這種救「過與不及」，一言以蔽之，即在使名實如一，使周文（政制、禮樂、人倫）復位。或許有人要問：孔子以一介平民而竟自代行天子之事，這與其正名思想不正好形成自相矛盾嗎？要知，孔子之正名，乃是基於他對文化的反省與承擔而來，他的正名是站在文化上的承先啟後的立場而言，所以他是周文的發言人，而不是周政權的維護者，所以他不是保皇黨。若孔子只是周朝政權的維護者，是保皇黨，則他正名的言論及行為已侵害到周政權，而成為大逆不道的篡奪者。政權為私家所有，而文化則是「共法」，人只要對之有深刻的認識與反省，對之有切膚之感，有自我承擔的自覺，則人人可以站出來為它發言。準此而言，孔子有足夠的理由，而且唯有他能成為周文的發言人，所以才會提出他的正名主義，才會站在文化的立場而為周文的發言人。

肯定周文所涵的政制、人倫與禮樂，維護周文之形式，並使周文在現實復位，還其本來面目，只是孔子正名思想之剋就現實因緣所提出來的主張，而他真正的用心則是在「以實救名」。換言之，他的肯定周文並使其復位，只是客觀的因緣法，究竟法則是在以實救名。他是想借客觀的因緣法以達成其文化上的究竟義。政制、人倫與禮樂之名是客觀的，外在的形式，人如全照這外在的名分去行事，如書「春王正月」以紀事；吳楚齊晉之君不僭越仍如其分地稱子，稱侯，玉帛、鐘鼓齊備，行禮如儀，就算是禮樂；則孔子之正名，仍然是外在的，形式主義的。如此，則春秋的褒貶，定名分，只能算是達到樹立一個形式化的標準與對亂陳賊子發生一點嚇阻作用的意義。這仍然是消極的，而不能真正達到就文化的意義上救周文的目的。這不是孔子的最後要求，所以他才會有：「禮云、禮云，玉帛云乎哉？樂云、樂云，鐘鼓云乎哉？」（陽貨）的慨歎。這雖然只是慨歎徒具外在形式的玉帛鐘鼓而無真實的意義不能就算是禮樂，我們卻認為這種慨歎是具有普遍的意義的。亦即可以把它當作是對一切徒具外在形式之名而無代表此名之本質亦即無如其名所應具之真實意義的慨歎。如一切政制、人倫及禮樂徒具空名而無「真實而內在」的意義，就算是能把它們肯定維護下去，則如此周文只是習慣的、形式的，因而是「非存在的」，「非真實的」。亦即單純的復古而無創新之義。這樣是無法達到救治周文之疲憊以復活周文所代表的文化的。所以孔子的作春秋，定名分、寓褒貶以及為正名所作的一切努力的最終目的乃是在喚醒代表周文名位及行禮樂之主體——人——產生一種自覺，並由此自覺而在其所具有之名位上主動地產生與其名位相應之真實而內在之「實」。例如：為君者在主觀上能產生「君位」所應具之「君德」，果能如此，則主觀與客觀得到統一。周文之名雖是外在的，形式的，但是由於代表與行使此名位之主體具有了如其名所應具之「實」，則此外在的形式的名就有了真實而內在的意義。依此，則周文已不再是僵化的形式，它是代表活生生的價值。如此則必能救周文之疲憊以達到在文化的意義上活轉周文，這是孔子真正用心之所在。所以「以實救名」是孔子正名思想的極致。

所謂以實救名，乃是意謂代表並實踐周文之主體皆具有其名分上所應具的真實內容，使此主體與客觀之名得到真實的統一，表裏如一，以復活僵化了的及與現實虛脫了的名，使其成為真實的存在。例如：君君、臣臣、父父、子子，此乃意謂為君者具有為君之真實的意義，為臣者具有為臣之真實意義，簡言之，即為君者具有為君之德，為臣者具有為臣之德。同理，父、子、禮、樂亦皆具有其應有之德及意義。依此，人各依其在政制、人倫及社會上的名分過其客觀而真實的生活。人生活在文明社會中，必有其各自的名分，人各在其名分上過其有真實內容的生活，此即人類的文化生活。人能營此生活，則人的生活得到了客觀的意義與價值。而客觀的名，亦由於透過人的自覺與實踐而有內在的真實的意義。如此，就人而言，其生活是既主觀而又客觀的；就周文之名而言，它是外在的，同時又是內在而真實的。這是孔子的文化理想的具體實現，亦即周文的復活，轉進與深化。

周文之名當然不是孔子的創造，但是「以實救名」之「實」——如君、臣、父、子、禮、樂……之真實的內容與意義，卻是通過孔子對周文所作的普遍而深入的通觀與反省而後點醒出來的。「其文則史；其事則齊桓、晉文；其義則丘竊取之矣。」（離婁下）這雖只是說的春秋之「意義」是他點出來的，其實，詩、書、禮、樂及政制、人倫上之名（如君、臣、父、子……）之真實的意義都是孔子的發現甚或可以逕直地說，這就是他的創造。此外「以名救實」實際上尚函有「以實定名」之義。「名」只是一外在而客觀的形式，有了「實」，「名」才有其真正的意義與價值，徒具空「名」，而無真實的意義，則名亦不成其為名。例如孔子「君君」與「君不君」之別，完全取決於君之實，亦即君德之有無而定。有君德，「君」方得稱之為「君」，否則徒有君名，君位，而無君德，則孔子不認為是「真實之君」。所以孔子的正名思想有「以實定名」與「以實救名」之雙層意義。因此，孔子的正名主義固然是對固有文化的繼承，但此繼承不是盲目的，形式的，毫無條件的接受，它對傳統文化是一種反省的繼承，因為是反省的，所以對傳統的文化——周文是一提撕，是一種深化的轉進與發展。它把本來只是外在的，形式的，僵化了的政治地位，禮教，及制度深化、活轉，並把它們安置在孔子的道德的理想主義之下而有其新的面目，新的意義。這是孔子在文化上化腐朽為神奇的創造，亦是他在文化上所作的貢獻與價值之所在。同時，這種方式亦正是繼承並發揚一切傳統文化所應取的健康的途徑。最後尚須一提的是孔子的正名思想可能或事實上所導致的兩件影響。孔子的正名思想的究竟義是在以實救名，而此救名之實則是孔子的創造。由孔子所點出來的「實」，是以道德的理想主義為依歸。君臣父子應有為君、臣、父、子之真實而內在的意義，簡言之，君、臣、父、子皆應有其德，而此德的內容則是道德的。至於禮樂，亦應有其真實的意義，而此意義亦是以道德為其依歸的。依此，如果孔子的正名思想在現實上能夠實現的話，則在表面上看來，它固可貞定與穩固周文，並使周文活轉而深化。但是經此活轉而深化了的周文，已不再是徒為形式的，並且不只是對周政權有政治上的穩定作用的制度而已。實際上已成了孔子道德的理想主義下的產品。所以孔子的正名思想，對本來以政治意義為主的周文，不僅不是盲目的維護，而且在本質上對周文是一種改造。不過這種改造是內在的本質的更換而非形式的，客觀的否定。因為孔子的正名思想是在以實救名而以實救名即函有以實定名之意。凡是一名須具有其應具之實，此名才是真實的。如君為一名位，此名位本來只是政治上的一種外在的形式。但是在孔子卻不以擁有此外在的形式之人為君，他是以有「為君之德」為君之第一義。即有君德方得稱之為君，故有君君之主張。所謂君君意即徒具君位而無君德不算為君，必須要有為君之德才算是君。對那些無君德之君，在理論上孔子是不承認其為君的，所以才會有君不君之說。由君到君不君之理論的提出，即很明顯的表示：孔子不承認只擁有政治上的君位為「君」之充足條件。

所以就這一點而言，孔子的正名思想在本質上可以對周文構成一種破壞，不過這只是內在的本質上的破壞而已，而沒有演進到外在的形式的破壞。也因為如此，所以孔子對不君之君，不臣之臣，不禮之禮，不樂之樂……僅止於譏刺，貶斥而已，而沒有進一步在客觀上或在形式上否認其存在的合法性。但是到了孟子，則對不君之君發出「賊仁者，謂之賊；賊義者謂之殘。殘賊之人謂之一夫，聞誅一夫紂矣，未聞弒君也。」（梁惠王下）「士師不能治士，則如之何？王曰：已之。曰：四境之不治，則如之何？」（梁惠王下）「君有大過，則諫；反覆之而不聽，則易位。」（萬章下）這類使為君者「顧左右而言他」，或「勃然變色」的革命理論來。孟子的這種理論是孔子道德主義的正名思想的引申。它認為君王須行仁政才算是君君，若君而不君，亦即君而不行仁政，則在理論上認為是應該易位的。亦即可以革君之命的。孔子的正名思想只是在本質上改變周文的意義並勸諭各種名位上之主體盡其實。但是由孔子正名思想引申而發為孟子的革命理論，則是對於「有名無實之主體」主張予以廢棄撤換。

除了孔子的正名思想談到名實問題外，在先秦諸子中談到名實問題的也頗不乏人，如公孫龍之名實論、墨經，及荀子的正名篇等都以名實問題為主題的著作。談名理可以有兩條不同的路子：一是以內容地具體地談；一是外延地抽象地談。孔子的正名思想旨在救周文，所以直就政教方面談名實，這是內容地具體地談名實的路子。而公孫龍墨經，荀子正名篇則不為政教之名實所限，它們是由現實的具體的名實問題解放開來而更一般化抽象化地談名實。這種方式的談名實雖不是孔子正名之用心所在，但是春秋上「正言析辭」的工作卻可看作是抽象地外延地談名實的濫觴。所以後之論名家者，常從孔子之正名談起，班固即是一例。漢書藝文志云：「名家者流，蓋出于禮官，古者名位不同，禮亦異數。孔子曰：必也正名乎？名不正，則言不順；言不順，則事不成；此其所長也。」儘管名家，墨家及荀子談名實問題的路數與孔子不相同。但是在歷史上把名實凸顯出來而當作問題來談的，則始於孔子。所以孔子的正名思想對後來之談名實者至少有提供討論的主題之作用。但是孔子對抽象地外延地談名實問題所作的工作太少，所以使這一系的學問不能在中國思想史上有更豐碩的成果。因為以孔子在文化史上的影響力之大，若在「純名理」的領域中多作一點拓荒的工作，必能吸納更多才智之士在這一方面用心深研並得到可觀的成就。

第二章　道家的名學思想

第一節　老莊的語言（文字）哲學

在對宇宙與人生有了深刻的觀察與瞭解後，老子與莊子試圖把他們各自所體悟出來的真理大道指陳闡明出來時，他們都不約而同地發現：在利用語言文字來表達他們所要申說的真理的工作上遭遇了很大的困難。因此在談論「道」的同時，他們批判了語言文字的功用與價值。簡言之，他們是在「表」其「道」的當兒，同時「遮」了語言的功用與價值。就在這「遮」、「表」教錯的形式與過程中，老子與莊子表露了他們的語言（文字）哲學。因為是在詮表其道的過程中帶出了對語言文字的批判所以在研究老莊的語言哲學之前必須先明瞭老莊之道之本質與特性。底下試先引老子原文，以便說明老子的道。

「有物混成，先天地生。寂兮，寥兮，獨立而不改，周行而不殆，可以為天下母。吾不知其名，字之曰道，強為之名曰大。」（二十五章）

「天下萬物生於有，有生於無。」（四十章）

「道沖而用之，或不盈。淵兮似萬物之宗，……湛兮似或存，吾不知誰之子，象帝之先。」（四章）

「道生一，一生二，二生三，三生萬物。」（四十二章）

「無名天地之始，有名萬物之母。」（一章）

依此，老子之所謂「道」。乃是天地萬物之本源，為宇宙萬有之本體。因為是萬物之本源，宇宙之本體，故它是先天地萬物而自存的。又因為道是萬物之母，是一切之最後的根源，因而它不依賴「他」而生而在，同時它是永遠不變滅的。故曰：「獨立而不改」，換言之，「獨立而不改」乃是言道之超越性，絕對性與不變性。因為是不變滅的，所以道是不受時間的限制而永生存在的。「周行而不殆」則是說「道」是無所不至（王弼注：「周行，無所不至。」），無所不在的，它儘管流行於萬物之中，但是不會因此而窮盡，而發散完。簡言之，「周行而不殆」乃是說「道」具有普遍性與無窮性。因為是普遍而無窮的，所以「道」是不受空間之限制的，它是一無限的自存。

這種能妙生萬物而又永恆不變，普遍而無窮，絕對而超越的道，如果想把他的內蘊加以指陳、描繪，以使它如實地呈現出來，實在是不容易的事。就是要給它一個名稱亦是一件相當勉強之事。故曰：「吾不知其名，字之曰道，強為之名曰大。」於此，老子發現了用語言文字以表達他所體悟出來的真理是件困難的事。此處所謂困難，有兩層意義：一是老子表達其道之困難；一是他人對老子之道之如如底瞭解它，更是困難。而這兩層困難的根本原因則在於語言文字之「表達功能」的有限性。

語言文字之所以產生是為了指謂、詮解、及表達客觀世界與人類主觀的情意及思想。由於語言文字的產生，人與人之間得到一種溝通彼此之意見的表達工具。當人類對某現象（不管是客觀的還是主觀的）有了某種程度的理解後，就形成某些概念，來代表他的認識，並把這些概念語言化或文字化，以使人類主觀的認知客觀化與形式化。一般言之，語言文字所能指謂、表達與詮解的對象與意義都是特定而有限的。而老子的「道」的內蘊是那樣豐富，其屬性是那樣多；所以用現成而表達力有限的語言文字來指謂與描繪「道」，不但是不可能的，而且會造成對道的限制與割裂。所以老子開宗明義地說：「道可道，非常道。」但是，這並不表示常道是不可理解的。因為老子對道既可有深切而真切的體悟，而人類在「認知」上又有共同的心理基礎。所以人類自然可以透過某種方式來領會老子之道。只是這個方式不能是普通的認知工具——五官與語言文字。

「視之不見名曰夷，聽之不聞名曰希，搏之不得名曰微。此三者不可致詰，故混而為一。其上不皦，其下不昧，繩繩不可名，復歸於無物。是謂無狀之狀，無物之象，是謂恍惚。迎之不見其首，隨之不見其後。」（十四章）

「道之出口，淡乎其無味，視之不足見，聽之不足聞，用之不足既」（三十五章）

「天下皆謂我道大似不肖，夫唯大故似不肖。」（六十七章）

一般言之，認知的過程是如此的：人類的感官撲著於某一對象，對此被認知的對象產生一理解活動，然後將此認知活動概念化，最後再將概念以語言文字表達出來。凡是客觀存在的對象都是一有限的存在，且都是可以用感官來認知的。而老子的道，並不是個具體而有限的存在體，所以它不可能以視覺、聽覺、觸覺去覺知它。同時，它沒有具體的形象，所以它無上下之分（其上不皦，其下不昧），亦無首尾之別（迎之不見其首，隨之不見其後）。總而言之，它是無狀之狀，無物之象。因為無象、狀。所以「不肖」。

準此而言，則老子之道似乎是一不可瞭解之虛無、虛空。但是老子對道之體悟卻是十分真切，在他看來，道雖無形象，雖非一具體的存在，但是這並不妨礙道之存在之真實性。道是一真實的存在只是它的存在不具形象罷了。所以老子二十一章云：

「道之為物，惟恍惟惚。惚兮，恍兮，其中有象；恍兮，惚兮，其中有物；窈兮，冥兮，其中有精。其精甚真，其中有信。」

老子之言其道有象、有物、有精、有信，乃是在強調其道是一真實的存有，而非一虛無、虛空。以上是老子對他所體悟到的道之描繪，至於其道之妙用與價值如何，則非本文之所及，故略而不論。底下試就上述道之本質與特性，進而探討老子對語言文字的看法，以及認識道之方法。

依老子之意，一切語言文字所負載的意義，或指稱的對象都是有限的，因而不能如實地，真切地表現他所體悟到的真理。雖然如此，他卻把他所體悟到的真理，「強為之名，字之曰道」。如此，則語言文字在表達或理解真理上，固然有其先天上的缺陷，但是並非全無用處。「強為之名，字之曰道」，顯然是以「道」這個字作為他所體悟到的及所要宣說的真理的「代名詞」。依此，「道」這個字，雖然並不即等於老子所體悟到的真理，卻可以作為老子所要宣說的真理之代名詞。當然，這代名詞只是「外延」地指稱了老子的真理，而不是「內容」地表示了老子真理。不過就文字之可作老子之道的代名詞言，老子必得承認語言文字至少尚有外延地指稱某種主觀真理之作用，且因為有此作用，人類傳達其自己的思想與理解他人之思想才有某種方便性與可能性。

一般言之，人類的認知活動，或是由感官去覺知其所要認識的對象；或是經由語言文字所負載的意義去理解其所欲認知之對象。而依上述，老子之「道」是無法經感官去覺知的，亦無法由語言文字去認識與理解的。於此，我們要追問的是：老子之道是否可理解？如可理解，應如何去理解？關於這個問題，我們可以推測老子之意是這樣的：一切語言文字所代表的意義與感官所能覺知的對象都是具體而有限的。如果可以用感官去覺知，並以語言文字去形容、描繪「道」，則「道」就成為具體而有限之物了。如此，這就失去了其所以為道之所在了。所以老子在對道加一文字去形容道，或用某一感官去認識道的同時，就加一否定詞，以否定該文字之不足指陳道之屬性，及感官之不足認識道。例如十四章：「視之不見，……聽之不聞，……搏之不得。……其上不皦，其下不昧，繩繩不可名。……迎之不見其首，隨之不見其後。」就是採取這種方式。老子之所以採取這種方式來談他的道，是想借感官之覺知及憑語言文字來認識道之可能性的否認，以透現一超越乎感官及語言文字之真理大道。如此看來，語言文字固然不能積極地指陳道，但是透過「語言文字的否定」卻可以作為消極地烘托透顯道之工具。依此，語言文字之於道的認識，雖然沒有積極的功用卻有消極的功效。莊子大宗師云：「道可受而不可傳」（本作「道可傳而不可受」，此依王叔岷先生之校改）。老莊之道，不是具體而有限之「物」，故不可傳——不可用手傳，亦不可用語言文字傳——但是透過「感官與語言文字來認識與理解道」之可能性的否定，可以使吾人恍然悟出老莊之道而「受」之。

總上所述，老子必然承認語言文字之於道有兩種功用：一是語言文字可作為他所體悟到之真理的代名詞。有了代名詞，「論道」才有可能。二是語言文字之否定可作為悟道之工具。而這二者都表示不管從「論道」、「傳道」或是「受道」的立場看，都與語言文字有極密切關係。

以上這結論雖然是老子之所必函，但是老子並沒有把它凸顯出來成為一個專題加以論別。到了莊子則把語言文字與道的關係及語言文字的價值作了廣泛而深刻的批判。

依上述，老子之「道」具有如下之特性：一、道妙生萬有，是宇宙萬有之本源。二、超越而且先於天地萬物而自存。三、就空間而言，它有無不在之普遍性。四、就時間而言，它有永恆不變之綿延性。五、道無形體，故感官不能知之。以上這些特性亦正是莊子之「道」之特性。只是表達的方式有別。前者具有格言的典重；而後者則富有文學的生動與寓言的機鋒。

「天道運而無所積，故萬物成。」（天道）

「芒忽，芴乎，而無從出乎？芴乎，芒乎，而無有象乎？萬務職職，皆從無為殖。」（至樂）

「有乎生，有乎死；有乎出，有乎入；入出而無見其形，是謂天門。天門者，無有也，萬物出乎無有。」（庚桑楚）

「夫道，有情有信，無為無形，……生天生地。」（大宗師）

「且道者，萬物之所由也。庶物失之者死，得之者生；為事逆之則敗，順之則成；故道之所在，聖人尊之。」（漁父）

由上引莊子原文，可知莊子與老子一樣，認為「道」妙生萬物，為宇宙萬有之本源。

「夫道，……自本自根，為有天地，自古以固存。……先天地生而不為久，長於上古而不為老。」（大宗師）

這一段話表示「道」是超越乎天地，先於於萬有而自存。

「東郭子問莊子曰：所謂道惡乎在？莊子曰：無所不在。東郭子曰：期而後可。莊子曰：在螻蟻。曰：何其下邪？曰：在稊稗。曰：何其愈下邪？曰：在瓦甓。曰：何其愈甚邪？曰：在屎溺。」（知北遊）

「夫道，覆載萬物者也。洋洋乎大哉！」（天地）

「通於天地者，德也；行於萬物者，道也。」（天地）

以上所說的，亦即是老子所說的道「周行而不殆」之意。道遍在周流於萬物之中，是普遍而無窮的。

「化其萬物而不知其禪之者，焉知其所終，焉知其所始。」（山木）

「先天地生而不為久，長於上古而不為老。」（大宗師）

「無古無今，無始無終。」（知北遊）

由上可知，道超越乎時間性，亦即道無時間性，故無終始，無久老，無古今。

道既是宇宙萬有之本源，為一超越、普遍而永恆之存有。故它必非現象中之某具體物，也因此不能用語言文字及感官去覺知它，瞭解它。關於這一點，莊子言之多矣，茲僅略引其原文數條，以便討論。

「視之無形，聽之無聲。於人之論者，謂之冥冥，所以論道而非道也。……道不可聞，聞而非也；道不可見，見而非也；道不可言，言而非也。知形形而不形乎？道不當名。」（知北遊）

「道之為名，所假而行。」（則陽）

「道昭而不道。」（齊物論）

「視乎冥冥，聽乎無聲。冥冥之中，獨見曉焉，無聲之中，獨聞和焉。故深之又深，而能物焉，神之又神而能精焉。」（天地）

「光曜問乎無有曰：夫子有乎？其無有乎？光曜不得問而孰視其狀貌，窅然空然，終日視之而不見，聽之而不聞，搏之而不得也。」（知北遊）

綜上言之，莊子之道在基本屬性上言，與老子之道大致是相通的。而且在如何認識道這一問題上，老、莊亦持同樣的看法：「道之名」皆是為論道之方便而起的。而且在認識「道」之過程中，必須以否定一般性語言文字為認識道之起點。不過關於語言文字之功能與價值及其與道之關係，老子沒有把它當作一個專題加以討論，而莊子則在其書中零零星星（但是為數卻不少）地有意地論及此問題。

底下就根據散見於莊子書中之片段作一綜合的討論，以見莊子之語言哲學及其「道」之認識論。

語言文字是用來指謂或論謂被認識的對象的，而莊子認為以甚麼文字（語言）來指謂或論謂某特定的對象是隨意規定的，二者之間沒有必然的連結性。天道篇云：「昔者子呼我牛也而謂之牛，呼我馬也而謂之馬。苟有其實，人之與之名而弗受，再受其殃。」這種論調與荀子正名篇「名無固宜」，之意是相通的。不過，同樣的「名無固宜」，而其目的則大異其趣。荀子之名無固宜是扣緊「約定俗成謂之宜，異於約則謂之不宜」而說的。換言之，荀子之名無固宜是要人謹守「約定俗成」之習慣法，而不可漫蕩而得其宜。亦即旨在貞定習慣法之名之價值並要人遵守勿違。而莊子之主「名無固宜」則是帶著調侃的態度，消極地指出「名」與「實」之間無必然的連結性。不但如此，而且其最終的目的是告誡人，不要執著於習慣法，以免影響對「道」之體悟。齊物論云：

「道行之而成，物謂之而然。惡乎然？然於然，惡乎不然？不然於不然。物固有所然，物固有所可。無物不然，無物不可。故為是舉莛與楹，厲與西施，恢恑譎怪，道通為一。其分也，成也；其成也，毀也。凡物無成與毀，復通為一。」

莊子之意是：由於道之運行而產生了萬物，某物稱之為牛，為馬；為美，為醜；皆無不可，說它（物）是甚麼，它就是甚麼。如有「物實」，謂之為牛，那麼這「物實」就是牛了。故曰：「道行之而成，物謂之而然。」此一「物實」既已稱之為牛矣，則如以「牛」去謂此「物實」，就是「然」。反之，不以牛去謂此物實，則為「不然」。因之，物之名稱有它自然的妥實性與固定性。故曰：「物固有所然，物固有所可。」但是莊子怕人執著於此「然」，此「可」，而造成爭辯，而落入是非圈中。故又曰：「無物不然，無物不可。」來否定物之固可，物之固然。「可」、「然」與「不可」、「不然」是相對立的就如莛與楹（大小之喻也），厲與西施（美醜之喻也）亦是相對立的，人如執著於有限的、對立的名相上而起爭辯，則不但無法悟道，而且會背「道」而馳。故要把大小、美醜混而為一，故曰：「恢恑譎怪，道通為一。」

準此而言，荀子是要人遵守習慣法，以建立「名」之固定性，以使人與人之間能循「名」而知

「實」，以免造成亂名之現象。而莊子之意，則是要人破除名之固定性以免困於「名」而不能知「道」。關於此二者之說，看起來似有牴牾之處，但並非真成矛盾。蓋人之認知的對象可以分為形而上與形而下者。對於形而下者，亦即現象世界之認知，必須遵守荀子之說，謹守約定俗成之習慣法。而在體悟老莊之形而上之「實在」時，則必須依照莊子之意，破除名相之差別性。借名相之渾化以求悟道。故如將認知對象分成兩個層面看，則莊荀之說可以相容而不悖。

莊子雖然主張名無固宜（說已詳前）而且要把名相齊而化之，以求「得道」。但是這並不表示對語言（文字）之價值之全盤否定。他也承認語言聞字亦有其表意之作用，只是其表意作用有其限制而已。

「夫精粗者，期於有形者也。無形者，數之所不能分也。不可圍者數之所不能窮也。可以言論者，物之粗也。可以意致者，物之精也。言之所不能論，意之所不能察致者，不期精粗焉。」（秋水篇）

「陰陽相照相蓋相治，四時相代相生相殺，欲惡去就於是橋起，雌雄片合於是庸有。安危相易，禍福相生，緩急相摩，聚散以成。此名實之可紀，精微之可志也。隨序之相理，橋運之相使，窮則反，終則始。此物之所有，言之所盡，知之所至，極物而已矣。」（則陽篇）

「有形有名，形名者，古人有之，而非所以先也。古之語大道者，五變而形名可舉，九變而賞罰可言也。驟而語形名，不知其本也。驟而語賞罰，不知其始也。」（天道）

綜上所引看來，凡物之形象、屬性、關係等客觀而外在之現象世界，亦即屬於「物」的世界是可以用語言文字來加以指陳、表達的。此外，種種典章制度、人事、意念、……等人類所建構的觀念世界（當然人類的知識、學問、思想亦包括在內），亦即「事」與「理」的世界同樣也可以用語言文字來表達的。總之，人可以在「物」、「事」與「理」的範疇上以語言文字為工具，建造一概念的世界。但是那無「形」的、無「精粗」可言的、「言之所不能論，意之所不能察致」的世界是無法用語言文字來表達的。換言之，在超越乎物、事、理之上之外的「真實世界」看出了語言文字之功用的有限性。為方便起見，暫且依照習慣，把那非語言文字所能道盡的「真實世界」稱之為道。道既非語言文字所能表達，那麼道如何才可瞭解與體悟呢？老子是借一般性語言之否定，以使人去體悟、印證道。莊子亦是如此，不過莊子除了以「對語言文字之功用之否定」為體道之途徑之一外，還慣用違反常規的語言文字——謬悠之說、荒唐之言、無端崖之辭、卮言、重言、寓言等來作為指點人體悟道之工具。

人類總是侷促地生活在一有限的天地，因而習慣於運用正規但是有限的語言文字來認知世界，並適應於其所生活於其中之世界。而莊子則認為這種「心習」如不破除，則絕對而永遠無法體悟道。故破除「正規語言文字運作之心習」為體悟道之先決條件。這就是莊子所以要大量採用謬悠、荒唐之言、無端崖之言辭來論道之原因所在。但是這些不合常規之言詞，莊子只是把它當作體悟道之工具，而並非認為它能如實地把道描繪出來。因為其言雖謬悠、雖荒唐之言、雖無端崖，卻仍然是言、是說、是辭。莊子全書不皆是由言、說、辭所構成的嗎？所以莊子之喜用荒唐怪誕之說只是在遮撥語言文字給人造成的心習，同時以它為工具，使人能體悟道，而不是以荒唐怪誕之說辭為「道」。因為它只是體悟道之工具，故得「道」之後，必須把工具忘卻、丟棄。

「荃者，所以在魚，得魚而忘荃。蹄者，所以在兔，得兔而忘蹄。言者，所以在意，得意而忘

言。吾安得夫忘言之人而與之言哉。」（外物篇）

「世之所貴道者，書也。書不過語，語有貴也。語之所貴者，意也。意有所隨，意之所隨者，不可以言傳也。而世因貴言傳書，世雖貴之哉，猶不足貴也。為其貴非其貴也。故視而可見者，形與色也。聽而可聞者，名與聲也。悲夫！世人以形色名聲為足以得彼之情。夫形色名聲果不足得彼之情，則知者不言，言者不知，而世豈識之哉。桓公讀書於堂上，輪扁斲輪於堂下。釋椎鑿而上，問桓公曰：敢問公之所讀者何言邪？公曰：聖人之言也。曰：聖人在乎？公曰：已死矣。曰：然則君之所讀者，古人之糟魄而已夫。」（天道篇）

案：「言者所以在意」這是在強調語言文字之工具性及其功用之所在，而非以言為道也。而「得意而忘言」則在否定語言文字之價值與語言文字之終必揚棄，不可執言語文字為道。「世之所貴道者，書也」這種貴書之見，則是執語言文字以為道。而實際上，書（語言文字）只是「古人之糟魄」、「先王之陳跡」而已，它不是道。至多只能是體悟道之工具，當人由此工具而得道時，則該把這些糟魄棄而不顧。故莊子要人「忘言」、「不言」。依此，語言文字（含謬悠、荒唐、無端崖之言辭）是體悟道之工具，而且只是敲門磚性的工具——當目的達到後，必須拋棄的工具。它不但不等於道，而且道完全是超越乎語言文字之外的。

總上所述，我們可以得出如下的結論：老子與莊子對語言文字的理論，是由「語言文字在體悟道的功用的批判」而帶出來的。此其一。老子與莊子都承認語言文字之功用，但是同時也批判了語言文字功用之有限性。語言文字的功用在於對「現象世界」有表意作用。同時可作「真實世界」之代名詞。此其二。「語言文字」不能如實地把這——真實世界描繪呈現出來。所以不能執著於論道之文字而得道。由此可看出語言文字之功用的有限性。此其三。由於語言文字的有限性，老莊在悟道、論道的時候常常採取語言文字的否定或以不合常規之言辭來烘托道。就這一點而言，語言文字在認識道的過程中有其消極的功用。此其四。老莊對語言文字的看法，完全是外在於語言文字而對語言文字作消極的批判而不能內在地，積極地肯定語言文字的價值。此其五。由於老莊之慣用、喜用詭辭，不但破壞了語言文字使用的常規，而且戰國名家之好治怪說玩琦辭之風，可能就是由老莊之玩詭辭所引發的。此其六。

第二節　老莊之知識論

老子與莊子在宣說他們的道的同時，不但批判了語言文字之功用與價值。而且更由此而進一步地否定了「以語言文字為表現及組織的形式」之知識。此處所謂的否定知識，實際上是指對知識之價值之否定而言。一般所謂「知識論」常與「認識論」通用。以認識之起源，作用及其可能性為研究之主題。而本節所要討論的，則是以老莊對知識之價值的批判為重心。

知識是人類知性活動的產品。關於人類的知性活動老子依其活動之對象分為智與明兩個層次。

「知人者智，自知者明。」（老子三十三章）

「夫物芸芸，各復歸於根。歸根曰靜，是謂復命。復命曰常，知常曰明；不知常，妄作凶。」（十六章）

「知和曰常，知常曰明。」（五十五章）

道德經所謂「知人者智」之「人」，不一定指特定的「人」而言，它應泛指外在的，客觀的一切事物而言。嚴幾道即以「逐物者智」來解釋「知人者智」。人類的「認知主體」樸著於客觀實存之對象，經過一段認知過程，所得到的結果即是知識。老子把陶鑄「知識」的「知性主體」稱之為「智」。具體言之，智即一般所謂的理智，聰明是也。與「智」相反的是「明」。老子所謂的「明」就其對象言可分為兩個層面。一是「自知」之「明」，一是「知常」之「明」。所謂「自知」的對象是人自己，是人內在的，主觀的心性。「自知」是一種內觀的知性活動，而這種內觀的、自照的、認知自家心性之「認知主體」，老子稱之為「明」。此外，這種「明」，同時是「知常」之主體。所謂「常」，實際上是「常道」之省略（因為老子所言之「常」，是指自然運行之永恆法則，而老子之道則是由「自然之常」而體會出來的。故有「道法自然」之語。）在老子看來，知「道」與知「性」之主體皆是「明」。

這種「明」（動詞）「人自己」及「常道」之智慧，在客觀的事務上落實下來，可以起大作用，但是智慧到底不是客觀的知識，它只是一種主觀的覺照與洞察。故嚴幾道有「『明』如鑑」之語。老子不但自認知的對象上區分認知主體為智與明，而且進一步地談到智與明的特性。老子四十八章云：

「為學日益，為道日損；損之又損，以至於無為；無為而無不為。」

「智」的具體活動即是「為學」。為學的目的在追求客觀世界之知識，而為學的程度與知識的獲得成正比。故曰：「為學日益。」所謂「為學」之「日益」，不僅是一「事實」，而且是一種「要求」。因為知識本是無涯的，人的追求知識的欲望亦是無盡的。所以「為學」不僅事實上會「日益」，而且「為學」本身亦會牽引人「日益」下去。而在老子看來，「為學」雖「日益」，但是對「明性見道」不但無助，反而有害。「智」的對象——宇宙萬有——是變動而雜多的；而「明」的對象——性與道——則是恆常而純一的。由於對象性質之迥異，故為學與為道之方式與結果亦大相逕庭。

有了以上的認識，現在可以進一地來討論老子對知識之價值的判斷了。漢書藝文志以為道家出於史官，老子是否當過史官，暫且不去管他。但是老子想在「物之生也，若驟若馳，無動而不變，無時而不移」（莊子秋水篇語）的現象世界裏，找出一條永恆不變的法則來作為因應之道，則是有史官的意味。老子所要追求的是「道」，而不是「知識」。知識在明性見道的工夫上是一種障礙，它使人類「有涯之生」迷失於「無涯之知」，而不能明性亦無法見道。故老子四十七章云：

「不出戶，知天下；不闚牖，見天道。其出彌遠，其知彌少。是以聖人不行而知，不見而名，無為而成。」

依老子，人對道的認識，不但不需要知識，而且知識越多，對於道的體悟越不可能。甚至於知識的多寡與道的認識成了反比例。因為知識之屬性正與前述道之屬性完全背道而馳。如以雲喻知識，以月喻道，則人必須撥開知識之雲霧，方能見得明月之道。「不出戶，不闚牖」之所以能知天下，是因為無知識之雲霧故也。「其出彌遠」之所以「其知彌少」乃是知識之雲霧過濃，致雲深不知月何在。所以就認識道的立場看，老子否定了知識之價值，這是老子反知識的第一個理由。

「大道廢，有仁義；智慧出，有大偽。」（十八章）

「絕聖棄知，民利百倍。」（十九章）

「古之善為道者，非以明民，將以愚之。民之難治以其智多，故以智治國，國之賊也；不以智治國，國之福。」（六十五章）

案：此三章所云之「智慧」、「知」、「智」，雖然是指人主觀之智巧而說的。但是主觀之知，是產生知識之主體。主觀之知之活動，在客觀落實下來，就成為知識。釋憨山解釋「智慧出有大偽」云：「智慧，謂聖人治天下之智巧。即禮樂、權衡、斗斛、法令之事。然上古不識不知，而民自樸實。」禮樂、權衡、斗斛、法令之事等如不就其功用觀之，而把它客觀化地看，孤立地看，亦是知識之一。故老子否定「智慧」、「知」、「智」在治國利民上的價值。實際上是間接地否定了「廣義的知識」之價值。在政治上使民「有大偽」而「難治」不能「民利百倍」是老子反知識之第二個理由。

「天下皆知美之為美，斯惡已，皆知善之為善，斯不善已。」（二章）

「不尚賢，使民不爭。」（三章）

案：美醜、善惡、賢不肖之判別，雖然是一種主觀的價值判斷。但是人作此類價值判斷時，有賴於知識為其基礎，而且這類價值判斷的客觀化亦是一種知識。依老子之意，尚賢、崇美、尚善，易使人之生命「離其自己」而追求賢、美、善之名，終致以身殉之。故主張不尚賢，不使民知美之為美，善之為善。二十章：「絕學無憂」，亦是此意。就人生而言，使人殉名而爭競，殉「學」而有「憂」。是老子反知識之第三個理由。

綜上言之，老子之反知識，可以說是外在而消極的。因為老子不能內在於知識本身來看知識之價值，而只是就認識道、政治與人生上看知識之價值，所以是外在的。復次，老子只見到知識的負面的價值，而不能正視知識之積極功用，所以是消極的。

莊子對知識的看法，主要的表現在齊物論與秋水兩篇。齊物論題旨歷來有兩種說法：一是解作「齊物」之「論」。一作「齊」「物論」。愚意以為兩層意義皆為齊物論之所涵蘊。

莊子是一徹底的反知識論者，他認為知識給人帶來了無盡的災害。齊物論曰：

「大知閑閑，小知閒閒。大言炎炎，小言詹詹。其寐也魂交，其覺也形開。與接為構，日以心鬭。縵者，窖者，密者，小恐惴惴，大恐縵縵。其發若機栝，其司是非之謂也。其留如詛盟，其守勝之謂也。其殺若秋冬，以言其日消也。其溺之所為之，不可使復之也。其厭也如緘，以言其老洫也。近死之心，莫使復陽也。……一受其成形不亡以待盡。與物相刃相靡，其行盡如馳，而莫之能止，不亦悲乎。終身役役，而不見其成功，苶然疲役，而不知其所歸，可不哀邪。人謂之不死奚益，其形化，其心與之然，可不謂大哀乎。人之生也，固若是芒乎，其我獨芒。而人亦有不芒者乎！」

造成這種「機栝式的生命」，「人生之芒」之可悲的最大原因有二：一是生命的紛馳，一是意念的造作。而尤以後者之為禍尤烈，由於人類意念的造作，而產生種種知識，而此知識反過來牽動人之生命，使人類原本活潑之天機僵化於其意念所造作而成之知識。如此，知識成了人類自縛之繭。故莊子對知識深惡病絕，而思徹底地加以否定。他否定知識的方式有二：一是齊「物」，一是齊「物論」。茲分別解說於後。

宇宙萬有之差異是自然而實然的。齊物論云：「大木百圍之竅穴似鼻、似口、似耳、似枅、似圈、似臼、似洼者、似污者，」這是竅穴形狀之異。「激者、謞者、叱者、吸者、叫者、譹者、宎者、咬者。」這是自然的聲音——地籟之差異。「大知閑閑，小知閒閒。」郭象注曰：此蓋知之不同。「大言炎炎，小言詹詹。」郭注云：此蓋言語之異。「與接為構，日以心鬬。縵者，窖者，密者。」郭注曰：此蓋交接之異。齊物論類似的描述很多，不再贅舉。齊物論篇末云：「昔者，莊周夢為胡蝶，栩栩然，胡蝶也。自喻適志與，不知周也。俄然覺，則蘧蘧然周也。不知周之夢為胡蝶與，胡蝶之夢為周與。周與胡蝶則必有分矣。此之謂物化。」案：「周與胡蝶則必有分矣」一語對於宇宙萬有之差異是一概括性的陳述。宇宙萬有之彼此有別，是莊子所承認的，但是他不但不要人在萬物之異上起分別，而且處處強調應該渾同、渾化萬物之異。故曰：「故為是舉莛與楹（這是大小之異），厲與西施（這是美醜之別），恢恑憰怪（成疏：恢者，寬大之名；恑者，奇變之稱；憰者，矯詐之心；怪者，妖異之物。），道通為一。」又莊周夢為胡蝶之寓言，其旨亦在告訴世人忘卻物我之界線。「周與胡蝶必有分矣」一命題，吾人可以把它全稱化而為「宇宙萬有皆有分」。莊子不要人在「萬有之分」上起虛妄分別執著，而希望人人渾忘「宇宙萬有之分」，物我兩忘，以使天地萬物與我冥而為一，如此「宇宙萬有之分」自然化除。此之謂「物化」。總上言之，宇宙萬有之彼此「有異」，「有分」是實然而必然的。亦即一切「物」皆是「不齊」的，而莊子則主張以「物化」的方式去「齊」萬物之「不齊」，此為莊子「齊物」之論。

「宇宙萬有」必有之「分」是知識所賴以產生的資料。它是產生知識的必要條件，而莊子之主張物化，要人將「宇宙萬有之分」忘卻，這是釜底抽薪的方式，以使知識不生。知識不生則人類由知識所造成的災禍就可免除了。所以「齊物」之論是莊子反知識的最基本的方法，也是使知識不生的最徹底的方法。

但是「宇宙萬有之分」是一自然而實然之客觀事實，而人類之知性活動亦是一樁自燃而不容已的要求。因此，以「宇宙萬有之分」為資而產生種種物論乃是自然而不可避免之事。換言之，知識之產生與存在是必然而實然之事，「齊物」之論，是要消除知識於未生之時。而在知識已生，且為禍甚烈時，莊子則主張齊「物論」以消解知識所給人帶來的害。

在講到如何齊「物論」之前，必須先討論「物論」何以可齊之理。齊物論云：「民溼寢則腰疾偏死，鰌然乎哉？木處則惴慄恂懼，猨猴然乎哉？三者孰知正處？民食芻豢，麋鹿食薦（美草也），蝍且（蜈蚣）甘帶（帶，蛇也），鴟鴉耆鼠，四者孰知正味？猨猵狙以為雌，麋與鹿交；鰌與魚游；毛嬙、麗姬人之所美也，魚見之深入，鳥見之高飛，麋鹿見之決驟四者孰知天下之正色哉？」案：「正處」、「正味」、「正色」皆是一種物論，亦是一種知識。而這種物論之「正」與「不正」卻無普遍之妥實性。在甲為「正論」者，在乙可能成了不正之論。一切物論之正與不正，因人（物）而異。沒有一種特定之「正論」可以有普遍性。因而一切「正論」皆是「不正之正」。既是「不正之正」，則人之執著於某一物論豈不是極為可笑之事，這是莊子認為「物論」可「齊」的理由之一。

「計人之所知，不若其所不知。其生之時，不若未生之時，以其至小求窮其至大之域，是故迷亂而不能自得也。」（秋水篇）

「吾生也有涯，而知也無涯，以有涯隨無涯殆已。」（養生主）

宇宙萬有是一無窮，因之，物論亦是無窮的。而人的生命所佔有的空間與時間皆是有限的，以有限的生命去追求無窮之知識，則不但「迷亂而不能自得」，同時對人之生命是一種傷害。依後者，物論，知識是要不得的。依前者，一切物論皆是有限的、渺小不足道的，人如對此有限而不真實（迷亂而不能自得故也）之論，起爭辯執著，豈不成了「不可語海之井蛙，不可語冰之夏蟲，不可語道之曲士。」？物論之有限性是物論可齊之第二個原因。

「物之生也，若驟若馳，無動而不變，無時而不移。」（秋水篇）

「麗之姬，艾封人之子也，晉國之始得之也，涕泣沾襟，及其至於王所，與王同筐牀，食芻豢，而後悔其泣也。」（齊物論）

宇宙既是變動不居，則一切物論亦是隨時變動而移易的。如此，人類有限的知性活動所得之知識，亦將隨著時間而失去其價值。因此人類之執著於某一物論，豈不成了「麗姬之始泣而後悔」。知識之無永恆性，是莊子所據以齊「物論」之第三個理由。

「以道觀之，物無貴賤，以物觀之，自貴而相賤。……因其所大而大之，則萬物莫不大，因其所小而小之，則萬物莫不小。……因其所有而有之，則萬物莫不有。因其所無而無之，則萬物莫不無。……因其所然而然之，則萬物莫不然，因其所非而非之，則萬物莫不非。」（秋水篇）

「天下莫大於秋豪之末，而大山為小。莫壽於殤子，而彭祖為夭。」（齊物論）

案：一切物論之所以形成及物論之所以紛歧而令人莫衷一是，皆因人對物所取之角度、立場、時間、空間、以及人之知識水平、個性有種種差異所造成的。也因此，同一事物，可以然，可以不然，可是可非，可貴可賤，可大可小，可有可無，毫末大而泰山小，殤子壽而彭祖夭。總之，一切物論皆可變換而無準。換言之，皆是相對而非絕對的。知識之無絕對性是物論可齊之第四個原因。

「以道觀之，物無貴賤，以物觀之，自貴而相賤。」（秋水篇）

萬物本無所謂貴賤之分，是人類對萬物作了價值判斷才有貴賤之別。而在人際關係中，人總是自貴而相賤。故人類的價值判斷所形成之一切物論，皆是主觀的虛妄分別而無一客觀的準據。知識（含價值判斷）之主觀性是莊子以為物論之可齊的理由之五。

「夫精粗者，期於有形者也。無形者，數之所不能分也。不可圍者，數之所不能窮也。可以言論者，物之粗也，可以意致者，物之精也。言之所不能論，意之所不能察致者，不期精粗焉。」（秋水篇）

案：一切物論之建立，皆有賴於語言、文字為其工具。而可以用語言文字表達討論的真理，皆是有形世界的真理：而非宇宙萬有之「真實之理」。所以都是粗淺而無價值的。在莊子是不屑一顧的。故曰：「然且語而不舍，非愚則誣也。」（秋水語）物論之粗淺而無價值是莊子以為物論之可齊之第六個原因。

「彼出於是，是亦因彼。」（齊物論）

「是亦彼也，彼亦是也。」（齊物論）

「一與言為二，二與一為三，自此以往巧歷不能得，而況其凡夫？」（齊物論）

案：就橫截面言，一切物論皆是「彼出於是，是亦因彼。」「是亦彼也，彼亦是也。」彼此之間皆有其相因依的連鎖性而永遠扯不清，分不了界線。就縱貫面而言，物論由無而有，由一而二，而三，由三而無窮無盡地延展下「物論之相因相依而不可判然分清彼此之界線」及「物論之無窮性」是莊子認為物論可齊之第七個理由。

綜上言之，莊子認為物論——知識是無普遍性的，是有限的，非永恆的；相對而非絕對的，淺薄的，是永遠扯不清的；所以是毫無價值的。因此，皆是無短長可較而可齊的（秋水曰：「萬物一齊，孰長孰短」），這是物論之可齊。復次，物論既是毫無意義的「意念之造作」，而且它又牽動了人的生命使其離其自己而造成可悲之「人生之芒」與「機栝式之生命」，故物論是「該齊」的。因此莊子主張把一切錯綜複雜之物論皆齊而一之。

至於如何齊「物論」，莊子有幾層主張，茲分述如下：齊物論——知識之產生，是人類知性活動之必然而實然之產物。雖然依莊子看來，一切物論皆是毫無價值的，都是「可齊而且應齊而一」，但是這只能算是莊子主觀的認識如此，評斷如此，他無法制止物論之產生，亦不能把客觀的物論真正地齊而一之。所以莊子之齊「物論」的落實處只在人之主觀修持。換言之，莊子之齊物論的具體表現只是人生的修持與一種生活態度而已。

「六合之外，聖人存而不論，六合之內，聖人論而不議。春秋經世，先王之志，聖人議而不辯。」（齊物論）

物論是一客觀的必然存在，雖然無法齊而一之，但是它們卻是可齊而應齊的。在這種態勢之下，莊子首先認為人最好以不辯、不議、不論之方式，不直接地，積極地參與或減輕參與製造物論，及為物論而爭論。這是釜底抽薪的辦法。此其一。其次，在主觀上莊子主張人應懂得「知止其所不知」、「知不言之辯，不道之道」，「恢恑譎怪道通為一」，「唯達者，知通為一」（均齊物論語）之道。換言之，在主觀上，人應知道物論之可齊應齊，並進一步，不對物論產生虛妄分別（如貴賤、大小、美醜）而以「通而為一」之道，對待一切物論，視一切物論皆是齊而為一的，無意義的（就道的立場上看）。這是就主觀上之存心而言齊物之道。此其二。在客觀上則應講求：「為是不用，而寓諸庸」，「和之以是非，而休乎天鈞是之謂兩行。」（以上齊物論語）「不敖倪於萬物，不譴是非，以與世俗處。」（天下篇）之道，以求達到「彼是莫得其偶」，而可「應無窮」的境地。此其三。關於第三點，為求瞭解得貼切而真實起見，特再引齊物論朝三暮四之寓言以作為補充說明。

「唯達者知通為一，為是不用，而寓諸庸。……因是已，已而不知其然，謂之道。勞神明為一，而不知其同也。謂之朝三。何謂朝三？曰：狙公賦芧（芧，司馬云：橡子也）曰：朝三而暮四。眾狙皆怒。曰：然則朝四而暮三。眾狙皆悅，名實未虧，而喜怒為用。亦因是也。是以聖人和之以是非，休乎天鈞，是之謂兩行。」

案：這一段文字，把人類對物論的態度分成了三層境界。最低一層是眾狙的境界。眾狙對「朝三暮四」有了是非善惡之判斷，故有喜怒之別。莊子是借眾狙以譬喻並諷刺「名實未虧，而喜怒為用」之可笑與無聊。形式改變而實質未變，然而竟為此爭辯不休，不正是諸子百家之寫照嗎？「勞神明為一，而不知其同也。謂之朝三。」這種「朝三」是第二層的境界。「唯達者知通為一」，「恢恑譎怪道通為一」之「通為一」固合乎道之要求。但是人若勞神明為此「通而為一」；則不是莊子所稱許與鼓勵的。「唯達者，知道通為一」這是知善；「勞神明為一，而不知其同也」，則是擇善而「固執」，而且以此為高出於眾庶，自以為高，人而有如此看法，則不但不是好事而且是壞事。勞神明而為一，是使生命離其自己，而去追逐「一」之道，使生命殉於「一」，此其可悲者一。復次，固執於善而不知同，不知「寓諸庸」，則必與「眾庸」形成一對立，對立一產生，則必落入是非圈中而不克自拔。此其可悲者二。故莊子亦不贊成「朝三」之態度。依莊子「狙公」所代表的態度是一最高的境界。狙公固知眾狙之怒「朝三暮四」而悅「朝四暮三」這種「名實未虧而喜怒為用」之可笑而無意義。但是狙公並不斥眾狙之可笑。一切「順」眾狙而「同」之。依是，狙公所象徵的人生境界，是對一切「不敖倪」「不譴是非以與世俗處」，「和之以是非而休乎天鈞」，「知通為一，為是不用，而寓諸庸」。狙公之境界，正是莊子所認為最高，最究竟的齊「物論」之道。

總而言之，莊子的齊「物論」的方法是在主觀上採不辯不議不論之原則，以減少物論，並且「以道觀之，物無貴賤」之觀點，把一切物論等量觀之，皆視之為無意義的「意念的造作」，而在客觀上，則主張因是因非，不譴是非。如此，則人可因應無窮，生命不為物論所動，所牽，所引，而殉物論。而其最終目的則是秋水篇所謂的：「無以人滅天，無以故（事也）滅命，無以得殉名，謹守而勿失，是謂反其真。」換言之，人不為物論及其他一切人類的造作所牽動，使生命在其自己以養其真葆其性。

由上看來，莊子是一徹底的反知識論者，但是他的反知識論的基本出發點，是看出了知識所給人帶來的禍害。換言之，在養生葆性上，知識不但毫無價值，而且是百害而無一益的，故反之。這是外在於知識而評斷知識，而不是內在於知識作積極的肯定與批判。知識產生之可能性，知識之客觀妥實性，知識之積極的功能性，……等等知識論上的主要課題，在莊子則全付闕如。這是因為莊子的興趣是在人生價值論，而不在純知識論之故。吾人不能因此而厚誣莊子。如實言之，莊子之言，確乎有其真實性而值得吾人警惕與猛省的。

第三章　名家之名學思想

第一節　公孫龍之邏輯思想

先秦諸子可以說或多或少都談到名實問題，只是各家的著眼點不同，因而所得出來的結論是迥異其趣的。孔子是從政制、禮樂、及人倫上言正名，談名實；道家則自道的立場，哲學的觀點論語言（名）及知識之價值；到了名家則把政制、人倫及哲學拋開，而純名理地談名理問題。就名學觀點而言，這是一種解放，也是一種進步。而且由於名家的倡導，談名理之風盛極一時，其他各家也深受其影響，尤其是後墨（或稱為三墨、別墨）之說，可以說多數是由名家所引發的。遺憾的是，到今天名家著作大都已散失。莊子天下篇說惠施其書五車，漢書藝文志有惠子一篇，今已全失。只在莊子天下篇記載了惠施「厤物十事」。公孫龍子漢志錄有十四篇，今僅存六篇，其中跡府篇是後人之作。所以今天所能看到名家著作實際上只有公孫龍子之白馬論、指物論、通變論、堅白論及名實論與天下篇所記惠施「厤物之意十事」。厤物十事，絕大部分是屬於哲學上的問題，而與名理問題之關係較少，故本章所要討論的是以公孫龍之名學思想為主。

公孫龍子之白馬論、指物論、通變論、堅白論及名實論等之詳細內容，本書第二部公孫龍子疏釋，已有詳盡之解說，故本章不以公孫龍之學說、內容為討論對象，而是要探討由這些學說所接觸到的有關邏輯的問題。

「概念論」是傳統邏輯的重要課題，在公孫龍子一書中，西方傳統邏輯概念論中的概念、類與類的關係、共相、殊相、概念之內容與外延等主要問題，公孫龍都接觸到了。茲分別加以解說。

「白馬非馬，可乎？曰：何哉？曰：馬者，所以命形也；白者，所以命色也。命色形非命形也（末句依譚戒甫校）。」（白馬論）

「物莫非指，而指非指。天下無指，物無可以謂物。……指也者，天下之所無也；物也者，天下之所有也。……天下無指者，生於物之各有名也。……使天下無物，誰徑謂指？（末二句依伍非白校）」（指物論）

案：人的認知主體，對某一客觀的對象產生認知活動而有了結果，亦即對認知對象有了認識、瞭解時，就用某些概念來表示他對認知對象的認識。例如：我們對某一匹白馬的顏色作一認知活動，當我們對這匹馬之顏色有了認識後，我門就以「白」這一概念來指謂這一匹馬，說牠是白馬。所以概念是用來指謂物之特性的。白馬論所謂「馬者，所以命形也；白者，所以命色也。」中的「馬者」，「白者」，如用白話說應是：「馬這個概念，白這個概念。」「馬者，所以命形也；白者，所以命色也。」之意是：「馬」是用以指謂「形體」的概念；而白則是用以指謂顏色的概念。公孫龍就是根據「白」這個命色的概念加上「馬」這個命形的概念不等於「馬」這個命形的概念，而主張白馬非馬。據此，公孫龍心中早有「概念」的思想，而且知道，概念都是用以指謂物之特性的。尤其可貴的是，他能從客觀之「物實」超越出來，而就「概念」的範疇來與人辯白馬非馬。此其一。

概念的產生是由認知的對象而來的，無認知的對象，則概念無從產生，故指物論曰：「使天下無物，誰徑謂指？」案：指物論之「物」是指客觀存在之物，亦即是認知的對象，而「指」則是指謂物或論謂物之概念（說詳公孫龍子疏釋）。指物論之意是，如天下無物，則指就無從產生了。此其二。

物是具體的，而概念則是抽象的。這是物、指最大不同的特性。「物也者，天下之所有也；指也者，天下之所無也。」即在指出「物」、「指」之不同特性。此其三。

當我們對某一物形成了某概念，則表示我們對某物有了認識，所以概念的功用是用以指謂物或論謂物，以表示吾人對物之認識的。反之，如無概念，則表示吾人對物欠缺認識。故指物論曰：「天下無指，物無可以謂物。」「天下無指者，生於物之各有名也。」復次，任何物，原則上都是可認識的（至於認識之確當與否是另外一回事），亦即都可以用「指」來加以指謂論謂而認識的，故曰：「物莫非指」。此其四。

由上可知，公孫龍對於概念之產生、意義、功用及特性都有了相當程度的瞭解。而且能充分利用它們來與人辯論。

「羊與牛唯異，羊有齒，牛無齒。而羊牛之非羊也，之非牛也，未可。是不俱有，而或類焉。羊有角，牛有角，牛之而（而，為也）羊也；羊之而牛也，未可。是俱有，而類之不同也。羊牛有角，馬無角；馬有尾，羊牛無尾。故曰羊合牛非馬也。非馬者，無馬也。無馬者，羊不二，牛不二，而羊牛二。是而羊，而牛，非馬，可也。」（通變論）

案：右引通變論主要的是在講類與類的關係。「羊有角，牛有角，牛之而羊也；羊之而牛也，未可。是俱有，而類之不同也。」這是說原來不同類之甲類與乙類不可因有部分相同之特徵，而以偏概全，說甲類同於乙類。原文淺顯易解，故不再加解說。

「羊牛有角，馬無角；馬有尾，羊牛無尾。故曰羊合牛非馬也。……是而羊，而牛，非馬，可也。」案此段講類之關係有兩層意義。「羊牛有角，馬無角；馬有尾，羊牛無尾。故曰羊合牛非馬也。」這是說甲類與乙類所共有之特徵，正是丙類所無者而丙類所特有之性質正好是甲類與乙類所共同沒有的。那麼，就可根據這樣斷定「甲類與乙類的積類」不等於「丙類」。此其一。「羊合牛非馬也，是而羊，而牛，非馬可也。」這是說甲類與乙類所合成的積類函蘊甲類，也蘊函乙類。但是不含「丙類」，此其二。

「羊與牛唯（雖）異，羊有齒，牛無齒。而羊牛之非羊也，之非牛也，未可。是不俱有而或類焉。」這一段話是說本來不同類之甲類與乙類，如果合成一積類，那麼不可因為甲類與乙類本不同類，就說它們的積類不函蘊甲類亦不函蘊乙類。這一條與前段第二層意思相通，不過後者是正面地說甲類與乙類之積類應函蘊甲類也函蘊乙類，而前者（即本段之意）則是從反面說甲類與乙類之積類不該不函蘊甲類與乙類。總之，這兩段是在說積類的函蘊關係。如以ａ、ｂ分別代表羊、牛，則可以用下列公式來表示這種積類的函蘊關係。

$$a \cdot b \supset a, \quad a \cdot b \supset b$$

「白馬者，馬與白也。……白者，不定所白，忘之而可也。白馬者，言定所白也。定所白者，非白也。」（白馬論）

「物白焉，不定其所白。物堅焉，不定其所堅。不定者兼，惡乎其石也。……堅未與石為堅，而物兼。（謝希聲注「而物兼」曰：「堅者，不獨堅於石，而亦堅於萬物。」）未與石（物）為堅，而堅必堅——其不堅石、物而堅。天下未有若堅而堅藏。」（堅白論）

案：客觀上只有具體的白物，如白馬、白石、白紙、……但是沒有「白」這個東西，因為「白」不是東西。白馬論所謂「白者不定所白」的「白者」，顯然不是指白物而言，它是指不被具體存在之白物所限定的「白自己」、「白之自性」。換研之，它是指「白之共相」而言。所謂「共相」的定義是：「無時空性，普遍而永恆自存的抽象之理」（說見牟宗三先生之理則學）。「白之自性」、「白自己」，是從白物中抽出來的，故是抽象的；而此「白性」不為任何「白物」所限（白者不定所白）。故是普遍性的；沒有「白馬」、「白石」、「白紙」、……等具體之白物存在，而「白性」仍可永恆自存，故是永恆的。因為是永恆的，普遍的，所以它沒有時空性。故「白者不定所白」之白者，實際上即是「白的共相」。與「共相」相對的是「殊相」，「殊相」是指在時空中存在而可變化的具體特殊物。「白馬者，言定所白也。」之「白馬」，就是殊相，推之一切白物都是殊相。「殊相白馬」之「白」，對「白之自性」、「白之共相」而言，是一限定，故曰：「白馬者，言定所白也。」白之共相被白馬所限，則「白馬」之「白」已非「白之自性」、「白之共相」了。故曰：「定所白者，非白也。」復次，上引堅白論「物堅焉，不定其所堅」之不為堅物所定（所限）之堅，亦是指「堅」之共相而言。謝注之「堅者，不獨堅於石，而亦堅於萬物。」說的就是堅之普遍性（不為某堅物所限）。「不堅石、物而堅，天下未有若堅而堅藏。」是說有普遍性之「堅之共相」是一抽象的自存（藏，即自存之意。堅白論曰：「自藏也，非藏而藏也。」即是說「堅」、「白」之共相乃自存，而非人加以藏匿。）總之，公孫龍在白馬論與堅白論中不但已接觸到「共相」與「殊相」的觀念，而且用來作為論辯的工具。尤其在堅白論中「堅（共相），白（共相）之自藏」之說更成了公孫龍堅白的主要論據之一（至於這種論調能否證成「堅白離」之說，已詳公孫龍子疏釋，不贅述）。

「求馬，黃、黑馬皆可致。求白馬，黃、黑馬不可致。……黃、黑馬一也，而可以應有馬，而不可以應有白馬，是白馬之非馬審矣。」（白馬論）

公孫龍主張白馬非馬，除開頭「馬者，所以命形也；白者，所以命色也。命色形非命形也（末句依譚戒甫校）。」是就概念的構成上的不同而言白馬不等於（非，乃不等於，異於之意）馬之外，主要的論據是就概念之內容與外延的不等而言白馬非馬。右引白馬論原文之大意是：說到馬，它可以把黃馬、黑馬，等有色的馬包括在內，而當說到白馬時，就不能包括黃馬、黑馬在內了。據此，同樣的黃馬與黑馬可以包括在馬內，而不能包括在白馬之內，所以說白馬非馬。這顯然是就馬的外延可以包括黃、黑馬，而白馬的外延不能包括黃、黑馬，因而得出白馬非馬之說。

白馬論又曰：「白馬者，馬與白也……故曰：白馬非馬。」這顯然是根據馬只有馬的內容，而白馬則有「白」及「馬」兩種內容，故主張白馬非馬。

「馬者無去取於色，故黃、黑馬皆可（可，本作所）以應。白馬者，有取於色，黃、黑馬皆以所色去（以所色去，本作所以色去），故白馬獨可以應耳。無去者，非有去也。故曰：白馬非馬。」（白馬論）

依理則學，內容與外延的關係成反比例。即內容增多則外延相對變狹；反之，內容減少，則外延增廣。單說「馬」時，它是不顧及「色」之內容的，所以它的外延比「白馬」廣，因此可以包括黃馬與黑馬（當然也包括白馬）。反之，如說到「白馬」時，則它的內容增加了一個「白色」，因此它的外延就變狹而不能包括黃馬與黑馬，而只能單指白馬。這顯然是就概念之內容與外延的不等而言白馬非馬。

綜上所言，公孫龍不但已接觸到內容與外延的觀念，及內容與外延的關係。而且能利用它們來作為白馬非馬之理論根據，而非玩琦辭治怪說以求服人之口：

由上所述，可知公孫龍對概念、「類」及「類的關係」、共相與殊相、概念之內容與外延等有很深刻的認識，而且能用來作為他著書立說的根據及與人辯論的工具。而這些問題正是西方傳統邏輯概念論中的主要課題。在先秦諸子中公孫龍是最具邏輯心靈的一個思想家。甚至於在中國哲學史上，在這方面的成就亦無有出其右者。這是公孫龍的可貴處。但是公孫龍只是一個辯論家（在歷史上公孫龍被目為是「詭辯」家），而沒有開出如西方的邏輯。這其中的關鍵在於中國人講學問的心態比較偏向於「術」，而不重視「學」。故在公孫龍只有邏輯「術」，辯論「術」，而在西方卻有邏輯「學」。（關於此中道理本人將另草一文詳加論列，此處無法作詳細的解說。）

第二節　公孫龍的正名思想

在春秋戰國時，「正名主義」是一種普遍的呼聲。儒、名、墨、法諸家皆有正名之主張，尤其孔子與荀子更是重視與強調正名思想之重要性。關於孔、荀之正名思想分別詳述於本書第四部之第一、五章。本節只論公孫龍之正名論。這裏要附及一提的是墨辯在正名問題上與公孫龍是完全一致的，關於這一點已詳墨辯研究第七章墨家與名家之訾應。故下章研究墨家之名學思想時，就不再提及其正名問題了。

公孫龍的正名思想見於名實論。名實論在講了一些正名的原則之後，作了一個結論性的話與說：

「至矣哉！古之明王。審其名實，慎其所謂。至矣哉！古之明王。」

而跡府篇亦云：

「公孫龍，六國辯士也。疾名實之散亂，因資材之所長，為守白之論。假物取譬，以守白辯，謂白馬非馬也。……欲推是辯，以正名實而化天下焉。」

名實論一再稱讚古之明王，其理由端在古明王能「審其名實，慎其所謂」。而所謂「審名實，慎所謂」，實際上是重視名實問題，亦即重視正名問題。因為先秦諸子都有一種託古之風，有挾古人以自重之心習。而據跡府篇所說「欲推是辯，以正名實而化天下」則公孫龍之主張白馬非馬及其他學說，正是他實現其正名主義以求「正名實以化天下」的具體表現。而「疾名實之散亂」則是公孫龍所以提出正名思想的時代背景。詳言之「名實之散亂」是現實上的病象。而這種病象正違背了古明王「審名實，慎所謂」之原則。故公孫龍要求正名實。「因資材之所長，為守白之論……」則是表示了公孫龍對正名問題有自信及使命感。以上所說是公孫龍主張正名的動機、現實因緣與其理想之所在。

至於具體的正名原則，名實論有簡單而扼要的提示：

「其正者，正其所實也。正其所實者，正其名也。」（名實篇）

案：公孫龍認為物之所以為物，端在物之有其「實」。故要正物之不正，使其復歸於其正，則必須自正實入手。故曰：「其正者，正其所實也。」至於如何「正實」，公孫龍認為應自正名入手，故曰：「正其所實者，正其名也。」準此以觀，公孫龍之意是：正名才能正實，正實然後才能正物。這裏，我們必須追問的是：何以正實，要從正名入手？亦即正名何以能正實？名實論曰：「夫名，實謂也。」意即：名是用來謂實的。有了名才能指實，謂實或論實，也才能透過名來認識各種物實。名實之間既有如此關係，則用「名」時如無一些原則以資依循，必然會造成亂用名之現象。反之，如用名能遵守某些原則，則用名就不會混亂而能得其正，用名能得其正，則可循名以知實，且可因名以定實。公孫龍之「正其所實者，正其名也。」應作如是解。至於用名時應守之原則是甚麼？名實論提示了兩條。茲分別解說如下：

「其名正，則唯（唯，相應、相符之意）乎其彼此（彼此，指彼物，此物或彼實，此實而言）焉。謂彼（彼物、彼實）而彼（彼名）不唯乎彼（彼物、彼實）則彼謂不行；謂此而此不唯乎此，則此謂不行。其以當，不當也，不當而當，亂也。」

「彼彼當（當亦即「唯」之意。）乎彼，則唯乎彼，其謂行彼；此此當乎此，則唯乎此，其謂行此。其以當而（而，為也。）當，以當而當，正也。」

案：前引第一節文字之大意是：用名時，如果所用之名能與「彼物」「此物」相應，相符；那麼，這個名就得其正了。這是以名實能相「唯」（相應、相符）為「正名」之條件。如果用某一個「彼名」去指謂或論謂「彼實」，而這個「彼名」不能和它所「謂」的「彼實」相應相當的話，那麼就不能用這個「彼名」去指謂或論謂「彼實」了。故曰：「謂彼而彼不唯乎彼，則彼謂不行。」例如：用「白馬」這個「名」，去指謂「黑馬」這個「實」，則因為「白馬之名」與「黑馬之實」間有了差異而不能相應相當。這就成了「謂彼而彼不唯乎彼」。因此，「白馬之名」就不可以拿來指謂「黑馬之實」了。如果有人把不能與實相應的「不行之名」，強認為其能與物實相應相當，這是不當的看法，故曰：「其以當，不當也。」如把「這種不當」看成為「當」，那麼就要造成亂名的現象了。故曰：「不當而當，亂也。」例如：用「白馬」之名去指謂「黑馬」之實，本來是不當的，而如果有人認為這是妥當的，那麼就會造成「白馬是黑馬」這種亂名之說了。相反的，如果用「彼名」去指謂或論謂「彼實」，而能與「彼實」相當（無出入），這就表示這個「彼名」可以和「彼實」相應。既可相應，則用這個「彼名」來指謂或論謂「彼實」是妥當可行的。故曰：「彼彼當乎彼，則唯乎彼，其謂行彼。」例如：用白馬之名，去指謂白馬之實，則此白馬之名就與白馬之實相當相應而無出入。那麼這種名就是可行之名了。如以當於實之名為當，那麼，用名就能得其正了。故曰：「其以當而當，以當而當，正也。」綜上所述，公孫龍的第一個正名原則是名應與實相唯相當。

「彼（名）彼（實）止於彼（實），此此止於此，可；彼（名）此（實）而彼（實）且此（實），此彼而此且彼，不可。」

案：右引文字是公孫龍之第二條正名的原則。其意是：如果用「彼」名去指謂「彼」實，而且它（彼名）僅止於指謂彼實；那麼這個「彼名」是「可行之名」。故曰：「彼彼止於彼，可。」反之，如果用「彼名」，去指謂「此實」，則這個「彼名」就成了既可指謂「彼實」又可指謂「此實」了，這樣是不可以的。故曰：「彼此而彼且此，不可。」例如：以「白馬之名」指謂「白馬之實」，而且僅止於指謂「白馬之實」，而不用它去指謂「他實」，這是可以的；反之，如果以「白馬之名」去指謂「黑馬之實」，則「白馬之名」除了可以指謂「黑馬之實」而外，又可指謂「白馬之實」（因為白馬之名本來是用以指謂白馬之實的）了。這是不可以的。簡言之，公孫龍的第二條正名原則是：「名應專當於實」而不可有歧義。

以上敘述了公孫龍之兩條正名原則，底下擬就此再作進一步的探討。「名以實當」或「名與實應」這一條原則，似與荀子之「名無固宜」之說相衝突。依荀子，用甲名去謂乙實，丙實或其他實皆無不可。這中間無所謂宜與不宜之別。而公孫龍，則認為用某名去謂某實，這中間有當與不當之別。二人之說表面看來似乎是矛盾的，而實際上並不然。因為荀子之「名無固宜」是就「制名」而言的，用某名謂某實，並無先天的必然性，所以名無固宜。但是公孫龍之要求名與實相當、相應，是就「用名」處而言的。詳言之，公孫龍之名與實當，是要求「用名」要遵循習慣法而不可有違異。這正與荀子「名無固宜，約之以命，約定俗成謂之宜；異於約，則謂之不宜。」之意完全一致的。所以公孫龍之「名與實當」之原則，應補上荀子之「約定俗成謂之宜，異於約，謂之不宜」為其大前題，否則是無法成立的。因為名與實之間本無必然的連結，因此當與不當之問題無從發生。唯有約定俗成之後，名實之間才會有當與不當之別。

至於「名應專當於實」，這是語意問題。名是用來謂實的，所以每一實，照理有一專名，此「循名知實」之效果才不會打折扣，但是事實上，古今中外的文字多數是一名而數義的，所以「名應專當於實而無歧意」在原則上講是絕對正確的，而在事實上，並不是很容易做到的。此外，尚須一提的是公孫龍之主張「白馬非馬」，可能就是為了支持他的「名應專當於實而不可有歧意」之原則。白馬所以非馬，其主要的理論依據是白馬與馬之內容與外延不相等。但是就正名原則來看，「白馬是馬」則是犯了「彼此而彼且此」之毛病；而「白馬非馬」則是合乎「彼彼止與彼」之原則的。茲將此意略加解說於下。「白馬」之名本來是用以指白馬之實的，如果說「白馬是馬」，則表示「白馬」之名除了用來指「白馬」之實外，又可用來指「馬」之實了。這不正是犯了「彼此而彼且此」之毛病嗎？相反的，「白馬」之名，如果只用來指「白馬」之實，而不用來指「馬」之實，這是合乎「彼彼止與彼」之原則的。因此，公孫龍主張「白馬非馬」可能是用以支持其「名應專當於實而不可有歧意」這一正名原則的。

一名單指一實這個原則在理論上是絕對正確的，因為一名指數實，則在用名以指實時，易生誤解與爭端。例如「白馬非馬」與「白馬是馬」之辯論之所以造成，可以說完全是由於「白馬是馬」之「是」字與「白馬非馬」之非字有歧義，而且參加辯論之雙方對此是非二字之義的認取又不一致所致。「是」字一般言之有三種意思：一是內容的肯定，二是表示類的包含關係，三是相等之意。同理，非字亦有三義：一是表示內容的否定，二是表示類之不相含，三是不相等，「異於」之意。在白馬論中公孫龍對「白馬非馬」之「非」字是取「異於」、「不等」之意，而對方則把「非」看成是內容的否定及類的排拒關係。同樣的，與公孫龍論難的人對「白馬是馬」的「是」字所取的意義是內容的肯定，及類的包含，而公孫龍則把「是」字看成是相等。關於這點，拙著公龍子疏釋有詳細之解析，此處不再詳述。這樣，由於客觀上是非二字皆有一名數指之現象，而在主觀上，公孫龍與對方對此二字之義的認取又不相同，因而才造成了白馬論中之辯論。如實言之，是非二字如果「一名一指」，就不會造成雙方的誤解，如此，白馬是否是馬的辯論，就無從產生了。換言之，如能做到「名當專於實」，白馬是否是馬的辯論就可消解於無形，而且「白馬是馬」與「白馬非馬」二說皆可成立，亦即相容而不相矛盾。從這裏看，「名專於實而無歧義」這一原則更顯示出它的價值來。是非二字意義之紛歧，造成了白馬是馬與非馬這種無謂的辯論，不是孤立的例子，它可以有普遍的意義。我們可以說古今中外許多思想問題的論爭，多數是由於對所爭論的「語意」沒有加以釐清與確定所造成的。明乎此，則可知語意學及邏實徵論之產生自然有其必要性與價值。所以公孫龍之「名當專於實」之正名原則，實在是很有啟示性與價值之說。

第四章　墨家之名學思想

第一節　墨家之邏輯思想

本章所討論的墨家思想，主要是以墨辯——經上、經下、經說上、經說下、大取、小取——為據。大致說來，墨辯的產生當在名家之後，或與名家同時（其理由，墨辯研究第六章墨家與名家之關係已有詳盡之分析，此處不再贅述）。而名家之說較以前之諸子更注重邏輯，而墨辯之產生可以說是名家之反響與反動，故在注重邏輯方面較之名家，不但不遜色，而且在許多地方面，反而有後來居上之勢。而墨辯之產生既是在反名家，故其理論學說多數是在辯論中帶出來的。墨家不但好「辯」，而且有「辯」之理論，也因此帶出了墨家許多邏輯思想，故在講到墨辯之邏輯思想之前，對墨家有關「辯」之理論有加以介紹探討之必要。

「辯：爭彼也。辯勝，當也。」（經上）

「辯：或謂之牛，或謂之非牛，是爭彼也，是不俱當，不俱當，必或不當，不當若犬。」（經說上）

案：這是在為辯之所以產生及其目的作一界說。辯之產生必先有兩造不同或相矛盾之理論在，如對一「物實」謂之「牛」與謂之「非牛」就是兩種相矛盾的立場。而且此二種理論必不能同真，故曰：「是不俱當」。簡言之，不能同真的雙造理論並存，是「辯」所以產生的條件。而把不當之理駁倒，使真理確立，這就是勝，這種勝就是「辯」得目的之所在。

「謂：辯無勝，必不當，說在辯。」（經下）

「謂：所謂非同也，則異也。同，則或謂之狗，其或謂之犬也。異，則或謂之牛，其或謂之馬也。俱無勝，是不辯也。辯也者，或謂之是，或謂之非。當者，勝也。」（經說下）

案：這一組經及經說是在補充前面之說。其意是：如有二說，其內容相同則辯無從產生，或是有二異說，而此二異說俱假，如此則辯論的結果，亦無勝負，當不當之分，因此碰到這種情形就不必辯了。故曰：「同，則或謂之狗，其或謂之犬也。異，則或謂之牛，其或謂之馬也。俱無勝，是不辯也。」「謂辯，無勝，必不當。」總之，要辯，則必有相異之二說，而此二說必有真假之別，因有真假之別，故辯可以成立，而且會有勝負與當不當之分。故曰：「辯也者，或謂之是，或謂之非。當者勝也。」

以上是說辯之所以產生及其目的。底下接著說辯之功用。小取篇云：

「夫辯者，將以明是非之分，審治亂之紀，明同異之處，察名實之理，處利害，決嫌疑。焉舉略萬物之然，論求群言之比。」

案：據此而言，辯之功用可謂大矣。在道德的價值判斷、政治、處事、知識論、邏輯、認識自然、比較群言之得失上，「辯」都可以產生它的作用，亦即都離開不了「辯」。所以墨家、尤其是三墨（或稱後墨、別墨）不但重視辯，而且好辯。「墨辯」可以說都是「辯」出來的，也是他們辯時的依據與準則，至於如何辯呢？墨家之辯的方法，是嚴守邏輯的，底下接著談墨家論辯之方法，而其方法實際上就是墨家的邏輯思想。

小取篇開宗明義地列舉了辯之各種功用後，接著列舉了很多邏輯的方法，以作為論辯的依據，茲將小取及墨辯其他各篇所接觸到的邏輯方法分條加以解析如下：

一、論概念

以名舉實——名，名言也，概念也。實，各種物實也。舉，擬也，告也，擬議也。經上云：「舉，擬實也。」經說上云：「（舉）：告以文名舉彼實也，故。」又經云：「所以謂，名也；所謂，實也。」總此而言，所謂「以名舉實」即以名言概念去告謂，指謂物實之意，此與公孫龍子名實論之「夫名，實謂也。」義同。都是在說明「名」與「實」之關係與功用。「謂實」，這是名的功用，名是能謂，而實是所謂，這是名實的關係。凡是任何辯論，必須假借名言以行，所以小取在講求辯的方法時先標出「以名舉實」。

「名：達，類，私。」（經上）

「名：『物』，達也。有實必待之（原作文，依孫校改）名也。命之『馬』，類也。若實也者，必以是名也。命之『臧』，私也。是名也，止於是實也。」（經說上）

案。經上將名（概念）之種類分為達名、類名、私名。而經說對此三種「名」都舉例加以詮釋。照經說所舉之例，以「物」為達名；以「馬」為類名；以「臧」為私名看來，「達名」即荀子之「大共名」（達，即通，共之意）。亦即層級概念中最高級的概念。「類名」即荀子之「別名」，是層級概念中之中級概念。而「私名」，則是個體概念。（關於共名、別名之分別，則詳第五章荀子之名學思想。）如依「量」的觀念看來，「達」是無限類之概念，「類」是有限類之概念。「臧」是個體類之概念。

二、論命題

以辭抒意——馮友蘭中國哲學史（頁三二四）云：「辭，即今人所謂『命題』，合二名以表一意，乃謂之辭。所謂『以辭抒意』，亦即荀子正名篇所謂『兼異實之名以論一意』是也。」案：馮說是也。不過「合二名以表一意」一語須稍作補充，命題之形式類型很多，命題不一定都是由二名所成。依西方理則學，對命題分類很細，而且把構成命題之概念分成實概念與虛概念。光是實概念，不足以成命題，它必須輔以虛概念，才能成為理則學的命題。所以「合二名以表一意」一語顯然不夠精密。有了命題，才可能表達一完整的意義，所以命題亦是「辯」所必不可缺者。

三、以說出故

經云：「說，所以明也。」故「說」，即說明之意。經云：「故，所得而後成也。」所謂「故」，是指因果關係的「因」，或一切事物之原因。馮友蘭曰：「以說出故，即以言語說出一事之原因，亦即以言語說明吾人所以持一辭之理由。」案：有了概念，就可以構成命題；有了命題，就可以表達某一完整的意義或判斷。但在辯論中要使對方能接受你的「意義」與「判斷」，則必須對

「辭」（命題）之理由、原因作一說明，方能為對方所接受。所以「以說出故」是辯論中必不可缺的一環。

「以名舉實」、「以辭抒意」、「以說出故」，三者是一個人表達其情意及與人論辯時所必須依循的方式之三個階段。亦是論辯的、一般的共同的形式。

四、命題之種類

㈠小取篇云：「或也者，不盡也。」案：或，有也。經上云：「盡，莫不然也。」所謂「莫不然」，即無不然之意。故「不盡」即不盡然之意。「或也者，不盡也。」實際上即是理則學的偏稱命題。例如：「有勇不必有仁。」「有」，即部分，不全之意。「有些勇敢的人，不一定有仁德。」可以作「或也者，不盡也。」之實例。

㈡小取篇云：「假也者，今不然也。」案：「假」，假設也。「今不然也」，是指一命題之內容的情況、情態而與事實不一定全符。此即理則學的假然命題。不過西方邏輯學中的假然命題有一定的形式，即「如甲則乙」的形式，這是表示甲與乙之因果關係的命題。假然命題中所表現的關係，在現實上是否真是如此是不管的。小取的文字，過於簡單，也沒有舉例，不過把「假也者，今不然也。」解為假然命題，可說是有相當妥實性的。

案：西方傳統邏輯把命題分成四類十二種。而小取只提到偏稱與假然兩種命題。至於其他命題則未提及。這是小取作者對於命題沒有全面性地系統地作過分類；還是在文中隨意列舉兩種而已，則不得而知。

五、周延（與不周延）原則

小取篇云：

「愛人，待周愛人，而後為愛人；不愛人，不待周不愛人。不周愛，因為不愛人矣。乘馬，不待周乘馬，然後為乘馬也。有乘於馬，因為乘馬矣。逮至不乘馬，待周不乘馬，而後為不乘馬。此一周而一不周者也。」

案：小取這一段文字頗饒趣味性。如不就其所舉之例之內容看，而只抽離地看它所要說的「理」，實際上即是傳統邏輯之周延原則。牟宗三先生理則學為周延所下得定義是：「周延是說一個概驗能不能周遍於或舉盡了它所應用的分子之全體。如能，則為周延，如不能則為不周延。」現在即以此定義來看右引小取原文之義蘊。小取把「愛人，待周愛人，而後為愛人」為「周」，而以「不愛人，不待周不愛人。不周愛，因為不愛人矣。」為「不周」。案：墨子主張兼愛所以必須周愛一切人，才算是真正「愛人」。如此，則「愛人」一詞中之「愛」是以普及了它的對象——人之全體分子為條件。這就是周延。反之，所謂不周延，即一概念不能周遍於它所應用的分子之全體。所謂不能周遍於其全體分子，並不表示某一概念不能一一普及其全體分子，只要對其全體分子之某一分子不普及，此即表示不能周遍於其「全體」分子。準此以觀，小取之「不愛人，不待周不愛人。不周愛，因為不愛人矣。」的理論根據，實際上即是不周延原則。在中國哲學史上接觸到周延與不周延的問題，唯有小取篇的作者。

不過以周延與不周延來解釋「愛人」與「不愛人」，道理很淺顯易知。但是用來解釋。「乘馬」

與「不乘馬」之例，則較費手腳。「愛人，待周愛人，而後為愛人」之「周」，是以「周延原則」為理論之依據；而「不愛人，不待周不愛人」之「不周」，則是以「不周延原則」為其立論之依據。而「不乘馬，待周不乘馬，而後為不乘馬」之「周」，因為其「不乘馬」有一否定詞「不」字，容易使人誤會；如果把「不乘馬」看作單一的複合概念，而不把「不」與「乘馬」分開看，則「不乘馬，待周不乘馬，而後為不乘馬」仍是依據周延原則而立說的。至於「乘馬」（「不待周乘馬，然後為乘馬也。有乘於馬，因為乘馬矣。」）之「不周」，與前舉「不愛人」之「不周」，雖然，前者為肯定性之「乘馬」，而後者為否定性之「不愛人」，但是二者之立論則仍然是不周延原則。

六、推理

(一)推理之法則：

「效者，為之法也；所效者，所以為之法也。故中效，則是也；不中效，則非也；此效也。」（小取篇）

案：經上云：「所若而然也。」經說上云：「意、規、圓三也，俱可以為法。」據此，則所謂「法」，即型範、規律、法則之意。依某一規律去行事曰效。凡是推理，不管是直接推理或是間接推理，皆有其應遵循之規律法則。如一推理不依其規律而行，則其結論必定錯誤；反之，如能依循規律作推理，則其結果必然正確。右引小取篇所談的「效」即是此意。其大意是，在作某種推理時，必須有某些依循的東西，為了推理之有所依循，所以要立下種種規律（法），如能合乎規律，則其推論為「是」，否則為「非」。至於推理所效之法是甚麼？有幾條？小取篇則未加列舉。傳統邏輯，在這方面做得很嚴密，例如三段推理，除了一、二、三、四格每一格有其特殊規律外，還有九條一般規律以資依循（說詳一般理則學書）。

(二)推理之定義：

「以類取，以類予。」（小取篇）

胡適之中國古代哲學史云：「怎麼叫做『以類取以類予』呢？這六個字又是『以名舉實，以辭抒意，以說出故』的根本方法。取是舉例，予是斷定。凡一切推論的舉例和斷語都把一個『類』字作根本，『類』便是相似。例如：我認得你是一個人，他和你相似，故也是人。那株樹不和你相似，便不是人了。」案：說文：「予，相推予也。」故「予」應作推理解。「以類取以類予」即：凡有相類之處，則取以為據，然後以類為推之意。此即推理之意（所謂推理是以已知之某一（些）命題為據，由之而推得另一命題之意）。所以「以類取，以類予」我們可以把它看作是推理之定義。

(三)推理之種類：

譬喻

「辟也者，舉也（也，他也）物而以明之也。」（小取篇）

案：畢沅云：「辟同譬，說文云：譬喻也。喻古文喻字。」譬喻在先秦諸子中是最常見的一種辯論之方法。因為譬喻有因顯見幽，以淺喻深之功用，故普遍採用，（荀子非相篇云：「談說之術，分別以喻之，譬稱以明之。」潛夫論釋難云：「夫譬喻也者，生於直告之不明，故假物之然否以彰之。」）譬喻的方式是以淺顯之事物為能譬，以說明所要宣說的道理。亦即以能譬說明所譬。不過譬喻必須以能譬與所譬之間有其

「相似點」為基礎，為條件。

侔：

「侔也者，比辭而俱行也。」（小取篇）

案：歷來各家對侔之解釋頗為紛歧。茲抄錄數家之說以供參考。

胡適之云：「侔與辟都是『以其所知喻其所不知而使人知之』的方法。其間卻有個區別。辟是用那物說明這物。侔是用那一種辭比較這一種辭。」（中國古代哲學史）

陳大齊先生云：「侔之定義曰：比辭而俱行也。比字有齊等的意思，有類例的意思。……故比辭而俱行亦即取與另一判斷（案：判斷即命題之異譯）相等的方式以造判斷；或仿另一判斷之例以造判斷；或亦可說，比照另一判斷，以造判斷。」（名理論叢）

又梁啟超以「比較」解釋侔。案：以上各家之說，似以陳說為長故從之。詳見其名理論叢墨子所說的侔是甚麼一文。此不贅述。

援：

「援也者，曰：子然，我奚獨不可以然也。」（小取篇）

案：援，引也。援亦是一種推理的方式，其形式是，援引對方認為對的理論，以建立自己的理論。因為是根據對方的理論建立的，所以對方如駁斥我之理論，亦即等於駁斥對方自己的理論，因而使對方不得不承認我方之理論。換言之，這是一種以子之矛攻子之盾，以子之盾禦子之矛的方法。莊子與惠施在濠上論魚樂之辯論的方法，就是用「援」的方法來相辯。

類比推理——推

「推也者，以其所不取之（之，者也）同於其所取者，予之也。是猶（猶，則也，猶則古多互訓）謂他者同也，吾豈謂他者異也。」

案：「其所取」為「已知之事物」，「其所不取」即「未知之事物」。小取之意是：根據已知之事物推斷未知之事物同於已知之事，這種推理的方式，叫做「推」。這種推理方式就是類比推理。類比推理的基礎與條件是已知與未知之事實，要有相似點，或是共同點。「是猶謂他者，同也，吾豈謂他者，異也。」即在說明這一點。其意是：類比推理，只管「他者」與「此者」之「同」即可，我那裏管「他者」與「此者」之有差異呢？

是而然與是而不然

「夫物，或乃是而然，或是而不然。……白馬，馬也；乘白馬，乘馬也。驪馬，馬也；乘驪馬，乘馬也。獲，人也；愛獲，愛人也。臧，人也；愛臧，愛人也。此乃是而然者也。獲之親，人也；獲事其親，非事人也。……盜，人也；多盜，非多人也。……愛盜，非愛人也。不愛盜，非不愛人也。殺盜，非殺人也。……此乃是而不然者也。」（小取篇）

案：本書第三部墨辯研究第七章墨家與名家之訾應中，曾把小取篇「是而然」與「是而不然」之理論，作過詳細解析。故在此，不再重複。茲僅就其推理形式說明其義蘊。此處所謂是而然或不然之

「是」是一個命題之值為真，而「然」（「不然」）則是指由「是」所得出之命題之值為真（假）。在一個主詞與謂詞有函蘊關係，即主詞類包含於謂詞類的命題中，如果在此主詞（小類）與謂詞（大類）上各加上一個動詞或形容詞。而這個加詞如果是就謂詞類之特點（亦即謂詞類所函蘊之一切小類之共同特點）而產生的，那麼加上加詞後所得出來之新命題，是一個肯定命題。反之，如果就主詞類之特殊性而產生一個加詞，則新得出來之命題為否定命題，這叫做「是而不然」。例如：藏是奴僕，如果不把他當奴僕看，而是把他當著「人」看（即所謂詞類之特點看），則基於兼愛之觀點，應當愛藏，所以可以由「藏，人也」之「是」，得出一個「愛藏，愛人也。」之「然」。反之，「盜，人也」亦是一個「是」之命題，盜跖之愛盜是就盜之特殊性（即賊性）而產生的。故得出的命題是「愛盜，非愛人也」之「不然」。

案：是而然與是而不然，是由一命題直接加一個詞而產生的，而不必借助於另一命題，由是觀之，「是而然與是而不然」就其推理的形式看，是一種直接推理。

七、因果關係

「故：所得而後成也。」（經上）

「故：小故，有之不必然。無之必不然。證也，若有端。大故，有之必然，無之必不然（此依孫貽讓校）。若見之成見也。」（經說上）

案：「所得而後成也」是「故」的定義。其意是：某物或某事所得以成其為某物某事之原因、條件。這些原因，條件就是故。如果把某事某物看成是「果」，則所以造成此果的那些原因、條件就是

「因」。墨經「故—所得而後成」說的就是因果關係，「故」是事物之「因」，而事物就是「故」之果。不過經上只是為因果關係下一個簡單定義而已。而經說上則更詳細而確切地舉例說明因果關係之義蘊。

依經說「故」可以分成「大故」與「小故」兩類。茲分別加以詮釋如下。經說以「有之不必然，無之必不然」來界定「小故」。如果以S、P分別代表一命題之兩個「項」，則「有之不必然，無之必不然」這兩個命題可以化成下式：「有S不必有P，無S必無P」。「有S不必有P」這一命題中，S、P二者的關係是不充足條件，亦即S不是P的充足條件。因為不是充足的條件，所以有了S的「因」不一定會造成P之「果」。這是「小故」中「有之不必然」一語的義蘊。至於「無S必無P」這一命題中S、P二者的關係是必要關係，亦即S是P的必要條件。因為是必要條件，所以沒有了S的「因」，就一定不會有P之「果」。這是小故中「無之不然」一語所函的意義。據此，我們可以說：小故是某事、物所以造成的必要條件，但是不是充足條件。亦即沒有了「小故」之「因」，就造成不了某事物之「果」；但是有了「小故」亦不一定會有某事物之果。簡言之，「沒有它不行，有了它不一定行」這兩句話所函的意義，即是小故之意。例如：「有勇不必有仁，無勇必無仁。」這兩個命題中的「勇」即是「仁」之「小故」。所以我們可以說，小故只是造成某一種果之部分原因，不過是必不可少的原因。經說所用以說明小故之例：「證也，若有端。」一語，在此亦順便略加解釋如下：經上云：「證，分於兼也。」經說上云：「體，若二之一，尺之端也。」兼是整全之意，體則是整全中之一部分，就如尺有二端，僅有其一端，這就叫做體。所以「體也若有端」一語只是表示它是整全中之一部分而已。而小故正是造成某種「果」之部分而必要的原因。所以經說用「體也若有端」一語來解釋小故。

何謂大故？經說以「有之必然，無之必不然」來加以界說。此二語可以化成下式：「有S必有P，無S必無S」。「有必有P」一命題中S、P二者的關係是充足關係（或稱充分關係）；亦即S是P的充足（分）條件。因為是充足條件，所以有了S的「因」，必定有P之「果」。至於「無之必不然」一語在前面已加解析，不必重述。根據經說的定義，我們可以說：大故是某事物（或「理」、或「現象」）所以造成的既充足又必要的條件，簡稱為充要條件。亦即有了「大故」之因，必然有某事物之果；沒有了「大故」之因，必然不會有某事物之果。簡言之，「有了它就行，沒有了它就不行。」這兩句話之所函的意義，即是「大故」之意。例如：「有四端之心便是人，無四端之心便不是人」這兩個命題中，「四端之心」即是「人」之「大故」。所以我們可以說，「大故」是造成某一事物（理、或現象）之獨一無二的原因，亦即是全部的原因。因為是全部原因，所以經說以「若見之成見也」一語來解釋說「大故」。歷來解釋「見之成見」一語多依梁啟超之說，只是詳略有別而已。梁氏云：「見之所以成見，其所需之故甚多，一、須有能見之眼，二、須有所見之物，三、須有傳光之媒介物，四、須眼與物之間莫為之障，五、須心識注視此物。……是知見之成見，其故實繁。」其實，把「見」解釋為「看見」之意，恐非墨經原意。經上云：「見：體盡也。」「盡：莫不然也。」體是部分（說已見前），體盡為「見」，而「盡」是莫不然。準此以觀，把一切「部分」都包容在一起或包容盡這就叫做「見」。所以「見」即「全部」之意。因而墨經拿它來解說「大故」。有了「大故」之「因」，則必然會有某事物之「果」，所以經及經說的「故」及「大故」、「小故」說的實際即是因果關係。

總上所述，我們可以發現墨辯已觸及而且討論到概念的意義、功用及其種類；命題的意義、功用及其種類；周延原則；推理的定義、法則及其種類；因果關係；定義（墨經全是由一條條定義所組成）。

因此，我們甚至可以說西方傳統邏輯所討論到的主要問題，在墨辯也都討論到了。只是在「詳」、「密」的程度上稍遜而已。之所以如此，那是因為中國人在學術的心態上重術而不重學所造成的。不過墨辯能達到這種程度，已是相當難能可貴的了。所遺憾的是，這些作者為誰已無法考知，而且二千多年來，不但沒有善繼者，直到民國連個知音都沒有，這能不說是不可思議之憾事與怪事嗎？

第二節　墨家之認識論

墨家不但在邏輯上有了相當輝煌的成就，而且有其相當精密的認識論。底下試以墨經之說為據，來探討墨家的認識論。

「知：材也」（經上）

「知材：知也者，所以知也。而不（原無此不字，依胡適之校增）必知，若目（原作明，從墨經通解改）。」（經說上）

案：經上，以材界定知，經說上則舉「目」為例以說明「知也者，所以知也，而不必知。」據此，則此處所謂「知」，實際上只是說人類具有能知各種認知對象之材質、器官。如「目」就是「知材」之一種。不過這只是表示人類具有「能知」之器官，或官能。而僅有主觀之認知官能，並不能構成知識，故曰：「知材：知也者，所以知也，而不必知。」

「知：接也。」（經上）

「知：知也者，以其知遇（原作過，依孫校改）**物而能貌之，若見。」**（經說上）

案：經說「以其知遇物而能貌之」之「物」，乃是指認知之對象，亦即成為「能知」之「所知」。人類只憑「能知之材」，無法構成知識，「知—接也」，旨在說明認知活動之形成，必須先使「能知」之「材」與「所知」之「物」連結在一起才行。能知與所知接觸了之後。能知之「材」才能對所知之「物」之形貌、特性產生認知活動（「遇物而能貌之若見」之「貌」為動詞，即以目見物之貌）。這也是認知活動構成之必要條件之一。

「𢜔（𢜔，本作恕，依顧千里校改）**：明也」**（經上）

「𢜔：𢜔也者，以其知論物而其知之也者。若明。」（經說上）

案：「能知之材」，與所知之物接觸，尚不能完成認知活動而構成知識。這還須待「𢜔——明」的活動。所謂明，即是理解、明白、明察而知之意，與荀子正名篇所謂「心有徵知」之徵知義近（「徵知」之義詳第五章）。「知——材」之知，只是指能知之器官；「知——接」之知，是指「材」與「物」接是「知」的必要過程。而「𢜔——明」則是指「心」之理解、明察而知之「活動」。「知——材」、「知——接」與「𢜔——明」三者齊全，則認知活動就可以完成對「物」（認知對象）產生知識。以上是說明認知活動所必具備之主觀與客觀條件及認知活動之過程。

「聞：耳之聰也，循所聞而得其意，心之察也。」（經上）

案：「耳之聰也」，即「知——材」也；「循所聞」，即「知——接」也；「得其意，心之察也」，即「恕——明也。」由「材」、「接」、「明」所構成的認知活動是一般性的，而不是認知活動唯一的形式。

「知而不以五路，說在久。」（經下）

「知（本作智）以目見，而目以火見，而火不見。惟以五路知。久，不當以目見，若以火見。」（經說下）

案：五路即五官，一般情形下，人的認知活動都是依靠五官把所收受的客觀而外在的認知對象的資料，送給心去徵知，去理解而形成知識的。但是像「久」，是一種時間觀念（經上：「久，彌異時也。」）經說上的「合古今旦暮」亦是一種時間觀念。這不是五官所能覺知的，故曰：「知而不以五路，說在久。」其實「久」只是隨便舉的一個例子而已。例如：經上：「宇：彌異所也。」所說的宇，是空間觀念亦是五官所不能覺知的。推知其他一切人類心靈所創造的抽象的知識亦都是「知而不以五路。」

依上述，認知的對象有二：一是「物」，一是「久」。所謂物是泛指一切現象界客觀而外在之具體物；而「久」則是代表一切抽象的，非客觀存在的「理」。由於認知對象之性質有別，因此認知的運作過程亦隨之有差別。這種認知的差異，完全決定於認知對象之不同。此外尚有一種屬於方法上的，來源上的不同的認知方式：

「知：聞，說親。」（經上）

「知：傳受也，聞也。方不障，說也。身觀焉，親也。」（經說上）

案：知識是無限多的，而就知識之來源及人獲得知識的方法言，可以有聞、說、親三種。所謂「聞知」的知識，其來源是前人的累積，亦即是由歷史的累積而來，對這種知識，人的獲取方式是以「傳受」方式得之（即由人傳受而來的），而不是用一般性的認知活動親自去獲取的。至於「說知」之知識是什麼呢？又是如何獲取的呢？

「聞：所不知若所知，則兩知之，說在告。」（經下）

「聞：在外者，所不知也。或曰：『在室者之色，若是其色』，是所不知若知也。猶白若黑也，誰勝？是若其色也，若白者必白。今也知其色之若白也，故知其白也。夫名，以所明正所不知，不以所不知疑所明，若以尺度所不知長。外，親知也；室中，說知也。」（經說下）

案：吾人從物實獲得了知識之後，都是用名（概念）來記載這些知識並且把它記存於心中。因此吾人心中記住了許多名，而且聞「名」就能知「實」。右引經說之文過長，故不逐句加以疏解，其意是說：有些知識或認知對象並非吾人所能親見者，但是這不會妨礙吾人之瞭解它。只要那些知識與吾人所已獲知之知識相同或相似，儘管空間限制吾人不能親見親知，但是並不會妨礙吾人之認知它（方不障），因為我們可以依據所已得所已知之知識，推知所未見未知之認知對象。換言之，吾人可以用舉一反三的方式去瞭解它。所謂舉一反三，即是推論、推斷、推想、類推之意。總之，對那些吾人所不能親見之物或知識，我們可以根據已知之知識或物以推論、類推的方式去瞭解它，但是這種認知的方法有一個先決條件，那就是所未知與所已知之知識或物中間必須有相同或相似或相關……等等可資推論或類推的關係在才可以。否則是行不通的。

至於「親知」之知識，是由吾人親身用「材」、「接」、「明」三位一體的方式去認識而獲得的知識。故曰：「身觀焉，親也」這種知識及獲取這種知識的方式，都是比較容易理解的，故不須加以詳細說明。

「慮：求也。」（經上）

「慮：慮也者，以其知有求也，而不必得之。若睨。」（經說上）

案：方授楚墨學源流（頁一七五）解此經及經說云：「說文『慮，謀思也。』心有所思，而求其通，若方法不當，未必能得其所求也。莊子庚桑楚篇云『知者，謨也。知者之所不知，猶睨也。』與此喻正同。故欲得者明之知識，尚須有待也。」案：「慮：求也」及「慮也者，以其知有求也，而不必得之。」是在強調人之認識之限制性。人之認知、求知、不是有求必應必有所得的。而有其限度。至於限制人，使人之認知，求知受到限制而不能達成願望的因素、條件是什麼，墨辯則未有明確的說明。吾人當然不必以今天的眼光去加以臆測。不過墨辯能注意到認識、求知之限度，則是一件很有意義的事。

綜上言之，墨家對於認識論的許多重要問題都注意到或討論到了。如：構成認知活動的條件及過程，認知對象之種類、知識之類別，獲取不同知識之各種方法及認識之限度等問題，都有相當程度的見解。荀子是先秦名家之殿軍，亦是集大成者，因此有許多地方已超越了墨家之理論，但是在某些問題上，不管是廣度的面，或內容的深度，並不一定都勝過墨家。這又是墨家難能可貴的地方。

第五章　荀子之名學思想

第一節　荀子之知識論

就心性問題言，孟子的學說是「即心見性」；而荀子則是主張「以心治性」。孟子自人所特有之四端之「心」以見人「性」之善，因而主張性善，並嚴人獸之辨。而荀子則自人之同於禽獸處以言人性之惡，因而主張以心治人性之惡。孟子所謂的心是「道德的心」；而荀子所說的心則是「認識之心」。孟子的「道德之心」非本文之所及，故略而不論。所謂「認識之心」，依荀子之意看來，是一種思慮的、理解的、思辨的心，它的功能在認知客觀事物之理，以成就知識（此處所謂『客觀事物之理』與『知識』皆取廣義之意。）

「情然而心為之擇，謂之慮。」（正名篇）

「禮之中焉，能思索，謂之能慮」（禮論篇）

「凡以知，人之性也；可以知，物之理也。」（解蔽篇）

「所以知之在人者，謂之知；之有所會，謂之智。」（正名篇）

「故心不可不知道。……何以知道？曰：心。」（解蔽篇）

案：依荀子，心為能知、能慮、能擇；而心所知者是物之理、是道（此「道」，此「物之理」，廣義言之，皆是知識。）所以荀子所謂的心，是一「知性主體」，是一「認識主體」。此主體能成就客觀之知識，這是心之功能。除此而外，荀子之心尚有一特性，那就是心為人之主宰。解蔽篇云：「心者，形之君也，而神明之主也。」此主宰人之心，落實下來，即是人類情、欲之克制。「以心治性」之義即由此而見其真切之意義。心之主宰義，非本文之主題，故表過不提，底下專論「認知主體之心」之認知作用，並進而討論「能知之心」與「所知之理」有關之各項問題。

首先要探討的是「心」何以能有認知之作用？解蔽篇云：「何以知道？曰：心。心何以知？曰虛壹而靜。……虛壹而靜，謂之大清明。」據此，心之所以能知，是因為心有「清明之性」（之所以稱「清明之性」而不稱為「清明之工夫」理由詳後）。心有清明之性，故能知。「清明」是總持地說，如果分解地說則心有「虛」、「壹」、「靜」三種特性，有此三特性所以心有能知之功能。底下接著分別疏解虛壹而靜之涵義。

「心未嘗不藏也，然而有所謂虛。……人生而有知，知而有志。志也者，藏也。然而有所謂虛。不以所已藏害所將受，謂之虛。」（解蔽篇）

荀子以為人類有認知活動之本能，故曰：「人生而有知。」此其一。人類依其本能，經過相當程度之認知活動後，必然獲得知識，並且能將所獲得之知識牢記而藏於心中。換言之，人類有記憶知識之能力。故曰：「知而有志（志，誌也，記也）。志也者，藏也。」此其二，心除了認知而形成知識之外，尚有記憶之功能。而人之認知活動，一般言之，是延續不斷的，因而所得所記所藏之知識亦隨之而不斷增多。儘管人類所獲所藏之知識不斷地增多，但是這並不會使心滿盈，而有知識無法繼續收受與記藏之虞。換言之，在「心」健康，正常的情形下，心永遠是虛而能容，能藏知識的。故曰：「志也者，藏也。然而有所謂虛。」此其三。心既是永遠虛而能容、能記、能藏，故所已得已藏之知識對新知識之容受、記藏，並不會產生排斥、妨害之作用而使新知識無所容。故曰：「不以（以，因為也）所已藏，害所將受，謂之虛。」此其四。總上言之，所謂「虛」，乃是說心之認知活動與容受知識之「能量」是無限的（只要心的認知能力尚在），簡言之，心之容量是無限的，此其五。

> 「心未嘗不滿（楊倞云：「滿當為兩」）也，然而有所謂一，……心生而有知，知而有異。異也者，同時兼知之。同時兼知之，兩也，然而有所謂一。不以夫（彼）一害此一，謂之壹。……壹則盡。」（解蔽篇）

案：心未嘗不兩之兩，並不只限於二，它應指「二」以上，亦即多之意。人的認知活動是不斷延續的，故心之獲得知識是「眾多」的。故曰：「心未嘗不兩」。此其一，心所獲之知識是眾多的，所以所獲得之知識彼此之間是有差異的，故曰：「知而有異」。此其二。心之認識活動所獲得的知識，雖是眾多而雜異的，但是心對這些多而異之知識卻能兼而知之，統而一之，函而攝之，而不會有相礙，相矛盾之現象。換言之，心之於多而異之知識，有組織、陶鑄，冶而為一體之功能。故曰：「心未嘗不兩，然而有所謂一。」「異也者，同時兼知之。同時兼知之，兩也。然而有所謂一。不以彼一害此一。謂之壹。」此其三。總之，客觀而外在之所知之理是多而異的，主觀而內在之能知之心則有一概接受而知之（壹則盡），並使之渾融而為一整體之功能，此其四。

「心未嘗不動也，然而有所謂靜。……心臥則夢，偷則自行（梁啟雄曰：「偷，鬆弛也。自行，自動也。」）。使之則謀（使，役也。謀，慮也。）。故心未嘗不動也。然而有所謂靜。不以夢劇亂知謂之靜（楊倞曰：夢，想象也。劇，囂煩也。言處心有常，不蔽於想象囂煩而介於胸中以亂其知，斯為靜矣。）……將思道者之靜，靜則察（從王引之校）。」（解蔽篇）

案：人之心無時無地不在動。解蔽篇平列了三種「心」動的型態：「心臥則夢」、「偷則自行」、「使之則謀」。其實，心之「動」態，並不止於此三者，而可以有更多型式。要而言之，心之「動」，不外乎被外在之刺激所牽引而起心動；或是被內在之情、欲所支使而動；或是心失去自制力而不自覺地動；或是為達某一目的而運思而動。不管是在那一種情況下動，在動的當兒，照說心總是被它自己的動所限制所蔽而無法作認知的活動。總之，「動」使得「心」無法「知」，或使得「知亂」，因而要作認知活動時，「心」之狀態必須在「靜態」之下才能達到目的，故曰靜則察。此其一。依荀子，人之心在「動」時，仍能保有相當程度的能力使心在動中能「靜」下來，以作認知的活動。譬如人在「想象」、「囂煩」之動中，仍然能夠有所知。故曰：「不以夢劇亂知謂之靜。」此其二。總之，心在「動」中無法作認知活動，而必須在靜中行之。一般言之，人之「心」是無時無地不在動的。依此，人是無法有認知活動的。但是荀子卻認為人之心具有一種特性，能在「動」中取「靜」，以進行認知活動。此其三。

總上所述，「心」具有無限之容受性（虛），廣度的函融統攝性（壹）與即時超脫干擾而作認知活動之超越性（靜）。有此三特性，「認知主體之心」的知「物之理」、「道」才有可能性。心虛，故知識之容受與增多才有可能；心壹，故所獲眾多之知識之完整性才有可能；心靜，故認知活動才可能隨時，即時進行。無「靜」，則雖能「虛」「壹」，對知識之產生，亦是徒然；無「壹」而有「虛」有「靜」，則知識是散亂的；有「靜」、有「壹」而無「虛」，則知識是貧乏、單調的。故虛、壹、靜是相需而成的。三者不俱全，則心之成就知識是不可能的，認知主體亦不成其為認知主體了。

以上的疏釋是把虛、壹、靜看作是「心」所先天具有之特性、功能。換言之，虛、壹、靜是心之本質，是認知主體所特具之條件。簡而言之，有虛壹而靜之心之體，方能有成就知識之用。而歷來諸家之解說，多把虛壹而靜看作是後天的修養工夫，這恐怕不會是荀子之本義（說詳後）。

虛壹而靜之大清明是「認知主體——心」之體，它是本然的，是一種功能，是一形式（Fome），它保證成就知識之可能性。但是只憑「心」，不能單獨地成就知識。「心」是「能知」，它是內在的，而「所知」之對象則是客觀而外在的（人之自省，或研究自己時，「人自己」或「我自己」就成為「能知之心」之對眾，則此時之「人自己」、「我自己」對心而言，亦成了一客觀而外在的對象）。覺知客觀而外在之所知而使之成為知識，是要經過一段過程與某種階段的。茲分段解析如下：

「然則何緣而以同異？曰：緣天官。……形、體、色、理以自異。聲、音、清、濁、調、竽、奇、聲、以耳異。甘、苦、鹼、淡、辛、辣、奇味、以口異。香、臭、芬、鬱、腥、臊、洒、酸、奇臭、以鼻異。疾、養、滄、熱、滑、鈹（梁啟雄曰：鈹，肌膚枯燥而不滑者。）、輕、重、以形體異。說、故、善、怒、哀、樂、愛、惡、以心異。」（正名篇）

「目辨白、黑、美、惡。耳辨音、聲、清、濁。口辨酸、鹼、甘、苦。鼻辨芬、芳、腥、臊。骨體膚理辨寒、暑、疾、養。」（榮辱篇）

「心有徵知，徵知則緣耳而知聲可也。緣目而知形可也。然而徵知必將待天官之當簿其類，然後可也。五官簿之而不知，心徵之而無說，則人莫之然謂之不知，此所緣而以同異也。」（正言篇）

案：心所欲知之對象是客觀而外在的，所以認知活動的第一步，是覺知「所知之對象」，並把它引進心中，以便對它加以認知，而擔負這一工作的是天官。感官雖能覺知認知之對象，但是「所知之對象」是種類繁多的，因此每一種感官之覺知「認知的對象」皆有所當，亦皆有其限制。故「緣目」只能知形，「緣耳」只能知聲……。

依賴視覺（目）、聽覺（耳）、味覺（口）、觸覺（骨體膚理）與心覺把各種「認知對象」之資料引進心中，交給心是認知活動的第一步。第二步則是心的「徵知」工作。何謂「徵知」，荀子沒有詳細的界說，歷來各家之解釋十分紛歧，茲先錄各家之說以供參考，然後再就荀子原文加以探討，以確定其定義。

楊倞曰：「徵，召也。言心能召萬物而知之。」（荀子集解）

馮友蘭引胡適之說：「徵有證明之意。」（中國哲學史）

梁啟雄：「徵，應也。外物的映象忽起，心應接了感性的反映而知。」（荀子約注）

陳大齊先生：「荀子所說的徵知，可說即是現代心理學上所說知覺的選擇。所謂知覺的選擇者，即言知覺對於刺激，不是被動的接受，而是能動的選擇，於無窮數的刺激中，選擇其所欲

知的而接受之。」（荀子學說）

牟宗三先生：「心之徵知則心之智用也，所謂理解也。」（荀學大略）

要解釋徵知之真實意義，必須從荀子原文之揣摩入手。荀子曰：「心有徵知。徵知，則緣耳而知聲可也，緣目而知形可也。然而徵知必將待天官之當簿其類然後可也。五官簿而不知，心徵知而無說，則人莫不然謂之不知。」

案：「心有徵知」，是指明「徵知」是心所特具之功能，耳目口鼻等感官則無此「徵知」之功能。此其一。「徵知，則緣耳而知聲可也，緣目而知形可也。」這是表示心之「徵知」的功能是借感官來顯示。此其二。心之徵知既須借感官來表現，則徵知之功能必在各感官之接觸（簿，迫也，觸也。）它所能覺知的對象（如目之接觸色，耳之接觸聲）之後才能起作用，故曰：「徵知必將待天官之當簿其類，然後可也。」簡言之，即天官之當簿其類在先，而心之徵知在後，這是就時間上來區分天官與心之徵知之差別。此其三。由天官與徵知之活動有先後之別，可以提示我們：各感官在認知活動中所擔負的工作是接觸各種「認知對象」，並且把所得的資料輸送給心（實際即腦神經中樞），由心加以徵而知之。此其四。天官之當簿其類既只是在輸送認知對象的資料，以供心徵之，則天官如不能輸送各種認知對象的資料給心，則心之徵知必落空，因而人的認知活動必然落空而無所得。故曰：「五官簿而不知（不知即得不到各類資料），心徵知之而無說，則人莫不然謂之不知。」這是說明知識之獲得必須天官之當簿其類與心之徵知之配合才能完成，二者缺一不可。此其五。以上兩點只說明了天官之當簿其類與心之徵知二者間在認知活動中的密切關係。但是對於徵知之真實意義則沒有詳細的解說。而要知道「徵知」之確切義，則必須從「五官簿之而不知，心徵之而無說，則人莫不然謂之不知。」作反面的推敲。如果五官觸及認知的對象，而覺知有認知的對象存在，這就叫做五官簿之而有知。這裏所說的有知，應當只是耳「知」有聲存在，有聲入耳；目「知」有色存在，有色入目；……而已，而不表示耳、目對於聲、色有知識性的瞭解，如果是知識性的瞭解，則不必要心之徵知這一過程了。心接收了耳、目所送來的有關聲、色之資料後，就開始「徵」這些資料。「徵」了之後，所得結果，那就叫「說」。這就由「心徵之而無說，人莫不然謂之不知」一變而為「心徵之而有說，人莫不然謂之有知」了。簡言之，這是說明心之「徵」的目的，或結果是要得出「說」，而使人有「知」。此其六。

至於「說」是什麼呢？荀子在正名篇沒有再加以解說了。但是根據上述的分析，我們可以這樣的推斷：「徵之而有說」的「說」是指由天官所送來的資料，經過心徵的活動，所得出的有關認知對象的種種「概念」的統稱。「心徵之而有說，則人莫不然謂之有知」，依此，人有知，即表示對一認知的對象有了瞭解，而人之瞭解某一對象，實際上是對某一對象形成或得出某些概念而已。有了概念即表示吾人有知，故「心徵之而有說」之「說」字，可以斷定為有關於認知對象之種種概念（它可以是單一的概念，亦可以是一組或一群概念。）。此其七。由「心徵之而有說」這一命題我們可以得知，「說」是「心徵」之結果。「說」是概念，而「徵」則是將各種五官所送來的各種資料提煉、凝練成為概念的一種活動，一種功能。此其八。又當人熟睡或心智失常，及專一於某種活動時，耳、目、口、鼻、膚等官能，雖然仍然會與外在的各種物質之種種現象接觸，但是心並不會對之起認知的活動。例如：一個考生在趕考時，心神集中於答卷，場外陪考家長的電晶體收音機播放出來之音樂他可以「充耳而不聞」。這時心對這些入耳之聲波，並不起認知作用。故「心」之接受五官所送達的認知資料有接受與相應不理之主動性，就此而言，徵知之徵之解釋為「召也」，亦有其道理，但是光只是「召」不能盡徵知之義蘊。此其九。

如果以上的解析與推斷不誤，則以「證明」、「知覺的選擇」、「應」等來解釋心之「徵」，皆是不切的。唯楊倞之「召也」及牟先生以「理解」來解釋能與荀子之意相應。不過須稍作補充。心「召」受天官所簿而得之各種「認知對象」之資料，除了加以理解之外，並能進而將所理解的結果形成為概念。必如此，「心徵之」才能有「說」，也才能有「知」，換言之，才能形成知識。

心召受，理解了五官所送來的資料，並把它形成概念這一過程中，須要有某些「形式」與「方法」作準繩。這在西方的認識論與邏輯中是討論到了，但是在中土則未觸及這一套學問。這裏附帶要說明的是，中土雖未觸及這套學問，但是不妨礙到中國人之能形成概念。簡言之，中國人懂得其「術」，而沒有由「術」解放而昇華為「學」，如是而已。

心經過「徵知」而對某一「認知對象」形成了概念之後，如要把這概念記載下來，或表達出來時，則必須把它形式化，外在化，而以文字（語言）來代表它，並貞定其意義。「認知活動」必須達到這一步才算是真正完成。現在為了更容易瞭解起見特舉一例來說明「認知活動」的整個過程。譬如聽覺——耳，接觸收受了某些聲波、聲浪，就把它輸送到心，心就立刻加以徵知、理解。經過理解之後，就形成一種「濁音」的概念。而概念是內在的、抽象的，因此必須把它外在化，形式化以「濁音」這個名（可以用文字或是語言來表示）來表達它，貞定它。至此，認知活動可以說是完成了。

以上已經從正面地說明了荀子的認識論，底下尚須一提的是限制或影響人正確地認識「道」與「物之理」的各種因素。荀子解蔽篇立論的主要著眼點就在此。

使人對「道」與「物之理」的認識發生偏差而不得其正的因素荀子總名之曰蔽。解蔽篇不厭其詳地列舉了許多蔽。而這些蔽歸納起來，可以簡單地分為兩大類，一是一般性的；一是特殊性的。例如：「故為蔽；欲為蔽，惡為蔽，始為蔽，終為蔽，遠為蔽，近為蔽，博為蔽，淺為蔽，古為蔽，今為蔽」。即是屬於一般性的蔽。而人君（如夏桀、殷紂）之蔽，人臣（如唐鞅、奚齊）之蔽、賓孟（戰國遊士）之蔽（如墨子、宋子、慎子、申子、惠子、莊子）則是屬於特殊性的蔽。依荀子之意，以上所列（詳細內容可參看解蔽篇原文，此處不贅述）諸蔽，都應該去掉。如此，認知主體，對道及物之理才能有如實的認知，至於這許多蔽之定義與內容是甚麼，可以參解蔽篇原文及一般有關荀子之著作，此處不加解說。在此所要一提的是解蔽之道與大清明的關係。

論者多以為「虛壹而靜」之「大清明」，是一種修養工夫所達到的一種境界，亦是解蔽之道。本文卻不以為然。上引一般性之十蔽，其中「惡、欲」是人類主觀上感情與意志上的蔽。「始終」陳大齊先生以為是有關人生死之蔽（荀子學說頁一一〇）「遠、近」是空間上的蔽。「古、今」是時間上的蔽。「博、淺」是學識上的蔽。空間與時間上的蔽是外在的蔽，這不是主觀的虛壹而靜所能解的。又「不以所已藏害所將受」之虛、「同時兼知之，兩也，然而有所謂一，不以夫一害此一」之壹、「不以夢劇亂知」之靜，如何能解生死（始終）、惡欲（惡欲，發自於內，不是知而有志）與博淺之蔽？又與人君、人臣、與遊士之蔽何干？君、臣、遊士之蔽，主要的是決定於當事者之氣質、心理、喜好、環境、時代、等等主客觀的條件與因素。「不以所已藏」、「同時兼知之，不以此一害彼一」即「不以夢劇亂知」，如何能改變這些主客觀的條件，使君、臣、遊士無蔽？而且解蔽偏並沒有說大清明是解蔽之方。解蔽篇只說：「聖人見蔽塞之禍，故無欲無惡，無近無遠，無博無淺，無古無今，兼陳萬物而中縣衡焉；是故眾異不得相蔽以亂其倫也。何謂衡？曰道。故心不可以不知道。……夫何以知？曰心。……心何以知道？曰心。心何以知？曰虛壹而靜。……虛壹而靜曰大清明。」顯然，荀子是以「道」為衡為標準以解蔽。而道是由心得來的。心之所以能知道，是因為心具有「虛壹而靜」之特性，具有虛壹而靜之體，故能有知道之用。然後以道解蔽。所以關於大清明與解蔽之關係我們可以得出這樣的結論：虛壹而靜之大清明，不是人用以知道，以作為解蔽的工夫，而是心之體，心有虛壹而靜之清明之體，因而有知「道」之用。心所知之「道」的功用之一是用以解蔽。

第二節　荀子之正名論

依上節，人的認知活動的最後一步工作是認知主體把認知活動所得的概念形式化，外在化並以「名」（文字或語言）加以表達。這是名如何產生的經過。本節則想以荀子之正名篇為依據，進一步討論荀子有關名之功用，名的種類、制名之原則及三惑等問題，以明荀子之正名思想。

「異形離心，交喻異物。名實玄紐，貴賤不明，同異不別。如是，則志必有不喻之患，而事必有困廢之禍。故知者為之分別制名以指實，上以明貴賤下以辨同異。貴賤明，同異別，如是，則志無不喻之患，而事無困廢之禍，此所為有名也。」

「故王者之制名，名定而實辨。」

「名聞而實喻，名之用也。」

案：「名」是概念的形式化、外在化。而概念之產生則是以「認知對象」為依據的。而認知對象是一種「實」，是心之所對的一種「實」。人對一實產生一名，則表示對此實有所瞭解。故透過名，可以瞭解實，可以辨別各種實，故有「王者之制名，名定而實辨。」「名聞而實喻，名之用也。」及「知者為之分別制名以指實」之說。這種「指實」、「喻實」、「辨實」是名之初步的原始的功用。

質而言之，這是名在認知上的功用。人在任何社會生活中生活，必定脫離不了該社會的文化的籠罩，而每一文化之內容之被認識、被實踐，皆有賴於各種名。故曰：「知者為之分別制名以指實，上以明貴賤，下以辨同異。貴賤明，同異別。如此，則志無不喻之患，而無困廢之禍，此所為有名也。」這是「名」在現實文化生活中的功用。而荀子所認為的名的最主要功用遠在於作為政治上致治的工具。正名篇云：「其名莫敢託為奇辭以亂正名，故壹於道法而僅於循令矣。如是，則其迹長矣。迹長功成，治之極也。」這種名在政治上「致治」的功用，是荀子所最重視的，亦是所以制名的最終目的所在。明白了制名之功用後，底下接著來看名的種類及各種名產生之依據，正名篇開宗明義曰：

「後王之成名：刑名從商，爵名從周，文名從禮。散名之加于萬物者，則從諸夏之成俗，曲朝遠方異俗之鄉，則因之而為通。散名之在人者：生之所以然者，謂之性。……性之好惡喜怒哀樂，謂之情。情然，而心為之擇，謂之慮。……謂之偽。……謂之事。……謂之行。……是散名之在人者也。是後王之成名也。」

案：依此，荀子把名分為四類：刑名、爵名、文名、與散名。而所謂刑名、爵名與文名是屬於典章制度上的名。它的產生有歷史文化作背景，所以不可隨意移易，而必須依從其歷史的習慣法，故有：「刑名從商，爵名從周，文名從禮」之說。至於散名，實際上是上節所說「認知主體」對「認知對象」所作認知活動所產生的名，亦即有關現象界的各種物、事之名。這種散名、荀子就其認知對象的不同，分為兩類。一是散名之加於萬物者，一是散名之在人者。而這些散名，原則上都要依照習慣法，故曰：散名則從諸夏之成俗。

依上述荀子所列舉的四類名，或者依從歷史的習慣法，或者依從諸夏之習慣法。前者是縱貫的時間上的習慣法；而後者則是橫截面的空間上的習慣法。但是人類的生活內容是日益豐富的，因之所需之名亦必然隨之而增加，如此，則「制名」如完全依賴習慣法之舊名是不夠的，因之有造新名之必要。故正名篇曰：「若有王者起，必將有循於舊名，有作於新名。」「有循於舊名，有作於新名」這是就客觀的需要而定的「制名」原則，這是制名之第一個原則，而就制名之宜不宜上言，制名必須依照約定俗成之原則。正名篇曰：

> 「名無固宜，約之以命，約定而俗成謂之宜。異於約則謂之不宜。名無固實，約之以命實，約定俗成，謂之實名。」

荀子以為制名之宜不宜，完全取決於約定俗成之原則。所謂約定俗成包含兩層意思。就名之與實的關係言，甲名與甲實之間是無必然的連鎖性的，甲名用以謂乙實，亦無不可，故曰：「名無固實」約之以名實，約定俗成，謂之實名。其次，某實既以某名來稱謂之後而能為大家所遵用，則它就是宜。故曰：「名無固宜，約之以命，約定而俗成謂之宜。」這種「名無固實」、「名無固宜」的習慣法是制名的第二個原則。簡言之，此原則旨在強調制名之初，對某實賦予某名是隨意而定的，但是「名」既賦予之後，則必須謹守勿違。

荀子雖然主張名無固宜，但是這是就一般性原則而說的，他還有「善名」這一觀念來作為名無固宜的補充原則。正名篇曰：「名有固善，徑易而不拂，謂之善名。」楊倞注曰：「徑疾平易而不拂，謂易曉之名也。」案：「名無固宜」是主張對「實」賦「名」者可以有絕對自由，但是「善名」之說，則是對這賦名之自由加以某程度的限制。如能合乎「徑易而不拂」之條件，則是「善名」，這是要求制名者，應盡量制「善名」，而不可毫無限制。換言之，在「宜」中尚應求「善」。所以「善名」這一觀念是，「『名無固實，名無固宜』這一原則的補充原則。

「然則何緣而以同異？曰：緣天官，……此所緣而以同異也。然後隨而命之，同則同之，異則異之。單足以喻則單，單不足以喻則兼；單與兼無所相避則共；雖共不為害矣。知異實者之異名也，故使異實者莫不異名也，不可亂也，猶使異實（楊倞注云：「或曰異實當為同實」）者莫不同名也。故萬物雖眾，有時而欲徧舉之，故謂之物。物也者，大共名也。推而共之，共則有共，至於無共然後止。有時而欲偏（王念孫云：「按此偏字當作別」；俞樾云：「此偏字乃徧之誤」）舉之，故謂之鳥獸。鳥獸也者，大別名也。推而別之，至於無別然後止。……物有同狀而異所者，有異狀而同所者，可別也。狀同而為異所者，雖可合，謂之二實。狀變而實無別而為異者，謂之化。有化而無別，謂之一實。此事之所以稽實定數也。此制名之樞要也。後王之成名，不可不察也。」（正名篇）

案：這一段文字亦是在說明制名之原則。內容詳贍，茲分別解析如下。「名」既是用以指「實」、喻「實」、辨「實」的，故「名」是因「實」而產生的，因之名之種類與同異必隨實之種類與同異而定。在這方面荀子首先提出了「同則同之，異則異之」，「異實者莫不異名，同實者莫不同名」的原則。這裏所謂同實、異實之同異實際上是指類的同異而言。因為就客觀之個體而言，每一個體皆是相異的，天下沒有兩滴水是相同的。所以如純就此物、彼物而言，只有「異」，而無「同」可言。此處異同並言，則異同顯然是指異類、同類而言。例如「馬」與「牛」不同實——不同類，故以馬名，牛名分別指謂「馬實」與「牛實」。這就是「異實者莫不異名」之意。大馬，小馬；千里馬，劣馬；黃馬，白馬；……等雖然在形體上、體能上、顏色上各不相同，但是牠們都同實——同為馬類。這就是「同實者莫不同名」之意。總而言之，「名」之同異，決定於「實」之類之同異。而類之同異，實際上即是類之外延之同異。如牛類馬類之外延異，故有牛、馬之異名；而白馬、黑馬、黃馬……同在馬的外延之內，故同名之為馬。故制「同異之名」之原則，實際上是根據「實」之「類」的「外延」之同異而定。此其一。

「單足以喻，則單；單不足以喻，則兼。」集解注曰：「單，物之單名也；兼，復名也。喻，曉也。謂若止喻其物謂之馬，喻其毛色則謂之白馬、黃馬之比也。」據此而言，單名與復名之所以產生乃決定於吾人所欲「喻」之實之內容而定。例如：只指陳馬實之內容，則用一個單名「馬」就夠了。如果除了馬實之內容外，又兼要指陳其顏色這一內容時，則必須用白馬、黃馬這樣的複名才行。所以單名、兼名之產生是依據物實之內容之差異廣狹而定的，此其二。

「物實」之內容，本是相當複雜的，由人之取捨的角度不同，吾人可以對同一物實作不同內容的取捨，因之，對同一物實可以賦予不同之名。例如：對某一馬實，如不顧及其顏色時，可以用單名之馬來稱謂它，如兼取其顏色，則可賦予白馬之複名。而單名之馬與複名之白馬之間，並無不相容之處，而在實際的使用上有其共存的必要。故荀子對單名與兼名是同時加以肯定而允許其共存的，故曰：「單與兼無所相避則共，雖共不為害矣。」此其三。

除了單名、兼名之分別外，荀子又有共名與別名之辨。這也是就類的特性出發而有的分別。類之形成必須有共相與殊相。由某一共相，把某些殊相函攝在一起就成了類。例如：馬之所以為馬之理，是馬之共相，白馬、黃馬、黑馬皆具有馬之共相，故可以用馬之共相把殊相之白馬、黃馬、黑馬這些分子團聚在一起而成一「馬類」。就某一類之共相處而言名，則此名為共名；反之，如就其類之分子，亦即就其殊相處言名，則此名為別名。如以馬類為例而言，就馬之共相而言「馬」，則此「馬」

（名）對馬類之分子（殊相）白馬、黃馬、黑馬而言是共名。反之，如就馬類之分子（白馬）而言，「白馬」之名是別名。而這種共名、別名是層級式的、相對的。對白馬、黑馬而言，馬是共名；但是對動物而言，則馬又成了別名。所以這種共名可以一直往上推，推到最後所得出來的是「物」這種名，「物」在荀子認為是最高階層的，所以叫做大共名。「物」是最高的類，它可以把客觀存在的一切包括在內，所以是大共名。故曰：「有時而欲徧舉之，故謂之物。物也者，大共名也。」同理，別名亦可往下推，推到最後是客觀存在之個體。每一個體之名皆是大別名。荀子以鳥獸為大別名之例是欠妥的，因為鳥獸還可以往下推出牛、馬、犬……，而牛又可往下推到水牛、黃牛……等。荀子以「推而共之，共則有共，至於無共然後止」來界定大共名，以「推而別之，至於無別然後止」來界定大別名，故以鳥獸為大別名，顯然是欠當的。共名與別名是類的層級概念，這種層級概念，在科學分類上之用處非常大。荀子能把它點明出來，是件不容易的事。此其四。

荀子所謂的「實」，皆是指客觀的具體存在物而言，現在假如有二物存在，雖然在形狀上它們有相同處，因而可以合而為一類，而賦予一共名。但是就物實上言，任何物實其所佔的空間是絕對不可能相同的，因此，此二物只能算是二實，而不能稱為一實。例如：張三與李四，皆有人之狀，因而可以根據其狀同，而給予「人」這一個名，雖然張三與李四可以共有「人」這一個名，但是二人所佔的空間絕不能重疊而為一，故就實上言，同為「人」之張三，李四只能算是二實而不能為一實。故曰：「物有同狀而異所者，……狀同而為異所者，雖可合，謂之二實。」反之，如有一物，雖然它本身起了種種變化，但是此物怎麼變化亦不會變成另一物。例如張三一生中可以有生老病死、榮辱貴賤……等之變化，但是變化儘管變化，張三終究不會成為李四或其他人。所以張三只能算是一實。故曰：「物有異狀而同所者，……狀變而實無別而為異者，謂之化，有化而無別，謂之一實。」就正名篇原文看來，此「一實」與「二實」之辨，似乎與上下文無涉。依個人推測這似乎是在說明「名」與「實」之差異性。就某一「馬實」，吾人可以賦予單名「馬」，亦可賦予兼名「白馬」。復次，「馬」（白馬亦然）可以是共名，亦可以是別名。總之，「名」之性質、類別是可以因各種條件與角度而變易的，而名之產生亦可因為各種因素而加多的。但是，「名」所賴以產生之「實」，「名」所依附之「實」則是始終如一的，它是單一的，不可分割，亦不可隨便變換的。名是用以指實、喻實、辨實的，但是，名與實在本質上是有其差異性的，不可等量視之。此其五。

綜上言之，我們可以把荀子有關制名之理論簡單地歸納如下：

一、基於客觀上的需要，制名之方式應採「有循於舊名」與「有作於新名」雙管齊下。因為人的文化生活有繼承、有創新，有繼承，故須「循舊名」；有創新，故須「作新名」。

二、名與實之間沒有必然的連鎖性，故有「名無固實，名無固宜」之主張，但是在定名制名之時應顧慮到「徑易而不拂謂之善名」之原則，盡量制「善名」。此其一。其次，名雖無固宜，但是名一制定之後，就須共同遵守約定俗成之習慣法而不可違異。此其二。

三、「名」既是用以指實、喻實與辨實的，而宇宙間之物質（人及人之心理狀態就認識論的觀點看，亦是一「物實」）是無窮多的，故人之指實、喻實、與辨實必須依賴「歸類」。「實」既須歸類，而名是因實而生的，故荀子提出了「同實（類）同名、異實（類）異名」之總原則，然後再定出制單名，兼名；共名，別名之原則，以作為制名及指實、喻實、辨實之依據。

四、名是「抽象」的，而「實」則是具體的。「實」雖可加以分類，但是一切的「類」都是抽象的。例如：「人類」是一個抽象的類觀念，地球上只有具體的張三、李四……等無窮個「存在」之人，而無「人類」這個東西在，「人類」是「非存在」的一個概念。總之，實是個個獨立的，是單一的，不可能混而為一的；而名則可以是「多」的，「可變易」的，可以組合的；這個名與實之間在本質上的差異。名雖是因實而生，而人類總是依賴名而指實，喻實，辨實的，不過名與實之間到底有其本質上的差異，不可不留意。

以上是荀子所提出的制名之理論。於此，我們應追問的是荀子何以要提出這些理論來？

「今聖王沒，名守慢，奇辭起，名實亂，是非之形不明，則雖守法之吏，誦數之儒，亦皆亂也。」（正名篇）

「故析辭擅作名以亂正名，使民疑惑，人多辨訟，則謂之大姦。其罪猶為符節度量之罪也。」（正名篇）

案：戰國是諸子談辯之溫床，尤其是名家之徒好以違反常識之怪說及琦辭與人論辯，而不守一般用名之正常原則，因而造成了「名守慢、名實亂、是非之形不明」之現象。不但在知識上、思想上有這種怪現象，而政治上及社會上亦造成了「守法之吏，誦數之儒亦皆亂也」、「使民疑惑，人多辨訟」這種不良後果。為了撥「知識上思想上以及政治上、社會上」名實之亂，而反諸正，因而荀子有正名篇之作。正名篇之宗旨，在積極方面，提出制名之正規原則，以作為「制名」及「守名」之準則與依歸。而消極方面，則列出了違反「制名之樞要」之邪說，而加以斥責。因而荀子提出了有名的「三惑」加以攻擊，並為之指出解惑之道。

「見侮不辱，聖人不愛己，殺盜非殺人也。此惑於用名以亂名也。驗之所以為有名，而觀其孰行，則能禁之矣。山淵平，情欲寡，芻豢不加甘，大鍾不加樂，此惑於用實以亂名者也。驗之所緣無（郭嵩燾曰：「無字衍文」）以同異，而觀其孰調，則能禁之矣。非而謁，楹有牛，馬非馬也，此惑於用名以亂實者也。驗之名約，以其所受，悖其所辭，則能禁之矣。凡邪說辟言之離正道而擅作者，無不類於三惑者矣。」（正名篇）

案：荀子此處所提出來的三惑，只是較具代表性，及其亂名實之情節較重大者之抽樣。三惑雖然都是名實問題，但是荀子所條舉出來各種惑，是「辭」而不僅只是「名」。故在此擬先解釋一下「辭」之定義。

「辭也者，兼異實之名，以論一意也。」（正名篇）楊注曰：「辭者，說事之言辭。兼異實之名，謂兼數異實之名以成言辭，猶若『元年春王正月公即位』，兼說亡實之名，以論公即位之一意也。」

案：荀子及楊倞之意，簡言之，即「集合數名使成代表一完整意念之句子」之意。如以理則學名詞解之，辭是命題，而名則是概念。三惑所列舉出來的都是「辭」，而不是「名」，這是討論三惑之前所應先知道的。

正名篇所列的三惑都是春秋戰國時候諸子之學說，而這些學說都有其思想上的根據的。而且都能持之有故、言而成理的。所以對這些學說，應把它當作思想問題來加以討論才能定其真假與對錯。但是荀子則把這些學說的理論根據拋開不論，把它的思想成分抽掉，而當作一個孤立的命題來看，然後指出它們在名實上的乖亂。這樣的批評，嚴格講是不公平而且不切當的。大致說來，三惑中的學說都是可以成立，至於何以可成立則非本文所及，故略而不言。底下擬簡單地順著荀子之意，說明三惑之意義。

荀子以「見侮不辱，聖人不愛己、殺盜非殺人」為「惑於用名以亂名」。案：就一般語言習慣言，侮與辱有因果的連鎖性，聖人必函愛己（聖人是要「己立立人」，「己達達人」的，故必然亦函「愛己愛人」），盜是別名而人是共名，人與盜有函蘊關係，由此可知道三種學說的主詞與謂詞之間，都有函蘊或因果關係，現在在這些主謂詞之間加上一個否定詞，則破壞了主詞（名）與謂詞（名）間原有之關係。這樣把名與名間原有關係破壞的現象荀子稱之為「惑於用名以亂名」。如何糾正這種「惑」呢？荀子主張「驗之所以（以、衍字）為有名，而觀其孰行，則能禁之矣。」荀子在講到「所為有名」時云：「貴賤不明，同異不別。如是，則志必有不喻之患，而事有困廢之禍。故知者為之分別，制名以指實，上以明貴賤，下以辨同異。貴賤明，同異別。如是，則志無不喻之患，事無困廢之禍，此所為有名也。」準此而言，所謂「所為有名」乃是說制名的目的是在分別制出各種名來，以使貴賤明，同異別。換言之，制名旨在使每一名有一確定不移的意義，由於意義確定不移，故能明貴賤，別同異。見侮不辱，聖人不愛己，殺盜非殺人三命題如真，則侮、辱，聖人、愛己，盜、人之意義就游移不定了。故荀子以為用「所為有名」的原則可以解此「用名以亂名」之惑。

「山淵平，情欲寡，芻豢不加甘，大鍾不加樂」荀子批評它們為「惑於用實以亂名」。案：就常情來看，山淵、情欲、芻豢、大鍾之「實」，是有不平、多、甘、樂之屬性的。現在把這些「實」之屬性否定掉，則山淵之名無別，情欲、芻豢、大鍾之名亦失去指實辨實之作用了。這種現象荀子稱之為「惑於用實以亂名」。對這種「用實以亂名」之惑，他提出了「驗之所緣以同異」以作為解惑之方。何謂所緣以同異？荀子曰：「何緣而以同異。曰緣天官。凡同類同情者，其天官之意物也同。故比方之疑似而通，是所以共其約名以相期也。……以目異；……以耳異；……。」據此而言，「所緣以同異」主要是在說明客觀之具體存在物之同異是由感官來加以分辨的。而山淵、情欲、芻豢、大鍾等都是具體存在之物，正是感官所能直接覺知其屬性的；故荀子主張用「所緣以同異」之原則亦即以天官之意物的方式來解「用實以亂名」之惑。

正名篇以「非而謁，楹有牛，馬非馬也」為「惑於用名以亂實」。楊注曰：「非而謁，楹有牛，未詳所出。」其他各家之解說亦多牽強，故暫置而不論。「馬非馬」，大概是指公孫龍「白馬非馬」之說。公孫龍白馬非馬之說的主要論據是因為白馬與馬在「內容」與「外延」上皆不相等，故有白馬非馬之說（詳公孫龍子疏釋）。如果拋開公孫龍立論之依據，把「白馬非馬」這一命題孤立地看，這顯然是違反常識的。而荀子正是如此看「白馬非馬」。白馬是「兼名」，馬是「單名」，正名篇曰：「單足以喻則單，單不足以喻則兼。」據此，則兼名是為了輔助單名之不足喻而產生的，因而對某一物質所起的單名與兼名是可相容而不想礙的，故正名篇才有「單與兼無所相避則共，雖共不為害矣」之言。準此而言，「馬」這一單名，不足以喻有色之馬，如要指稱白色之馬，則須用「白馬」這一兼名。不管單名之「馬」或是兼名之「白馬」都指的是「馬實」，這是兼名之「白馬」多指出了馬實之色罷了。所以單名之馬與兼名之白馬是合乎「單與兼無所相避則共，雖共不為害矣」之原則的。白馬與馬既可相共而不相害，則白馬應該是馬，而不該非馬。如「白馬非馬」，則為了輔助馬之不足以喻而產生之「白馬之名」，就不能用以指謂馬實了。故荀子認為是「惑於用名以亂實」。解除這種用名以亂實之惑的方法是：「驗之名約，以其所受，悖其所辭。」此所謂名約實即「名無固宜，約之以命，約定而俗成謂之宜，異於約則謂之不宜」之意。荀子之意是：某物實，既約定俗成而稱之為馬，為白馬，則吾人當該遵守習慣法，以「白馬」、「馬」來指謂「馬實」。而「白馬非馬」，則函有白馬之名不能指謂馬實之意，這顯然有違約定俗成之意。故主張以「驗之名約」來解「用名以亂實」之惑。

歷來各家多以「白馬非馬」為「惑於用名以亂實」之例。實則照荀子原文「馬非馬」以解「用名亂實」之惑，反而省事。人既已依習慣法用「馬」之名以指謂「馬」之實，則人只能指著「馬」(實)說它是馬(名)，這就成了馬(實)是馬(名)，反之，如果指著馬(實)說它非馬(名)的話，這就成了「馬(實)非馬(名)」這樣的一個命題。而這樣的命題，顯然是違反了約定俗成謂之宜的習慣法。所以荀子以「驗之名約」來解消這種用名以亂實之惑。

以上三惑，只是荀子所作的抽樣而已，而亂名實的現象，實際上不止於此三者。故荀子在列舉三惑及其解惑之方後，緊接著說：「凡邪說辟言之離正而擅作者，無不類於三惑者矣。」

正名篇之內容詳贍，分別列述了名之功用，名之種類，名產生之依據，並詳述了制名之原則。這些都是在積極地為人們提供「正名實」所應依循的途徑。而列舉三惑，則是旨在消極地指出「名實亂」之現象，批評其過錯，並為之指出救治之方。前者是表，後者是遮，在這一表一遮中，荀子正名思想的義蘊以充分表露出來了。

中國名學思想自孔子開其端，經過道、墨、名諸子從不同角度相繼發表其不同見解，一時蔚然成風，而到荀子的正名篇則是殿軍之作，亦可說是集大成之作。但是自荀子而後繼起乏人，遂使此不但萌芽而且正在茁壯中的中國名學枯萎，這實在是中國文化發展史上的最大憾事。因此，今日先秦諸子所僅存的這些有關名學的文獻，更是彌足珍貴，值得吾人發揚而光大之。

國家圖書館出版品預行編目資料

名家與名學：先秦詭辯學派研究

陳癸淼著. – 初版. – 臺北市：臺灣學生，2014.04
面；公分

ISBN 978-957-15-1852-7 (平裝)

1. 名家 2. 詭辯學派 3. 先秦哲學

121.5 110004757

名家與名學：先秦詭辯學派研究

著作者 陳癸淼
出版者 臺灣學生書局有限公司
發行人 楊雲龍
發行所 臺灣學生書局有限公司
地址 臺北市和平東路一段 75 巷 11 號
劃撥帳號 00024668
電話 (02)23928185
傳真 (02)23928105
E-mail student.book@msa.hinet.net
網址 www.studentbook.com.tw
登記證字號 行政院新聞局局版北市業字第玖捌壹號
定價 新臺幣八〇〇元

二〇一四年四月初版
二〇二一年四月初版二刷

12151